隐秘帝国
KOCHLAND

美国工业经济和企业权力的兴衰

The Secret History of Koch Industries and
Corporate Power in America

［美］克里斯托弗·伦纳德（Christopher Leonard） 著

程正 译

中信出版集团｜北京

图书在版编目（CIP）数据

隐秘帝国：美国工业经济和企业权力的兴衰/（美）
克里斯托弗·伦纳德著；程正译. -- 北京：中信出版
社，2021.5
　　书名原文：Kochland：The Secret History of Koch
Industries and Corporate Power in America
　　ISBN 978-7-5217-2832-3

　　Ⅰ.①隐… Ⅱ.①克… ②程… Ⅲ.①工业企业管理
—研究—美国 Ⅳ.① F471.25

中国版本图书馆 CIP 数据核字（2021）第 038380 号

隐秘帝国：美国工业经济和企业权力的兴衰

著　　者：[美]克里斯托弗·伦纳德
译　　者：程正
出版发行：中信出版集团股份有限公司
　　　　　（北京市朝阳区惠新东街甲 4 号富盛大厦 2 座　邮编　100029）
承 印 者：北京诚信伟业印刷有限公司

开　　本：787mm×1092mm　1/16　　印　张：37.5　　字　数：560 千字
版　　次：2021 年 5 月第 1 版　　　印　次：2021 年 5 月第 1 次印刷
京权图字：01-2020-1271
书　　号：ISBN 978-7-5217-2832-3
定　　价：98.00 元

将此书献给我的母亲——维多利亚·布里格姆·伦纳德，是她教会我要多多思考。谢谢。

推荐序
"硕鼠"的养成与美国的政治极化

出版社的编辑把此书中文版的审阅稿寄给我，想让我写几句话，放在书的封底作为给读者的推荐语。我原本只打算花一个小时翻看一下写几句交差，但是一读之下，竟然花了两个整天将书稿仔细通读了一遍。科赫兄弟的故事本身非常精彩，作者讲故事的功底很好，译者驾驭中英文的水平也很高，因而此书很容易让人手不释卷。读罢掩卷沉思，颇有感触。因此，我主动联系编辑，毛遂自荐说要为此书的中文版写一篇推荐序。

科赫兄弟是指科赫家族兄弟四人中的查尔斯·科赫与大卫·科赫。他们在美国商界和政界很有影响力，其发家扩张之道对于我们观察和理解当代美国政治经济体系的结构及演变，可谓不可或缺的经典案例。此书主要讲述了查尔斯作为企业经营者和政治布局者的故事，前半部分以商业为主，后半部分以政治为主。

查尔斯是一位低调、坚定而又足智多谋的斗士，一辈子都在为他和大卫从父亲弗雷德·科赫那里继承的家族生意和政治理念而斗争。他与工会斗争，与亲弟弟（比尔·科赫）斗争，与环保监管部门斗争，与市场风险和政治风险斗争，并且基本上都取得了很不错的战绩。他的成功既是自身商业天赋的反映，也是充分利用了美国政治经济和司法制度缺陷的结果。

先说说他的商业经营之道。查尔斯具备一位成功企业家和投资家的各种品质：极端理性，特立独行，以至于对道德、舆论乃至法律和政治都有自己独特的看法；尊重市场的力量和规律，高度重视信息优势在商业上的价值；战略审慎，通常用较小额度的投资尝试新领域然后逐步扩张；低调行事但是敢于斗争，善于了解并主动改造公司的生存环境；保持扁平化决策流程，着眼于长期收益，重视人才培养。

为了做到这些，查尔斯有一整套特立独行的方法。他重用的年轻人通常不是光鲜亮丽而眼高手低的名校毕业生，而是一批相当于我国"二本"大学毕业的普通学生，因为这个群体期望值低，也能够吃苦耐劳。科氏工业集团内部有一套独特的思想和话语体系，新进入的员工要么将查尔斯的这一套理论内化于心、外化于行，要么离开。查尔斯以这种手段来形成公司内部的共识和默契，打造员工的归属感和执行力。他坚定地拒绝将公司上市，因此公司的所有权完全集中在他和大卫手中，公司结构扁平、决策流程快，一旦看到合适的交易机会，就可以迅速拍板。作为非上市公司，科氏工业集团无须每个季度都向外部投资者披露自身的财务状况和重大事项，无须浪费精力去编制庞杂而无用的预算和营收预测报告，因而可以保持神秘和低调，同时也保障了经营策略的灵活性。

希拉里·克林顿曾经创造了一个新概念用以批评今天的美国：季度资本主义。美国的大企业基本都是上市公司，按季度披露的财务报表、基金等机构投资者的投票与买卖行为给上市公司管理层带来的压力非常大，导致他们普遍行为短期化，许多长期来看有重大战略价值但是短期内有风险或者会对财务产生负面影响的项目，都被上市公司的决策者"枪毙"掉了。波音公司的飞机前几年出现重大问题，其根源可以追溯为这种季度财务报表压力导致决策短期化的制度问题。

相比那些严重官僚化的上市公司，科氏工业集团的效率与决断给自身带来了独特的优势。在各种行业的周期性低谷中，科赫兄弟屡屡出手收购那些被低估的潜在优质资产。

再谈谈他们的政治主张与政治布局。

这本书对查尔斯的父亲弗雷德和弟弟大卫的着墨不多。其实如果仔细研究一下弗雷德的人生经历与大卫的政治生涯，就能更好地理解查尔斯的政治主张。弗雷德曾经从苏联的炼油业中获得第一桶金，并且帮助纳粹德国提升其炼油产业效率。回到美国后，他变得特别激进并信奉自由主义，主张低税率、小政府。20 世纪 80 年代，大卫曾经出资组建自由党，并且亲自下场竞选副总统，尽管以惨败收场，但却向公众坦诚地公开了他的政治理念：取消社会福利政策、取消最低工资制度、取消医保、取消遗产税。换言之，不能从富人身上征税来补贴穷人。这样的政策显然不得人心，他和竞选搭档只获得了全美总票数的 1%，这一点都不令人惊讶。

如何把如此极端自私的政策意图变成实际落地的政策？一个更加高明且可行的办法是，躲在幕后而非亲自下场，资助舆论和政客，用各种基金会、媒体节目、智库、科研机构的名义去影响大众。由于现代社会中普遍存在信息不对称和信息不透明，所以公共政策事务的复杂性超出了绝大部分普通民众的知识结构和认知能力范围，大众的偏好本身又是非常多元且易变的。在这样的背景下，利用金钱去收买一部分政客、媒体、学者，并把自己那些极端自私、违背大部分选民利益的政策意图逐步渗透和推销到联邦和州政府的各个领域，其成功概率远高于亲自下场参选。借助乔治梅森大学的学术中心、卡托研究所、繁荣美国等非政府组织的所谓专家学者的包装，上述自私意图竟然成了一部分右翼中下层民众的信仰，也就是所谓茶党的基本理念。后危机时代，美国极右翼草根的茶党运动得到了科赫兄弟的大力资助，甚至有人认为，没有科赫兄弟就没有茶党运动。富人忽悠一部分普通民众去支持减税、减福利的主张，其实是把穷人当猴耍，堪称现代美国版的"朝三暮四"。

这正是查尔斯比他弟弟大卫更显高明的地方。经过两百多年的进化，美国的政治和司法体制看起来已经颇为完善，但是在科赫兄弟这种资本权贵眼里，这个系统中存在资本与权力之间的巨大杠杆套利机会。

第一层杠杆是通过政治捐赠和游说来获得权力，然后用权力来捍卫商业利益。在美国的选举体制下，政治家们不是刚刚当选就是在准备下一轮选举的路上，筹款是主要工作，如何对各类政策议题进行表态和投票是那群 20 多岁名校毕业的国会议员助理的主要工作。议员到国会就各种议题进行投票前，或者进行公开演讲之前，只需要在专用的通信系统中问一下助理，工作就搞定了。我曾问过专门在华盛顿的 K 街（又称游说一条街）从事游说工作的美国朋友，从他告诉我的行业操作细节来看，美国政治家们似乎相当"便宜"，利益集团花不到几百万美元就可以搞定或者搞黄很多事情。尤其是进入 21 世纪之后，美国的法律允许有钱人利用"政治行动委员会"的形式大打政治广告，来帮助自己支持的候选人击败对手，借此绕过了政治竞选捐赠金额的法律限制。这种变通使富人的钱通过各类所谓公益基金大量流入政治竞选活动中。这本书中也委婉地提及了科赫兄弟如何借助政界和司法界的关系逃脱法律制裁，战胜对手。我理解作者的这种委婉是一种自我保护的策略，如果他胆敢坦率地批判此书的研究对象，他就可能面临科氏工业集团的司法起诉，毕竟美国是一个"律师治国"的国度。

第二层杠杆则是用别人的钱放大自己的政治能量。查尔斯所创设和资助的政治性思想平台需要不断的资金供养和人才供给。科赫兄弟团结一大批与之志同道合的富人，鼓励他们为这些平台共同出资，从而使自己的政治阵营在财力和声势方面大幅增长。如果说早期的科赫兄弟是美国政治赌桌边上下注的赌客之一，那么进入 21 世纪之后，他们已经升级为发牌的庄家了，至少在共和党内已经稳居大庄家的地位。近年来，他们从政治赌局中获得的盈利应该说相当可观，尽管目前为止还没有将其所养之"士"扶上总统宝座（2016 年如果不是特朗普这个"门口的野蛮人"冲进来搅局，他们本来已经非常接近成功），但是他们已经成功收获了副总统彭斯、国务卿蓬佩奥以及一众国会议员。正如此书所披露的那样，科赫兄弟成功干预了 21 世纪以来美国的税收、节能减排、医保改革等一系列重大政策，而且更重要的是，他们对教育和科研的"慷慨资助"造成了美国社会严重分裂的价值观和政治生态。

民主党那边也有类似的对政治感兴趣的大金主，最典型的是索罗斯和布隆伯格。我曾经系统地研究过索罗斯，读过他在 2008 年之前发表的几乎所有文章和书籍，研究过他的投资经历和政治手腕，并发表过专门的学术论文。索罗斯靠国际金融市场挣钱，而世界政治则是他花钱的地方，说得好听点是为了实现他的政治理想，而说得难听点就是有钱就自大地认为可以把自己的政治理念强加到各国体制中去。如果说索罗斯的问题是自大，那么科赫兄弟与之相比就更显恶劣，因为他们把自己的理念同企业的商业利益混杂在一起，或者如同此书作者在行文中所暗示的那样，主要是为了企业的生存和发展而干预政治乃至司法。

如果说查尔斯的经营之道值得中国的商界人士参考学习，那么他在政治上的所作所为是我强烈不建议中国企业家去模仿的。这类政治经济的"硕鼠"，在任何一个市场经济体中都会存在，因为任何一个政治经济体系都存在不完美或者有待弥补的漏洞。虽然识别、利用并扩大这些漏洞，就能给某些聪明人提供快速收割巨额财富和巨大权势的机会，但却要以国民和政府的损失为代价。他们的财务成功不是因为创造了财富，不是因为发明了新的技术和工艺，而是因为利用了政治和经济体系中功能失调的那部分扭曲和漏洞。尽管饱受批评和嘲讽，但科赫兄弟仍然是美国的成功人士，或者说仍然操纵着美国的政治经济乃至科研和教育，而他们在中国的模仿者却纷纷落马。中国特色社会主义市场经济与美国资本主义市场经济的根本区别由此显现。事实雄辩地说明，中国走的是以人民为中心的路线，美国走的是以资本为中心的路线；我们是经得起考验的中华人民共和国，而美国越来越像一个"香蕉共和国"。哪个国家更有前途？我从 2009 年起就断言，中国更有前途。

翟东升

中国人民大学国际关系学院副院长、国际货币研究所特聘研究员

目　录

第三部分　歌利亚

前　言
一个斗士
（1967—2019 年）

　　1981 年 5 月 18 日，四名华尔街银行家前往堪萨斯州威奇托市，准备向一家名不见经传的中等规模能源公司的首席执行官查尔斯·科赫提出一份要约。[1] 这些来自摩根士丹利的银行家想说服查尔斯·科赫让其家族企业上市，在纽约证券交易所公开挂牌出售公司股票。他们的方案完全符合当时美国绝大多数企业的通常做法，对于科氏工业（Koch Industries）这样的公司来说，公开上市是一条理所当然的发展路径，既能为公司带来大量的资金，又能给现有的高管团队提供高额的薪资，而获得这一切的代价，仅仅是首席执行官放弃对公司的控制权而已。作为回报，摩根士丹利将收取"少量"费用。

　　那一年，查尔斯·科赫 45 岁。[2] 由于父亲突然离世，他从 32 岁便开始接手经营科氏工业集团。身材修长的他有着运动员一般的体格，与银行家们开会时说话声音很轻，令人觉得有些冷漠。银行家们介绍了为科氏工业设计的首次公开募股方案，并向在场的高管展示了可能是最吸引人的细节：如果查尔斯·科赫同意这项交易，他一夜之间就能将 2 000 万美元收入囊中。当其他银行家看到一份记载查尔斯·科赫当时反应的内部备忘录时，他们完全无法相信上面所写的内容。

　　"他不想要这些钱。"备忘录上记载道。[3]

　　查尔斯·科赫平静地向银行家解释了为什么他们帮助科氏工业公开上市的提议毫无意义。他的公司牢牢把持着美国能源工业的枢纽部分，盈利能力惊人。在 20 世纪 80 年代，科氏工业是美国最大的原油采购商和运输商，不仅拥有一座炼油厂，还拥有规模庞大的大宗商品交易团队，交易团队买卖种类繁多的原材料和金融产品，从汽油到各类期货合约。在这种情况下，大多数首席执行官可能会选择将公司上市以募集更多资金。然而，科氏工业并不想让外界知道自家交易员的个人收入情况，而选择公开上市会暴露公司太多秘密。

"科氏工业的某些大宗商品交易员特别担心，一旦向公众披露他们的薪酬水平，交易对手就会利用这一点来对付他们。"备忘录中记载道。[4]

保持低调隐秘对科氏工业今后的发展具有战略必要性，查尔斯·科赫不想放弃这一原则。[5] 他同样不想放弃的还有对公司的绝对控制权。查尔斯·科赫对如何经营自己的公司有着具体而清晰的规划，不需要华尔街的投资者们指手画脚。

如果银行家们希望查尔斯·科赫遵循那个时代的普遍认知，那么结果就是，他们会像许多局外人一样永远无法理解他。在看似温和低调的外表下，查尔斯·科赫的内心深处是一个斗士。他对事情应该如何发展有着难以动摇的主见，在受到挑战时不会退缩。当被亲弟弟挑战科氏工业的控制权时，他与之展开了数十年充满愤怒与仇恨的法律战。[6] 在担任首席执行官的前几年里，他受到工会组织强有力的挑战，[7] 在面对由工会发动的一场几乎摧毁科氏工业炼油事业的罢工行动时，他也不曾退缩。当联邦调查局和美国司法部对科氏工业的原油收集业务展开刑事调查时，[8] 查尔斯·科赫用自己所能使用的一切法律和政治手段进行了斗争。当贝拉克·奥巴马总统和一个由自由派控制的国会为了控制温室气体排放，[9] 试图强化对化石燃料工业的管制时，查尔斯·科赫以改变美国政坛的方式与之抗争。

每一场战斗，查尔斯·科赫都是胜利的一方。

1981 年查尔斯·科赫让银行家们铩羽而归，仅仅是争夺科氏工业控制权这场大型战争中的一个小插曲。通过一次次赢得战斗，查尔斯·科赫建立了一家符合自己愿景的公司。[10] 科氏工业摒弃了按季度披露信息的思维，以年度为单位运营，不用背负困扰许多上市公司的枷锁——需要每三个月向投资者报告一次财务状况。科氏工业有一个叫作发展集团的内部智囊团，同时也是交易决策委员会，[11] 在某些情况下甚至会用几十年的时间来衡量一笔商业交易。相较于其他公司的步履蹒跚，这种长期的展望使科氏工业的步伐显得轻盈灵活。比如 2003 年，当没有一家上市公司愿意承担风险时，科氏工业收购了一批亏损的化肥厂。[12] 如今，这些化肥厂的盈利能力就像坏掉的自动取款机一样，不分昼夜地向外吐着钞票。与上市公司不同，科氏工业不用向投资者支付丰厚的股息。查尔斯·科赫坚持将公司至少 90% 的利润用于再投资，推动公司不断扩张。

这一战略奠定了公司几十年持续增长的基础。[13] 科氏工业集团通过收购其他公司涉足新的行业，使自己的规模不断扩大。它专门从事现代文明不可或缺但大多数消费者从未直接接触过的领域。[14] 公司业务嵌入了日常生活中不显眼的基础设施中，数以百万计的人在使用科氏工业的产品，却从未亲眼见过科氏工业的标志。科氏工业提炼并分销化石燃料，从汽油到航空煤油，全球经济依赖于这些燃料。科氏工业是世界第三大氮肥生产商，而氮肥是现代粮食体系的基石。科氏工业生产用于婴儿纸尿裤、腰带和地毯的合成材料。科氏工业生产的化工原料用于制造塑料瓶和塑料管材。科氏工业旗下的佐治亚 – 太平洋公司（Georgia-Pacific LLC）生产建造住宅和办公楼所需的墙板、横梁与胶合板。科氏工业还生产餐巾、纸巾、文具、报纸和个人卫生用品等产品，在休斯敦、莫斯科、日内瓦等地都拥有自己的大宗商品交易网点，这些是现代金融业的血液循环系统。科氏工业的交易员出售包括化肥、稀有金属、燃料到衍生品合约在内的所有产品。科氏工业集团的年营业收入高于脸书、高盛集团和美国钢铁公司的年营业收入之和。

科氏工业的利润惊人。查尔斯·科赫和他的弟弟大卫·科赫拥有集团大约 80% 的股份，[15] 加起来价值 1 200 亿美元，[16] 兄弟俩的财富比亚马逊首席执行官杰夫·贝佐斯或微软创始人比尔·盖茨的财富还要多。然而，查尔斯·科赫和大卫·科赫并没有发明任何新的主流产品，也没有给任何行业带来颠覆性变革。科赫兄弟的财富源自在复杂且不透明的条件下抓住机遇，这是一种充满耐心的长期战略。

本书讲述了科氏工业集团的历史，并展示了科赫兄弟是如何攫取财富的。与此同时，本书也对 20 世纪 60 年代至今的美国经济进行了描绘。科氏工业的业务横跨整个美国经济版图。这家公司的故事是美国能源体系的故事，是蓝领工人的故事，是富有的衍生品交易员的故事，是企业说客的故事，同时也是私募股权投资人的故事。研究科氏工业就等于研究现代美国经济。

这部作品源自长达六年、数百个小时的采访，被采访人包括查尔斯·科赫在内的数十名科氏工业现任和前任员工、经理、检举人与高级管理人员。此外，还采访了政府监管机构、检察官、政治家、银行家和科氏工业的竞争对手。除了上述这些采访记录之外，公司内部备忘录、第一手证人所保存的行政会议记录、为本书解密的政府文件、法律文本、监管备案、同期新闻报道等文件，也对本书所描述的内容进行了佐证和补充。

拉尔夫·沃尔多·爱默生说过，一家公司就是一个人的影子。这一观察似乎尤其适用于科氏工业集团。自 1967 年以来，该公司一直由同一位首席执行官领导。查尔斯·科赫彻彻底底地掌握着这家公司，他的肖像挂在公司大堂里，他的演讲视频是公司员工的培训材料，[17] 每个员工都必须接受经过查尔斯·科赫系统阐述的经营理念，即以市场为基础的管理（Market-Based Management，MBM）理念。但爱默生的这句话只反映了一半的真相，公司不仅是人的影子，也是公司所在国家政治和经济体系的影子。例如，中国的一家大公司与美国的一家大公司一定会存在很多不同之处。法律、文化和经济激励机制在每个国家都截然不同。因此，科氏工业集团的增长和繁荣反映的是美国的体系。

当查尔斯·科赫接手这家公司时，美国正在"新政"的政治框架下运作，[18] 这一政治框架的特点是，政府对私有交易市场进行了强有力的干预，赋予工会权力，严格监管能源公司，并束缚了金融行业。查尔斯·科赫对此嗤之以鼻。他引用了奥地利经济学家路德维希·冯·米塞斯的哲学思想，冯·米塞斯认为，政府干预不仅不会带来好处，反而会造成更多的伤害。在查尔斯·科赫的职业生涯中，"新政"体系崩溃了，但是也并没有如同他所期待的那样，被自由主义社会所取代。取而代之的，是一个机能失调的政治经济形态，蔓延着在福利型国家和监管型政府中常见的选择性放松管制。查尔斯·科赫不仅在这个政治框架下运作，甚至毕生致力于改造它。他创建了一个有政治影响力的关系网络，这一行动可以说在美国诸多公司的首席执行官中具有相当深远的影响力。科氏工业集团拥有美国规模最大、资金最充裕的游说组织之一，[19] 其与一个叫"繁荣美国"（Americans for Prosperity）的政治行动委员会合作组织了全国性的活动人士和志愿者队伍，以及科赫家族资助的一些智库和大学研究项目。查尔斯·科赫的政治观点代表了一个充满争议的极端观点，是关于政府在市场中所扮演的角色的，即政府从本质上应该保护私有财产，不应该轻易越界。与之针锋相对的政治人物认为，一个强大的联邦政府应该提供安全网，约束大公司的影响力。至今这两种观点仍未达成共识。

虽然这些理念之争慢慢陷入僵局，但是现代美国经济最终演变成有利于大企业而非中小企业的形态，经济与政治的联系也逐渐紧密，不再形同陌路。更重要的是，它有利于大企业掌控错综复杂的局面，尤其是日趋紧密的全球市场，以及广泛涉及、无孔不入的监管制度。

查尔斯·科赫经常嘲笑当前的政治时代是"裙带资本主义"，[20] 但他所建立的公司却非常适合在这种政治环境中发展壮大。科氏工业集团组建了一支由资深律师组成的队伍，以此来抵挡国家运用法律手段频繁侵扰。同样，由大批市场分析师和交易员组成的团队也让这家公司能在支离破碎、充满拜占廷式钩心斗角的能源市场中穿行。这表明，科氏工业几乎处于一个集排他性扩张、缺乏竞争、由垄断公司主导、与政府补贴和监管紧密结合于一身的行业。

让我们来举个例子：科氏工业今天的大部分利润来自炼油业务。成品油是国民经济的支柱，[21] 但自 1977 年以来，美国再也没有新建炼油厂。这个行业充斥着根深蒂固的玩家，以接近满负荷运转的陈旧设备攫取着世界上最丰厚的利润。哪怕一个炼油厂停产都会导致整个美国的汽油价格飙升。造成这种失常现象的根本原因是《清洁空气法案》中的一大堆漏洞。这个于 1963 年通过的法案（在 1970 年范围再次扩大）对新建炼油厂实施了污染方面的限制。而包括科氏工业的炼油厂在内的已建成的炼油厂，则利用法案中一些晦涩难懂的条款的漏洞扩建旧设施，同时规避适用于新设施的清洁空气标准。[22] 这使它比任何潜在竞争对手都更具有不可超越的优势。没有新增炼油厂，行业和价格竞争就不会加剧，最后吃亏的是美国消费者，他们为购买汽油支付了更多的钱。

科氏工业集团已将其利润最大化。2018 年，科氏工业位于威奇托的总部园区就像一座由防御工事组成的小王国。[23] 该园区于 2014 年扩建，在科氏大厦这个地标性建筑的基础上增加了数千平方英尺 ① 的办公空间，成为一个外表由深色窗户和深色光面花岗岩墙面组成的大型建筑群。扩建还包括在园区北侧竖起一堵高高的土墙，并且为了保证过路车辆无法窥视园区内部，科氏工业自己出钱将社会车辆通行的道路改道，让车辆从墙外绕行。很少有一家公司能在扎根美国人日常生活的同时将自己置身于一个与世隔绝的社会中，科氏工业做到了。

科氏工业的员工早早到了公司，在保安的注视下，园区入口出现了小规模的交通堵塞。他们中的许多人通过地下人行通道进入科氏大厦，地下人行通道的墙上挂满了纪念科氏工业发展历程的照片。来到一个地下大堂的电梯间，这里的墙上挂着查尔斯·科赫的肖像，那是一幅由无数微小图像组合而成的大型肖像画，小的图像是公司员工，大的肖像画是查尔斯·科赫。在大堂的另一边，员工可以在一个叫"热门商品"的公司内部商店购物，在那里他们可以买到咖啡或者与创始人弗雷德·科赫生平

---

① 1 平方英尺 ≈ 0.09 平方米。——编者注

有关的音频光碟。商店中有一个杂志架上放满了公司的内部刊物《探索》（ *Discovery* ），它以经常刊登查尔斯·科赫的专栏文章为特色。

　　每当新员工被科氏工业雇用，无论男女都要接受一个为期数天的培训课程，学习查尔斯·科赫的经营哲学——以市场为基础的管理理念。查尔斯·科赫说过，这个经营哲学是实现繁荣和自由的蓝图。它适用于商业活动、个人行为和政府运作，当然对于科氏工业的员工来说，该套理念必须遵守。[24] 查尔斯·科赫在他的一本书中写道，"思想转变"对于实现管理理念的有效性是必要的，以市场为基础的管理理念不能零碎地被采用。以市场为基础的管理理念的十项指导原则悬挂于公司总部每个办公区域的上方。在员工喝免费咖啡的休息室，这些指导原则就印在一次性杯子上。员工学习着以市场为基础的管理理念的特有词汇，并且以只有他们才能真正理解的语言进行交谈，比如"心智模型"、"实验性发现"和"决策权"等短语时不时会从员工的口中冒出来，这些短语能言简意赅地向内部人士传达背后的深刻含义。在这种情况下，科氏工业的员工已经不仅是员工，他们还成了有着自己的语言、驱动和目标的企业公民。科氏工业在财务报表数字上的成功只会继续强化一种观念，即他们所做的都是正确的，而以市场为基础的管理理念的核心原则确实成了公司不断发展的关键。

　　翻看本书时，读者们将读到：希瑟·法拉格，科氏工业的一名员工，她揭发了公司内部的系统性违法行为，却要承受残酷的后果；伯纳德·保尔森，一位积极进取的高管，他帮助科氏工业赢得了与激进工会的斗争；迪安·沃森，科氏工业的新星，他对以市场为基础的管理理念深信不疑，但他的职业生涯却在雄心壮志的重压下坍塌了；菲利普·杜博斯，科氏工业的一名员工，为了让上级领导满意而窃取原油；史蒂夫·哈蒙德，一名仓库工人，与公司高层展开关于劳工权利的谈判；布伦登·奥尼尔，一个来自威奇托、努力奋斗着的中产阶级，在科氏工业大宗商品交易大厅成了百万富翁。[25] 不幸的是，随着科氏工业的发展和时代的变迁，许多人会来到这里，然后为之奋斗一生。这就是大型企业的本质，只见新人笑，不闻旧人哭。如果读者觉得追踪这么多人物有些困难，可以在本书的附录部分查找人名和相关介绍。

然而，有一个人，在这个故事贯穿的 50 多年里始终在场。他几乎一直高居科氏工业集团的权力巅峰，推动着公司不断发展前行，按照自己的理念打造这家公司，并收获了巨大回报。如果说科氏工业集团是一本书，那么查尔斯·科赫就是它独一无二的作者。

尽管查尔斯·科赫在科氏工业集团乃至美国整个政治体系中都有很大的影响力，但他仍然让人无法捉摸。他对自己的隐私讳莫如深，喜好低调行事。无数人试图去了解查尔斯·科赫，试图从科氏工业总部的高墙和深色玻璃幕墙外窥探一二，其中一个人就是美国联邦调查局探员詹姆斯·埃尔罗伊，[26] 他花费了大量时间，致力调查科氏工业的领导层。1988 年，埃尔罗伊确信查尔斯·科赫及其副手们参与了一场大规模有组织的犯罪。

这就是为什么有一天，埃尔罗伊会置身于俄克拉何马州的一个奶牛牧场中，手中拿着一个带广角镜头的相机，试图监视查尔斯·科赫的员工。本书就从这一时刻开始。

第一部分

科氏之道

第 1 章
监控之下：科氏石油公司窃取原油事件
（1987—1989 年）

联邦调查局的特工詹姆斯·埃尔罗伊此时站在一个偏远的广阔牧场中，[1]
等待着科氏石油公司的人到来。埃尔罗伊带了一台相机、一个 600 毫米长焦镜头和大量的胶卷。也许更关键的是，他还准备了一袋方形颗粒饲料。他早早地到达了精心挑选的位置，那里可以俯瞰大型圆柱体形状的原油储罐。这个储罐是散落在俄克拉何马州广袤乡村地区上百个原油储罐中的一个，坐落在表面荒芜但湖泊下蕴藏着丰富原油的土地上。磕头机昼夜不停地上下运作，原油从地下被抽出，源源不断地送入大型金属储罐。当这些原油储罐被灌满时，来自科氏石油公司的员工会带来一辆油罐车，卸走原油，然后将其推向市场。埃尔罗伊正在为科氏石油公司员工的到来做准备。

埃尔罗伊打开饲料袋，抓起一把颗粒饲料撒在地上。很快，牛开始在他周围聚集，低头在草地里嗅着拣出意料之外的加餐。不出埃尔罗伊所料，他很快被牛群完全包围。在俄克拉何马州的大草原上，这可能是保持不被人发现的唯一方法。

在很长一段时间内，那里只有埃尔罗伊一个人。[2]离那里最近的城镇叫作诺瓦塔，只不过是一个小街区，被一排砖砌平房围绕着，而这排平房勉强算得上小镇中心。在诺瓦塔，市区最主要的街道不叫缅街①（Main Street），

---

① 美国几乎每个城市都有一条缅街，特别是小城市，人们一听到缅街的第一反应就是"噢，该城市最繁华的地段"。——译者注

而叫切罗基大道。这里是"印第安地区"，正如外界所说的那样，对于残存的美洲原住民部落，奥萨格和切罗基这些印第安保留地是他们最后的家园。作为俄克拉何马城联邦调查局的一名资深特工，埃尔罗伊对这片区域极为熟悉。在俄克拉何马州工作的这些年，他尤其擅长侦破复杂的大型诈骗案——最有名的案件是 20 世纪 80 年代早期发生的大规模公共事件，200多人被定罪，涉及俄克拉何马州 2/3 的时任郡议员。

拥有丰富经验的埃尔罗伊理所当然地被扯入这宗调查。他将自己置身于牛群中间，盯着一个孤零零的原油储罐。监视是特殊任务的一部分——埃尔罗伊被联邦调查局调往美国参议院担任特别调查员。虽然他有了新的上级领导，[3] 但工作内容换汤不换药，都是要针对一个庞大而复杂的诈骗案件搜集证据。埃尔罗伊在美国参议院的新领导越来越相信当时名不见经传的科氏石油公司在暗中从当地的印第安人——甚至美国纳税人——那里偷走了价值数百万美元的原油。埃尔罗伊的任务是证实这一指控，这也是他带了相机和 600 毫米长焦镜头的原因。

很快，埃尔罗伊发现了他的目标：一辆油罐车驶入通往储罐的狭窄道路。埃尔罗伊隐藏在一堵"牛墙"后面，当车越来越近时，他举起相机，聚焦油罐车，记录下油罐车边一名男子下车的场景。

当那名男子走到储罐旁开始工作时，埃尔罗伊正在调整他的长焦镜头。焦点由虚到实，画面从模糊到清晰。埃尔罗伊感觉那名男子就好像站在离自己几英尺① 远的地方。他的脸、衣服、双手，以及工作的姿态都清晰可见。埃尔罗伊沉浸其中。

咔嚓、咔嚓、咔嚓。

*****

埃尔罗伊在暗房里洗着照片。[4] 这些图像起初很模糊，但在显影液中每浸泡一次，形状与轮廓的细化和锐化都会使它变得更清晰，直到完整的照片映入眼帘。科氏石油公司的那名工作人员接近油箱，打开它，测量液位，

---

① 　1 英尺 ≈ 0.3 米。——编者注

写收据。照片清晰地记录下了这一切，是无可争辩的证据。久而久之，埃尔罗伊有了一大摞这样的照片，高质量的拍摄让他能完整地观察科氏石油公司的那名男子，600 毫米长焦镜头完成了它的使命。

虽然照片很清晰，但埃尔罗伊并不打算在法庭上将它们作为证据。这些照片将成为他的调查工具 —— 一个利用人性弱点的工具。

20 世纪 80 年代，埃尔罗伊在联邦调查局学会了如何调查重大案件。要想侦破一个大阴谋，得先从边缘开始，从大型腐败链中最薄弱的环节入手，抽丝剥茧。这就是为什么埃尔罗伊决定从清空原油储罐的那名科氏石油公司的员工入手。有的人一见到联邦调查局的特工找上门来，立马就"知无不言，言无不尽"了。这些人只是打工的，埃尔罗伊越来越肯定这些人只是一个复杂案件中最显而易见的一部分。

埃尔罗伊并不是人们印象中典型的留着平头、穿着闪亮黑皮鞋的联邦调查局特工。[5] 20 世纪 70 年代，当从位于弗吉尼亚州匡提科的联邦调查局学院毕业时，埃尔罗伊看起来就像一个普通公司的年轻法务人员，有着有点卷曲的深色头发，脸上总是挂着微笑。他对美国刑法了如指掌，受过良好的步枪训练。虽然貌不惊人，但他是一个彻彻底底、遵纪守法的好公民。埃尔罗伊崇拜联邦调查局局长 J. 埃德加·胡佛，认为他是一位有远见的领导者，而不是许多历史学家认为的官僚主义恶霸。当被告知自己将为美国参议院工作时，埃尔罗伊一点儿也不激动。根据通常情况，他认为参议院的调查只是一场政治秀。作为联邦调查局的人，他习惯于在严格的法律规则下搜集证据并最终走向刑事案件的诉讼。相较于此，参议院的调查似乎很轻松：政客似乎只是需要足够的证据来支撑一场华盛顿的公开听证会以便自己出彩。但是埃尔罗伊的领导很了解他，知道每当被分配到新任务时，埃尔罗伊都会痴迷地进行调查。这次科氏石油公司的案件也是如此。

参议院得到了一个消息，科氏石油公司正从俄克拉何马州的印第安保留地窃取原油。[6] 这些印第安人的土地由联邦政府管理，因此参议院对这些指控表现出浓厚的兴趣。埃尔罗伊被告知这个诡计其实相当简单。科氏石油公司是一家石油运输公司。该公司的员工会在原油储罐附近出现，从储罐中卸油，然后通过油罐车或管道将原油运往市场。但是每次该公司都会故意少报卸油量。例如，如果卸了 100 桶，这家公司会说只卸了 99 桶。这意味着科氏石油公司每次购买原油时都会免费获得一桶。

虽然传闻中的图谋很简单，但事实上非常难以查证。科氏石油公司似乎极力避免外界的关注。

该石油公司由位于威奇托的科氏工业集团所有。科氏工业集团是由家族所有的私人企业。所以当参议院和联邦调查局于 1988 年开始调查这家公司时，几乎没有人听说过它。[7] 他们误把它认为是亚特兰大的饮料制造商可口可乐公司，并且一直傻傻地将公司名称 Koch 中的 "ch" 发成 "watch"（注视）的尾音，而实际上它的正确读法更像 "smoke"（吸烟）的尾音。虽然默默无闻，但事实证明科氏工业是一家庞大且极为重要的公司。参议院的调查人员了解到，科氏石油公司是美国单一最大原油采购商，几十年来，它已经买断了数万英里 ① 的管道和运输服务。因此，当埃克森或雪佛龙等石油开采公司想要从俄克拉何马州等偏远地区的油井中运出原油时，科氏石油公司有时候是唯一的买家，甚至是把原油从油井推向市场的唯一渠道。数百万美国人在给汽车加油时使用了科氏工业的产品，但似乎没有人知道该公司的存在。

唯一清楚的是，科氏工业集团对联邦政府甚至一切监管行为都有着强烈的抵触情绪。该公司的主要所有者和运营者之一——大卫·科赫，[8] 曾于 20 世纪 80 年代表自由党以副总统候选人的身份参与美国总统大选②。他主张要求废除美国邮政、美国国家环境保护局、公立学校等一切公共部门。多年来，他的公司与联邦能源监管机构在关于价格控制的法律法规等事项上

---

① 1 英里 ≈ 1.6 千米。——编者注

② 大卫·科赫曾在 1980 年与美国自由党总统候选人埃德·克拉克搭档，作为副总统候选人参加美国总统大选，主张废除社会保障、最低工资法、法人税等，获得 921 128 张选票，占全美总票数的 1%。选举失败后大卫于 1984 年与自由党分道扬镳，成为共和党支持者。——译者注

一直纠缠不清。这位科氏工业的"二老板"一直认为，能源公司应该在不受联邦法规约束的市场中运营。科氏工业集团是美国能源供应的纽带，由于其所具有的强大实力和影响力而成为一个隐形的巨人，不声不响地将触角伸向了美国能源基础设施的几乎每个角落。

那么，埃尔罗伊如何能够证明该公司在窃取原油呢？他追踪的那些卸空原油储罐的员工，在业内被称为"计量员"。他们可能从误测油量中获得的唯一好处就是薪水上涨。他们住在小城镇上，努力养家糊口，有些人甚至没有意识到自己的所作所为意味着什么。埃尔罗伊认为他们只是单纯地遵照上级的指示行事。埃尔罗伊和搭档一起，通常在晚上挨个走访这些人的家。⁹他们把车停在路边，走到门前，然后敲门。当有人应答时，埃尔罗伊就亮出自己联邦调查局特工的身份，并询问是否可以进屋谈话。这些人很可能从未见过联邦调查局特工，这给了埃尔罗伊一个优势：科氏石油公司的员工会感到困惑并失去判断能力，想知道为什么会有两个联邦调查局的人站在自己家的客厅里。同时，埃尔罗伊也准备了一系列具体问题和搜集到的证据来支持非常严重的盗窃指控。

埃尔罗伊坐下来，开始顺着他的问题清单提问，询问对方的日常工作和油量测量业务。这个场面对他们来说一定是超现实的，计量员们大脑飞转，试图弄清联邦调查局为什么要打探自己平淡无奇的日常工作，询问有关木壳温度计①和油位计量尺的问题。他们一定想知道："我做错了什么吗？我有麻烦了吗？"

联邦调查局的特工都是审问专家，会用一种让证人难以通过慢慢琢磨问题推导出答案的方式提问。此时的特工埃尔罗伊，会抛出一个没人希望听到的问题："难道你不认为这种所谓误测就是盗窃吗？你们不正是在不付钱的情况下得到了原油吗？"

为了摧毁他们的最后一道心理防线，埃尔罗伊会拿出用长焦镜头拍摄的

---

① 按照美国材料与试验协会的规定和美国石油协会的要求，有特殊涂层的木壳温度计广泛用于石油行业。——译者注

照片。他把无比清晰的照片放在桌子上，计量员们会低头看着照片，意识到铁证如山。埃尔罗伊可以轻描淡写地问："这张照片里难道不是你吗？难道你不是正在测油量吗？"然后埃尔罗伊告诉他们，事实上，他当时就在现场，并且在科氏石油公司的人离开之后，他也测量了相同的油罐，测量结果不仅不一致，而且差了很多！科氏石油公司的人必须得好好解释此事了。

通过这种方式，埃尔罗伊收集到几位证人的证词，他们开始描述科氏工业集团的日常情况以及公司如何计量原油。每一份证人的陈述都给了埃尔罗伊更多"弹药"来对付下一位证人。很快他就深入到询证某个具体会面、某位特定的经理以及某个从管理层发出的具体指令的阶段。

几个月内，埃尔罗伊面谈了超过15名科氏工业的员工，并承诺只要开诚布公地谈论雇主，就可以帮他们匿名。当埃尔罗伊收集到足够多的故事时，一幅完整的画卷徐徐展开。

科氏工业的经理们从未直接指示他们的员工去盗油[10]——不可能做得那么明显。相反，该公司只是对员工冷酷地施压，[11]要求他们达到某些标准。管理人员向计量员明确表示，他们绝对不可以"短"太多。"短"的意思是，他们实际交付给科氏工业的油量不能小于从油罐中卸出的油量。如果计量员一直"短"，那么他很快就会被炒掉。因此，计量员找到了永久"长"的方法。① 这意味着他们一直在少报从油罐中卸出的油量。告诉生产商自己拿了100桶，然后送101桶进科氏工业的管道。因此，至少在俄克拉何马州，该公司每年都实现了"长"，并且获得了远超过其实际支付的原油量。

科氏工业的员工告诉埃尔罗伊，源源不绝的必须要做"长"的指令来自一个名为"持续改进"的会议上。该会议似乎是基层员工从位于威奇托的科氏工业集团总部获得指挥部命令的渠道。埃尔罗伊很快便确信科氏石油公司是"一家有组织的违法企业"。

但政府中所有人都不清楚的是，这家公司的指挥棒到底在谁的手上？

---

① 一些计量员和科氏工业的经理使用了一套可替换的术语，称"缺"而不是"短"，以及"超"而不是"长"。

是谁给计量员施加了"持续改进"的压力？是谁告诉他们在测量卸油量时捏造数字的？

埃尔罗伊在位于俄克拉何马州郊区一座房子的客厅里踱步时试图回答这些问题。他的工作成果可能导致科氏工业与联邦政府直接交锋，而对方则对此不以为然。

*****

通过一个意外事件，科氏工业才意识到公司已经成为埃尔罗伊调查的目标。[12] 一连串 [13] 奇怪且不太可能发生的事件，[14] 使公司进入美国参议院调查员的视野，而这一连串事件始于菲尼克斯市一个安静的周日早晨。

那天是 1987 年 10 月 4 日。一大清早，报童骑着自行车穿梭于菲尼克斯的居民区，将厚厚一沓《亚利桑那共和报》周日版扔在每家每户的草坪和车库前的车道上。头版上刊印了一则极具爆炸性的新闻，标题是《发生在印第安地区的诈骗事件：数十亿美元的背叛》。

这是《亚利桑那共和报》发表的系列文章中的第一篇。该系列包括 30个报道，涵盖几个完整的版面，集中抨击在一个叫印第安事务局的联邦机构中出现的猖獗腐败和低效无能。

这个系列文章的第一个头版报道称，联邦印第安项目"一片混乱，被无能欺骗所缠扰，被繁文缛节所扼杀，效力已被破坏殆尽"。这还只是第一句话。

虽然报道的核心目标是联邦政府，但第一天大部分调查内容都集中于在印第安土地上钻探的美国的石油公司。周日报纸的头版宣称，允许石油公司在印第安保留地上钻取原油的联邦制度，实际上只不过是一纸"掠夺许可证"。

掠夺的方式复杂而阴险。《亚利桑那共和报》的报道表明，石油公司自行报告在印第安保留地的原油开采量：这些公司钻井、开采、自行报告，而政府没能有效地对石油公司的报告进行核实，查证其到底从印第安保留地开采了多少原油。整件事都基于荣誉制度运作，《亚利桑那共和报》声称，石油公司通过持续瞒报原油开采量滥用了该制度，每年至少获得数百万美元的免费原油。

《亚利桑那共和报》的系列报道获得了大多数新闻记者梦寐以求的那种关注和愤慨，尤其引起了亚利桑那州民主党籍参议员丹尼斯·德孔西尼的注意。[15] 他告诉记者，这个系列报道"惊世骇俗"，"揭露了犯罪行为和管理不善"。

有些指控特别引起了德孔西尼的反感。违法行为和官僚主义所引发的管理不善总是让人不快，但当受害者是美国原住民时，似乎尤其令人反感。德孔西尼参加了一个参议院委员会，该委员会的职能是对印第安保留地的事务进行全面审查。他熟知这样一个事实，即他家乡的原住民是美国最水深火热的一群人。表面上，美国的印第安部落被认为是拥有主权的实体。到了 20 世纪 80 年代后期，这些"印第安国"① 实际上只不过是一个庞大并最终失败的乌托邦。[16] 在遭遇围追堵截、辗转流离失所后，这些部落最终签署了条约，被圈进了保留地，给他们留下了土地和自然资源。然而，土地委托给美国政府并由印第安事务局管理。因此，简言之，这些条约使联邦政府成为凌驾于所谓主权实体之上的家长式"太上皇"。印第安保留地生活的方方面面似乎都处在印第安事务局的管理之下，从医疗保险到住房，从教育到石油开发。

20 世纪 80 年代后期，这种体制造成的后果是毁灭性的。大约 45％ 的印第安人生活在贫困线以下，印第安地区的失业率超过 50％，只有不到一半的印第安家庭拥有电话。大多数有幸获得工作的印第安人年收入也只有 7 000 美元左右。城镇广场荒废，酒类商店生意兴隆，一些村庄就像棚户区。让这种贫苦肮脏的场景更加具有讽刺意味的是，纳税人的税金像潮水一样

---

① 印第安国，原文是 nations，该词早期具有主权的概念，在印第安部落与欧洲殖民者及独立后的美国政府签订的各种条约基础上形成，是早期涉及印第安人诸多文献和法律条文中最常见的表达。切罗基族人类学家罗伯特·托马斯把印第安保留地界定为美国政府的内部殖民地。（参考中国政法大学法律史研究院教授、法学博士顾元《论美国印第安部落的自治权》，发表于《比较法研究》2017 年第 1 期。）——译者注

不断涌入保留地。联邦政府每年花费约 33 亿美元来支持印第安事务局和印第安项目。奇怪的是，即使算上政府在印第安项目投入的资金，全体印第安人实际年收入之和也不到 33 亿美元。联邦政府不断吸血的行为激怒了那些本应该获得帮助的印第安人。

《亚利桑那共和报》声称，石油公司正在利用这种扭曲的体制为自己牟利。一些世界上最大的石油公司的作业区域横跨了广阔的联邦土地，并且在俄克拉何马州、得克萨斯州、亚利桑那州以及周边其他几个州的印第安保留地上钻井作业。这些公司源源不断地生产原油，将其输送到美国甚至全球市场，给印第安人留下的只剩失调的救助机制和绝望的贫困挣扎，而有关窃取原油的谣言已流传多年。

在华盛顿，参议院印第安事务委员会举行了一次非公开会议，投票决定成立一个特别调查小组来调查这些指控。[17] 参议员德孔西尼被选为特别调查小组的主席。亚利桑那州的另一位共和党籍参议员约翰·麦凯恩，以及来自南达科他州的民主党籍参议员汤姆·达施勒也加入了这个特别调查小组。

这是迄今为止影响最深远的调查之一。德孔西尼和他的同僚决定调查几家主要的石油公司、印第安事务局、当地的印第安学校以及部落首领。德孔西尼知道自己需要一位顶尖高手的协助才能完成这项工作。他需要像埃尔罗伊这样的人，既能组织协调好一支由律师和外勤特工组成的大型团队，又能监督指导杂乱无序、错综复杂的证据链搜集整理工作。

德孔西尼是幸运的，一个叫肯·巴伦的年轻律师最近正在找工作，他是"伊朗门"事件听证会的首席调查员，这个举国瞩目的调查主要针对美国向伊朗秘密出售武器一事。结束调查的巴伦正在寻找新的挑战——德孔西尼的调查恰好出现。

*****

1988 年春天，巴伦在国会山附近一条绿树成荫的人行道上走着，前往他的新工作地点。[18] 他路过一排低矮的砖砌小楼，这些小楼建造于华盛顿特区成立早期，当时的特区更像是一个沉睡的小镇，在立法机关休会期间空无一人。巴伦正在前往的地方就在这排古色古香的小楼对面，一座雄伟的九层建筑唤醒了华盛顿的所有力量，开启了一个新时代。这是哈特参议院办公大楼，巴伦最近刚开始代表参议院对发生在印第安保留地的违法案件展开调查，他担任首席调查员，他的办公室就在这栋楼里。

哈特大楼的正面是由黑色窗户构成的矩形网格，边缘是白色大理石，这是参议院机关部门的门面。巴伦和寻常的华盛顿上班族一样，跟着拥挤的人潮挤进哈特大楼正门。虽然从外面看起来不起眼，但大楼的内部却非常壮观。这是一个让人仅仅是因为每天能够在那里工作，便能感受到重要甚至强大的地方。即使在卫生间，小便池之间的隔板也是用白色大理石板制成的，大楼内的每个角落都有着静谧的权威感。

可以预见，巴伦在新职位上拥有相当大的权力。在不久之前，他领导的庞大调查团队完全占据了哈特大楼的第九层，其中塞满了工位和办公室。1988 年他才 33 岁，刚从法学院毕业不久，年纪轻轻的他就已经在美国参议院规模最大的调查行动中发挥了重要作用，这也是他引起参议员德孔西尼关注的原因。巴伦相信德孔西尼领导的特别调查小组真的致力于揭露真相，同样重要的是，他也相信参议院愿意为他提供所需的资源，于是他接受了对方的工作邀请。参议院没有让巴伦在这方面失望。当进入哈特大楼并乘电梯抵达九楼时，他走进了一间带套间的办公室，现在这里全部为他所用。

在调查初期，巴伦就意识到自己需要一名首席现场调查员，[19] 于是通过参议院向联邦调查局寻求帮助。该请求被发送给奥利弗·雷维尔，当时负责所有调查行动的联邦调查局副局长。收到正式请求的雷维尔，脑海中立刻蹦出一个人选：詹姆斯·埃尔罗伊。二人曾在俄克拉何马州一起工作过，他认为埃尔罗伊是处理高难度复杂调查工作的完美人选。"我见过无数调查员，而我认为詹姆斯是我在联邦调查局中遇到过的最好的。"多年后雷维尔说道。埃尔罗伊同意接受这项任务，很快便开始与巴伦讨论关于在印第安地区现场调查的计划，首先要做的就是与石油公司打交道。

*****

最初，巴伦决定锁定一些美国大型的石油公司——像埃克森和美孚 ①这样的石油巨头——作为他的主要目标。[20]《亚利桑那共和报》的文章暗示这些公司是原油窃取案的主要罪犯。巴伦带着处理"伊朗门"事件的激情开始接触这些公司，向它们发送了一堆传票，要求交出原本不公开的文件，希望这些文件能准确揭示石油巨头们如何买卖从印第安保留地开采的原油。

凭借传票，巴伦突破了《亚利桑那共和报》的记者们可能永远无法渗透的机密堡垒。[21] 他利用联邦政府的滔天权势，迫使石油巨头们交出那些记录了内部秘密的文件。

意料之中，很快就有电话打来了，电话那头的人并不高兴。巴伦开始从石油公司的豪华律师团队那里收到质询，这些收费昂贵的华盛顿知情人代表了埃克森、美孚或菲利普斯石油公司。律师们直接告诉巴伦，发这些传票会耗费大量时间和费用，得不偿失。他为什么要撒这么大的网？他在找什么？巴伦没有退缩，最终一箱箱来自石油公司的文件开始抵达哈特参议院办公大楼，巴伦的团队开始挖掘分析这些文件，并将其整理成数据文件。

果不其然，巴伦的团队没有得到预期的结果。事实上，逐渐拼凑出的完整画面让众人既惊讶又有些垂头丧气——这些公司完全没有窃油，它们的记录证明了这一点。比如 1986—1988 年，大型原油买家科麦奇公司在俄克拉何马州获得的原油比其实际支付的金额更少。[22] 用行业术语说，该公司每年都"短"了。在同一时期，康纳和石油公司也"短"了一年，而另外两年虽然"长"了，但也只多了个零头，在 1986 年"长"了 351 桶，在 1988 年"长"了 375 桶，数量小到可以忽略不计。同样的情况也发生在太阳石油公司身上。

很明显，《亚利桑那共和报》弄错了事实。但是当团队整理记录时，巴

---

① 20 世纪 80 年代末，埃克森和美孚分别是世界第二大和第四大石油公司。1998 年，埃克森以 810 亿美元收购美孚，两家公司合并后，埃克森美孚成为当时世界上最大的石油公司。——译者注

伦不断接到石油巨头律师代表的电话，并告诉他整件事的确有不为人知的内幕。律师说可以把真相告知巴伦，但他必须保证证词在接下来的几年内绝不会被公开。

"每个在印第安人的地盘上经营的公司都会告诉我们一件事：'我们没有偷油，但我们可以告诉你谁在偷：科氏工业集团。'"巴伦回忆道，"而且他们一致认为科氏工业截留的比例为 1%~3%。我问：'你们为什么不对此采取行动？'而他们的第一反应都是'跟科氏工业争这个只会造成更多的麻烦'。"

另一个令人信服的理由被石油公司一语道破：强大的市场力量让科氏工业的地位难以撼动，逼其发疯只会是场冒险。[23] 现有的这些油井其实并不是最好的井，它们分散于各个村落，处于开采后期，几乎不再喷涌，即使对于开采企业来说也很难保持盈亏平衡，而科氏石油公司是唯一愿意承接开采和运输业务的公司。像埃克森和美孚这样的生产商，除非迫不得已，否则它们并不想破坏自己与科氏石油公司之间的关系。

不只是透露内幕，如果巴伦的团队愿意深入调查此事，大型石油公司甚至愿意提供相应的协助。这是一个难以置信的联盟，1988 年的石油巨头们在美国经济中扮演着独特的角色，使它们在政治上具有腐蚀性。它们既是恶霸，又是生活中不可或缺的一部分。每个人都依赖着石油公司，但似乎没有人喜欢它们。这倒不是一件新鲜事——美国最早的主要石油公司恰好也是公众最讨厌的公司之一。标准石油公司由约翰·D. 洛克菲勒经营，他是 18 世纪末臭名昭著的"强盗贵族"，通过巧妙利用秘密成立的信托公司和空壳公司交织成的网络积累了大量财富，在石油行业中建立了无与伦比的垄断地位。洛克菲勒控制着供应端，迫使竞争对手破产，并与铁路公司达成秘密的"甜心交易"①。他用毕生心血缔造的垄断企业，由于缺乏透明度，成为"反托拉斯"运动的主要打击目标，政府甚至强制将标准石油公

---

① "甜心交易"，指对双方异常有利的交易（通常指非法或不道德的交易），而对第三方来说可能是件坏事。——译者注

司拆分为多家公司，① 迫使它们之间相互竞争。

但是洛克菲勒的负面影响到了 20 世纪 60 年代似乎已全部消散。那时的美国是一个石油井喷的国家。美国是世界上最大的石油生产国，似乎拥有无限的地质宝藏供应。石油是美国工业经济的主要能源，并成为其经济增长的原动力。深色的原油成为美国在世界上的特殊地位和无与伦比的经济霸权的体现。在那个时代，美国对石油公司产生了深刻的依赖，经济的好坏和油价的高低交织在一起。第二次世界大战之后的 11 次经济衰退，有10 次发生在油价飙升之后。可以预见的是，这种依赖性必然引发强烈的不满情绪。在 20 世纪 70 年代，公众对石油行业的不满情绪达到顶峰，但这次并不一定是"强盗贵族"洛克菲勒的错。

这次的导火索是日益增长的美国公众需求本身，24 再加上海湾地区石油生产国空前的权力运作，美国对石油的消耗已悄然超过现有供应水平，这使国家不得不依赖进口原油弥补差额。1973 年，一个名为石油输出国组织（OPEC，简称欧佩克）的卡特尔组织实施了贸易禁令，引发了国际原油市场前所未有的混乱局面。到 1974 年整个混乱局面结束时，油价已从每桶 3 美元飙涨到每桶 12 美元。

虽然 20 世纪 80 年代油价开始回落，但心理上的创伤从未愈合。美国人知道他们的经济现在被石油挟持了。20 世纪 50—60 年代，油价的稳定性消失了，取而代之的是一夜之间飙升的可能性，这个概念以前没有人真正思考过。油价飙升一词很快就被写入美国人的常用词汇表中，并带来一种全新的视角——石油公司被贴上了"充满掠夺性"的标签。在 1988 年，石油公司的利益和美国人民的福祉之间存在分歧。有一句格言是："多少年来，我始终认为对国家有利的事对我们通用汽车公司也有利，反之亦然。"② 石油

---

① 美国联邦最高法院 1911 年裁决标准石油公司违犯了《谢尔曼反托拉斯法》，将标准石油公司拆分成了 34 个独立的公司，埃克森的前身是新泽西标准石油公司，美孚的前身则是纽约标准石油公司。——译者注

② 这句话出自第二次世界大战期间担任通用汽车总裁、首席执行官的查尔斯·威尔逊，他曾于 1953—1957 年在艾森豪威尔主政期间担任美国国防部部长。——译者注

公司则体现出与这句格言完全相反的理念，对石油公司有利的事是以牺牲其他人的利益为代价的。

　　很多人怀疑石油公司正在以这样或那样的方式搞砸自己的生活，所以不难理解为何石油巨头们成为巴伦调查的核心目标。这是参议院印第安事务委员会主席、参议员德孔西尼的朋友、夏威夷州参议员丹尼尔·井上毫不含糊地传达给巴伦的信息。[25] 作为该委员会的主席，井上有权领导德孔西尼所组建的特别调查小组，也就是他在某种程度上领导着巴伦。他向巴伦明确表示，调查是为了发现以埃克森或美孚为代表的石油巨头的不法行为。相反，巴伦却在与石油巨头合作，诱捕当时无人问津的科氏工业集团。在巴伦看来，这是一个充满政治风险的举动，但这也是案件中所发现的证据指引他调查的方向。

　　去了趟波士顿后，巴伦的证据变得越发有力。[26] 他收到一条提示，说波士顿有个举报人也许能够揭露科氏石油公司涉嫌窃取原油的真相。这名举报人非常了解情况，他的名字是比尔·科赫，他是科氏工业集团首席执行官的亲弟弟。

　　巴伦了解到科氏工业集团是一家由家族控制的公司，是一个名叫弗雷德·科赫的人于 1940 年在堪萨斯州威奇托市创立的。弗雷德·科赫有四个儿子，其中三个儿子一直为家族企业工作，直到 1967 年弗雷德·科赫去世。在那一刻，地狱之门开启了。二儿子查尔斯接管了这家公司，他所扮演的角色管理着他的双胞胎弟弟大卫和比尔。很明显，比尔不想接受哥哥查尔斯的领导，他于 1983 年离开了公司。然后，他起诉大卫和查尔斯，声称自己应该从家族生意中得到更多补偿。

　　比尔的后续动作引起了巴伦的兴趣。比尔对巴伦的偶然发现展开了一项私人调查：科氏石油公司涉嫌从偏远地区的油井窃取原油。抵达波士顿后，巴伦在会议室里与比尔面谈了两个小时，仔细倾听比尔展示的与石油巨头们的证词相吻合的指控细节，科氏石油公司的盗窃犯罪行为广泛发生。比尔当然了解这些内幕，因为这是他在科氏工业工作期间发生的事。

整个故事很有说服力，但同时也让巴伦深感不安。[27] 比尔的证词由于是他对自家兄弟的起诉变得充满瑕疵，也由于这个原因，他不可能在公开听证会或法庭上成为一锤定音的证人。巴伦回到华盛顿召集了团队，给他们指明了方向：像传唤其他石油公司那样传唤科氏石油公司的人，虽然可以预想他们不配合的态度，但还是要拿出证据让他们不得不配合。不久，科氏工业的相关材料开始送达，装有公司内部文件的包裹被送到哈特大楼九层，由巴伦团队打开并开始分析。

巴伦团队从俄克拉何马州的石油销售情况入手，缩小了材料搜集的范围，在提高科氏工业配合度的同时提高调查人员的整理效率。[28] 科氏工业的财务报表直截了当到令人难以置信，数据被反复核查，但即便如此，它们也展示了同样的故事：1988 年，科氏石油公司在不支付任何费用的情况下获得了 1.42 万桶原油，每一桶出售都是净赚；而其他年份也是如此，1986 年和 1987 年，科氏石油公司的产量“超”了 240 680 桶和 239 206 桶。而其他石油公司中，超额排在科氏石油公司之后的是 1987 年的菲利普斯石油公司，超额 2 181 桶，仅占科氏石油公司当年超额的 0.9%。

通过这组数字，参议院调查组锁定了科氏石油公司的问题。随着调查人员不断深入，他们似乎发现一个旨在掩盖自身存在的组织。尽管科氏石油公司运营着巨大的原油管道网络和两个大型炼油厂（一个位于得克萨斯州科珀斯克里斯蒂，另一个在明尼苏达州明尼阿波利斯附近），但这家公司却鲜为人知，而这是有原因的。

首先，科氏工业做出了罕见的决定，即保持私有控股公司的组织形式，而不是成为上市公司在股票市场上出售公司股票。大多数公司在达到一定规模后都会选择公开上市，因为这样做可以让它们获得几乎无限的资金用于公司扩张和补充运营资金。然而缺点是，上市公司必须向公众披露大量信息，以便让投资者知道自己投资的是什么。上市公司需要公布其首席执行官的薪水、公司负债情况、每季度盈亏数，以及任何可能让投资者面临风险的信息。科氏工业显然认为，从华尔街获得的资金不值得让自己公开这些信息。

更令人困惑的是，该公司有着错综复杂的关联公司和部门网络。[29] 举个例子，其管道部门多年来一直以不同名称开展业务，例如"斗牛士"，而不是使用其母公司科氏工业的名字。如果不像上市公司那样向公众投资者公开资料，那么巴伦的调查人员就很难弄清楚科氏工业到底在哪里拥有些什么资产。科氏工业没有努力把自己打造成品牌，甚至没有在其运营的一些建筑物上架设公司标志，更不用说为了品牌营销花钱投广告了。科氏工业显然更喜欢暗箱操作。

科氏工业是难以追寻的目标，但巴伦相信，如果想进一步调查下去，就必须取得有足够说服力的证据。他与联邦调查局特工埃尔罗伊合作，草拟了一份针对科氏石油公司案件的行动方案。这是一个大胆的想法：埃尔罗伊和一个由经验丰富的油田工人组成的团队，在科氏石油公司员工的既定行程前抵达原油储罐放置处，预先测量储罐中的油量，然后坐等科氏石油公司的人来卸油。科氏石油公司的员工离开时会留下收发油单据，上面记载着公司运走的油量。如果科氏石油公司真的像之前的调查结果显示的那样超量运走了油，那么收发油单据上显示的油量应该比埃尔罗伊团队测量的要少。这就是为什么埃尔罗伊会在本书的开头被牛群包围，秘密拍摄科氏石油公司计量员作业的场景。

但实施这项计划有两大障碍。一是这些油罐都位于埃克森和美孚等石油钻探公司拥有的土地上，埃尔罗伊不能擅自进入这些地方开展油罐计量。二是不能确定科氏石油公司的员工到达并卸油的时间点。让埃尔罗伊每天24 小时、连续几个星期不间断地盯梢，成本实在太高了。

于是巴伦向石油巨头寻求帮助，[30] 虽然没有人愿意因为被占了便宜就公开攻击科氏工业，但他们非常乐意在幕后提供助力。即使现场监控录像在后来的参议院听证会上被公开展示，巴伦与石油公司之间的协议也从未被公开披露过。显然石油公司的人允许了埃尔罗伊进入他们的地盘开展行动，还透露了科氏石油公司油罐车的行程以便埃尔罗伊守株待兔。

在石油巨头的秘密帮助下，巴伦和埃尔罗伊准备对科氏工业发起指控。他们有大量的文件和图片证据，他们有科氏工业雇用的原油计量员的证词，是由埃尔罗伊完成采证的。

但巴伦认为他们还需要更多证据。因此，参议院开始传唤在威奇托的科氏工业的高级管理人员，要求他们在宣誓的情况下回答问题。之后，巴伦买了一张去威奇托的机票。在那里，他会亲自盘问刚刚被传唤的一位管理人员——首席执行官查尔斯·科赫，这家企业的实际控制人。

*****

带着一颗雀跃的心，威奇托机场越来越近。[31] 白天，透过飞机窗户可以看到堪萨斯大草原向地平线延伸，就像一幅不可思议的美丽画卷。整座城市被镶嵌在这片广袤的土地上，皎如日星，如同一颗颗小型宝石的白色建筑被大片居民区和工厂环绕。从城市边界向外，空旷得仿佛身处遥远的秘境边缘。

1989 年 4 月下旬，巴伦和他的助理律师威克·索勒斯来到威奇托，等待他们的是密集的行程安排。

4 月 24 日，这两位来自华盛顿的律师驱车前往科氏工业集团总部，计划与公司 11 名高级管理人员和雇员在宣誓的状态下面谈。[32] 路上，巴伦和索勒斯觉得自己可能被指错了路。威奇托最大、最赚钱的公司，竟然不在市中心的摩天大楼里办公。相反，巴伦和索勒斯沿着 37 号街一路向西，离市中心越来越远，直到他们抵达威奇托东北角的边缘。在 37 号街北侧，城市的扩张戛然而止，取而代之的是无边无际的大草原。他们的目的地在街道的南侧：一栋由钢结构和深色玻璃幕墙组成的低矮办公楼。

他们一大早就到了，第一波取证从上午 9 点开始。作为本次行程的重中之重，他们将首先问讯查尔斯。

像埃尔罗伊这样的基层调查员开始确信，查尔斯一定意识到他的公司从中西部油田获取原油量的价值远远超过所支付的价钱。这种行为在科氏工业很普遍，所以一定是由高层领导指示的，查尔斯不可能不知情。现在，巴伦有机会与查尔斯当面对质。

　　但他们得先进入大楼才行，这可不是一件容易的事。巴伦和索勒斯先是被拦在一个安全检查站，那里的保安要求他们出示证件，通过一个金属探测器。然后他们沿着长廊走进大楼，来到另一个安全检查站。第二次出示证件，又通过了一个金属探测器。他们沿着弯弯曲曲的通道走着，在建筑物错综复杂的内部穿梭，然后又是一个安全检查站。在巴伦看来，他们穿过了像同心环似的一层又一层的安检，渐渐深入核心区域，这一幕让他想起位于弗吉尼亚州兰利市的美国中央情报局总部。[33]

　　最后，二人被领进了一个没有窗户的会议室，与四位代表科氏工业集团的律师坐在一张桌子旁，其中有两名律师来自华盛顿，另外两名是常驻威奇托的科氏工业的代表律师。这个律师团队显然是由科氏工业的副总裁、公司首席律师唐·科德斯所领导的。

　　当查尔斯进入房间时，旁人几乎立刻就能意识到谁是这里的主人。[34] 周围的人对查尔斯很尊重，这种尊重似乎比下属对老板的尊重程度更深。查尔斯不仅是公司的老板，更是众人的领袖，周围的人不是听命行事，而是被他所激励自发行动。外界难以理解他对周围的人的影响，像巴伦和索勒斯这样的来访者不可能知道查尔斯花了几十年时间所建立起的员工对他的忠诚和钦佩，不可能知道他的管理研讨会——查尔斯为传授自己的经营哲学而举办的课程和讲座。

　　但二人依旧能清晰地感受到查尔斯散发出的绝对权威。他身材苗条，虽然年近 53 岁，但仍然拥有健壮的体格。他有一头浓密的金发，方正的下巴，明亮的蓝色眼睛。他隔着桌子坐在巴伦和索勒斯对面，盯着这两位从华盛顿来的客人。无论内心有何感想，查尔斯肯定都不会表露出来，但很明显他没有感到害怕。

　　"能说出你的全名吗？"巴伦开始了。[35]

　　"查尔斯·德加纳尔·科赫。"

　　"先生，你在科氏工业集团担任什么职位？"巴伦问道。

"我是董事长兼首席执行官。"查尔斯回答说。

董事长兼首席执行官，这不仅是一个职位，还是一个权力的象征，表示在科氏工业集团，没有人比查尔斯的权力更大。由于科氏工业是非上市公司，所以查尔斯的权力比普通的首席执行官更大。查尔斯和他的弟弟大卫是主要股东，他们买下了其他所有可能威胁到其控股地位的股权。人们可以批评查尔斯，但很难有人真的可以解雇他。只要他的弟弟大卫与他保持行为一致，查尔斯就能完全掌控整个公司。

巴伦当然感受不到查尔斯的影响力，他的声音中甚至可能带着一丝轻蔑。正如巴伦以前在许多取证和面谈中所做的那样，他开始连续不断地刨根问底。

"先生，贵公司 1988 年的总销售额是多少？"巴伦问道。

"我想大概是 100 亿美元。"

"公司去年的净利润是多少？"

"大约 4 亿美元。"

巴伦可能没有意识到这些基础的问题对查尔斯来说有多冒犯。这位首席执行官高度重视保护公司的秘密，一直小心翼翼地将科氏工业的真实财务状况隐藏在帷幕之后，公司的年营业收入是保密信息，盈利水平则被认为是最高机密。而巴伦完全无视了科氏工业的禁忌。

"所有业务中涉及原油采购业务的百分比是多少？"巴伦接着问。

"百分比是什么意思？"查尔斯反击道。

百分比是什么意思？巴伦大胆地定义了百分比这个词，以及它的含义。

"销售和利润，说个大概数目。"巴伦说。

查尔斯回答道："我估计可能是利润的 10%，销售额的话是 20%，这也是我自己估计的。"

巴伦递给查尔斯一套材料，正是在华盛顿震惊了巴伦手下那群调查人员的材料。这些都是科氏工业的内部数据，显示石油公司从油田实际运走的原油的价值远远超过其支付的价钱。巴伦想知道查尔斯面对这些证据会如何回应，他可能会说这些文件是伪造的，或者它们实际上没有准确反映出它们本应显示的内容。但查尔斯看了看数据，没有说出这些话。

"你看过这些文件吗？"巴伦问。

"看过。我通常看每季度的……"

"行了！"巴伦打断了他的话。

"……数字。"查尔斯说。

查尔斯表示，他没有去核实公司购买原油的月度数据"长"了还是"短"了。但他也并没有质疑这些数字的真实性。

巴伦乘胜追击，提到其中一份文件，问道："那么，在 1986 年第一季度标注的是什么？这些数字表明了什么？"

"嗯……路易斯安那州大约'长'了 2 000 桶"

"这就是说确实'长'了？"

"是'长'了。"

面对像巴伦这样的检察官，[36] 查尔斯刚刚做了两件关键的事情：一是他已经确认巴伦手上的证据是真实的，因为通过传唤获得的有关原油销售的数字是准确的；二是他还确认巴伦已经知道这些数字的准确含义，知道了科氏工业做的手脚。

随后，巴伦的提问试图证明查尔斯知道"长"的真正含义，这样，证词就不会模棱两可了。然而，查尔斯似乎对帮助巴伦证实这一点并不感兴趣，他重新分析了"长"的定义，似乎表明是巴伦没搞懂。这两个人反复讨论这个定义，直到巴伦最后问："换句话说，如果你买了油然后卖了油，如果原油储罐中的油比卖的油多，那么你就是'长'了，没错吧？"

"我不确定……"

"到底错没错？"

"我不确定我理解了'长'这个点。"

"好吧。你为什么不再解释一遍呢？你说的'超'了或'长'了是什么意思？"

"我不确定我能比刚才做得更好。"查尔斯回答。两人开始在房间内四处走动。

巴伦换了种方式，继续尝试提问："如果科氏石油公司购买原油，账面上买了 100 桶，实际买了 110 桶，那么在这个例子中科氏石油公司'超'了 10 桶，对吗？"

"那我们卖出去多少？"

"你为什么不先试试回答我刚刚提出的这个问题呢？"巴伦说，"这是准确的……"

"这是一个不完整的公式。我的意思是没有答案。你有两个未知数。"

"假设你卖了 110 桶。"巴伦说。

"好吧。你买了……"

"100 桶。"

"然后你卖了 110 桶？"

"对。"

"我马上就需要我的滑尺了。"查尔斯开玩笑地说道。

这种状况持续了很长一段时间，两人讨论了油量、库存水平，甚至假设的库存水平。房间里的其他律师开始插话，添加他们自己关于假设的库存水平的观察和疑问。

最后，巴伦的助手索勒斯也加入进来并开始提问。最终，他把查尔斯·科赫逼到了角落，针对"长"的定义引出了一段非常优雅的描述。

"我认为没有精确的测量方法。"查尔斯说，"但如果你只看美元计价，是的，我们得到的原油比我们实际支付的要多。"[37]

就知道是这样。查尔斯的原话是"我们得到的原油比我们实际支付的要多"。

但在查尔斯的证词中还有其他东西——他认为没有精确的测量方法。在采访一开始，查尔斯就打断过巴伦的话来强调这一点，并让人觉得这似乎是精于世故的原油计量员在作业现场犯了错误才导致数据出现偏差的。

"我的意思是，据我理解，在油田有很多小油罐，有很多不断变化的因素，这是一个充满不确定性的技巧。"查尔斯说。"不是所有人都是火箭科学家，"他继续说道，"我是说，技巧好的人。我说技巧好的人不是在暗示什么，虽然他们工作努力，但也不能完全说得到了严格的训练。"

这种自圆其说的论调与埃尔罗伊特工和科氏石油公司的计量员面谈时所听到的一切相互矛盾。计量员告诉埃尔罗伊，他们经常要面对自上而下源源不断做"长"的压力，自知如果不这么做，等待他们的结局就是被炒鱿鱼。他们不是计量错误，而是在遵守指令。这些指令显然是从科氏工业经理们口中的"持续改进"会议上传达出来的。在这一点上，巴伦开始施压。

"到底什么是持续改进？请准确回答。"巴伦问道。

"你有多少时间？"查尔斯反问道。

"你又有多少时间？"巴伦回应。

"持续改进理念是由一位名叫爱德华兹·戴明的统计学家发展出来的。"查尔斯说道，"他建立了一种基于统计学的理念，就是公司如何通过提升客户质量和自身生产力来提高竞争地位。"

查尔斯继续说了很长一段时间，谈到这个叫戴明的人，查尔斯似乎真的很佩服他。戴明的想法主要是围绕建立数学模型改进业务，利用模型不断地推动员工做出改进，诸如此类。

"这是一个长期项目，"查尔斯说，"正如（戴明）所说：'你将永远出不了院。'改善的空间永远存在，你也必须不断改进。"

关于戴明和统计学的题外话与巴伦正在深入挖掘的案件没有多大关系。查尔斯已经阐明了持续改进理念对计量员的影响。

"我们的政策是，尽可能准确，不能造成损失，在范围内尽量避免损失。"查尔斯表示。他否认公司有鼓励窃取原油的政策，但他也承认计量员会面临做"长"的压力。

面谈结束后，查尔斯站起来离开了房间，沿着过道最终回到他的办公室，那是一个巨大的套间，站在房间里，堪萨斯大草原的广阔景色一览无余。

巴伦在科氏工业的总部大楼内部工作了一整天，他和索勒斯采访了十几位科氏工业集团的高管，不知不觉中，案件已具备提交给参议员的条件，提交至美国司法部的证据链也逐渐完善。

在漫长的一天结束后，巴伦和索勒斯收拾好材料离开威奇托。他们搭乘飞机返回华盛顿，回到哈特参议院办公大楼的九楼继续工作。

但即使他们在科氏工业总部待了那么久，即使他们花了那么多时间在科氏工业的仓库里翻箱倒柜寻找机密文件，即使他们花了那么多时间亲自与查尔斯面谈，巴伦和索勒斯也无法回答案件中最令人费解的问题。而在参议院委员会就科氏工业的所谓原油窃取案举行的公开听证会上，参议员德孔西尼本人提出了这个问题。

在听证会的某一刻，[38] 正在质询埃尔罗伊特工的德孔西尼突然停了下来，脸上写满了困惑，向这位联邦调查局的探员问出了所有问题中最关键的一个：

"查尔斯·科赫是谁？你能解释一下吗？"

第 2 章
动荡时代的开始：查尔斯继承家业
（1967—1972 年）

1967 年 11 月中旬的一个星期五，[1] 还有一个星期就是感恩节了。一位名叫弗雷德·科赫的千万富翁手中的枪已上膛，在野外狩猎用的伪装帐篷中等待野鸭的出现。

弗雷德是个大块头，性格也很强硬。[2] 他就是那种美国中西部人所说的一看就"非同凡响"的人，气场强大到一进房间就能影响屋内所有人。毫无疑问，他就是传说中天生自带气场的男人。他是一名工程师，一位企业家，一个自诩的爱国者。在 67 岁那年，弗雷德建立了一个由许多小企业组成的企业帝国。一家家小企业就像快速旋转的轮轴，弗雷德作为这个帝国的主人，就是串联各家企业的中轴。他是一家正在逐渐发展壮大的公司的董事长，他是一个叫作"约翰·伯奇协会"的右翼政治团体的联合创始人。[3] 他是一个自费出书的作家，通过邮寄的方式以每本 25 美分的价格出售充斥着反共内容的小册子。他也是四个吵吵嚷嚷、冰雪聪明的男孩的父亲，努力向孩子们灌输自己认为最重要的价值观：智慧、努力工作、正直和进取心。

如果说弗雷德的日常生活充满欢声笑语，那么他在那个 11 月的星期五则是完完全全地沉默。也许这就是为什么他出现在位于犹他州奥格登小镇外的熊河附近的狩猎帐篷中，一个离他在威奇托的家 1 000 多英里的地方。

这个地方的自然风光美到令人叹为观止。当面朝东方时，游客可以看到高峻陡峭的山峰拔地而起，形态各异的山峰长年被白雪覆盖。而转向西边，起伏的山峦好像突然被敲平了似的，游客可以看到由牧场和盐碱沼泽地组成的高原平地。大盐湖就在附近，周围闪闪发光的沼泽地吸引了大批从黄石公园和爱达荷州的森林向南迁徙的野鸭。

大牧场以一种特殊的方式与弗雷德"交谈"着。[4] 他拥有数千英亩①的牧场，这片土地将传给他的儿子们，再继续保留数十年，他们知道这片土地对于父亲意味着什么。牧场是一个无拘无束、可以放飞自我的地方，也是一个必须不断劳作的地方。无论是家族企业还是商业机构，在这里的成败完全仰仗于牧场主的职业道德和经营能力。经营一家牧场最需要坦荡的胸怀，因为牧场往往位于美国最开阔、最自由的乡村地带。或许弗雷德去熊河是为了在规划他的生意和生活的同时，又可以享受一点点安静的时光。他的商业帝国由一系列复杂的关联企业组成，有炼油厂、输油管道、生产厂家，以及他心爱的牧场。熊河是一个可以逃避一切的地方，一个可以把自身抽离出来思考问题的地方。这是一个适合男人厘清思路的地方，在这里他可以专注于规划未来，然后回到现实世界开始执行。考虑到弗雷德的生平，我猜测当他扫视地平线时，他很有可能在一边考虑这些事情的同时，一边等待排成"V形"的野鸭群出现在视野中，看着它们盘旋，看着它们寻找着陆的地方。

弗雷德和一个野外向导一起待在狩猎帐篷里，向导主要负责帮他照看武器等补给。根据科赫家族的传统，弗雷德瞄向天空，开了一枪，一只野鸭盘旋掉落，这枪法让他自己也赞叹不已。

突然，弗雷德重重倒下，不省人事。即使最近的医院也显得遥不可及。负责装子弹的向导当时一定急得像热锅上的蚂蚁，却什么也做不了。弗雷德死在了山脚下，仿佛眺望着那片盐碱沼泽地和牧场。

从那时起，他脑中的所有计划都随之湮灭。从今往后，他的公司和家

---

① 1英亩 ≈ 4 047 平方米。——编者注

人只能独自前行，再也得不到他的引导了。

就这样，一家之主走了。

弗雷德的突然离世并不是故事的结束，而是开始。这是科赫家族第一次进入动荡的时代，稳定的局面第一次被打破，每个人都争先恐后地寻找解决问题的办法，巨大的不确定性如同千斤重担压在他们的肩膀上。有一个人，比其他任何人都想要弄清如何在这个情况下稳住局面并最终脱颖而出。那个人就是弗雷德的次子——查尔斯·科赫。

*****

查尔斯对一段记忆印象深刻，那就是他坐在威奇托一所公立学校的教室里，看着老师在黑板上写数学题。那年，他小学三年级。他永远记得其他学生是如何提问的，老师又是如何不断地向他们解释硕大的白色数字和符号之间的关系的。[5]

这让查尔斯感到困惑，他不明白为什么其他孩子会对老师所讲的内容感到难以理解。"我对当时的画面记得非常清楚。那时候大多数事情都记不起来了，但这件事我却记得很清楚。"他后来在一次采访中说道。"所有其他孩子，或者他们中的大多数，都很挣扎……这是为什么呢？我问自己，"他回忆道，然后笑了，"答案很明显啊！"

就在那个时候，他意识到自己拥有数学天赋和工程师的头脑。他能清楚地看到一套规则，那是数字的语言，在一个独立的领域中完美存在着，无论人们能否理解它。数学并不会因为一个人的挣扎而改变。数学是完美的，而查尔斯有数学天赋。

*****

查尔斯对父亲的去世没有想象中惊讶。[6]弗雷德病了很多年。事情是突然的，但也并非出乎意料。

当这个悲伤的时刻来临时，查尔斯有了一个想法，一个他谋划多年的想法。

在他童年的夏天，科赫全家都会去威奇托乡村俱乐部。[7]那里有游泳池、俱乐部会所和绿岭高尔夫球场，所有的一切都隐藏在这个远离城市喧嚣的小绿洲里。由于自家离乡村俱乐部很近，科赫家的孩子们从青少年时期开始每年夏天都会去乡村俱乐部的游泳池里玩耍，度过漫漫酷暑。这是一个城里富裕家庭的孩子们挥霍着夏日时光，把消费账单记在父母账上的地方。可以设想，一旦到了晚上，十几岁的查尔斯就可以在俱乐部里和小伙伴们一起偷偷喝酒，或者在墙上镶嵌着雅致抛光硬木的私密房间里打牌。

而查尔斯在成长过程中远离了这种形式的暑假生活。[8] 据了解，他尽可能地待在自家后院，远离乡村俱乐部。弗雷德觉得过多的闲暇时光会影响查尔斯的品格，所以一路向西，把他送到了自己深爱的牧场。十几岁的时候，查尔斯就学会了骑马，这听起来或许很不错，甚至有点浪漫主义色彩，但事实并非如此。对于查尔斯来说，学骑马更像是学习如何驾驶叉车。他的任务是在马背上单调地连续骑几个小时，检查围栏，防止牛偷偷跑到牧场外游荡。在那些夏天的晚上，他和其他牧场工人一起睡在小木屋里，牧场工人有着像"苦根花鲍勃"之类的名字——叫这种名字的人听起来就像从来没去过乡村俱乐部这么高大上的地方。

这就是查尔斯童年的节奏，工作、上学，然后再回去工作，这是父亲设定的节奏。查尔斯开始变得叛逆，直到他十几岁时遇到了麻烦，被送到印第安纳州的一所军事管理式预科学校，之后他开始收敛自己直到高中毕业。1957 年，他进入麻省理工学院攻读工程学学位，就像他父亲以前一样。

但即便如此，查尔斯的内心始终充满叛逆。他不满足于追随父亲的脚步，毕业后没回到威奇托，而是留在波士顿东部自己找了一份工作。弗雷德恳求查尔斯回家参与家族生意的经营。[9] 生意越来越大，弗雷德想要一个有能力的儿子替他分担。这些生意包括拥有炼油厂和输油管道的岩岛石油和炼油公司，经营着大片牧场的斗牛士牛业公司，以及为炼油厂和化工厂生产专用设备的科氏工程公司。弗雷德想把这些公司交给一个有管理能力的人，而他明确表示这个人就是查尔斯。

但是查尔斯拒绝了。他很高兴自己能在更广阔的世界中有所成就。弗雷德是一位专横的父亲、一个有着强烈个性的人，他对这个世界如何运作以及一个男人应该如何行事有着别人无法动摇的信念。查尔斯在波士顿开始了新的生活，在著名的理特咨询公司从事管理咨询师的工作。他知道，如果自己回家，就将永远生活在父亲的阴影下，必须服从父亲的权威。

"我当时在想，天哪，如果我回去了，他不会让我做任何自己想做的事，他会让我窒息的。"几十年后，查尔斯在接受《威奇托鹰报》的采访时回忆道。[10]

当发现无法说服儿子回家后，弗雷德开始心怀愧疚。他告诉查尔斯，如果不回来继承家业，公司就会被出售。这位一家之主知道自己的身体不可能永远都保持健康，如果查尔斯不想接班，他就只好把公司卖掉了。

不知是出于内疚感、责任感，或者只是想通了，查尔斯最终让步了。1961 年，他回到家，加入了父亲的公司。随后几年，弗雷德赋予查尔斯的权力越来越大。[11] 查尔斯从科氏工业的工程部门干起，渐渐地，弗雷德放弃了工程部门的总裁一职，并将头衔移交给查尔斯。1966 年，弗雷德在更大规模的岩岛石油和炼油公司做了同样的事情，让查尔斯成为该公司总裁，这家公司是家族财富的主要来源。不过弗雷德仍然是董事长，在查尔斯之上保持着对公司的控制。

1967 年 11 月 20 日星期一，[12] 查尔斯参加了他父亲的葬礼。追悼会在唐宁东区殡仪馆举办，随后弗雷德的遗体被火化。威奇托的商界显贵都到场向弗雷德表示敬意，也送上了对遗属的安慰。当然，在人群中最突出的是弗雷德优雅的遗孀玛丽·科赫，一位稳重美丽的女人，她对当地艺术事业发展的有力支持得到了整个威奇托的承认。

然后是科赫夫妇的孩子们，四个男孩并排站着，令人印象深刻。他们身材高大，站直了都在 6 英尺以上，与大多数人交谈时都在俯视对方。他们都很英俊，有着从父亲那里继承来的健硕身材和方下巴。按理说长子弗雷德里克·科赫应该是公司的继承人，但是弗雷德里克（大家都喜欢叫他弗雷迪）从来都没有对家族生意——或者任何生意表示过感兴趣。[13] 他喜欢艺术，大学时学的戏剧而不是工程学。弗雷迪很早就离开了家族企业的轨道，当弗雷德去世时，弗雷迪正在纽约教授表演和戏剧创作课程。

弗雷迪之后是查尔斯，他承担起了长子应当继承家业的角色。

最后是科赫家最年轻的两个男孩，一对异卵双胞胎，分别叫大卫和比尔。跟查尔斯一样追随父亲的脚步，这对双胞胎都考上了麻省理工学院。父亲去世时大卫已经毕业，在纽约从事化学工程师的工作。他不仅个子高，而且拥有明星运动员的肌肉体格，在麻省理工学院打过篮球，还是校队队长，在学校球队效力期间场均砍下 21 分和 12 个篮板，这使他毕业时成为学校得分最高的球员。他还创造了单场比赛得分的最高纪录——41 分，这一纪录 46 年没有被打破过。比尔也加入了球队，但他没有大卫的天赋。比尔个子稍矮，在球队的板凳上待的时间更多。当弗雷德去世时，比尔还在麻省理工学院攻读博士学位。

查尔斯是当时唯一一个已经在家族企业工作的孩子。在弗雷德·科赫的葬礼上，他独自站着，没有跟其他兄弟一起。父亲的商业帝国——弗雷德生前打拼积累的一切——所有的一切，突然间都留给了查尔斯来管理。那年他 32 岁。

*****

关于家族生意有种说法：在一个成功的家族企业，第二代注定要毁掉一切。查尔斯痛苦地意识到了这种偏见的存在，他想证明自己可以继往开来。他开始独自管理公司，每天都早早地来到办公室，并且待到很晚，在周末也坚持工作。对查尔斯来说，在星期日下午给员工打电话，要求他们到办公室开会的情形司空见惯。

他不仅努力地工作，而且是目的明确地工作。[14] 即使在 1968 年初，也就是他父亲去世后的几个月，他都坚持这样工作着。很明显，查尔斯对自己和兄弟们刚继承的这家公司有着惊人的雄心壮志，同时也有脚踏实地的规划。他争分夺秒地执行着自己的计划，试图从根本上重塑弗雷德一生中所建立的一切。

第一步是重塑组织结构。[15] 查尔斯几乎立刻开始着手重组弗雷德留下的大批关联公司。一堆乱七八糟的公司，包括工程公司、原油集输业务、输油管道、牧场等，它们很快被焊接成一块铁板，成为单一公司实体。

第二步是重塑物理构造：公司将搬入一个新办公大楼里。[16] 在弗雷德去世之前，公司在市中心一座以他的名字命名的大楼内办公。但巧合的是，在弗雷德去世后，这座建筑正好为了给城市重建项目让路而计划被拆除，取而代之的是位于城市东北角的新总部大楼，查尔斯负责该项目的建设工作。新建的综合体包括一座办公楼和一个中型工厂，工厂用于生产炼油设备等产品，查尔斯将在这里塑造他理想中的新公司。之后的 40 年，办公区域一直在缓慢扩大：在 1967 年还是一片草原的地方改为了停车场，在工厂北面建起了一座低矮的办公楼。这座坐落于 37 号街一个偏僻地带的综合体当时还只是一块空地，这更便于查尔斯画出他的设想并加以实现。

第三步是重塑个人。[17] 在查尔斯身边，有他父亲留下的"老臣"，其中一些人可以为查尔斯所用，最关键的人物叫斯特林·瓦尔纳。

与弗雷德一样，瓦尔纳同样身材高大；不仅如此，他还有着与端庄大方的外貌相匹配的鲜明个性。公司上下都知道，瓦尔纳是一个非常友善且平易近人的人，每当他穿过科氏工业新办公楼的走廊时，都会停下来与各个级别的员工交谈。他记得公司每个人的名字，经常花时间了解大家在干些什么。无论员工的职级如何，他都会让员工觉得自己对公司很重要。"有的人能带来这种感受——让你就是想跟他一起工作，并和他待在一起。斯特林就是这样的人。"罗杰·威廉斯回忆说，他与瓦尔纳在科氏工业共事多年。

瓦尔纳家境贫寒，在得克萨斯州和俄克拉何马州的采油区里长大，人们经常听到他讲述在钻机上工作、在帐篷里睡觉的生活经历。公司一位名叫多伊尔·巴尼特的雇员回忆，有次瓦尔纳开车经过俄克拉何马州的农村地区，看见一个流浪汉在路边，他说道："感谢上帝的恩典，让我离开了这里。"

　　瓦尔纳不仅仅是一个顾问，查尔斯在成为公司老板之初就仰仗着他。[18] 瓦尔纳弥补了查尔斯所缺乏的温暖感和个人魅力。查尔斯并不专横，他从不贬低为自己工作的人，但他没有平易近人的气质。查尔斯很安静，但有时这种安静令人尴尬，他似乎认识到了这个缺点，并利用与瓦尔纳保持亲近来弥补自身的不足。

　　查尔斯在依靠像瓦尔纳这样的人夯实新公司基础的同时，自己也开展了一些关键工作。他认为有客观规律支配着物理世界中发生的一切，有的规律被物理学家和化学家很好地理解了，然而一定还有尚未被发现的规律支配着人类世界。他以工程师的思维审视这个世界，试图找寻这些规律。

　　"这是一个有序的世界，一个物质的世界，它遵循着某些特定规则。我想，对于人们应该如何更好地生活和工作也是同样如此吧。"查尔斯回忆道，"所以我开始尽可能地从这个角度来思考所有事情。"[19]

　　查尔斯读了卡尔·马克思等社会主义思想家的著作，也读过历史、经济学、哲学和心理学方面的书籍。[20] 但相较于宽泛的研究范围，他关于世界的结论似乎都是基于成长过程中所经历的意识形态领域。小时候，查尔斯的父亲经常用自己在斯大林时期帮助苏联修建炼油厂的故事逗查尔斯和他的兄弟们开心。他给孩子们留下了国家在过度干涉人们的正常活动时会产生诸多弊端，并且难以避免贪功致败的印象。

　　查尔斯开始迷恋经济学家和哲学家的思想，特别是路德维希·冯·米塞斯和弗里德里希·哈耶克的思想，这两位奥地利学者在 20 世纪三四十年代完成的大量研究对后世持续产生着重大影响。随后几年，查尔斯被称为自由主义者或保守主义者，但这些都是不完美的标签，都没有捕捉到他真实的世界观。最重要的是，他信奉奥地利学派经济学，或者他喜欢称之为"古典自由主义者"。哈耶克特别提出过资本主义的激进概念和市场在社会中的作用，他的思想对查尔斯产生了深远的影响。

　　在哈耶克看来，政府行为无论善意与否，其结果都是无法治愈市场造成的"疾病"，甚至最终会导致更多人受苦。[21] 最著名的例子是在哈耶克的家乡维也纳的一个著名事件：房租管制政策。为了帮助租房的人，政治家们设定了租金上限。虽然这一政策是出于好意，但哈耶克描述了一长串意想不到的后果：这些管制措施使房东将现金再投资于公寓的行为变得无利可图，久而久之这些公寓变得越来越脏；由于缺乏新建公寓的动力，住房短缺的状况从临时性变为永久性；因为负担不起面积更大的公寓，一大家子人被困在小公寓里。哈耶克说，这证明了一个简单的观点：在一个自由市场的挂毯上剪断一根线，即使初衷是为了帮助人们，最终也会导致整张挂毯解体。

哈耶克是市场自我调节理论的忠实信徒。他认为自由市场比民主制度本身更重要、更有益。市场能够调节地球上每个人的所有愿望。当人们进入市场时，他们的需求会立即为他们想要的东西定价，市场也对他们能够提供的东西（比如劳动力）定价。这些价格不是国王规定的，相反，它们来自供求关系的推动和拉动。自由市场的价格是人类对现实最真实的评估。此外，政府从未真正实现在人们有冲突的需求之间进行调节。在错综复杂的社会中，不可能让所有人先达成某种共识，然后政府再通过法律来执行。法律法规这种工具对于自然世界问题的处理毫无用处，因为自然世界总是处于变化的状态中。法律是静止的，世界是流动的。哈耶克认为，只有市场才能对现实世界的迅速变化做出反应。

如果市场是哈耶克的信仰，那么企业家就是他眼中的圣徒。他认为企业家代表了适应和效率的生命线，发现了新的做事方式，创造了新产品、新技术，当旧订单萎缩时会发掘新需求。

查尔斯也相信这一点。从科氏工业集团早期发展开始，查尔斯就试图培养及储备大量的企业家型员工：他们会保持开阔的视野，不断地学习，并抢在别人之前发现新的机会。这就是为什么查尔斯和瓦尔纳第一个也是最重要的工作之一就是，为公司注入新鲜血液。

他们俩很快就开始网罗最聪明的人才。

*****

罗杰·威廉斯是美孚石油公司的工程师，[22] 该公司位于得克萨斯州休斯敦市的郊区。威廉斯早在 20 世纪 60 年代初就为弗雷德工作过，后来离开科氏工业独自创业。创业失败的他接受了美孚公司的工作邀请，并在那里一直工作至 1968 年。在当年某次管理层会议上，威廉斯接到了瓦尔纳的电话，他们多年前在一起工作过。瓦尔纳说，自己现在向威廉斯发出工作邀请，希望他搬到威奇托帮助运营科氏工业的管道系统。威廉斯礼貌地拒绝了。他对自己在美孚公司的工作很满意，觉得没必要跳槽。

瓦尔纳告诉他："可是你还没有见过查尔斯呀。"威廉斯回忆着。的确，他从未见过弗雷德的儿子。在瓦尔纳的建议下，威廉斯去了一趟威奇托与查尔斯见面，最初他只是想随便聊聊，听听查尔斯会说些什么。然而这次会面后不久，他就辞掉了美孚的工作，搬到了堪萨斯州。

威廉斯的第一个任务是在阿拉斯加州北坡地区附近新设一个办事处，科氏工业将在那里成立一家航运公司。查尔斯和瓦尔纳来视察他的新业务，并邀请威廉斯一起搭乘公司专机回威奇托。在飞越阿拉斯加植被茂密的山坡时，三个人开始讨论一个棘手的问题：应该给新公司起什么名字？查尔斯和瓦尔纳成功地将弗雷德经营的许多业务合并成一家公司，现在需要给这家新公司起个名字。为什么不直接叫科氏工业集团？这个名字是向查尔斯已故的父亲表示敬意，而且对于一个业务已经非常多元化的企业来说，这个既简洁明了又包罗万象的名字也显得很合适。

然而查尔斯·科赫对这个想法并不热衷，在公司名称中挂上自己姓氏的想法似乎让他很尴尬。[23] 如果让公司叫这个名字，就意味着他的名字将出现在信头，刻在公司总部外的牌子上，并从每个为他工作的人的嘴里说出来，这一切似乎与查尔斯的天性格格不入。但是威廉斯支持以"科氏"命名公司，在他看来，这样命名的好处在于它足够中性——就像埃克森公司那种中性。对于许多行业来说，中性是敌人，像可口可乐这样的公司花费了数百万美元来确保自己的名字不被人遗忘。但石油行业却有所不同，因为在许多经济领域的大事件中，大型石油公司常常扮演反面角色。

当看到"科氏"这个名字时，人们几乎都会读错，当听到这个名字时，人们更是经常将其与可口可乐混淆。对于一家寻求增长——而且是成倍增长，但同时又希望保持低调的公司来说，"科氏"这个名字可以扬起一面完美的旗帜。1968 年 6 月，查尔斯宣布，他将父亲留下的产业合并成一家公司，命名为科氏工业集团。

*****

在威奇托时，查尔斯和瓦尔纳在公司新办公室里会见了威廉斯，这就是威廉斯了解查尔斯的公司重组核心战略的地方。[24]

弗雷德持有的零散股份将被整合起来，不过为了让新公司更加灵活，采取了松散的方式。新公司将划分出一系列部门，这样相较一个个独立的公司更容易管理。成为单一实体后，这些部门将与一个简单的目标捆绑在一起：增长。

科氏工业集团的增长方式反映出瓦尔纳的商业模式。瓦尔纳是"机会主义者"，[25] 科氏工业的员工用这个词来形容瓦尔纳，意味着他总是在寻找与公司主业相关的新交易。例如，当科氏工业开展天然气运输业务时，瓦尔纳会推动公司在俄克拉何马州梅德福市专门建造一座天然气精炼厂，将天然气加工成液体副产品。通过这种方式，科氏工业可以在已有业务的基础上进行扩张。天然气精炼厂，或者他们所说的"分馏塔"，则成为一台巨大的赚钱机器。

瓦尔纳鼓励公司诸如威廉斯一类的高级管理人员也以同样的方式思考。威廉斯被告知他的工作不仅是埋头耕种好自己的一亩三分地，而且要着眼于未来，不断审视周遭的变化并寻找新的机会。更关键的是，瓦尔纳告诉威廉斯，要把这种心态传导给他手下的所有人，包括管道工人、工程师、原油计量员等，所有人都需要在日常工作中寻找新的业务机会，每个人都应该表现得像从事并购工作的企业家。

"当你的想法在为你工作的人中传播时，你就有了那些睁大眼睛努力寻找机会的计量员。奇思妙想会随之产生。如果你有几千名员工在找寻契机，你总会得到一些有用的东西。"威廉斯说。

查尔斯和瓦尔纳每季度召开一次会议，评估各部门经理在这方面的表现。他们希望威廉斯在汇报管道业务情况的同时也提出他在该领域发现的新的"高质量投资"。

这些会议慢慢形成了一套流程：像威廉斯这样的经理会提出一些新的投资建议，然后问答环节就开始了。查尔斯的提问总是单刀直入，而且一个接一个，没完没了。经理们明白自己必须准备好回答所有可能出现的问题。如果某个经理无法给出答案，这个议题就会被中止，直到他带着答案回来。[26]

科氏工业集团的工作节奏开始围绕着这些季度会议展开，向每一位经理和基层员工持续传达着一个信息：增长。

公司的增长目标很快被传达至集团最偏远的角落，比如路易斯安那州南部的河口地区，科氏工业的管道业务和原油集输业务集中于此。从弗雷德手中传下来的集输业务仍然是公司的根基所在，科氏工业正在从路易斯安那州这片石油资源蕴藏丰富的土地上源源不断地攫取财富。科氏工业的一位新员工——名叫菲利普·杜博斯的年轻原油计量员，很快就发现了攫取这笔财富的办法。

从威奇托发出的指令成为杜博斯日常工作的一部分，并且以不光彩的方式永远改变了他。这些指令也引起了肯·巴伦和美国参议院委员会的注意，最终导致对科氏工业集团涉嫌窃取印第安保留地的原油进行调查。[27]

*****

1968年，菲利普·杜博斯在路易斯安那州农村的一家食品杂货店工作，他的前途看起来并不光明：年近30岁，没上过大学，已婚，有3个孩子。[28]他长大的地方失业率长期居高不下，在那里许多人断断续续地打着零工，大部分收入来源都不太光彩。虽然难以置信，但是杜博斯在接下来的20年里通过科氏工业集团内部晋升通道一级级爬到高级管理层，并在那里掌管着美国能源基础设施中举足轻重的一部分。

杜博斯热爱工作。他的母亲是一位勤劳的农妇，从小就教导他一种信念：只要努力工作就会有相应的回报。他的父亲是一家石油公司的经理，认为周末只是在办公室以外工作的时间。杜博斯在高中毕业后就结婚了，并于 1962 年，也就是高中毕业后一年受到感召毅然参军，所以没有读过大学。时任美国总统约翰·肯尼迪大力倡导公共服务精神，再加上古巴导弹危机等事件的发生，使杜博斯觉得入伍当兵势在必行。他参加了越南战争，退役后回到家乡，找了一份在当地的连锁食品杂货店担任经理的工作养家糊口。

有一天，在店里打工的一个十几岁的少年请求杜博斯增加自己的轮班时间。杜博斯告诉那个男孩，自己可以同意他增加轮班的请求，前提是他得拿出成绩单，保证自己的学习成绩不会因工作时间增加而下滑。这个小小的决定改变了杜博斯的人生轨迹。这个少年的父亲叫唐·卡明斯，杂货店经理非常关心儿子的学习成绩这件事让他印象深刻。卡明斯向杜博斯表示感谢，并且邀请他来当地一家名为"岩岛石油"的公司工作。卡明斯的提议非常具有吸引力，岩岛石油虽然名不见经传，但它的母公司是威奇托的一家企业集团，属于富裕的科赫家族。

石油公司在墨西哥湾沿岸地区普遍受到尊重。大多数河口城镇的经济状况都与稻谷收成密切相关，农业有丰歉周期，而石油业务则收入稳定，工资也不错。杜博斯知道这一点是因为他父亲曾是苏必利尔石油公司[①]的工程师，当地人在闲聊时甚至都称苏必利尔为"高级石油公司"。在 20 世纪五六十年代，路易斯安那州拉斐特周围的沼泽地就像美国石油工业的缩影。换句话说，那是一个遍布自喷井的地方。沼泽湿地下和海湾外都有大量的石油沉积，地平线上布满了油井。整个 20 世纪 60 年代，全国范围内的石油开采量不断增加，石油价格则逐年缓慢下滑。

科氏工业聘请杜博斯作为原油计量员。[29] 他的工作是在收集原油之前测

---

① 苏必利尔石油公司于 1921 年在加利福尼亚州成立，主要在美国得克萨斯州、俄克拉何马州、内布拉斯加州、路易斯安那州和委内瑞拉从事石油的勘探与开发业务，1984 年被美孚石油公司收购。——译者注

量每个油罐中的油量，然后将原油泵到驳油船上，运到接入原油管道的地方，从那儿输送到炼油厂。杜博斯大部分时间都在河道上度过。他驾驶着能在几英尺水深中航行的小型驳油船，这是一种适合在沼泽地中穿行的船。他熟练地驶过极其纤细的水道，避开柏树桩、岩石和泥泞的浅滩。他从一口油井赶赴下一口油井，从大型油罐中收集原油。收集了几个油罐后，他把原油运到科氏工业的一个码头，在那里把原油送入管道中，或者送入一艘更大型的驳油船再运到别处。

从油罐卸油之前，杜博斯必须先测量里面到底有多少油。测量有一套严格的标准化流程，被编纂在美国石油协会出版的行业标准中。然而，这些标准没有强制力，科氏工业并没有遵循这些标准。杜博斯说他曾被指示过直接取走原油。

科氏工业油品测量法遵循几个简单的步骤。[30]首先杜博斯会放下他的量油尺，看看罐子里的油有多深。如果量油尺显示是15英尺2英寸①，那么杜博斯就会记录为15英尺1英寸，这1英寸就被他神不知鬼不觉地拿走了。这个操作被业内称为"切顶"。

然后他会测量原油的"重力"指标，这决定了原油的质量。在美国石油协会重力指标中，最高品质原油的重力指标介于40.0~44.9。杜博斯会捏造数据，将其所测的数值改为该范围之外。这样，就算质量达标，科氏工业也会向石油生产商支付更低的价格，比如假设测量值为40.0，那么杜博斯会记录为39.2。

卸空油罐后，杜博斯会测量油罐剩余液面高度，并记录科氏工业取走的油量。假设杜博斯测量出剩下14英寸的油，他会记录为15英寸，实际支付较实际取走的原油又少了1英寸。这种操作则被称为"盘底"。

杜博斯死记硬背地掌握了科氏工业的方法，估计通过使用这种方法，他从每个经手的油罐中多获得了10~12桶原油。这只是小手段之一，但足以确保他每个月底都会"超"。这些额外获得的油量会随着时间的推移而不

---

① 1英寸≈2.54厘米。——编者注

断累积增加，公司所有同事都在做此类操作。

杜博斯的上级领导会对比油罐交接时的原发数量和送入管道或终端的实收数量。虽然由于原油本身的特征这些数字可能无法精确匹配，但假如最后原发数量和实收数量差值明显"超"了，就能说明计量员通过篡改测量数据让科氏工业占了便宜，因为在运输的过程中原油量不可能自然增加。

每个月末，科氏工业都会将原油收集情况制成表格，每个计量员的收集数据一目了然，结果会全部公布，当然也包括杜博斯所在的分公司。[31] 如果某个计量员一直"不足"，上级领导就会责备并要求他弄清问题原因。而保持"超"的计量员则不会碰到任何麻烦。

杜博斯当时的上级经理是多伊尔·巴尼特，当他回忆起鼓励员工"超"的原因时说道："你当然想让公司继续经营下去，假如我是公司老板，我想也会宁可做'超'也不愿做'短'。"[32] 科氏工业在全国各地的经理都普遍认同他对"超"的看法。科氏石油公司负责监督得克萨斯州和新墨西哥州的经理基思·朗霍弗后来也向联邦调查人员透露，他也鼓励手下计量员以做"超"为目标做好工作。[33]

"我认为我们可能会采取激进的方式购买原油。我们当然不想做'短'。"朗霍弗在宣誓的状态下说道。如果员工表现欠佳就会受到处罚或降职，如果一直做"超"，按照朗霍弗的说法，公司"什么都不会对他做"。

很明显，科氏工业的做法不是行业通行做法，新进员工会对这种做法表示震惊。事实上，由于运输链上的自然损耗，石油公司的常态是综合差量略微不足，而不是像科氏石油公司那样奇迹般地变出多的油量。即使稍微有点损耗，公司也依然是赚钱的——毕竟石油是一门利润丰厚的生意。科氏工业的新进员工要么适应公司的这种做法，要么辞职走人。

杜博斯是适应的。[34] 他心里明白这种行为实际上是在偷油，但一次只拿一点点的话是不是还说得过去，毕竟石油计量是一门不精确的科学，没有人能做到尽善尽美。

"这是一个灰色地带。我认为科氏工业的人看到了这一点，"杜博斯说，"他们看到了有空子可以钻，正好利用了这些机会获利。"

*****

科氏工业集团的原油集输部门为公司提供了稳定的现金流和盈利。这笔钱让查尔斯有机会检验他的管理理论，看看鼓励员工像企业家一样寻找新增长机会的方法是否奏效。不仅如此，他还亲自上阵。在接手科氏工业集团伊始，查尔斯就达成了该公司史上最辉煌、最有利可图的一笔交易。

20世纪50年代后期，弗雷德拥有位于明尼阿波利斯城外靠近松弯悬崖自然保护区（Pine Bend Bluffs Natural Reserve）的大北方石油公司的炼油厂（以下简称松弯炼油厂）的少量股权，[35] 该炼油厂的主要股东还有石油大亨 J. 霍华德·马歇尔二世和大北方石油公司。在1969年，炼油厂看上去还不像一座金矿，当时炼油行业竞争激烈，每个月都有新建成的炼油厂投产。

但是正如大家所认为的那样，松弯炼油厂有一个隐蔽的利润来源，[36] 可以追溯到哈耶克最厌恶的政府干预。20世纪50年代，德怀特·艾森豪威尔总统限制了美国进口原油的数量，这是联邦政府为保护国内石油钻探公司的一系列举措之一。（当时进口原油通常比国内开采便宜，所以美国的钻探公司希望将其拒之门外。）但该法律存在漏洞，那就是对从加拿大进口原油不设限制。事实上，松弯炼油厂所加工的原油主要来自加拿大，同时它也是美国仅有的四家能够无限量从加拿大进口原油的炼油厂之一，[37] 这使它比其他被迫以加工国产原油为主的炼油厂更具优势。不仅如此，从这个漏洞中获益的四家炼油厂还从政府那里获得了另一个优势。由于复杂的原油进口体系有点类似代金券的设计，可以将进口原油配额兑换成国产原油，并给予每桶1.25美元的补贴，这导致那四家炼油厂能够"揩两次油"。这个制度设计提高了松弯炼油厂的盈利能力，弗雷德很高兴能继续保持这家炼油厂少数股东的身份，享受这笔意外之财。

1969年，查尔斯实施了一项秘密计划，[38] 使这部分利润增长到连他的父亲都想象不到的水平。查尔斯找到 J. 霍华德·马歇尔二世，说服马歇尔出售他在松弯炼油厂的股份以换取查尔斯新成立的科氏工业集团的股份。当这项秘密交易完成时，查尔斯成了松弯炼油厂的最大股东。然后，他联系了现在变成了小股东的大北方石油公司，继续说服该公司出售其持有的股份。于是1969年底，科氏工业集团成为松弯炼油厂的唯一股东。查尔斯在这家炼油厂看到了别人没有看到的东西。

然而，在查尔斯逐步实现计划的道路上存在一个重大障碍，那就是工会。

早在20世纪50年代，松弯炼油厂的工人们就组成了工会，这个工会根深蒂固，影响力很大。[39]查尔斯刚买下松弯炼油厂时，就已经意识到自己无法控制这里的工会。查尔斯在科氏工业集团几乎拥有绝对权威，但其威信在松弯炼油厂却大打折扣。松弯炼油厂的薪酬制度，以及其他很多规章制度均由工会制定。多年来，松弯炼油厂的劳动合同对员工过于有利，甚至连一些工会会员也认为有点过分了。

在20世纪60年代末，大多数首席执行官已经接受了强大的工会组织是生活的一部分这个事实。罗斯福新政中所包含的一些20世纪30年代就已经生效的、支持工会的法案，使工会组织几乎坚不可摧。跟工会较劲成了一场必输的博弈，工会的影响力大到战无不胜，因此绝大多数公司选择主动适应工会的存在。

查尔斯也面临同样的问题，而他选择了战斗。在松弯炼油厂与有组织的劳工的斗争是对查尔斯改革决心的第一次考验，而他的第一步是为这场战斗找到合适的指挥官。1971年春天，查尔斯在加利福尼亚州参加一个工业会议时，见到了一位名叫伯纳德·保尔森的石油工程师。

保尔森当时住在得克萨斯州科珀斯克里斯蒂，[40]管理沿海油气公司（Coastal Oil & Gas）旗下的一座炼油厂。像许多初识查尔斯的人一样，保尔森首先被他的睿智所打动，留下了深刻的印象。保尔森在商界遇到过许多令人印象深刻的人，有的白手起家成为百万富翁，有的投机冒险成就一番事业，但与这些人物相比，查尔斯显得与众不同。查尔斯不是一个为了给陌生人留下深刻印象而刻意卖弄的人，他性情温和，拥有典型的工程师性格，喜欢提问而非夸夸其谈。查尔斯似乎与保尔森很投缘，二人很快就聊得热火朝天。查尔斯邀请保尔森共进晚餐，保尔森同意了，他们在晚餐时又聊了很久。查尔斯介绍了他在松弯炼油厂的新投资，这个话题对保尔森来说驾轻就熟，然后他们对炼油业务又进行了深入讨论。炼油是一门超级复杂的业务，只有同为工程师才可能在晚餐时间就诸多细节详细讨论，而他们两位就有这个水平。

保尔森回到得克萨斯州后，查尔斯又给他打了电话，随着沟通的逐渐深入，很快查尔斯就向他发出了工作邀请。在保尔森看来，他被查尔斯看重是因为他知道如何与工会打交道。在保尔森受雇经营沿海油气公司的炼油厂之初，公司刚以微弱优势赢得了员工投票，否决了成立工会的议题。之后保尔森正式接管了炼油厂，几年后再次举行投票时，他努力说服厂里的员工，告诉他们成为工会会员只会伤害自身利益。不仅如此，他还与来投标并且已有工会组织的公司加大了商务谈判力度。因此，当投票再次进行时，炼油厂在他的管理下以5∶1的投票结果大力挫败了成立工会的企图。保尔森已经证明，无论工会组织多么努力地争取，他都有办法阻止他们进入。在谈话中，查尔斯告诉了保尔森松弯炼油厂被工会组织毒害的现状，如果科氏工业想要重新获得控制权，保尔森的主要任务就是击败工会。

无论从哪方面看，保尔森都是这份工作的完美人选，出身寒门，在密歇根州的小农场里长大，在一个只有一间教室的学校里接受教育。他对生意不会感情用事，知道如何应付困难的局面。保尔森心中的英雄人物之一是巴顿将军，这位军事英豪以擅长振奋人心的演讲而闻名，他能给战士们带来踏入战场所需的勇气。巴顿曾对刚入伍的新兵说了一段名言："美国人就是喜欢打仗。真正的美国人喜欢战场上的刀光剑影。……美国人热爱胜利者。美国人对失败者从不宽恕。美国人既然参赛，就要赢。"保尔森渴望成为像巴顿那样拥有内在力量的领导。

　　1971 年，保尔森正式加入科氏工业集团，随即被派往松弯炼油厂，出任该炼油厂的经理。[41]

　　他立刻开始着手解决问题，用他自己的话说就是，"让事情变得顺利"。

第 3 章
松弯炼油厂之战：击败 OCAW
（1971—1973 年）

一个多世纪以来，有关工会的公共政策从一个极端走向另一个极端。（工会）已成为政府在其主要职能——防止胁迫和暴力——方面最典型的失败案例。

——弗里德里希·哈耶克，1960 年

当你成了工会会员，婚后生活不艰难。若男会员娶了个女会员做老婆，就会过上幸福的生活。噢，你们吓不倒我，我永远都不会离开工会，直到我死去的那天。

——伍迪·格思里的民谣歌曲《工会女会员》的歌词，1940 年

1971 年，伯纳德·保尔森前往松弯炼油厂工作。[1] 他开着车，穿过一片人烟稀少的玉米地和大豆地，沿着双向两车道的乡间小路驶向位于明尼苏达州罗斯蒙特小镇附近的炼油厂，这里位于明尼阿波利斯和圣保罗以南大约 20 英里。在这个地方，薪水优厚的工作机会并不多见。当地的孩子都在农场长大，从公立高中毕业时——如果他们能从高中毕业——除了务农之外没有什么别的出路。整个地区只有少量的工业，例如罗斯蒙特附近的一家氨厂以及河对岸一家位于威斯康星州境内的造纸厂，但是薪水都不算高。整个 20 世纪 60 年代，当地最好的就业机会就在大北方石油公司的炼油厂，该炼油厂最近刚刚被科氏炼油公司收购。[2] 只要你具备高中学历就可以进入炼油厂工作，员工受到工会保护，享受工

会福利，一个男人很快就能挣到稳定的工资来偿还房贷并养活全家，这样的工作机会在当地受到追捧。

这家炼油厂在当地的经济发展过程中起着举足轻重的作用，几乎主宰着整个地区。正在开车前往炼油厂的保尔森，经过绵延数英里的丘陵、小农舍、拖拉机和粮仓后，在距离炼油厂还有几英里的地方，就看到了从地平线拔地而起的厂区。炼油厂突然映入眼帘，就像一座小城市的天际线，真是一幅令人难忘的画面。然而这条天际线有些异类，细看甚至有些诡异。天际线下的装置塔没有窗户，喷出白色的蒸汽，其中一些位于炼油厂南端，向天空喷射出一排排火焰。这些巨大的火炬燃烧得如此稳定，以至于常常被准备在当地机场着陆的飞行员们当作地标。

保尔森沿着一条通往炼油厂大门的高速公路行驶，这条路大致与密西西比河平行，与河之间有茂密的松树和橡树阻隔。大北方石油公司为炼油厂所选的地址非常好，就在密西西比河边一个叫作松弯悬崖自然保护区的地方，地形开阔平坦。在这个地区，河流不是风景优美的水道，而是工业运输的要道。这条河为装载了谷物或煤炭的巨型驳船提供通道，同时，也为松弯炼油厂的原油和沥青的进出提供了通道。河水在明尼苏达州的严冬季节也不会结冰，驳船运输价格远低于铁路或公路运输，非常适合将产品运输到遥远的南方。

保尔森驶离高速公路，驶上一条通往炼油厂大门的小路。在一座座大型装置底部，有一座用米色砖瓦砌成的低矮办公楼，[3] 就在停车场的北边，这是炼油厂的办公楼，保尔森将在那里工作。当他开车进入停车场时，注意到车位上有贴着员工姓名的标志。这些车位显然是为个人保留的，而其中最好的车位——离通往办公楼入口最近的车位上有他的名字。保尔森按照一直以来的习惯提前到了公司，此时大多数停车位都还空着。他把车停在标有他名字的车位上，熄火，下车。

保尔森沿着人行道穿过双层玻璃门，走进办公楼。在上任第一天，他告诉助理的第一件事就是把预留车位清理掉。

　　"我说：'如果你想抢个好车位，就得早点到公司。'"

＊＊＊＊＊

　　保尔森经常穿着牛仔靴上班。[4]这是以前在得州的同事送给他的离别礼物，他自豪地穿着，因为这让他想起过去与员工相处得多么融洽。即使有时表现得很强硬，但他依旧认为自己是一个好领导、一个公平的领导。

　　保尔森在松弯炼油厂正式开始工作后，很快就发现查尔斯的看法是对的，这个地方迫切地需要他展现领导能力。与大多数经理不同，保尔森星期六也会来上班，像平日一样很早就会到达公司，亲自到车间检查一线生产运营情况，而看到的场景常常令他感到震惊。这次是发现了正在睡觉的员工，他停下来，看着他们在大型生产装置旁酣睡，高温高压的石油化工产品就在附近的管道中流淌，如果出现问题而没有及时处理，随时可能引发爆炸。保尔森以不算温和的方式叫醒了这些睡意正浓的员工。

　　在炼油厂工作的危险程度可远远高于汽车组装厂。松弯炼油厂占地700英亩，拥有由蜿蜒的管道、巨大的储罐、隐约可见的装置和交错其中的人行道组成的壮丽景观。这同时也是一个危险的地方，巨大的循环系统中充满了高压易燃液体。炼油厂被分成不同的"单元"，或者说不同的装置，每台装置都有其独特的功能。每个单元都有一组操作工轮流负责，一组通常有三名操作工，他们要长时间倒班，有的操作工连续工作时长甚至超过10小时，并且需要长时间监控设备内部发生的复杂而危险的化学反应。如果一切顺利，那就是平淡的一天；如果出了岔子，很快就会演变成一场灾难。

　　原油通过管道输送到炼油厂，储存在巨大的白色原油罐中。[5]这些原油随后会被转移送到巨大的"锅炉"中，这些装置被称为加热炉，将原油加热到约700华氏度①。加热炉的运行危险却重要。有一个叫洛厄尔·佩顿的年轻人在炼油厂工作时，曾注意到加热炉周围有一堵又高又厚的墙。他向老师傅询问那堵墙的作用，得到的回答是："（如果没有这堵墙）锅炉一旦爆炸，就得去50英里以外找你的尸体。"

---

① 100华氏度≈38摄氏度。——编者注

原油在被加热后，会产生一系列化学反应，有点像炼金术。[6] 石油看起来只不过是闪闪发光的黑色黏液，其中却包含了极其复杂的化学成分。高温解开了将"黑色金子"锁在一起的化学链，释放出一道由化合物组成的"彩虹"，产生如汽油、丁烷、煤油、丙烷、柴油以及一系列种类繁多的石油化工产品，它们被用来制造从衣服、润唇膏到建筑塑料在内的所有东西。这种反应发生在炼油厂最显眼的地方：分馏塔。它将原油的化学馏分或者说组分分解。加热后的原油用泵打入塔内蒸馏催化。油气就像烟囱里的烟一样在分馏塔内向上汽化，在此过程中，不同组分的油被收集在塔内的一系列托盘上。一个托盘分离煤油，另一个分离汽油。原油就像大平原印第安人①捕猎回来的水牛一样被吃干榨净，所有组分都被充分利用。炼油最极致的技巧之一就是，在损耗最低的情况下，从原油中榨出每一滴可能的石油化工产品。

保尔森是该领域的专家，[7] 他痴迷于尽可能高效并且有利可图地运营炼油厂，但同时也希望员工们能在这里井然有序地工作。保尔森身材高大、仪表堂堂，巡视炼油厂的他，走起路来就像海军上将在战舰甲板上视察一样，身后经常跟着两个助理，泰然自若地发号施令，嘴里时不时蹦出粗鲁的言语。

可能对其他地方的员工来说，这样的领导令人生畏，甚至是恐惧，但是这里的员工并不害怕保尔森。事实上，因为有工会的支持，他们不怕任何人。

松弯炼油厂的员工加入了一个叫作石油化工和原子能工人工会（Oil, Chemical and Atomic Workers Union，缩写 OCAW）的强大工会组织，隶属编号 OCAW 6–662 的当地分会。

加入 OCAW 需要宣誓。[8] 会员入会时要举起右手，宣誓对工会的忠诚，更具体地说，是宣誓会对工会的兄弟姐妹忠诚。对于这些人来说，最重要的是工会，其次才是公司。OCAW 的会员在租来的大厅里会聚一堂，就劳

① 大平原印第安人，亦称北美大平原印第安人或水牛印第安人，以捕猎大型猎物为食，其主要猎物是美洲野牛，或称美洲水牛。——译者注

资协议进行投票，并与工厂的主管或经理讨论个人问题。他们经常聚在炼油厂以南一家叫作科茨之家的酒吧里喝酒，这家酒吧的外形看起来像一座小木屋或大型的狩猎小屋。

工会主席约瑟夫·哈默施密特在科茨之家以酒量大而闻名，[9] 除了喝酒，他也经常高声谈论炼油厂的管理状况以及他的工作计划。哈默施密特的身体中流淌着工会的血液，同事们称呼他为"棘手案件"。炼油厂的所有人都知道，是哈默施密特领导了工会会员与附近一家名为红翼陶艺（Red Wing Pottery）的公司的劳资协议谈判，该公司也雇用了OCAW会员。在谈判过程中，[10] 哈默施密特拒绝相信红翼陶艺公司真的处于财务困境中，即使公司展示了财务报表，他也拒绝相信这些报表是真实的。红翼陶艺公司无法与OCAW达成协议，被迫宣告破产。哈默施密特为此感到自豪，这些事迹就像旧时美洲原住民从被杀的敌人头上剥下带发的头皮然后挂在墙上一样作为战利品被炫耀。在他心中，没有哪家公司能凌驾于OCAW之上。

每当哈默施密特和他的工会朋友在科茨之家喝威士忌时，他的样子就像个州长。他有理由这么做，因为他就像州长一样拥有真正的权力。OCAW本身就是一个强大的联盟，但更重要的是它处于一个高度工会化的州。OCAW不仅自身拥有权力，还从与州内其他工会相互忠诚的关系网中获得权势加持。警察、卡车司机、教师、报社记者以及化工厂的工人，全都有自己的工会。OCAW的会员忠于自己的工会，而工会又与本州其他工会相互照应。如果其中一个工会罢工，其他工会将给予支持。像哈默施密特这样的人如果愿意，完全可以整垮一家公司，红翼陶艺公司就是活生生的例子。而OCAW也毫不避讳地利用这种影响力为会员谋取私利。

在20世纪五六十年代，OCAW在与松弯炼油厂的谈判中制定了一个框架协议，除了为工会会员提供更高的薪酬待遇和福利外，它还赋予OCAW在炼油厂运营上的大量控制权。

在接任工厂经理后不久，保尔森就看到了这种协议带来的后果。例如，当一名加入了OCAW的员工在检查生产装置时，发现了一个损坏的阀门，他不会立刻修理阀门，而是开始用无线电求助。工会组织利用术语把劳动力按专业技能或"职业"进行分类——员工只做属于他们专业的工作。当一名员工发现阀门损坏时，他会打电话给一位从事隔热专业的人，由这个人来拆开管道周围的隔热层；然后再打电话给电工，检查线路，或者切断问题区域的电源。而这些来帮忙修阀门的员工不得不开着卡车到维修现场（毕竟炼油厂占地 700 英亩）。而且工会有一条规定，禁止工会会员与公司主管一起乘车。为了满足这一规定，炼油厂设立专岗，由一名工会会员整天坐在皮卡上，在炼油厂内运送人员。当不同"职业"的员工在无线电里叫车时，皮卡司机就会去接他们——先是隔热专家，然后是电工，把他们带到问题现场。皮卡司机的工作是工会为其会员创造的一个更轻松的岗位。只有当不同"职业"的人被送至现场，一个接一个地完成他们的工作时，损坏的阀门才能被修复。

关于加班费也有一些规定，即使是 OCAW 的会员都觉得特别可笑。其中一条规定是，如果倒班工人被要求延长工作时间，那么至少需要提前两小时通知工人。如果工人没有提前收到通知又要求他加班，那么工人应得到一笔相当于两小时加班费的工资，外加一个半小时的奖金。结果由于这一规定的存在，炼油厂在下午两点左右变得很难找到人——正好是在四点换班前的两小时。比如中央控制室，明明两点时还空空荡荡的，两点十五分时大家却突然都出现在办公桌前。想留下来加班？可以啊，但如果这样要求了，就需要支付额外的奖金。

即使是资深工会会员也认识到这些规则对自己有利到不合理。"这太疯狂了，我不知道他们是怎么争取到这样的条件的。工会简直捏住了管理层的命根子。"厄尼·特隆伯格回忆说。特隆伯格于 1956 年来到炼油厂工作，当时才 20 岁出头。

保尔森经常和查尔斯通电话，[11] 把在炼油厂看到的情况向老板汇报。这对查尔斯来说可不是什么新闻，他目睹过工会的运作。年轻时，查尔斯曾在松弯炼油厂工作过一个夏天，他见过哈默施密特这样的工会大佬为所欲为的举动。当保尔森通过电话描述他在炼油厂里看到的情况时，查尔斯听上去语气平淡，但毕竟工会真的可能会毁掉他试图建立的一切。保尔森回忆说："他告诉我：'我担心工会会导致这家炼油厂关门。'"

刚到炼油厂不久，保尔森就有机会与 OCAW 正面交锋。现有劳资协议将于 1972 年底到期，新的谈判将给保尔森和查尔斯改写炼油厂运行规则的机会，让这个地方重新回到他们设想的轨道上。

1972 年 4 月，保尔森开始了第一个行动，他安排哈默施密特在复活节工作。

哈默施密特显然不想在复活节期间工作，所以像往常一样，他告诉了保尔森自己的打算。[12]

其实不难理解为何哈默施密特认为自己公开不服从管理的行为理所当然地不会受到惩罚，因为这就是松弯炼油厂一直以来的工作方式。如果工会会员对某件事感到不高兴，譬如说，某位同事被上级严格要求了，那么他们首先会放下手头的工作，到管理部门好好聊聊，聊到问题解决为止。而管理层通常会妥协。保尔森看上去也像会妥协的样子，因为他不受员工欢迎。牛仔靴、军营式的检查、星期六早上叫醒在岗位上睡觉的员工并使他难堪，这一切都让员工对保尔森感到不快。保尔森回忆起他听到的工会会员在背后对他的议论："这些人想把那些靴子塞进我的屁股里，然后把我送回得克萨斯州。"

当复活节的倒班开始时，哈默施密特没有到岗，保尔森立即解雇了他。在 OCAW 看来，保尔森此举无异于宣战。

*****

1972 年深秋和初冬，到了科氏炼油公司和 OCAW 协商新劳资协议的时候。[13]

围绕这些协议的磋商有着传统套路。劳资协议是工会和公司之间达成的一系列协议，规定了工作场所的雇佣条件，从薪资水平到医疗保险等额外福利的价值。协议甚至会明确工作场所的规则，比如解雇员工的程序，或者员工投诉管理层的方式。劳资协议通常持续三年左右。在协议即将到期之前，科氏炼油公司的律师团队来到一个会议室，坐在会议桌前面对一组由 OCAW 选出的谈判代表。工会谈判代表几乎都是炼油厂的员工，而不是律师或谈判专家。在与公司讨价还价时，工会会员完全依靠自身对炼油厂运作的了解，他们知道该向资方提什么要求，也知道自己可以提供什么作为回报。为了达成目的，工会会员依靠的是集体意志力，是团结一心，他们甚至不惜在管理层否决工会诉求时集体罢工。

第一次与 OCAW 谈判团队会面时，保尔森坐在会议室里，身旁是公司的律师，桌子对面坐着仍担任工会主席的哈默施密特。尽管哈默施密特被解雇了，但工会坚持让他参加谈判。工会已经对哈默施密特的解雇提出了申诉，同时，他仍然是工会会员。

在所有人落座后，保尔森提出了他的建议。

科氏炼油公司将单方面重写炼油厂内部所有的规章制度。工会会员享有的论资排辈制度和员工只能从事单一"职业"的规定将不复存在。员工摆渡车，没了。加班不提前两小时通知就要支付额外奖金的规定，也没了。不仅如此，保尔森向工会谈判团队表明，磋商的余地将会非常小。新规则就在眼前，这就是炼油厂的新运作方式。就这些。

虽然看起来像是在谈判初期的虚张声势，但保尔森就这样带着得州式的桀骜不驯，大摇大摆地"闯"了进来。圣诞节过后的第一个新年寒冬，工会也清楚地认识到，保尔森并没有故弄玄虚，他是真的不打算谈判。

在 OCAW 看来，下一步的应对，只剩下一种选择。

1973 年 1 月 9 日下午 4 点，所有工会会员离开他们的工作岗位，离开了厂区。[14] 他们走出停车场，然后穿过炼油厂大门。在那一刻，大门变成了一道警戒线，越过这条警戒线就标志着走上一条不归路。在离开大门后，OCAW 会员被炼油厂拒于门外，一瞬间他们集体待业了。

大门内的这座炼油厂，为工会会员提供了他们所拥有的一切：一份可以养活孩子和偿还住房抵押贷款的收入，让他们过上中产阶级的生活。没有人知道他们是否还会回到这里工作，以及这里的工作岗位是否还会对他们开放。保尔森和查尔斯在谈判桌上明确表示，科氏炼油公司计划摧毁OCAW。工会会员则必须向保尔森和查尔斯证明，OCAW 是不可能被打垮的。

虽然说起来轻松，但没有哪个 OCAW 会员愿意把自己的工作当作讨价还价的筹码。例如约瑟夫·奎因，他有妻子和五个孩子。[15] 由于一直在炼油厂工作，奎因无法每天陪伴家人，甚至连续错过了五个圣诞节的早晨，他的妻子丽塔只能在他缺席的情况下给孩子们分发圣诞礼物。但正是因为有了这份导致他无法陪伴家人的工作，奎因给了孩子们一个自己不曾拥有的童年。他和丽塔在位于明尼阿波利斯郊区的罗斯蒙特附近拥有一套整洁的房子，孩子们就读于优质的公立学校。他们没有像奎因那样在明尼苏达州西部长大，夏天炎炎烈日时也不得不在农田里长时间劳作。

当 OCAW 组织罢工时，奎因并没有质疑工会的决定，一个简单的想法促使他服从：团结。团结凝聚了工会所代表的一切，凝聚了使工会强大的一切。在奎因长大成人的过程中，原本不存在团结二字。他由一个农民抚养成人，所以他学会了个人成就和努力工作的价值。奎因的父亲告诉他，工会滋生好逸恶劳。但当他搬到明尼阿波利斯时，能找到的工作全都存在工会组织。当奎因举起右手，对 OCAW 宣誓忠诚时，他也宣告了将与炼油厂的工会兄弟同心同德。但当时这种承诺并非发自内心，奎因只是想得到这份工作。

然后，奎因第一次惹上了麻烦。

他在炼油厂的工作之一是检查位于工厂南端的白色原油罐。这是一项重要的工作，如果不密切进行液位监测，原油可能会溢出。在轮班即将结束时，因为有人正在进行设备焊接，奎因无法检查一个本该检查的油罐。那人走后，他准备去完成液位测量，但是另一个同事又在附近小便，奎因选择给他隐私空间，只好再次放弃。直至轮班结束，奎因仍然没有完成液位测量。他把这一情况向经理反映，经理告诉他不用担心。

奎因回忆说："接下来我了解到，那个漂亮的白色大油罐变成了黑色，表面全是油。"油罐满溢了，如果奎因按照工作要求完成本该完成的液位测量，这一切都不会发生。

由于工作出现差错，奎因被停薪留职三天，用来偿还住房抵押贷款和养活孩子的收入将比原来减少 1/3。他承受不起这样的经济打击，觉得这样不公平，进而向工会提出了对公司处罚的申诉。申诉是只有工会会员才能提出的正式投诉，处理方式有点像提起诉讼，由工会作为员工的辩护人。没有工会，就无法正式申诉，雇员只能简单地抱怨，或者自己去说服老板认真对待他们的诉求。有了申诉，工会就会站在员工那一边。

奎因提出申诉后，被"传唤"到炼油厂办公楼。他走进一个会议室，在那里有一位代表公司的律师来讨论奎因所受到的处罚。奎因身旁则坐着一位 OCAW 代表。奎因和公司的律师在讨论这个问题时，OCAW 的人不停地打断他，不断地纠正奎因，不断地在故事中插入新的细节。奎因强烈反对其中一些细节，尽管这些细节使故事对奎因更有利。公司的律师坐在那里看着奎因甚至与 OCAW 的人发生了争执。最后，公司的律师宣布会议结束，他似乎很恼火，有固执己见的 OCAW 的人在场就很难得到一个明确的结果。

会后几天，奎因又被叫到管理部门的办公室，这次只有他的经理在那里。经理指了指桌子，桌上有一张支票，是奎因被停职三天所扣除的工资。"他告诉我'别把这当成胜利'。但胜利就在桌上唾手可得！"奎因回忆说。他高兴地拿着那张支票兑现了。

这件事给奎因上了重要一课，申诉过程中 OCAW 的谈判代表让公司律师的处境艰难，而这一切的努力只是为他争取被扣除的工资。多亏了那次经历，奎因明白了团结的含义："我看到了事情的本质。"到了该罢工的时候，奎因没有丝毫犹豫。他对 OCAW 没有丝毫质疑，因为 OCAW 没有辜负他。这就是"我为人人，人人为我"。

*****

罢工开始了。奎因帮助架设了罢工警戒线。工会会员按计划轮班，在炼油厂三个主要大门进行纠察，并确保警戒线 24 小时都有人值守。厂外停着一辆小拖车，OCAW 罢工活动的组织者在这里发号施令。一些人懒洋洋地在拖车外面打牌，其他人则会在自己轮班期间拿着罢工标语，上面写着"奴隶制的科氏"和"本地 OCAW 6-662 罢工中"等口号。[16] 奎因的任务是确保轮班顺利进行，以及这些标语随时可用。

　　罢工的员工们举着海报和标语，但罢工远不只是简单地进行公开抗议。罢工是一种经济武器，在美国 100 多年的劳工抗争中发挥了巨大的作用。拉起罢工警戒线的目的是从财务上扼杀科氏炼油公司。

　　警戒线是一个路障，旨在阻止任何运输车辆进出炼油厂，进而影响炼油厂的正常运转。炼油厂生产的产品中，有很大一部分需要由大型油罐车运出。油罐车会把燃料运到当地的学校，或者把汽油运到附近的加油站。如果运输车辆不能自由进出厂区，那么科氏炼油公司的产品销售就会大受影响。OCAW 的目标是把公司逼入绝境，迫使它在弱势地位下回到谈判桌上。

　　油罐车司机，甚至在炼油厂外巡逻的警察，都属于卡车司机工会，越过警戒线就等于违反了自己神圣的团结誓言。罢工警戒线起作用了。炼油厂平时每天有大约 200 辆油罐车通过大门入库装油并运出，自从 OCAW 组织起纠察员开始轮班后，这一数字下降至接近零。[17]

　　工会切断了科氏炼油公司的命脉，他们知道，老板查尔斯·科赫在 OCAW 罢工期间的每一分钟都在损失巨额资金。似乎可以肯定的是，科氏炼油公司除了妥协将别无选择。为了挽回颜面，他可能会坚持一两个星期，但不可能坚持太久。

　　如果工会会员存在这样的想法，那么他们显然还不清楚自己是在和谁打交道。

*****

　　保尔森做好了一切准备。[18] 他在办公室里搭了一张小床，在接下来 9 个月的大部分时间都睡在这里，很少离开炼油厂，很少离开岗位。他还储备了食物。炼油厂内的办公楼附近有一个食堂，工会会员罢工期间，未加入工会的骨干员工将住在炼油厂内，保尔森下令食堂每天 24 小时营业，确保他们能随时吃到东西。在罢工期间不再有 8 小时倒班制度，炼油厂的运营现在成了一项全天候的工作，所以也不会有固定的用餐时间。

保尔森做的不仅仅是"广积粮"，他还不声不响地拉起一支符合自己需要的劳工队伍。这支新队伍里有很多是未加入工会的炼油厂主管，他们现在要完成平时两三个人才能做完的工作，每天工作时间长达 16 小时。[19] 但即使这样，工作时间依旧不够。于是，保尔森开始打电话回得克萨斯州，回到那个朋友和员工都对他充满信心的传统产油州，邀请一些老朋友到明尼苏达州来工作。在炼油厂大门外架起警戒线后不久，保尔森便安排直升机将这些从得州来的工人送入炼油厂。直升机低空飞过围墙，降落在炼油厂区的地面上，从得克萨斯州、俄克拉何马州等其他州来的新员工安全抵达目的地。在这些工会组织薄弱的州，人们普遍对工会感到厌恶。不仅如此，保尔森还把办公大楼地下室的一个大房间改造成新的员工宿舍。

与此同时在罢工警戒线上，OCAW 会员们眼睁睁地看着一架架直升机从他们头顶掠过，盘旋，降落在厂区内，运送接替他们岗位的工人。警戒线逐渐失去了它的意义。

但即使保尔森迅速重组员工队伍，维持炼油厂的运转也并非易事。例如，转化炉这种大型装置，为科氏炼油公司的燃油产品提供了至关重要的化学原料。然而，转化炉并不是按一下按钮就能够启动的，它需要大量的氢气来点火。在氢库存耗尽后，保尔森意识到自己无法说服任何当地的卡车司机穿越警戒线来运更多的氢原料。于是，他打电话给阿莫科石油公司的老朋友，那边告诉他一个解决办法，那就是可以利用通过管道进入炼油厂的天然气来点燃转化炉。这是一个棘手而复杂的过程，但保尔森和他的团队还是想出了解决之道。很快，他就让所有的转化炉重新开工，分馏塔也开始满负荷运转。

然而在罢工的第一天晚上，其中一组锅炉设备（也就是那些将原油送往分馏塔之前将其加热至超高温的大型锅炉）的运转有些异常。[20] 由于人手不足，锅炉内部出现了机械问题，好几个小时都没有引起注意。通常情况下，这些装置应该由三名员工监控。由于人手不足，所以问题迟迟没有被发现，故障越来越严重，直到系统因燃烧爆炸而崩溃，锅炉侧面炸开了一个大洞，没死人已经是一个奇迹了。装置在慌乱中停止了运行，为阻止油品泄漏，阀门立刻被关闭，否则可能引发火灾烧毁整个工厂。当班人员出去检查锅炉受损情况，最后得出全损的结论。

一位经理走进保尔森的办公室，告诉他这个消息。他说，没有加入工会的那些操作员的帮助，炉子修不好，需要把他们从罢工警戒线上带回来进行检修。"他当时说：'我们应对罢工失败了。我要我的操作员回来。'"保尔森回忆说，"我对他说：'如果你真这么想，就赶紧给我滚蛋。'"

保尔森再次打电话给得克萨斯州的朋友，半夜把他叫醒，告知爆炸一事，寻求江湖救急。这位保尔森的老朋友与一群人一起挤上了飞往明尼阿波利斯的飞机，然后又乘着直升机进入炼油厂。大约过了一周，这台设备又恢复了运转。

每天晚上，在上床睡觉前，保尔森都会在炼油厂里四处走动，确保手下工作一切顺利。他走进监控室，那里的人正盯着屏幕，憔悴地连续工作，承受着巨大的压力。每个人都知道，每一天的每一分钟都可能发生灾难，锅炉爆炸就是证明。在一名业务骨干的监视下，锅炉还是起火并喷出高温易燃的燃油，几乎毁掉整座炼油厂。仅仅几分钟的疏忽就可能导致人员伤亡，管理一座人手严重短缺的炼油厂让他焦头烂额。一名员工因精疲力竭和焦虑症发作而辞职，更使他心急如焚。

当保尔森在夜间巡视时，一定会表现得充满信心，鼓舞着在岗员工的士气。他回忆说："他们说，在那次罢工中，我的一举一动都牵动人心。我们的一个销售人员在那段时间管我叫巴顿将军，他对我说：'你只缺那两把象牙柄的左轮手枪① 了。'"

*****

几周过去了，罢工警戒线上的人们依旧坚守阵地。[21] 他们堵住了进入炼油厂的卡车。但站在厂区大门外，他们还是可以看到分馏塔冒出的蒸气，火炬塔仍在喷出火焰。

警戒线不可能拦住每一辆卡车。保尔森在得克萨斯州和俄克拉何马州的工人开始正常进出炼油厂，甚至当地一些未加入工会的卡车司机也开始穿过警戒线运送油品。

曾在分馏塔工作的 OCAW 会员特隆伯格看着同事们怒火中烧，[22] 因为那些破坏罢工行动、被称为"工贼"的卡车司机驾着车越靠越近。虽然工会会员们站在卡车前挥舞着罢工海报，但是这些卡车依旧缓慢前行，"蹒跚"地开进了炼油厂。特隆伯格看到同事们把铁蒺藜三角钉——一种铁质尖刺的障碍物——收集在一起，制成一个尖刺朝外的铁球，在卡车经过时扔在轮胎前的地面上。保尔森估计，仅在罢工的头几个月，科氏炼油公司就花了 10 万美元（考虑到通胀因素，大约是 2018 年的 59.3 万美元）更换卡车轮胎。

松弯炼油厂雇用了来自瓦肯哈特私人安保服务公司的私人警卫来看守大门，[23] 这些警卫看上去就像是一群戴着租来的警徽的青少年。他们的出现只会激怒工会会员。当一辆卡车经过时，特隆伯格正站在它旁边，这时他听到"叮"的一声，铁钉被扔进卡车的轮弧里。一名年轻的瓦肯哈特警卫迅速从后面接近特隆伯格，指责他扔了铁钉。警卫把特隆伯格送到州警察局，但警察说因为没有目睹全过程，他对此无能为力。特隆伯格意识到瓦肯哈特的警卫们完全不能对他怎么样，很快工会的会员们也意识到了这一点。

罢工警戒线周围开始弥漫着一种无法无天的气氛。当"工贼"司机慢

---

① 白象牙柄 M1873 左轮手枪是巴顿将军的标志之一，由美国著名的枪支制造商柯尔特公司为他特制，现在收藏于肯塔基州诺克斯堡的巴顿将军博物馆。——译者注

慢地把卡车驶近大门时，工会会员会跳上卡车的踏板，猛烈地敲击车窗。如果卡车没有停下，他们就会变得越发暴力。"我们有一些很强硬的人在那儿，他们会打开车门把司机拉出来。"当时在大门外参与罢工的工会会员佩顿回忆说。

一旦工人们变得暴力起来，保尔森就成功地抓住了他们的把柄。[24] 他向法庭提出动议，禁止 OCAW 在炼油厂门前进行罢工纠察。保尔森的律师认为，OCAW 损坏财产和暴力的行为远远超出了工会合法活动的范围。当地地方法院的法官支持了公司的意见，并对工会下达了临时限制令。限制令并没有完全禁止罢工纠察，但极大地限制了工会的行动。法官说，工会现在最多只能派四个人同时在炼油厂门口手持标语，而以前有几十个人。这四个人被禁止采取任何恐吓或暴力手段。现场执勤的警察——即使已经加入了工会——也不能再袖手旁观了，他们现在有了法官的强制执行令。法官的命令扼杀了围厂抗议活动。

第三周和第四周过去了，罢工活动开始陷入困境。工人们还有住房抵押贷款要偿还，还有孩子要养活。他们秘密寻找兼职工作的机会，很多人找到了新工作，但收入达不到炼油厂的薪资水平。随着罢工的持续进行，OCAW 的会员们开始意识到，他们被踢出中产阶级的行列是多么容易，并且明白了房子、车子以及孩子衣食无忧的生活是多么容易失去。他们把所有原因都归咎于保尔森，认为就是他让大家沦落到现在这种危险的境地的。人们越发厌恶保尔森和他的得州牛仔靴，甚至他的言谈举止。男人们聚集在科茨之家喝着酒，谈论着他们可能会做出的行动，怒火中烧。

2 月 23 日星期五晚上，30 多名工会会员聚集在炼油厂外。[25] 保尔森和他的员工们已经在大门内连续坚守了大约六个星期，他们不可能永远都待在里面。工会会员知道这一点，他们在外面等着，这时几辆汽车排成一排从炼油厂大门内驶出，车里坐着的都是保尔森的雇员。工会会员猛击车辆的引擎盖，打碎车窗，冲着车里的人大喊大叫。工会会员们一直在练习一种技术，那就是在汽车两侧猛烈摇晃车身，直到翻车。他们分成几组人马，对经过的这些车尝试了这种技术。在混战中有人向炼油厂开枪，没有人被击中，也没有人能确定是谁在开枪。

罢工这段时间，保尔森的妻子独自一人在家，照顾他们的六个孩子。[26]一天晚上，一个男人打电话到她家，问她保尔森在不在。她说他不在，但可以留下口信。打电话的人对她说，保尔森先生离死不远了，然后挂断了电话，留下保尔森太太带着担忧辗转反侧，她静静地看着 6 个熟睡的孩子。

保尔森没有屈服。他继续工作，睡在办公室的小床上。他从不放弃，面对威胁他更不会退缩。

每当需要支持时，他就拿起电话打给威奇托。"我直接为查尔斯工作，我们每天都交流很多次。这事儿他是支持的，"保尔森回忆道，"他很清楚我在做什么，也知道我为什么要这么做。"

3 月 15 日晚，[27]保尔森来到办公室，躺在小床上，盖上被子，然后逐渐入睡。他筋疲力尽，睡得很香。在他睡觉的时候，一场阴谋即将降临，可能会杀死他，以及刚刚互道晚安的所有在岗员工。

沿着炼油厂西侧有一组铁轨，一列装满原油的油罐火车顺着铁轨一直通到炼油厂的中心，在那里装卸油料。晚上，火车经常停在炼油厂外的一个小仓库里过夜，等待第二天交货。由于重新发动需要大量燃料，所以铁路公司通常会让火车头的柴油机整夜空转。一些炼油厂的员工知道这些细节，他们中有人曾经在那儿工作过，知道火车运行和停靠的规律。

在 3 月 15 日午夜过后的至暗时刻，有人偷偷溜到炼油厂附近的火车车厢和发动机之间，跳上其中一台柴油发动机。不知道是一个人还是一群人干的，但不管怎样，那个人知道怎么操作引擎。他们知道油门在哪里以及如何操作。他们把油门向前推，火车开始前进，他们跳下车。

柴油动力的火车头沿着铁轨行驶，速度越来越快。司机室空无一人，当它驶过空旷的农田并继续加速时，仓库没有人注意到它。大约在 3 月 16 日凌晨 1 点，火车加速奔向炼油厂，铁轨直接通向工厂的中心，直插这个布满管道、料仓、塔楼并且充满了易燃物的"巢穴"。

正在办公室睡觉的保尔森被电话铃声吵醒。他接了电话，听到另一头有个雇员在大喊。保尔森半梦半醒，试图弄清楚他到底听到了什么。好像是出现了什么意外，有火车撞了过来。保尔森迅速穿好衣服跑出办公室。有人在外面喊叫，他朝着那些人跑去。

然后，保尔森看到了一幅超现实主义的画面。一台火车头，侧翻在炼油厂中央。巨大的火车引擎仍在飞转中。

*****

疾驰穿过炼油厂的火车直奔一座大型炼油塔。但火车轨道上安装了一种叫作脱轨器的装置，专门防止火车失控造成事故，这个装置起到了安全刹车的作用。火车头高速撞上了脱轨器，脱轨器完成了它的使命，使这个"钢铁猛兽"脱离了轨道，侧翻到一边，在厂区地面上滑行。

如果没有脱轨器，如果火车继续行驶，它将直接撞上一堆汽油管泵，极有可能造成一场大火，吞没整个炼油厂，杀死当时在那里工作的所有人，保尔森也可能在办公室被活活烧死，事故现场离他睡觉的地方也就大约200英尺。

保尔森绕着火车头踱步，试图消化眼前的景象造成的冲击。当班的一名员工以前曾在火车上工作过，他爬进倒下的火车头然后把引擎关掉。保尔森盯着这具残骸，想起所有差点死掉的人。他心想：谁会做这样的事？残骸发出了明确的警告，如果科氏工业打算摧毁OCAW，OCAW会选择同归于尽。

*****

工会的暴力行为有一部分由愤怒驱使，但同时也有恐惧的因素。工会会员在人数上可能有一定的优势，但并不像以前那样强大了。

现代美国工会的力量在很大程度上取决于1935年罗斯福新政时期通过的一项重要法案——《瓦格纳法案》。该法案赋予工人加入工会的合法权利，规定公司有义务与他们谈判。该法案还设立了一个联邦机构来监督工会纠纷，称为全国劳资关系委员会。在法案的保护下，工会队伍逐渐壮大。到了 20 世纪 50 年代，超过 1/3 的美国工人加入工会，工会组织在美国主流生活中几乎无处不在。工会的影响力之大，即使未加入工会的人也能感受到它的存在，进而影响到没有工会组织的公司。而这些公司意识到，它们的薪资水平和工作条件必须足够慷慨，才能避免员工跳槽或成立自己的工会。然而，堡垒都是从内部瓦解的，工会体制在 20 世纪 60 年代开始腐化。

工会成立的初衷是保护劳工这一弱势群体，但到了 20 世纪 60 年代末，许多工会已经演变成臃肿的权力机关，失去了会员的支持。工会领导人成了组织的"老板"，其中许多人薪水过高，而且腐败滋生。暴力行为和有组织的暴动成为劳工运动的普遍特征。民意调查显示，公众对工会的支持程度开始下滑。与此同时，许多公司开始将工厂从工会组织密集的州转移到南部工会组织薄弱的州。比起与工会谈判，这些公司更倾向于溜之大吉。

尽管强悍且傲慢，但像哈默施密特这样的工会领袖在 20 世纪 70 年代初就已风光不再，这给工会运动蒙上了阴影，绝望的情绪开始在罢工行动中蔓延。

另一边，科氏炼油公司则按部就班地耐心行事，也体现了老板的思想。

*****

查尔斯来到松弯炼油厂，到达后悄悄地进入炼油厂区。[28] 媒体没有报道他的行程，外面的工会会员都不知道他在现场。

查尔斯和保尔森一起来到空地，目睹了罢工造成的损失。炼油厂看起来像个灾后现场，在设备维护和检修上花费的时间远远超过了生产运行的时间，工作人员很少，饮食供给不足，OCAW 也没有放弃斗争的意思。

查尔斯要求保尔森继续这场斗争，这乍一听有些不合常理。因为自罢工以来，保尔森和他的团队几乎每晚都有生命危险。如果是炼油厂的前任老板，甚至包括弗雷德·科赫在内，估计会选择回到谈判桌旁。

但保尔森不想退缩，他察觉到查尔斯也没有退缩的想法。二人一起回到保尔森的办公室，这间办公室现在就像一个战地将军的战情室。保尔森的办公桌旁是他睡觉的小床，电话总是触手可及。两个人坐下来，开始一起为炼油厂制定新的预算，用纸和笔勾勒出今年收入与产量的新预测。

*****

火车脱轨事件发生后，保尔森回到了谈判桌旁，与 OCAW 继续磋商。[29] 他的立场没有变化，但工会已经开始软化。哈默施密特已经被本地 OCAW 的新工会主席——一个叫约翰·库贾瓦的人所取代。保尔森认为，库贾瓦比哈默施密特更讲道理，没有那么好战，更有可能听取他的要求。

大约在火车事件发生一个星期后，库贾瓦和保尔森举行了一次谈判，由明尼苏达州的一名法官作为调解监督人。会议持续了 6 天，争论的焦点不是薪酬福利，而是炼油厂的工作规则。保尔森坚持科氏工业应该更多地控制公司的运营，而库贾瓦和他的团队则努力维护工会在过去 20 年里所得到的权利。

3 月 26 日中午，会谈在没有达成一致的情况下结束。

*****

4 月 17 日晚，一名 OCAW 会员在炼油厂附近将车停靠在路边，从车里取出一支猎枪。[30]

他瞄准了炼油厂的变电站，那里有一大片变压器和电线，可以视为一座保障工厂电力供应的微型发电厂。那个人开枪了，瞄准变电站射出几颗子弹。其中一颗弹头穿透了大型变压器，被刺穿外壳的变压器开始漏油。炼油厂内的员工听到枪声，很快就意识到发生了什么，于是有人报了警，根据一名目击者的描述，他们认为枪声来自停车场。开枪的人回到车里，然后开车离开。由于他开车不稳，似乎喝醉了，警察很快就将他拦了下来，那支枪就放在后座。他被逮捕了。

*****

1973 年 6 月 2 日，库贾瓦前往华盛顿，在国会做证。[31] 一个由参议院和众议院联合组成的委员会正在调查全国成品油短缺的问题，由松弯炼油厂罢工造成的明尼苏达州供应中断也是调查的一部分。罢工已经持续了将近六个月，时间并没有拉近科氏工业集团与 OCAW 的距离，似乎与罢工伊始一样，双方诉求相距甚远。

库贾瓦和保尔森继续会面，尽管他们似乎都对达成协议没什么信心。保尔森甚至飞往华盛顿，会见了库贾瓦和他的 OCAW 谈判小组。双方在美国劳工部会面，会议期间，劳工部部长曾亲自来到会议室与谈判代表会谈。部长的意思很清楚："一起把这件事解决了。"

在谈判期间，科氏工业和工会的团队被送往不同的会议室。一个调解员来回穿梭，反复传递要求和回应。会议持续了一整晚。有一次，保尔森躺在一张会议桌上，在等待调解员从 OCAW 的房间返回时睡着了。

然而，这一切都是徒劳的。即使有劳工部部长从中斡旋，也无法促使双方达成协议。争论的核心仍然是炼油厂的工作规则。这是一场控制权之争，双方都不肯让步。

*****

为了获取能帮助抓到火车撞击事件肇事人的线索，科氏炼油公司悬赏2.5 万美元，[32] 但这笔钱并没有达到诱使知情人透露线索的目的。赏金付不出去，肇事者也没抓住。罢工的工会会员已经七个月没有从科氏炼油公司收到薪水支票了，但罢工警戒线仍然横跨在炼油厂门外，罢工仍在继续。

但保尔森和查尔斯似乎凭直觉捕捉到一些事情。[33] 他们意识到所谓齐心协力也是有限度的。OCAW 的凝聚力一时半会儿不会消散，但如果失去其他工会组织的支持，OCAW 将变得更容易被打败。事实上，如果 OCAW 单打独斗，能否存活都是个问题。孤立工会将是击败工会的唯一途径。1973年夏末秋初，事情就这样发生了。

当时，炼油厂需要检修并安装新设备，这项工作不能再耽搁了。但在明尼苏达州，从事这项工作的专业公司基本都存在工会组织，他们不会越过警戒线来接这个活儿。保尔森在得克萨斯州工作期间遇到过这个问题，那时他经常同时雇用有工会和没有工会的公司在工厂检修。在一个项目中，有工会的公司表示，除非没有工会的公司同意让员工成立工会，否则将抵制这项工作。这是一份施加高压的最后通牒，保尔森对此的回应则是亲自打电话给工会主席。

"我认识他。我知道他来自俄克拉何马州，所以我给他打了电话。"保尔森回忆道，"我说：'你这个该死的俄克拉何马来的松鼠猎人，你可以继续实施你的计划，而我一次只做其中一个装置的检修，并且我会选没有工会的那家公司，你们工会的人根本不在我的计划之中。'之后对方选择了放弃。"

而现在，在明尼苏达州，保尔森也采取了类似的策略。他让当地的检修公司都知道松弯炼油厂有大活儿可以接，松弯炼油厂是该州最大的炼油厂，也是这些检修公司重要的工作来源。他还让这些服务商知道，如果他们现在拒绝为松弯炼油厂检修，那么以后将永远不会再接到科氏的电话。只要他们敢拒绝，科氏今后只会把工作交给没有工会的检修公司。

外部工会屈服了，接受了保尔森给他们的工作。保尔森为这些公司开通了进入炼油厂的特别入口，离正门的警戒线很远。随着检修开始，OCAW的罢工再次被削弱。

接下来，保尔森为负责炼油厂公路运输及船运的卡车司机工会和OCAW想了一个折中的办法。由于加入工会的卡车司机拒绝越过警戒线，所以保尔森只能曲线救国，尽力让其他卡车司机可以与公司合作。他利用炼油厂附近的一个小型停车场作为中转站。卡车司机工会的司机们把车开进停车场，那些为松弯炼油厂工作且未加入工会的卡车司机在那里等着他们，加入工会的司机下车，未加入工会的司机上车，穿过警戒线，迎着敲打车窗和在车轮下扔铁钉的人群，把车开进炼油厂。多亏了这样的安排，卡车司机工会的司机们在没有突破警戒线的情况下与松弯炼油厂做了生意。原油源源不断地流入，汽油源源不断地流出，对OCAW的支持也在一天天地消退。

*****

这天，OCAW 的主席库贾瓦回家后并没有谈论工作。[34]他的妻子马莎·安对他领导的与科氏炼油公司之间的谈判知之甚少。约翰经常在工作日和周末的晚上与朋友们一起喝酒。他在家时，基本一言不发。

但马莎·安可以看出她的丈夫魂不守舍。他内心充满焦虑，酒越喝越凶。

库贾瓦进退两难，如果他推动达成结束罢工的协议，他将被贴上叛徒的标签；如果他不能满足科氏的要求，或者至少其中一部分要求，他所代表的员工可能就永远无法回到原来的岗位。

然而，保尔森在谈判中向库贾瓦投下了一枚重磅炸弹。保尔森说，他准备打破炼油厂老板们长期以来遵守的一项不成文的做法：他准备雇用没有加入工会的工人替代他们。[35]做出这种违反所有集体谈判原则的举动放在任何公司身上都极为罕见，这将使科氏炼油公司得罪所有在明尼苏达州加入工会的人，但也将立刻摧毁当地的 OCAW 6-662 工会组织。

8 月接近尾声，9 月马上来临，库贾瓦开始敦促工会结束罢工。但他与工会会员的沟通几乎和与保尔森的合作一样困难。马莎·安说，工会内部的局势越发剑拔弩张，她觉得丈夫可能会面临危险。丈夫从未向她透露过任何内幕，但她看到了让她忧虑的事。

"我从我们住的复式公寓的窗户往外看，有人跟着他回家。他们威胁了他。他走在人行道上，开始加速，很快就到家了。我觉得这很奇怪。"她回忆说，"如果说他有生命危险，我一点也不惊讶。"

到了 9 月 15 日，库贾瓦已经帮助工会与科氏炼油公司达成初步协议。虽然这项协议满足了科氏的诸多要求，但工会领导层认为，这已经是工会会员在罢工 9 个月后能得到的最好条件了。

9 月 17 日晚，OCAW 的会员聚集在炼油厂附近的一所初中校舍里。[36]他们收到了库贾瓦谈下来的协议，现在是投票表决的时候了，是他们决定是否愿意结束罢工并继续前行的时候了。库贾瓦指出，薪资和福利待遇甚至不是谈判的首要问题。主要的争议在于科氏炼油公司的管理层对员工有多大的控制权。成员们以 149 票对 103 票否决了这份协议。

*****

投票结束后，保尔森给卡车司机工会下了最后通牒："要么你们开始越过警戒线，要么以后我们把所有货运都交给无工会组织的运输公司，即使在这次罢工结束了亦是如此。"[37] 卡车司机工会在保尔森的提议下转变了立场。9 月中旬，他们开车越过警戒线。这样做，无异于在背后捅了 OCAW 一刀。即使几十年后，人们对这件事依然有很强烈的背叛感。佩顿，一个在警戒线上站了几个月的 OCAW 会员，当几十年后回忆起看着卡车司机工会会员开着卡车从警戒线旁驶过的那一幕时，仍然感到痛苦。佩顿说："卡车司机还不如狗。"

9 月 23 日晚，[38] OCAW 会员再次聚集在初中校舍就协议进行投票。这次投票通过了，至少是以 140 票对 100 票。[①] 新协议将持续 16 个月，比罢工本身只长了 7 个月。

保尔森认为，OCAW 别无选择，只能选择接受。"他们可以看到自己的处境，你懂的，一败涂地。"他说。

*****

像特隆伯格和奎因这些加入 OCAW 的工人回到炼油厂时，都被那里糟糕的状况震惊了。[39] 大部分重返工作岗位的人都清楚地记得，他们为了让炼油设备恢复正常运转而加班加点，并因此收到了巨额加班费。

但也有很多老员工因为内心的苦涩没有回来。特隆伯格说，科氏炼油公司在这次罢工后失去了许多优秀的工程师和操作员，正是这些人对炼油厂的设施最为熟悉。库贾瓦之后也失去了连任工会主席的机会，奎因接替了他。

保尔森继续担任该炼油厂的负责人，他说，之后的每一任工会主席都比上一任更"讲道理"。哈默施密特的时代结束了，工会会员明白了谁才是真正的老板，知道查尔斯·科赫不会像他的前老板那样有求必应。

---

① 也有其他新闻报道显示这一数字为 144 票对 100 票。

OCAW 与科氏炼油公司的关系发生了重大转变。[40] 专门在厂区运送员工的摆渡车不见了。一项强制加班的新规定生效了，这意味着管理层可以简单地告诉倒班工人他需要加班，或者星期六来上班，而不是向员工请求额外的工作时间。[①] 要求被定岗成某个"职业"的工人只能从事相关工作的旧规定，现在则被废止了。

员工可以对上级决定提出申诉的程序被削弱了。如果一名员工申诉成功，不会再有像奎因那样直接收到现金支票作为工资损失或其他处罚补偿的情况发生。相反，这名员工会被分配足够的加班时间，以加班费的形式补偿。换言之，即使一名员工赢了申诉，他也只是获得了更多的加班机会。

松弯炼油厂依然保留了工会组织。[②] 但 1973 年的罢工让工会荣景不再。而 1973—1993 年，相似的一幕在美国各地都在上演。工会组织解散，工会体系瓦解，同舟共济的理想仿佛变成了稀缺的纯手工艺术品。工会组织逐渐演变，作用更像是人力资源部门的影子，提供如医疗保险和信用合作社的会员福利等服务，基本不再为更好的薪资或工作条件而罢工。

*****

查尔斯·科赫赢得了松弯炼油厂劳资纠纷一战，在加强对该炼油厂资产的绝对控制的同时，这个炼油厂也慢慢成了科氏工业集团的主要利润来源。

几十年后，科氏工业集团的前高管们带着钦佩和敬畏之情提到松弯炼油厂时，几乎所有人都会用"摇钱树"一词来形容这个地方。[41] 岁月证明了查尔斯在 1969 年收购松弯炼油厂极富远见，也可以说是幸运至极。20 世纪 60 年代，该炼油厂通过利用美国石油体系中的漏洞获得了大量利润，即使在这些漏洞被堵住之后，该炼油厂仍能保持领先地位。[③] 它是美国为数不多

---

① 这条规定对工会有利有弊。虽然新规定减少了工人制定自己时间表的自由，但大多数工人似乎赞成强制性加班的规定。炼油厂有一种长时间加班的文化，员工们则享受着加班带来的加班费。关于炼油厂加班的劳资纠纷大多是围绕着谁得到或者没得到加班费，而并非加班费的金额。

② OCAW 最终与规模更大的美国钢铁工人联合会合并，并代表炼油厂的员工至今。

③ 炼油厂曾经受益于上一章介绍过的与加拿大之间的特殊原油进口政策。

的几家能够以非常便宜的价格获得加拿大原油的炼油厂之一，而产出的汽油则面向美国国内这个溢价严重的零售市场。查尔斯充分利用了这个机会。

但回到1973年，在击败OCAW之后，查尔斯并没有什么时间来庆祝。[42]

9月24日，《圣保罗先锋报》在头版刊登了一篇标题为《员工结束科氏罢工》的报道，[43] 但就在几周后的11月26日，这家报纸的标题要沉重得多。标题是《尼克松要求拓宽能源渠道》。

对于查尔斯来说，真正的动荡时代才刚刚到来。

第 4 章
动荡加剧的时代：
应对经济衰退、能源冲击和政府干预
（1973—1975 年）

在OCAW 罢工结束后的几个月，查尔斯·科赫常坐在威奇托一个大土坑的边缘。这块土地是科赫家族所有的，查尔斯准备在这里建造一栋新房子，大土坑正是地基所在地。他的新婚妻子莉兹是一个土生土长的威奇托人，家族拥有连锁百货公司。新家可能不得不暂停施工，因为他担心自己很快会分文不剩。科氏工业集团正因他的错误决策而遭受巨大的损失，忧心忡忡的查尔斯担心公司可能濒临倒闭。他后来写道："我担心，一旦公司垮了，这座新房也会把我压垮。"他虽然赢得了松弯炼油厂的控制权之争，但还是控制不了市场调节这只"看不见的手"。

麻烦始于 1973 年 10 月 6 日，当时埃及和叙利亚对以色列发动了突然袭击。[1]美国协助以色列进行防御，这导致阿拉伯国家以一种新颖的方式进行报复。这些石油资源丰富的国家完全禁止向美国出口石油，同时将原油总产量削减 5%，并且准备在接下来几个月里再削减 5%。

这种报复将造成灾难性后果，但起初并不明显。在那之前，美国人对国内石油供应充满安全感。20 世纪 60 年代是全美石油井喷的时代，但这种不愁供应的时代即将结束。美国对化石燃料的需求慢慢超过了国内供给。

1968 年，石油供应从过剩转为稀缺，美国原油开采商们基本已经把油门踩到底了，开采量增长 0.07%，首次超过供应量，但仍然不能完全满足日益增长的需求。在 1967—1973 年，石油进口量增长了近两倍。在美国进口需求如此强劲的情况下，一旦供给受到冲击，全球市场几乎找不到额外的石油供应作为缓冲。阿拉伯国家的禁运使美国国内市场每天减少约 440 万桶原油供应，占总供应量的 9%，美国历史上第一次无法填补这个窟窿。

这无异于投下一颗史无前例的震撼弹。几十年来，汽油价格年复一年地徘徊在低水平线上，但现在却突然暴涨。在一些地区，原油价格从每桶 5.40 美元跃升至每桶 17 美元，短短几周内上涨了好几倍。由于汽油供应短缺，加油站即使营业也只能限时开放，这一现象导致加油车辆大排长龙。民众为了加到油，时而发生拳脚相向的场面，黑市哄抬油价，人们开始四处找油并囤积起来。

价格冲击对科氏工业集团来说是一场灾难。[2] 查尔斯一直在不声不响地扩大公司从事原油运输的远洋航运部门。该部门收益颇丰，美国对原油进口的强劲需求催生了远洋运输的荣景，科氏工业集团乘着这股东风签署了在全球市场运输原油的租约。钱赚得太容易，于是查尔斯决定建造一艘"超级油轮"，他在这项业务上投下大笔资金。他以正值中年的母亲玛丽·科赫的名字命名这艘超级油轮。查尔斯当时并没有意识到，自己正在对石油进口业务的前景进行一场巨大的、单向的押注。当原油进口量暴跌时，风险敞口充分暴露，航运市场在一夜之间就饱受油轮运力过剩的困扰。"玛丽·科赫号"的价值随之暴跌，查尔斯不得不承担船运租约带来的损失。

20 世纪 70 年代中期对科氏工业集团和美国经济来说都是危机时期。多年来的通货膨胀、衰退和能源冲击改变了美国的政治和经济格局，也改变了科氏工业集团。为了应对这场危机，查尔斯开始引导公司转型，使其转变为一个能够应对新动荡时代的公司。这一时期的变化奠定了科氏工业集团之后几十年的发展方向。查尔斯的目标是建立一家不仅能在市场剧烈波动中生存下来，而且能从中获利的公司。³这是一家具有国际视野，并且视信息发现高于一切的公司。这是一家拥抱变革，摈弃因循守旧的公司。公司所有业务随时待价而沽。查尔斯建立了一个由董事会集权的公司治理结构，同时也赋予管理层和基层员工极大的自由度。他将自己在波士顿当咨询师时学到的复杂管理技巧、心灵导师斯特林·瓦尔纳的民间智慧，以及哈耶克和冯·米塞斯等思想家的自由市场理念融为一体。不仅如此，查尔斯还建立了政治行动网络，与科氏工业集团的业务拓展同时运作，进而产生了可能是美国企业史上独一无二的公众影响力。

即使面对经济低迷的前景，查尔斯仍继续大量投资松弯炼油厂以确保其长期盈利能力。⁴但是查尔斯对松弯炼油厂的改造并不是单纯依靠投资来实现的。这种改造不是建立在现金上，而是建立在信息上的。面对史无前例的市场波动，查尔斯和他的团队准备通过信息搜集和深入分析为经营决策提供参考。这种新经营思路为科氏工业集团今后数十年的发展指明了方向。查尔斯无法控制市场的暴涨暴跌，但通过更好地理解经济规律，他可以击败竞争对手。

查尔斯再次找到伯纳德·保尔森，让其为新经营战略的实施提供帮助。

*****

保尔森在松弯炼油厂结束 OCAW 的罢工后不久就搬到了威奇托。⁵他被提拔为负责科氏工业集团炼油业务的副总裁，这一职位使他能够与查尔斯和瓦尔纳的合作更加紧密。

保尔森和科氏工业的其他高管一样，发现自己对研究信息系统与石油业务都投入了相同的精力。因此，他们开始着手对松弯炼油厂开展革命性改造，这就是更进一步了解炼油厂本身。

保尔森开始对炼油厂的每台装置进行单独测试。每台装置都有其特定功能，例如将原油加工成汽油的蒸馏装置。来自那台装置的副产品能通过管道被送到另一台装置中，然后将副产品加工成不同种类的产成品。还有的装置能把一些最没用的副产品变成沥青。保尔森通过在不同的条件下运行这些装置进行测试，比如每天运行 8 小时，而不是 16 小时，或者通过投入不同类型的原料来测试它们。这些测试结果都被他仔细地记录下来。

通过这些测试，保尔森建立了一个新的数据库——一个产品路线图，让他确切地知道每台装置在加工不同类型的原油以及在不同强度和时长下的运行情况，也可以说，这使保尔森比其他所有人都更了解松弯炼油厂的内部运行情况。他知道设备在什么时候能最有效地运转，什么时候会负荷不足。通过对不同原料和运行时长的结果进行比较，他对生产工艺越发了解。

然后，保尔森把研究重点放在原料上，对炼油厂采购的原料油进行化验。他对厂里的化验结果并不满意，于是在威奇托组建了一支团队，并将化验工作转移到那里。在威奇托实验室内，工程师们对原料油进行了一系列分析，这些分析将每种原料油的组分剥离出来单独检验。根据这些信息，保尔森对流入炼油厂装置的每种原料油都有了更细致的了解。

保尔森随后找到了科氏市场销售团队，要他们尽可能地了解炼油厂产品的市场销售情况，特别是一年中每个时期不同油库、不同燃料品种的价格变化，还包括炼油厂生产的沥青以及所购买的加拿大原油的价格走势。所有这些数据都被编入了新的海量数据集，凸显炼油厂财务环境的复杂性和其所能生产的各种产品供需关系的变化。

通过这些分析，保尔森摒弃了当时其他炼油厂在经营时普遍依赖的经验主义和直觉猜测，转而利用已组建的分析团队，无论原料组合和客户群体如何变化，都能科学预测松弯炼油厂的盈利情况。

但是信息处理有一个最主要的障碍：测试和调查所产生的数据量远远超过任何人甚至团队的处理能力。为了解决这个问题，保尔森使用了那时尚未普及的工具：计算机。这在当时听起来比几十年后更具创新性。在 1974 年，计算机像是神话里才会出现的东西。美国国家航空航天局在 20 世纪 60 年代曾使用超级计算机将宇航员送入太空，高科技设备的照片令人敬畏和激动。早期的电脑是可以占满好几个房间的巨大设施，机器排成一排，像带有玻璃门的超大冷柜，里面装有一卷卷计算机专用数据磁带，以当时难以想象的速度进行信息处理，有的仍然使用穿孔卡片制作表格。

保尔森在得克萨斯州沿海油气公司的炼油厂工作时使用过这些计算机。当时他一直在制作营销模型进行市场预测，尝试利用计算机帮助工厂经营，但当时的模型只支持月度分析。保尔森希望放大模型，使基础信息能够转化为季度分析，希望通过数据集分析出来的结果清晰地了解到应该生产什么产品以及在哪里销售。

油田工人出身的瓦尔纳对那些脚踩油污在一线奋战的石油工人很熟悉，也熟悉那个每天与沉重的油气装备相伴的世界，但对计算机这种只有美国国家航空航天局的科学家才懂的玩意儿完全不了解，他并不赞同保尔森的想法。"斯特林说：'哦，我们不需要那种东西。'"保尔森回忆道，"我没听他的话，而是继续按自己的思路做。"

查尔斯很快就发掘了计算机蕴藏的潜力。[6]公司在威奇托安装了几台IBM（国际商业机器公司）电脑，保尔森对他的模型进行了完善，不久后就开始利用这些模型管理松弯炼油厂的运营细节。随着计算机模型的不断改进，查尔斯在炼油厂投入了更多资金并扩大了产能，科氏工业的市场份额随之稳步增加。

松弯炼油厂的管理方式充满智慧，甚至超越了它所处的时代。但炼油厂能成为一座大金矿的主要原因并不是计算机模型或销售团队，而是它所处的地理位置和石油市场遇到的瓶颈。由于地处明尼苏达州北部，松弯炼油厂加工的石油几乎全部从加拿大进口。加拿大产的原油与其他在美国加工的原油不同，它比较"酸"，意味着它含硫量比较高。硫是一种污染物，必须要将其从原油加工的过程中分离出来，这种分离技术不仅难度高，而且成本昂贵。硫在焦化厂脱硫塔中被脱除，这一过程会产生一层厚厚的残渣堆积在塔壁上，必须通过内部除焦把残渣刮掉，而这些残渣可以用于制造沥青等产品。

相比之下，在得克萨斯州或沙特阿拉伯开采的原油被称为"甜"原油，因为其含硫量低。由于无须脱硫，所以加工处理低硫原油的工艺更简单、更经济。在墨西哥湾沿岸，许多美国炼油厂拔地而起，进口和加工低硫原油，很少有公司愿意增加昂贵的焦化脱硫设备，但松弯炼油厂在大北方石油公司运营的时代就已经有了该装置。当保尔森接手时，这家炼油厂是美国中西部的北部地区少数几家愿意购买加拿大产原油的买家之一。由于买家太少，加拿大原油供应过剩、价格便宜，所以松弯炼油厂以明显低于美国其他地区原油成本的价格购买到了这些高酸性原油。

但这还不是全部原因。松弯炼油厂利用加拿大产的廉价原油生产汽油，面向美国中西部地区进行销售，由于那里几乎没有其他炼油厂，所以成品油供应相对来说比较紧张，汽油价格居高不下。购买没什么炼油厂能加工的廉价原油，精炼原油，然后将汽油销售到需求旺盛且价格高昂的广阔市场，松弯炼油厂这本账算得好到令人难以置信。

保尔森通过市场调查发现了主要竞争对手。有一家叫作威廉斯兄弟的管道公司，每天向明尼苏达州供应大约 10 万桶汽油。他知道，从美国炼油厂扎堆的墨西哥湾沿岸运输汽油到明尼苏达州，每加仑[①]成本大约为 6 美分。这意味着相较于威廉斯兄弟，科氏工业有 6 美分的成本优势可以利用。"我说'我们可以扩张，可以击败威廉斯兄弟'。"保尔森回忆道。

这个策略奏效了。[7] 整个美国中西部的北部地区的小型炼油厂纷纷倒闭，科氏炼油公司稳步吞并了它们的市场份额。威廉斯兄弟最终扭转了输油管道中油品流动的方向，改为将松弯炼油厂生产的成品油供应到其他地区市场。

在不到十年的时间里，查尔斯就把原本的松弯炼油厂改造成了一台印钞机。事实上，即使几十年后科氏工业集团成了一家知名公司，在明尼苏达州以外，几乎也没有人知道该州有大型炼油厂。但这家炼油厂在科氏工业集团成为世界上最大、最赚钱的公司之一的过程中发挥了极其关键的作

---

① 1 美制加仑 ≈ 3.8 升。——编者注

用。保尔森说，炼油厂是"真正的摇钱树，为查尔斯在其他领域的扩张提供了前期资金"。

科氏工业集团内部的机密财务文件证明了松弯炼油厂在整个集团的支柱地位。[8] 1981 年，科氏工业集团有 32 个主要部门，炼油厂仍是迄今为止利润最丰厚的部门，税后净利润达 6 090 万美元。那是科氏工业集团当年全部利润的 22%。（集团税后净利润为 2.736 亿美元。）

第二大盈利部门是科氏石油公司，该公司通过管道、水上驳船运输和油罐车公路运输等方式，在全国范围内建立起原油集输业务网络，并利用科氏计量方法来确保公司在原油收集业务方面很少处于劣势。1981 年，科氏石油公司盈利为 3 098 万美元，约是松弯炼油厂当年利润的一半。

到了 1982 年，松弯炼油厂的经营数据更上一层楼，净赚 1.078 亿美元，约是集团全年利润 3.092 亿美元的 1/3。

当然，吹嘘成就不是科氏工业集团的风格。说到赚钱，最重要的是闷声发大财。外部商业顾问经常联系保尔森，[9] 主动提出帮助他管理松弯炼油厂。这些都是保尔森很熟悉并且名声在外的人，他有充分的理由去雇用这些人以借鉴他们的专业知识来帮助自己更上一层楼。但如果这样做，就需要向他们展示科氏工业集团的运作方式，就必须带他们参观威奇托总部的那排计算机，以及必须分享计算模型并解释原理。出于保密需要，保尔森一直拒绝咨询公司介入。"我不想让别人知道我们在做什么，"他解释说，"因为我们确实有一套理念，并且我认为是独一无二的。"

信息分析只是帮助科氏工业集团在动荡世界中保持繁荣发展战略的一部分。[10] 查尔斯还重新设计了公司的管理方法和财务系统。他希望有一个拥抱变革的管理团队，能够为未来可能出现的市场动荡起到减震器的作用。这一转变的见证人是科氏工业的一位新员工，名叫 F. 林恩·马克尔的财务专家，他最终进入了科氏工业集团的最高领导层。在 20 世纪 70 年代中期，马克尔在威奇托的一家经营着几个电视台的小公司工作。一位在教堂相识，名叫比尔·汉纳的朋友，询问马克尔是否有兴趣为科氏工业工作。马克尔同意与他在威奇托乡村俱乐部共进午餐详谈。

当来到俱乐部时，马克尔发现汉纳并不是一个人。[11] 他正和一个很高的人坐在桌旁。当马克尔走近时，汉纳介绍了他的同伴，科氏工业集团总裁斯特林·瓦尔纳。马克尔尽力保持镇静，他原以为只是一顿随意的午餐，会谈论一个潜在的工作机会，现在似乎变成了公司总裁亲自面试。但就座后，马克尔很快发现他完全不需要慌张，瓦尔纳自然而然地让他悬着的心放了下来。瓦尔纳当时应该很快就意识到，马克尔正是查尔斯正在寻找的那种能填补公司空缺职位的人。如果要举一个典型的科氏工业员工的例子，那肯定是马克尔。他在堪萨斯州道奇市郊外的一个农场出生和长大，所以习惯于每周工作 7 天的生活。他就读于堪萨斯州立大学，对一纸本科文凭除了能够帮助他获得努力工作谋生的机会外，没有任何不切实际的幻想。毕业后，他成了美国空军的一名军官，在那里服役了四年，学会了把自己视为集体的一部分，把战友利益置于自己的利益之上。马克尔从美国空军退役不久后就搬到威奇托，在塞斯纳飞机公司担任财务总监。在充满官僚主义的大型上市公司工作并不合马克尔的胃口，他更想在充满创业精神、富有企业家精神的环境里打拼。离开塞斯纳后，他加入一家高速扩张的大型房地产公司，但后来那家公司破产了，然后马克尔在他目前担任首席财务官的经营电视台的公司找到了工作。

午餐后，瓦尔纳邀请马克尔到科氏工业总部更深入地接触。就在马克尔与科氏工业的一位高级会计师进行第一轮面谈时，一个蓝眼睛的身材瘦长的男子打开门，探进了房间。这名男子为面谈被他打断道了歉，然后自我介绍说，他是科氏工业集团首席执行官查尔斯·科赫。[12]

查尔斯告诉马克尔，他很抱歉因为被其他事情缠住了，那天没法亲自与他面谈。马克尔当时就惊呆了。他从没想过会在面试时见到首席执行官，更没想到首席执行官会向他致歉。大公司通常可不是这样的作风，首席执行官和普通员工之间应该隔着好几个层级。首席执行官似乎只是圣诞派对上那个概念化的老板，而不是亲自面试的人。

第二天，马克尔又来到科氏工业总部，并直接被护送到二楼，带进查尔斯的办公室。

查尔斯穿着外套，打着领带，马克尔很快明白这是集团高级管理层的正式着装规范。马克尔坐下来接受面试，发现查尔斯没有瓦尔纳那样的热情和感召力。查尔斯提问的方式更庄重，更善于分析，但这并不是说他很冷漠，他没有对马克尔颐指气使，也没有六问三推。查尔斯看起来和颜悦色，但提出的问题却丝毫不留情面。他的注意力集中于马克尔在房地产公司的那段工作经历，想知道公司经营失败的原因。马克尔解释说，公司在债务的推动下迅速扩张，但后来在某个糟糕时刻，出人意料的利率飙升重创了公司，使付息债务水平在销售额下降时变得更加难以承受。

科氏工业现在也面临同样的困扰。查尔斯当时的提问直切要害。

"他问我：'那么，如果你在公司的财务管理上有那么多责任，为什么还要选择破产？'"马克尔回忆道。

查尔斯的聪明才智使马克尔几乎没有逃避的余地，这一提问清楚地表明，他不会简单地被会计术语糊弄，对借口也不感兴趣。马克尔给出了他能给出的最诚实的回答：公司因野心勃勃但缺乏远见而垮台，扩张的野心导致了巨额债务，而缺乏远见使债务在利率飙升时一击致命。

面试时间很长，有些问题很尖锐。当那天马克尔离开科氏工业总部时，他确信一个事实：他想为查尔斯·科赫工作。

马克尔被聘为科氏工业石油部门的助理总监。一年多后，他被提升为整个集团的财务管理者。这项工作让他对公司的所有财务事项，以及查尔斯是如何处理这些事宜的都有了全面的了解。

*****

与公司里的其他人一样，马克尔对在科氏工业集团工作的自然流畅、适时应务感到震惊。[13] 公司总部大约有两百人，而且每天都有更多人加入。按照威奇托的标准，这是一家大公司，但感觉上又不像大公司，更像一家初创企业。职位变化很快，人来人往，不存在扼杀人们创造力和创新思想的官僚主义。

马克尔处理的最棘手的问题之一是预算问题。公司每个部门通常都会制定年度预算（有时是季度预算），然后根据预算来衡量实际执行情况。这是美国企业的通行做法，但别的国家都对这一常规操作嗤之以鼻。石油价格有史以来首次可能在几个月内下跌一半，或意外翻番。

马克尔回忆说："通常，（由于市场波动过大）第一季度还没过完，今年剩下几个月的预算已经变得几乎毫无意义。"尽管如此，科氏工业的管理人员仍然在7—12月花了大量时间编制预算，寄希望于赶上预算进度。

包括马克尔在内的许多员工曾在上市公司工作过，在那里，季度预算被认为是神圣的使命。上市公司必须每三个月向华尔街报告一次盈利情况，如果业绩不好，公司股票就会下跌。通过编制预算，企业可以预测季度业绩，并将预期传达给投资者。久而久之，企业内部的一切运转都开始围绕预算展开。管理层计算出他们要花多少钱，赚多少钱，接着公开分享信息，然后花一年的时间努力达成预算目标。

但是科氏工业集团没有上市，所以不必向任何人传递利润预期的信息。

马克尔在二楼查尔斯的办公室附近的一间间小办公室里参加了许多会议，这是经营管理决策的中心。包括马克尔在内的一些人试图弄清楚每当市场剧烈波动时，他们如何才能得到更精确的预算数字。参加这些会议的高管中有一位名叫保罗·布鲁克斯的年轻人，他曾在埃克森工作，对复杂的工程类问题了如指掌，具有在埃克森僵化的企业文化中没有得到充分发掘的创造性。他很快就成了查尔斯的密友。在一次预算会议上，布鲁克斯提出了一个让马克尔惊讶的简单建议："为什么非得编制预算呢？"

查尔斯喜欢这个主意，马克尔也喜欢。摆脱了预算意味着摆脱了决定财务总监一生耗时耗力的枯燥工作。查尔斯发明了一套新的指标来代替预算，而他的关注点也说明了一些问题——查尔斯不在乎销售业绩或业务成本，他在乎利润。他想知道公司每项业务的盈利情况，以及正常管理下这些业务的盈利水平。他引导所有经理都这样想。他们需要关注的关键点是投资的回报，或者说投资回报率，即科氏工业集团的资金用在哪里能产生最大效益。

很快，每个部门都开始写季度盈利目标，而不是预算指标。销售、成本和价格都可能发生剧烈变动，但重要的是一个部门是否达到了今年的盈利目标。查尔斯思考的是以年为单位的目标而不是季度目标，这对于一家处于大幅震荡行业的公司来说至关重要。图表显示科氏工业的销售额、成本支出和油价可能每周都会暴涨暴跌，但查尔斯只关心每年的投资回报率是否稳步攀升。"你不知道具体的轨迹是什么样的，但你得知道折线图是向上的，而且是向右的。"马克尔回忆道。

为了让投资回报保持增长，查尔斯对尽量降低有息债务水平，尽量避免因为利息支出耗尽公司现金流这一经营哲学坚信不疑。这么做的原因充满战略性考量，每次经济衰退对有准备的公司来说都是机遇。经济衰退削弱了竞争对手的实力，带来成熟的收购时机，还导致购买资产的成本降低。出于这个原因，尽管银行求之不得，但马克尔和他的团队对借钱一直敬而远之。

马克尔回忆说："这全是因为对机会的等待。如果负债累累，手上又没有现金，当机会降临时就不可能抓住，所以才热衷于囤积现金又不想背负太多债务。"

科氏工业的优势随着市场行情的起起落落开始显现。"当这轮周期资产价值跌至低点时，就是买入的最佳时机。非常简单的经济学。"马克尔说。

科氏工业充分利用了这一战略，开始通过并购竞争对手从市场低迷中获利，这在科氏工业庞大的原油集输部门体现得尤为明显。[14] 查尔斯向该业务注入大量资金用于扩张，管道业务副总裁罗杰·威廉斯负责具体落实。科氏工业的原油管道网络从 1969 年威廉斯加入时的 6 000 英里长发展到 1976 年的约 14 000 英里。公司从其他公司收购了一些管道资产，并自行建造了 7 000~8 000 英里的新管道。扩张使科氏工业在 20 世纪 80 年代成为美国最大的单一原油采购商。

尽管查尔斯精简了公司的组织结构，减少了债务，但全球的政治和经济正朝着相反方向发展。科氏工业所涉及的每个行业都受到层出不穷的严格监管、价格限制以及来自华盛顿的政府控制。查尔斯·科赫一直是一个持不同政见者，支持主流政治之外的观点。但在20世纪70年代初，他的政见变得越发极端，行动也逐渐升级。

在这段时间，哈耶克和冯·米塞斯等人的哲学思想深植于查尔斯心中，[15] 这种思维在企业首席执行官当中十分罕见。他意识到，在美国，政府主导的公共领域和商业企业的私人领域从来都不是两条平行线，相反，公共政策和公司治理紧密交织成错综复杂的国家政治经济网络，二者相辅相成、唇齿相依。

这一现实，在石油行业体现得尤为明显，政府干预影响了这个行业的方方面面。当查尔斯建立他的公司时，这种干预达到了顶峰。

*****

1973年11月7日，在中东石油危机之后不久，尼克松总统提出政府全面应对政策，[16] 政府将家庭和企业的取暖油"配额"削减15%，对燃料油采取定量配给。尼克松还禁止公用事业公司把燃料来源从煤转为石油，呼吁美国民众自愿把恒温器的温度设定调低大约6华氏度。他还要求国会通过一项法案，将全国公路限速降低到每小时50英里以下，缩短购物中心营业时间，并实施其他定量配给措施。

尼克松在电视讲话中说："我们所有人都必须在较低的温度下生活和工作。顺便说一句，我的医生告诉我，在66~68华氏度的温度下生活，比75~78华氏度更健康，如果这样说能让大家心里舒服点的话。"[17]

保守派共和党总统竟然会实施价格管制和能源配给，乍一听似乎有些奇怪，但尼克松的一系列举措反映了20世纪70年代初美国政治生活的既定信念。美国社会形成了广泛共识，称为"新政共识"，可以追溯到20世纪30年代富兰克林·罗斯福建立的新监管制度。新政改变了美国商界的一切。在某些情况下，它用价格管制取代了完全自由的市场。它给予工会强有力的保护，帮助工人组织起来。或许最重要的是，新政让美国人相信联邦政府应该在经济中发挥重要的干预作用。哈耶克和冯·米塞斯的信徒对此感到厌恶。

　　罗斯福的政策是对数十年来经济停滞的回应，[18] 而那个时代的主流是自由放任主义，或者说一提到监管，大家第一反应都是"千万别管"。在罗斯福之前，政府基本没有对市场和大公司采取任何监管。在这段时间里，经济命脉被新型大公司所控制，这些公司的业务跨越了州的界限，超越了州政府监管机构的控制范围。联邦政府是唯一有能力约束这些公司的实体，但它拒绝这样做，理由是会损害经济增长。政府还受到保守的美国最高法院的制约，影响深远的"洛克纳案"的裁决否决了监管机构的努力。1905年，纽约州监管机构对一位名叫约瑟夫·洛克纳的面包店老板做出处罚，经上诉，法院则做出与州政府相反的裁定。州政府希望洛克纳的雇员每天工作不超过十小时。洛克纳则辩称，纽约州这一规定违犯了《美国宪法第十四条修正案》，而该修正案当时是为了保护新获得自由的奴隶的权利而通过的。洛克纳说，《美国宪法第十四条修正案》也保护了他与雇员签订任何劳动合同的权利。洛克纳案的判决使立法者们寸步难行，甚至开启了司法系统倾向有利于商业运作的时代。在洛克纳案的影响下，法院摧毁了最低工资法、联邦童工法、银行业和保险业监管以及交通法。洛克纳时代是美国的繁荣时期，但这种荣景并没有惠及广大群众，经济权力高度集中，像约翰·洛克菲勒和科尼利厄斯·范德比尔特这类强盗大亨积累了巨额财富，而那些努力工作并创造财富的农民、纺织工、石油工人等劳动者，则依旧生活在水深火热之中。

　　1932 年，在大萧条最严重的时候，罗斯福当选了，奉行不干涉主义的时代结束了。[19] 罗斯福作为总统与民主党占多数的国会密切合作，创建了大规模就业和援助计划以帮助失业人员。他们设立了监管机构管理股票市场，并禁止银行利用吸纳的公众存款开展投机业务。他们建立了社会保障体系，或称"高龄保险"——医疗保险的前身。他们通过了《瓦格纳法案》，赋予工会权力，通过了最低工资法，并建立了每周 40 小时工作制。政府的积极作用在美国生活中得到了巩固，并在未来 30 年不断加深。

包括像理查德·尼克松这样的资深共和党人也慢慢接受了政府干预的理念。尼克松签署的法案分别于 1970 年和 1971 年创立了美国国家环境保护局和美国职业安全与健康管理局（OSHA）。他签署生效了《清洁空气法案》和《清洁水法案》，对美国经济产生了深远的影响。

政府干预对石油工业的影响比起其他行业有过之而无不及。科氏工业集团被复杂的价格管制和层层监管所笼罩，似乎在考验所有查尔斯·科赫笃信的哈耶克理念。华盛顿新成立的生活成本委员会，试图自上而下制定石油价格并控制市场，结果导致拜占廷式的混乱局面，严重阻碍了科氏工业等公司的发展，也无助于从根本上解决问题。生活成本委员会创造了一个复杂的定价体系，将石油供应分为三类："旧"石油、"新"石油和"汽提塔"石油①。"旧"石油是达到价格上限时已经在生产中的石油，其中大部分由埃克森等石油巨头控制。"新"石油是指在达到价格上限之后开采的石油。

该委员会对"旧"石油设定了每桶 5.25 美元的硬上限，[20] 但对"新"石油的价格则提出由供求关系发挥作用，任其在公开市场上自由波动。可以预见的是，"新"石油比"旧"石油的价格要贵得多，这对科氏工业等独立炼油公司造成了极大的压力，它们从公开市场购买石油而非自行开采。像埃克森这样的大公司可以自己开采石油，却因为价格管制而拒绝对外出售，这严重扼制了市场发展。

为了解决这个问题，美国联邦能源署通过了一项法律，下令出售 5 600 万桶石油，有效阻止了石油巨头们对"旧"石油的惜售。这还只是控制油价的方案之一，其他方案主要针对天然气和管道价格。

政府推出的这些措施激怒了查尔斯。[21] 他不愿挑战新政理念，并认为共和党"即将倒台"，称其缺乏开展政治体制改革的能力。1975 年，查尔斯为

---

①　"汽提塔"石油是指从即将结束生产寿命的油井中抽取的原油。

名不见经传的自由党写了一封募款函，函中提到共和党对市场的监管导致自己只能"厌恶地抛弃了他们"。查尔斯写道："在为企业争取自由经营的权利方面，（共和党）和民主党半斤八两，好不到哪里去。"

在共和党人袖手旁观的情况下，查尔斯开始着手自力更生颠覆这个体系。多年来，他一直涉猎政治学，在威奇托开了一家出售保守派杂志的小书店。[22] 他资助位于科泉市的自由学校，[23] 因为该校传授含有奥地利经济学派思想的课程。20 世纪 70 年代，查尔斯的努力又向前迈进一步，在科氏工业集团首席执行官的办公室里，以充满纪律性的方式策划了新的行动。

*****

1974 年 4 月，查尔斯在达拉斯一个保守派智囊团集会上发表了演讲，[24] 这个智囊团名为人文研究所，他是创始人之一。查尔斯的发言有些咄咄逼人，甚至可以说是尖酸刻薄。

他说道："今天美国的反资本主义情绪可能比以往任何时候都更加强烈。"尽管许多首席执行官都在抱怨监管带来的沉重负担，但查尔斯斥责了商界同僚们对资本主义原则不够忠诚。他甚至还认为，把美国经济定性为资本主义也是一个错误。查尔斯谴责商界被新政背后所代表的思潮诱入歧途。

查尔斯说："迄今为止，商界一直试图通过绥靖的态度自我安慰，而不是直面反资本主义论调中的谬误。比如说，当石油工业等行业因超额利润而受到批评时，商人们应该争辩说，在自由市场上不存在超额利润这种说法。没有丰厚利润作为信号，就没有更多资本投入，就不能在增加产量以满足消费需求的同时创造利润。"查尔斯抨击了新政背后的整个理论基础，声称罗斯福采取的政策实际上并不是对缺乏联邦级监管的回应。他提出，新政的实施，意味着经济已经"被政府对货币供给的大规模操纵所污染"。

他说，企业需要的是反击，而不是按照对手铺好的道路前行。商界应该发起一场长期运动，改变美国民众对市场和政府所扮演角色的看法。查尔斯说，这场运动应该有四个要素：

- 教育
- 媒体宣传
- 诉讼
- 政治影响力

对于教育这一点，查尔斯说，商界领袖们需要在公立大学里聚集起一些学者来倡导自由企业制度，并通过研究成果提供理论支撑。

谈到媒体宣传时，查尔斯说，企业界应当"适当地'奖励'宣传自由市场的媒体，并撤回对攻击自由市场媒体的支持"。

在诉讼方面，查尔斯建议，公司应"公开、有力地宣布，无论是作为单个主体还是通过协会组织，在制订或遵守控制计划方面它们将不与政府开展超出法定最低限度的合作"。

对于政治影响力，查尔斯建议，应进行游说和"诉讼，以影响政界的行为"，但当谈到影响华盛顿时，他发出了谨慎的声音。他说，与政府打交道往往会使商人堕落，诱使他们通过游说来操控这个体系，通过绑架公共政策来获取利润。他说，这种诱惑最终会让企业变得虚伪，从而削弱它们的实力。如果要与政府打交道，那么企业对自由市场的支持必须有一颗纯粹的心。因此，游说应该是一个"有底线的计划"。

在接下来的40年里，查尔斯非常忠于他所说的这些基本游戏规则。唯一有重大变化的是游说和竞选捐款应"有底线"，因为查尔斯最终还是建立了美国历史上最大的游说和政治影响力机器之一。但计划的其余部分几乎完全按照他1974年所提到的想法执行了。

但正如查尔斯在演讲中指出的那样，开展这样的计划所需的时间应以数十年而不是几年来衡量。但他不想等几十年后才看到结果，现在有了一块几乎完全由查尔斯控制的试验田，可以供他实施改革。有一个机构，是属于查尔斯私人控制的自由市场乌托邦，一个测试冯·米塞斯和哈耶克理论的实验室。

这块试验田就是科氏工业集团。

*****

在 1975 年，科氏工业集团显然不用担心倒闭。[25] 原油集输业务和松弯炼油厂的收入帮助抵销了航运部门的损失。查尔斯和莉兹的新家也修建完毕，顺利入住。

航运危机过去后，查尔斯专注于巩固他在担任首席执行官的头八年中所取得的成就。虽然大多数公司都会向股东派息分红，但查尔斯坚持把利润留在公司，作为继续扩张的资金保障。他还继续向公司经理层和员工脑中灌输巩固科氏工业的增长战略。每年查尔斯都会在威奇托举办颁奖仪式表彰优秀员工。这一年，他特别提到伯纳德·保尔森。

面对公司的精兵强将，[26] 查尔斯列举了一长串保尔森的成就：业务开拓，市场分析，帮助公司稳步赢得更多市场份额的新增投资。保尔森后来说，在同事面前受到赞扬是一件尴尬的事，但显然他的内心还是感到开心的。

查尔斯对保尔森的赞誉似乎在传达一个声音：保尔森对待松弯炼油厂就像对待自己的公司一样。保尔森不像一个雇员，而更像是公司的老板。一旦具备了将个人的自我实现与企业的发展紧密结合的意识，他就顺理成章地成了公司荣耀的一部分。

"他指出，这是一种创业精神。"保尔森回忆说，"他说希望公司上下都能具备这样的企业家精神。"

在很大程度上，这一理念在快速扩张中的科氏工业集团被成功推广，甚至最偏远的分支机构都在贯彻执行，从财务部门的马克尔等高级经理到保尔森，再到原油计量员和炼油厂工人等基层员工。[27] 科氏工业的各级员工都感觉自己是公司的小主人，虽然他们从未实际拥有科氏工业的股份，但都觉得自己是公司的一部分。查尔斯给了他们绩效奖金，并与他们签署了"影子股"合同，他们可以随着公司整体价值的增加而获得回报，但并没有授予他们公司实际的所有权。科氏工业集团的实际股权集中在查尔斯和大卫·科赫手里，一小部分科氏家族的亲戚与合伙人等小股东也持有少量股权。

绝大多数员工都接受这种企业文化，并被查尔斯的远见所鼓舞。

但有一个例外。这个例外可以说是查尔斯手下最重要的员工之一，查尔斯的亲弟弟——比尔·科赫。

第 5 章
科赫兄弟企业控制权之争：
比尔"政变"失败
（1980—1983 年）

1975 年，当时 35 岁的比尔·科赫成为科氏工业集团的正式员工，[1] 在公司最讳莫如深但极其重要的部门度过了早期时光：交易部门。

科氏工业的交易部门所涉及的行业范围之广，几乎覆盖了美国千家万户，[2] 但它从不在消费者面前抛头露面。以科氏工业的航运和原油集输业务为起点，交易部门成为原油和成品油贸易的经纪商与中间商。20 世纪 70 年代，交易部门继续扩大业务范围，与埃克森和雪佛龙等大公司开展交易。这些高度专业化的市场只有少数几家公司有能力涉足：作为交易商需要大量现金、专业人员以及参与油轮和输油管道业务的途径。随着科氏工业的交易员们在专业领域的地位不断强化，公司开始拓展业务范围，涉足一些没有公开定价机制的大宗商品。一笔交易可能在没有书面合同记录的情况下就产生 100 万美元以上的利润。比如工业化学品市场，其中一些商品，普通老百姓虽然每天都能接触到，但依然不知道该怎么读。例如，聚氯乙烯可以用于制造食品包装和瓶子，它在市场上的交易情况和它的化学方程式一样晦涩难懂。由于没有标准化的合约，这些交易主要通过一对一的直接交易进行。比尔主要负责深化科氏工业对化学品贸易业务的参与力度，该业务正慢慢成为公司的重要业务支柱之一。

从麻省理工学院毕业后不久，比尔就开始接触化工贸易行业。[3]当时他住在波士顿，正在为科氏工业寻找值得花费巨额现金收购的标的。在这个过程中，比尔偶然发现了一位名叫赫伯特·罗斯金德的化工交易员，他在独自经营一家名为莫诺塞尔（Monocel）的化工贸易公司。[4]

罗斯金德是当时全球工业化学品市场上为数不多的中间商之一。他把产自路易斯安那州的整船硫黄作为原料卖给位于亚洲的工厂。罗斯金德每天大部分时间都在位于波士顿郊区的一个办公室里，打电话给欧洲、新加坡或休斯敦的联系人，寻找那些想大量买卖氯、氢氧化钠、聚乙烯和聚氯乙烯等商品的人。

罗斯金德的生意可以形容为"水很深"，建立在只有自己拥有的人脉关系和深厚知识的网络上。像罗斯金德这样的人对市场至关重要，与透明的市场交易不同，买卖双方都需要有罗斯金德的头脑。他知道在不同的时间在市场上能找到谁，他知道聚氯乙烯的需求在哪儿，他知道什么是合适的价格。（当然，像罗斯金德这样的交易者是否真的向客户报出了合适的价格，取决于客户本身对市场的了解程度。）他有覆盖全球的关系网，也有对成功交易来说不可或缺的知识体系。他知道不同国家的报关公司的习惯，知道哪些船运公司可以信任，他对全球航运价格几乎无所不知。他了解不同文化和不同国家的谈判习惯，擅长一对一的谈判，擅长在这个没有公开价格参考的隐秘市场中自在航行。

比尔对化工贸易今后的可能性很感兴趣，该行业的前景似乎比20世纪70年代的原油交易还要好得多。与原油市场的大幅波动不同，随着中国等发展中国家向全球贸易敞开大门，化工产品的价格稳步上涨，对工业化学品的需求急剧攀升。比尔在与罗斯金德会面后不久，就直接提出要收购罗斯金德的公司。

罗斯金德在第一次见到比尔时，不知道该如何看待这个穿得像个大学生的孩子，他身上充满麻省理工学院的风格，看起来也确实像正在麻省理工学院就读的学生，这或许能称为有特权的时尚。比尔穿着休闲裤和纽扣衬衫，没有穿夹克或打领带，光脚穿着休闲皮鞋。他开着一辆老旧的丰田，前排副驾驶座底板上还有个洞。

比尔的想法很简单。科氏工业将收购罗斯金德的公司，然后在内部成立一家新的化工贸易公司，由罗斯金德担任负责人。他将获得这家新贸易公司 20% 的股权，科氏工业的投资将帮助公司扩张，罗斯金德将能够开设新的分支机构，雇用更多的交易员，生意会越滚越大。

这天，罗斯金德前往威奇托敲定最后细节，在那里，他见到了比尔的哥哥查尔斯·科赫。[5] 查尔斯在科氏工业集团的员工食堂与罗斯金德共进晚餐并讨论了这笔交易。查尔斯和比尔之间的区别显而易见，查尔斯穿了一件外套，打了领带，身上完全没有无忧无虑的校园生活的痕迹，一点儿都没有。他从思维到举止都像是一位工程师，他也开了一辆旧车，但驾驶座底板上没有洞。查尔斯很低调，但他的雄心壮志显而易见。罗斯金德问查尔斯，科氏工业现在的市场地位如何，他记得查尔斯说："嗯，我们是美国第二大私人控股公司。……努努力，我们将成为第一。"

"我认为这是一个很好的回应。"罗斯金德说。他愿意成为科氏工业的一员。

罗斯金德很快就有了自己的办公室，雇了交易员，并安装了一台电报机，可以立即向全世界几乎任何地方发送书面信息。新部门叫作科氏贸易公司，它不运转任何机器设备，不制造哪怕一斤硫黄或氯，但达成了数不清的商品交易。

比尔打电话给罗斯金德，说自己需要一份工作，想成为一名化工品交易员。罗斯金德迟疑了。

"我说：'好吧，比尔，我会对你说实话。'"罗斯金德回忆道，"我知道你有化学博士学位，但我们需要化学贸易的博士。大学里不教这些。欢迎你和我们一起工作，但我必须像对待其他人一样对待你。也就是说，我只能给你一份微薄的薪水，先看看你干得如何，其他的以后再说。"

罗斯金德指出，在贸易领域，波动性有其好处。比尔的工资可能很低，但只要有一两笔成功的交易，他的收入就可以轻松地翻一番甚至翻三番。交易员的收入波动大，但回报也是巨大的。

比尔的回答很直接："我接受。"

*****

罗斯金德定下工作开始时间为早上八点半，而交易几乎同时开始。[6] 罗斯金德常常很早就到了，但其他的员工都踩着点上班，大多数人直到九点左右才做好交易准备。一天早上八点半，只有罗斯金德一个人在办公室，这时电话铃响了。他从一张桌子走到另一张桌子，接起电话，他不想错过任何一笔潜在交易，也不想让顾客觉得公司没人在岗。在化工行业，书面协议很少，声誉意味着一切。一个电话铃响了，如果没有人接起电话，就相当于发出了负面的信息。

那天早上晚些时候，罗斯金德把包括比尔在内的所有手下集中到了办公室，狠狠地批评了他们。

他说："我想告诉你们一件事，这间办公室八点半开门营业，并不意味着你八点半到公司就行了，而是意味着你八点半就要完成一切准备工作，可以开始做交易了。八点半，在岗做好交易准备！别再迟到了。"

员工们从他的办公室列队离开，回到工位。大约一小时后，罗斯金德的电话响了。电话是从威奇托打来的，是查尔斯。

罗斯德金的第一个想法是，他在科氏工业短暂的职业生涯恐怕要结束了。他刚刚把老板的亲弟弟臭骂了一顿。查尔斯的第一句话仿佛证实了他的恐惧。

"他说：'我知道你让我的弟弟在大家面前丢脸了。'"罗斯金德回忆道，"我说：'我不是针对他一个人。我给全体员工开了会，定了一些规矩。你弟弟是员工中的一员。'"

查尔斯的回答让人不寒而栗："你要知道，从来没有人敢对科赫家的人那样说话。"

"我说：'好吧，查尔斯，如果让你生气了那我真的很抱歉。'"

然后查尔斯告诉他："也是时候有人能教训教训科赫家的人了。"

*****

比尔学得很快。他会向罗斯金德寻求建议，并且善于接受建议。他身上有交易员所应具备的重要特质，非常善于与人打交道。比尔虽然不能被形容为热情或者惹人喜欢，但他善于倾听，能快速了解客户的需求，也能轻易摸透客户的底线。

关于交易的核心要义，罗斯金德告诉比尔："所谓交易，就是用我们所拥有的换取我们想要的。"罗斯金德打了个比方，交易员的一天，从几枚硬币开始，到牛排大餐结束。比尔之所以能把零钱变成西冷牛排，不仅是因为他能仔细倾听客户的心声，还因为他有敏锐的头脑。他将大宗商品市场视为多维度的棋盘，把分散在全球各地的需求联结成一个个三角形，在互惠互利中实现合作共赢。

化工交易不是简单的低买高卖，比尔一笔比较成功的交易表明了这项业务的复杂程度。[7] 罗斯金德和比尔从客户那里得知，东亚地区的醋酸供应紧张，需求非常旺盛。生产醋酸的公司也意识到了这一点，因此不会轻易廉价地出售自己的产品，这使以能获取盈利的价格购买醋酸并在亚洲市场销售变得几乎不可能。但优秀的交易员知道在不同的市场同时发生了什么。比尔知道生产醋酸的公司通常采用玉米作为原料，还知道如何在芝加哥期货市场以便宜的价格买到玉米。因此，科氏贸易公司在期货市场上收购玉米，并与醋酸生产商进行了大量易货交易，拿到醋酸后在亚洲市场以更高的价格销售。

罗斯金德说他从那笔交易中赚了 100 万美元。查尔斯亲自打电话给他，对利润率之高表示出乎意料。

"我说很抱歉我们没有赚更多。"罗斯金德当时就是这样告诉查尔斯的。

*****

与科氏工业所有高管一样，比尔和罗斯金德经常前往威奇托，向查尔斯汇报贸易业务的最新情况。[8]出席这些季度会议的还有部分其他高管，如斯特林·瓦尔纳和伯纳德·保尔森。罗斯金德喜欢和查尔斯在一起，他对这样一个富有的人能和普通员工一起在公司食堂吃饭印象深刻。

然而，罗斯金德注意到他的伙伴并没有那么自在。比尔抗拒前往威奇托。

在公司总部时，比尔总是精神紧绷。旁人很容易看出他烦心的根源，查尔斯使比尔感到紧张，仅仅与查尔斯同处一室似乎就能使他心情低落。罗斯金德不明白为什么比尔会对哥哥如此恼怒。查尔斯举止温和，说话平易近人，从不盛气凌人，言语中伤，更不会用拳头捶桌子。但即使查尔斯最轻微的评论也会引起比尔过激的反应。

罗斯金德说："我不太理解气氛紧张的原因。但我相信肯定不是因为钱。"

*****

比尔在化工交易部门取得成功后得到了提拔，或者说，由于科氏工业的运作方式，更恰当的说法是比尔被他的哥哥查尔斯提拔了。[9]

公司新设立了科氏碳部门，比尔被任命为副总裁。这是查尔斯和瓦尔纳的典型扩张路径，在科氏工业已涉足业务的基础之上开拓新的市场和领域。科氏碳部门正将业务边界扩展到煤炭开采和加工行业，这种扩张是基于科氏化石燃料业务开始的。作为该部门的负责人，比尔应该像保尔森或罗杰·威廉斯那样，如同企业家一般拓展自己的业务。

比尔也正是这样做的，以他自己的方式。他在威奇托建立了一支员工队伍，其中许多人最初是被查尔斯招进公司的。其中有一位叫布拉德·霍尔的年轻金融从业人员，他是一个典型的科氏工业员工，跟 F. 林恩·马克尔像一个模子刻出来的一样。[10]霍尔在大学时期是一名运动员，在威奇托州立大学就读期间打过棒球，他明白如何成为团队的一员，谦逊的品格不知不觉深深烙印在他的性格中。他成长于威奇托中产阶级家庭，自知这个世界不欠他什么；他也惊人地聪明，拥有理科生那种熟练处理问题的能力，总能找到解决问题的方法。换句话说，他天生就是当查尔斯助手的料。但在被录用后不久，他就被告知自己不会在查尔斯手下工作，而是直接向比尔汇报，并帮助比尔组建碳部门。

比尔对保尔森运营松弯炼油厂所依赖的数据驱动型分析非常着迷，[11] 但比尔版本的数据分析更多地借鉴了麻省理工学院和常春藤联盟的博学传统，而不是保尔森的中西部油田传统。在他们开始一起工作后不久，比尔将一篇在《哈佛商业评论》上读过的文章转给霍尔。文章概述了如何利用计算机技术对潜在交易的内部收益率进行概率分析。模型使用了一种称为蒙特卡罗模拟的方法，根据一些可变因素，比如间接费用的不同，计算出回报率概值。比尔要求霍尔将蒙特卡罗模拟运用在摸索开展中的煤炭贸易上。

霍尔的任务非常艰巨，只能借助于公司的服务器主机完成这项工作。主机占据了科氏工业集团总部地下室的一个大房间，计算机使用的穿孔卡片必须根据每次模拟运行的特定模型特别定制。一开始计算机工程师们还帮忙在卡片上打孔，但模拟运行需要太多的卡片，以至于他们只能让霍尔自己打孔。他的小办公室里堆满了打孔机，竭力赶在比尔给的最后期限前完成模拟计算，甚至他星期日都不去教堂了，而是把家人留在家里，独自一人到公司继续打孔。霍尔知道查尔斯一般不会要求员工星期日加班。当霍尔到达公司时，比尔不在办公室；霍尔一整天都在公司打卡和模拟计算，比尔也一直没有出现。

中午刚过，比尔打电话到办公室，询问霍尔的进展情况。[12] 霍尔开始向他解释，但比尔不停地打断他，大声喊道："啊！……啊！"霍尔一脸疑惑，他问比尔是不是出了什么事。

比尔回答说："我正在看爱国者队的橄榄球比赛。"挂断电话后，霍尔回到地下室继续运行模拟程序，与此同时，比尔则享受着橄榄球的乐趣。

*****

霍尔完成了蒙特卡罗模拟，[13] 并为查尔斯和瓦尔纳准备了一份关于研究结果的报告。比尔明确表示，他想给瓦尔纳和查尔斯留下深刻印象，于是霍尔赶往威奇托市中心的一家专卖店，将他的研究成果呈现在彩色幻灯片上，这样可以在演示过程中使用投影仪放映。在 20 世纪 70 年代，这是高科技。

霍尔在科氏工业总部的会议室里精心准备了演示和投影设备。他还是个新员工，能和查尔斯在同一个房间让他很兴奋。他为自己完成的工作感到自豪，计算机模拟非常复杂，他花了几个小时来背诵讲稿，这样现场任何提问都难不住他。

会议开始，瓦尔纳和查尔斯就座，比尔首先简要介绍了情况，然后霍尔开始讲解研究报告，幻灯片上罗列了他利用公司主机做的大量分析。

演示刚开始几分钟，瓦尔纳就打断了霍尔。

瓦尔纳说："比尔，我知道你和霍尔了解这些花哨的东西，我也知道霍尔做了这些计算。这些都很好，但我只想知道，这是笔好交易吗？"

霍尔当场呆若木鸡。

"这是笔好交易吗？"几十年后霍尔的脑海中仍能回响起这句话。"就像有人用大锤敲了我。"霍尔称这句话为"瓦尔纳语录"，一针见血地暴露了霍尔演示所存在的缺陷。霍尔瞬间意识到，他在细节的分析中迷失了方向，没有看到全局。他有上千次电脑运算的结果，这些结果可以告诉他在各种情况下的内部收益率，但他无法提出任何批判性的分析，说明为什么这笔交易从未来十年的角度看可能是个好生意，或者为什么科氏工业比任何其他公司都更适合做这笔交易。

"我不知道我在干什么，我被细节和乱七八糟的东西束缚了。"霍尔说。瓦尔纳站在另一个角度判断交易是否合适。

几乎就在这时，查尔斯开始询问有关该行业其他竞争对手和主要供应商的问题。这些都是直切要害的战略性问题。

对霍尔来说，这些提问巩固了一个认识，霍尔知道他想为谁工作，而那个人不是比尔。

霍尔的这种想法比尔不可能察觉不到。

*****

像科氏工业集团所有副总裁一样，比尔必须定期回答查尔斯提出的一系列试探性的问题，[14] 查尔斯会根据回答评估其表现，但比尔与其他高管相比有决定性的不同：他拥有公司的大量股份。

弗雷德·科赫给每个儿子都留了公司大约 20% 的股份，因此查尔斯、比尔和大卫拥有公司的大量股份，包括他们的哥哥弗雷迪，尽管他没有参与公司运营，但也持有股份。松弯炼油厂的原共同所有者霍华德·马歇尔二世拥有该公司的另一部分股份。马歇尔把这些股份中的一部分给了他的儿子霍华德·马歇尔三世。除此之外，还有一些小股东，包括科赫家族中的表亲，他们被简单地描述为"科赫家族的其他人"。

作为大股东之一，比尔与查尔斯的关系变得复杂起来。

作为副总裁，比尔向查尔斯汇报工作。但作为大股东，他在很多方面都与查尔斯不相上下。随着比尔在公司的时间越来越多，他开始更多地关注自己作为股东的角色——一个可以在平等的基础上与查尔斯抗衡的角色。

比尔持有的股份给了他在董事会特别执行委员会的席位，这个委员会只包括他本人、查尔斯和大卫，瓦尔纳是候补委员。从 20 世纪 70 年代末开始，比尔开始积极地在执行委员会中发挥作用，他向查尔斯提出了有关他的决策以及公司运营的相关问题。查尔斯按照比尔的要求给他寄去了一大堆资料，结果发现有更多要求在后面等着自己。

比尔的要求开始集中在一个问题上，并慢慢开始转为指责的口吻。[15] 比尔想知道为什么查尔斯没有向董事会汇报某些事情的进展。

例如，位于丹佛的科氏工业分支机构就出现了一个问题，那里的员工因操纵政府用于支付能源租赁费用的摇号系统而被起诉。[16] 为什么查尔斯没有在起诉书发布之前向董事会报告这个问题？比尔还询问了美国能源部正在进行的一项调查——美国能源部正在调查几家可能违反联邦能源价格管制的公司，所谓违法行为可以追溯到很多年前。调查的边界尚不清楚，但研究这一问题的科氏金融公司员工表示，理论上，政府可能会要求高达 10 亿美元的滥收费的赔偿。比尔问查尔斯，为什么他没有向董事会报告这一事项，一笔潜在的 10 亿美元罚款难道不值得报告吗？

查尔斯说，10 亿美元这一数字并不重要，只是一个理论值。公司里没有人真的相信会被处以这么大数额的罚款，这根本不值得向董事会报告。

比尔做的不仅仅是提问。[17] 不久，他就把自己的问题串联成一个故事并向公司董事会讲述。他把哥哥描绘成一个专制君主，一个统治家族公司的"独裁者"，对异见毫无容忍之心，而且行事诡秘。比尔甚至给他的哥哥起了个绰号——"查尔斯王子"，并在和公司同事的交谈中直接使用这个绰号。查尔斯知道了这个绰号，并不觉得好笑。

比尔不仅巧妙地指责查尔斯做了错事，他还开始通过反对查尔斯的分红政策公开挑战其权威。比尔指出，与其他公司相比，科氏工业集团的分红比例特别低，他还辩称现行的分红策略无异于惩罚科氏工业的股东，他们拿到的太少了。科赫兄弟非常富有，但财富主要存在于纸面上，他们获得这些财富的手段极其有限。比尔想要更高的红利，他想要从父亲的遗产中套现，他抱怨虽然自己是"美国最富有的人之一"，但仍然不得不借钱买房。

查尔斯开始全方位反制比尔的挑战。他首先驳斥了科氏工业应该支付更高股息的想法，并向董事会解释，将股息资金用于公司再投资，才是利用未分配利润的更好方式。他还驳斥了所谓总是偷偷摸摸对董事会隐瞒重要信息的观点，他说已经向董事们提供了需要的信息，并不需要提供更多。

1980 年 4 月 27 日，查尔斯给他最小的弟弟寄了一张手写的便条 [18]：

亲爱的比尔，

　　你对我的这些攻击，目的是什么？我从全国各地听说你一直在批评我。你最近给董事会的每一份报告都包括对我的抨击，就连你给我的备忘录都在尖刻地指责我。在我看来，这一切都没有任何意义。事实上，这种行为充满了破坏性，对你和这家公司都是破坏性的。无论过去我做了什么导致你对我如此怨恨，我们现在最好的做法是努力合作，就算不是为了友谊，至少也是出于礼貌和相互尊重，而不是为了过去的猜疑和不愉快。我会从自身做起，会尽我所能做到这一点。

你的哥哥，

查尔斯

然而，比尔并没有停止。

1980 年 6 月 12 日，他给查尔斯发了一份备忘录，标题写着"董事就可能影响公司的实质性问题有知晓的权利"。[19] 备忘录里猛烈抨击了查尔斯领导的高管层，含蓄地指责他欺骗和滥用职权。但最重要的是，这份备忘录刺痛了科赫兄弟最敏感的神经，仿佛在说他们的父亲弗雷德在九泉之下会为查尔斯感到羞耻。

"公司被（丹佛案件中的）一系列起诉书拖入了泥潭……公司的好名声受到更多此类事件的威胁。"比尔在备忘录中写道。当然，公司的好名声是他们父亲的好名声，比尔暗指查尔斯正在玷污它。

查尔斯回忆，自 6 月起，他已从比尔那儿得到了 6~10 份类似的备忘录。亲弟弟要求更多的员工和更多的钱，以及控制一个新的投资基金。比尔想要更多的权力，想发出更有力的声音。

当比尔在媒体采访中回忆起这段经历时，他对自己行为的解释总是很快演变成童年时期的怨恨和对立。比尔在接受《名利场》杂志的一次长时间访谈时回忆道，[20] 母亲跟自己很疏远，父亲对自己的感情严厉而吝啬，还有哥哥查尔斯，总是无情地操纵、控制、欺负他。1980 年夏天，比尔所有的情绪似乎都借由备忘录发泄了出来。查尔斯似乎也有同样的看法："无论我做了什么导致你对我如此怨恨，那都是过去的事了。"他认为比尔在公司跟自己对着干，是在发牢骚，抱怨那些根深蒂固的、私人的、基本上毫无道理的事情。

虽然查尔斯不理会比尔的小心思，但他也一直试图寻找使两人能够和睦相处的方法。查尔斯在 6 月底打电话给比尔，[21] 再次要求他停止"情绪攻击"。比尔则告诉查尔斯，自己希望有更多的机会接触查尔斯，能与他多沟通，解决自己的担忧。查尔斯同意了，还记得比尔说过会停止攻击。

攻击似乎停止了，但也就只停了几天。7 月 3 日，比尔给查尔斯发了一份备忘录，二人彻底分道扬镳，并且几乎把公司一分为二。

备忘录有 10 页，单倍行距。[22] 其中有一段话很突出。

"我对战争不感兴趣，我想解决我们之间的问题。"比尔写道，"由于我不是唯一关心这些问题的人，所以如果不解决这些问题——虽然这样更容易——那么将对所有相关的人造成伤害。事实上，如果这些问题得不到解决，这家公司很可能不得不出售或上市。"

"这家公司很可能不得不出售或上市"，这是比尔的原话。

从那以后就再也回不去了。

*****

7 月初，科氏工业集团召开了董事会紧急会议，[23] 查尔斯和比尔都出席了。查尔斯针对比尔的每一项指控进行了辩护。比尔告诉董事会，包括他自己在内的全体股东，需要从公司获得比现在所得到的更多的现金。董事会倾向于接受比尔的建议。查尔斯承诺成立"流动性委员会"，负责加大分红力度，他还同意探讨科氏工业公开上市的想法。上市不仅意味着要通过华尔街经纪人将公司所有权出售给普通投资者，并且可以肯定科赫家族将失去对公司的绝对控制权，科赫家族等股东将一次性获得数亿美元甚至更多的回报。比尔将成为一个非常富有的人，而不仅仅是纸面上的富翁。他再也不用借钱买房了。

比尔似乎对这笔交易很满意，但他以前也感到满意过。在董事会会议上，查尔斯告诉董事们，如果比尔的攻击没有停止，他会想办法解雇他弟弟。

有一段时间，攻击确实停止了。查尔斯打电话给比尔并提出了一个建议。他问比尔，如果自己和妻子莉兹双双去世，他能否成为自己两个孩子的共同监护人和财产受托人。如果真是这样，那么比尔和大卫会成为查尔斯孩子们的共同监护人，这是查尔斯向比尔释放出的最大善意，同时又是巩固兄弟情谊的协议。比尔告诉查尔斯他"会非常高兴地接受"。

比尔不知道的是，当时查尔斯正在摩拳擦掌，准备向董事会递交一份内容详尽的备忘录，这份备忘录会导致比尔被踢出家族企业。

但这份备忘录不会现在发出，部分原因是比尔的双胞胎哥哥引起了其他人的注意。

*****

比尔从未在查尔斯的阴影下为自己找到舒适的定位，但他的双胞胎哥哥大卫却找到了。大卫发现自己有一项他哥哥缺乏的关键技能：自如地在公众面前露面。

查尔斯住在威奇托，他大部分时间都待在家里或科氏工业总部大楼里，几乎与世隔绝。大卫常住纽约，经常参加各种社交晚会和慈善舞会，并获得了钻石王老五的名声，与一个又一个美丽的社交名媛约会。他成为公司的形象代表，如此低调的公司至少出了一个公众人物。

从 1980 年开始，大卫逐渐成为科氏工业集团政治活动的代表。[24] 他参加了美国总统竞选，在自由党的选票上作为副总统候选人参选。这样一来，查尔斯长期在幕后战斗，大卫则成了台面上的人物。查尔斯成为自由党的主要金主和顾问，历任党主席都与之联系紧密并寻求其建议和支持。查尔斯用自己的钱，并协调母亲和弟弟比尔的捐款，向该党捐赠了数万美元甚至更多。时任自由党全国主席的克里斯·霍克在 1978 年写给查尔斯的一封感谢信中说道："现在，如果没有你的支持，我们的处境会很糟糕。"[25] 查尔斯多年来一直建议甚至责备自由党领导人，[26] 他告诉霍克，不希望自己的巨额竞选捐款为党内直邮募款① 创造出"虚假繁荣"。也许正是出于这个原因，查尔斯经常明确指明他的捐款应当如何使用。

---

① 直邮募款，指通过直接邮寄征集捐款，也可能涉及各种其他要求，如寻求志愿者或继续支持，没有强制性。非营利组织和政治组织经常采取这种募款方式寻求资金。——译者注

此时的自由党是一个资历尚浅且极不受欢迎的政党，他们极右翼的政治观点，让本应该是保守派的共和党看起来像是自由派民主党，这正是吸引查尔斯加入的原因。他在 1975 年写了一封自由党的竞选信，[27] 信中说他曾经支持共和党，但"厌恶地抛弃了他们"。查尔斯写道，只有自由党才会与"政府对我们生活各个方面迅速增加的操控"做斗争。竞选文件印在科氏工业集团的信笺上，看起来很合适。正是因为他的公司，查尔斯才受到政府最多的敌视。理查德·尼克松新成立的美国国家环境保护局执行了一系列复杂的新规定，这些新规定正在清洁美国的水和空气。另一个机构——职业安全与健康管理局，则实施了一系列的工作场所安全规范，几乎涵盖了炼油厂的所有经营活动。与此同时，美国能源部继续掌控着复杂的价格控制体系，同时对违反限价规定的公司处以巨额罚款。

虽然科氏工业的负担越来越重，但有迹象表明，自由党或许能够对此采取一些行动。公众舆论开始反对政府，越南战争、水门事件、通货膨胀和经济衰退削弱了公众对政府解决重大问题能力的信心。支持放松管制的声音越来越多，美国似乎是时候尝试更为保守的治理方式了。

当查尔斯在幕后继续他的政治操作时，大卫联系了自由党，[28] 并在1980年宣布自己是该党的副总统候选人。自由党总统候选人是埃德·克拉克，一位受欢迎的加州人，他在 1978 年的州长竞选中赢得了 5% 的选票，这对该党来说已经是一个非常好的结果了。大卫建议自己应该是克拉克的竞选搭档，而他能胜任这个角色的主要条件之一是有能力提供竞选资金。大卫在备忘录中也提道："所以基本上我的提议就是这么简单：作为自由党的副总统候选人，我将向总统竞选委员会捐款几十万美元，以确保我们的理念和总统候选人得到尽可能多的媒体曝光机会。"

大卫获得了代表自由党参选副总统的机会。他在备忘录中警告说，他将不能出席太多的竞选活动，但他在出席活动时的表现似乎表明他很享受在聚光灯下的感觉。大卫最终访问了 27 个州，会见了大学生、选民和对自由党感兴趣的活动人士。

自由党试图废除诸多政府机构和项目，包括医疗保险、医疗补助、社会保障体系（改为自愿参与而非强制参与）、交通部以及"所有与交通有关的政府机构"，包括监督飞机安全的美国联邦航空局，以及美国国家环境保护局、能源部、食品药品监督管理局和消费品安全委员会。这还只是清单中的一部分。该党还寻求将所有道路和高速公路私有化，将所有学校私有化，将所有邮政快递业务私有化。它试图废除个人和企业所得税，并最终"废除所有税收"。

虽然大卫曾承诺投入几十万美元在竞选中，但最终却花了 210 万美元。在这次罗纳德·里根以压倒性优势入主白宫的选举中，自由党获得了略高于 1% 的选票。

大卫自掏腰包周游大半个国家，但是在选举翌日的早上几乎没有什么成绩可以展示，这一定令人大失所望。但他没有时间反思这次参选的失败，也没有时间离开工作岗位为自己的失利疗伤。

回到威奇托，家族争夺权力的斗争即将爆发。

*****

虽然在 1980 年总统大选前的最后几个月里，查尔斯和比尔之间的关系似乎很平静，但查尔斯一直在写他的长篇备忘录。比尔仍然不知道这份备忘录的存在，查尔斯正计划把它交给董事会。

查尔斯想分享他对董事会尚未决定的两个问题的看法：科氏工业集团应该向股东支付更高的股息的想法，以及对公司整体管理方式的抱怨。[29] 查尔斯的备忘录是他经营哲学的升华。面临可能对公司未来发展产生深远影响的异见诉求，查尔斯立场坚定。归根结底，首席执行官就应该深谋远虑。

"作为一家不断寻求机遇的公司，我们的管理结构必须能够迅速决策。"查尔斯写道，"如果每一个商业机会都需要几个月的研究并通过几级委员会的批准，那么我们根本无法有效运作。……只要我还是首席执行官，我将抵制任何通过强加具有浓厚官僚气息的委员会或董事会来降低我们效率的企图。"

备忘录明确表示，股息最佳的利用方式是查尔斯的方式，继续向公司注入利润和现金，留在公司里，利润和现金的增长速度可能比分红取走后更快。他写道："在这种策略下，我们的短期回报不会那么高，但我相信，如果我们继续取得这样的成功，从长期来看，每个人都会过得更好。"如果股东不同意这种做法，那么查尔斯便提出收购他们的股权，送他们体面地离开。

查尔斯于 11 月 18 日向董事会发送了备忘录。一周后，查尔斯在办公室会见比尔讨论此事。比尔给他设了个套：他想召开董事会紧急会议，立即考虑为公司制订"流动性计划"。

"我说：'比尔，你什么意思啊？你为什么这么做？'"查尔斯后来在法庭做证时回忆道。[30] 比尔回答说，他需要成为一个男人，他需要亲自负责管理。查尔斯告诉他："如果这是你决心要做的，那么我们就得'离婚'了。因为这行不通。"

查尔斯提出的所谓"离婚"，其实是指他们的资产分割和作为商业伙伴的散伙。他想让比尔弄清楚他可以带走公司的哪些部分，剩下的由查尔斯和大卫负责。他们的分歧不可调和，也是时候分开了。

会面仅仅持续了十分钟，比尔就离开了办公室。查尔斯不久后也离开了。当夜幕降临，查尔斯离开大楼时，他注意到比尔在瓦尔纳的办公室里，正私下谈论着一些事情。

第二天是感恩节前的星期三。人们正在计划假期旅行，包括公司的首席律师唐·科德斯，他正准备去堪萨斯州西部探亲，在那里度过漫长的周末。

查尔斯和瓦尔纳碰面谈了比尔的事。瓦尔纳说，在他们前一天的谈话中，比尔给了他三个条件，诱使他放弃召开紧急董事会会议的请求。比尔想重建包括他自己、查尔斯和大卫在内的执行委员会；他想主导一个新的大型投资项目，需要从公司抽走大约 2 500 万美元。

在去度假之前，科德斯接到了比尔律师的电话。该律师说，虽然是比尔要求召开董事会紧急会议的，但他不打算采取任何激烈的行动。比尔将利用这次会议要求选举两名新董事进入董事会，此举不会改变权力平衡。科德斯和查尔斯对此都不担心，科德斯决定继续他的感恩节之旅。

感恩节的第二天，查尔斯接到大卫的电话。[31] 大卫那天进了办公室，发现有人给他发了一份关于比尔紧急会议的通知。这次会议并不像科德斯所说的那样无关紧要，会议的目的不是推选两名新董事，而是解散整个董事会并组建新的董事会。通知还说明了一件更令人震惊的事情：它不仅代表比尔·科赫，而且还代表大哥弗雷迪·科赫，以及从自己父亲那里继承了公司股份的霍华德·马歇尔三世。

大卫和查尔斯立刻明白发生了什么。如果比尔得逞，这三个股东的一致行动将在董事会投票中占多数。如果他们更换整个董事会的计划得逞，将赢得公司的控制权。显而易见的目标是不让查尔斯继续担任首席执行官，并找到一个替代者，比尔是理所当然的选择。很明显，比尔一直努力在幕后策划这次突如其来的"政变"。但是比尔犯了一个严重的错误：他给了查尔斯应对的时间。

*****

查尔斯在感恩节那个周末登上私人飞机前往休斯敦。[32] 在那里，他找到了父亲的老生意伙伴霍华德·马歇尔二世及其妻子贝蒂。星期日晚上，他们登上了另一架私人飞机，来到加利福尼亚州。

马歇尔二世并不知晓自己儿子的筹划，直到星期六查尔斯打电话给他的时候才知道。老马歇尔挂了电话后立即打给儿子。当再给查尔斯回电话时，他证实了查尔斯最大的疑虑。"我儿子的投票意见与我相左。"老马歇尔说。

查尔斯问老马歇尔他们该怎么做。"他说：'马歇尔三世至少还明白一件事，那就是钱。我会把我的股票买回来。'"查尔斯回忆道。

马歇尔三世住在洛杉矶，老马歇尔想亲自去那里见他一面，达成回购儿子股份的交易。于是查尔斯先飞往休斯敦，然后与 75 岁的老马歇尔一同前往加利福尼亚。

查尔斯和马歇尔一家于星期日晚上抵达加利福尼亚。第二天上午，老马歇尔见到了儿子，希望以 800 万美元回购他手里的股份。这项交易将把有投票权的股份转回到老马歇尔手中，等于回到了支持查尔斯的阵营。这一举动将立刻结束比尔的"政变"。据马歇尔三世的描述，比尔闻风而动，希望出价 1 600 万美元购买这批股权，但他拒绝了。他不想破坏自己和父亲达成的协议。

第二天，查尔斯和老马歇尔去马歇尔三世家签署股权出售文件。当他们和马歇尔三世交谈时，电话响了，是比尔的律师找查尔斯。

查尔斯走进另一个房间接了电话。律师吉姆·林说比尔取消了他的特别会议，要求查尔斯不要和"那个愚蠢的马歇尔"达成协议。他们应该通过开会来解决分歧。

查尔斯表示没门儿，然后挂断电话，回到另一个房间完成了交易。最终，老马歇尔的儿子以 800 万美元的价格出售了股份。"政变"的尝试就此结束，比尔在家族公司的未来也随之结束。

*****

当他们还都是孩子的时候，比尔用马球槌打过他的双胞胎哥哥大卫的头，在大卫的眼睛旁留下了永久性伤疤。[33] 后来，比尔又用父亲收藏的非洲剑刺伤了大卫的背部，留下了另一道伤疤。这两次伤害后，大卫都原谅了他的双胞胎弟弟。大卫亲昵地称弟弟为比利（比尔的昵称），当小比利暴跳如雷时，大卫会充当他和查尔斯之间的和事佬。现在，大卫被迫必须在兄弟之间做出选择。

12 月 5 日举行了一次董事会会议，[34] 会上将处理比尔未遂的夺权企图。瓦尔纳要求比尔辞去公司职务，比尔拒绝了。

会议期间，有人提议解雇比尔。投票结束后，动议获得了通过，比尔在家族企业的职业生涯结束了。大卫投了弃权票。

*****

尽管比尔被解雇，但他仍然是大股东，他继续利用这一身份制衡查尔斯，鼓动公司上市或出售。1981—1982 年，多方面压力要求查尔斯在两个选项中选一个。

然而，公开上市会毁掉查尔斯打造的机器，也意味着查尔斯将失去对公司的绝对控制。股东将获得投票权，新的董事可能会有权解雇他。查尔斯的商业战略围绕快速决策展开：经理们向查尔斯和瓦尔纳提出一项商业计划，他们有权当场批准。上市公司则必须考虑股东的意见，这必然导致查尔斯一直鄙视的委员会和审查小组激增。

查尔斯向董事会和一小部分股东提出了自己的观点，[35] 而且他的观点令人信服。1961 年当查尔斯加入他父亲的公司时，公司有 300 名员工，每年获取盈利 350 万美元，每年分红约 15 万美元。20 年后，科氏工业集团（每年）获取盈利 3 亿美元，拥有 7 000 名员工。尽管分红只是利润的一小部分，但查尔斯仍拿出了 2 750 万美元的年度分红，因为利润实在太高了。这是弗雷德·科赫去世时工资水平的 91 倍。1982 年，公司资产总额为 15 亿美元，而在 1967 年只是这个数字的 3%。

查尔斯向他的董事和股东们提出，如果站在他这一边，如果相信他的愿景，公司未来将更强大。

*****

比尔和弗雷迪终于与查尔斯和大卫达成了一项决议。[36] 科氏工业集团将以超过 10 亿美元的价格收购比尔和弗雷迪的股权，这最终切断了他们兄弟之间的商业联系。科氏工业则需要借入 11 亿美元作为收购资金。虽然巨额贷款不符合查尔斯的胃口，他厌恶债务，但这是必要的紧急措施，当务之急是赶走比尔，并重新获得公司的控制权。

等到交易完成时，查尔斯找到了年轻的金融天才布拉德·霍尔，他曾协助比尔管理科氏碳部门。[37] 霍尔曾明确表示更愿意为查尔斯工作。此刻他梦想成真，从此开始了自己在查尔斯手下 20 多年的职业生涯。

1983 年，霍尔陪同科氏工业集团的一名律师飞往纽约，在那里会见比尔和他的律师团队，完成和解协议的签署并买下比尔手中的股权。文件签署时气氛喜庆，毕竟比尔刚刚赚了大约 4.7 亿美元。"他们正在开一个盛大的派对，什么都有，（比尔）甚至想和我合影。"霍尔一边回忆，一边无可奈何地笑着摇头说道，"他让我告诉他哥哥，他仍然爱他。"

大约一年前，比尔曾为了一笔交易与查尔斯激烈斗争，即使比尔留在公司也只能得到 2 500 万美元。而现在，他有了好几倍的钱。比尔开始疯狂消费，在最高档的海滨社区买了豪宅，还买了一架直升机、一些艺术品和世界上最好的葡萄酒，他说自己好像返老还童了。

和弟弟一样，查尔斯也对家族财富有着庞大的计划。

第 6 章
科氏大学：查尔斯的经营哲学研讨会
（1983—1989 年）

20 世纪 80 年代初，在摆脱了意见相左的亲弟弟的缠斗后，查尔斯·科赫关于企业管理的蓝图徐徐展开。[1]

科氏工业集团总部有个大礼堂，查尔斯开始在那里举办一些活动，台下坐着四五百名公司的中高层人员。F. 林恩·马克尔、布拉德·霍尔、伯纳德·保尔森等人都会到场。这些活动并不是常见的企业演讲，查尔斯没有利用论坛的形式去谈论企业的运营，或举行某种形式的动员大会。相反，查尔斯经常坐在观众席上做笔记。随着活动的进行，坐在查尔斯身旁的高管们注意到这并不是一次商业宣讲。事实上，他们在参加第一次研讨会，而这个研讨会课程将持续数十年，并成为查尔斯一生中最重要的工作之一。课程概述了一种具体的、外显的哲学理论，操作手册定义了一系列为了创造繁荣而定的规则。他最终将这一理念称为以市场为基础的管理理念。但在一开始，这种经营哲学没有名字，只是一个在公司礼堂里举办的研讨会。

在早期的研讨会上，查尔斯邀请外部嘉宾发表演讲。他在戴尔·卡耐基的名著《如何赢得朋友及影响他人》的基础上，开办了关于卡耐基管理理论的研讨会。这些课程侧重于管理的艺术和生产力，要求公司经理层发表简短演讲，帮助他们学会有效沟通。

随着时间的推移，这些课程的技术性和策略性越来越强。

　　查尔斯邀请了美国最知名的年轻商业顾问之一，哈佛大学教授迈克尔·波特到威奇托演讲。波特在 1980 年出版了《竞争战略》一书，为企业经营管理提供了一个新思路。这本书为公司分析其所在市场提供了详细的计划。波特在顾问团队的陪同下多次造访科氏工业集团，帮助科氏工业的经理们运用他的思想审视自家的业务线条，利用优质数据找出提高利润的最佳途径。波特帮助科氏工业的高层管理人员学会如何分析自己的比较优势，分析竞争对手，并制定出利用公司市场地位的最佳方案。

　　然后查尔斯开始亲自教学。他主持的培训受众较少，也就十几名公司高级管理人员。这种亲密的环境有助于查尔斯近距离观察每一位高管，但他并不满足于自己的培训只能触及公司高层，而是想让自己的努力事半功倍。在参加了查尔斯的讲座之后，像马克尔这样的高管被要求回到自己的办公室后，向手下员工传达讲座的内容，甚至发了小册子和幻灯片来帮助他们讲解。这样，查尔斯的讲话精神通过层层传达，从总部的高级管理人员传递到最偏远的分支机构。参加学习的人们开始形容研讨会为"科氏大学"。

　　查尔斯希望确保每位新入职的员工都能掌握科氏工业集团的运作方式，希望确保公司的文化能够经久不衰。例如，对查尔斯来说，瓦尔纳在弗雷德·科赫死后是像父亲一般的长者，为他指引方向。瓦尔纳是公司活的百科全书，但随着年龄的增长，他总有退休的一天。查尔斯想在瓦尔纳离开之前把他的思想编纂成册。

　　"瓦尔纳经典"作为指导方针，像某种学说一样，成为查尔斯新哲学的关键要素。[2] 机会主义就是其中之一，即每一个员工都需要睁大眼睛，寻找可能出现的新机会。谦逊也是其中之一，即"了解自己的已知和未知"。霍尔回忆道。谦逊意味着虽然扩张对科氏工业很重要，但需要建立在已有专业知识的领域上。力量需要建立在力量之上。

　　回到 20 世纪 80 年代初，那时查尔斯的经营哲学才刚刚开始酝酿，并没有一套完整的指导方针。取而代之的是，查尔斯专注于传播由另一位名叫爱德华兹·戴明的商业顾问所创造的一套完整体系。查尔斯开始专注于戴明，并将戴明的理论推广到科氏工业集团上下。

　　戴明不仅是一个商业顾问，他更像一个大师。[3] 作为一个思想家，多年来戴明虽然在美国国内默默无闻，但他在日本已成为一个重要人物。在那里，戴明帮助日本汽车制造商改善生产，并帮助了一些世界级的制造公司。跟查尔斯一样，戴明的想法与美国商业界的主流思想截然不同，并且他不害怕说出自己的想法。

　　"戴明的激情在于制造出更好的产品，或者更准确地说，是创造可以制造出更好产品的系统。"记者大卫·哈伯斯塔姆说道。[4] 戴明想用数学计算来彻底改革美国的管理理念。他本质上是一名质检工程师，他认为只有硬指标才能改进制造工艺。戴明指导公司去衡量正在做的事，分析指标，然后加以改进。

　　戴明的持续改进理念在科氏工业集团得到了广泛的应用，并取得了显著的效果。菲利普·杜博斯是最成功的学生之一，这位来自路易斯安那州的原油计量员已经掌握了科氏工业测量原油的方法。杜博斯急切地从科氏大学汲取养分，亲眼见证科氏工业成为美国最大的公司之一——即便大多数美国民众从未听说过这家公司。

*****

　　经过多年的努力，杜博斯于 1982 年晋升为科氏工业在墨西哥湾附近的水上运输业务的负责人。[5] 杜博斯负责一个由驳船组成的运输船队，船队往返于码头之间，收集原油然后运往得克萨斯州的炼油厂。他管理的一些驳船甚至沿着密西西比河一路向北，行驶到位于明尼苏达州松弯悬崖自然保护区的松弯炼油厂。

　　杜博斯对这次升职诚惶诚恐，因为之前两任经理都没能获得盈利。他回忆说："如果再失败，我就要失业了。"杜博斯决心使驳船运输业务获得盈利，他决定试试戴明的图表。

　　杜博斯的船队最初由五艘大型驳船组成，每艘可装载约 8 500 桶原油。每艘驳船都有一名船长和一组船员，驳船在港口间航行时他们就住在船上。

杜博斯关注的第一件事是降低成本。燃料油是驳船运营的最大成本。一改往日船长可以随心所欲加油的做法，杜博斯要求他们在燃料油不足时给他的办公室打电话，然后他会打电话给当地港口，找到价格最合适的燃料油并送到最合适的地点。这有助于立即削减成本。

戴明的方法帮助杜博斯进一步降低成本。在学会的所有图表中，杜博斯发现最有用的是运行图。即使是几十年后，杜博斯还会像谈论珍爱的宠物一样谈论运行图。"最好的图表……是老式的运行图。它会呈现出你去过哪儿，以及你要去哪儿。"杜博斯说。

一张运行图列出了驳船发生的所有费用，对每种成本都有单独分类：日用品、燃料、维修保养、船舶损坏和备品备件。运行图使追踪成本成为现实，它们以数字的形式每月呈现，让你看到"你去过哪儿，以及你要去哪儿"。杜博斯学会了寻找成本的峰值，通过找出成本飙升的原因，有效控制成本支出；通过分析成本下降的因素，总结推广应用。

接下来是关键部分。杜博斯为每艘船打印了运行图，将其张贴在船长室里，这样每位船长都能亲眼看到自己开支浪费和节约的点。杜博斯把每位船长都变成了所负责驳船的经理，可以根据运行图自主决策。然后，更进一步，杜博斯开始追踪每艘驳船的盈亏情况。每艘驳船都是一家小企业，每个船长都是小老板，船长掌握了所有可以用于提高盈利能力的信息，也有了根据这些信息自行决策的权力。杜博斯对他的船队了如指掌，他知道哪些船在赔钱，哪些船在赚钱。

杜博斯说："驳船之间发展到了互相竞争的地步。我就像只又老又胖的柴郡猫一样坐在树上。"杜博斯利用数据推动单艘驳船提高运营水平，从而提升了整个海运部门的盈利水平，利润率达到33%。相比之下，一般货运部门能有8%或9%的利润率就已经烧高香了。在提高盈利能力的同时，杜博斯获得了更多资源和更大权限，管理的船只数量进一步增加，通过购买更大型的驳船，现在可以一次性运送4万桶石油。

一直以来，杜博斯都与威奇托的专家保持联系。[6]专家们帮他完善了运行图，还教了其他一些戴明的运营技巧。随着交谈面越来越广，杜博斯了解到并不是所有人都接受了戴明的那些计算公式的。很多经理仍习惯于凭直觉做决定，认为这些图表分析只是个噱头。但正如许多科氏工业的员工多年来学到的那样，查尔斯并不这样认为。他觉得只要在这家公司工作，就必须遵循他的指导。

杜博斯回忆道："这些可怜的浑蛋，有些人就是不能接受（戴明的）东西。他们无法敞开心扉拥抱它……他们只是在折线上加了一堆数字。那些不支持的人，是的，他们中的大多数都被赶走了。"

*****

科氏大学的研讨会是一种非常特殊的文化，是查尔斯努力为公司制定标准最明显的表象。更多的公司文化元素正在被制度化。

坚持扩张和机会主义，是查尔斯的经营哲学中最重要的元素之一，[7]其中一部分来自瓦尔纳，但也有一部分来自查尔斯自己的世界观。查尔斯从奥地利经济学家冯·米塞斯和哈耶克身上学到一个重要教训，即市场永不停滞，现状无法永远维持。市场总是涨跌起伏，这是一个永不终结的进化过程，试图与之抗争的企业最终只会被变革的力量吞噬。查尔斯希望他的公司随着市场的变化而发展，他希望科氏工业将变革的力量内化并转化为助力，而不是反其道而行之。

在查尔斯办公套间楼下大厅的一间小办公室里，这一愿望实现了，他在这里成立了公司的第一个发展集团。为了领导这个集团，查尔斯需要他最聪明的年轻副手之一保罗·布鲁克斯的协助，布鲁克斯曾建议直接放弃编制年度预算。虽然布鲁克斯的想法可能看起来有些鲁莽甚至激进，但他并不是那种在领导面前吹毛求疵的人，也从未为了取悦他人而哗众取宠。他低调且善于分析，在处理问题上的深思熟虑，非常像查尔斯。布鲁克斯是 20 世纪 80 年代中期从埃克森跳槽到科氏工业集团的那批员工之一。[8]埃克森以某种严格的等级制度对市场进行区分，这是一家坚持遵守协议条款并以工程师精神为导向的公司，纪律严明且线条清晰。在 20 世纪 80 年代，这种管理方式未能有效控制石油行业的暴涨暴跌，埃克森不得不放走包括布鲁克斯在内的许多人才。在科氏工业，布鲁克斯发现他仍然可以像工程师一样思考，并且是在一个更灵活、适应性更强、更具企业家精神的环境里。

布鲁克斯被任命为科氏发展集团的负责人，开始承担公司最重要的工作之一。发展集团希望成为一台收购机器，专注于寻找新的投资机会，帮助科氏工业收购新的公司。公司将瓦尔纳审视市场、捕捉机会的本能搬上了台面，发展集团则像一个交通枢纽，所有科氏工业的员工都可以将自己发现的潜在交易送到这里。科氏工业所有部门的管理人员都被教导要像市场上的侦察兵一样行事，当发现一笔前景光明的交易时，会顺着指挥链报给发展集团批准。发展集团对各部门上报的材料从各个角度进行研究，然后给出处理建议，有时也会自己提出方案。随着时间的推移，集团开始进行蓝天研究①（blue-sky studies），未来10年甚至20年，寻找科氏工业可能希望涉足的新市场。⁹

科氏发展集团成为美国规模最大、效率最高的交易处理机器之一。该集团将在21世纪初成为美国现代资本主义的代表，这个时代是私人股本和对冲基金四处寻找收购机会的时代。查尔斯在威奇托的办公室里悄悄建立的这家私募股权投资公司，可以与华尔街任何一家公司相媲美。早在20世纪80年代，除科氏工业集团总部外，几乎没有人知道它的存在。

科氏发展集团于1981年完成了第一笔重大交易，¹⁰这要归功于炼油业务负责人保尔森，正是由于他为了更好地经营松弯炼油厂，完善了计算机模型，才发现了这个机会。数据有助于保尔森对装置运行、产品生产和市场销售进行精细管理和准确决策，计算机模型仿佛给了保尔森进入石油市场的X光透视能力。保尔森把视线转向了他的竞争对手。

*****

科氏工业向位于科珀斯克里斯蒂的太阳石油公司旗下的太阳炼油厂出

---

① 蓝天研究，指不能立刻产生价值、没有明确目标的研究。——译者注

售了大量原油，不仅收到了钱，同时还收集了情报。

保尔森的团队首先掌握了太阳石油公司的原油采购量和品种的情况，然后了解了该公司的客户群体和他们在太阳石油公司采购支出的情况。有了这些信息，保尔森便开始使用他的计算机模型来研究太阳炼油厂周边的市场。他研究了炼油厂内部有哪些装置设备以及加工能力，了解了太阳石油公司生产的产品、数量、销售覆盖范围及价格。

就像大多数炼油厂一样，位于科珀斯克里斯蒂的太阳炼油厂主要加工轻质原油 ①，与墨西哥湾地区其他炼油厂的业务同质化严重，从而使这家炼油场无比普通。它没有松弯炼油厂的竞争优势。

但保尔森在科珀斯克里斯蒂看到了连太阳炼油厂自己都没有注意到的特质，一种被浪费的市场机会。太阳炼油厂有装置可以加工原油并将其转化为对二甲苯，这是科氏工业的主要产品之一，它工艺复杂，生产难度高，用途广泛。对二甲苯是生产对苯二甲酸二甲酯、精对苯二甲酸等合成纤维的原料。这些化工品又作为原料进而生产聚对苯二甲酸乙二醇酯等饱和聚酯聚合物。大多数人从未听说过这些化学物质，但它们是生产塑料容器、窗帘、含涤纶面料的服装、绝缘材料和照相胶片，以及进行室内装潢的基础。采用合成面料的服装越来越多，对饮料或家用化学品的塑料容器的需求也越来越多，人们在不知不觉中消费着对二甲苯，对于对二甲苯的需求不断增长。

保尔森意识到，如果科氏工业收购科珀斯克里斯蒂炼油厂，那么将会开辟一个全新的市场：对二甲苯等石油化工产品的市场。而且，按照查尔斯的理念，这个市场是新的，但科氏工业浸淫石油化工行业多年，所以对这一市场并不完全陌生，可以将在松弯炼油厂开发的专业技术应用到得克萨斯州的对二甲苯生产中。除此之外，在保尔森等人看来，太阳石油公司还不清楚它在炼油厂身上错失的机会，虽然该厂正在生产和销售对二甲苯，但并没有达到它应有的水平。

---

① 轻质原油密度低，常温下易流动。重质原油密度更高，不易流动。

1981 年 9 月，科氏工业为购买这家炼油厂支付了 2.65 亿美元现金，[11] 随即保尔森开始扩建，对二甲苯产能增加了一倍多。保尔森从欧洲一家炼油厂买了一座旧的加氢裂化塔，并把它运到得克萨斯州，向查尔斯吹嘘说，他以"新货"价格的 40% 买下了这座塔。

*****

1987 年，杜博斯获得一个"铁饭碗"。[12] 他从管理科氏工业的水上运输部门和驳船业务，被调去管理庞大的管道和公路运输业务。杜博斯的职务是东南区（5 区）的运输经理，负责科氏工业在美国东南部地区的所有交通基础设施，该区域西起路易斯安那州，东至佛罗里达海岸，北至纽约。杜博斯负责墨西哥湾的卡车运输、管道和海上油轮，几个分公司直接向他汇报工作，每个分公司都有专职的负责人。他花了很多时间视察所有分支机构，并与当地的团队进行沟通。

"我简直就像住在机场！万能的上帝啊！直到今天，我对机场还是有一种不舒服的感觉，好像我曾在那里长期生活过。"杜博斯说，"我永远忘不了的是独自一人吃饭的感觉，这很难熬。"

杜博斯管理的装备和供应链极其复杂，但其经济规律仍然相对简单，即使早在 20 世纪 70 年代初，杜博斯作为一名原油计量员在河口地区一条小艇上飘荡时，这些规律也是如此。杜博斯知道，他的职业生涯仍取决于他的工作结果——是"超"了还是"短"了。当他是一名原油计量员时，杜博斯在卸完原油储罐时确保结果是"超"。现在，他必须确保自己的运输网络覆盖全境。

其中原因与管道业务的天然属性有关。科氏工业在运输业中通过运输石油赚钱，而不仅仅是出售石油。管道中石油的实际价值对科氏工业来说是次要的，真正重要的是确保石油的流动。当运输石油的时候，科氏工业通过收集和运送石油得到报酬。这意味着科氏工业在某种程度上受到了保护，不受价格波动的影响，而正是这种波动在 20 世纪 80 年代持续扰乱了市场。例如，在 20 世纪 80 年代中期，一次市场崩盘导致许多石油钻探商倒闭，并严重影响休斯敦等石油资源丰富地区的经济发展。但这种波动性对杜博斯并不重要，更重要的是计量结果要"超"，他希望确保该地区销售的原油量超过其所收集的原油量，并保持各业务部门的超额收益处于"舒适边际"。当然，科氏工业不可能一直让卖出的石油比它所收集到的更多，这就是为什么原油计量员使用科氏工业的方法来少报石油量。

每个月，杜博斯都会收到从威奇托寄来的一包资料，这是总部计算机专家们编制的统计报告。实际上，这是杜博斯的成绩单。而成绩单上最重要的数字——他最关注的数字——是他上报的超额量。杜博斯知道，如果他管理的区域整体"超"，他就会得到赞扬、晋升和丰厚的报酬。如果他所在的地区出现"短"，那么他将受到质询、排挤，并最终被解雇。月报对他"生死攸关"，他说："报告就放在我的桌子上，我盯着它看了几个小时才下定决心打开……我只能靠'超'保住自己在科氏工业的工作，'短'想都不要想。"

一些石油生产商向杜博斯抱怨，说他们怀疑科氏工业的计量方法造假，占了太多便宜。虽然有争议，但计量的利润率很低，石油生产商通过科氏工业出售原油仍然有利可图。大多数石油生产商更关心的是让原油快速、准时地运输，并不想就科氏工业的计量技术争论不休。杜博斯通过确保他的区域一个月比一个月"超"，从而得到了威奇托高层的青睐。

杜博斯并不是什么怪胎。科氏工业遍布美国各地的管道和卡车运输经理，从佛罗里达州到俄克拉何马州再到加利福尼亚州，都在煞费苦心地确保自己"超"。其中一些经理，像杜博斯，可能认为自己实际上是在偷窃。另一些人则简单地认为这种测量方法是"激进的"，但大体上公平。毕竟，原油计量是一门不精确的艺术，科氏工业的高管只是把自己看作确保这种不精确不会损害科氏工业利益的底线。杜博斯早在 1968 年就已经学会了这一点：他们看到了有机可乘，因为这是一个灰色地带，然后他们利用了这个机会。从这个角度来看，科氏工业只是采取了强硬手段以确保自己的利益不受损。

从一个局外人的角度来看，事情的性质完全不同。对于一个刚接触石油行业的人来说，科氏工业的所作所为确实如同偷窃。这一观点即将得到全社会的广泛认同，同时也将危及查尔斯·科赫打造的王国。

第 7 章
腹背受敌：
来自美国政府和比尔的双重威胁
（1985—1992 年）

20世纪 80 年代末，科氏工业集团主要面临两个来自外部的威胁，甚至危及公司的未来。这两个威胁之间并无关联——一个来自美国政府，另一个来自比尔·科赫。但查尔斯·科赫和他的领导团队认为这些威胁是相互交织的。在他们看来，比尔似乎仍然对被迫离开公司心有不甘，并利用政府作为他的筹码来攻击查尔斯。事实上，政府自行开展对查尔斯和科氏工业集团的刑事调查，还是多年来科氏工业原油收集部门内部激进的错误测量引起的。

1989 年 5 月，政府造成的威胁加剧了，参议院印第安事务委员会在华盛顿举行了一系列公开听证会。听证会为期一天，参议院调查员肯·巴伦和联邦调查局特别探员詹姆斯·埃尔罗伊提供了搜集的科氏工业的偷油证据，后者曾监视科氏工业的员工。

窃取原油问题是这次听证会的主题，[1] 专门针对科氏工业集团。原因很简单，证据表明科氏工业是这次原油窃取案的元凶。根据委员会获得的数据，没有哪家公司超量获取原油的水平如此之高。参议院调查人员认为科氏工业撞到枪口上了，其他公司则没有。① 委员会要求查尔斯在听证会上做证，但他拒绝了。参议院在公布最终报告时声明："科氏石油公司是科氏工业集团的子公司，也是印第安保留地原油的最大买家，是石油公司通过故意错误计量和报告造假进行盗窃的典型案例。"

参议院听证会结束后，巴伦和他的团队将搜集到的证据装箱，打包送到俄克拉何马城美国联邦检察官办公室的联邦检察官手中。检察官展开了一项针对查尔斯的刑事调查，埃尔罗伊探员继续负责对此案的调查并加强了监视。

这次司法方面的威胁与比尔又一次对科氏工业的攻击同时发生。² 1985年，当比尔得知科氏工业集团几乎已经全部偿还了用来买断自己和哥哥弗雷迪的股权的 11 亿美元债务时，开始怀疑自己被查尔斯坑了。科氏工业偿还债务的速度大约是其预期的三倍。"我震惊了，"比尔后来对《财富》杂志的一位记者说，"他们怎么会有这么多现金？"

比尔确信他的哥哥查尔斯早在 1983 年就对他撒了谎，因此让他极大地低估了公司的实际价值。对比尔来说，没有其他方法可以解释他离开后科氏工业的盈利猛增。1985 年 6 月 7 日，比尔对查尔斯·科赫、斯特林·瓦尔纳和科氏工业集团提起联邦诉讼，指控他们欺诈。

这场官司是旷日持久的战斗中的第一枪，延续 20 多年。冲突蔓延到法庭外，蔓延到科氏工业集团的每个角落，以及大卫和查尔斯的私人生活。比尔派间谍冒充员工进入公司，利用窃听手段，雇用私家侦探冒充记者。他的公关团队试图在媒体上散布有关查尔斯的破坏性报道。

当比尔听到有关原油计量错误和盗窃的指控时，他把这些纳入了自己的战略，试图搜集与科氏工业的计量方法相关的确凿证据。

在科氏工业内部，比尔和政府被高层们误认为是一丘之貉，进而他们产生了一种偏执的心态，渗透到科氏工业各级领导层中，联邦政府被视为来捣

---

① 巴伦说，还发现了其他几起偷油事件，但它们都是由非常小的公司实施的孤立事件。这不是像从科氏工业搜集的证据所表明的"系统性"盗窃案件。

乱的、被亿万富翁操纵的棋子。在他们眼中，包括报纸、杂志、政府机构、律师事务所和竞争对手在内的各式各样的机构被分成两个对立的阵营：要么站在查尔斯一边，要么是为比尔工作的。没有一个机构被视为中立的。

对查尔斯来说，这两起攻击加深了他对政府的厌恶。他一直视监管为死敌，但 20 世纪 80 年代发生的这些事使他的立场更加极端。在此之前，科氏工业一直受到环保局检查员的纠缠和骚扰，也疲于应对能源部的繁文缛节，而现在公司又受到联邦调查局的监视，联邦调查局的探员正在员工的家中审问他们。这是针对个人赤裸裸的挑战，这种挑战也导致科氏工业以及美国政坛发生了改变。

*****

1989 年，联邦政府将原油窃取案的调查移交给了一位名叫南希·S. 琼斯的联邦助理检察官。[3] 她独立自主、意志坚强，来自密苏里州，拥有多年的欺诈案调查经验，先后在纽约州司法部部长办公室和纽约北部地区的美国联邦检察官办公室工作。

琼斯接到埃尔罗伊的电话后接手了这个案子。她对联邦调查局探员不是很了解，但当被告知有一个涉及盗窃和公司诈骗的案子时，她欣然接受。

埃尔罗伊向琼斯详细说明其所搜集的关于科氏工业的不利证据，琼斯则自始至终持怀疑态度。[4] 可以肯定的是，埃尔罗伊在调查时搜集了令人信服的材料，但琼斯认为这些证据不足以提出刑事指控。她不喜欢在陪审团面前输掉官司，因此指控的门槛比较高。或许更重要的是，琼斯不喜欢针对基层员工。在她看来，埃尔罗伊的照片和原油计量员的证词的确证明了这是偷窃行为，但光有这些还远远不够。她想挖地三尺，挖出科氏工业集团决策体系背后真正的控制人。

琼斯指定了一个联邦大陪审团，为了获取科氏工业高层密谋窃取原油的证据，该陪审团高度保密，连续数月审阅与科氏工业集团相关的材料。

到 1990 年，琼斯确信科氏工业的犯罪行为仍在继续进行，并且认为偷窃指令可能来自公司高层。即使仍处于初期阶段，琼斯也觉得她有足够的证据可以给科氏工业的多个原油计量员的偷窃行为定罪，也认为有足够的证据可以指控一批高层管理人员指使下属进行犯罪。然而，琼斯和埃尔罗伊还在继续进行调查，想顺着科氏工业的指挥链继续往上追踪，说不定能挖到首席执行官的办公室里。他们手中的证据表明他们还碰不到男主角。琼斯回忆说："这起案件即将有重大突破，与喽啰们和解毫无意义。"

当琼斯在联邦检察官办公室里步步紧逼时，[5]科氏工业的高管们看到比尔的插手起了作用。根据唐·科德斯在法庭上的证词，1988 年 9 月或 10 月，科氏工业的首席律师听到一则"酒桌传言"，称比尔"试图引起参议院对科氏工业的计量情况进一步调查的兴趣"。同月，科氏工业收到参议院印第安事务委员会的第一张传票，要求其提供大量关于在俄克拉何马州原油收集活动的文件。这两件事看似遥相呼应，但实际上并非如此，参议院的调查是由《亚利桑那共和报》的系列调查报道引起的。从一开始就参与其中并共同创作该系列报道的首席记者迈克·马斯特森说，比尔从未联系过他们，是报社在报道印第安保留地的顽疾时发现了这个问题，并听到了有关窃取原油猖獗的说法。比尔听说了这项调查，然后把它当作对付哥哥的武器。

作为回应，科氏工业集团在调查人员面前筑起一道围墙，隐藏其原油收集业务的核心数据。[6]几乎就在美国参议院开始调查的同时，科氏工业向全体员工发布了新的《企业行为准则》，其中部分条款旨在掩盖证据。

《企业行为准则》规定，科氏工业的员工不得在工作簿等材料上进行虚假记载。[7]该规定将有效禁止利用科氏工业的原油计量方法来偷油的行为，因为这一方法会要求计量员在留在油井的收发油单据和收据上记录虚假数据。

该准则的出台全面提升了科氏工业日常运营的保密工作，规定"关于公司战略、目标或建模等分析和 / 或管理技术的所有财务数据、业务记录、技术和信息"，应被视为属于公司的秘密和专有信息。换句话说，科氏工业集团的每一条信息实际上都是保密的，这包括对原油计量员的所有培训文件，或任何显示原油收集部门超量或缺量收集的理货单。该准则禁止任何员工在未经集团管理层事前批准的情况下与外界分享任何此类信息，此举将外界试图了解关于科氏工业计量情况的信息渠道封堵得严严实实。

1988 年 7 月 11 日，集团总裁比尔·汉纳向公司全体员工发送了一则通知，告知大家应如何处理公司记录。他提醒员工关于公司记录的保密规则早已发布，然后下令"任何可能对我们的竞争对手有用的书面材料应当通过粉碎、燃烧或其他同样有效的方法销毁"。

汉纳的通知是对销毁证据的许可，这是科氏工业的高层意识到参议院正在对公司的原油计量进行调查所采取的应对措施。正常情况下，公司律师和高管经常命令员工对可能与诉讼或调查有关的记录保存要特别留意，而科氏工业正好相反，由于这条通知不知销毁了多少文件。

科德斯最终改变了主意，但直到 1988 年 11 月汉纳的通知发布几个月后，他才告知科氏工业的员工需要保留可能与原油窃取有关的证据。[8] 科德斯改变这项政策的唯一原因是，得克萨斯州的一名员工向他抱怨得销毁对科氏工业卡车司机和原油计量员所做的全部书面评估。

比尔只对公司如今四面楚歌的处境感兴趣，[9] 他私下出钱对科氏工业的计量方法展开了调查，花钱请私家侦探与科氏工业的计量员面谈，并向愿意开口的计量员支付报酬。在参议院采证工作开展得如火如荼的时候，比尔向参议院提供了一些证据。美国联邦调查局一份直到 2018 年才对外公布的内部报告显示，比尔曾协助科氏工业的前雇员向美国参议院调查人员提交了 50 份证词，证明了计量员窃取原油的行为。但美国联邦调查局的一份备忘录显示，参议院选择忽视这些证词，因为比尔的参与会让人们怀疑证词的可靠性。参议院和联邦调查局需要的不是比尔的帮助，而是埃尔罗伊探员的调查。

查尔斯做的不仅是高筑墙、广积粮，[10] 他还组织了一次大规模反击，不光针对他的亲弟弟，也针对联邦检察官办公室，这是科氏工业试图影响美国政治和公共政策的一个历史性转折点。当查尔斯拒绝在听证会上做证后，公司向参议院提交了一份冗长的书面答复，反映了他的意图。回应中最具启示性的是第一部分的标题：听证会几乎专门针对科氏工业集团，这是比尔·科赫对公司的追杀行动导致的结果。

"科氏工业是一个容易受到攻击的目标，"声明说，"公司在政治上并不重要，而且由于没有机会陈述案情或盘问证人，可能导致其对事实的片面陈述。"

在当时将科氏工业称为"政治上并不重要"是准确的描述。科氏工业没有在华盛顿进行大规模的游说活动，因此所受关注寥寥。查尔斯花费了大量精力资助智囊团、大学教授和可能悄悄地改变美国政治文化的诉讼活动。

但当面对刑事指控的威胁时，查尔斯重新调整了其在政治上的努力。[11]除了雇用律师和政治说客这一行动外，他利用合法组织、培训中心和政治活动家组成的网络来对抗这一威胁，重点从改变政治文化调整为有针对性的战术目标，即破坏针对科氏工业原油收集业务的司法调查。

科氏工业集团前雇员罗恩·豪厄尔，曾作为核心人员领导科氏工业在俄克拉何马州的政治改革行动。在科氏工业工作期间，豪厄尔专门从事大宗商品交易，与比尔在波士顿时所从事的交易一样。豪厄尔知道如何暗地里运作人脉网络，将各方需求联系起来并最终使科氏工业受益。这一特质同样适用于政界运作，这使他成为政治改革行动的理想人选。

查尔斯的第一个战术目标是改变围绕着原油窃取问题的政治形势。[12]美国参议院的最终报告，明确指控科氏工业开展了系统性盗窃行为。如果他想要阻止随之而来的调查和诉讼，那么首先需要削弱这一主张的正当性。

豪厄尔在俄克拉何马州广结善缘，他也是科氏工业的忠实信徒。当听说科氏工业被指控从印第安人那里偷油时，他非常震惊。他确信这些指控是完全错误的。

"我在董事会工作了很多年，"豪厄尔说，"这是一家非常值得尊敬的公司……所以我和其他人一样生气。"

豪厄尔的首要任务是在俄克拉何马州重塑科氏工业的政治形象。他的策略是联系"生产商"，也就是说那些卖油给科氏工业集团的石油开采商，其中拥有油田租约的美洲原住民部落是主要目标。部落是原油窃取案中最明显的受害者，同时也最富有同情心。如果印第安人部落能与科氏工业集团站在同一艘船上，那么将对从科氏工业原油计量方法入手开展刑事调查的策略造成毁灭性打击。如果没有受害者，又怎么会有罪犯呢？

俄克拉何马州的奥萨格部落是科氏工业原油窃取案的主要受害者之一，[13] 该部落的首领查尔斯·蒂尔曼说，在美国参议院的报告公布后，就有科氏工业集团的员工团队前来与他讨论原油窃取指控的问题。

科氏工业派出了一个审计小组，将奥萨格部落油田租约的收据与科氏工业的内部数据进行对比，以确定公司是否真的像美国参议院所宣称的那样未能足额向奥萨格支付原油采购的费用。蒂尔曼说，部落没有自己的会计大军，没有能力复核这些数据的真实性，科氏工业说什么就是什么，他们除了接受没有别的办法。

"科氏工业的势力是如此庞大，"蒂尔曼说，"对我来说，他们的账算得很好，与奥萨格的生意也做得很好……没有任何人可以帮助我们质疑科氏工业。"

科氏工业在完成审计后，又向蒂尔曼透露了一个令人惊讶的消息：科氏工业集团为原油采购所支付的对价并不少。审计显示，该部落实际上欠科氏工业集团约 2.2 万美元，事实上公司超额支付了原油款给部落。蒂尔曼说，科氏工业的解释得到了印第安事务局的背书，部落无法质疑。

蒂尔曼等奥萨格部落领袖公开表示，[14] 相信科氏工业没有从他们那里偷油。1990 年 3 月，当地报纸《奥萨格国民新闻报》发表了一篇报道，报道提出奥萨格的酋长说科氏工业是无辜的，随后这个故事被主流报纸《俄克拉何马人报》所引述。科氏工业则充分利用了酋长的言论，公司律师唐·科德斯向《俄克拉何马人报》表示，奥萨格部落的声明"充分说明参议院委员会的指控不成立"。

多年后，蒂尔曼对自己在平息人们对科氏工业所作所为的担忧方面所起的作用感到后悔，特别是在得知联邦诉讼中的证词后，他的想法改变了，开始相信科氏工业确实从印第安保留地的油井里偷了油。"我们错了，"蒂尔曼说，"我们被误导了。"

与蒂尔曼共事的另一位奥萨格酋长达德利·怀特霍恩也开始醒悟。在《俄克拉何马人报》的文章发表几年后的一天，怀特霍恩坐在当地一家汽车修理店里等待他的车，一位科氏工业的前原油计量员坐在他旁边，开始了一段对话。怀特霍恩说，计量员最终告诉他："我们确实偷了你的东西。"那人看起来似乎很懊悔，怀特霍恩却没有深究，他不想对科氏工业心怀怨恨。

奥萨格的酋长们事后可能觉得受到了欺骗，但他们在 20 世纪 90 年代初的公开评论中却引导出一种看法，那就是政府突然变得有些过于热心，并且有失公允。这也反过来促进了科氏工业更上一层楼，当豪厄尔在俄克拉何马州试图重塑故事的全貌时，科氏工业也在首都华盛顿特区做着相同的事情。

现在的查尔斯充分认识到在华盛顿进行政治运作的必要性。在这之前，他似乎可以远离首都的乌烟瘴气，忠于他的自由主义信仰，把精力集中在威奇托的生意上。但这让他很脆弱。当巴伦进行调查时，经常有收费高昂的律师和帮助过埃克森和雪佛龙等公司的专家与他联系。他们为科氏工业辩护，甚至帮助查尔斯把注意力集中在科氏工业上。科氏工业没有这样的人存在，直到 20 世纪 90 年代初情况开始改变。

科氏工业集团加深了与堪萨斯州参议员鲍勃·多尔的关系，[15] 查尔斯则以家族的名义为多尔的竞选活动和政治生涯做出了贡献，在 1979—1994 年共捐赠了 24.5 万美元。大卫·科赫放弃了自由党，成为 1996 年多尔竞选总统团队的副主席，挑战时任总统比尔·克林顿。《商业周刊》随后发表的一项调查显示，科赫家族当时是多尔竞选总统的第三大财务支持者。多尔则帮助查尔斯解决了调查问题。[16] 多尔将《俄克拉何马人报》的报道提交参议院备案，并说他对参议院匆忙做出声讨科氏工业的判断表示担忧。查尔斯还通过帮助堪萨斯州的南希·卡斯鲍姆、俄克拉何马州的大卫·博伦和唐·尼克尔斯等其他参议员，来增加自己的声誉。

1990 年，多尔在参议院发表演讲时批评了委员会的工作，他说："包括卡斯鲍姆、博伦、尼克尔斯和我本人在内的几位参议员，对委员会的调查结果所依据的一些证据表示担忧，我们在报告发表前向委员会连续写了几封信提出关切。现在看来，这些担忧是有根据的。"①

在参议员们与委员会做斗争的同时，作为对调查结果的回应，查尔斯又启动了一项长期计划：重塑美国司法系统。[17] 他认为最大的威胁并不是来自参议院，而是来自法院和联邦检察官办公室，这两个机构不受竞选捐款或政治说客的影响。

豪厄尔创立了一个名为俄克拉何马人司法规范（Oklahomans for Judicial Excellence）的不知名非营利性组织，做了一件闻所未闻的事情：根据对自由市场经济理论的支持程度，为地方法官打分。该组织为州法官创建了记分卡，用来衡量判决是否契合哈耶克和冯·米塞斯的学说，并在《俄克拉何马人报》等报刊上发表了舆论文章，公布这些排名。评分结果在当地媒体上公开发布，让得分较低的法官极为难堪。不仅如此，科氏工业集团还为他们铺好了摆脱这种尴尬局面的路径：该公司赞助了一系列免费的研讨会，如果法官从科氏工业的评级系统中获得了糟糕的分数，就可以参加这些研讨会。研讨会可不是在闷热的教室里研讨，科氏工业会支付法官前往犹他州的滑雪胜地或海滨公寓等度假胜地的费用，在这些让人放松的地方，法官或许更易于接受科氏工业想要传达的理念。公司还举办讲座，强调市场力量在社会中的重要性，并提醒听众不要理会原告经常用来证明公司渎职行为的"谬论"。参加研讨会的人很多，有时甚至多达 60 位法官。据后来发表在《华尔街日报》上的一篇报道，堪萨斯州地方法院法官迈克尔·科里根出席了科氏工业和堪萨斯大学在佛罗里达州萨尼贝尔市日暑海滩度假

① 在 2016 年的一次采访中，参议员多尔已经不记得他与科氏工业集团之间来往的细节。多尔当时 92 岁，但即使到了那个年纪，他也经常穿着整洁的西装，打着鲜艳的红色领带，来到位于华盛顿市中心的律师事务所上班。多尔回忆起曾与大卫·科赫和查尔斯·科赫共事，还记得在查尔斯位于威奇托的家中参加过一次募捐活动。不过，这位参议员没有想起关于科氏工业原油计量或参议院针对性调查的任何相关内容。这个话题似乎并没有引起多尔漫长而传奇的政治生涯的一丝回忆。

温泉酒店举办的研讨会；与会期间，他处理了两起涉及科氏工业的案件，但未披露潜在的利益冲突。[18]

如果其他政府官员（如国会议员）享受了科氏工业的款待，可能会被披露甚至受到监管。但对法官参与这种全程被招待的休假则没有限制，也许是因为以前没有人想到大规模地组织此类活动。查尔斯影响法官的努力经过多年的发展，到 2016 年，已经转变为一个新的项目，为法官举办专题研讨会，称为法律经济中心（Law & Economics Center），该中心设在位于弗吉尼亚州费尔法克斯的乔治梅森大学，那里还设立了科氏工业的自由市场智囊团莫卡图斯中心（Mercatus Center）。法律经济中心声称在研讨会上接待了来自 50 个州的 4 000 多名州和联邦法官，每年组织多达十几项活动。[19]

然而这项长期工程难解查尔斯燃眉之急，眼下的问题来自琼斯的办公室。她和埃尔罗伊在这个案子上取得了很大的进展，他们相信自己很快就能证明科氏工业原油窃取案是由公司最高级别的人下的指令。

然后，他们撞上了南墙。

*****

琼斯和埃尔罗伊把注意力集中在了科氏工业的一些内部文件上，认为这些文件将证明是科氏工业的高层指挥了员工窃取原油。[20]他们传唤了相关人员，并等待科氏工业将这些证据呈送给大陪审团。琼斯收到了科氏工业律师的信，律师声称公司无法给琼斯提供她所要求的文件。信中说，那些文件已经意外销毁了。

这让埃尔罗伊感到困惑。他知道科氏工业会将文件备份在地下档案馆中仔细保管。埃尔罗伊后来发现，那些本应锁在档案馆中的文件已经被人取走，就像从图书馆的书架上取走一本书一样简单。保管文件的人叫大卫·尼卡斯特罗。

尼卡斯特罗不是一个普通的邮差，他是科氏工业集团安全部门的负责人，[21]曾深入参与该公司对窃取原油指控的回应，还受到销毁文件指控的困扰。早在 1988 年，尼卡斯特罗就前往遥远的原油计量分公司，收集可能包含描述科氏工业原油计量方法的文件。尼卡斯特罗告诉调查人员，他只是收集了这些文件并复制了它们，但一位名叫斯蒂芬·马歇尔的员工在另一个与此案无关的案件中做证说，是尼卡斯特罗命令员工销毁文件的。尼卡斯特罗在法庭上极力否认这一指控，法官最终裁定缺乏足够的证据证明这一指控。法官还指出，马歇尔已经被收买，他认为马歇尔的证词"不可信"。

当俄克拉何马州的大陪审团要求科氏工业提供文件时，尼卡斯特罗显然专程前往地下档案馆取走了文件。[22] 随后他报告说，文件已被意外销毁。公司还通知琼斯，有关文件没有像其他公司那样被转换成数字文件。

"这些档案有一万个理由存在。但是当大陪审团想要的时候，它们就不见了。"琼斯回忆说。

随着调查不断深入，一切线索都指向这些文件，没有了文件，调查也随之陷入僵局，但这并不意味着他们会放弃。琼斯和埃尔罗伊开始讨论可以推进此案的其他方式，以及可能采取的其他调查策略，例如窃听和在科氏工业内部找线人。不管重要文件是否被销毁，他们都会继续向科氏工业施压。

后来发生的事让案件的调查雪上加霜，埃尔罗伊因为个人原因选择离开调查组，离开俄克拉何马州，他的离去对调查工作造成极大影响，甚至可能扼杀整个调查行动。[23] 作为一个加利福尼亚男孩，埃尔罗伊有着强烈的愿望回到海边居住，在船上消磨时间，在海上航行。来到俄克拉何马州多年，现在的他已经准备好做出改变，联邦调查局提议把他调到迈阿密的办公室。

琼斯对此并不开心。她质问埃尔罗伊："你要现在离开我吗？你说会帮我办案的！"埃尔罗伊是这项调查的幕后推手，不能保证接替他的联邦调查局探员还会有这样的热情和对案情本身的了解程度。但他去意已决。

几十年后，埃尔罗伊后悔当时做出的决定。"我真的很自私，我应该留下来完成这项工作的。"回忆起当年追捕实际控制科氏工业的两兄弟时，埃尔罗伊一脸自信地说："我知道如果我留下来，查尔斯和大卫现在就在监狱里蹲着了。"

然而，在埃尔罗伊缺席的情况下，调查向对查尔斯有利的方向急剧转变，越来越多的证据表明科氏工业可能是无辜的。[24] 回到 1990 年的夏天，联邦调查局在俄克拉何马州和得克萨斯州采证了几十名科氏工业的原油计量员，说辞基本相同：查尔斯从未指示他们偷窃，他们从未听说过"科氏工业的原油计量方法"，他们也从未伪造计量数据。即使与联邦调查局审问人员单独相处时，受访者也坚持这一说法，其中一名计量员甚至是在冰雪皇后的停车场接受面谈的。[25] 虽然在后来的庭审中，其他计量员在宣誓的情况下驳斥了他们的证词，但一连串采证还是对案件造成了极大破坏。就在情况因为采证变得扑朔迷离，联邦调查局仍需寻找确凿证据之际，联邦检察官办公室发生了高层人事变动。[26] 琼斯的领导——联邦检察官比尔·普赖斯辞职去竞选更高的职位了。普赖斯的继任者将由查尔斯的亲密盟友——俄克拉何马州参议员尼克尔斯挑选。科氏工业的说客豪厄尔记得在一次午餐会上把尼克尔斯拉到一边讨论此案。尼克尔斯后来离开政坛，在华盛顿开了一家公关公司，科氏工业是他的客户之一。

1989 年，尼克尔斯选择了一位名叫蒂莫西·伦纳德①的政客和律师来担任联邦检察官的职务。这让琼斯感到震惊，她原以为普赖斯的副手、资深检察官鲍勃·迈登斯会成为继任者。迈登斯在联邦检察官办公室有多年的工作经验，而伦纳德的主要资历似乎仅是他作为共和党籍参议员在任职期间曾短暂地与尼克尔斯共事过。

琼斯对伦纳德很快形成了自己的看法，认为他是个"政治仆从"，伦纳德也知道琼斯对自己的看法，两人的关系一直很紧张。伦纳德认为琼斯是一个好律师，但当法官在一个引人注目的案件中裁定她败诉时，难免有所质疑，这种反应使琼斯更加生气。他指派琼斯的直接上司阿琳·乔普林担任琼斯团队的"二把手"，监督诈骗案的处理进度，琼斯则继续推进调查。

————————

① 蒂莫西·伦纳德与作者没有亲戚关系。

最终，乔普林还是找到琼斯，与她谈论了关于科氏工业的调查。乔普林的评价并未让琼斯受到鼓舞，乔普林说联邦调查局对科氏案的热情不高，不确定是否会为后续调查投入更多资源。[27]

琼斯最终选择辞职走人。她厌倦了为一个自己不喜欢的领导工作，也厌倦了感觉自己被放在显微镜下管理。她还厌倦了俄克拉何马城文化生活的匮乏，她和丈夫想住在一个更国际化的城市。她说，科氏工业集团的调查并不是她做出这个决定的主要因素。一个助理检察官跳槽，留下一个悬而未决的案子，这并不罕见。琼斯整理好与案件相关的材料，完整地交接给另一位检察官继续处理。

这将由蒂莫西·伦纳德决定后续方向。

*****

1991 年 4 月，随着科氏案的进展，在俄克拉何马州一个叫比佛的小镇里土生土长的人——蒂莫西·伦纳德，被尼克尔斯提名为终身制的联邦法官，从此享有崇高的声望。[28]

当年 11 月，老布什总统确认了对伦纳德的任命。尽管琼斯说大陪审团已经获得证据，能证明科氏工业的员工和管理层的犯罪行为，但之后不到 4 个月的时间，当伦纳德还在担任联邦检察官的时候，他撤销了对科氏工业集团的起诉。他的办公室给科氏工业发了一封信，通知这一结果。伦纳德从未公开解释撤销此案的原因，并且由于大陪审团的保密规定，琼斯获得的所有证据都被禁止公开。

多年后，伦纳德当时的决定引起了人们的质疑，进而怀疑是科氏工业利用其政治影响力扼杀了调查。[29]科氏工业显然已经安排了大量说客和智囊团来影响俄克拉何马州的公众人物，查尔斯、尼克尔斯和伦纳德法官之间的关联似乎很简单：查尔斯的政治盟友尼克尔斯任命伦纳德为联邦检察官，然后尼克尔斯提名伦纳德为联邦法官，伦纳德决定撤销指控，并且似乎因为撤销指控而得到了回报。

然而并没有证据支持这一说法，甚至还有确凿证据加以反驳。美国联邦调查局于 2018 年公布的俄克拉何马州案件档案显示，撤销指控的理由有很多。[30] 内部备忘录显示，建议撤销此案的是美国助理检察官李·施密特 ①，而不是伦纳德。[31] 联邦调查局针对原油计量员的几十次采证未能证实对查尔斯的指控，似乎更使施密特确信根本没有足够的证据提出指控。一些证词指向了犯罪行为，但被更多不利于控方的证词所压倒。联邦调查局的档案没有记录琼斯从非公开大陪审团那里获得了什么证据，但伦纳德后来说，琼斯在离开前从未向他或其他同事透露有足够的证据能对科氏工业的高层提出指控。

也有证据表明，伦纳德实际上是为了保护调查不受政治干预。伦纳德说，他抵达后不久，联邦调查局就向他通报了美国参议院对科氏工业的调查情况，以及由此引发的政治争议。1989 年末，伦纳德回信给联邦调查局，责备联邦调查局向他发送堪萨斯州和俄克拉何马州的国会参议员对科氏案的评论。伦纳德写道："你把这些情况告诉这间办公室里的人，我感到既困惑又担心。"他接着说，调查是独立的，针对科氏工业调查的"任何民选官员的观点"都"与大陪审团的调查过程无关"。

伦纳德在家接受采访时说，政治因素对撤销指控的决定没有任何影响，并没有所谓尼克尔斯亲自挑选他担任联邦检察官和联邦法官。[32] 相反，是伦纳德主动找到尼克尔斯寻求机会的。1989 年，伦纳德意识到自己不再有竞选州长的机会，于是决定转向申请联邦检察官的职位，这是他职业生涯的转折点。几年后，当联邦法院有空缺职位出现时，伦纳德再次主动接近尼克尔斯。尼克尔斯在一次采访中证实，他之所以选择伦纳德担任联邦检察官，是因为他们在同是参议员时就认识了。尼克尔斯尊重伦纳德，并且了解他更甚于迈登斯。

伦纳德和尼克尔斯都说，他们之间从来没有讨论过科氏案，无论是在伦纳德的工作面试期间还是之后。伦纳德说，如果尼克尔斯提起过这个案子，他会记得的，因为这样做将严重违反道德。尼克尔斯证实了这一说法，

---

① 施密特拒绝对此案发表评论。

并指出这样做是不合适的。"我不想谈案子。"他说。

在采访的过程中，当被问及此问题时，伦纳德走进另一个房间，取回一本残破不堪的《圣经》，他说这本《圣经》属于他的祖父 —— 一位长老会牧师。伦纳德把手放在书上说，在科氏案或其他任何案件上，他从未与参议员尼克尔斯或其他政治人物有任何接触，在担任联邦检察官期间所做的决定中也不存在政治干预或受到影响。

*****

虽然没有证据表明伦纳德不适当地撤销了指控，即使俄克拉何马州和得克萨斯州的联邦调查局探员都未能证明，但在比尔·科赫的努力下，还是有新的证据显示科氏工业的员工确实窃取了原油。

1992 年，伦纳德撤诉后，比尔开始利用"允许美国公民代表美国政府提起诉讼"这一鲜为人知的法律条款，为向联邦法院大规模提起针对科氏工业的民事诉讼提供资金支持。比尔基本上就是检举人。他高兴地告诉记者，诉讼只是他用来攻击哥哥查尔斯的十八般兵器中的一把，并且他会不惜一切代价使这件兵器尽可能地造成伤害。他找到了埃尔罗伊，并雇用他调查科氏工业在全国各地的原油收集业务。埃尔罗伊花了几个月的时间在美国农村的小镇上搜寻，上门拜访原油计量员，收集他们的故事。比尔的采访比联邦调查局更成功地挖掘了不利证词。

该案于 1999 年底在塔尔萨开庭审理，证词对科氏工业集团造成的打击是毁灭性的。[33] 在庭审期间，科氏工业的高管承认他们每年在不付钱的情况下获取原油，并从中赚取了大约 1 000 万美元的利润。[34] 一个又一个证人描述了科氏工业的偷油方法。杰克·克罗森是科氏工业在俄克拉何马州地区的计量员，他在法庭宣誓后描述了公司是如何训练他故意错误计量原油的。[35] 杜博斯也做证并明确表示科氏工业的商业战略依赖于偷油。来自堪萨斯州、得克萨斯州、俄克拉何马州、北达科他州和新墨西哥州的科氏工业的员工也讲述了偷油的过程。一位名叫里基·费希尔的计量员说，他把偷油行为合理化是为了保住工作。[36]

费希尔在证人席上说："我被灌输的理念是相信自己从别人那里拿走一点东西是无害的。"

陪审团裁定科氏工业在 1981—1985 年从印第安保留地和美国境内其他地方窃取原油，并伪造了大约 25 000 份文件以虚报原油收集量。

对科氏工业罚款的数额可能是巨大的。[37] 仅仅因为伪造原油销售收入，法官可能裁定罚款 2.14 亿美元。但科氏工业的律师有能力在案件进入执行阶段前和解，为此支付了一大笔未披露金额的巨款。

*****

1989 年科氏工业还曾发出"政治上并不重要"的声音，而短短几年时间，查尔斯就解决了这个问题。由查尔斯所建立的，以及由自由主义智库组成的高级政治网络已经转变为一个有效的、分散的、高度专业化的游说体系，就像俄克拉何马人司法规范组织一样，既是竞选筹资网络，也是传统的企业游说组织。

即使在来自俄克拉何马州司法方面的危机结束后，查尔斯的政治活动仍在继续扩张。这些行动的效果立竿见影，行动设计本身还完美地利用了 20 世纪 90 年代美国的政治结构。那个时期，支持大公司而非小公司已经成为美国政治和经济体系的特点。政治体制的核心特征是全面性和复杂性，而掌握复杂系统的运转正是科氏工业的核心专长。

美国政治体制的深层次变革始于里根总统时期，人们普遍认为这是一个放松管制的时代，但这不是故事的全貌。[38] 里根确实成功减少了税收并取消了一些政府管制。8 年间，他将美国国家环境保护局的预算削减了 28%，从联邦公路系统抽走了 12% 的交通资金，还减少了反垄断执法力度，允许大公司通过并购变得更大。里根的政策在某种程度上是通过任命律师威廉·巴克斯特为美国司法部反垄断执法的新负责人来实现的。反垄断法是新政的经济基础，是制衡标准石油等垄断性公司的关键力量。巴克斯特向他的手下发布了一份备忘录，告诉他们不必过于担心大公司的权力高度集中，而是要关注效率和价格。这一微妙的变化带来了一波并购浪潮，几乎席卷了美国国民经济的所有行业。

尽管如此，里根还是很快发现自己在面对如同顽疾的新政核心机制时几乎束手无策。他试图废除社会保障制度，但他的计划在参议院以 96 票对 0 票被否决。医疗保险领域也不能踏入。这两个项目加起来几乎占联邦预算的一半。不断增加的军费开支也加入啃噬联邦预算的大军中。在里根的第一个任期内，国防部预算在 1985 年增长了 54%，达到 5 519 亿美元。这导致了更激烈的政治倾轧。里根可以减税，但他不能把政府开支削减到类似的程度。"里根经济学"背后的想法是，利用减税刺激经济增长和增加政府税收，但联邦债务从他上任时的 1 万亿美元膨胀到他离开时的 2.8 万亿美元。

里根时代制造了一个关于政府治理的悖论：关键规则被废除，自由市场广受赞誉，但政府的规模和管理范围实际上有增无减。

这一趋势在比尔·克林顿主政时期仍在继续。[39] 克林顿的第一法案就是通过《北美自由贸易协定》，这是一份旨在开放墨西哥和加拿大市场的协定。为了降低工会的影响，美国的企业曾一度迁徙至工会组织薄弱的南方地区；《北美自由贸易协定》极大地削弱了美国的工会力量，在 20 世纪 90 年代，美国企业开始迁往墨西哥。克林顿总统在任期结束时，签署了一项与中国建立永久正常贸易关系的法案，为企业向海外转移产能打开了一扇更大的门。克林顿还废除了新政中最为关键的银行业管制，比如 1933 年的《格拉斯 – 斯蒂格尔法案》，该法案在吸收公众存款的商业银行和通过投机获利的投资银行之间划出一道分水岭。他还取消了数十年来限制大宗商品和衍生品合约风险金融交易的规定。银行的规模变得比以往任何时候都要大。

与此同时，对于大多数美国人和小企业来说，联邦政府的总体规模和负担继续增长。[40] 一个名为企业竞争力研究所（Competitive Enterprise Institute）的右翼智库，通过统计记录了各项规定和条例的《联邦纪事》的页数来标记这一增长。1986 年《联邦纪事》只有 4.7 万页，到 1995 年增加至 6.7 万页。企业竞争力研究所发现，这些规定造成的负担不成比例地落在了小企业身上。

在政府和私营企业之间的权力平衡问题上，已经没有任何明确的共识了。[41] 新政时代结束了，但并没有被自由放任政策所取代，取而代之的是有着适当模糊性和误导性名称的理论——新自由主义。新自由主义政策寻求自由市场改革，如《北美自由贸易协定》，同时保留了联邦政府项目和大量国防开支。它的特点是由大量复杂的法律和程序穿针引线，在试图拆散市场的同时保留政府的作用。

在利用这种复杂性让公司蓬勃发展方面，科氏工业做得比谁都好，没有比科氏工业操纵《清洁空气法案》更好的例子了。作为苯和烟雾等有毒污染的主要来源，炼油厂成为该法案的首要目标。1970 年，由一系列严格规定组成的《清洁空气法案》对炼油厂可排放的污染量进行了严格限制。

但该法案有个漏洞，因含有"祖父条款"①，该法案只适用于新建炼油厂，而不是已建成的炼油厂，在法案生效前就已经在运行的炼油厂都受"祖父条款"的保护。[42] 该条款被认为避免在短期内对已建成炼油厂造成太大冲击，并且国会似乎认为"祖父条款"只是暂时性的：当时人们相信，大多数炼油厂的设备只能持续运行大约 40 年，然后就报废了。例如，松弯炼油厂建于 20 世纪 50 年代中期，理论上到 1995 年就应该寿终正寝。

然而，老炼油厂不仅没有逐步淘汰，恰恰相反，像科氏工业这样的公司充分利用了一个晦涩的官方程序，叫作新源审查计划[43]（New Source Review），虽然这一计划允许其扩建现有的炼油厂，但规定已建成的炼油厂新增任何重要设备都必须符合最新的清洁空气标准。然而在具体界定上，炼油厂及其律师团队各执一词，为"新的"和"重要的"等关键术语的定义争论不休。

该法案中还要另一个漏洞可以利用。《清洁空气法案》规定，如果公司

---

① "祖父条款"指某些人或者某些实体已经按照过去的规定从事一些活动，新的法规可以免除这些人或者实体的义务，其不受新法律法规的约束，继续依照原有的规定办事。这也就是通常说的"老人老办法，新人新办法"。——译者注

能够证明控制污染的成本异常昂贵，那么将不受新源审查计划的监管。炼油厂都把现有最好的技术作为其目前已经在使用的技术，除此之外的任何技术升级都显得过于昂贵。这导致了螺旋式下降的局面：因为没有市场，所以新的污染控制技术并未变得更便宜。

石油公司在 20 世纪 80—90 年代扩建了现有的炼油厂，钻了新源审查计划的空子，并且禁止任何新建炼油厂加入这一游戏。在实施《清洁空气法案》后，美国国家环境保护局曾尝试推动修改新源审查计划的审查程序，却以失败告终。根据国家环境保护局和司法部汇编的数据，20 世纪 90 年代，科氏工业集团在未获得排污许可的情况下迅速扩大了位于明尼苏达州和得克萨斯州的炼油厂规模。

美国司法部律师黛安娜·肖利曾起诉科氏工业以及其他炼油厂非法扩建。这些公司之所以能钻新源审查计划的空子，一部分是由于巨大的监管压力使本应监督《清洁空气法案》执行的国家环境环保局应接不暇。当科氏工业的炼油厂扩建时，当地监管机构根本没有能力分析堆积如山的数据和法律文件。肖利说，几乎美国所有的大型炼油企业都采取了同样的策略。

1970 年之前投入运营的炼油厂是幸运的，"祖父条款"仿佛在它们周围筑起了一道保护墙。这一条款的出现就好像石油行业的比赛中突然吹响了暂停哨，场上的球员有了特权，而新玩家想要进入市场并与之竞争变得异常昂贵。美国最近一座大型炼油厂的兴建是在 1977 年。

*****

科氏工业不仅受益于政治功能障碍，还利用其新扩大的政治运作，复制在俄克拉何马州的成功经验，以别出心裁的创新方式塑造着政府。

在 20 世纪 70 年代早期的水门事件之后，国会制定了一套严格而复杂的关于竞选捐款的规定。[44] 无论是个人还是公司，在一个选举周期中给任意候选人的捐款金额都有上限规定，并且必须公开披露，这可能会让捐赠者和政界人士都感到尴尬。而科氏工业规避这一制度的方式则被广泛效仿。

1996 年，科氏工业创建了一个名为经济教育信托基金（Economic Education Trust）的非营利性组织。[45] 该组织不需要披露其捐赠者，因为它表面上不是一个游说或竞选资金组织。查尔斯将资金通过经济教育信托基金向堪萨斯州与其他州的州和联邦竞选活动提供资金。1996 年 10 月，经济教育信托基金向位于华盛顿特区郊区的三合会管理服务公司（Triad Management Services Inc.）捐赠了 179 万美元。[46] 三合会原本是一家政治咨询公司，但它有一个奇怪的商业模式：它向共和党参选人免费提供服务。[47] 美国参议院 1998 年的一份报告总结说，三合会是"由少数富有的保守派共和党活动家资助的空壳公司"。[48]

三合会清洗政治献金的方式从外部极难辨别，参议院的报告描绘了其资金流动的基本特征：（1）科氏工业集团支持经济教育信托基金；（2）该信托基金向三合会提供资金；（3）三合会提供资金给"公民改革"（Citizens for Reform）这样的竞选活动团体，而这些团体投桃报李；（4）投入竞选资金，击败科氏工业的竞争对手。（科氏工业集团还直接向三合会提供了至少 2 000 美元。）

三合会是一种新型的竞选资金机器。它作为第三方，没有直接向政客捐款。在激烈的竞选中，三合会聘请的顾问为共和党创造极具攻击性的广告，并且谨慎斟酌广告中所使用的语言，避免采用类似"投给""支持""战胜"等可能使联邦选举委员会等选举监督机构有所反应的词汇。

三合会在查尔斯的家乡堪萨斯州尤为活跃。1996 年，该公司在堪萨斯州六场联邦选举中的四场都投入了资金，支持国会议员山姆·布朗巴克和托德·迪尔哈特等候选人。共和党赢得了三合会介入的四场选举。三合会公司一位名叫迪克·德雷斯纳的顾问说，这家竞选公司是专门为保护支持它的富有捐赠者而设计的。他说："他们会用 3~6 种不同的方法，这样就不会被发现。即使名字只出现一两次，他们的活动程度也被低估了。"

参议院关于三合会活动的报告令人沮丧。它承认了三合会背后的金融空壳游戏非常复杂，以至于调查人员甚至在选举结束两年后都无法理解。

然而，报告明确谴责三合会的活动，并发出公开警告："最令人不安的是，三合会可能成为未来选举的模板。"[49]

*****

科氏工业的政治运作越做越大，但查尔斯的大部分精力还是集中在公司内部。[50] 1992 年，科氏工业在威奇托建造了当地最大的办公楼。该建筑位于科氏工业园区北侧，外墙由黑色花岗岩和深色窗户组成，在闪烁着诱人光芒的同时晦暗不明，令人难以捉摸。这座建筑是科氏工业的完美象征，人们很快把这座新建筑简单地称为"塔"。

"塔"是科氏工业成长的见证，也是科氏工业渴望更快扩张的表达方式。科氏工业集团将 2 000 名员工全部迁入大楼，这是查尔斯接管公司时员工人数的三倍多，而这只是全球为科氏工业工作的 1.3 万名员工中的一小部分。但即使是 2 000 名员工，也填不满这座"塔"，几乎有一半的楼是空的，为将来的继续扩张预留了空间。

查尔斯的办公室位于总部大楼的三楼北侧。[51] 他的大桌子上堆满了整整齐齐的文件，桌子左拐角附近放了一部电话。椅子后面的墙上有一幅弗雷德·科赫的油画。办公桌正对面是一个开放的区域，有一个用于小型会议的会议桌，还有小的休息区，有一张沙发，周围散落着一些椅子。办公室朝北是玻璃幕墙，堪萨斯大草原尽收眼底；其余几面墙内嵌了书架，上面的书似乎是查尔斯的珍藏，有多卷本的《牛津英语词典》，有他最喜欢的哲学家、经济学家和历史学家的作品。

查尔斯喜欢告诉人们："真正的知识会带来有效的行动。"[52] 真正的知识是等式的重要组成部分。查尔斯希望通过博览群书来发现支撑社会和商业的真相。他不再满足于借用像爱德华兹·戴明这些人的思想和方法，他想把自己对真相的理解编纂成书。20 世纪 90 年代，他为这套规则起了名字，称为以市场为基础的管理理念。

查尔斯在新办公室里做的第一件事就是把规则写下来。[53] 他雇用了两位学者来帮助他：杰里·埃利格和韦恩·盖布尔。他们都是查尔斯所资助的智库的员工。这些人开会讨论了哈耶克和冯·米塞斯的经验教训，以及科氏工业几十年来的经营经验，并将这些提炼成一个框架，指导科氏工业下一阶段的增长。

1993 年，该小组制作了一本 63 页的光面小册子，题为《以市场为基础的管理理念》。这是一本操作手册，一本科氏工业集团的工作手册。查尔斯按照传授戴明思想的严苛标准传授这套理念。他为经理们举办研讨会，然后那些经理再为他们的员工举办研讨会。小册子被印刷并运往科氏工业集团在各地的工厂，在松弯炼油厂工作的工会会员坐下来听着讲座，经理们看着描述该理论的图表，分成小组学习。一个个重新诠释过的词汇在公司中传播，员工没有责任，他们有"决策权"；他们不再是管理者，而是"流程所有者"。每个人都被反复灌输这样的词汇。

以市场为基础的管理理念并不是简单的口号。[54] 这是一种行为准则，引导科氏工业在 20 世纪 90 年代的日常经营。这是科氏工业爆炸式增长的 10 年，公司充分利用经济条件支持了复杂性和巨大性。

然而，这也是一个充满障碍和挑战的时期。正如查尔斯所说的，成长很像科学研究的过程：你提出了一个假设，然后用坚硬的现实来检验这个假设。你不断重复这个过程，直到发现什么是真的。

20 世纪 90 年代是检验查尔斯终极假设的时代，他相信自己已经发现了"真知"，对自己已经破解了建立一个繁荣和持久公司的密码而感到自信。但是现实这块坚不可摧的岩石对这个假设并不友好。随着以市场为基础的管理理念在公司推广，反而给查尔斯带来了一场浩劫，有各种意外和严重的商业失败发生，还有公众的羞辱。但最糟糕的是，来了一堆针对公司的刑事指控。

最糟糕的一次溃败就发生在公司权杖上的明珠：松弯炼油厂。而所有这些的出发点都是出于善意。

第 8 章
松弯炼油厂污水排放事件
(1995—1999 年)

商业公司不仅仅是社会的一部分，它本身也是一个小社会。

——《以市场为基础的管理理念》，引言，1993 年

19 95 年冬天，希瑟·法拉格来到科氏工业集团的松弯炼油厂开始了她的新工作。[1] 在那漫长而寒冷的几个月里，炼油厂的景色白得像骨头上结了霜，生产装置周围的旷野被白雪覆盖，天空常常是灰白色的。[2] 当夜幕开始降临时，炼油塔闪烁的灯光打破了黑暗。

尽管身处荒芜的土地上，但炼油厂本身却是一个充满生机和惊喜的地方。法拉格是一名环境工程师，专门从事废水处理工作。[3] 炼油厂每天产生数百万加仑被有毒化学物质污染的废水，法拉格的工作就是确保水在排进密西西比河之前被中和。在松弯炼油厂的工作是法拉格作为废水工程师的第三份工作。她只有 28 岁，已经有在纽约和亚拉巴马州两座大型造纸厂工作的经历。

法拉格的新上司是一位和蔼可亲且精力充沛的年轻女子，名叫凯伦·霍尔。霍尔以前是个嬉皮士，这个心态积极的女人对环境保护术语了如指掌。法拉格到达后立刻参观了松弯炼油厂的环境工程办公室。办公室

位于炼油厂主办公楼内的一个 U 形综合空间，有一些工位和小房间，空间开放、光线充足。员工们称这里为鱼缸，因为办公室的超大玻璃窗使整个楼层看起来像一个大集体空间。这里每个人都很年轻，30 个环境工程师中大多数似乎都 20 岁出头。办公室到处都是活力，不仅有旺盛的青春，而且员工们普遍有种共鸣——他们是某件大事的一部分，他们是某个行业巨头的一分子。

法拉格很快就发现了原因。在她进行新员工入职培训时，公司把她送到了威奇托，她和一群来自全国各地的"新兵"一起被带进了科氏工业总部那座被深色玻璃幕墙包裹的大楼。进入大楼的瞬间，就感觉像是进入了秘密组织。很明显，不是所有人都能通过安静大厅里的安保检查的。法拉格等新入职员工一起被带到大楼深处的一座大礼堂。

把接下来发生的事情描述为公司培训也许并不准确。[4] 大部分公司培训只不过是一个噱头，通常是一群员工围坐在会议室里，而老板则会照着稿子，念一段模模糊糊、鼓舞人心的心灵鸡汤，比如"正直地生活""创新思维"，以及"二人同心，其利断金"，随着员工回到办公桌前开始正常工作，这些都会被迅速遗忘。

在威奇托可不是这样的。法拉格和她的新同事被告知将要接触公司的独门秘籍，首席执行官查尔斯·科赫会亲临现场传授科氏工业的生意经。

即使几十年后，法拉格也还清楚地记得看到查尔斯走上舞台向员工发表讲话的场景。他有着从骨子里透出的深厚自信，既谦卑又信念坚定，充满违和感。

在培训中，查尔斯解释说，有一些基本定律指导着自然世界，比如惯性定律和万有引力定律，这些是决定事件的客观力量，但还有一些永恒不变的规律决定着人类事务。历史表明，毫无疑问，保护个人自由和资本主义自由市场的原则是构成健康社会的唯一基石。创建一家健康运转的公司也是如此。这些原则将指导公司内每位员工的全部工作实践，全身心接受这些原则是在科氏工业就业的先决条件，也是通往美好和繁荣生活最可靠的道路。

这不是一场动员大会，也不是公司培训。法拉格很快意识到，一个新的组织向她敞开大门，她急切地想要成为神秘组织的一员。但在科氏工业工作了一年左右，法拉格也发现了这个神秘组织的阴暗面。

她眼睁睁地看着她的老板和同事无视法律，肆无忌惮地污染着环境。[5]她挺身而出，试图阻止他们，这个时候，秘密组织开始围剿她。法拉格目睹了当一个工作场所的每个人都说同一种语言并以相同的方式思考时所带来的毒性，以及这种氛围对从内部挑战这种公司文化的人来说是多么危险。她可能失去工作，可能面临坐牢的风险，甚至职业生涯会受到永久性的损害。而这一切仅仅是因为她想做正确的事。

法拉格的这段经历并不独特。她的亲身经历是科氏工业集团 20 世纪 90 年代出现问题的象征。[6]整个公司，从管道部门到科珀斯克里斯蒂炼油厂，再到其他地方，共同的问题都来自以市场为基础的管理理念。总的来说，对提高利润的重视高于安全运行或遵守法律的需要，对市场力量的信仰导致对政府机构监管的蔑视，那些不同意以市场为基础的管理理念的员工几乎都被贴上了叛徒的标签。了解法拉格的遭遇，是理解科氏工业集团为何在整个 20 世纪 90 年代受到数量惊人的刑事指控和民事投诉，并被打上法外之地烙印的关键。

当 1995 年法拉格加入公司时，她只看到了美好的未来和无限可能性。当时的她无论如何也预见不到几年后的那些不眠之夜；那些腰上挂着枪的联邦探员出现在她家门口；老板对她施加压力，要求她对政府撒谎。山雨欲来风满楼，黑云压城城欲摧。而这一切的最初，只有激动，而激动只是伟大事业的一部分。

*****

希瑟·法拉格在明尼苏达州松弯炼油厂以北 35 英里的贝波特小镇长大。[7]1990 年约有 3 000 人居住在这个小镇上，这是一个嵌在圣克洛伊河西岸的安静社区，一个从众原则至上的地方，无论谁家有点什么事，整个小镇立刻尽人皆知。但是从小时候起，法拉格就知道形单影只的感觉，而她是从自己最崇拜的偶像——她的父亲特德·劳伦斯身上学到这些的。

劳伦斯把贝波特形容为一个"乡巴佬小镇"，他非常清楚地表明他并不认为自己也是乡巴佬。他为县里的儿童保护服务机构工作，为受虐儿童及其家庭提供咨询服务，每天要到圣保罗市上班。他与妻子亨利育有两个孩子，希瑟是老大，弟弟史蒂文比她小4岁。

在劳伦斯的影响下，他们一家政治氛围浓厚。劳伦斯本人不仅是明尼苏达州的社会工作者，还是当地工会的主席。他花费了大量时间在工会事务上，并且经常为当地的政治人物站台。自由派成了他生活的全部，他认为自己一辈子都会支持民主党。1966年9月，希瑟出生的那个月，劳伦斯与小马丁·路德·金一起从芝加哥前往20世纪50年代曾发生种族骚乱的伊利诺伊州西塞罗镇。劳伦斯讲述了这个故事，一个显示普通老百姓如何通过采取行动来改变公众不法行为的故事。

劳伦斯一家经常临时收留一些寄养儿童，让他们在州政府为其找到永久性住所之前有个落脚的地方。寄养儿童通常是来自圣保罗市区的少数族裔，这让劳伦斯一家在白人占绝对多数的贝波特小镇上显得鹤立鸡群。

劳伦斯不仅鼓励他的孩子们支持民主党，也鼓励他们做正确的事，更重要的是鼓励孩子们辩论。"如果（希瑟）有什么不同意见，她总是可以和父母讨论。"劳伦斯回忆说，"我们家总是充满欢声笑语，大家可以在家中肆无忌惮地大喊大叫。"

希瑟是个聪明的孩子，她手里总是拿着书。像许多家庭的长女一样，她遵章守纪，学习成绩很好，跳过了四年级，并且在五年级表现优异。她不仅完成了学校布置的功课，还主动看了很多书。而且，和许多长子长女一样，希瑟也有意追随父母的足迹。在休假期间，她帮助父亲挨家挨户地投送政治宣传小册子，布置竞选标语。作为工会主席，劳伦斯经常与工会同僚通电话，讨论事情或安排竞选活动，希瑟则会重复他在电话里说过的话，这让劳伦斯开心不已。希瑟和史蒂文一直被父亲潜移默化地影响着。

劳伦斯说："最让我吃惊的是，他们不只是听着我跟别人电话交谈，甚至还能有所斩获。"当史蒂文还在念小学时，他已经可以说出劳伦斯帮助过参与明尼苏达州竞选的每一位主要政治家的名字。

辩论是劳伦斯一家餐桌上特有的艺术形式。在劳伦斯的鼓励下，家庭聚餐成了政治辩论会，劳伦斯还希望希瑟加入讨论，这有时让她很恼火。

劳伦斯还记得，有次恼怒的希瑟问他："我们就不能只是聊聊天气吗？

"不，在我们家不行！这是我们家的规矩。"劳伦斯回应。多年来，希瑟学会了如何控制自己。劳伦斯说："她能言善辩。"

尽管如此，希瑟高中时参加了一个工科夏令营，她很喜欢，这符合她在数学和理科方面的才能，对工科的兴趣使她远离了政治。她本科获得了工程学学位，然后离开明尼苏达州去了纽约，在那里她得到了人生第一份工作，成为一名水处理工程师。之后希瑟从纽约跳槽到亚拉巴马州的一家造纸厂。在那里她嫁给了格雷格·法拉格并冠了夫姓。然后一名猎头打电话给她，告诉她科氏炼油公司有一个工作机会。

希瑟·法拉格想搬回明尼苏达州，想住得离父母和朋友近一点，想以后如果有了孩子，能和丈夫一起在家乡把孩子养大。在松弯炼油厂工作是一个绝佳的机会。

在松弯炼油厂的第一年，法拉格感受到很多人所渴望的那种"爱厂如家"的氛围，炼油厂的员工倾向于在公司度过整个职业生涯，在公司里遇到待了 20 年或更长时间的员工并不罕见。工程师之间的协作使上班成为一种乐趣，同时还有强大的使命感，因为众所周知松弯炼油厂是科氏工业的掌上明珠。

在 20 世纪 90 年代，松弯炼油厂毫无疑问是科氏工业集团的业务核心，是公司利润的主要来源。有了净现金流入，查尔斯·科赫才得以将资金投入集团其他板块，实现自己扩张的梦想。明尼苏达州的业务是科氏工业发展的基石，这是无法忽视的现实，并且每天都在松弯炼油厂得到证明。

*****

1992 年，为了满足《清洁空气法案》中所规定的新标准，科氏工业启动了一个 2.2 亿美元的项目，新建炼油塔等装置用于生产低硫柴油等清洁燃料。[8] 炼油厂的一大片区域变成了繁忙有序的施工现场，每天都有大批承包商带着重型设备进出。一年后，科氏工业与经营输油管道的威廉斯公司合作，在距松弯炼油厂约 30 英里的地方新建了一个油库加油站，为科氏工业的客户提供服务。1995 年，科氏工业考虑启动一个耗资 3 亿美元的新项目，即在炼油厂内部建造一座小型发电厂，既可以为厂区提供电力，又可以向周边地区外售电力。[9]

在这段时间里，松弯炼油厂的生产能力急剧提升，[10] 1985 年炼油厂每天能加工处理约 13.7 万桶原油，厂领导鼓励在新建装置的同时尽可能提高产量，仅用时一年就将日加工量提高了 13%，达到 15.5 万桶。到 1995 年希瑟·法拉格被雇用时，炼油厂的日加工量达到 24.5 万桶。这之后一年，炼油厂的日加工量更提升至 28.6 万桶，比 10 年前翻了一番还多。

快速扩张给整个系统造成了压力。[11]

精炼原油会产生很多污染。炼油厂内高耸的烟囱释放着有毒气体，裂解装置不断排出有毒液体。在炼油厂精炼的每桶原油都在制造更多污染，但对这些污染物排放的限制可不像科氏工业的市场营销计划那么灵活。由国家核准的松弯炼油厂运营许可证中对各项污染物限制做了明确规定，州政府和联邦政府都制定了严格的污染控制措施，州和联邦机构组成了监管网络，其中在州一级，松弯炼油厂由明尼苏达州污染控制局监管，在联邦一级，由国家环境保护局监管。

凯伦·霍尔所在的部门负责监督确保科氏工业没有违反危险"三废"限制，其中包括污水处理小组。[12] 虽然名为"小组"，但其实只有法拉格一个人。

法拉格与霍尔的办公室就隔着一道玻璃墙，所以二人在工作中接触频繁，法拉格探出头就能向霍尔请教。[13] 但很快，霍尔能真正回答的问题就很少了，因为她在污水处理方面几乎没有经验，在技术决策方面反而需要听从法拉格的建议。

这意味着法拉格的自主权很大。初到公司时首先要熟悉炼油厂的综合污水处理中心。公司有两条污水管道系统，一条是普通污水管道，另一条是被严重污染的含油污水管道。由于含油污水对环境危害较大，所以两种污水需要分开排放处理。

炼油厂排出的原污水会进入一个大型污水处理厂集中处理，清除污染物之后通过管道输送到炼油厂东侧一组称为"精制池塘"（也称深度处理池塘）的大池塘中，经过预处理的污水在那里停留，以便污水中的沉积物都能沉淀到池塘底部。精制池塘也可以让热污水冷却，并使在初次处理中未完全清理的水中悬浮物被微生物分解。

经过精制池塘深度处理后的污水，被输送到一组细管道中，然后直接排入密西西比河。该炼油厂每天要向密西西比河排放大约 350 万加仑的处理水，[14] 因此，对精制池塘中的水质进行测试并确保污染物浓度达标显得至关重要。法拉格负责监督这些测试。

法拉格最担心的污染物之一是氨，它是炼油过程产生的主要副产品，可能从两个方面破坏环境：一方面，氨本身是一种营养物质，会导致藻类大量繁殖，堵塞像密西西比河这样的水道；另一方面，在足够高的浓度下，氨也会对水下生物构成威胁，通过破坏鱼鳃中的组织导致鱼类死亡。氨对人体以及其他生物也是有害的，即使吸入稀释后的氨蒸气也会导致人体组织被破坏，若浓度较高甚至可能致命。

污水处理厂使用传统方法把氨从污水中清除：让微生物吃掉它。这一过程称为硝化反应，它可以大大降低氨的浓度，但这需要时间，必须给微生物足够的时间去吃，因为它们吃不了那么快。

法拉格希望在处理水注入密西西比河之前，把氨浓度降至零，虽然这一目标很难实现。相反，科氏工业的目标是将处理水中的氨浓度控制在环境工程师所说的 40ppm（百分比浓度）的水平，保持在这个允许范围内科氏工业都可以接受。

在法拉格上任的第一年，污水处理厂运转顺利。为了确保处理厂的运行符合她的标准，法拉格经常从办公室走到处理厂，有时一天去好几次。她与处理厂的工人们打成一片，与她所在部门的其他工程师也关系密切。法拉格和丈夫格雷格还加入了炼油厂的垒球队，每当比赛结束后，大家都会一起去当地的酒吧跳舞、喝啤酒。她是团队中的一员，她很喜欢这样的生活。

然而法拉格很快发现，虽然科氏工业的员工身处同一团队，但并非人人平等，而是存在明显的权力分工。[15] 有些与别的公司没有什么不同，比如工会会员和上级经理之间的一些接触属于违规行为。在科氏工业，即使办公室的白领也分为两个阵营：一个阵营是操作人员，负责装置设备的日常操作运行；另一个阵营大部分是工程师，像法拉格，他们不被认为是操作人员，而更像支持性人员。

霍尔解释说，在科氏工业，工程师就像是操作人员的"顾问"。工程师只负责提供专业建议，但没有决策权，最后仍由操作人员决定该怎么做。[16]霍尔说："他们会聆听我们的建议，但我们做不了主。"

因此，法拉格对污水处理厂的运营没有任何话语权，她只能给出建议，为具有实权的操作人员提供咨询。

*****

法拉格对口的操作班组由一位名叫布赖恩·鲁斯的27岁男子管理。[17]他是一个典型的科氏人，1990年从明尼苏达大学机械工程专业毕业就加入了公司。同许多科氏工业的员工一样，鲁斯在大学毕业后才受到真正的教育。他最初在维修部门担任工程师，然后被调到新成立的清洁燃料部门，在那里他被提拔为主管，并最终升职到高级管理职位。

不过，在科氏工业集团，根本没有高级经理这种职位。在以市场为基础的管理理念中，鲁斯被称为流程所有者，可以用来形容那些表现得好像拥有公司股份一样的人。

松弯炼油厂被分为五个组，称为"利润中心"，每个利润中心就像一个独立核算的主体，负责人对自己管辖范围内发生的一切负责。[18]科氏工业对每个利润中心的财务指标独立考核，考核结果决定了未来有多少资金流向该利润中心。

鲁斯是公用事业利润中心的流程所有者，该部门包括炼油厂的污水处理厂、锅炉房、冷却系统等设备，这些设备使裂解装置保持高效运行。鲁斯花了很多时间向法拉格解释科氏工业的工作规则。两人有时坐在公司的自助餐厅，一起度过漫长的午休时间，鲁斯为法拉格描述自由市场原则的轮廓，从基础理论着手巩固科氏工业的经营理念。鲁斯有与查尔斯·科赫相似的真实和诚恳，他是一个真正的信徒，但在以市场为基础的管理理念下，他和法拉格之间存在着很大的分歧。法拉格所在的部门不是利润中心，像她这样的环境工程师被归类为非营利部门①，他们如同二线员工一样支持着作为公司"核心"的利润中心。[19] 20 世纪 90 年代，科氏工业有很多问题便始于这种公司架构。

当像鲁斯这样的流程所有者读到《以市场为基础的管理理念》的引言部分时，都会被提醒不要过多地依赖非营利部门的支持服务。因为像会计和环境工程之类的服务对流程所有者是"免费"的，所以存在被滥用的危险。这本手册把非营利部门比作提供免费服务的政府机构，有可能变得臃肿和过于昂贵。正因如此，非营利部门可能会拖累它们所服务的对象，也就是利润中心的业绩。随着规模和成本的增长，没有盈利能力的服务中心将从公司真正赚钱的部门吸走资源。

正如手册上所写的："可预见的结果，往往是企业管理费用螺旋式上升。"

为了应对这种可能出现的局面，查尔斯·科赫创建了一个内部市场体系：像鲁斯负责的利润中心如果要使用非营利部门的服务，必须向非营利部门支付基本费用。这样一来，流程所有者使用服务就不得不三思而后行了。当然，在某些情况下，这些"非营利性"的资源让成功的商业行为和

① 其他非营利部门还包括财务部、人力资源部、说客和律师等团队。

犯罪行为之间只有一线之隔。

*****

法拉格花了很多时间在炼油厂周围散步。[20] 她认为控制室内的设备很原始——大多数屏幕只能显示一部分数字，很多数据甚至没有在屏幕上显示出来，而是打印在一卷纸上。

控制室不是唯一需要改进的地方，还有其他更危险的问题多年来持续恶化，其中之一是炼油厂的下水道系统年久失修。托德·阿尔托是一名在污水处理厂工作的操作人员，他目睹了基础设施崩溃的全过程。[21] 阿尔托在检查污水管道系统时，注意到有一段混凝土基底已经被完全腐蚀，只剩底部的铁丝网。[22] 倒班工人通常会将一桶桶含有石脑油和二甲苯等各种化学物质的污水，一股脑地排入本应只排放"含油污水"的管道中。在这种腐蚀程度下，化学物质极有可能通过下方的裂缝泄漏到外部环境，并且难以确定泄漏量。

20 世纪 90 年代，科氏工业对松弯炼油厂进行了巨额投资，法拉格希望其中一部分资金能够用于污水管道和污水处理厂等公用事业基础设施建设，但是工程师并没有决策的权力，只有流程所有者才有。在这种情况下，这个建议应该提交给霍尔的上级，一个叫史蒂文·大卫的人。[23] 即使他管理所有环境工程师，但仍然无法与流程所有者相提并论，毕竟工程师属于非营利部门。史蒂文 42 岁，虽然比鲁斯更有经验，但他在炼油厂的职级却低于鲁斯。

法拉格提议对污水处理厂开展新一轮的升级改造，但相关投资计划却一再被推迟或否决。[24] 科氏工业对炼油厂的所有投资进行评估时都紧盯一个目标：投资回报率。流程所有者会把钱投到工厂利润最高的部门，而投资于污染控制技术和污水管道所带来的收益，根本无法与能够增加炼油厂成品油产出的新裂化装置相抗衡。新建炼油装置实在太有利可图了，巨额投资几乎在一年内就能收回成本。此外，对污水管道的修缮可能几年内都看不到任何回报。

尽管如此，法拉格还是恳求史蒂文和霍尔能对污水管道进行投资改造，她相信这种投入能让公司实现可持续发展。起初，法拉格以为她的建议有很大机会被采纳。科氏工业的伟大之处就在于项目审批速度奇快，没有太多官僚决策。法拉格了解到只有少数项目的审批权在最高层，其他都下放了。

"如果投资回收期在一年内，公司基本上会给你一路开绿灯。"她回忆说，"但如果我想把钱投入污水处理，那么要钱的过程就像拔牙一样。得到的回应是：'你为什么需要这个？那可赚不到钱！'" [25]

*****

虽然根据法律规定，松弯炼油厂日均排放不超过 8.3 公斤铬和 714 公斤氨，[26] 但法拉格也希望遵守清洁水相关立法的初衷，很明显，立法的目的之一就是将过量氨水排除在国家水道之外，这也是将氨排放量限制在日均 714 公斤的原因。然而，设置这样的标准并不意味着监管机构就希望科氏工业每天向密西西比河注入 714 公斤氨，国家虽然设置了排污标准上限，但还是希望能尽量减少排污对自然环境的污染。

出于这一点考虑，法拉格设计了一个污水处理计划，将氨以及其他化学成分保持在非常低的水平。当进行污染测量时，大家都用 ppm 这种行业术语来计算每加仑水含有多少污染物，并以此衡量公司实际排污量与监管上限之间的距离。

如果国家标准是 40ppm，法拉格则会将数值保持在 20ppm 左右。这是她在造纸厂学到的技巧，这样做会给公司留下很大的缓冲空间。污水处理不是一门精确的学科，污染物含量水平几乎必然会出现意想不到的峰值，长时间保持低污染物水平有助于公司避免因为紧急情况的发生而违法违规。更重要的是，公司将排污水平维持低位运营有助于尽可能降低对水和空气的污染，这或许就是一系列环境保护法案确立的初衷。

这天，史蒂文来到法拉格的办公室，讨论她的污水处理方案。[27] 史蒂文在白板上画了一张大图，一条从左到右贯穿的直线，这就是监管标准上限，处理水中的氨含量不能超过这个水平。在这条线下面，史蒂文画了一条曲线来表示松弯炼油厂实际的氨排放量（以曲线来表示每天氨排放水平的自然变化）。曲线距离直线还有很远。这表明法拉格设定的氨排放水平远远低于标准上限。

"史蒂文指了指曲线对我说：'你其实不需要这样做。'"法拉格后来回忆说。

紧接着，史蒂文又画了一条曲线，刚好低于标准上限。他告诉法拉格，处理水中的氨含量维持在这个水平就好。法拉格需要做的就是保持水中氨浓度水平稳定，只要能避免氨浓度异常升高，就可以保证公司不触犯监管红线。

法拉格聚精会神地听着，她明白史蒂文的意思。对于炼油厂来说，对排污指标的控制紧贴着监管标准上限以下运行，是能有效降低污染处理成本的一种方法。从理论上讲，这种方法是可行的，科氏工业依靠环境工程师的聪明才智和高效运行，完全可以将排放浓度精确控制在略低于法律限制水平以下波动，以确保公司在合法的前提下运营。

但法拉格不喜欢这种方法，因为这一方法完全是依赖炼油厂自主、人为地去控制，但正常的工作原理不应如此。

*****

1996 年 6 月 1 日前后，事态开始逐渐失控。[28]

问题出现在一台名为酸水汽提塔（sour water stripper）的装置上，它在减少污水处理厂的进水氨浓度方面发挥了关键作用。由于某种原因，其中一个汽提塔开始出现故障。事后分析得知，故障原因是汽提塔内"结垢"了，塔盘上的残渣严重影响了其处理能力。不幸的是，此时炼油厂内没有一个人察觉这种情况。塔盘位于汽提塔内部，只有关闭装置并且将装置拆开才能看到，以当时的条件从设备外面是观察不到的。可一旦该装置被关闭检修，炼油厂的不间断生产就会受到影响，产量会相应地下滑，进而影响到产品销售，所以任何一家工厂一般都不会轻易做出关闭装置的决定。[29]

大量的氨开始流入污水处理厂。硝化反应处理能力有限，当污水中的氨浓度增高时，微生物很快就会达到分解的饱和点，无法再进一步消化。结果可想而知，高浓度氨污水从处理厂送到了精制池塘，最终流入密西西比河。如果科氏工业出现违规排放将会面临罚款，虽然罚款金额仅为 3 万美元，对于财大气粗的科氏工业而言只是一点小钱，但罚款并不是主要目的。[30] 如果科氏工业长时间违法违规排放污水，那么法律问题会接踵而至，将影响到炼油厂的正常生产经营。

鲁斯与一些操作人员讨论了解决方案，比如污水处理厂的阿尔托，还有阿尔托的老板，一个名叫露丝·埃斯蒂斯的女人。[31] 这些讨论经常发生在法拉格不在的时候。为了处理氨浓度问题，操作人员绞尽脑汁，最终找到了一个相当省事的解决方案，既不会降低监管评级，也不需要关闭装置来检修。

*****

在控制室，阿拉托可以从精制池塘中回收部分污水，并转送到炼油厂另一端的几个大型滞留池中。[32] 这些池子容量可观，其中两个分别能容纳 2 200 万加仑和 1 200 万加仑的水。这些滞留池就像大乱炖，里面什么都有，炖久了都分不清里面有些什么。有从炼油厂含油污水管道排出来的东西，也有员工倾倒的化学物质。州监管机构之后进行的一项测试显示，其中一个滞留池附近的土壤受到了汞、铬、锌等多种污染物的破坏。

1996 年 6 月，像阿尔托这样的一线操作人员已经向滞留池内排放了数百万加仑氨浓度较高的污水。[33] 这种处理方法称为"堆水"，效果立竿见影，环境工程师不监测滞留池，含氨的污水被送入滞留池而不是精制池塘，无论是精制池塘，还是排入河道的污水，其中的氨浓度自然而然就达标了。

然而，没过几个月，"堆水"就开始出现问题。滞留池的水位不断上升，很快就接近堤顶附近。[34] 如果这时下一场大暴雨，那么极有可能导致滞留池内污水溢出，对附近的农田和湿地造成污染。

鲁斯派手下去查明氨浓度增高的原因，由于一些技术上的原因，工程师没有想到问题出在酸水汽提塔内的塔盘上。这些塔盘已存在多年，当年安装时塔盘也不是很旧。最终酸水汽提塔没有被关闭，也没有人将其打开检查内部是否存在问题。

鲁斯和他的团队又想出另一个可能奏效的解决方案。滞留池不仅与污水系统相连，还与消防管网相连，当出现紧急情况时，滞留池中的水还可以为扑灭炼油厂内的起火点提供消防水源。同时，这一方案既不会突破排污监管标准，也不需要炼油厂关闭装置检修，可谓一举多得。

火灾是笼罩在炼油厂上空永久的阴影。说到底，炼油厂只不过是管道和储罐的巨大集合体，装满了正处在高压条件下的易燃材料。每个人都知道，哪怕一个小火苗，都可能在几分钟内发展成火灾事故，可能导致生产设备爆炸甚至上百人死伤。为了防止这种情况发生，消防工作是保障炼油厂正常运转的重中之重。在炼油厂，遍布每个装置的消防栓可以迅速启用，利用滞留池中超过 3 000 万加仑的水灭火。滞留池里的水不干净，大家心知肚明，没有人愿意把它喷洒到整个炼油厂，然而一旦发生火灾事故，救火才是重中之重。

为了保持消防管网处于正常工作状态，消防系统每年需进行排水测试，这项工作一般由安全部门完成。安全员会开车来到滞留池，打开一组特殊消防栓，先将整个消防管网中的水排干，随后从滞留池中抽水至消防管网，再输送至消防栓，喷洒到炼油厂附近的空旷地带。这块地由一块开阔的农田、距河流约一英里的林地及其周围的湿地组成。排水时长通常在一小时左右，从滞留池中抽取的水量不大。

到了 1996 年的夏天，滞留池中的水越积越多，鲁斯和埃斯蒂斯对新构想进行了详细讨论，他们可以打开与滞留池相连的消防栓，将水排到空旷地带而不是河里，这样就不会被定义为违法排污。鲁斯尝试淡化含氨污水对环境的污染，并提醒埃斯蒂斯："我在农场长大，氨是一种肥料，这种浓度对人体无害。我们讨论过这些，你知道的。"[35]

对于把滞留池中的污水排到炼油厂周围的土地在法律上是否允许，鲁斯和埃斯蒂斯一直没有给出明确的说法。也正因如此，人们对河流污染的关心程度明显超过土壤污染。1996 年 6 月 18 日，消防栓被打开，滞留池的水被排入空旷地带。第二天，消防栓再次打开，更多的污水被排出。

没人把这些告诉法拉格。[36]

*****

每个工作日早上 7 点，在炼油厂的一个大会议室里都会召开工作例会，这是集中汇报近期工作、分享各种信息的场合。[37] 像鲁斯这样的流程所有者和埃斯蒂斯这样的值班主管，以及法拉格这样的环境工程师都会参加会议。在 1996 年的秋天，氨污染成为会议上讨论的话题。被送到处理厂的污水中氨浓度仍然很高。安全部门的人抱怨滞留池水位过高。

在一次会议上，埃斯蒂斯提出了她和鲁斯探讨过的问题：或许可以尝试打开闸门，把滞留池里的污水直接排到空地上。法拉格对此的反应直接而明确：不，那是不可能的。因为这一观点，法拉格得到了老板们的一致关注。她解释说，向地面排放污水在许多方面违反了州政府许可的内容。首先，在监管部门看来，从消防管网排污被视为“打擦边球”。州监管机构在既定地点监测科氏工业的排污情况，也就是向密西西比河排污的管道。走后门绕过监测点，把污水排到空地的做法在州政府许可中被明令禁止。

还有更多的问题：如果科氏工业向外界排放化学物质，就需要对排放量进行测量，若污染水平足够高，公司则需要向州政府进行报告①。由于没有对滞留池中的其他污染水平进行测量，因此公司可能不会向州政府进行报告。

更重要的是，这种做法是错误的，法拉格不需要查阅任何手册或者国家法规就可以做出判断。对于是非分明的她来说，答案显而易见，其他环境工程师也应该在很短的时间内得出同样的结论。但法拉格老板的老板——史蒂文·大卫并不同意她的观点。在法拉格表明了自己的观点后，史蒂文告诉大家，他对她的观点不太确定，监管灰色地带可能比法拉格所

---

① 用监管术语来说，该污染物浓度指标称为可报告量（reportable quantity），英文缩写为 RQ。

说的要多。会议就此结束。

离开会场时，法拉格认为应该禁止利用消防管网排放滞留池中污水的想法。史蒂文也许表达了进一步研究此事的观点，但这不会改变她提出反对意见的事实，也许史蒂文能找到一些好的理由支持地面排污，但于事无补。法拉格的表达并不含糊：这将违反政府许可的内容。换句话说，这是违法行为。

*****

1996 年 10 月 24 日，法拉格向环境小组和炼油厂的操作人员发送了一份备忘录，其中提到科氏工业将在 11 月 4 日进行例行污染检测，那是一个星期一。[38] 按照惯例，检测结果会提供给州政府，以证明科氏工业的污染物排放量维持在监管标准内。科氏工业将在精制池塘和厂内其他检测点进行检测。这是法拉格的工作习惯，对即将开展的检测工作向大家做个提醒。

11 月 2 日星期六，也就是这次检测的前几天，污水处理厂减少了排入河道的污水量。更多的污水被送到已经满溢的滞留池。

第二天早上，炼油厂里相对安静。星期日只有少数值班人员在岗，法拉格自然不在公司，大多数工程师的办公室也都没有开灯。

阿尔托那天在废水处理厂值班。[39] 他看到了最新的实验室检测结果，河道监测点的指标数据高到让他震惊。氨的主要控制指标是 40ppm，而检测结果显示氨正以 110ppm 的浓度快速倾泻，这还不是唯一的问题。实验室还会检测一个叫"总悬浮固体量"的指标，这个指标用于测量水中颗粒物。科氏工业的控制目标是 35ppm，检测结果显示为 72ppm。

"我想，这下完蛋了。"阿尔托后来回忆说。他知道，如果污水被送到精制池塘，氨浓度可能会突破监管标准。他选择围魏救赵，把排入河道的污水量从约 400 万加仑减少到 100 万加仑，数百万加仑的水被送到了滞留池。

州监管机构对炼油厂的检测将于星期一进行，改变污水的流向有助于炼油厂顺利通过检测。在那个周末，污水处理厂一个名叫大卫·加德纳的操作员在一本日志中写道："我希望这些小动作能应付得了明天的年度毒性测试。"[40]

　　埃斯蒂斯是那个周末的值班班长。[41] 虽然当班期间工作繁忙，但到了星期日下午，一场危机正在到来。流入滞留池的水实在太多了，很有可能发生溢流。

　　消防栓就在那儿，她手头也有工具，随时可以"泄洪"。埃斯蒂斯记得法拉格曾反对利用消防管网排污，但是他们的老板——史蒂文·大卫，在所有人面前反驳了法拉格。会议直到结束似乎也没有给出一个明确的说法。但不管怎样，环境工程师只是顾问而已，正如霍尔所说："这地方我们做不了主。他们说了算。"

　　那个下午，埃斯蒂斯需要做出选择。她说："简单说，当时我们的（池子）水位很高，马上就要满了。如果当时值班的是你会怎么办？"

　　星期日晚上 7 点，安全部门的员工来到消防管网旁，开闸放水。[42] 很快，滞留池中的水倾泻而出，漫过开阔的田野，流入树林和低洼的湿地。

　　值班人员下班回家呼呼大睡之时，污水却排了整整一夜。星期一上午 7 点左右，员工陆续到岗，消防管网仍在排水，直至工作例会开始前才关闭。明尼苏达州估算，一夜之间大约 600 万加仑的水通过消防管网排出。

*****

　　11 月 4 日上午，法拉格被告知此事，她勃然大怒。[43] 她已经非常清楚地表明，通过消防管网排污是禁止的，是违法行为，然而埃斯蒂斯不仅置若罔闻，而且一排就是 12 小时。直到星期一早上既成事实后，才来与法拉格和鲁斯确认排污行为"合乎犹太教教规"（Kosher）①。

　　埃斯蒂斯后来告诉州调查人员："我和环境部门及鲁斯谈过此事，实际上他们也认为这是一个灰色地带。"[44]

　　但对法拉格而言，灰色地带是不存在的。"法拉格反对这种做法，坚决反对。"埃斯蒂斯回忆道。最终他们决定给科氏工业的法律团队打电话。

---

①　Kosher 通常指符合犹太教教规的行为，常见于犹太教洁食认证。此处指某种行为是合法的。——译者注

　　他们找到了吉姆·沃伊尔斯，他是科氏工业在威奇托总部的高级律师。[45] 团队希望他能理性地分析，帮助弥补分歧，但沃伊尔斯在电话中告诉他们，他需要对消防管网排污的合法性做更多的研究。他拒绝站在法拉格这一边。

　　法拉格回到办公室，独自一人思考着后续安排。她做了一些快速计算，尝试估算出被排放的水量及其氨浓度水平。这基本上只能靠空想，因为没人检测过滞留池的污染物浓度。最终，法拉格决定，这次事件无须上报监管机构，被排放污水中的氨浓度应该没有超标。但还是有一个问题，法拉格认为法律规定她应当报告所有绕过监测点的污染排放行为。在与沃伊尔斯的电话会议上，法拉格提出了报告在排污上打了擦边球的必要性。法拉格后来对调查人员说："会议上讨论了这个问题，最终做出了不用上报的决定。我错了。"

　　11 月 16 日和 17 日，消防管网再次打开。这次，没人通知法拉格。

*****

　　法拉格直接向明尼苏达州污染控制局上报此事。[46] 明尼苏达州污染控制局是执行联邦环境法的州级监管机构，上级单位是美国国家环境保护局。一个联邦机构可没那么好糊弄，他们有该领域最好的律师，对违法行为会毫不犹豫地一查到底。

　　在 11 月和 12 月，会议上不再激烈讨论氨排放的问题，这个议题被正式列为"灰色地带"，等待总部律师沃伊尔斯的研究结果。在没有明确说法的情况下，高浓度含氨污水继续流入污水处理厂。正如 11 月初的一份日志记录显示，流入精制池塘的污水氨浓度达 170ppm，是监管上限的 4 倍之多。污水源源不断地排入滞留池，水位越涨越高。

　　在这段时间里，法拉格发生了一些变化，就连她的直接领导可能都没有注意到。她开始担心现在这份工作可能会让自己受到法律的惩罚。

*****

　　1997 年 1 月 4 日星期六，埃斯蒂斯又是当天的值班主管。[47] 当她到达工作地点时，眼前的场景似曾相识：滞留池的水位再次超过警戒线。安全部门的一名员工向埃斯蒂斯抱怨说，池水即将溢出，再继续往滞留池排水，可能会溅到附近的路上。

埃斯蒂斯给污水处理厂的阿尔托打电话，问他能不能把污水引到精制池塘，或者干脆排入密西西比河。阿尔托回应说不能。埃斯蒂斯没有在这一点上对他施加压力，但她不清楚为什么阿尔托不能直接把污水引到精制池塘，明明污水通常会排到那里。可能是池子满了，抑或是氨浓度过高。不管怎样，向河道里排水似乎也不是她能做的选择。

埃斯蒂斯的另一个选择是通过消防管网排水，只需一声令下就能像前几次那样排出去。但这样做是否违犯法律，她不知道。

科氏工业的律师沃伊尔斯和埃斯蒂斯的经理故意把事情弄得模糊不清。据埃斯蒂斯所知，沃伊尔斯仍在研究相关法律问题，并倾向于认为这种行为可以被接受，她唯一确定的是没有人特别禁止她利用消防管网排水。在举棋不定之际，她与操作人员开始讨论方案。

此时法拉格正在外地休假，埃斯蒂斯无法联系上她，于是她打电话到环境工程部，那里有一个环境工程师周末值班。埃斯蒂斯告诉他自己考虑打开消防管网排水，但工程师犹豫不决，认为这样做不合适。埃斯蒂斯告诉工程师，法拉格已经批准了这一做法。这句极具说服力的谎话说服了极不情愿的工程师，他表示会尊重法拉格的判断。

就在此时，"可怜的凯伦·霍尔走进来了"，埃斯蒂斯记忆犹新。那个周末霍尔本来应该在休息，她是恰巧闯进办公室处理一些无关的事情的。当霍尔走进了控制室时，埃斯蒂斯正在和工程师讨论是否要"一泻千里"。

作为工程师团队的高级主管，霍尔本应是这方面的专家，但霍尔一直在极力避免使自己被牵扯到这件事中。法拉格加入团队伊始，霍尔就明确表示法拉格才是那个有水处理专业能力和经验的人。当人们对污水排放是否合理起了争论时，霍尔对此也不做任何反应。因此，当霍尔无意撞见埃斯蒂斯和工程师因污水排放问题达不成统一意见时，她感到措手不及。她犹豫不决，而埃斯蒂斯却固执己见。埃斯蒂斯还说，他们正处于危机时刻，没有时间进行法律细节的辩论，否则会导致严重后果。

"我问他们：你有更好的选择吗？如果有人能想到更好的办法，我一定乐意照办。"埃斯蒂斯后来回忆道，"我们当时的选择是，（污水）自己流到马路上，不仅会把路给泡坏，最终还是会流到农田沼泽里，或者我主动把它引向影响最小的地方。对我来说，就这两种选择。"

埃斯蒂斯还告诉霍尔，通过消防管网排放污水是很常见的，他们一直这样做。

在这个左右为难的时刻，霍尔听从了埃斯蒂斯的建议。毕竟，埃斯蒂斯是那个负责操作的人，而自己只是个顾问，流程所有者说了算。"我只是尊重埃斯蒂斯的专业能力……我想她应该知道自己在说什么。"霍尔说。

埃斯蒂斯决定把污水排放到炼油厂附近的低洼湿地①中。"我们想，既然下面已经有一个池塘了，上面也没有电线或可能坍塌的东西，那么排点水进去已经是把影响降到最低了。湿地本来就是湿湿的地嘛。"她说。

这一次，大约有 288 万加仑的污水通过消防管网被排出。

*****

埃斯蒂斯把滞留池里的水排干并冲进附近低洼湿地的做法引起了阿尔托的好奇，他从没听说过有谁会把水排到那个地方。

阿尔托决定去看看，他沿着炼油厂旁空地边上的一排树走着，然后亲眼看到了一座超现实主义的雕塑作品。[48] 像瀑布一样的水流将小树劈开，树枝被巨大的水流折断。一片水雾笼罩着树梢，树梢上的冰凌若隐若现。水的原始动能令人惊叹。

*****

法拉格休假归来，走进她有着落地玻璃的办公室，然后得知，埃斯蒂斯和她的团队再次打开了消防管网，向田野和湿地又排放了一次水。[49]

这种事，初次发生时法拉格还曾大发雷霆。但现在情况不同了，她已经

---

① 虽然该地区被称为"湿地"，并且靠近密西西比河，但不在美国认定的湿地名单中。

向所有人明确表达过反对意见，绝对无法接受这种处理方式，甚至跟公司的顶级律师正式探讨过此事，虽然结果不尽如人意。她现在还能怎么办呢？

在 1997 年初，法拉格怀上了第一个孩子，生活上的重大变化使她发动这场战斗变得越发困难。摆脱这一切最简单直接的办法就是辞职，可如果现在辞职了，她和格雷格将如何抚养他们的孩子呢？

但无论有多少顾虑，法拉格一直坚守底线不与上司同流合污。她知道恶意排污是违法行为，如果为了保住工作一味退让，那么无异于为虎作伥，等于事实上参与了非法活动。

前进的路在她眼中只剩下一条，她必须向州政府报告科氏工业的所作所为。

*****

在 1 月 4 日的排水事件之后不久，法拉格见到了明尼苏达州污染控制局的官员唐·克里恩斯，并把发生的一切都告诉了他。

克里恩斯当时就震惊了。他对法拉格的观点深表认同，利用这种打擦边球的方式排污是违法的，这就是瞒报行为。克里恩斯给了法拉格明确的方向，要她回去告诉公司必须停止利用消防管网排污，如果科氏工业仍坚持这样做，则必须先告知州监管部门。

这是一个厘清问题的办法，简单明了，法拉格从政府部门那儿得到了确切答复。她离开克里恩斯的办公室时长舒了一口气，似乎可以理解她在找到了解决办法后的如释重负。监管部门已经表态，科氏工业将别无选择只能遵守法律。法拉格不觉得自己犯了什么错，但她和科氏工业之间的问题才刚刚开始。

*****

法拉格回到炼油厂，立刻向公司传达了监管部门的意见：必须立刻停止使用消防管网排污，如果科氏工业想故技重演，毫无疑问需要先告知州政府。

法拉格向炼油厂的所有主管发送了备忘录，并亲口把这个消息告诉了鲁斯、史蒂文和霍尔。1月17日，法拉格又向数十名员工发送了一份冗长的电子邮件，以备忘录的形式详细说明了问题，[50]收件人中除了霍尔和鲁斯，还包括阿尔托等污水处理厂的操作人员，甚至还包括安全部门的员工，是他们亲手打开了消防管网的阀门。

电子邮件中虽然提到科氏工业的律师仍在为从消防管网排污寻找合法的解释，但也明确表示，未经州政府批准不得开启消防管网，并且表示很多员工都找到法拉格，对排污方式是否妥当表达了疑虑。

不仅如此，法拉格之后又发了一份备忘录，对滞留池排水制定了明确而严格的指导方案。不仅是排水的频率，备忘录还指出，如果通过消防管网排水超过两万加仑（相对来说属于极少水量），那么必须首先对其进行污染物检测。

事情看上去得到了圆满解决，法拉格已经让科氏工业意识到通过消防管网排放污水是不被允许的。

*****

在明确了公司内部责任后，法拉格紧接着给明尼苏达州污染控制局的克里恩斯也写了份备忘录，想告诉他自己遵守了他的要求。

她在备忘录的最后还明确声明，科氏工业将遵守州监管机构的规定。

然而，这封信在送往州监管部门前，她被告知要先发给沃伊尔斯审核。[51]当沃伊尔斯修改后的备忘录回到法拉格手中时，内容却大相径庭。最明显的改动出现在全篇的末尾，法拉格最初写的内容是为了向监管部门保证科氏工业将遵纪守法。

法拉格最初写道：

> 以后，在我们需要向地面排污或者以任何方式排放高浓度污染物之前，会先上报明尼苏达州污染控制局。在收到明尼苏达州污染控制局批复并审查所有其他相关法规后，再就此问题正式制定相关政策。

沃伊尔斯则将整段替换为：

> 　　科氏工业事前并不知晓向除河道以外地区排放会导致污染物排放量超过应报告数量，也不知晓如果以其他方式造成国家水域污染是否需要报批或报告，以及承担任何法定或监管义务。尽管如此，科氏工业希望确保完全遵守适用的法律、法规和政府许可，并且为了避免任何可能发生的误解，对就这一问题与明尼苏达州污染控制局进一步对话持开放态度。[52]

　　这两种说法的区别显而易见。法拉格的原意是，科氏工业将遵守明尼苏达州污染控制局的要求，而沃伊尔斯则表明公司不知道有任何合法原因需要这样做。而现在，这份备忘录要以法拉格的名义发送到监管部门。

　　在这种处境之下，法拉格决定越级上报。

　　科氏工业集团有个热线电话，员工可以向公司举报上级职业道德等方面存在的问题。在收到沃伊尔斯对备忘录的修改回复后，法拉格拨打了热线电话。电话那端的男人似乎对她的故事并不感兴趣，在记下了她的名字和电话号码后，说会有人给她回电话。

　　最终有人给法拉格回了电话。几年后，法拉格已经记不起给她回电话的人的名字。（当时，科氏工业集团的道德合规主管是一位名叫本·伯吉斯①的律师。）法拉格把事情的整个经过原原本本地告诉了电话那头的人，[53]包括她的专业意见如何被边缘化，科氏工业这样做可能会承担怎样的法律风险，以及沃伊尔斯对准备发给监管部门的备忘录进行了令人不安的修改。法拉格甚至谈到这一切给她带来的个人损失，她有孕在身，却因为这些事带来的压力而辗转难眠，担心由于精神和身体承受双重压力会伤害到未出生的孩子。

　　电话那头的人听完后试图安慰法拉格，告诉法拉格她所反映的情况会

---

① 伯吉斯在此事件发生后离开了科氏工业，并在 2002 年赢得选举，成为威奇托所在的堪萨斯州塞奇威克县的州地方法院法官，在 2015 年时他仍在担任州法官。

得到妥善处理，暗示她的担心可能有点言过其实，并且提醒法拉格要更多地把注意力放在个人健康和生活上。"他告诉我，我需要照顾好自己和孩子，他说我只是因为怀孕了才会情绪化。"她后来回忆道，"之后我就再也没有接到过他的电话了。"

挂断电话的那一刻，法拉格才意识到自己是在孤军奋战。

*****

2月18日，鲁斯给法拉格、史蒂文和一位名叫吉姆·雅各布森的运营经理发了一份备忘录。[54] 备忘录的标题是：关于排水的政策。

所讨论的排水政策，是针对法拉格之前发送给大家的那份根据她与明尼苏达州污染控制局的会面结果而制定的备忘录。鲁斯告诉整个团队，这项政策在发布之前并未征求他的意见，并且他认为该政策有方向性的错误。

其中有一点鲁斯特别在意，那就是只要科氏工业利用消防管网排放超过两万加仑的水时就需要进行污染物检测。他说，包括这一点在内的诸多限制都不甚合理。

鲁斯写道："我认为这些烦琐的流程远超正常工作的需要，使用消防用水进行正常的清洁和冲洗不应当被要求执行该流程。"这是法拉格又一次遭到炼油厂高级管理层的否定。

留给他们的时间不多了。高浓度氨污水源源不断地涌入处理厂，然后再一次被引流至滞留池。池水越积越多，再次通过消防管网排水似乎不可避免。

*****

松弯炼油厂在未经州政府批准的情况下，分别于2月25日、26日、27日以及3月26日故技重演，打开了消防管网排水。[55] 两名污水处理厂的员工——查利·查德韦尔和特里·斯托门，也不明白为什么要把污水排放到处理厂周围的空地上。即便收到了法拉格的提示，他们还是被上级要求采取这种处理方式。

这只是20世纪90年代炼油厂员工的众多不满之一，[56] 这段时期管理层和工会之间的关系异常紧张，虽然没有像 1972 年那样正面交锋，但过往造成的创伤却挥之不去。工会会员感觉不到被尊重，规则的变化似乎也削弱了工作的保障性。从威奇托传出的以市场为基础的管理理念中的企业术语，如同浪潮一般席卷而来。在许多情况下，这一切好像只不过是一个烟幕弹，用来粉饰科氏工业的解雇行为，以便公司裁掉自己不想要的员工。OCAW 的会员觉得自己对炼油厂的运营非常了解，不需要什么财产所有权或者流程所有权之类的东西。1993 年有过一次短暂的罢工，但结果并没有给人任何成就感。

　　像查德韦尔这样的老员工想离开公司。[57] 到了 1997 年 4 月，他想要辞职的愿望似乎与减轻对环境污染的良心巧妙地结合在了一起。也许这么做可以一举两得，既做了正确的事，又能赢得一笔丰厚的遣散费。4 月 4 日，查德韦尔和斯托门访问了明尼苏达州污染控制局，在那里，他们讲述之事远甚于法拉格所见。这两名污水处理厂的基层员工声称科氏工业长期违犯州污染法，并且为了自证观点，二人带来了大量的文件，包括操作日志和内部通信记录，仿佛在细细述说科氏工业的违法违规行为：消防管网开了 12 个小时来放水的日志；工人们向本应只处理含油污水的管道中倾倒二甲苯和石脑油，导致污水管道严重腐蚀的注释；其他关于水箱漏水和污染的投诉。

　　回到炼油厂后，查德韦尔立即向上级领导汇报了自己的所作所为，忐忑不安地等待公司对自己的处理结果。查德韦尔刚回到公司上班，几天之后州监管部门就到了。

*****

　　1997 年 4 月 8 日，法拉格的领导史蒂文告诉她，明尼苏达州污染控制局将于翌日派人到炼油厂突击检查，[58] 应该是有内部人士向他走漏了风声。

　　史蒂文向法拉格下达了明确指示：她可以参加与监管机构的会面，但是私下不能透露任何信息。她还被要求用尽可能简洁的语言回答问题，比如"是"或者"不是"。

　　正如预期的那样，第二天，监管人员突然出现了。

一行人员到达时，法拉格看到几个月前见过面的克里恩斯也在队伍中。那次见面之后，松弯炼油厂已经多次违反克里恩斯的指示。

克里恩斯和明尼苏达州污染控制局的探员团队召集了一小部分科氏工业的员工，其中包括法拉格和史蒂文。克里恩斯要求去炼油厂内视察，他想亲眼看看包括滞留池在内的现场。

州监管人员注意到法拉格很紧张。她的内心似乎充满挣扎，每当被问到什么，哪怕只是一个简单的问题，法拉格都会明显停顿，看起来似乎是在权衡取舍、分析利弊。

克里恩斯问道，除了已经报告过的事项，科氏工业是否还有其他违法排污行为？

法拉格回答说自己不知道。她说消防管网由科氏工业的安全部门负责，而不是环境工程师。这显然不是事实，克里恩斯的团队也是满腹狐疑，尽管他们手中已经掌握了大量证据。

克里恩斯后来问过法拉格为什么要误导他们。"他们要求我没问的别乱说。"法拉格答不出所以然，她也惊讶于自己的所作所为。

州监管人员先到滞留池进行现场检查，然后来到那片被从消防管网中冲出的横流撞得乱七八糟的林地。两名科氏工业安全部门的员工——加里·伊斯塔和克里斯·拉普，在滞留池旁见到了克里恩斯，说出了法拉格说不出口的那些话：上次意外发生后，滞留池中的水又向厂外的空地排了好几次。

克里恩斯和他的团队找到了史蒂文，问他是否知晓之后的违规排放，以及科氏工业的环保团队是否事先知晓这一切。

史蒂文告诉他们，直到1月法拉格向州政府报告此事时，公司的环保团队才知晓情况。这又是一句假话，百密总有一疏，史蒂文忽略了一个重要事实，即他和科氏工业的其他高级管理人员不仅知晓，而且多次就此事召开会议讨论，其中一次会议在去年11月召开，会上史蒂文、法拉格与高级律师沃伊尔斯还就这个问题展开了激烈的辩论。

根据史蒂文后来的说法，[59] 他之所以隐瞒了会议的事实，是因为沃伊尔斯告诉他这些讨论是高度保密的，还受到"律师和客户间信息保密特权"的保护。沃伊尔斯让史蒂文误以为承认那些会议本身就是侵犯"律师和客户间信息保密特权"，自己无权这样做。这一想法有些荒谬，史蒂文后来也意识到了。

克里恩斯和他的团队来到一个叫作焦化池的地方，这个滞留池长时间被高度污染的水充满着。克里恩斯有理由相信焦化池中的污水曾溢出堤岸，因此向史蒂文询问一个叫作集水坑的排水系统最近是否导致了池水溢出。

史蒂文给以否定答案。

法拉格此时如坐针毡，事实上池子在上个星期一就溢出了水。科氏工业向州监管机构做了虚假陈述，而法拉格是其中一员。

*****

在缺乏史蒂文配合的情况下，州调查人员很难弄清楚松弯炼油厂的这些管理人员对氨污染情况的了解程度。虽然手握大量的工作日志证明炼油厂确实进行了污水排放，但这些日志只讲述了故事的一部分，明尼苏达州污染控制局还是没弄清楚是谁下的排污指令，是谁指示安全部门打开阀门，甚至连多久排放一次都不清楚。

科氏工业的团队在 5 月 8 日离开州政府办公室，意味着州政府的调查行动可能以失败而告终了。如果炼油厂内部无人对调查人员吐露实情，那么明尼苏达州污染控制局几乎不可能查出炼油厂内部发生了什么。这就是科氏工业想要的。于 20 世纪 90 年代初退休、先后在松弯炼油厂担任一线操作工和管理人员的资深专家厄尼·特隆伯格说，科氏工业的管理团队认为，国家无权知晓科氏工业私有财产的"围栏"内发生了什么。经理们集体沉默，在日常工作中维护着这道"围栏"，不对外界透露公司的情况，而这正是科氏工业紧密团结的领导团队的潜规则。[60]

5 月 12 日，法拉格致电克里恩斯，揭发史蒂文在面谈时撒了谎，而她准备和盘托出。[61]

*****

5 月 27 日，克里恩斯和他的团队再次约见了松弯炼油厂的经理们。这一次，史蒂文、法拉格、霍尔和鲁斯都参加了会面。克里恩斯再次询问科氏工业环保小组对氨水乱排时间是否提前知晓，有了法拉格的私下沟通，这次他们信心十足。

*****

州政府对此事件的调查在 1997 年上半年持续进行。科氏工业则利用法律武器在炼油厂周围筑起堡垒，聘请了刑事辩护律师代表参与违规排污的员工，沃伊尔斯也被派往松弯炼油厂，指导员工充分应对明尼苏达州污染控制局的深入调查。

法拉格依旧每天到岗上班，仿佛一切正常。她别无选择，怀有身孕的她需要抚养即将来到这个世界的孩子，但往日在科氏工业快乐工作的时光终究还是结束了，团队意识、垒球比赛、酒吧小酌，一切都如过眼烟云。她成了公司公认的那个满腹牢骚的人，是在污染排放问题上与老板作对的员工。

在漫长的夏日里，法拉格一直谨言慎行，[62] 如果不这样做，生活就会变得像向监管机构检举揭发了公司违法行为的查德韦尔和斯托门一样悲惨。在查德韦尔常使用的一辆工作车上发现了烟灰，他因此受到了处罚，虽然他辩解称吸烟时自己并不在炼油厂内，但他还是被停职了。炼油厂领导和他一起开了纪律会议，一位律师直截了当地问他对科氏工业环保政策的看法。查德韦尔没有配合，声称因为有短期记忆丧失的问题，他无法回答一些问题。

查德韦尔在那次会议后请了病假，公司要求他去见一位公司雇用的医生以评估健康状况。该医生又把他介绍给公司雇用的一位神经科医生，而神经科医生又把他介绍给了心理医生，当然还是科氏工业雇用的。心理医生判定查德韦尔并没有患上会导致短期记忆丧失的记忆障碍症。

查德韦尔变得更具对抗性，他从炼油厂拿出一个装满文件的公文包，交给了州政府，并且事后通知了他的上级。随后他被停职，公司告知他除非将文件归还，否则不会允许他回来上班。查德韦尔开始逢人便控诉公司想要置他于死地，说有人在他的邮箱里引爆了一个爆炸装置，他认为这是公司策划的。12 月 9 日，查德韦尔再次会见了炼油厂高层。这次他表明自己只是想被解雇，邮箱爆炸是个谎言。

12 月 17 日，科氏工业满足了他的愿望。查德韦尔完蛋了，这个消息几乎传遍了松弯炼油厂。他的故事无人不知，像法拉格这样的员工看到了与州监管机构合作的下场。

*****

10 月 27 日，法拉格生下了她的第一个孩子，是一个健康的女孩。她待在家里，开始休两个多月的产假。假期给了她思考的时间，她把注意力集中在女儿身上，努力不去思考工作的事。她认为这种压力只会损害她的身心健康，继而对孩子产生影响。1997 年的假期和那个寒冷的新年，法拉格把全部注意力都放在了女儿身上。

即便法拉格不去理会从前的种种，但烦恼依然会找上门来。1998 年 3 月 18 日，那天法拉格和丈夫、女儿都在家中。[63] 门铃响了，前门廊上站着一对衣冠楚楚的男女。

那位女子给法拉格留下了深刻的印象，或者说，是挂在她屁股上的枪让人难以忘却。门开了，这对搭档做了自我介绍。男子名叫约翰·邦哈格，是一名联邦调查局探员。女子名叫莫琳·奥玛拉，是美国国家环境保护局的一名探员。奥玛拉开口了，问能不能进屋谈谈，法拉格同意了，虽然她似乎也没有别的选择。

奥玛拉走进了法拉格的家中，腰间的枪说出了两位特工不需要说明的一切，联邦政府正在全力调查松弯炼油厂的排污情况，而法拉格显然是调查工作的重心。

两位探员与法拉格和她的丈夫一起坐了下来，询问她在科氏工业的工作经历和关于污水排放的问题，并希望她能配合调查，成为州政府一方的证人，并且对公司保密。简言之，调查人员希望她扮演查德韦尔和斯托门的角色，提供能让科氏工业受到刑事指控的证据。

法拉格说她会合作的。两位探员留下了名片，希望法拉格能与他们保持联系。

当探员们离开时，法拉格意识到自己没有给特工留电话。她仍记得当时丈夫说："希瑟，他们找到了我们的房子，我想他们有我们的电话号码。"

惶恐不安的法拉格打电话给自己的父亲特德·劳伦斯，告诉他所发生的一切。

法拉格说："他告诉我：'我希望我养大的孩子能行事正直，所以一定要仗义执言。实在不行可以回家住。'"

1998 年 3 月 31 日，法拉格自己开车去了联邦调查局和国家环境保护局，在那里聊了 12 个小时。

*****

这段时期在炼油厂内，科氏工业的辩护律师也在与大量员工面谈，模拟探员问话，指导他们应对政府调查。

与法拉格面谈的是一位叫苏珊·威恩斯的公司律师。一开始，威恩斯就像之前对其他人一样，向法拉格问了一些常规问题，记录一些基本信息，没有给予她特别关注。直到她问到法拉格是否一直与联邦监管机构保持联系。

"是的。"法拉格直截了当地承认了。

"当时威恩斯的表情真是精彩，"法拉格回忆道，"她说'好吧，请允许我稍微离开一下'。她一出门就立刻去找人了。"

*****

1998 年，明尼苏达州污染控制局对科氏工业在松弯造成的环境污染开出了 690 万美元的罚单。[64] 这是该州历史上同类罚款中金额最大的一笔。

联邦政府的刑事指控接踵而至。1999 年，联邦法院对科氏工业违犯环保法的犯罪行为做出有罪判决，罪名包括多年违法排放氨浓度超标的污水和油品泄漏污染周边地区。在与指控进行抗争时，公司的辩护使其免于陷入陪审团冗长的审判。公司里没有人被指控犯罪。作为认罪协议的一部分，科氏工业同意支付 600 万美元的刑事罚款，同时还向明尼苏达州达科塔县公园系统支付 200 万美元赔偿。这是明尼苏达州有史以来最大的一笔联邦罚款。此外，科氏工业与国家环境保护局达成协议，向其支付 350 万美元罚款。对于科氏工业而言，这笔罚款让它轻松脱了身。

有罪辩护永久性地损害了科氏工业在明尼苏达州的声誉，但也可以合理地认为，是科氏工业的律师为了让公司尽快脱身采用的辩护策略。罚款虽然具有历史意义，但不会削弱松弯炼油厂的盈利能力或现金流。

科氏工业没有解雇法拉格作为报复，但她明显被管理层弃之如敝屣，在公司彻底被边缘化了。[65] 她联系了当时科氏工业雇来为她辩护的刑事律师，想知道自己能否从公司得到一笔遣散费。他代表法拉格与公司谈判并达成共识，法拉格很快辞职并如愿得到了一笔遣散费。她未能在明尼苏达州找到另一份工作，尽管她非常想在家乡抚养女儿长大。明尼苏达州污染控制局曾给她提供了一份工作，但薪水大幅缩水。最终，她在另一个州找到了工作。

在遭到解雇后，查德韦尔起诉科氏工业，声称公司对他进行报复的行为违犯了举报人法。查德韦尔输掉了官司，陪审团认为由于他在工作中的怪异行为，科氏工业有足够的理由解雇他。举报科氏工业违法行为的另一名倒班工人斯托门表示，自己只是辞职，没有从科氏工业得到任何遣散费用，也不存在庭外和解。[66]

*****

也不是每个人的结局都这么惨。[67] 松弯炼油厂污水处理厂的负责人鲁斯被调到威奇托了，于他而言这是提拔。2010 年，他已成为科氏工业石油部门的战略规划经理。炼油厂经理蒂莫西·鲁施成为科氏工业负责工程和炼油服务的副总裁，负责松弯炼油厂和科珀斯克里斯蒂炼油厂的项目。律师沃伊尔斯后来在环境法领域取得了成功，并跳槽去了化肥公司美盛。2013 年，他还在美国国家环境管理协会举办的全国企业可持续发展会议上发表了讲话。2016 年，他成为位于加州贝克斯菲尔德的雪佛龙公司的一名高级律师。

*****

发生在松弯炼油厂的违法行为并非个案。[68] 在科氏工业中还发生了其他一些违法事件，究其缘由，都指向其追求利润最大化的公司文化，以及对政府权威的蔑视。

就像鲁斯等人在松弯炼油厂迟迟无法决策酸水汽提塔的检修一样，科珀斯克里斯蒂炼油厂的管理层也推迟了本应该进行的设备改造。1996年4月，一位名叫萨莉·巴恩斯–索利兹的环境技术员来到国家环境监管机构，揭发科氏工业瞒报并且非法排放致癌物质苯。州政府已经命令科氏工业减少苯排放，公司也汇报说自己遵守了政府指令，但巴恩斯–索利兹说这是个谎言。"炼油厂直接向大气中排放苯。"她后来向《彭博市场》杂志如是说。

巴恩斯–索利兹向她的上司报告了苯排放浓度过高。但她说，和法拉格一样，她也被公司边缘化了。科氏工业向州政府报告的废气中的苯含量比实际排放的要低得多，并提交了虚假报告，伪造了苯含量的数据。巴恩斯–索利兹的协助起到了一些帮助，联邦检察官向科氏工业提出了97项刑事指控。公司反驳称是巴恩斯–索利兹胡说八道，指出公司一些员工发现一名管理人员伪造污染报告时，已经向当局报告了此不当行为。对科氏工业97项指控中的大多数后来都被撤销了，科氏工业的辩护律师说，这表明检方刻意夸大案情，手伸得太长。一名联邦法官最终对科氏工业处以1 000万美元的罚款，并判决公司要再向得克萨斯州政府支付1 000万美元以资助地方环境保护工作。巴恩斯–索利兹在1996年接受采访时告诉《彭博市场》，公司对她的告密行为进行了报复，他们向她施压，迫使她辞职。科氏工业则坚称巴恩斯–索利兹离开是由于她的工作表现不佳，与苯污染事件无关。

在科氏工业的管道部门，经理们推迟了必要的维修以提高利润。菲利普·杜博斯，这位曾经的原油计量员，在运输部门升到了高层，对科氏工业输油管道的糟糕状况感到震惊，漏油、缺乏维护，甚至管道周围的植被都没有得到修剪。美国国家环境保护局于1995年起诉科氏工业，指控其疏于管道系统的维护修理，声称科氏工业在1988—1996年泄漏了大约1 200

万加仑的石油，并在 6 个州造成 312 起泄漏。公司最终因管道泄漏被罚款 3 000 万美元，这也是美国历史上此类罚款中金额最大的一笔。

最悲惨的事件发生在得克萨斯州。1996 年夏天，科氏工业一条缺乏养护的管道开始向空气中泄漏丁烷气。两个年轻人——达尼埃尔·斯莫尔和杰森·斯通在泄漏点附近开车时，管道起火并引发爆炸，二人被活活烧死。斯莫尔的家人起诉了科氏工业，赢得了 2.96 亿美元的判决罚金，这是另一个创纪录的金额。这家人后来与科氏工业以一笔未公开的金额达成和解。这些罚款和指控，再加上在松弯炼油厂违法排放含氨污水的指控，都表明科氏工业集团是美国在 20 世纪 90 年代规模最大、最明目张胆违犯环境法的公司之一。

然而，判决和起诉并没有减缓科氏工业前进的脚步。在那个时期，查尔斯·科赫比以往任何时候都更专注于快速扩张。松弯炼油厂等地暴露的问题并没有被控制和遏制，反而逐渐扩大。

第 9 章
价值创造战略的扭曲：解散科氏农业
（1995—2000 年）

威奇托一个非厂区会议室中，正在举行一场秘密会议。科氏工业集团的高管会聚此处，被告知公司有一项新的战略举措。[1] 可以肯定地说，这次会议是所有问题的源头。

商界领袖们听取了一位名叫约翰·皮滕杰的年轻员工的演讲。不像公司大多数人都是从堪萨斯州立大学或俄克拉何马大学毕业的，这位新员工在普林斯顿大学读完本科后又在哈佛大学拿到了 MBA（工商管理硕士）学位。科氏工业从摩立特集团挖到了他，该公司由哈佛管理大师迈克尔·波特经营。早在 20 世纪 80 年代，迈克尔·波特就参加了科氏工业早期举办的一些竞争战略研讨会。

皮滕杰曾在东海岸那个充满金钱的世界里过得游刃有余。他知道最新的管理理论、咨询趋势和常春藤联盟流传下来的流行语。他本可以轻松地为华尔街的任何一家公司工作，但他决定转而为科氏工业工作。在科氏工业聘请他担任临时顾问期间，他亲眼看到了公司的运营情况，随后做出这样的决定。

许多商学院的毕业生也追随皮滕杰的脚步。科氏工业雇用的常春藤联盟的学生和拿到 MBA 学位的人比以往任何时候都要多，受过良好教育的商界人士终于了解到了威奇托的内部情况。

在这场会议上，皮滕杰帮公司规划了未来十年的运营蓝图，强调维持增长比以往任何时候都更重要。这是一个资本扩张的时代，美国经济环境鼓励企业做大做强。针对这个大背景，公司制定了一个特定的发展战略，并在科氏时尚用语中创造了新词汇。这个发展框架被称为"价值创造战略"。

科氏工业每项业务的负责人都应该创造自己的价值创造战略，无论是新的兼并重组、新的工厂建设，还是改善扩建现有装置。多年前，当斯特林·瓦尔纳鼓励公司员工时刻关注投资机会时，时刻寻找新增长的动能还没有被纳入科氏工业的商业选择之中。价值创造战略则让这种发展方式以制度的形式固定下来，在场人员明白，查尔斯·科赫将根据价值创造战略对他们的贡献进行绩效考核。以前只是鼓励扩张，现在是必须扩张。

这一变化波及整个队伍，所有人都希望在自己的主导下完成一笔大的收购项目。在评估这些交易时，查尔斯历来不留情面，但当时科氏工业的决策中潜藏着某种对收购的偏见，查尔斯的亲身经历助长了这种偏见。1995年，科氏工业集团的年销售额约为 240 亿美元，是 1967 年查尔斯刚接管公司时的 135 倍之多。公司现有的盈利能力和现金流水平，似乎证明了查尔斯的经营哲学行之有效。市场客观地证明了这家公司的发展壮大，而查尔斯则顺着这个趋势更积极地推动公司向前发展。

"查尔斯非常关注增长……一切都与增长相关。"1975 年加入公司，从威奇托州立大学毕业的布拉德·霍尔回忆道。霍尔在 1995 年晋升为公司领导之一，随着越来越多收购案的进行，他与查尔斯的合作越发紧密。

结果事实证明，霍尔将耗费他生命中的许多时光，帮助公司清理这些并购交易带来的后遗症，而这些后遗症本可以轻松避免。霍尔说："我认为查尔斯轻视了这些问题。"

这种发展理念的最终结果是公司成了永动机：增长，增长，再增长。增长成了更快增长的理由。有一名员工对这个理念坚信不疑，他雄心勃勃且聪明伶俐，是公司冉冉升起的明星，决心向查尔斯证明自己的价值。他叫迪安·沃森。

*****

迪安·沃森在 20 世纪 80 年代初加入科氏工业集团，当时他才 22 岁，刚从堪萨斯州立大学毕业。[2] 他很热情，架势十足，身高有 6.1 英尺，或者按他的说法"穿着牛仔靴有 6.2 英尺"。他长着一头沙红色的头发，线条分明的肌肉中仿佛充满了竞争的欲望。他曾是高中橄榄球队的明星球员，但一次受伤使他不能在大学继续打球，被迫离开赛场的他发现自己有着金融头脑，特别擅长复杂的分析。他修过商科和会计课程，并且成绩优异，对他来说这是一块新大陆，可以继续奋勇争先。

正如在球队他是核心球员，加入科氏工业集团后沃森也很快成为中流砥柱。他是一个天生的领导者，有着深沉而威严的声音，并且能以最强烈的自信表达自己的判断。沃森可以花几个小时讨论边际利润、竞争性行业动态和扩张机会。他能在抽象管理概念和比如像墨西哥湾的氨水管道之类的微观运营细节之间转换自如。为了鼓励大家按照公司商业计划行事，他直接说道："我们应该坚决执行上级的要求。"沃森全身心投入工作，科氏工业就是他的一切。由于一天到晚都在公司工作，他连邻居都不认识。这一切让他很开心，他是一项伟大事业的一部分。

沃森无所畏惧，这可能是查尔斯喜爱他的一部分原因，沃森的同事们很难不注意到他与查尔斯的关系特别密切。沃森经常前往查尔斯的办公室，倾诉自己的想法，征求导师的建议。如果沃森路过查尔斯的办公室，甚至会毫不在意地把头探进去，打断这位首席执行官正在进行的对话。有一次，沃森这样做是为了讨论一些对油价产生影响并且晦涩难懂的机制。

"他的门开着，我敲了敲门说：'嘿，查尔斯，我一直在想这个。'"沃森回忆道，"所以我们讨论的是内部转移定价和市场定价的扭曲。……我敢打赌他花了 40 分钟和我一起讨论，我们在一张纸的背面写字，画曲线图，画示意图，进行理性的思考。我是说，他对我非常坦诚、非常友好。"

沃森经常挑战周围人的想法，但有一次他被一个想法所吸引，几乎缴械投降。[3] 这并不是促使沃森在 20 世纪 90 年代成为科氏工业利润增长点的唯一原因，而是他在该行业的纪录。他被任命为科氏工业化肥部门——一个相对不知名的部门——的总裁。以这个身份，他在路易斯安那州管理一家化肥厂，这家化肥厂是科氏工业趁着别家想廉价脱手时买下来的。化肥部门还管理一条管道，这条管道将化肥向北输送到艾奥瓦州和内布拉斯加州等农业州。

对科氏工业以外的人来说，管理化肥部门似乎是一项无关紧要的工作。但沃森心知肚明，化肥厂是科氏工业"快速原型"（rapid prototyping）战略的样板田，他用这个词来形容科氏工业的商业实验。快速原型是小规模尝试新企业的过程，要边干边观察其运作模式。科氏工业就是用这种方法把业务扩展到不同行业的，而失败将是过程中不可避免的一部分，因此科氏工业将最初的投资规模维持在最低水平。像化肥这样的部门都可以看作教学试验田。

科氏工业从开展化肥业务中学到了很多东西，还了解到美国农业正在缓慢并且悄无声息地转变为化石燃料业务。这一奇怪的事实引发了科氏工业历史上最大的扩张尝试，演变成一出部分接管美国粮食系统的大戏。

*****

科氏化肥厂，总的来说就是一座炼油厂，[4] 但它没有将原油转化为汽油，而是将天然气转化为氮素化肥。利用化石燃料，生产作用于农作物的肥料，听上去似乎有些奇怪，然而这样做的原因有很多，大多数与美国农场的工业化有着密不可分的关系。

20 世纪 90 年代，美国农民生产的粮食比以往任何时期都要多，几层楼高的联合收割机和拖拉机耕种着绵延数千英亩的农场。这个系统完全依赖于人造化肥，因为即使是中西部最肥沃的表土层也无法年复一年地承受如此大规模的玉米和大豆种植。为了连年获得大丰收，农民们使用三种化学物质的混合物给土壤增肥，它们分别是钾、磷和氮。

前两种化学物质原本就储藏于地下，类似煤炭；而氮则不同，地下没有大量的氮沉积。第二次世界大战前，农民必须种植特殊的豆类作物，通过作物根部特有的根瘤"固定"住土壤中的氮，既费时又复杂。在20世纪40年代初，两位德国化学家发明了人工生产氮的方法，一种被称为哈伯－博施法（Haber-Bosch process）的工艺，以天然气作为主要原料，在炼油装置内部将氮固定。这一发明是革命性的，氮肥成为现代农业的命脉。

科氏工业在路易斯安那州的化肥厂使用天然气生产一种叫作液氨的富氮物质，并利用管道将其送到北方，农民们直接把它作为肥料施在土壤中。化肥厂的外观看起来非常像炼油厂，厂内拥有纵横交错的管道和储罐，上面分布着巨大的裂解塔。化肥厂的运营方式也像炼油厂的运营方式一样，科氏工业可以将松弯炼油厂和科珀斯克里斯蒂炼油厂的运营经验在这里实践。沃森雇用了一个天然气交易团队，为其提供尽可能便宜的原料，并且使计算机模型以最高效率运行工厂，就像科氏工业旗下的炼油厂那样。

化肥业务本身就是成长平台，[5]它就像情报部门一样，了解所有与化肥业务相关的行业。沃森对这项任务实行"坚决执行"的方式，他会见食品行业的业内人士，研究了食品和农作物市场。很快，他们开始看到科氏工业在食品行业的前景。

整个粮食体系仿佛一台巨大的机器，将化石燃料中的能量转换成人类可以食用的食物热量——卡路里。这条供应链的最上游是拖拉机使用的化石燃料汽油和用于制造氮肥的天然气，顺着链条往下是农民开展农业和畜牧业时对化石能源的消耗，再往下是食品加工业，如谷物加工厂和屠宰场，最后流入菜场和餐馆进行最终消费，科氏工业集团计划涉足这条供应链中的每个环节。查尔斯用了10年使他的公司成为美国原油市场的单一最大买家，现在则希望能在食品行业如法炮制。

沃森晋升了，从只负责科氏工业的化肥生产，被提拔去管理科氏工业的新部门——科氏农业。这个部门被员工们认为是公司未来发展的基石，它的雄心之大、站位之高，以至于在公司之外没有人会相信这个计划是真实的。

*****

科氏农业首先涉足牛肉业务，并在某种程度上控制了从牧场到肉店的经营。[6]

科氏农业收购了养牛场，然后开发了自己的牛肉零售品牌春溪农场（Spring Creek Ranch）。沃森管理整个团队，致力开发一种"身份保护"系统，即能够在每头牛的生命周期内对其进行跟踪，从而辨别哪头牛的肉质最好。科氏农业对自家饲养牛肉的口味和品质进行了盲品实验，沃森声称十次中有九次胜出。

随后，科氏农业开始研究为养牛场提供饲料的谷物及饲料工业。沃森与专家合作研究欧洲的耕作方法，因为欧洲的耕种面积较少，迫使欧洲人要提高单位面积产量，乌克兰农民在单位面积收获的谷物产量高于美国农民，科氏农业复制了他们的方法并在美国加以推广。除此之外，科氏农业还购买了一家基因工程公司的股份来培育超高产玉米。科氏农业还扩展出面粉加工业务，尝试建造微型磨坊，与阿彻丹尼尔斯米德兰公司和嘉吉公司运营的巨型磨坊相比更为灵活。科氏农业还与一家初创公司合作开发了一种叫"魔法之尘"喷雾防腐剂，可以用于制成不需要冷藏的比萨酥皮。科氏农业甚至尝试制造了乙醇汽油和玉米油。

科氏农业还有更抽象的方案——向无法对冲强降雨风险的农民出售暴雨灾害险。为了做到这一点，公司雇用了由许多统计学博士组成的团队，将玉米收成与降雨概率联系起来，建模计算出暴雨灾害险的成本。与此同时，科氏工业的大宗商品交易员正在购买玉米和大豆的合约，对农产品市场的了解与日俱增。

当科氏农业迅速发展时，查尔斯·科赫却被另一件事牵绊住了。他正忙于与托皮卡市的律师频繁沟通，他的亲弟弟比尔·科赫也在那儿，准备利用法律武器对他全面开战。

*****

1985 年，由比尔发起的诉讼——声称查尔斯收购他所持有的股份所支付的对价过低——已演变成一个巨大的法律泥潭，吸纳了数十名律师、法官、办事员和调查人员。比尔"十字军东征"的原因越来越难以解释。是因为钱？是兄弟之间的竞争？还是想报复他被解雇？

如果这场争斗的动机是模糊的，那么比尔采用的策略就更加黑暗。[7]《纽约时报》披露的文件显示，比尔雇用调查人员冒充记者，[①] 挖掘有关查尔斯的犯罪信息。假如能够说服一家全国性报纸刊登有关科氏工业的负面报道，调查人员将获得 2.5 万美元的奖金。比尔甚至雇了私家侦探在科氏工业集团的律师家外收集垃圾，后来他向《名利场》杂志吹嘘说，他雇了马克·纳齐尔，"一位受过以色列训练的前海军陆战队队员"负责安保事务，还使用窃听器和摄像机等专业监听设备。比尔在《名利场》杂志的长篇采访中，提到了查尔斯和自己没有与他人分享过的痛苦过往。比尔详细描述了自己的治疗过程和他的童年伤疤。《华尔街日报》则在头版头条以《血仇》为题发表了一篇报道，文章第一段便写道："听比尔·科赫说，他的兄弟查尔斯满口谎言、忘恩负义，还敲诈勒索。"[8]

在 20 世纪 90 年代末这段时间，查尔斯的精力被与比尔的战斗不断消耗着。[9]他的公司受到攻击，他的声誉受到诋毁，如果他在托皮卡输掉了联邦诉讼，那么他将面临支付数百万美元罚金甚至损失更多的局面。正当这些干扰因素不断吞噬着查尔斯的精力时，他的公司却比以往任何时候都扩张得更剧烈。

*****

科氏工业集团内部还有一个低调的部门致力扩大公司规模，[10]是由一小部分人组成的团队——企业发展集团，或者简单地称之为发展集团，20 世纪 90 年代末，布拉德·霍尔负责这块业务。本质上它是一个存在于总部大楼内的小型智囊机构，公司以外很少有人知道它的存在。这个发展集团是仿效华尔街兴起的一种新型投资机构，称为私募股权公司。这些公司制度

---

① 《泰晤士报》披露的文件显示，调查人员受雇于一家名为决策策略国际（Decision Strategies International）的公司，而该公司需要付费才能提供相应的服务。

化的趋势始于 20 世纪 80 年代，当时投资者意识到若想要利润最大化，收购已有公司要比从无到有创建新的公司来得划算。20 世纪 80—90 年代是企业并购的时代，也就是所谓杠杆收购。私募股权公司借了一大笔钱来收购公司，有时将公司拆分重组、剥离资产，这些公司成了商业转型艺术家们的游乐场，他们蜂拥而至，裁员、削减养老金、关闭亏损部门，然后卖掉最终重塑成形的公司。

霍尔负责的发展集团与这些私募股权公司在某些方面很相似，但有一点根本区别：科氏工业的发展集团充满耐心，它的时间跨度是 10 年或 20 年，而非 12~18 个月。而且，与几乎其他所有私募股权公司不同，科氏工业集团只需要回应两个股东的关切：查尔斯·科赫和大卫·科赫。

出于这些原因，科氏工业的收购策略与其他公司决然不同。当别人离场时，它杀入市场。它倾向于在收购标的陷入困境而无人伸出援手时雪中送炭。适应了能源市场剧烈波动的科氏工业习惯性地认为，大多数经济衰退都是暂时的。

科氏工业的每个主要部门都有自己的开发团队，会分别寻找收购对象。就像轮子的辐条，有时候这些团队独立完成交易；发展集团则像轮子的中心轴，有时候交易需要上报至霍尔的中心团队审批。对霍尔来说，担任发展集团的负责人似乎是个美差，可不幸的是，接手后他发现这块业务混乱不堪。发展集团人员冗余、人浮于事、效率低下，其中很多人并不适合从事相关工作。科氏工业开始从全国最好的商学院寻找拥有 MBA 学位的人加入团队，霍尔花了很多时间帮助这些孩子将在西北大学或者哈佛大学学到的东西在科氏工业学以致用。其中还有企业文化的因素，科氏工业很多高管都发现，自由职业者文化在年轻人中的影响力正快速增长，这种文化会把个人利益置于公司利益之上。

查尔斯没有亲自去教育这些新员工，为了抵挡比尔频繁的攻击，他花了很多时间与律师闭门开会。科氏工业已经发展得太大了，内部文化悄无声息地改变。它感染了华尔街的一些最糟糕的冲动——对高规格交易的渴望、对巨额个人薪酬的渴望、短期思维，并将这些欲望与科氏工业的增长使命结合起来。

价值创造策略层出不穷，霍尔和他的团队尽其所能地评估这些方案。但发展集团无法控制增长，很多决策都被推给了公司各部门的开发小组，任由他们自己在外面进行收购。

科氏农业是其中规模最大、灾难性后果最严重的。

*****

美国最大的动物饲料制造商是普瑞纳米尔斯公司（简称普瑞纳），1997年，该公司开始对外出售。一群银行家成功使这笔交易吸引了沃森的注意，只需要一次收购，他就能让科氏农业成为一个巨人。

普瑞纳总部设在圣路易斯市，已经持续经营了一个多世纪。它以制作宠物食品而闻名，几乎所有养狗的人都知道普瑞纳的产品以及它著名的红白相间的品牌标志。但普瑞纳有大部分业务隐藏在公众视线之外。几十年来，普瑞纳已成为美国最大的家畜饲料制造商。特别是在 20 世纪 90 年代，由于饲养方式的变革，整个行业重新焕发生机。

养猪业是这一转变的象征。[11] 直到 20 世纪 70 年代，大多数人还认为猪在农场中饲养，睡在猪圈里，可以四处走动，吃的谷物饲料就是农场自己种的。到了屠宰的时候，生猪被装上卡车，运到附近的销售仓库，在那儿以合适的价格卖给屠宰场。

随着工业养猪场的出现，这一切都发生了变化。猪圈被巨大的厂房取代，各地的销售仓库消失不见，取而代之的是大型养猪场，可以同时容纳数千头生猪。养猪场装有自动进料和通风系统，猪农根据泰森食品等公司的合同，同时饲养上万头生猪。这种转变产生了奇怪的副作用：它将美国农业巧妙地分为两个领域，有的农民在工业化养殖场饲养家畜，有的农民种植谷物作为饲料的原料。普瑞纳作为首选饲料供应商进入这一领域，在24 个州经营着 58 家大型饲料厂，获得了大量利润。[12]1996 年，它共出售了500 万吨饲料，年销售额达 12 亿美元，年净利润约为 1.76 亿美元。

但 1996 年对普瑞纳来说是一个低迷的年份，当时大宗商品市场剧烈波动，谷物价格飙升至创纪录的高位，然后再次暴跌。[13] 公司被迫大幅提高售价，从而导致市场份额减少，盈利能力大幅缩水，当年亏损 1 000 万美元。对科氏工业的人来说，这是完美的收购标的，他们看到了一个挣扎中的普瑞纳，也看到了其长期巨大的增长潜力。普瑞纳饲料厂在美国的布局无与伦比，公司所处行业结构不会出现根本性改变，当市场反弹时，普瑞纳依然有巨大的盈利空间。

暂时的困难局面，并不意味着领导普瑞纳的高管们想要出售公司。[14] 该公司在圣路易斯有着悠久的历史和独立运营的传统，公司的高级管理人员并没有立刻被一家来自威奇托的能源公司所吸引，在公司工作了 20 多年的首席运营官阿尼·萨姆纳就是持怀疑态度的人之一。他来自新英格兰地区，后来移居至圣路易斯市郊区，仍带有一点码头工人的口音。他不是一个喜好光鲜的人，与科氏工业初次接触后对其印象平平。

科氏工业的人对普瑞纳有宏伟的规划。[15] 他们计划将普瑞纳所有的客户都转移到威奇托的中央交易平台进行买卖交易，科氏工业的大宗商品交易员将负责粮食原料供给，满足包括普瑞纳、泰森食品、嘉吉在内所有客户的需求。

"我想他们认为自己可以垄断全球大宗商品供应……因为他们能做得比任何人都好。"萨姆纳回忆说。科氏工业还计划建立一个新的网络专门处理"湿"饲料，将餐厨垃圾加工成动物饲料。这些加工厂将创造全新的原料来源，比如使用土豆皮代替大豆。而普瑞纳则可以通过这个独一无二的经销商网络销售饲料。

出于这些雄心勃勃的计划，沃森和他的团队向普瑞纳提出了惊人的收购报价，其中包含科氏工业对改进措施取得成效后的预期估值。普瑞纳本身价值约 1.09 亿美元，科氏工业愿意支付 6.7 亿美元。

如此丰厚的收购要约让普瑞纳的管理层无法拒绝。萨姆纳回忆说："科氏来了，对公司股权提出巨额收购报价。这就是普瑞纳被卖掉的全部原因。

大家都想套现，我们都相信这将是一件美妙的事情。"

在收购时，科氏工业做出了一个关键性决定——利用大规模融资借贷去支付交易费用，这与科氏工业早期用自有资金购买新公司的交易策略截然不同。从一家机构借几亿美元极其困难，为了达成与普瑞纳的收购协议，科氏工业还举办了类似路演的活动，尝试说服多家财团借钱给自己。

最终，科氏工业背上了两笔巨大的债务，[16] 一是银行系统提供的 2 亿美元长期贷款，二是发行了一组价值 3.5 亿美元的公司债券（票据）[①]。为了防止意外的流动性缺口，科氏工业还拿到了一些循环授信额度。科氏工业为此次收购花费了大约 1 亿美元的自有资金，并以股权的形式补足了收购对价的剩余部分。这笔交易于 1998 年 3 月完成。

之后，科氏工业立刻着手介入公司经营，科氏工业的员工渗透至普瑞纳在圣路易斯郊区的办公室。5.5 亿美元的债务如同一把利剑高悬在科氏工业之上，但他们似乎并不担心。萨姆纳说："科氏工业来的每个人都觉得自己比别人懂的多，这有点疯狂了。"

*****

沃森的首要工作之一是，将普瑞纳的业务与科氏工业融为一体。[17] 除了弄清楚如何在威奇托处理普瑞纳的工资单，以及培训科氏工业的交易员为普瑞纳的加工厂供应原料外，还有更多的事情要做。这些还算容易的，真正困难的是收服人心。沃森必须找出将普瑞纳的企业文化融入科氏工业企业文化的办法。沃森将这笔收购称作一个"长期的企业文化转换游戏"。

这个过程始于以市场为基础的管理理念研讨会，沃森要把科氏工业的经营哲学传授给普瑞纳的最高领导层，就像查尔斯·科赫当年传授给自己一样。要实现以市场为基础的管理理念，就要求新员工要全面转换思路，但经营百年的普瑞纳已经有了自己的企业文化。

---

①　一组公司债券（票据），原文描述为 "a group of corporate bonds（called notes）"。在美国，"bond" 和 "note" 都可以指债券，此处可理解为期限不同，"bond" 既是债券的统称，也指 10 年期以上债券，"note" 指 2~10 年期的债券。科氏工业为此次收购发行的公司债券应该是由多个期限品种组成的。——译者注

这一文化可以称为丹福思文化，是以普瑞纳的创始家族命名的。丹福思这个名字带有一种神话般的回响，只有密苏里州的人才能听到。丹福思家族在该州相当于皇室家族，笼罩着中西部这片地区居民生活的三个重要领域：商业、教堂和政治。创始人威廉·丹福思在沃森出生前 100 多年创建了罗尔斯顿 – 普瑞纳公司，威廉的儿子唐纳德·丹福思继承了该公司，成为圣路易斯的商界人士。威廉的孙子约翰·丹福思是一位被任命的圣公会牧师，后来从政并成为美国国会参议员。

丹福思家族在普瑞纳有自己的经营方式，代代相传，甚至连公司的标志——著名的方格图案，有九个正方形，四个白色和五个红色——都是创始人经营哲学的象征。根据威廉·丹福斯的说法，标志中四个角的正方形代表了人类幸福的四个必要元素：体格、社会、精神和宗教。这四个元素融合在一起，形成了企业文化，高管们将其描述为大家庭。因此，没有员工会被公司抛弃，如果一个员工在普瑞纳工作了 40 年然后被解雇了，他依然可以依靠普瑞纳为他找个地方养家糊口。他可以步履蹒跚地工作，直到他的身体条件不再允许他继续工作下去。而在以市场为基础的管理理念下，这种安排被认为没有正当性。让一个已过巅峰的人继续工作只会抢占潜在新员工的宝贵资源。

科氏工业入主普瑞纳后不久，就召集普瑞纳的全体高级管理人员开会。会议举办地位于圣路易斯西郊的一家酒店，那里宽阔的窗户可以俯瞰起伏的碧绿山坡和延绵至郊区尽头的屋顶。大约 24 名普瑞纳高管在会议室就座，其中很多人满头白发，仿佛是在公司工作几十年的漫长见证，与在威奇托参加公司培训、眼中充满急切期盼的大学毕业生截然不同。

沃森站在他们面前解释说，成为科氏工业的员工，需要做的第一件事就是学习以市场为基础的管理理念，这种学习不是所谓公司福利，而是在科氏工业工作的先决条件。普瑞纳的高管需要理解理念的五个维度，需要把科氏工业的十条指导原则内化。光会背是不够的，要内化于心、外化于行。这些原则就包含了诚信、合规和价值创造等。

萨姆纳也在观众席听了演讲，他认为听起来像是管理顾问在喊口号。在他看来，一次好的合并，本质上是两家公司各自企业文化的融合。但科氏工业并没有尝试与普瑞纳的企业文化融合，而是试图根除它。普瑞纳的高管们无法接受这种方式，他们认为没有必要另起炉灶，不应该用查尔斯·科赫的构想替换原有的发展模式。

面对这种抵制，沃森变得激动起来。"他开始在讲台上大喊大叫。"萨姆纳回忆当时的情景后说。[1] 他记得沃森喊道："你们以为谁是这家该死的公司的老板？你们要照我们说的做！如果不喜欢，就卷铺盖走人！"

如果这是句推销语，那么简直是在帮倒忙。会议结束后不久，普瑞纳高管陆续开始辞职。他们接受了提前退休计划或是干脆换了新工作。沃森似乎立刻明白自己犯下大错。

"后来，他对我说：'我真的搞砸了，对吧？'"萨姆纳说。

*****

由于政府政策的改变，普瑞纳的情况开始恶化。不同于欧佩克式的禁运引发了石油市场的动荡，这次粮食生产动荡的根源来自国会。在过去的半个世纪里，农业世界一直非常稳定。玉米和大豆等农作物的价格虽然也有波动，但波动幅度很小。那时的食品工业就像 20 世纪 60 年代的石油工业，可预见性很强。

1996 年，在共和党控制国会后不久，情况发生了变化。[18] 众议院议长纽特·金里奇领导了共和党革命，在保守派改革目标中农业项目排在首位，而农业政策调整正是罗斯福新政的中心措施之一。早在 1933 年，农业是美国中产阶级的支柱，但容易受到市场剧烈波动的影响，特别是在大萧条的冲击下几乎是覆巢毁卵。作为回应，富兰克林·罗斯福总统在保留资本主义制度的前提下借用了苏联式计划经济的方法，创建了复杂的体系，包含价格管制和农产品配额等内容，通过政府的奖励及津贴，缩减耕地面积和

---

[1]　沃森不记得发生过这种情形。他说自己很少在工作中发脾气，因为一旦发了脾气，就违背了以市场为基础的管理理念的教诲，该理念并不是试图强迫或控制员工。

降低农产品产量，从而提高农产品价格和农民收入。农民可以自愿接受政府的生产限制，停耕的土地作为国家租地付给农场租金，农民什么都不用做就能收到钱。1996 年，国会通过了《农业自由化法案》^①，基本废除了罗斯福新政中的农场政策调整。然而，政府补贴并没有消失，只是被复杂的保险支付和"灾难"救助系统所取代了。（事实证明，对农民来说，几乎每年都会遭受这样或那样的灾难。所谓灾害纾困变成了规模化农户可依赖的稳定现金流。）真正被废除的是生产管制，农民们被鼓励尽可能多地种粮食，农产品价格市场化引起广泛争议。

由此引发的农业经济波动在 1997—1998 年席卷了行业里的每个角落，而普瑞纳正处于风暴的中心。普瑞纳从农民手中购买粮食，加工成饲料卖给养殖业者。上、下游两个行业都在难以预测的剧烈波动中起起落落，以不同的方式伤害着腹背受敌的普瑞纳。

沃森身边的智囊团被打了个措手不及，此时被迫寻找应对之策，团队的许多成员都是来自东海岸或芝加哥大学商学院的工商管理硕士，更看重个人发展和工作环境，而非企业的发展前景和追求稳定的铁饭碗。"我们没有深入了解当地情况，而因地制宜是我们应该做的。"沃森说道，"我们根本无法知道市场上招聘来的这些人什么时候会惹祸上身。"

最严重的亏损出现在一个意想不到的地方：普瑞纳的猪饲料销售。

在收购普瑞纳的交易完成前，曾有人提醒沃森关注普瑞纳的养猪业务。[19] 普瑞纳开始发展养殖业这件事本来就很奇怪，该公司的主营业务是卖饲料，不是生猪养殖。沃森了解到公司签了一些猪崽购买合同，准备转手卖给猪农，初衷似乎是锁定这些猪农的饲料需求。沃森的一位从嘉吉公司跳槽过来的副手告诉他，这笔交易的风险敞口可控，普瑞纳并没有长时间持有这些猪，基本上只是充当中间人的角色。

---

① 《农业自由化法案》，全名为《1996 年联邦农业促进与改革法案》，由克林顿政府签署，旨在从 1996—2002 年的过渡期内逐渐降低政府补贴，推动农业进一步市场化。——译者注

事后证明，普瑞纳养猪业务的风险敞口完全没有被控制。1998 年，美国生猪市场经历了与 1929 年股市崩盘相似的动荡，[20] 这场风波颠覆了人们对养猪业规则的所有认知，而根源可以追溯到普瑞纳最初创建饲料业务并将其工业化的时候。现在，工业化养猪场让生猪供应规模巨大且难以调控，猪农手中的生猪存栏量高达数十万头。当市场生猪价格下跌时，背负着抵押贷款来支付运营费用的工业化养猪场就只能维持高产量，无法迅速调整适应市场。养猪场就像一台不易关闭的机器，生猪源源不断地流入屠宰场导致市场价格进一步下跌。然后一切都失控了，生猪价格暴跌，几乎瞬间将整个行业拖垮。短短几个月内，猪肉价格从每磅 [①] 53 美分降到每磅 10 美分。经通胀因素调整换算，那是美国历史上猪肉价格的最低点，养一头猪的成本远远超过其价值。

只卖饲料不卖生猪的普瑞纳本应避免这场危机。[21] 但随着 1997 年决定开始购买生猪后，普瑞纳已经面临猪肉价格下跌的风险。正如一位农业经济学家当时所说的，1998 年合理的生猪出栏量是零。沃森开始意识到该业务的风险敞口有多大，并开始着手处理此事。可当普瑞纳向猪农出售猪崽时，由于生猪市场已经没有了买家，猪农们拒收这些猪崽。

沃森说："本来打算向我们采购猪崽的采购商基本上都说'来告我啊'，而我们的供应商则说'你们敢不执行合同我就告你们'。所有这些我曾以为不存在的所有权风险一下子都冒了出来。"

不仅如此，由于这些生猪合同没有集中管理，导致无法快速计算出普瑞纳的潜在损失。每接到一个充满怒气的电话，公司就发现自己多了一笔合同义务，比如来自宾夕法尼亚州一家大型养猪公司的合同，沃森的团队中没有任何人知晓此事，直到那家公司传真给普瑞纳一份涉及巨大金额的养猪合同。

"我记得我问过一个问题：'我们不知道的事怎么会在传真中出现？'"沃森说，"当时我真的一脸茫然。"

---

① 　1 磅 ≈ 0.45 千克。——编者注

*****

1998 年 12 月，沃森被任命为普瑞纳的首席执行官，他的工作是挽回损失。[22] 当时他还兼任了科氏工业总部的工作，公司直接给他租了一架往返于威奇托和圣路易斯的私人飞机，每星期一早上五点半起飞。他工作日在普瑞纳总部上班，周末飞回家看望家人。

生猪市场危机的发展速度超过了普瑞纳领导班子的应对速度。[23]1998 年年中，公司已欠下约 5.57 亿美元，还要定期支付几百万美元的利息。由于被债务束缚，普瑞纳丧失了对市场动荡做出迅速反应的能力。

沃森试图安抚紧张的银行家们。几家合计持有约 2 亿美元债务的借款人一起来到圣路易斯，试图弄清普瑞纳的还款计划。沃森的想法没有令他们信服，1999 年 3 月初，就在沃森就任首席执行官三个月后，评级机构穆迪下调了普瑞纳的债务评级，债务得到偿还的可能性开始变得渺茫。

沃森奋力让他的团队保持队形，但拥有 MBA 学位的外来户们知道公司这艘船要沉了，忠诚什么的无关紧要。有一次，沃森把大家召集到一起，自己站上办公桌，对周围的人群劝诫道："听着，我必须让每个人都来。所有人都在一条船上，你们要么负责划桨，要么自己跳船走人，因为我不能再等了。"

*****

布拉德·霍尔从威奇托被派往圣路易斯，[24] 开始翻阅普瑞纳的资料，试图弄清楚损失规模，但呈现的情况让人连呼吸都有些急促。从 1997 年的某个时候开始，在科氏工业收购之前，普瑞纳就已经制定了通过收购猪崽转手来促进猪饲料销售的方案。锁定了这部分销售保障后，一时之间利润颇丰。因此，普瑞纳扩大了该业务规模，与泰森食品等大公司签下协议，向其提供大量猪崽，销售更多的饲料，然后再购买更多的猪崽，如此循环。到 1997 年底，普瑞纳实际拥有 600 万头生猪，成为全美最大的生猪生产商。由于没有仔细调查评估，科氏工业在收购该公司时忽略了这一点。在快速增长优先于脚踏实地的经营理念下，这笔交易显得过于仓促。

到 1998 年，普瑞纳需要支付约 2.4 亿美元购买财务价值几乎为零的生猪。霍尔回到威奇托，告诉查尔斯·科赫他的发现。

此时的查尔斯刚刚收回全部精力投入工作之中。[25] 几个月由于应对比尔诉讼的分心劳神终于告一段落。1998 年 6 月，威奇托的联邦陪审团裁决查尔斯胜诉，认定他在出售公司时没有欺骗弟弟比尔。这对查尔斯来说是一场彻头彻尾、真真正正的胜利，他不欠比尔任何东西。比尔对该判决提出上诉，并随后在报纸报道中称查尔斯是一个"骗子"，但这些都是意料之中的。上诉继续进行，比尔彻底败诉，但查尔斯没有时间庆祝胜利，普瑞纳的灾难正等待着他做出决策。

大多数与查尔斯共事过的人从未见过他生气，他从不大喊大叫，甚至不会提高嗓门。[26] 在一次高级管理人员会议上，有个经理说自己就是不会遵守查尔斯的指示，而作为回应，查尔斯只是合上了文件夹，起身径直离开房间。

当霍尔向查尔斯解释科氏农业内部所发生的事情时，查尔斯前所未有地暴怒了。[27] 霍尔站在查尔斯面前，陪他审查了一遍普瑞纳的全部养猪合同，很难计算出普瑞纳给科氏工业造成的具体损失。科氏工业可以逃脱一些购买生猪的承诺，或许能对冲其他一些合约。霍尔说，实际损失可能接近 8 000 万美元，但也可能更高。

激怒查尔斯的似乎不只是经济损失，更让他生气的是科氏工业的高管们忽略了普瑞纳业务中的致命隐患。

"怎么会这样？"查尔斯厉声质问霍尔。他回忆道，查尔斯对沃森和一些曾参与收购普瑞纳的决策者尤为生气。查尔斯正面临一场灾难，一场完全可以避免的灾难。

*****

沃森的生活快速转变为辗转于威奇托和圣路易斯，以及与愤怒的银行家和愤怒的客户开电话会议，他们要求普瑞纳履行合同义务。"我们所做的每一个假设都是空中楼阁，我们正处在一个万劫不复的境地，"沃森说，"我们知道自己想做什么，只是没有时间去做……说实话，我们完全搞砸了。"

有一次，沃森的一位律师突然闯进房间打断了他的会议。该律师刚刚致电给在威奇托的另一个同事，被告知总部没有人能与之对话。

"什么叫他们无法与你对话？"沃森记得他问道。律师说威奇托的高层已经下达命令：威奇托和普瑞纳之间的所有联络必须停止。

另一位高管走进办公室，脸上露出忧虑的神情。他告诉沃森，他也被切断了与科氏工业一位高管的谈话。四五位资深人士聚集在沃森的办公室，想知道接下来该怎么做。

沃森做了他唯一知道要做的事，打电话给查尔斯·科赫问发生了什么。

"查尔斯说：'我们这么做是为了保护科氏工业。我们需要缩小接触范围。公司将指定专人与你对接，你所有交流都通过这个人进行。'"沃森回忆道。

沃森认为查尔斯从科氏工业的角度出发做出了正确的决定。保护科氏工业不受普瑞纳危机的影响非常重要。但沃森仍对这一举措表示反对，他不认为这能帮助普瑞纳活下来。

查尔斯试图让这位年轻的朋友平静下来。"他轻笑着对我说：'迪安，别担心，一切都会好的。'"沃森回忆道。

这是他从查尔斯那儿听到的最后一句话。

*****

沃森在威斯康星州参加数不清的"猪会议"时接到了一个电话，他被要求前往位于威奇托的峰景乡村俱乐部，会见普瑞纳董事会的三位成员。[28]这些人由科氏工业集团任命，他们对沃森并不友好，而且是有权解雇他的人。

沃森比约定时间提前到了乡村俱乐部，停车场空空荡荡的。沃森在那里发现了一辆他知道的属于科氏工业的一位董事的车。他往车窗里瞧了一眼，看见后排座位上有三个手提箱，这意味着董事们将在会议结束后直接搭乘飞往圣路易斯的航班。这次很可能是一次简短的会面，沃森对即将发生的事情没有抱什么幻想。"我在这家公司很久了，我知道它准备怎么做。"他说。

沃森走进宽敞的俱乐部，走上一段楼梯，来到科氏工业经常使用的会议室。房间里有个大窗户，向外看去是一片果岭。三位董事正在等他。

沃森说："好吧，哥们儿。让我们结束这一切吧。"

那次会议上，沃森被普瑞纳解雇了，但他仍然保留在科氏工业的工作。他在乡村俱乐部被告知要去科氏工业总部与集团总裁比尔·汉纳交谈。

当查尔斯在威奇托全神贯注地解决他的法律纠纷时，汉纳掌管着科氏工业。汉纳还参加过科氏农业的重要会议，并参与了许多重要决策。他曾是沃森的导师，曾告诉沃森他是公司员工的榜样，是其他部门负责人应该效仿的对象。

与汉纳的会面也很短暂。"他告诉我：'我从未相信过你做的这些事。你和查尔斯做得太过火了，我只能让你走人。'"沃森回忆道，"他说的第二件事是'我和其他一些人也谈过，没有人想要你'。"

科氏工业的其他业务部门都不会雇用沃森。汉纳透露这个消息后，开始抱怨自己的膝盖有问题，闲聊了几句，然后沃森被带了出来。

"面谈持续了大约5分钟。20年的职业生涯，好像突然嘣的一声，一下子就消散了。"沃森之后又回过一次公司商议他的遣散费，桌子对面坐着他的一个老酒友。这两次沃森出现在总部时，查尔斯办公室的门都未曾开过。

被解雇的当天，沃森回家了。他妻子正在自家车库摆地摊出售家中旧货，他把这个消息告诉了她。当天上午，他还是科氏工业最大、增长最快的部门的首席执行官。他和妻子开玩笑说，他在自家门口从主路到车库的车道上，从首席执行官变成了地摊销售主管。

即使15年后，当时的痛苦对沃森来说仍然记忆犹新。他仔细研究过普瑞纳崩溃的细节，试图寻找解决之道。从内心深处，科氏工业仍然是他的生命，即使他已经不在那儿工作了。

他说："我向你发誓，直到今天，它仍然困扰着我。"

沃森从未失去对查尔斯的尊重，总是充满感情地谈到他的老导师。他也从未失去对查尔斯经营哲学的尊重。沃森是以市场为基础的管理理念最聪明的学生之一，他一直相信这些原则。市场会自行裁决，有时结果是严厉的，永远无法得到宽恕。他尊重市场规律。

"唉，太残酷了。这绝对会让你心碎的。"

*****

只有一种方法能让普瑞纳在不宣布破产和贷款逾期的情况下存活下来，那就是科氏工业向其注入资金。[29] 普瑞纳的领导向科氏工业提出了一个令人信服的理由：如果科氏工业投资更多的钱，普瑞纳就可以度过经济衰退期。短短一两年内，普瑞纳可能会变得比以往任何时候都强大。科氏工业仅仅拥有这家公司一年，而且投资了 1 亿多美元。当然，查尔斯·科赫不想让普瑞纳破产从而失去全部投资。

正如查尔斯常说的："真正的知识会带来有效的行动。"[30] 向普瑞纳这样一家经营不善的企业注资并不会改变市场预期，这些钱本可以投入更赚钱的项目，所以长痛不如短痛，最好还是及时止损。这是以市场为基础的管理理念的基本原则之一，如果遇到考验便放弃原则，那原则还有什么意义呢？

1999 年 8 月底，科氏工业通知普瑞纳，它将不会从威奇托获得额外的资金，科氏工业没有追加投资的义务。[31] 不久之后，普瑞纳未能支付应付利息 1 575 万美元，两周后又有 210 万美元的本金到期无法偿还。本息逾期立刻引发灾难性的后果，银行加大了催收力度，没有给普瑞纳任何喘息空间。虽然公司仍有偿付能力，但资金出借方只关心自己的资产保全，拼命通过各种方式从普瑞纳实现债权。哄抢直到 10 月 28 日才结束，那天普瑞纳申请了破产。

随着普瑞纳进入美国《联邦破产法》第 11 章[①]的重组流程，科氏工业

---

① 美国《联邦破产法》第 11 章是指，在法庭的保护之下，在满足债权人的债权要求之前，给予公司时间重组其业务或资本结构。这是美国濒临破产的企业实施重组最常用的方法。——译者注

将损失其 1 亿美元的投资，但银行作为债权人比科氏工业损失的更多，银行家们无法轻易接受这个现实，因为他们知道查尔斯·科赫非常富有。尽管查尔斯行事隐秘低调，但《福布斯》杂志曾公布他亿万富翁的身家，并且由于比尔·科赫大规模的诉讼，将科赫家族的财务状况在公开法庭审理过程中曝光过，查尔斯所拥有的财富被公之于众。《威奇托鹰报》和《华尔街日报》发布的新闻显示，科氏工业每年坐拥数十亿美元的营业收入，这也是银行愿意承担风险为普瑞纳提供 5 亿多美元融资的原因之一。可现在查尔斯告诉他们跟这笔钱说再见吧，他可不会还这个钱。

普瑞纳的债务被称为"无追索权"债务，这意味着贷款人对债务人的母公司没有追索权，其无法从科氏工业集团收回债务，只能用普瑞纳名下的资产来偿还。[32]

但有办法绕过这个条款，它被称为"揭开公司面纱"（piercing the corporate veil）。"揭开公司面纱"原则并非广为人知的策略，只有在 20 世纪八九十年代并购热潮期间参与其中的一小部分交易人和律师知道。银行可以通过证明无追索权债务实际上是借款人用来逃避债务的虚假手段来揭开责任的面纱。为了使无追索权债务合理化，母公司和借款实体必须真正独立运营。

律师们想通过仔细研究普瑞纳的收购细节来证明一个论点：普瑞纳本质上是科氏工业的一个部门，而不是一个独立运营的主体。[33] 如果他们能证明科氏工业对普瑞纳发生的事情负有责任，那么科氏工业将承担偿还普瑞纳坏账的责任。

这些并不难证明，例如沃森曾是普瑞纳的首席执行官，难道他背后没有科氏工业的影子吗？当沃森遇到麻烦时会打电话给威奇托，普瑞纳的工资单是在威奇托处理的，还有其他的管理职能。普瑞纳的主营业务是购买谷物、生产饲料，而原料采购已经转移到科氏工业的交易大厅，所以科氏工业不可能没有参与普瑞纳的日常运作。

为了让科氏工业切实负担起普瑞纳的债务偿还，银行会起诉科氏工业。

而对科氏工业来说，诉诸法律充满风险。揭开面纱是一道"二元"命题：银行要么揭开科氏工业的面纱，要么就此罢手。只需一个判决，破产法院的法官就可能使科氏工业面临巨额债务。

如果这场官司败诉，则可能影响到查尔斯 30 多年来建立的整个体系。到 20 世纪 90 年代末，科氏工业已经成为由独立子公司和合资企业紧密联系组成的连锁企业，这一安排使科氏工业在吞并数十家规模较小公司的同时又使其免于承担下属公司的全部责任，科氏工业也因此迅速壮大。如果子公司破产，科氏工业只会失去其对该子公司的投资，而不用承担该子公司的所有未偿债务。但如果普瑞纳破产案中银行揭开了面纱，科氏工业在所有部门之间筑起的隔墙可能会受到质疑。"想象一下科氏工业所有的子公司，"参与普瑞纳破产案的一位金融家说，"科氏工业最不想做的事就是为这些子公司的债务做担保。"

为银行工作的律师认为，他们的案子有很大把握越过诉讼的第一道障碍，这意味着面临审判的风险真正降临到科氏工业了。银行的谈判团队向科氏工业反复强调这一风险，不停地说出"诉讼"这个词，明确表示在公开法庭上还能挖出科氏工业一些不可告人的秘密，强调他们多么希望提交诉状至法院。简言之，他们利用走司法程序的威胁作为讨价还价的筹码。

科氏工业最终同意提供 6 000 万美元帮助普瑞纳以更好的处境摆脱破产。[34] 这对银行来说是极为难得的成就。对科氏工业来说则是最糟糕的情况，不仅损失了在普瑞纳 1 亿美元的全部投资，还要额外支付 6 000 万美元。

这次失败重塑了科氏工业集团的未来，此后科氏工业创建了比以往更加复杂和不透明的公司结构，将部门称为"公司"并视为独立实体，加强公司的不透明度。科氏工业公开宣称，由于采取以市场为基础的管理理念，其各个业务部门拥有很大的自主权，但这其实还是为了逃避责任。

还清银行债务后，查尔斯开始解散科氏农业。[35] 这是一次公开的失败。历史上第一次，科氏工业在威奇托进行大规模裁员，约 500 名雇员和 300 名承包商丢掉了工作，其中许多都是较高层级的职位。例如，布拉德·霍尔解雇了科氏发展集团的大部分员工，这群人变得愚蠢、笨拙、工作效率低下。公司其他诸多部门也是如此。

霍尔回忆说："我告诉查尔斯，我们应该会因为管理不善而成为负面典型登上《哈佛商业评论》。"

第 10 章
即使在最黑暗的日子里，有些原则依然正确

（2000 年）

查尔斯·科赫每天自己开车上班。[1] 他已是亿万富翁，可还开着经济型轿车。他总是很早就到达科氏工业的总部大楼，从后面的楼梯间走上三楼的办公室。查尔斯是公司里权力最大的人，在一生中很少遇到不尊重他权威的人。但当他徒步爬楼梯上班，端坐在办公桌前眺望威奇托北边的大草原，仔细回想他一生中经历的许多事情时，可以说，查尔斯在许多重要方面都是一个失败者。

就大众媒体报道的科氏工业的形象而言，前十年科氏工业一直在公开出丑，报道常常集中在公司的违法行为和诉讼上。[2] 就查尔斯本人被刻画的形象而言，他被描述为一个可悲的家族世仇人物、一个疯狂的亿万富翁。就查尔斯担任首席执行官期间的表现而言，很难让人不质疑他的领导能力。多年来，他一直在打磨的管理理念成了公司上下问题的根源。原油计量员将科氏工业推动的持续改进理念作为从客户那里偷油的理由。炼油厂经理们将科氏工业推动的利润中心作为向湿地倾倒污水并推迟本可以减少污染的投资项目的理由。以市场为基础的管理理念的核心思想，演变成一种群体思维的语言，促使管理者迫害告密者，而不是采纳他们的建言献策。以

市场为基础的管理理念对增长的关注鼓励了漫不经心的收购，导致了巨额损失和公开出丑，比如普瑞纳的破产。科氏工业现金流充裕，这要归功于其支柱业务——石油业务，在行业壁垒的保护下享受着高额补贴。但科氏农业的失败似乎证明，以市场为基础的管理理念并不是可以在其他商业领域成功复制的。

查尔斯很在意，他认为首席执行官对公司的行为负有主要责任，[3] 如果一家公司功能失调，那就要怪领导层。正如他在参议院宣誓做证时所说："行业中 90% 的问题是由管理层引起的，而不是工人。如果出现问题，那么主要管理层应该被解雇。"根据这一逻辑，查尔斯就应该被解雇。查尔斯说，20 世纪 90 年代末是他一生中最困难的时期之一。[4]

"最糟糕的是那次官司，我们被家庭成员和股东起诉。"他回忆说，"我在想：'上帝！看看我们赚的钱，这就是我得到的回报吗？'所以我很压抑……我花了好长一段时间才说服自己。"

尽管如此，查尔斯还是自己开车上班，把他那辆经济型轿车停在员工停车场，每天早上都爬楼梯到办公室，坐在办公桌旁，日复一日。他很晚才离开公司，经常在下班后还带着公文包回家。在长时间工作后，当坐在办公桌前时，查尔斯看到了别人看不见的东西，看到了科氏工业的真实情况。该公司刻意保持自己的神秘，其复杂的部门和子公司网络非常分散，甚至连公司的一些高层人士都弄不清整个组织结构。但有一个焦点可以观察到整台机器，那就是查尔斯的办公桌。他是唯一能俯瞰全局的人。对此他深信不疑。

查尔斯能够看到让科氏工业日后充满力量的种子，[5] 在 20 世纪 90 年代的动荡中被其他人忽视的种子。他看到了所有后来使科氏工业成为美国最大、最强公司之一的要素。以市场为基础的管理理念可能导致了企业经营的失败，但它实现了一件事——它为所有科氏工业的员工提供了一种共同的语言，这给了他们一个共同的使命，这一点尤为重要。到 2000 年底，科氏工业是一个涉足多个经济部门的庞大联合体，对许多公司而言，这可能是灾难的起源：它会助长分裂、沟通失误、各自为营和内部竞争。但查尔斯已经向每位员工灌输了以市场为基础的管理理念的必要性，多年来的持之以恒创造了思想统一的员工队伍，一支即使某位员工调到另一个部门，也能迅速融入并完全理解彼此的队伍。

事实上，科氏工业的员工能以长远的眼光思考是一个优势。这是查尔斯拼命奋斗争取来的一种力量。他花了数年时间阻止公司公开上市，在法庭上与自己的亲弟弟和持不同意见的股东斗争。为了实现这一目标，他与传统商业观念斗争，不仅保持私人持股，还拒绝利用公司大量分红套现。这场斗争所带来的回报不应用月度报告或季度收益的角度去思考，而应将时间拉长至几年甚至几十年。

另一种力量是知识。查尔斯建立了一个不断学习的组织。每一笔交易都是一个数据点，每一种关系都是一条信息管道，每一个业务部门都是一个监听站。在查尔斯的指导下，公司用计算机和处理能力填满了整个地下室，这种能力可以搅动和分析堆积如山的信息。查尔斯建立了一家学习型公司。

查尔斯认为，有可量化的客观规律驱动着世界，不以人的意志为转移。这些客观规律是他赖以生存和经营的基础，他从不怀疑这些原则，即使在20世纪90年代末最黑暗的日子里，这些原则依然正确。他只是在执行的过程中犯了错误。

因此，他会做得更好。查尔斯的解决办法很简单："我只能更加努力地工作。"[6]

第二部分

黑箱经济

第 11 章
企业改革与重组：得州人的崛起
（2000 年）

短短的一年时间里，查尔斯·科赫和他信赖的一些公司高管为重塑科氏工业而努力着，在一次次或紧急或私密的会议中，公司的未来被重新描绘。[1]公司从董事会一路改革到炼油厂，改革方案高度保密，公司大部分员工被蒙在鼓里，外界更是无从得知。改革后的科氏工业与 1999 年那家摇摇欲坠的公司已有本质不同。

改革从领导层的变动开始。[2]查尔斯需要一个新的领导班子帮助他实现经营目标。比尔·汉纳，在公司长期任职的总裁兼首席运营官，被撤职；F.林恩·马克尔，1975 年才加入公司的后起之秀，公司的首席财务官，被撤职；科利斯·纳尔逊，外号"科基"，自 1978 年来一直在科氏资本服务公司工作，曾任副总裁兼负责人，被替换；首席技术官，被辞退；副总裁兼结构性融资主管，主动离职。人员清退波及科氏工业各业务部门，科氏石油公司的负责人被撤换，聚酯部门的首席执行官被顶替，各部门的交易主管全都被撤换。

在这波人员调整中，查尔斯并没有选择那些从顶级商学院或者其他公司跳槽来的员工担任高管，相反，他重用科氏工业自己培养起来的老员工。新任首席财务官萨姆·索利曼毕业于得克萨斯 A&M 大学，职业生涯的大部分时间都在科氏工业度过。科氏石油公司的新任总裁大卫·罗伯逊，从恩波利亚州立大学一毕业就加入了科氏石油公司。集团的新任总裁兼首席运营官由乔·莫勒担任，他毕业于塔尔萨大学，是科氏工业的终身员工。新团队由深谙查尔斯·科赫的价值观，并深受科氏大学影响的人员组成。这些人深度学习了以市场为基础的管理理念。查尔斯将他的校队选手直接提拔进入职业联赛。

人事变动只是一个开始。[3]1999—2001 年，查尔斯和他的团队彻底改革了公司的发展战略与组织结构。在新管理团队大大小小的会议上，查尔斯要求大家畅所欲言，展开了关于公司未来发展的大讨论，头脑风暴触及公司的方方面面，新战略逐渐清晰。有人讨论将科氏工业的总部迁出威奇托，以便公司有更好的机会招募顶尖人才。威奇托是一个在堪萨斯州中南部前不着村、后不着店的城市，说服人们搬到这里一直是件艰难的事情，有人提议得克萨斯州的休斯敦和亚利桑那州的斯科茨代尔可以作为公司的新总部基地。甚至有人说要分拆公司，还有人说大卫·科赫有可能出售他持有的公司股份。查尔斯鼓励大家考虑每一种可能性，他给新高管团队的信息很简单："我不喜欢失败。"他们的新使命是"阻止愚蠢事件发生"，让 20 世纪 90 年代那出闹剧不再重演。

即便到了 2000 年，过去留下的伤痕依旧随处可见，无数价值创造战略、多年收购和快速增长所遗留下来的垃圾，依然压得科氏工业喘不过气。在一次对科氏工业持有的股权进行评估时，有高管将公司股权投资结构描述为在很久没有人居住的房间里堆满了零零碎碎的东西，都不知道该如何分类。科氏工业决定开始抛售这些非核心业务，处理了像大通运输公司这样的非管道资产。此外，卖掉了一家名为科氏微电子服务公司的化工公司，并关闭了位于得克萨斯州布赖恩市的价值 3 000 万美元的新化工厂。在一段时间内，公司还出售了数千英里的输油管道。公司旁枝末节的股权资产被修剪得干干净净。

保留下来的业务部门则进行了重组和精简。最重要的部门之一——科氏石油更名为燧石山资源公司（Flint Hills Resources），并任命了新的负责人。其他业务则被合并至简化后的新架构，并入科氏矿业、科氏供应与贸易以及科氏化学技术等几家新公司的管理下。

组织架构和发展战略的调整，为公司在接下来的十年带来了前所未有的增长。[4]无论是从市场角度还是从政治影响力来看，科氏工业都是一家能够在复杂生态体系下运行的特大型公司，而21世纪美国政治经济最大的特点就是有利于大公司，这非常适合科氏工业的发展。这也是一个有利于债务扩张和杠杆收购的时代，金融和贸易成为科氏工业利润的主要来源，科氏工业在影子经济的影响下迅速扩张。21世纪前十年，科氏工业是美国经济整体情况的缩影，美国大公司的增长速度超越以往任何时候，少数美国富人攫取了巨额财富，大多数老百姓的收入则停滞不前。

新科氏工业最重要的特征是，其公司面纱具有不可穿透性，[5]能利用法律壁垒将科氏工业的各个部门隔离。在新的结构下，科氏工业集团只不过是一家控股平台，一家拥有许多中小型、名义上独立法人的大型投资公司。这些公司被严格隔离，与科氏工业总部之间有一堵厚厚的墙，从法律上切断了穿透的可能。公司面纱还反映在员工的日常用语中，子公司不再是部门或者单位，而被称为"公司"，强化了完全独立的概念。虽然大多数美国公司在努力精简内部系统数量，但这些"公司"却反其道行之，纷纷针对人力资源、信息技术等服务开发了独立的内部系统。在这次裁员中科氏工业付出了不小的代价，但产生的价值远远超过了成本。现在科氏工业可以理直气壮地宣布，所有下属公司自主经营、自担风险、自负盈亏，普瑞纳事件不会再次出现。科氏工业通过这种结构在未来十年间堆积起数十亿美元的债务，并且全部由名义上独立的子公司背负。

科氏工业集团的战略是根据自由市场原则，将其持有的各种股份划分为独立公司，任由它们在市场体系中凭自身价值优胜劣汰。这种策略是在限制下行风险的同时进行扩张，由于失败的风险得到了控制，所以公司对新收购的兴趣得到了保护。正因如此，科氏工业在21世纪初达成的交易规模，让整个20世纪90年代相形见绌。

科氏工业作为控股平台，将这种扩张的动力制度化。[6]集团新成立了由高管团队组成的企业发展委员会，其唯一职责是寻找收购标的。这个委员会本质上是由布拉德·霍尔管理的原发展集团转型而来的，但由于利用了松弯炼油厂等优质资产所产生的稳定现金流，以及科氏工业集团未得到充分利用的信用评级，[①]委员会可以轻松地获得大额且低利率的贷款。这样的模式让该委员会影响力更大，并能够完成比科氏工业之前的并购规模大一个数量级的交易，与华尔街任何一家交易主体相比都不相上下。

即便这种利用无法穿透的企业面纱推动增长并控制风险的新战略得以顺利实施，也是建立在更深层、更重要的理念之上的，也就是新计划的核心：科氏工业的信息优势。

科氏工业一向被外界视为一家能源公司，但公司内部的看法却截然不同。[7]查尔斯和他的副手们认为，公司是一台信息收集机器，在收集信息并分析的过程中，建立起了比竞争对手更深刻、更敏锐的知识储备。这一战略的起源可以追溯到科氏工业最早的时期，但随着企业发展委员会的成立，它上升为一种艺术。本次重组中新成立的公司，如科氏矿业，都有自己的小型开发团队，就好似探照灯，在它们各自主营的行业摸爬滚打，所看所学皆传回总部，由企业发展委员会将收集到的信息与科氏工业的其他板块结合起来。委员会本身也在进行研究，寻找超越科氏工业现有业务边界的新机会。比如蓝天研究，委员会通过梳理未来 10~20 年的经济运行趋势，将希望锁定于能在未来获得巨大回报的押注上。当发现理想的潜在交易时，委员会便会立刻行动。委员会与查尔斯之间没有层层的官僚主义阻隔，委员会想见到查尔斯，只需要在走廊上走一小段路。没有社会公众股东需要回应，只需要向查尔斯和大卫汇报。科氏工业一次又一次地利用公司扁平化管理的优势，委员会提出收购建议，公司在竞争对手还没来得及有所反应前就采取了行动。

---

①　虽然普瑞纳的惨败对集团造成了负面影响，但并没有永久损害科氏工业的信用评级。信用评级是基于科氏工业的长期财务记录评定的，直至 2016 年，科氏工业集团仍然拥有标准普尔的 AA 信用评级，接近美国国债等无风险投资的较高评级。

查尔斯对公司固定资产投资流程也做了重大改变，新合规制度的实施，有助于避免在 20 世纪 90 年代之前困扰科氏工业几乎每一个业务部门的法律问题。按照惯例，这项新的尝试也有一个口号——"10 000% 合规"，意思是科氏工业的运营将在 100% 的时间内 100% 地遵纪守法。[①] 这句口号乍一听有些空洞乏味，因为美国没有哪家公司敢自称不遵守法律，但实际上这句口号大有深意，它代表了全新的运作方式。科氏工业扩张了公司的法律团队，并将企业内部控制活动中提供的法律支持延伸到公司的每个角落。现在，如果松弯炼油厂的流程所有者准备向附近的水域排污，就必须首先与律师团队协商。大宗商品交易员在制定新的交易策略时也会咨询公司的法务部门。而法务部门抽调的检查小组则可能突击检查工厂，如果现场管理人员不能拿出某个阀门维护检查的记录，那么整座工厂可能会被迫关闭。遵守法律的工作要求非常真实，战略目的也十分清晰，就是为了不给州和联邦监管机构了解公司财务信息的机会。

综上所述，这是科氏工业自弗雷德·科赫去世后那次统一调整以来最重要的一次重组。在上市公司，这种程度的改革一般是通过上市公司公告宣布的，并在接受商业媒体采访时需要详细阐释。而在科氏工业，保密工作受到重视。其中一部分是企业文化上的，查尔斯一直认为，公司的商业往来是记者们无权细察的私事；更重要的因素是战略性的，在一家致力发挥信息优势的公司里，任何人——包括公众，也包括竞争对手——都不能知道科氏工业这个"黑匣子"里发生了什么。一位对重组过程非常熟悉的科氏工业前高管表示，重组"在对市场或员工都没有造成太大影响的情况下完成……完全没有必要引起关注"。

在 2000 年，科氏工业轻松躲过社会关注，很大程度上是因为美国国内正在经历一场管理变革，过程并非一帆风顺。

*****

2001 年 1 月 20 日总统就职日，华盛顿特区，尽管灰蒙蒙的天空下着瓢

---

① 100 乘以 100 等于 10 000，因此称为 10 000% 合规。

泼大雨，但人们依旧一大早在宾夕法尼亚大道的人行道上大排长龙。[8] 小布什的车队从人群中驶过，这位新当选总统很难不注意到路障和警戒线后面高举的标语牌。手绘的标语牌上写着"向小偷致敬""布什输了""恢复民主并重新计算所有选票"。2000 年总统竞选以来，深层冲突不断发酵，这一幕只是最明显的表达，选举本身就是美国混乱的表现。在一片喧嚣和嘈杂声中，关于在促进私营企业发展时政府应该发挥哪些功能等核心问题没有引起任何讨论。像罗斯福新政那样广泛的、全国性的政治共识，在 20 世纪 70 年代已经彻底消失，而新的共识尚未形成。[9] 里根总统放松管制的革命失败了，新政的福利计划和林登·约翰逊总统后来领导的"伟大的社会"计划（如医疗保险和社会保障）仍然有效。但现在，这些福利计划与"政府不应插手市场"的理念结合起来，克林顿政府只是固化了这种相互矛盾的政府观，在弱化银行业监管的同时，推动公共项目的实施。

如果要用一个词来定义这个时代，将仍然是"新自由主义"这个模棱两可的词，它将国家的福利机制与少数特殊利益集团受益的放松管制结合在一起，而这些特殊利益集团有足够的资金和游说力量影响华盛顿的决策。这种做法背后没有具体的意识形态，也没有公共政治共识做支撑。2000 年的选举反映了这一现实，似乎小布什与民主党对手副总统戈尔，在整个竞选过程中都在尽可能地朝这个方向努力，这导致他们彼此的观点变得难以区分。

小布什以左倾"富有同情心的保守派"的身份参选，戈尔以右倾自由派的身份参选，[10] 选民被一分为二，利用手中的选票做出选择。在佛罗里达州，小布什以 537 票的优势获得了该州的 25 张选举人票，如此细微的差别，在统计学上等于不存在。重新计票引发了诉讼，而当选举通过诉讼而不是民主参与决定时，政府就很难有秩序地延续下去。

上任的头几个月里，小布什心猿意马、魂不守舍地在得克萨斯州的牧场，一边清理着灌木丛，一边致力推动税收和教育改革。接着，2001 年 9 月 11 日，恐怖袭击发生了，冒烟的世界贸易中心和五角大楼的废墟吸引了全世界的目光。在接下来的八年里，国家的注意力几乎全部集中在战争和恐怖主义问题上，好像这些问题对国家存亡构成了威胁。

在国际冲突的硝烟和喧嚣下，经济的车轮继续前行，经济结构在小布什政府的领导下得以重塑。小布什和他的副总统理查德·切尼都是从得克萨斯州搬到华盛顿的，与化石燃料工业有着深厚的渊源。他们带来的不只是埃克森美孚和安然等得州大型能源公司的影响力，同时还有"孤星之州"①反对监管的执政理念。

小布什时代是一个放松管制的时代，政府干预逐渐退出私有交易市场，联邦政府对公司的影响力显著减弱。小布什只是加速了里根和克林顿执政时期以来的长期趋势，并在21世纪初将这一趋势推向了目瞪口呆的极端地步，政府变得比历史上任何时候都更大、更复杂、更具侵略性，一个过度监管的国家也由此产生。与此同时，当经济面临下行压力拐点时，相关监管规定取消，执法力度下降，只有屈指可数的几家大型企业享受到了监管红利。新自由主义的悖论正如火如荼地展开。

小布什的减税方案让美国最富有的人和从资本收益中挣钱的金融公司受益。但大幅的减税措施给政府财政带来了巨大的负担，造成财政状况持续恶化。特别是在经济低迷时期，虽然政府支出在某些领域被削减，但在另一些方面却被扩大。小布什推动并签署了一项新医疗保险计划，将处方药纳入医保范围，此举每年给纳税人增加了数百亿美元的负担。"9·11"事件后，小布什大幅增加国家安全开支，同时在阿富汗和伊拉克的战争中投入了数万亿美元，由于战争拨款是靠赤字支出和举债筹措的，并非来自新征收的税款或战争债券，所以结果必然是沉重的财政负担，以至于后来被称为"信用卡战争"。

在这种大环境下，只有能够同时驾驭市场和监管无常变化的公司才能从经济上获益。21世纪的前十年，一切都在金融化。国民经济中，金融部

---

① "孤星之州"指美国得克萨斯州。得州原属墨西哥的一部分，于1836年3月2日宣布独立，击败墨西哥，建立得克萨斯共和国，国旗上只有一颗星。随后加入美国成为第二十八个州，"孤星之州"的名字也由此而来。——译者注

门的增长速度远远超过其他部门。克林顿通过的放松金融管制法案开创了投资和投机活动的黄金年代，甚至连里根时代也相形见绌。当时的华尔街被誉为贪婪的机器，一些金融家月收入甚至高达数千万美元。银行开始交易根据房产、农作物、金属、股票和能源价值创造的金融工具，麻省理工学院和哈佛大学等顶级学校的毕业生蜂拥加入华尔街的交易大厅。

总部位于堪萨斯州而非纽约的科氏工业集团，似乎与这股蓬勃发展的浪潮没什么关系。这家公司仿佛只限于在昂贵的装置中加工原材料、制造产品。得克萨斯州的石油工程师似乎和纽约的银行家也没有任何共通之处。

当全世界都把目光投向别处时，科氏工业建立了可以与高盛或雷曼兄弟相媲美的金融交易平台。[11] 在创造和交易世界上最复杂的金融工具方面，以原油和天然气闻名的科氏工业成为世界领先者。

大宗商品交易业务是公司未来十年增长战略的中心，这也是科氏工业充分利用信息不对称能力最显著的证明。虽然大宗商品市场在小布什政府时期变得更加混浊复杂，而科氏工业掌控了这些市场。要了解科氏工业在短短十年内将规模扩大两倍以上的原因，了解其大宗商品交易业务至关重要。

金融化时代到来，科氏工业也准备好了乘东风扶摇直上。数十年来，公司一直在进行相关领域的专业知识储备，而利用当时还很陌生的金融工具，要首先从公司最熟悉的大宗商品开始，那就是原油。

科氏工业早在 20 世纪 70 年代就开始了原油交易。[12] 要理解后来科氏工业主导的那个衍生品和期货市场的世界，就得回到市场刚刚诞生的那一刻。当时，科氏工业才刚刚开始在金融界建立滩头。

科氏工业最早的交易中心设在休斯敦，由罗恩·豪厄尔——一个从基层干起的年轻人管理。

*****

20 世纪 70 年代末，豪厄尔去办公用品商店，买了一张可以折叠的大橡木会议桌，展开时可供 6 人同时使用。这张桌子，可以说是科氏工业史上最重要的一笔投资，是科氏工业开展大宗商品交易业务的起点。[13] 豪厄尔看到了石油交易世界正在发生的变化，而科氏工业准备争夺主导权。

那时，豪厄尔的工作似乎已经够轻松了，作为科氏供应与贸易公司的高级副总裁，他的工作是确保集团生产的成品油直接从炼油厂流向出价最高的客户。汽油很畅销，客户对燃料的需求源源不绝。同事们戏称豪厄尔为"分子搬运工"，意思是他只需要为科氏工业生产的各种燃料挪个地方。虽然听上去似乎很简单，但其实这份工作的压力非常大，大到可能会使人的健康受到影响，逼得人可能不得不在 30 多岁就提前退休。

甚至几十年后，每当谈起石油贸易时，豪厄尔还是会使用像"鞭笞"和"残暴"这样的词。豪厄尔每天早上都会走进休斯敦的办公室，拿起电话，出售第一桶汽油或柴油，开始熟悉的"蛮荒生活"。当豪厄尔只是试图确定一件看似基本、简单的事情时，他的胃部就会开始翻腾，那件事就是确定当天的成品油价格。

在任何时刻确定成品油价格都是一门神秘的艺术，全世界的交易商都在实践这门艺术。他们整天打着电话，争吵、哄骗、虚张声势、仗势欺人。可事实上，没有人能决定每桶石油、汽油或柴油的价格。每个人都要猜，猜得最准的人带着几倍的利润回家，猜错的人立即面临残酷的市场下跌。

人们普遍错误地认为，石油价格在全球市场上涨跌不一。每天，商业评论员和记者谈论着"石油价格"，就好像在说通用电气的股票价格一样，由在大型公开交易所中买卖的数百万名投资者决定。

而事实上，统一的全球石油市场是不存在的。[14] 石油的交易就像由上亿颗星星组成的星座，点对点交易产生的价格完全不为外人所知。比如，其中一个节点是科氏工业集团位于路易斯安那州圣詹姆斯的大型原油仓储基地，另一个节点可能是位于苏格兰海岸的原油码头，储存着从北海①开采的原油。石油公司从这里购买原油或成品油，销售价格从未在任何一个交易所公布过。20 世纪 70 年代，石油的价格是交易双方通过电话协商确定的。

---

① 北海位于大不列颠岛、挪威和欧洲大陆之间，是世界著名的石油集中出产区。——译者注

豪厄尔坐在办公桌旁，不停地打着电话，试图弄清楚每个节点油价的变化情况。电话那头的每个人都好似豺狼虎豹，有的人向他请教，有的人吓唬他，有的人拼命推销，有的人试图压价。他在真实和谎言之间快速盘算着，试图在价格再次变化前弄清楚真实的油价。他说："我甚至没法跟你形容这一切多么有弹性，你得亲自干上一段时间才能了解这里面的复杂性。"

虽然听上去令人崩溃，但豪厄尔还是有一些优势的，因为科氏工业集团是少数几家能够参与石油贸易的玩家之一。石油市场不向大众开放的原因很简单，石油交易商需要具备石油运输能力，这要求交易商能够控制油轮、管道和炼油厂等通路和设施。豪厄尔只是其中一个交易商，他可以做到在北大西洋购买一万桶原油，然后在美国墨西哥湾沿岸出售，因为科氏工业有能力租用油轮进行石油运输。

当然，在石油市场形成的早期，也有一些"投机商"，这些人在签订或购买交易合约时从未想过要真正处理或接收石油。他们在赌博，赌在油轮装油之前，能以更高的价格出售交易合约。这是一个危险的游戏，像豪厄尔这样有实际需求的交易商或许能够嗅出投机商的气息，直截了当地拒绝从其手中购买石油合约，将投机商推入绝境。由于投机商没有处理实物交割的能力，豪厄尔可以拖到投机商被迫低价处理手中的合约。这是众所周知的交易策略，被称为"压榨"，这种无情的策略可以轻易地从财务上毁掉一个人。有实际运力的交易商，或多或少对"压榨"有免疫力，他们可以接受实物交割，也许会亏本，但不会造成灾难性的损失。

在买下大会议桌之前，豪厄尔就在威奇托开始了他的交易生涯。但随着业务的发展壮大，他把办公室搬到了休斯敦，因为那里才是石油交易人才集中的地方。休斯敦是美国能源工业的中心，是美国主要生产商和管道公司的所在地，到 20 世纪 70 年代末，这里还是石油交易人才聚集的地方。豪厄尔决定来到石油交易员愿意工作的城市开拓业务。

科氏供应与贸易公司就像一家小型精品律师事务所，沿着走廊有一排办公室，每间办公室里都有一个交易员，他们关着门，疯狂地打着电话。每个交易员专注于市场中的某个特定领域，比如向墨西哥湾沿岸出售天然气，或从中西部购买原油。当某个交易员得知一些重要的消息时，他会离开办公室，跑进大厅，告诉其他可能从消息中获利的交易员。豪厄尔回忆说："我看着我们的人从一间办公室跑到另一间办公室，差点儿撞上同样迎面跑来的人。"每个交易员都试图根据他们从每笔交易中收集到的信息拼凑出能源价格的走势。

当豪厄尔看着他的交易员们跑来跑去的时候，突然产生了一个关键认识。交易员每卖出一桶石油，都会附带地产生一些信息。每笔交易都是一个价格信号，而科氏工业在世界各地有无数笔交易，这些交易信息的积累极具价值。

科氏工业还有来自炼油厂和输油管道的大量数据，这些数据作为价格信号与市场交易信息相结合，可以产生更大的价值。[15] 实体企业为交易员进行市场行情预测提供了有力支持，比如松弯炼油厂的关闭装置检修计划，或者某条输油管道的关闭时间。豪厄尔的交易员可以根据这些信息提前布局，评估下游效应对当地能源市场的影响——几乎每个节点都会受到影响，这种内幕信息的价值再怎么强调都不为过。如果松弯炼油厂的一套装置关闭，那么整个美国石油市场都会产生连锁反应。当其他炼油厂家和交易商得知该信息时，他们可能会寻找替代燃料，这一举动进而可能导致其他人做出应对行动。而科氏工业的交易员可以基于内幕消息采取行动，提前锁定价格，这就像看到了未来，同时又创造了未来。

信息的积累成为科氏工业在市场上不断增长的重要优势，正因如此，豪厄尔决定让交易员坐在一起，便于充分地分享他们获取的信息。

因此，某天午休时，豪厄尔去了一趟办公用品商店，用信用卡买了一张大橡木会议桌。他不记得买桌子花了多少钱，但这张会议桌的投资回报率肯定是科氏工业历史上所有收购案中最高的。

大会议桌被搬到了会议室，豪厄尔通知几个交易员，这将是他们的新工位。交易员对此并不开心，独立办公室在他们看来是威望的象征，但又拗不过豪厄尔的坚持。他让四个交易员配备电话和交易簿，让他们围坐在桌旁，随时分享了解到的最新消息。最初就像盲人摸象，每位交易员所处的市场和交易的产品都不一样，鸡同鸭讲、各说各话；而当所有人的信息汇集在一起时，就像一幅完整的画卷徐徐展开。科氏工业正在实时开发一个高度复杂且相互关联的原油、成品油和液化天然气市场。

慢慢地，其他交易员频繁来到这间会议室，主动询问最新消息。[16]豪厄尔把可折叠的大橡木会议桌完全展开，这样可以同时容纳六名交易员办公。很快，他买了第二张桌子。"不久……每个人都想待在会议室里，因为那里是消息的来源。"豪厄尔说。

集中办公成为科氏工业交易平台推出的基础，交易员联合办公、收集信息、共享信息，并利用他们的洞察力在错综复杂的市场寻找交易机会。在之后的 20 年，交易团队的办公面积大幅增加，但集中办公作为基本制度却始终保持不变。

1983 年，科氏工业大宗商品业务的真正扩张开始了，豪厄尔又为交易室增添了新设备，是一个沉重的、球状的显示器，可以挂在墙上，如果掉下来可能会砸死人，但它的存在至关重要。交易员称之为 Merc 屏幕［Merc 是指纽约商业交易所（New York Mercantile Exchange），缩写为 NYMEX］[17]，屏幕上满是一排排数字，黑白相间，周期性闪烁。Merc 屏幕改变了交易形式，改变了交易员的工作方式，开创了一个衍生品交易和金融工程的时代，重新定义了 21 世纪的经济。

*****

1982 年，纽约商业交易所迎来了百年华诞。尽管这家位于华尔街的交易所已经存在了很长时间，但在当时的金融业仍然不受重视。华尔街的主角是股票和债券的交易所，而在纽约商业交易所，人们交易黄油、鸡蛋和奶酪等产品，或者准确地说，是人们根据黄油、鸡蛋和奶酪的价值来交易纸质合约。这就是所谓商品期货交易所。

商品期货市场与 20 世纪 70 年代末科氏工业主要涉及的石油市场大不相同。在石油市场，人们买卖原油，是实物流转；在期货市场，人们主要买卖纸质合约。期货合约已经存在了一个多世纪，是粮食系统的重要组成部分。玉米、猪肉和大豆在芝加哥期货交易所交易。纽约商业交易所专营黄油和鸡蛋。期货市场本身并不大，交易的主要参与者是农民和大型谷物磨坊主，他们利用期货合约来对冲风险。

纽约商业交易所的股东们并不满足于在金融世界的角落中沉睡，他们决定扩大业务，出售新的商品合约。纽约商业交易所于 1983 年推出了第一份原油期货标准合约。①

起初，石油期货合约的诞生似乎对科氏工业的商业模式构成了威胁。豪厄尔和他的团队花费数年时间研究与摸索，成为石油现货交易行业这座黑暗森林中最机智的猎人，具备了对石油的真实价格做出最好判断的能力。科氏工业集团在利用石油市场的不透明性和从交易对手那里榨取最优价格方面是大师级的。原油期货标准合约的诞生，利用其高透明度打破了这种商业模式。

纽约商业交易所首次推出石油期货合约时，创造了清晰可见的原油价格，在交易所的公开交易中，价格每分钟都在变化。值得强调的是，这不是原油现货的实际价格，而是原油期货合约的价格，它反映了所有市场参与者对未来原油价格的预期。尽管期货价格不是真正的价格，但它为每个人提供了共同的参考点。现在，当科氏工业打电话叫人从圣詹姆斯的油库购买原油时，这位顾客可以看着屏幕，根据纽约商业交易所发布的原油期货价格讨价还价。

豪厄尔说："这是第一次出现共同可见的市场信号，它的出现仿佛抽空了石油现货交易市场中的氧气。"

---

① 第一份原油期货标准合约以美国西得克萨斯州中质原油为主要交易标的物，因此被称为西得克萨斯中质原油合约。由于该合约具备良好的流动性以及很高的价格透明度，所以其是目前世界上商品期货中成交量最大的一种，NYMEX 的原油期货价格也被看作世界石油市场上的基准价之一。——译者注

出于这个原因，一些资深交易员想避免使用期货合约，认为这将会削弱他们在现货市场上的优势。[18] 但商品期货的崛起势不可当，对于希望控制风险的大公司来说，期货合约必不可少。比如，航空公司可以利用航油期货的套期保值功能，锁定航空公司的航油成本；大型炼油企业可以通过购买期货合约，锁定未来几个月的原油价格。随着石油期货合约数量激增，合约期限品种也越来越丰富，出现了三个月、六个月，甚至一年期的合约。

豪厄尔对这个新生事物持开放心态，所以新建的交易室里挂上了 Merc 屏幕，叮嘱交易员将期货价格纳入分析因素。与其他炼油公司一样，科氏工业开始买卖纽约商业交易所的期货合约，起初是为了套期保值。不久，科氏工业的高管们意识到，石油期货合约的诞生不仅为他们提供了规避风险的方法，也为公司提供了独立于炼油厂之外的赚钱机会。期货市场投机成为一项常规业务。

通过多年对大宗商品交易业务的涉足，科氏工业集团不知不觉间具备了这方面的专业能力。[19]"分子搬运工"豪厄尔仅仅通过"单纯地"出售科氏工业的产品，就已经让公司成为全球石油现货市场中最大的交易商之一。他和他的团队意识到，这一成功在期货市场可以如法炮制。原油期货市场比现货市场交易规模更大，盈利空间也更高，交易员可以在更大的舞台上应用内幕信息，期货充分放大了豪厄尔的交易员们在交易室内分享信息的威力。

在股票市场上，利用内幕信息进行交易是违法的。[20] 如果一位首席执行官决定让公司收购一个规模较小的竞争对手，他就不能在消息公布和股票价格暴涨之前购买这家规模较小公司的股票。禁止内幕交易，就是为了使市场成为普通投资者可以公平竞争的场所。

期货市场则截然不同，当监管机构的人在 20 世纪 30 年代决定建立现代期货市场时，他们鼓励交易员在买卖期货时使用内幕信息，只有这样才能最快地反映最准确的市场价格。当交易员利用内幕信息买卖期货合约时，买卖行为本身就是向其他人发出价格信号。

虽然在期货市场使用内幕信息是合法的，但在20世纪80年代，这种力量集中在越来越少的人手中，科氏工业是其中之一。公司充分利用这一优势，将交易策略建立在从炼油厂、管道到储罐提供的高价值信息基础上。[21] 科氏工业扩大了在休斯敦的办事处，聘请了专业期货交易员，在进行现货买卖的同时，押注油轮到岸时的期货市场价格变化。

1985年，科氏工业对能源类现货和期货交易业务已经驾轻就熟，然而，豪厄尔并不愿意留下来享受他的劳动成果，他已经精疲力竭，厌倦了荆棘载途的工作和刀光剑影的生活。这一年，他退休并搬回俄克拉何马州，开始涉足政坛，还曾帮助科氏工业对抗与错误计量有关的法律挑战。

在那之后，豪厄尔再也没有涉足过石油交易，但他在休斯敦帮助科氏工业建立的交易体系保持了持续增长。大橡木会议桌被一排排的小隔间取代，交易员并排坐在那里。交易室之后更换过几次办公场所，每搬一次，办公面积就扩大一次。

交易的时代才刚刚开始。

*****

科氏工业并不是唯一了解能源期货市场利润丰厚程度的公司。[22] 20世纪80年代初，高盛、雷曼兄弟、摩根大通以及其他华尔街金融机构也开始交易石油期货，这些机构积累了大量的股票和债券的交易经验，它们将自己的专长施展到大宗商品市场。

但即便是华尔街最大的投资银行，在与科氏工业集团、英国石油公司或阿莫科公司的交易员竞争时也常常落于下风。高盛可没有自己的炼油厂，华尔街也无法像石油公司一样获得内部信息，因此其难以预判市场走向。银行不得不求助于二手的公开信息，比如政府每月关于能源供应的报告，但这样怎么可能竞争得过石油公司。

于是到了20世纪90年代中期，华尔街转而寻求与能源公司合作。"不断有投资银行找到我们，他们会说：'嘿，科氏，你们在这方面做得太好了，我们很愿意与你们合作。'"一位科氏工业前高管回忆道，他曾多次参与交易业务。[23] 这些投资银行的目的是相同的，由金融机构处理"所有这些金融上的事务"，而科氏工业只需要处理实货交易，并分享其业务信息。

如果说科氏工业对华尔街的关注感到受宠若惊，那么这种感受也并没有持续太久。"我们有点好奇，或者用怀疑这个词更准确。"这位前高管回忆道。最终，科氏工业没有与投资银行合作，而是成立了一个小组，研究为何华尔街对自己的业务如此感兴趣。

科氏工业集团聘请了外部咨询公司麦肯锡，来研究 20 世纪 90 年代大宗商品市场的情况。麦肯锡报告称，交易的规模和利润率都超过了科氏工业的预期。碰巧的是，公司正在交易的期货合约在迅速繁荣的市场上已成为"基本款"(plain vanilla)① 产品。现在，市场上出现了更独特、更不透明、更有利可图的金融产品，称为"衍生品"，这才是真正赚大钱的地方。

衍生品合约比期货合约更远离现实，因为期货合约至少在概念上是建立在未来某一时刻真实商品的实际交割基础上的，而投资银行正在创造基于石油和天然气等基础商品价值的衍生品，并且不需要实际商品的交割。这些新产品有着晦涩的名字，如"掉期"和"OTC 合约"②。

麦肯锡的报告显示，衍生品交易可以说是华尔街的地盘，华尔街垄断了这个复杂并具有金融风险的产品市场。衍生品合约重新定义了市场的血腥程度，由于其规模之大，有可能带来巨额利润，也有可能造成巨额亏损。在现货市场上，科氏工业可以投机交易并交割石油；而在衍生品市场上，它可以投机交易一万桶石油的价值，在现实世界中却不必真正拥有它。

整个 20 世纪 90 年代，联邦政府尽其所能地扩大衍生品的交易规模和范围。[24] 在克林顿当政期间，联邦监管机构对衍生品合约采取不干涉的态度，而不是像对期货合约那样严格监管。一份标准期货合约背后，是一套稳定

---

① 原文"plain vanilla"直译是"普通的香草"，是冰激凌最常见、最基本款的口味之一，是早期交易员对普通期权或掉期交易戏谑性的称呼，并逐渐广为人知。——译者注

② OTC 是场外交易（over-the-counter 的首字母缩写，也称为柜台买卖）的意思，这意味着它是不受交易所规则定义的合约，这只是交易双方根据各自实际需要拟定的一份合同。相比之下，标准期货合约必须符合交易所设定的标准。

市场的规则。例如，期货合约要求交易方预留一定数量的保证金，用于弥补可能出现的损失；为了保证交易的透明度，还要求必须在交易所进行交易。2000 年，克林顿总统在卸任前签署了《商品期货现代化法案》，从立法层面对范围更广的场外金融衍生品和混合工具进行排除与豁免。处于黎明前的衍生品市场迎来了爆发式增长。

小布什总统上台后，衍生品市场的崛起速度进一步加快。能源衍生品尤其火爆，总部位于休斯敦的大型能源公司安然甚至将衍生品作为其核心业务，用诱人的掉期和 OTC 合约取代了乏味的实际生产。

在分析了麦肯锡的报告后，科氏工业决定涉足正在蓬勃发展的衍生品市场，并专注于能源交易领域。[25] 查尔斯·科赫将集团所有贸易业务整合在科氏供应与贸易公司旗下。当松弯炼油厂的人想采购一批原油进行加工时，他们不必自行采购，只需要打电话给科氏供应与贸易公司，该公司会为他们下订单。

在同一屋檐下集中采购，不仅可以精简同质化业务的运营，还能产生协同效应，进一步扩大规模，因为所有交易员都可以从交易室的信息共享效应中受益。当科氏供应与贸易公司某名交易员为松弯炼油厂采购一大批原油时，还可以在期货市场套期保值，对冲一次性购买这么多实物原油的风险，然后身边的另一位交易员可以出售一份与刚刚购买的原油相关的衍生品合约。

即使市场发生了变化，科氏工业的一体化战略依然不变，可以继续利用其内部信息整合的优势在新市场获利。

"如果你有实际需求和实体通路，你就有了更多的选择。它为你提供了实际存在，可以围绕实体创造一系列交易。"布拉德·霍尔说。在普瑞纳的烂摊子收拾干净之后，霍尔深入参与了科氏工业的贸易业务。众多参与者都表示，科氏工业贸易平台的成功在很大程度上归功于炼油厂和管道的信息流。

自然而然地，科氏供应与贸易公司扎根于休斯敦，休斯敦已慢慢演变成能源贸易的华尔街。[26] 科氏工业在距离莱斯大学西南边不远的地方购置了一栋大楼，并改造成一家贸易银行。这座建筑与威奇托的总部大楼有着惊人的相似之处，它也被深色玻璃幕墙覆盖着，从外面难以窥视。这种不透明性是合适的，因为科氏工业的大宗商品交易业务是查尔斯·科赫最不愿意公开讨论的部门。早在 1981 年，查尔斯就坚持给大宗商品交易蒙上一层神秘的面纱。当一群银行家试图说服查尔斯将科氏工业公开上市时，他就担心这样做可能会让世界了解公司的大宗商品交易员赚了多少钱。交易利润如此之高，以至于查尔斯担心交易对手可能再也不会跟自己做生意了（大概是因为担心科氏工业的交易员是以牺牲交易对手为代价才赚了这么多钱的）。

查尔斯在现代大宗商品交易开始之际表达了这种担忧。到 2000 年，交易员为公司带来的利润增长了一个数量级，科氏工业更加不愿意透露在交易大厅发生的事情了。

第 12 章
信息不对称：衍生品交易获利非凡
（2000—2004 年）

休斯敦郊区，布伦登·奥尼尔正开车穿过绿树成荫的街道，天还没有大亮，从家到科氏供应与贸易公司办公室的路程很短。[1] 他通常早上 7 点左右上班，确切地说是在休斯敦早上 7 点左右上班，不是伦敦或新加坡时间。像奥尼尔这样的大宗商品交易员的早晨不止一个，[2] 而是一系列滚动的早晨，每一个早晨代表着全球各地主要交易中心的开盘时间，伦敦、新加坡、莫斯科、日内瓦接踵而至，迎着黎明开盘，踏着夜色收盘，环绕地球周而复始永不眠。奥尼尔喜欢在自己的办公桌旁迎来每天纽约城最重要的时刻，伴随着开市钟声敲响，华尔街的交易热度逐渐上升，他也做好了执行价值上亿美元交易的准备。

奥尼尔那年 31 岁，怎么看都不像在金融界工作的人，从未涉足华尔街，也没有金融或经济专业的学位，但他正是科氏交易大厅里的交易员。比起金融家，科氏工业更喜欢工程师；比起常春藤联盟的毕业生，科氏工业更喜欢中西部州立大学的毕业生。奥尼尔在堪萨斯大学获得了工程学位，职业生涯大部分时间都在科氏工业旗下位于科珀斯克里斯蒂的炼油厂工作。他仍然穿得像个炼油厂工人，这位衍生品交易员的标准制服不是带袖扣的条纹西装，而是高尔夫短袖衬衫加卡其色长裤。他和妻子希瑟住在休斯敦西郊一栋朴素的平房中，稍显拥挤但是足够温馨。这所房子距离科氏供应与贸易公司的办公室只有 10 分钟的车程，公司大楼被深色玻璃幕墙覆盖，看起来像黑曜石立方体，隐匿于休斯敦动物园附近一个安静的商业区。

汽车穿过大楼车库的入口，奥尼尔抵达公司。[3] 那是 2000 年的初冬，室外温度在 50 华氏度以下，以休斯敦的标准来说，相当于魔法师念了一句冰冻咒语——罕见的气温骤降。对于一个衍生品交易员来说，清晨的温度是一个显著的信号，天气意味着很多事，可能决定市场一整天的起伏，因为大宗商品交易团队可以计算出美国各地可能消耗多少气、电和原油用于取暖，而意外的温度变化会在瞬间改变这些数据。奥尼尔每天做的第一件事，就是阅读分析师制作的专有内部天气报告。他需要在一开盘就取得优势，在公司车库停稳车后，他直奔办公室。

格林威广场 20 号的大堂色彩鲜艳，视觉上令人眼花缭乱，就像镶嵌在黑色花岗岩中的紫晶洞。[4] 宽敞的中庭有几层楼高，空旷地带交错着几部银色自动扶梯，相互交错向上延伸而去，就像是从莫里兹·柯尼利斯·埃舍尔①的版画上看到的东西。墙壁上布满了亮黄色的方格和金属圆圈，看起来像是折线图上的点。一名保安在中庭中心的一张圆形木桌旁驻守。

奥尼尔乘直梯去往科氏交易大厅。

交易大厅是一个巨大的房间，使用面积达数千平方英尺，占据了办公楼整整一层。[5] 奥尼尔像走迷宫一样拐来拐去，来到自己的工位。交易员并排而坐，每个交易员面前都有一台或多台笨重的显示器，桌子上有被频繁使用的电话。到 7 点时，大部分桌子上已经堆满了最新的文件和报告。离奥尼尔办公桌不远的地方，公司雇用的内部气象学家正在努力撰写报告，需要不久之后通过电子邮件发送给交易团队。[6] 尽管办公环境拥挤，但交易大厅并不像集贸市场一样喧闹嘈杂或乱成一团，没有涨得满脸通红的大汉一边松开领带一边大喊大叫。这里感觉更像是保险经纪公司或投资研究公司

---

① 莫里兹·柯尼利斯·埃舍尔，20 世纪荷兰版画家，其视觉陷阱画闻名世界。在电脑还未问世的时代，他用版画创造了精密而富有独创性的奇想世界，不仅受到美术界推崇，数学家、建筑师等多个领域内的行家也被其魅力吸引。——译者注

的总部，充斥着键盘的敲击声和销售人员打电话时的背景杂音。

奥尼尔坐在桌子上打开电脑。[7] 在威奇托土生土长的他，脸部似乎保留了鲜明的地域特征，五官长而窄，颧骨高而尖，身材瘦长，有着一双天蓝色的眼睛。他的父母都在小农场长大，从小到大，他从未体会过富豪的生活，更别提有什么特权了。加入科氏供应与贸易公司后，他有机会变得与众不同。21世纪前十年，衍生品市场成为美国经济增长的超级引擎，他全身心投入其中，在这台史无前例的敛财机器的中心埋头苦干。事实上，出售天然气衍生品比出售天然气利润丰厚得多，衍生品的利润远远大于其所基于的真实经济活动。在科氏工业集团，奥尼尔成功了解了黑匣子内部的运作方式，现在他有了发财的机会，只要抓住一生一次的重大机遇，一笔成功的大额交易就能让他从美国中产阶级中脱颖而出。

拥有一夜暴富机会的奥尼尔来到现在的工作岗位几乎是个偶然。而通往科氏交易大厅之路始于一个不起眼的工薪阶层社区。奥尼尔的父亲在波音飞机制造厂当工程师，这份工作让一家人过着体面的中产阶级生活；奥尼尔的妈妈是全职家庭主妇，待在家中照顾孩子们。如果按照年龄排序，奥尼尔是九个孩子中最小的。他与另外三个哥哥共用卧室，都睡在高低床上。一家人自给自足，典型的家庭假期是周末去堪萨斯城看皇家队的棒球比赛。从年轻时起，奥尼尔就希望过上比他父母更富裕的生活。他曾想当医生，因为医生收入很高。他想住在威奇托乡村俱乐部附近的大房子里，带孩子们去真正度一次假，甚至想让每个孩子都能拥有自己的房间。

在考上大学之前，奥尼尔从未想过为科氏工业集团工作。读本科期间，一位来自科氏工业的招聘人员来到学校，向奥尼尔发出暑期实习的邀请。奥尼尔参观了科氏工业总部，被眼前的景象震惊了，这里到处都是年轻人。奥尼尔接受了石油部门高级经理凯尔·范恩的面试，范恩在埃克森工作过，看起来不到30岁。科氏工业的员工看起来不只年轻，而且收入丰厚。他们甚至无须自我吹嘘，从其言谈举止中就可以看出养尊处优的生活痕迹。科氏工业的员工就像一支连胜的足球队一样充满自信。奥尼尔想成为他们中的一员，他参加了暑假实习，月薪 3 000 美元，数额惊人，普通的威奇托孩子一整个夏天都赚不到这个数。

1991 年毕业后，奥尼尔进入科氏工业工作，在科珀斯克里斯蒂炼油厂担任工艺工程师，年收入 4 万美元。他于 1995 年结婚成家，育有四个孩子。

热爱工作的奥尼尔在科珀斯克里斯蒂被晋升为首席工程师。截至 1995 年，他的年收入约为 6 万美元，有时还能拿到 1 万美元左右的年终奖。

但不知何故，奥尼尔的薪水似乎一直无法满足美国中产阶级生活的期望。奥尼尔一家的度假并不奢侈，但结果比预期的要贵得多。他们没有雇保姆，也没有购置昂贵的轿车，但奥尼尔的收入还是不足以支付家庭日常开支。不知不觉中，信用卡账单上时不时出现几千美元欠款无法按时归还，家人指望奥尼尔的奖金能填补家庭赤字，但生活在继续，债务也在不断增加。有一天他们幡然醒悟，发现自己竟然欠下了大约 6 万美元的信用卡债务。

奥尼尔意识到自己需要做出改变，要寻找其他能提高收入的方法。1996 年，当他听说科氏工业在休斯敦的大宗商品交易部门有一个空缺职位时，他知道机会来了。虽然除了一些业余的股票投资外，他没有任何交易经验，他只是和一些朋友一起参加了一个投资俱乐部，自己挑选股票然后看看能否跑赢大盘。但他还是决定申请，因为他发现公司并不在意是否有交易经验，就像之前曾面试他的范恩，在大宗商品部门已升至高级职位。科氏工业并不需要华尔街出身的典型交易员，而是在寻找具备分析能力的工程师，在接触金融市场的同时，也需要了解公司管道和炼油部门等复杂的内部业务。奥尼尔拿到了这个职位，举家搬到休斯敦，先是租房住了一段时间，然后在郊区买了一套四居室安家。

交易并不能使人暴富。科氏工业雇用工程师做交易员，所以交易员的收入水平也像工程师。奥尼尔的新工作和以前一样，年薪约 6 万美元，然而，奖金变多了一点，慢慢地，奥尼尔一家开始摆脱债务的阴影。

2000 年初的某个早上，奥尼尔坐在办公桌前，上层中产阶级的舒适生活似乎触手可及。他启动电脑，打开电子邮件，开始浏览夜间和清晨收到的消息和报告，大量的信息逐渐在脑海中融合成一幅画面。奥尼尔仿佛能看到一笔交易正在成形，一笔非常大的交易。不仅如此，他还看到了一种策略，一种永远摆脱财务压力的可能。他盯着电脑屏幕上不停滚动闪烁的数字，开始打电话。

在接下来的一年里，奥尼尔尝试达成一笔前所未有的大交易，而如此大规模的交易只可能在当时的美国发生。美国金融市场在过去十年里以一种奇怪的方式演变，而正是美国经济中形成的一个个小节点，造就了大量的百万富翁和亿万富翁。

如果奥尼尔能像他设想的那样达成交易，他就能成为富翁中的一员。在科氏工业受到的训练已经让他成为行业内的精英，他有信心更上一层楼。

*****

科氏工业在休斯敦的交易大厅的负责人是萨姆·索利曼。[8]和奥尼尔一样，索利曼也是从科珀斯克里斯蒂炼油厂开始自己的职业生涯的。他毕业于得克萨斯 A&M 大学工程专业，进入科氏工业之前，是美国海军核潜艇上的一名军官，即使几年后执掌科氏交易大厅，他身上依然带着军事指挥员的气度和习惯。长时间潜伏在海洋深处、活动范围被限制在核反应堆旁边的索利曼，还养成了遵守纪律和评估风险的习惯。他又高又瘦，有一头浓密的黑发，说话时力求语言精准。索利曼被认为是一名"伯乐"，他挖掘有潜力的年轻员工，利用极具挑战性的职位给他们肩上压担子，并送走无法胜任工作、无法应对挑战的交易员。20 世纪 90 年代末至 21 世纪初，在科氏工业从无到有地建立交易平台的过程中，这种人才筛选方法是其中的重要环节。像奥尼尔这样的工程师出身的交易员，每天都要接受关于交易的速成课程，并根据盈亏情况进行评分。

当交易员克里什·富兰克林描述索利曼的交易文化时，他干净利落地说道："零差错。"富兰克林是认同索利曼管理方法的交易员之一。"随时都可能被轻拍肩膀然后要求走人。对于大多数人来说，这种压力实在太大了。"富兰克林说，"今天有已经从公司离职十几年的人对我说，每当他们开车驶过公司大楼时，心跳还是会不自觉地加快。"

索利曼办公室外，几十位排成一列的交易员，每天下午交易各种各样的大宗商品和金融产品，从原油、天然气到基于化石燃料的衍生品合约，还有其他交易员处理金属、大豆、玉米和小麦的期货合约。在充分掌握了这些市场之后，科氏工业开始向其他领域扩展。比如，富兰克林开展了一些短期商业债券交易，与 20 世纪 80 年代臭名昭著的华尔街金融大鳄所罗门兄弟所擅长的业务相同。富兰克林的团队很快开始涉足基于利率和货币的掉期与衍生品交易。科氏工业甚至创造了自己的金融产品，推出当时不常见的乙烯、丙烯等石化产品期货合约，出售给那些大量采购塑料原料并希望对冲风险的大公司。

深度分析是科氏工业交易策略的核心。在管道部门工作时，富兰克林开发了一个程序，综合了大量管道流量和表压的数据，帮助公司尽可能地提升天然气管道的输送能力，有效加强了天然气处理厂和管道的协同处理能力，这让当时的上级领导印象深刻。来到交易部门处理利率掉期业务时，他也采取了相同的方法。每一笔交易都以研究作为判断依据，从不以盘感作为交易策略，而研究也加深了交易员对市场的认知。与交易员一起工作的还有分析团队，他们提供了大量的数据分析作为支撑。这种重要性也体现在薪酬结构上，交易员和分析师组成的支持团队共享利润分成，这使分析师与交易员在公司处于同等地位。梅利莎·贝克特曾在交易部门担任分析师和交易员，她表示，科氏工业在这方面独树一帜，其他贸易公司可能会认为分析师的报告是事后诸葛亮；而在科氏工业，这些分析报告是交易的基石。

随着交易范围的不断扩大，科氏工业的交易员惊讶地发现，虽然市场上有大量交易活动发生，但似乎普遍缺乏敏锐的洞察力，其他市场里仿佛充满了一群待宰的小绵羊，还不是特别聪明的那种。每当科氏工业小心翼翼地进入一个新的市场时，交易员们常常只需稍微动点脑筋就能轻松获利。

"我们无法相信交易对手们竟然看不到这些市场存在着巨大的利润空间，尽管这些市场都非常成熟……由银行或保险公司等大型金融机构主导。但他们看市场的角度与我们截然不同。"一位交易员表示。

他们发现，市场上的大多数交易对手都痴迷于短线操作，华尔街的交易团队全神贯注于未来三个月的市场预期，投资文化已被塑造成围绕公司季度营收目标进行交易，而漂亮的季度公开报告可以带来股市或大宗商品价格大幅反弹。市场的短期前景受到重点关注，投资者把无数心血花费在短期调整上，寄希望于从市场的快速变化中获益。这导致整个市场的潜力并未被充分挖掘，也给了科氏工业可乘之机。

举个例子，任何交易团队都有可能直接做空原油期货，但科氏工业的交易员永远不会简单地押注油价下跌，他们会基于自身对能源市场的掌控，以及根据世界各地不同产品之间复杂的价格关系，进行"基差交易"或"价差交易"。例如，假设科氏工业的人判断墨西哥湾沿岸地区将会出现原油供应过剩，他们可能会抢下巨型油轮的租约。当供应过剩周期来临时，其他公司会争先恐后地寻找临时的原油仓储空间，并很乐意为科氏工业廉价锁定的油轮租约支付溢价。这是一种更为安全的交易方式，即使科氏工业在供给趋势上判断失误，负面影响也极其有限，公司仍然可以选择出售或干脆自己行使租赁合同，轻松实现收支平衡。这种灵活性令其他公司难以效仿。

科氏工业努力将其内部信息优势最大化，为休斯敦的交易员买卖石油期货合约提供了有力的支撑，当交易员对石油市场走向做出假设性预期时，可以利用炼油厂的真实数据来检验这些假设是否成立。[9] 除了内部数据之外，科氏工业还积极收集和分析来自外部的大量数据，比如跟踪联邦报告上的美国原油储量，这些交易员都会使用的公开数据的权威性毋庸置疑，就是有些滞后，往往每周或每月公布一次，并且很少深入细节。于是公司开始寻找其他了解市场的方法，比如美国海关数据库，里面保存了所有进入美国水域的油轮提交的舱单数据，显示了油轮运输的石油类型以及租船人信息。通过大量收集和分析这些数据，科氏工业可以对石油运输和流动的路径进行逆向推导，帮助公司准确地了解竞争对手所精炼原油的种类、数量以及日期。

不仅如此，科氏工业还发现，美国国家公园管理局公布的数据显示了加州山区的积雪情况，通过分析这些数据，可以根据推测加州水力发电厂的上游水量，判断其未来几个月的发电能力。这有助于科氏工业非常准确地预测未来的电力供应情况，以及由此产生的天然气需求。

由于天气状况对电力和天然气的需求会产生非常大的影响，所以科氏工业"突袭"了电视台天气频道的新闻编辑室，挖走了他们最好的气象学家。因为为科氏工业工作会得到自己梦寐以求的收入，所以气象学家们非常乐意离开电视台。他们通常在凌晨 4 点 45 分至 5 点上班，运行计算模型，分析全国各地的天气数据来源。如果他们能提供比其他交易员使用的预测更准确的数据，就有可能为科氏工业的交易员带来优势。公司内部专有的天气报告于清晨发布，并在一天之中不断更新。气象学家对电视里的天气预报员嗤之以鼻，因为只有预备队的队员才会留在电视台演播室里为公众预报天气。一位科氏工业前气象学家回忆说："我可以胜过电视上的任何一个气象播报员。"

所有这些信息流都被集中分析，然后在交易部门内广泛共享。收集信息的目的是寻找"差距"，正如一位交易员所说的，"差距"是现实与市场预期之间的差距。相较于竞争对手，科氏工业收集到的信息足以让它更清晰地了解现实。随着市场自我调整，与现实差距逐渐靠拢时就能赚取利润。1996 年底，奥尼尔从炼油厂调到交易大厅时，他的工作是寻找公司与天然气市场的基差。在美国能源行业这个容易被忽视的角落，他惊讶地发现其中蕴藏的潜力。

*****

到公司上班的第一天，奥尼尔被分配到负责墨西哥湾沿岸的基差团队，担任一个不起眼的分析师职位。[10] 当他在办公桌旁坐下的那一刻，"伯乐"索利曼开始来回溜达，不断激发着奥尼尔的求生本能。他意识到，被警卫护送着离开办公楼的情形随时可能发生。

奥尼尔上手很快，似乎有做交易的天赋。他主要负责天然气衍生品合约交易。很快他意识到，即使不涉及实物交易，科氏工业依然有很强的影响力。公司天然气贸易业务的基础是一条长达 9 600 英里的管道，沿着墨西哥湾沿岸蜿蜒，横跨美国东南部几个州。1992 年，就在老布什政府主导天然气行业改革一年后，科氏工业花费 1 亿美元收购联合天然气管道公司（United Gas Pipe Line Company）及其旗下的管道资产，时机选择耐人寻味。[11] 美国天然气行业的放松管制是一个历史性事件，虽然在当时没有引起多少关注，但对整个国民经济都产生了巨大影响，一些公司迎来了几十年一次的成长机遇。

在老布什总统执政之前，天然气行业的发展轨迹与原油行业没有太大的不同，[12] 政府以深度扭曲的方式干预市场，鼓励生产，同时保护消费者免受高气价的影响。早在新政时代，富兰克林·罗斯福就在法律的框架下，建立了由联邦电力委员会领导的监管体系，从气井口到厨房燃气灶，一路管到底。联邦政府对天然气价格采取了限价措施，从而将消费价格维持在较低水平，但副作用也逐渐显现。到了 20 世纪 70 年代，由于天然气价格太低，开采商无利可图，新天然气井的勘探开发也陷入停滞。随着供应萎缩，市场上出现天然气短缺的现象，消费者打开燃气阀，里面却空空如也。即使像联邦电力委员会这样的"巨无霸"，也无法强迫生产商开采天然气。

1978 年，时任美国总统吉米·卡特取消了价格管制，通过解放市场的力量增加供给。但是卡特的放松管制，与自由主义者梦想中的完全取消管制还是存在很大差别的，放松管制创造了一套极其复杂的价格控制规则，试图在批发价格涨跌的同时保护消费者免受价格飙升的影响。这是一个浮士德式交易①，这一幕在美国自 20 世纪 80 年代起的政策制定过程中反复上演，立法者先放松管制，但又半途而废，取消了一部分控制措施，同时又

---

① 浮士德式交易是一种心理障碍，主要指一个人对一种看似最有价值的物质盲目崇拜，从而使他失去了理解人生中其他有价值的东西或精神的理由和机会。——译者注

试图保护普通民众免受市场波动的影响。随之而来的是市场结构变得异常复杂，市场管控逐渐失去效力，天然气行业也不例外。

联邦电力委员会被联邦能源管理委员会取代，试图通过举办数小时的听证会，收集大量公众评论，来决定价格调整的时机。讽刺的是，联邦监管部门永远不会把粥熬得恰到好处，20 世纪 70 年代末天然气价格的暴涨很快被供应过剩和 20 世纪 80 年代的需求下降所取代。

1991 年，老布什试图重塑这套体系。之后联邦能源管理委员会颁布的636 号令打破了现有的天然气格局，重新书写了天然气行业的规则，以及上百万名美国民众赖以取暖和发电的能源系统。

根据新的监管方案，天然气行业被一分为三：（1）卖天然气的天然气开采商；（2）输送天然气的管道公司；（3）购买天然气的终端消费者。

636 号令取消了管道公司对天然气购销市场的控制，规定管道公司只能从事运输服务，并且必须为管道公司之外的第三方提供公开、无歧视的运输服务。新的市场诞生了，管线上的每一个节点都出现了狂热的天然气交易。新的交易商也随之诞生，其中最主要的是科氏工业集团，以及其在休斯敦的邻居——能源巨头安然公司。

面对不断增长的天然气市场，科氏工业迅速出手，紧随安然公司的脚步，试图打着保护消费者的旗号抢占天然气基础设施建设和运营的市场。[13]基础设施建设最初以可靠性为出发点，确保天然气满足需求。大型管道公司建造了地下储气库，在调峰和保障供气安全方面具有不可替代的作用与明显的优势。而在放松管制的时代，储气库就像赌场的赌桌一样被使用，每个逐利者都在探索如何攫取更多的利润。

在过去，地下储气库的运行一般为，在夏季气量充足时注气、冬季气量紧张时采气，每年仅注气、采气一次。而在科氏工业的管理下，每年注气、采气 8~9 次。科氏工业将能源交易和金融工具相结合，依赖其丰富的天然气储备及蜿蜒的输气管道，把握能源价格变动趋势，在满足消费者需要的同时，通过购买价格和销售价格的差价获得利润，被称为"开发"交易。

能源用户为了规避风险，迫切地需要套期保值服务，而在此之前这样的业务还不存在，科氏工业的机会应运而生。就像早期原油市场一样，关于价格的信息极度稀缺且宝贵，没有交易所的标准化产品能够提供透明的合约价格，政府提供的销售数据不仅更新缓慢，而且欠缺规范性。然而，科氏工业每发起一笔交易，都能准确掌握有关价格、供应和需求的最新信息。

科氏工业为了鼓励信息共享，将开发业务与大宗商品交易业务整合，"开发和交易现在是一家公司，交易和核算都是一本账。"一位科氏工业前高管回忆道。[14]

这种利润来自内部信息。"作为一家大宗商品交易公司，最重要的是交易流①。发生的交易越多，掌握的信息就越多。"这位科氏工业前高管说道，"有时候即使交易流只是暂时的收支平衡，也没关系，因为你还是从中获取了如价格方向等信息。长远来看，你最终会赚到更多的钱。"

科氏工业的管道部门和开发团队就像一台信息生成器，所以像奥尼尔这样的交易员，在交易市场上就具备了明显优势。联合天然气管道公司已改名为科氏门户（Koch Gateway），与全国其他的管道系统有 120 个连接节点，每个节点都可以提供天然气价格的相关信息。

奥尼尔整天都在打电话给经纪商、客户和其他公司的交易员，[15] 想摸清他们的心理价位；还会打给科氏工业的其他交易员，打探他们听到了什么。他最喜欢的通话对象是杰夫·斯蒂芬斯，此人负责科氏门户与亨利中心（Henry Hub）连接节点的交易。亨利中心是位于路易斯安那州的一个全服务性的集输系统，它是销售天然气的主要市场。亨利中心是天然气行业的定价市场之一，在 20 世纪 90 年代末，斯蒂芬斯单枪匹马地在该中心促成了许多交易。"他就像亨利中心的现货交易市场。"奥尼尔回忆道。斯蒂芬斯对着经纪商和客户挥舞着"胡萝卜加大棒"，如果有人因为觉得市场价格可能反弹而拒绝下单，斯蒂芬斯就会大骂道："怎么可能反弹！"在电子交易时代之前，史蒂芬斯就

---

① 交易流，常用于衡量专业交易人员获得潜在业务的能力，也指一家公司所收到的各种报价和机会。——译者注。

是一个行走的市场行情板，而奥尼尔充分利用了他的优势。

在转行交易的头一年，奥尼尔取得了可喜的业绩。交易记录显示，他为公司实现了 700 万美元的利润。当然，那时还处于早期朴素的天然气市场，爆发式增长的时代还没有到来。

*****

科氏工业的交易员下班比较早，通常在下午闭市后 4 点 30 分到 5 点就可以离岗了。[16] 他们大多 20 多岁到 30 岁出头，喜欢下班后一起出去喝酒。科氏人不会像华尔街交易员那样疯狂开派对，也不会吸食可卡因或者去脱衣舞俱乐部。在外人看来，他们的酒场文化极其单调乏味，就是一群穿着休闲高尔夫球衫的理工男，坐在那儿喝着精酿啤酒。

他们最喜欢的聚会地点是一家名为"姜人"（Ginger Man）的酒吧，位于莱斯大学附近，距离格林威广场 20 号不远，坐落在安静的小巷子里，后面是长满青草的露台。这是一座木头构架的独栋平房，面积不大。在夏天，绿树掩映着大前廊和野餐桌，仿佛与世隔绝。

顾客走过一排小栅栏，进入院子，然后走上几级嘎吱作响的木台阶。前门的小标语牌上是用色彩鲜艳的粉笔手写的菜单，上面列着特价酒水单。

像洞穴一样昏暗的酒吧令人感到安心，虽然科氏工业的交易员不知道，但是这家酒吧就像是松弯炼油厂工会会员在 20 世纪 70 年代常去的那家科茨之家酒吧的翻版。[17] 两家酒吧的布局几乎完全相同，一条长长的吧台沿着房间的左侧延伸，木桌散台沿着右侧聚集；天花板都很低，木板墙似乎都染成了蜜金色。不同之处在于姜人酒吧更加精致，仿佛科茨之家被重新设计装修了一番，保留了迷人的元素，摒弃了糟粕。科茨之家提供米勒啤酒或其他类似的酒，而姜人酒吧的酒单上有几十种精酿啤酒，定制的啤酒龙头沿着吧台整齐排列。得克萨斯州的交易员不会像明尼苏达州的蓝领同僚那样喝酒，不会把装满烈酒的杯子排成一排，然后一杯接一杯地灌下。

但交易员与蓝领工人在某种程度上是一致的：聚在酒吧，抱怨酬不抵劳。

科氏工业的交易员由工程师转岗而来，即便他们成功转变为真正的交易员，公司却依旧向他们支付着工程师水平的薪酬。[18] 比如奥尼尔，年薪仍是 6 万美元。整个交易大厅的人都慢慢觉得应该有所改变，有传言说安然的交易员的收入水平是科氏工业的几倍，华尔街的机构也开始提供比科氏工业的薪资条件更为丰厚的工作机会。

奥尼尔并不是缺乏忠诚度的员工，他迄今为止的全部职业生涯都是在科氏工业度过的，但当生活的重担压在身上，尤其是信用卡债务问题火烧眉毛时，他很难不产生动摇。在这件事情上，他并不是个例。20 世纪 90 年代后，美国的中产阶级虽然再也看不到收入的大幅增长，但凭借轻松获得的贷款，他们依然具备强大的消费能力。20 世纪八九十年代，银行业相关立法的松绑，为消费者债务激增铺平了道路。在莱斯大学，信用卡公司甚至设立了接待新生的摊位，向学生承诺可以轻松获得大额信贷额度。美国人借钱从来没有这么容易过，他们利用这一"特权"提前消费。20 世纪 90 年代，信用卡进一步推动了这股"借钱"生活的热潮，有的利息甚至高 14% 以上，光是每个月的账单就可以把人活活逼死。奥尼尔和他的妻子幸福地结婚了，但并不意味着从今往后的生活就会一帆风顺。贫贱夫妻百事哀，在家庭预算开支有限的情况下过日子，争吵就难于避免。

当交易员发现 20 世纪 90 年代中期的科氏交易大厅并不是发家致富的捷径时，失望的情绪在所难免。[19] 奥尼尔为科氏工业赚了 700 万美元，理所应当地期待年底能拿到巨额奖金，但与索利曼沟通后，他发现自己的年终奖只有 2.5 万美元，大约是他帮公司赚取利润的 0.004%。索利曼似乎对交易员应该从利润中获得更多分成的想法表示同情，但现行年终奖的标准是查尔斯·科赫定的，而且作为公司的老板，他很清楚炼油厂工程师的年终奖最多也就 1 万美元。

"索利曼说：'这比炼油厂好多了，对吧？'"奥尼尔笑着回忆道，"然后我回应道：'好吧，好吧。你说的对。是的。'"

并不是所有交易员都这么逆来顺受，其中一些人被高薪吸引，悄悄加入安然或其他大型银行。在来到休斯敦基差团队 7 个月之后，奥尼尔终于可以独挑大梁。他被提拔为天然气衍生品的交易员，进入了真正的货币世界。

*****

索利曼习惯于不断向他的顶级交易员发出挑战。当交易员做得很好时，索利曼倾向于把他们提拔到全新的岗位，让他们去锻炼一番，如果继续表现出色，会再次得到升职。但如果表现不及预期，他就会轻拍交易员的肩膀，然后对他说再见。[20]

奥尼尔被提拔到天然气期权团队。天然气期权是一种衍生品合约，在加入期权团队之前，奥尼尔对衍生品几乎一无所知，但现在每天手握价值数百万美元的交易合同，他必须尽快上手。

世界上没有哪家大学只传授天然气期权交易课，奥尼尔也没有请假去哈佛商学院进修，没有导师可以请教，没有行业组织的培训。他自己买了一本教材——《期权波动率与定价：高级交易策略与技巧》，作者是谢尔登·纳坦恩伯格。他自学了这本"傻瓜入门教程"，开始了解衍生品市场的运转机制。

即使是一小段衍生品合约说明，读起来都会让人感到备受折磨。[21]期权主要分为买方期权和卖方期权，前者也称看涨期权或认购期权，后者也称看跌期权或认沽期权。看涨期权指，期权的购买者拥有在期权合约有效期内按执行价买进一定数量标的物的权利。奥尼尔可以向客户出售一份看涨期权，可以在 3 月花费 5 美元买一罐天然气，即使当时天然气的价格是每罐 10 美元。这就像是一份防止价格上涨的保险合同。反之，他还可以卖给客户一个看跌期权，在 3 月以 5 美元的价格卖出一罐天然气，即使当时的实际价格是每罐 2 美元。这就像是一份防止价格下跌的保险合同。

然而，这些衍生品合约都没有涉及天然气实物交易。①他们交易的是天然气期货合约，所以奥尼尔相当于给期货合约上保险。他花了好几天时间研究期货合约，观察它们的价格涨跌。这很复杂。对于天然气，有几种不同的期货合约：有 3 月、4 月、5 月、6 月交割的天然气期货合约，以此类推。在交易员看来，不同交割月份的合约本身就像不同的商品，3 月和 5 月交割

---

①　2019 年才出现首个实物交割液化天然气期货合约。——译者注

完全是两码事。奥尼尔对每份合约都进行了研究，根据交割月份的不同出售相应的期权。

奥尼尔开始尝试买卖看跌期权和看涨期权，并尝试更复杂的交易策略。[22] 比如认购一份 5 月看跌期权，然后转身开始买卖大量期货合约，在复杂的相互作用中对冲期权，这种相互作用被称为标的资产的交易。很快他就意识到，这其中蕴含了上千万美元的获取盈利的机会。

这些钱是从哪里来的？为什么会有这么大的利润？可以想象奥尼尔身处一场拔河比赛中，绳子的一头是天然气开采商，他们是出售天然气的一方，希望天然气价格尽可能高；绳子的另一头是消费者，采购天然气的各方都希望天然气价格尽可能便宜。

利益对立的集团来回拉扯，拔河绳中间那块鲜艳的红布条就是天然气的市场价格，有时天然气开采商占据优势，天然气价格上涨；有时红布条被拉到消费者一边，价格被压得非常低。美国天然气市场的总价值每年高达数千亿美元，当价格向某个方向移动时，就像地球板块移动，瞬间的山摇地动震动着数十亿美元，这些资金通过交易员之手，从消费者的口袋中流向开采商，奥尼尔从中给自己截留了一部分。从他手里购买衍生品合约的人，可能是俄亥俄州一家应用天然气的大型公用事业公司，或是俄克拉何马州一家销售天然气的大公司。期权合约保护这些实体免受价格变动的影响，实体公司则为"保险合同"支付真金白银。市场的波动性是交易员最好的朋友，一旦价格变动，奥尼尔和科氏工业集团将日进斗金。

在过去的一年里，奥尼尔不断完善他的交易策略，做得越来越大，摒弃单方面押注气价上涨或下跌，而是试图从市场波动的不可预测性中获益。他通过买入期权，然后在期货市场上抢购标的资产，剥离了价格因素带来的风险。他不想赌具体的价格，而是押注价格的波动幅度比人们预期的更大。通过这种方式他可以一直保持盈利增长。天然气市场放松管制后，波动性开始成为常态。控制物价的困倦日子过去了，现在价格可能在几分钟内暴涨暴跌。

因此，在 2000 年初冬，奥尼尔兴奋地看到一场大戏正准备上演，他收集的所有数据都指向一个方向，因为 1 月和 2 月的天气越来越冷，天然气市场可能会发生前所未有的波动。

*****

奥尼尔早上打开电脑，收到了分析员和交易员团队发来的一堆报告，其中一份内部报告名为《冬季小道消息》。[23] 这份报告被发送给科氏交易部门里里外外很多人，其中有一个评论部分，要求用简洁的语言概括市场状况，有一条评论写道："我不知道它要去哪儿，反正也没人在意。"

其他的内部报告，如《每日分析》，主要由复杂的图表组成，[24] 显示了电力使用情况，以及丹佛、拉斯维加斯和俄勒冈州尤金等城市的天气分析，比较了"实值与正常值"，其中一张图表甚至显示了华盛顿州大古力水坝上方水库的详细水位，用于分析水力发电情况。

科氏工业集团有"闪光警报"政策，鼓励工厂经理、炼油厂操作工等人分享他们了解到的、可能影响市场的任何消息；[25] 20 世纪 90 年代末至 21 世纪初，自从交易部门打造了名为"科氏全球预警"（Koch Global Alerts）的内部即时通信系统后，这些消息就可以实时发送给交易员。奥尼尔将内部报告与公司的"闪光警报"结合了起来。

在他的办公室里，交易员们肩并肩坐着，一上午都在阅读这些报道和新闻，并尝试将信息综合到交易策略中。他们制作了幻灯片，并在会议室向同事展示。该业务陈述在整个交易部门共享，交易利率掉期的克里什·富兰克林发现，原油和天然气交易员的策略可以为自己所用，反之亦然。交易员被鼓励给其他交易员的计划挑刺，或者如果可以，最好能帮助他人完善计划。

2000 年，科氏工业的两位分析师和一位油藏工程师制作了一个名为《2000—2001 年天然气观点》的幻灯片报告。[26] 在这份报告中，他们准确预测了一场即将到来的灾难，这场灾难导致美国整个西海岸大停电、大量公用事业公司破产，对于许多消费者来说生活成本飞涨。[①]其中第七张幻灯片的结论是，在寒冷的冬天，"库存将耗尽"。这一直截了当的结论是幻灯片上唯一一句用粗体字加下划线的文字

　　评估结果与奥尼尔在市场上看到的情况相符。[27]20世纪90年代，廉价而丰富的天然气资源被视为美国经济的命脉。大型气田不断被发现，供应充足；由于被视为煤炭和核能的替代品，许多新建的发电厂以天然气为燃料。20世纪80年代末，天然气价格飙升至2.27美元，[②]并且在这一水平上徘徊了十几年，1999年末的价格为2.22美元。多年的价格停滞让许多消费者和生产商相信，低波动性和廉价是天然气正常的状况。

　　但奥尼尔和他的团队发现，这是非常错误的认知。由于科氏工业在美国能源行业的特殊地位，其可以预见即将到来的短缺。公司经营着天然气管道，以及一家规模较大但名不见经传的IMDST公司[③]，这家公司拥有10亿立方英尺[④]的天然气储存能力。天然气的储存管理是业务的关键所在，IMDST公司就拥有地下储气库，正如奥尼尔说的那样，一旦天然气从地下被抽出，"你要么烧掉它，要么储存起来。它没有别的去处"。《2000—2001年天然气观点》报告显示，地下储气库的注入率和储气规模均处于历史低位，分析还指出，"在当前的基本面下，实现更丰富的注入途径是不可能的"。

　　换句话说，松鼠还没有埋下足够多的橡果，冬天就来临了。与此同时，饥饿的松鼠比以往任何时候都多。随着电子设备的普及，从电视机到家用电脑，美国的能源消耗逐渐攀升。历史性的天然气短缺局面正在形成，科

---

① 读者可以在第13章中了解更多关于这场灾难的信息。

② 具体来说，价格为每百万英国热量单位（市场上简称为"MMBTU"）2.27美元。这一单位是业内广泛使用的天然气基本计量单位，本章中提到的天然气相关数据的单位都是MMBTU。英国热量单位是由给定体积的气体所产生的热量。100万英国热量单位可以是1 000立方英尺的气体。

③ IMDST公司的全名为IMD储运资产管理有限责任公司（IMD Storage, Transportation and Asset Management Company LLC），公司总部位于美国得克萨斯州。

④ 1立方英尺≈0.03立方米。——编者注

氏工业并不是唯一看到风暴即将来临的公司。各种小道消息通过酒吧的闲聊和电话的沟通传播，在某些圈子里，像安然这样的能源巨头开始押注天然气价格上涨将成为众所周知的消息。

虽然交易员已经看到了事情即将发生，但公众似乎还没有意识到。2000年初，奥尼尔看到了市场缺口，一个巨大的缺口，但天然气看涨期权的价格太便宜了，根本无法解释未来的走势。[28] 换言之，针对天然气价格突然飙升的保险单并没有想象的昂贵。因此，奥尼尔开始抢购并持有看涨期权，他判断这些期权会变得更有价值。

像往常一样，他不只打赌价格会上涨，而且主要押注市场将变得更加动荡。他以天然气期权、基础资产和"做多波动率"的交易策略为基础，建立了庞大的头寸，这意味着他打赌波动的剧烈程度将会增加。他认为这些资产存量将为科氏工业提供良好的回报。他错了。他严重低估了即将到来的动荡所带来的暴利。

*****

科氏供应与贸易公司的高级管理人员意识到，向交易员支付炼油厂工程师一样水平的薪酬不可持续。[29] 这是一场人才争夺战，太多训练有素的交易员从科氏交易大厅流失。但有一个人仍然固执己见：查尔斯·科赫。

20 世纪 90 年代那次商业失败，给查尔斯留下了深刻的印象，他认为正是由于过于野心勃勃以及松散的发展计划，导致了普瑞纳的损失，认为公司员工最需要的是脚踏实地。查尔斯重视企业文化的建设，其中最重要的一点是，个人服从集体，以集体利益为重。大宗商品交易员的叽叽歪歪、叫嚷着要更多的奖金显得有失体面。如果有巨额奖金作为激励，可能会导致交易员表现得像孤狼一样，紧盯着自己的发薪日而非公司的长期发展。查尔斯很清楚地知道，在衍生品交易这种高风险业务中，一个交易员就可能造成不可估量的损失。

在一段时间里，这种观点在科氏工业集团一直占据着主导地位，但离职潮的发生以及高管的轮换改变了一切。21 世纪初，查尔斯对公司进行了全面整顿，在这波调整中，前任交易主管萨姆·索利曼升任为科氏工业集团的首席财务官。

随着索利曼的离开，从华尔街过来的继任者大卫·索博特卡开始改变科氏交易部门的文化。在 1997 年加入科氏工业前，他为雷曼兄弟工作。在科氏工业，索博特卡显得有些鹤立鸡群，他毕业于耶鲁大学而非得克萨斯 A&M 大学，有着一张英俊秀美的脸和蓬乱的鬈发，看上去完全是一副华尔街公子的做派，在花花世界里游刃有余。但与其他常春藤联盟的毕业生不同的是，他成功地将自己融入了科氏工业，学会了用以市场为基础的管理理念的语言说话。在拥抱科氏工业的企业文化的同时，他也将华尔街交易文化引入了这里，对奖金及薪酬结构进行了调整，向其他交易公司看齐。交易员的年终奖不再是 2.5 万美元，而是可以从为公司赚取的利润中分一杯羹。在科氏工业，这是一件新奇事，其他业务板块都不存在分享公司盈利的奖金池，但衍生品业务所蕴含的潜在收益要求有这样的改变。根据索博特卡的规定，交易大厅总利润的 14% 将在经理、交易员和分析师之间进行分配，索博特卡认为这种分配方式比较公平。

然而，查尔斯似乎对这种模式并不满意，这对交易员产生了戏剧性的影响。

*****

2000 年的冬天异常寒冷，电力需求强劲，天然气供应不足，公用事业公司正在燃烧天然气发电，需求源源不断。[30] 突然间，世界上每个人都想对冲波动性风险。在 2000 年 3—5 月的短短 3 个月内，天然气价格从 2.88 美元飙升至 4.52 美元，涨幅高达 57%。由于市场动荡，在短短几周内，消费者开支大幅增加，生产商赚得盆满钵满。奥尼尔也在其中，早些时候曾向他出售看涨期权的交易员正打电话给他，希望能回购当初那些期权，只要出售价格合适，他就有数百万美元进账。

"在某种程度上我们是幸运的，因为低温天气来得比较早，"他回忆说，"我们赚的钱比想象的要多得多。"

这不是通往财富的康庄大道。7 月，天然气市场大幅回落，价格下跌 14% 降至 3.75 美元，市场似乎在自我修正，3 月的上涨是一种反常，一种过度反应，奥尼尔很幸运地抓住了窗口期。

奥尼尔团队中，其他交易员进行了"裸多头押注"，指望天然气继续上涨。由于担心失去当年取得的全部收益，他们在 7 月开始平仓，市场貌似将回归平衡稳定。然而，奥尼尔依然立场坚定。他时常回想起导师索利曼的话。在刚开始学习如何交易时，每当市场似乎要变得对奥尼尔不利时，他就会变得异常紧张。但索利曼建议他要有耐心。科氏工业的交易方式不依赖于临场操作，而是出于长期考量，索利曼称之为"管理至到期日"，意思是在某个资产存量到期前将其作用发挥出来。短线思维会杀死交易员，因为有太多的不确定性因素可能导致市场短期波动，而这些因素往往与市场基本面没有任何关系。人们有一种可怕的习惯，那就是押注事情会回归"常态"，这与推迟股市泡沫的破裂是一样的。许多投资者说服自己，认为不太可能出现不良结果，仅仅因为后果一旦发生将是如此痛苦，如此难以忍受。这就是人性。

奥尼尔继续坚持自己的立场，押注波动性而非市场回归常态。7 月市场短期回调后，剧变卷土重来。一个月内，天然气价格猛涨 27%。订单堆积如山，供应紧张；在现货市场上，需要天然气的客户开始花高价购买气源。在 20 世纪 70 年代，天然气短缺曾导致管道运输中断，当价格控制使天然气输送变得无利可图时，管道公司干脆直接关了龙头。这进而导致工厂停工，工业区一片黑暗。

在 20 世纪 90 年代放松管制之后，实施了市场限价，调控的主要手段是对超过最高限价的行为进行惩罚。这在经济上完全合理，但在社会上造成了问题。天然气已成为美国电力和工业的基础，即使天然气价格变得昂贵，人们也很难停止使用它，因此无论价格如何，消费需求都无法消失。

当年剩下的时间里，天然气价格持续攀升。到了秋季，天然气价格飙升至若干年来的最高水平，并在 11 月达到 6.31 美元，几乎较几个月前的价格翻倍。在全国范围内，这种波动产生了可怕的影响，加州连续数月停电，工厂停产，商店关门，交通灯熄灭导致车祸发生。到了 12 月，气价达到 10.48 美元。奥尼尔兑现了他手中的头寸。经过对交易账簿的清点，这年他在期权市场上的表现为科氏工业赚取了大约 7 000 万美元

相比之下，根据政府文件，科氏门户的全部 9 600 英里管道，与其他交易对手的 120 个连接点，总共只赚了 1 530 万美元。[31] 曾经是影子市场的衍生品黑箱经济，收益已经远远超过实体经济。奥尼尔说，他的整个交易团队在一年内获利高达 4 亿美元。那只是一个团队的业绩。

*****

在 2000 年关账后，到了奖金兑现的时刻，这将是奥尼尔在索博特卡的奖金池制度下获得的第一笔奖金。他终于可以体验安然或者雷曼兄弟的交易员拿到年终奖的感受了。[32] 他知道，根据制度，利润的 14% 的奖励会落到实处，相当于近 1 000 万美元。但这笔钱需要与其他人分享，比如索博特卡，以及向索博特卡汇报工作的交易经理杰夫·瑟尔。

一个又一个交易员被叫到瑟尔的办公室，知悉了自己的奖金数字。轮到奥尼尔了。他坐下来听数字。他将得到 400 万美元的年终奖。

"我们还讨论了这个数字会让生活产生何种改变，"奥尼尔说，"我非常感激。"

*****

凭借一张工资支票，奥尼尔一夜之间跻身高收入阶层。[33] 他不再担心房贷偿还的问题，不再和妻子争论家庭开支的削减，不再为学区质量发愁。那个曾和兄弟们挤在地下室睡觉的孩子，人生中第一次，生活中所有的经济问题都消失了。

奥尼尔夫妇卖掉了他们面积达 2 428 平方英尺的平房。就在 2002 年圣诞节前，他们买了一栋 4 820 平方英尺的新房，新房坐落于镇上一个绿树成荫的社区，房前有着宽阔的草坪，后院有游泳池，还有一块跳水板。奥尼尔夫妇雇了一名保姆来帮助照看孩子们，全家度假会选择去滑雪。他们参

加了一个乡村俱乐部，还将所有的孩子都送进了私立学校。

如果说成为百万富翁有坏处，那么奥尼尔不知该如何形容。钱花掉的速度比想象中更快，孩子们在私立学校每年可能要花费 8 万~10 万美元，保姆不便宜，滑雪旅行可能要花 2 万美元。花了这么多钱，却连买稀有艺术品之类的奢侈行为都没有。虽然这么说，但与之前担心每月能否还清信用卡，或者是否有足够的钱支付孩子们报名参加活动相比，天差地别。

奥尼尔在科氏工业集团工作至 2004 年。他厌倦了大公司的工作，向往独立自主，于是离开科氏工业自己成立了一家对冲基金，专门从事能源交易，涉足油井业务，并继续住在休斯敦。

尽管赚了这么多钱，奥尼尔还是保持着谦逊的心，他明白在衍生品交易行业，很多人比他赚的更多。在美国顶级衍生品交易员中，400 万美元的年收入有些不值一提。即使在科氏工业集团，百万富翁也大有人在。奥尼尔也能认识到自己与更高层次领导之间的区别。他知道，即使在最好的年景，他也仅仅分到了公司收入中很小的一部分。还有其他人与他的工作内容相似，却可能创造上亿美元的收入。那种数量级的年收入所带来的生活改变，他暂时还无法想象。

奥尼尔说："我赚了足够的钱……让我去觉得舒服的地方。但我没有力量，它没有带来任何力量，它只是带来了安慰。"奥尼尔还不够富有，正如他所说："如果你有足够的钱，你可以对事情产生影响。"

那种量级的收入，只有他的老板，以及老板的老板，才拿得到。

第 13 章
电力交易市场攫取暴利
（2000—2002 年）

因此，问题不仅在于加州命运多舛的实验的具体细节，也在于国家政治文化。

——《耶鲁规制期刊》[①]（ *Yale Journal on Regulation* ），2002 年

谁会想到呢？我们只想要一个更大、更健康的番茄。

——电影《番茄杀手》中某政府官员，1978 年

科氏交易部门一直寻求向新的领域扩张，[1] 利用其内部信息和深入分析的优势，在情况复杂、透明度欠缺但回报巨大的市场中浑水摸鱼。而在 2000 年，公司从未涉足过的电力市场出现可乘之机。

这个市场上的新商品叫作兆瓦时[②]（ megawatt-hour ）。[2] 这是一个基本的电力单位，可以像石油期货合约一样买卖。全美电力市场每年价值约 2 150 亿美元，是航空业或通信业规模的两倍以上。相比之下，即便天然气市场在 20 世纪 90 年代为科氏工业赢得了如此丰厚的利润，其市场价值也仅为 900 亿美元。由于玩家不多，2000 年的电力市场充满诱惑。

科氏工业集团就是追求者之一。

[①] 《耶鲁规制期刊》由耶鲁法学院创办于 1983 年，是美国十大法律专业期刊之一，主要刊登法学教授和法律从业者的深度学术文章。——译者注

[②] 一兆瓦时是大约 330 个美国家庭一小时所消耗的电量。

　　科氏工业成立了科氏能源贸易公司，专业从事电力期货交易。公司挑选了一位名叫达雷尔·安特里奇的年轻人作为进军电力市场的先锋。[3] 28 岁的安特里奇身材瘦削，有一头浅棕色短发，看上去比实际年龄更年轻。初次来到休斯敦交易大厅时，他穿着一件带扣子的牛津纺衬衫，下身着卡其裤，很容易被认作有保守派倾向的大学生。年轻气盛的他与初出茅庐的团队完美契合。

　　安特里奇建立了一个专注于电力期货的交易团队，工位离奥尼尔的天然气团队不远。除了像其他交易团队一样，借助内部天气预报以及科氏工业的"闪光警报"传来的管道和炼油厂的内部信息数据之外，他们还利用一套复杂的软件系统，帮助预测全国各地的电力需求，以及电网和输电线路的详细流程图。

　　万事俱备，只欠东风。科氏工业做好了开展交易的前期准备，招兵买马，跃跃欲试。然而，有一个关键问题，电力交易市场仍在建设中。科氏工业作为交易的参与方，只是硬币的一面，另一面是政府打造电力市场化交易平台的政策措施。对于自由主义者来说，市场就像一个有机系统，即使政府放任不管，也会自然存在、自行成长、自动进化。事实上，市场是一个有规则的交易体系，而这些规则由政府制定。

　　科氏工业希望在新的电力市场进行交易，这无疑是一个例子。20 世纪 90 年代，美国正在逐步建立一个新的电力市场。一个州接一个州地改变电力行业的现状，这个过程被称为放松管制——但这比简单地废除原有规则复杂得多。改变的过程实际上游移于放松管制与再管制之间，规范架构的重塑更像一种政治操作，旨在改变规则，使其有利于独立交易商，并且远离新政时代诞生的、在国家管制下的公用事业系统。毫无疑问，科氏工业希望参与其中。而直到数年后，人们才弄清楚科氏工业在当中发挥了什么重要作用。

　　在安特里奇帮助公司打造内部交易平台的同时，[4] 科氏工业也双轨齐下，积极参与外部交易市场的塑造。自 20 世纪 90 年代初科氏工业被国会参议院调查以来，公司的政治影响力急剧增加。科氏工业扩大了政治游说办公室，增加了政治捐款，并资助了自由主义智囊团。科氏工业成为美国立法交流委员会（ALEC）的重要支持者，这个当时鲜为人知的保守派经济自由主义游说团体，推动了在全国范围内放松电力交易管制，而切入点是全国性媒体关注度和政治影响力都比较低的州立法机关。

这种方法在产生巨额经济回报的同时也付出了沉重的代价，尤其在加利福尼亚州，电力管制的放松造成了整个州陷入灾难。

而安特里奇最终被这场灾难吞没，几年后被联邦调查人员指控涉嫌非法操纵市场获利，⁵ 与他一起共事过的人都感到惊讶。安特里奇于 1992 年毕业于得克萨斯 A&M 大学，循规蹈矩的他被认为是观念保守的顾家男人，可能会出去社交，但绝不会混到酒吧关门才恋恋不舍地离开，体现了科氏工业集团所推崇的中西部职业道德①。他沉默寡言，又像训练有素的会计师那样善于分析，在安永会计师事务所工作了一年后，跳槽到科氏工业担任协助交易员的中层支持职位，后来被提拔到更高级的职位。

电力交易商在加州掀起了一股淘金热，随之而来的灾难是 21 世纪美国政治经济的缩影。要想了解问题出现的原因，首先要了解加州能源市场解除管制的过程。政策制定的过程虽然公开透明，但在很大程度上被美国立法交流委员会这样的利益集团和为其服务的说客所推动，决策机制被一小部分交易商操纵，他们比任何人都更了解游戏规则。每当经济触底时，这些交易商会与公众一道指责州政府，州政府迫于压力，急急忙忙用纳税人的钱开展紧急财政援助。21 世纪前十年，所有的问题都在加州集中爆发，教训则被忽视了。

然而，有一个人无法忘怀这些教训，他后来被认为是加州放松管制计划的始作俑者，他自己作为公职人员的职业生涯也戛然而止。奇怪的是，他是一个民主党人，也是一个自由派电影制作人，他叫斯蒂芬·皮斯，在加州首府萨克拉门托工作。

---

① 中西部职业道德是在美国中西部地区熟知的一种务实且教条的信念，即埋头苦干、少说多做，从长远来看会有回报。——译者注

*****

这场灾难始于萨克拉门托，而混乱发生的重要原因是几乎没有人关注萨克拉门托发生的事情。[6] 全世界的注意力都集中在世界娱乐之都好莱坞，以及世界科技之都硅谷。相比之下，萨克拉门托除了是加州首府之外，没有任何存在感。

2000 年底的大停电和经济危机引起了全世界的关注，但在 1996 年，加州政府决定打破现有格局并重建电力市场时却无人关注。

这并不是说斯蒂芬·皮斯没有尝试过引起公众关注，[7] 相反他极尽所能地试图聚集人气。他又高又瘦，长得很像演员杰克·尼科尔森，宽阔的前额和浓密锐利的眉毛放大了他的面部表情，他好像天生就会演戏。他的父母都是老师，皮斯说，他家的座右铭是"做个聪明人总比做个傻瓜好"，这是他在公开听证会上运用的智慧。当他不同意某人的意见时，就直接称对方是在"一本正经地胡说八道"。

当时皮斯是加州参议院能源委员会主席，[8] 作为一名民主党人，他对自由市场理论一直持怀疑态度，因此不太可能是放松管制政策的拥护者。但当时放松或取消一些管制的呼声很高，显得势不可当，皮斯认为他在顺势而为的同时能使政策更完善。在萨克拉门托，他被看成一位乐于接受处理复杂问题挑战的立法者。

皮斯有讲故事的天赋，和许多在南加州长大的孩子一样，皮斯在很小的时候就爱上了电影制作。在 20 多岁的时候，他和两个高中同学制作了一部喜剧电影——《番茄杀手》。他亲自担任制片人，亲自写剧本并且出演。1978 年电影公映时名噪一时，那年他才 25 岁。《番茄杀手》的成功让他变得富有，也让许多人感到困惑。这部电影里并没有出现杀人的番茄，由于预算不足，影片中充斥着笨拙的段子和木讷的表演，也许就是因为内容过于糟糕，大家才那么喜欢这部影片。

几年后，《番茄杀手》的预言性逐渐显现。[9] 这部电影的核心内容是政府无能和体制失灵，番茄只在批判加州人享受美国中产阶级生活的果实时客串出场了几次。关键在于，这些致命的番茄，是由漫不经心的政府科学家在美国农业部的绝密试验场中意外制造出来的。①

影片中番茄杀死平民，在全美范围内袭击城市。但总统只是坐在坚毅桌②前，在一张白纸上签名。国会参议院不断举行听证会，但什么也不做。军队派出的士兵最后坐在办公室里争吵不休，看着墙上的地图里美国一个州接一个州地被摧毁（"轮到阿肯色州了！"一个士兵说）。电影中唯一有行动的机构来自公共关系行业，它炮轰美国民众认为番茄发动的袭击是来自上帝的恩宠。

皮斯在这部电影中扮演了一个重要角色，一名精神错乱的突击队员，完全没有意识到第二次世界大战已经结束，大部分时间都拖着已打开的降落伞在地面上跑来跑去。如果说这部电影反映皮斯对美国政治的愤世嫉俗，那么他的行动不止于此。他的继父与当地民主党人士关系密切，皮斯也对政治运作产生了兴趣。他先是成为立法机构的工作人员，近距离观察立法的整个过程。在 29 岁那年，他决定竞选加州议会的一个席位。他成功了，并在接下来的十年里赢得了其他议员的信任。一提到斯蒂芬·皮斯，人们似乎首先想到的是他出演过一部和番茄有关的电影，这只是肤浅的认知；同事们很快发现，他在处理棘手问题上有着特殊才能。公共政策领域复杂乏味，向来缺乏社会曝光度，费时费力，即使最强硬的立法者也不会轻易涉足，公用事业的管理就是其中之一。仅仅听到"规范公用事业"这几个字，就足以让观众切换频道，让读者跳向下一段新闻。这是美国社会极具讽刺意味的事实，电力行业影响着千家万户，却几乎没有引起公众的兴趣。

无论出于何种理由，皮斯对这个议题表现出了极大的兴趣，如果在加州议会大厦的走廊上碰到他，他可能会拉着你讨论几个小时关于公用事业公司和监管结构的话题。随着了解不断深入，成为州参议员的皮斯承担了

---

① 至少观众是这么认为的，剧本的逻辑并不严密。

② 坚毅桌，是一张于 19 世纪打造的书桌，多次被美国总统放置在白宫的椭圆形办公室中使用。——译者注

更多委员会的任务和责任，并成为电力和公用事业领域的权威。

1996 年，在皮斯的领导下，州政府尝试打破现有电力市场平衡，重塑电力行业格局，制定了被形容为厚如电话簿的新法案。工作人员几个月连轴转的艰苦努力，也赢得了"皮斯死亡行军"的称号。新的电力交易机制诞生了。

旁听公共政策辩论的群众寥寥无几，但听证会本身揭示了一段漫长而复杂的历史，反映了美国经济性质的变化过程。[10] 早在 18 世纪末至 19 世纪初的自由放任经济时代，加州的电力市场是自由市场经济的乐园。电力公司随心所欲地建造大型发电厂和输电线路，随行就市收取电费。但事实证明这正是问题所在，供电等公共基础设施领域是自然垄断行业，发电厂和电网的建造成本很高，在任何一个特定地区都只能有一家大公司具备经营空间。这些电力寡头利用垄断地位收取高额费用，并且拒绝在农村、郊区等盈利能力较差的地区建造输电线路。

电力及其现代性，本身就是一种奢侈品，而人们想要普遍享受这种奢侈，政府也满足了民众的愿望，这种共识催生了新政时期盛行的模式：公用事业仍然由私营企业垄断经营，但同时也受到政府的严格监督管理。加州公用事业委员会就是这样的机构，它的诞生就是为了确保公用事业公司不滥用市场支配地位损害消费者利益，并督促其提供可靠的服务。

事实证明这套体系运转良好，公用事业委员会默默无闻地确保费率处于合理区间，电力的应用几乎扩展到美国人生活的每一个角落，似乎成为一项基本人权。

20 世纪 70 年代是动荡的年代，在欧佩克对美国禁运期间，电价与石油价格同时上涨，也造成电力行业监管部门的混乱。官员们似乎永远不能把粥熬得恰到好处，不知道该如何有效应对；价格不断上涨，公用事业公司则年复一年地跌跌撞撞，没有明确的发展方向。委员会内部也争吵不休，什么价格算"合理"？什么时候涨价算"正当"？公众逐渐对这种管理体系失去信心。同时，环境法也增加了新建电厂的难度。美国公众非常重视环境议题，不希望因为生活在煤电厂的阴霾下导致孩子罹患哮喘或自己死于早期呼吸系统疾病，这种诉求也减缓了新设施的建设。即使监管机构通过鼓励节约来减少用电量，但加州仍然时不时地出现电力短缺的局面。

于是，在 20 世纪 90 年代掀起了一股对电力行业放松管制的呼声，目的是以竞争性市场取代高度管制的垄断性市场。人们逐渐相信在充满自由竞争的环境中可以自由买卖电力，市场这只"看不见的手"的力量将使电力价格逐渐下降，同时激励公用事业提高效率并增加产量。

太阳底下没有新鲜事，都是旧事重演。[11] 虽然在灾难发生后全国性媒体都进行了铺天盖地的报道，然而在 1996 年的夏天，放松管制法案的起草过程并没有引起公众的关注，全国性媒体的报道几乎为零。①

并不是说皮斯和同事们在空荡荡的礼堂中召开着会议，讨论着电力和费率合理性等相关议题。事实上，房间挤满了围观讨论的人，他们中有律师、说客和顾问，这些人收取高昂的费用，代表着大型公用事业公司、天然气公司和贸易公司，比如科氏工业，或者其能源业同行安然。

穿着考究的说客坐满了皮斯听证室的观众席，这只是一场扩大政治影响力行动中最显而易见的部分。当皮斯被邀请在关于放松管制的活动上发言时，越发加深了他的感受。邀请来自一个鲜为人知的组织，叫作美国立法交流委员会。他和其他人一样惊讶地发现，他自己——一个民主党人，正对着这个群体发表讲话。

美国立法交流委员会是一个伞形组织，负责协调全国各地保守派州议员的工作。[12] 由于州立法机关常常被视为政策的死水区，这种使命和组织形式都成为一种创新。美国立法交流委员会通过给过度劳累并且收入过低的州议员提供更多的资源，成功扩大其影响力。该委员会诞生于 1973 年，当时自由派主导着华盛顿。创始人保罗·韦里奇是一名宗教保守主义活动家，他认为在州一级推行政策理念会更加行之有效。他是对的。

尽管商界在这一议题上摇摆不定，迟迟无法达成一致意见，但美国立

_____

① 时至今日几乎依然如此。

法交流委员会仍坚持推动电力行业放松管制，并邀请站在相似立场的皮斯发表讲话。[13] 委员会支持的原因很简单，因为它的政策立场是由其成员中出价最高的公司主导的，其中包括了科氏工业和安然等行业巨头。在美国立法交流委员会成立之初，该组织无论是资源还是成员都少得可怜，能起到的作用也很有限。为了发展壮大自己，委员会的领导者决定寻求企业赞助，这一策略与保守派商界的理念一拍即合，他们认为政府机构应该更像私人企业，推广最具有市场价值的理念。委员会逐渐形成"付费参与"的游戏规则，缴纳会费的成员公司不仅能决定政策推广的方向，甚至还能参与共同起草法案，然后交由委员会旗下的立法委员带回立法机构，并尝试推动法案生效。

该委员会还成立了特别工作组，专门负责处理成员关心的问题。特别工作组的领导小组由公司代表和州立法委员组成，这种美国历史上独一无二的合作关系，给了企业史无前例的参与制定公共政策的机会。

尽管宝洁和康胜啤酒等知名品牌公司也加入了该组织，但科氏工业是最活跃的参与者之一。1997 年曾担任委员会董事长的邦妮·休·库珀回忆说，科氏工业几乎从不缺席特别工作组的会议。一个叫迈克·摩根的科氏工业的说客曾与库珀在委员会的董事会共事过。20 世纪 90 年代末，当委员会陷入财务困境时，科氏工业还曾通过关联网络向委员会提供了 50 万美元的借款以维持其运营。[①]

在这一过程中，由于对为议员的竞选活动提供资金持积极态度，科氏工业在委员会内部也获得了举足轻重的地位。以当时的行情资助一位州议员的竞选活动，即便是几千美元也能起到作用，性价比很高。

科氏工业集团和安然公司是美国立法交流委员会特别工作组的主要成员，该工作组在 20 世纪 90 年代推动了全国范围内的电力放松管制。[14] 科氏工业和安然的出发点一目了然，放松管制能让它们进入垂涎已久的新市场。

---

① 美国立法交流委员会的董事会会议文件多次提及该笔借款。最具体的借款来源标注为"科氏基金会"，大概是指查尔斯·科赫慈善基金会。

但在一开始时没人敢拍胸脯说目标一定会实现，尤其在还有委员会的公用事业公司成员反对的情况下。放松管制将打破现有的公用事业运转模式，迫使公用事业公司购买电力而非自行发电。

公用事业公司在美国立法交流委员会的"立法权拍卖"中被迫出局，科氏工业和安然依靠雄厚的财力赢得了这场战斗。一位名叫蒂姆·基奇莱恩的公共事业游说人士曾对《奥斯汀美国政治家报》说："这种情况相当于你买了一张票，然后才有机会投票并决定政策走向……没有足够的票数站在我们这边……如果方向与我们一致，他们不需要说服我们；如果方向相反，我们无法阻止他们。"

科氏工业和安然赢得这场战斗后，美国立法交流委员会为放松管制特别制定了"示范法案"。在密西西比州和南卡罗来纳州，示范法案几乎被一字不差地推广。在加利福尼亚州，共和党籍州参议员，同时也是美国立法交流委员会成员的吉姆·布鲁尔特，与皮斯一起协助指导立法工作。假如没有美国立法交流委员会这种组织持续施压，放松管制何去何从根本无从知晓。在人们没有走上街头，高举标语牌和横幅要求电力交易的情况下，普通民众肯定对投票起不到推动作用。放松管制对消费者的直接好处微乎其微，即使消费者能自由选择电力供应商，也只能节省几美分——最好的情况也就是几美元的电费。

尽管在推动着放松管制的立法，但皮斯仍然忐忑不安，他对自由市场的倡导者们始终持怀疑态度。[15] 他知道，从长远来看，竞争市场可能带来更高的效率，但也会带来更强烈的波动。市场并不在乎一个位于圣迭戈的普通家庭是否有能力承受这种波动，也不在乎居民用电价格是否清晰可测。皮斯发现行业说客和交易商们似乎并不在乎这些，狂奔中的火车已经停不下来了。

"我意识到一切都在进行中，这是持续多年的精心布局。"皮斯说。

这项本质上激进的法案于 1998 年 8 月通过，[16] 导致加州大型公用事业公司分崩离析，旗下发电厂不得不对外出售，其中许多本来就在得克萨斯州作为独立公司运营；输电线路也被剥离，被整合成类似铁路或管道的电网业务，实现运输与生产、销售分开，并向第三方市场主体开放。公用事业公司"荣升"为中间商，在公开市场上从科氏工业等公司的交易员手中购买能源，然后转手卖给下游有需求的客户。电力的商品属性得到了更好的体现，变得越来越像天然气或其他大宗商品。

这项法案需要两年才能完全生效。但在 2000 年，市场已经完全开放，"淘金热"已经开始。科氏工业是为数不多已经做好准备的公司之一。

*****

科氏工业利用自己成熟的情报网络，支撑着新组建的电力交易团队在市场上叱咤风云。[17]

电力交易团队使用内部开发的"西部电力出清模型"（West Power Clearing Model）进行市场分析。[18] 该模型工具是一个软件程序，通过分析大量数据来确定加州等地的电力供需。该模型不仅考虑了南加州（又称"西南部沙漠地区"）以及北加州等几个关键节点的电力储备水平，还纳入了输电线路的成本和多个地区的电力价格情况等因素，整合了发电厂停机公告、天然气价格预期和能源需求预测等公开信息，有助于交易员像在原油市场上那样，利用被割裂的市场中不断变化的价格进行基差交易。

安特里奇领导了一个由几名交易员组成的小团队，在加州市场开放伊始就使用西部电力出清模型。[19] 团队中的明星交易员名叫梅利莎·贝克特，这位年轻女子毕业于福特海斯州立大学。交易大厅中充斥着年轻的白人男性，但贝克特努力从中脱颖而出，以敏锐的交易头脑赢得了同事的尊重。作为典型的小镇姑娘，她具备良好的职业道德。她留着齐肩短发，着装低调朴素，常常以白色衬衫搭配深色休闲裤，自然而不做作。她总是早早到岗上班，麻利地联络商品经纪人、其他交易商和公用事业公司，了解最新的价格。经验丰富的贝特克曾在科氏原油交易团队工作过，对公司内部数据的使用非常熟悉。她利用这些数据计算出电力的边际成本，然后与市场价格进行对比，努力击败其他竞争对手。

计算电费只是公式的一部分，交易员还必须在皮斯的法案中找出加州市场的法律参数。

该法案创造了加州电力交易中心（California Power Exchange）——一个提供电能批发交易的平台，[20] 电力公司必须将其发电量通过电力交易中心出售，公用事业公司必须向电力交易中心购买电力以满足下游客户的需求，交易员等其他市场参与者则自愿参与交易。

这种交易机制存在着严重的隐患。交易中心的价格随着市场情况波动，但公用事业公司收取电费却有严格的限制。于是，公用事业公司联合施压，要求政府提高收费标准，以弥补由于新法案迫使这些公司出售发电厂造成的损失，承担法案生效前所投入的 200 亿~300 亿美元的升级改造成本。政府同意了公用事业公司的诉求，将电力的零售价格设置为高于批发价格，这样在放松管制的头几年里，公用事业公司就能获得可观的利润以弥补损失。

如果回到 1998 年，没有人会相信，在放松管制的时代，电力的批发价格会一路走高。然而，理想很美好，现实很残酷，事态逐渐开始恶化。由于不允许电力公司将高购电成本转嫁给用户，电力的销售价格由政府封顶，不与批发上网电价联动。安然公司这样的交易商将政府限价作为替罪羊，以证明加州创造出了一个扭曲的市场，充满剥削。但事实上限价更像是下限而非上限，政府的承诺将销售价格推高到足以让公用事业公司收回其最低沉没成本①。该法案中缺乏的正是反映供求关系的条款，如果批发价格飙升，则应当调整管制价格，允许销售价格上涨。

该法案中还藏着另一个隐患。为了维持电力系统的安全性，政府成立了非营利机构——加州独立系统运行机构（California Independent System Operator），该机构总部位于萨克拉门托附近，人员构成主要为工程师和操

---

① 此处的沉没成本应指竞争过渡成本或搁浅成本，是指在电力工业改革之前，因投资、签订合同和管制政策所形成的成本，这种成本是无法通过市场价格收回的，是经联邦能源管理委员会和加州公用事业委员会准许并由电力公司代收的专项费用。——译者注

作工，它就像空中交通管制塔一样，主要负责部分电力现货市场、辅助服务市场和阻塞市场管理，此外还负责电网的调度计划管理、实时调度、电力交易结算管理及与周边联合电力系统的安全协调等系统运行与安全工作。独立系统运行机构只接受来自电力交易中心的计划和报价，因此两家机构必须协同发挥作用。

电力交易是一个"日前"（day ahead）市场，这意味着公用事业公司要提前一天购买次日计划使用的电能。在交易中心当日交易结束后，独立系统运行机构的工作人员会确保次日发电侧供应与售电侧需求相匹配，结合机组运行及电网运行边界条件，以实现最低全网发电成本为目标进行全电量优化出清。在电力供应较为紧张的时期，独立系统运行机构可以通过辅助服务市场获得备用电能服务，通过高价购电的方式应急支撑起电网的运行。整套机制设计的初衷并不是让加州独立系统运行机构频繁使用该功能，而是令其如同一张安全网，在紧急时刻兜底的同时尽量避免被使用。

皮斯在立法时认为，独立系统运行机构只会在紧急情况下偶尔购买少量电力，然而事实证明，在电力供应较为紧张的时期，辅助市场上备用服务的价格反而远远高于正常电力市场价格，对于科氏工业的交易团队来说，这种诱惑不容忽视。

*****

贝克特和她的交易团队是加州新市场最重要的参与者之一，就像买卖原油期货那样，只是这一次客户变成了加州的大型公用事业公司。这些公司不再拥有发电厂，只能被迫在公开市场上购买电能。

贝克特的办公桌并不整洁，看起来像是电话推销员的办公桌。交易员们坐在各自的工位上，对着黑色麦克风讲话，聚精会神地盯着电脑显示器，偶尔抬头看一眼悬挂在墙上的大屏幕上不断滚动更新的信息。办公桌上杂乱无章地堆着一摞摞资料和文件夹，还有一个空的咖啡杯和放在文件上的纸巾盒。

如往常一样，贝克特一上班就开始打电话给落基山脉以西的交易员、经纪人和客户们。[21] "比利，怎么样了？"她直呼对方的名字，开始讨价还价。虽然听起来很随意，但贝克特的价格是基于信息、分析和科氏工业精心设计的西部电力出清模型做出的预测。

在开头几年里市场运行平稳，正如皮斯等立法者所预期的那样，电价确实有所下降，大部分交易集中发生在电力交易中心，价格高昂的紧急交易很少发生。

然而，在 2000 年 1 月初，西部电力出清模型开始产生异常数据，显示加州似乎出现了供应紧张的局面。[22] 加州已经有将近十年时间没有新建发电厂了，但对电力的需求一直稳步攀升。由于干旱少雨，水库的水位也越来越低，水力发电量捉襟见肘。炎热的夏天即将来临，用电负荷猛增。需求旺盛，供应紧张，这意味着电力价格将很快上涨。这与奥尼尔的天然气交易团队的分析基本相同，天然气价格的上涨直接推动了发电成本的增加，最终导致批发市场电价飙升。

问题依然存在，由于零售电价被政府规定为冻结电价，设置了价格上限，不与批发上网电价联动，所以造成了潜在的价格扭曲，无法真实地反映供求关系，批发上网的电价可能高于零售电价，进而导致电力公用事业公司亏损。博弈随之出现，一些公用事业公司开始故意低估负荷，试图规避价格上限。交易员们普遍认为，由于零售价格上限的存在，加州事实上并没有完全取消管制。他们还觉得加州的政治家和领导人过于愚蠢，既不愿承认现实又无法改变事实，如果市场信号指向别的方向，就不应该遵守所谓价格上限。

安然交易员的这种想法被电话录音记录在案，调查人员后来获得了这些电话录音，其中有几句话反映了当时的情况："伙计，那位老奶奶米利耶……现在竟然想拿回她那该死的买电钱……给她报价每兆瓦时 250 美元，让她知道疼。"[23]

交易员总能找出让市场机制在加州漏洞百出的体制中发挥作用的方法。[24] 在 2000 年春天，就像贝克特所说的那样，交易员准备"增加多头收益"，他们希望拥有电力并以高于交易中心规定的价格进行出售，而提高售价的唯一方法是，在紧急情况下卖给独立系统运行机构。根据规定，只有拥有发电能力的发电商才能向独立系统运行机构出售电力，科氏工业不具备这样的资质，需要另辟蹊径。正如安特里奇后来对联邦调查人员所说的那样："我们得出的结论是，只要能把我们的多头持仓带入实时电力市场，就能增加盈利。"

发现这条途径纯属偶然，灵感来自汤姆·内史密斯，一位在发电商工作的销售员，他向安特里奇提出了一个被称为"电力关联交易"的新颖想法，正是这种交易方法，为科氏工业带来了在加州攫取暴利的机会。

*****

起初，安特里奇找到内史密斯并不是为了寻找新的交易技术，由于科氏工业旗下没有发电厂，公司的能源贸易情报网络正好缺少这一关键部分。[25] 当时，安特里奇试图通过与拥有发电厂的公用事业公司建立信息共享渠道来获取这些信息。

最终，他找了一家加州以外的公用事业公司——新墨西哥公共服务公司（PNM）。PNM 在亚利桑那州拥有一座发电厂，向加州出售电力，这意味着这家公司可以进入令人垂涎的辅助服务市场。安特里奇希望与 PNM 签署合作协议，让科氏工业的交易员能够获得 PNM 的内部信息，比如发电厂停机信息等，以及其他可以让科氏工业在应对市场变化方面领先一步的数据。作为回报，PNM 将获得科氏工业的内部天气预测和对天然气市场的预测等交易分析材料。

安特里奇和他的团队为 PNM 起草了一份咨询协议，详细说明了信息共享的内容，[26] 并将协议交给了内史密斯。这位销售员对这一安排很感兴趣，但他更想与科氏工业探讨另一种可能性——科氏工业可以和 PNM 合作执行的电力关联交易方案。

安然的交易员于 20 世纪 90 年代发明了电力关联交易方案，简单来说就像一种抽屉协议，假借 PNM 的身份将加州的电力"出口转内销"，目的是绕过加州的监管障碍。为了实施电力关联交易方案，科氏工业或安然的交易员将加州一家发电厂的电力卖给了该州以外的客户，比如位于亚利桑那州的 PNM，交易在限价的日前市场进行。但该笔交易实际上是虚构的，第二天，电力本应从加州外输到 PNM，但 PNM 反向将同样数量的电力从亚利桑那州销售到加州，并进入价格更高的实时辅助服务市场。这样一来，两个相反方向的销售计划相互抵消。

这种交易策略后来被联邦监管机构认定为不正当交易，因为电力并没有像纸面上记载的那样到亚利桑那州一日游。相反，实际情况是电力在加州境内产生，在第二天卖给加州的一位客户，全程没有离开过加州。这一切只是科氏工业和 PNM 之间的纸面游戏，但之所以这样做，是因为根据加州的法规，来自亚利桑那州的电力被允许进入辅助服务市场，提供备用服务获得高额回报，来自加州的电力则不被允许。[27]

PNM 掌握了电力关联交易后，便立刻开始向电力交易商推销这种策略。[28] 有的交易员对签约犹豫不决，担心自己可能被困在洲际输电线路上，而内史密斯向这位交易员保证说："很幸运的是，在这种情况下，你就是那个掌控电闸的人。"联邦政府专家将这句话解读为 PNM 一直认定电力关联交易不过是文字游戏而已。

内史密斯明白，像科氏工业这样的公司可以通过抽屉协议赚取巨额利润，因此，PNM 对这项服务收取高昂的费用。根据协议，科氏工业需要为参与电力关联交易支付 34.56 万美元的预付款，并且每兆瓦时要支付 1 美元的额外交易费用。

2000 年 2 月 28 日科氏能源贸易公司与 PNM 签署了电力关联交易协议，[29] 在未来几个月中，科氏工业将借用 PNM 的州外公用事业公司的身份进入加州的辅助服务市场。

协议原定于 2000 年 7 月生效，但它们实际开始电力关联交易的时间要早得多。科氏工业通过供求模型看到了供应紧缩，5 月电价开始飙升，电力关联交易让科氏工业抓住了窗口机会。安特里奇写道："我对未来几周的行情感到兴奋，也对今年夏天电力关联交易给我们带来的机会感到兴奋。"[30]

2000 年 5 月 22 日星期一，科氏工业完成了第一笔电力关联交易，[31] 向加州电力交易中心出售了 950 兆瓦时的电力。当天的市场价格很高，科氏工业的平均售价达每兆瓦时 108.99 美元，是一年前的 4 倍左右。一股不寻常的热浪席卷了加州，推高了电价，企业和居民纷纷加大了空调的负荷，用电量大幅增加。

与此同时，由于整个加州电力系统的运行备用低于 5%，独立系统运行机构被迫宣布处于"二级"缺电警戒状态，[32] 这意味着如果需求持续高企，电力部门可能会启动限电措施，而摆在管理者面前最急迫的问题，就是寻找备用电力服务填补缺口。

科氏工业的电力关联交易完美地利用了这种绝望，[33] 它借用 PNM 向加州卖出 650 兆瓦时的电能。联邦调查人员称，当天科氏工业通知加州电力交易中心，计划在第二天向 PNM 出售 650 兆瓦时的电能。调查报告显示，科氏工业很清楚次日同等规模的电能将从 PNM 销往加州紧急电力市场。

在科氏工业与 PNM 合作的 650 兆瓦时电能的倒买倒卖中，[34] 科氏工业以每兆瓦时 336.40 美元的价格向加州独立系统运行机构直接售出了 50 兆瓦时，随后又以每兆瓦时 539.95 美元的价格在"日内"（day of）市场向电力交易中心出售了 450 兆瓦时，以每兆瓦时 625 美元的价格向一家公用事业公司出售了 125 兆瓦时，剩余部分以每兆瓦时 320 美元的价格卖给了安然。

这笔交易为科氏工业带来了 315 788 美元的利润，而加州则付出了高昂的代价。通过电力关联交易，电力交易商大胆地在电力市场上任意提高价格，期望即使不能中标，也仍然可以在辅助服务市场上提供备用服务获得丰厚的回报，日前市场的竞争程度大幅降低，独立系统运行机构支付昂贵的溢价，成本则转嫁至加州的公用事业公司。

这套游戏策略对现实世界产生了灾难性的影响，[35] 橘子郡政府大楼停电，政府公务员不得不提前收工；在洛杉矶北郊的圣克拉丽塔山谷，学区支付了紧急电力费用以保证学生上课，包括每小时高达一万美元的罚款。而在 6 月 14 日，科氏工业的交易员又完成了一笔利润丰厚的电力关联交易，获利

874 523 美元。[36]

6 月 15 日，安特里奇给一位名叫布里安·阿里亚加的老朋友发了一封电子邮件。阿里亚加在科氏工业的交易部门工作过，虽然后来跳槽去了别处，但是跟部门的同事依然保持着良好的关系，常在工作时间互开玩笑。

下午两点，阿里亚加给安特里奇发了一封电子邮件，评论加州异常温暖的天气，这使加州的电价创下历史新高。[37]

"今年夏天的圣安娜风是不是刮得太早了一点儿？"阿里亚加写道，"我希望你们多头持仓。"

安特里奇那天下午估计很忙，直到当天傍晚 5 点 19 分才回复邮件，那时已经闭市一段时间了。

他写道："我都不知道该怎么跟你形容事情的进展，我们一直在跟 PNM 做电力关联交易，在过去的两周时间里已经赚了 200 多万美元了，哈哈哈！"

6 月 14 日和 15 日，加州局部地区的气温上升到 100 华氏度以上，旧金山是 103 华氏度，圣何塞是 109 华氏度。[38] 空调在加州数以百万计的家庭和企业中普及，重负荷使输电线路陷于瘫痪，也使发电厂情况恶化，电价随之飞涨。

在萨克拉门托郊外，加州独立系统运行机构的控制室内，墙上大大小小的电子地图和屏幕上的灯光不断闪烁着。[39] 交易员看着电脑显示器上的电子通信录，绝望地给经纪商一个接一个地打电话，只求能购买到电力从而保持系统正常运转。交易员疯狂的理由很充分，现代电网就是要满足不间断地稳定供电，如果供应得不到满足，哪怕只是一小会儿，也可能导致大面积断电等连锁反应，这会影响数百万居民的正常生活。

到了 6 月 14 日下午，加州系统的电力储备下降至 7% 以下，电力短缺情况再次加剧，州政府宣布进入"一级"缺电警戒状态，开始分区轮流停电。[40] 下午 1 点 22 分，旧金山的公用事业公司太平洋煤气电力公司一次性切断 3.5 万个客户的供电，让他们在黑暗中待了 60~90 分钟，然后转移至下一个社区停电。旧金山海特街的啤酒屋一片漆黑。人们只能带着笔记本电脑，开车前往临近城市的咖啡店继续办公。

这还不是最糟糕的时刻。

*****

整个秋季，电力交易员继续与电力系统进行博弈，利用不易察觉的复杂方案，将电能从日前市场转移到辅助服务市场。[41] 随着冬天的临近，各种意外事件的发生仿佛是在助纣为虐，犹如隐形的小精灵到加州来制造了一场浩劫。南加州的一条天然气管道破裂，中断了发电厂至关重要的燃料供应；一场风暴袭击了海岸，海藻堵塞了一座核电站的进水阀，迫使核电厂停机，加州再次损失装机容量。

这就形成了一个破坏性的恶性循环，每当电价上涨，经纪商的交易员就更有动力去操纵市场，导致价格进一步上涨。而当 1 月再次来临时，加州发现自己的电力市场仍然像夏季高峰那样，处于需求旺盛、供应有限、严重溢价的环境中。

市场失灵对该州三大公用事业公司造成严重伤害，被强制出售发电厂的它们只能从现货市场购买电力供给用户，由于其零售电价被政府规定为冻结电价，不与批发上网电价联动，导致公用事业公司严重亏损，濒临倒闭。没有人能预料到，三大公用事业公司中的太平洋煤气电力公司和洛杉矶地区的南加州爱迪生电力公司的亏损合计接近 100 亿美元，沉重的债务让这两家公司难以为继。①

皮斯处于一种奇怪的境地，比任何人都了解加州功能失调的他此时却束手无策。[42] 他已经不再是加州参议院能源委员会的主席了，即使他在任，能做的也非常有限，只能眼睁睁地看着电力系统勉强维持运行。这一幕在他看来可能似曾相识。与《番茄杀手》中的一个小插曲一模一样！当时美

---

① 规模较小的圣迭戈煤气电力公司是加州三大公用事业公司中唯一全面放开管制的公司，它得以将批发市场高昂的购电成本转嫁给消费者，也导致其所辖供电区域的电价大幅上涨。——译者注

军正争先恐后地摧毁劫掠中的番茄，摄像机在军队指挥中心上空摇曳，文件四处散落，一片混乱；战士们在临时办公桌旁争吵不休，大喊大叫，但却无力抵抗番茄造成的威胁。

位于萨克拉门托附近的独立系统运行机构也颇有些认命的味道，[43] 墙上的输电线路图不断闪烁，交易员拿着廉价的塑料咖啡杯四处走动，眼中充满震惊之色。他们是价格接受者①，为了避免停电，只能任人宰割。

直到独立系统运行机构被漫天要价，皮斯才意识到他在加州放松管制的立法过程中犯下了致命错误。在所有马拉松式的辩论和谈判中，立法者都没有对市场的力量给予足够的重视。在电力需求快速增长、电力供需严重失衡的背景下，新电力市场规则缺少电价对需求的反馈作用，以及存在滥用市场力量等缺陷。除了处于垄断地位的公用事业公司，科氏工业和安然的交易员也拥有市场力量。电力是一种特殊商品，与玉米和石油等其他商品不同，电力不能储存，必须创造"即发即用"的环境，这使电网特别容易受到市场力量的影响。只有经过专业配置的电网，才能完美地匹配实时供需关系，电力供应不足就会导致断电。换言之，电力公用事业公司和独立系统运行机构只能被迫接受电力批发市场上形成的昂贵电价，去满足近乎刚性的电力需求，这导致电力价格直线上升。辅助服务市场是一个卖方市场，精明的交易员会精确地计算出"赎金"的价格。

市场的混乱失调最终导致加州政府不得不出面干预。在20世纪90年代推动放松管制的共和党籍州长皮特·威尔逊已经被民主党籍的新州长格雷·戴维斯所取代。虽然有些平庸，但戴维斯是一个很受欢迎的州长。[44]他是一名职业政治家，以58%的得票率当选。电力管制并不是戴维斯的专长，但是很明显，他和州议会的首要任务就是解决放松管制留下的烂摊子。

---

① 价格接受者指对其产品或服务的价格控制力弱的企业。相对应的是价格制定者，指那些对其产品或服务具有一定控制力的企业。——译者注

*****

2001 年 1 月 12 日的周末是一个小长假，也是人们最后的喘息机会。[45]
大型公用事业公司在马丁·路德·金日[①]后的一周内有大量债务到期，以它
们的资金状况显然无力偿付。债务违约的后果难以预测，但可以肯定是灾
难性的，医院、机场、商场和家庭供电都会受到强制断电的影响。

戴维斯在州议会大厦设立了作战室，在加州和华盛顿的联邦能源管理
委员会之间架设了实时卫星连接，他整个周末都在那里工作。与此同时，
加州议会也忙碌着起草紧急法案，以便戴维斯在星期二上午市场开放时
签署。

戴维斯很快意识到，能源交易商并不愿意妥协，市场价格没有商量的
余地，他们只想拿到钱。[46]得克萨斯州的德能公司（Dyenergy）明确表示，
宁愿看到该州最大的公用事业公司之一南加州爱迪生电力公司破产，也不
愿免除其债务。为了解除公用事业公司的债务危机，加州需要起草一份对
德能等公司有利的救助法案。"如果这项法案不能在未来两天内通过，那么
一切都将分崩离析。"德能公司总裁斯蒂芬·W. 伯格斯特龙告诉《洛杉矶时
报》，"什么时候，如果它们……星期四违约了，我们别无选择，只能让它们
破产，我相信其他人也会站在我们这一边的。"

联邦能源管理委员会也拒绝在重要方面妥协，该机构正处于克林顿政
府和小布什政府的夹缝之中，不打算出手干预。[47]这使戴维斯和州议会只
剩下一个选择，利用加州自身的信用评级和资金介入，维持这个摇摇欲坠
的市场体系。立法者另辟蹊径，准备让一个相对不知名的机构来购买电力，
然后转交给公用事业公司。

整个周末，戴维斯和他的团队花了大量时间就州政府支付的电费金额
进行谈判。戴维斯试图讨价还价，想在 3 年内按每千瓦时 5.5 美分的价格支

---

① 马丁·路德·金为黑人谋求平等，发动了美国的民权运动，为了纪念他的功绩，1986 年
罗纳德·里根总统宣布，每年 1 月的第三个星期一为马丁·路德·金日，这是美国唯
一一个纪念黑人的联邦假日。——译者注

付，而交易商和背后的工业集团表示，它们希望在 3 年内至少能卖到每千瓦时 8.5 美分。大家心里都清楚，戴维斯没有讨价还价的余地。

谈判一直持续到星期二，争论的焦点依旧是价格，这个数字显然已经达到几十亿美元。星期二整个下午，州议会都在就紧急救助计划进行讨论，多年前皮斯也是在这个会议室就放松管制措施举行长达数小时且围观者寥寥的听证会的。而现在情况截然不同，灾难性的事件足以引起全国新闻界的注意。到星期二晚间，州议会似乎对紧急法案有了大致的了解，开始对在公用事业公司倒闭前制订出的紧急救助计划投票表决。

大约在这个时候，一个叫迈克·鲍尔斯的卡车司机驾驶他的卡车驶离了高速公路，来到萨克拉门托。[48] 鲍尔斯有精神病史以及一长串的犯罪记录。他将卡车加速到每小时 70 英里，像导弹一样撞向州议会大厦一侧的白色石墙，油箱立刻爆炸，一团火球掠过大楼外墙。不可思议的是，鲍尔斯是当晚唯一一丧命的人，而他的动机一直是个谜。

次日早上，州议会大厦被熏得发黑的外墙继续阴燃着，戴维斯宣布加州进入紧急状态。事已至此，他无须多言，在浓郁的烟气和杀气中，州议员们通过了紧急救助计划。

*****

2001 年春天，这场危机最终演变成政府上演了愚蠢且无能的传统套路，而戴维斯的救助计划巩固了这一观念。[49] 州政府毅然决然地大笔一挥，为公用事业购买电力，却不从根本上改变市场失灵的现状。电力批发价格继续飙升，交易商赚得盆满钵满，州财政为这一切买单。1 月至 6 月，加州政府按市场价格购买了约 3 080 万兆瓦时的电力，而纳税人为此付出了大约 90 亿美元。

即便如此，电网依然无法保持稳定，公用事业公司只能采取轮流停电措施，居民社区和购物区的供电无法维持，连交通信号灯都被调暗。纳税人为加州第三世界水平的电网付出了巨额补贴。民众怨声载道，指责州政府制定的放松管制方案，指责政客们对安然这样的自由市场传道者并没有给予足够的关注，给了它们可乘之机。水能载舟，亦能覆舟。

这种说法具有一定的误导性。[50] 最大的误解是州政府放松了对电力批发市场的管制，同时对消费者电价实行"限价"，电力用户似乎能够坐享其成，听起来像是一个荒谬的设计体系，散发着迎合选民的味道。这种说法恰好有助于解释大型公用事业公司为什么会破产，因为它们无法转嫁高昂的成本。但实际情况是公用事业公司首先推动了利率冻结，希望通过利率上限在几年内获得超额利润。在圣迭戈，利率上限已经解除，除了将过高的价格直接转移到普通用电民众身上，没有什么变化。

另一个误解是由于放松管制的法案过于复杂，在某种程度上成为高价的罪魁祸首。新闻报道提到了电力交易中心和独立系统运行机构同时存在，价格管制和电力买卖的不同规则，使整个体系听起来像一盘意大利面，扭曲市场的同时不可避免地抬高了价格。而事实上，正是交易商和发电商利用复杂的规则掩盖了自己的行为，与体系博弈导致了过高的电力价格。

最后一点误解很少被提及，即联邦监管机构有能力阻止这场危机，却选择按兵不动。加州的放松管制法案赋予联邦能源管理委员会对任何市场操纵行为进行监管的权力，但正是联邦能源管理委员会在 2000 年底发现价格过高等不公平现象时，做出了不惩罚交易员和发电厂的决定。在危机恶化期间，联邦能源管理委员会连续数月拒绝插手干预。

而在所有关于加州电力危机的新闻报道中，有一个名字从未被提及：科氏工业集团。这不是偶然。

*****

2000 年 11 月 20 日，科氏工业在加州扩展电力关联交易。[51] PNM 在 2001 年夏天向科氏工业提供了一份新的电力关联交易协议，价格应该极其诱人。

新协议上有 PNM 的签章，但没有科氏工业的。就在其被认为前途无量的时候，科氏工业放弃了电力关联交易。[52]

随着电力价格上涨，其他公司纷纷加大了博弈的力度，但科氏工业似乎悄悄地削减了投入。[53] 在纪律意识和坚持可持续发展方面，科氏工业的竞争对手无法企及。比如，安然公司就热衷于操纵性交易，为了实现公司的季度盈利目标，除了电力关联交易，安然甚至还无端地使用"胖子"（Fat Boy）和"死星"（Death Star）等名字进行交易。科氏工业则没有这方面的担心。

查尔斯·科赫吸取了原油窃取案的教训，交易团队不会也不需要大举在法律的灰色地带游走。[54] 由于充分利用内部信息，科氏工业在缺乏透明度、监管不严的衍生品市场进行交易已具有优势，卷入不加掩饰的市场操纵只会有害无益。

加州的情况也确实如此。即便联邦能源管理委员会冷眼旁观，但很多政坛人物对市场操纵颇有怨言。不难想象，接下来可能会有更多的调查，甚至会召开一到两次国会参议院的听证会。

在 2000 年冬天，科氏工业的首要任务是说服。[55] PNM 的交易团队一直试图说服安特里奇在电力关联交易中注入更多资源。然而，科氏工业只是想要 PNM 的信息。安特里奇和他的团队扭转了话题，在一次次高尔夫郊游和用餐的过程中，安特里奇一直尝试说服 PNM 接受科氏工业的观点，真正的金矿在于分享运行情况、电力传输情况和天气分析等内部信息。最后，科氏工业赢了。PNM 于 2001 年 1 月底签署了一项信息共享协议，有助于科氏工业避开不久后落在安然身上的注意力。被曝光进行市场操纵的安然成为众矢之的，而科氏工业虽然也参与了市场操纵，但由于其规模较小并保持低调，所以没有多少人发现科氏工业在这场危机中扮演的角色。

*****

加州危机在 4 月结束。联邦能源管理委员会最终决定插手干预，在 4 月 26 日发布了一项命令，对辅助服务市场实行固定价格上限，限制了电力交易商和发电商操纵市场的能力，解决了由"市场力量"引发的问题。当月，加州电力危机结束。[56]

不仅如此，联邦能源管理委员会还下令，如果发现价格操纵等行为，必须向消费者退款，扭转了去年 11 月的错误决策。委员会还命令加州体系内的所有发电厂，必须在实时市场上提供电力，电力禁止出售到外州或流向非实时交易的市场。6 月，委员会发布补充命令，进一步加大了打击力度，扩大了受价格管制的交易池范围，包括辅助服务市场以外的双向交易（这些是一对一掉期交易，类似于衍生品合约）。

一系列干预措施发布后，危机状况得到了缓解，市场价格开始缓慢下跌，然后在 6 月急剧下跌，即使已经在炎热的夏季。交易员所声称造成危机的条件没有任何改变，没有新建电厂，电力需求没有明显变化，天气也没有变化，但危机还是结束了，电力价格不断下跌。

安然公司于 2001 年 12 月宣布破产。[57] 科氏工业、壳牌石油等公司的交易员在法庭上与操纵市场的指控进行了抗争。官司拉锯战持续了好几年。在这些能源巨头和监管机构为电力关联交易这种复杂而隐秘的市场操作开展斗争之际，数千页的文件和法庭证词应运而生。

科氏工业声称自己的操纵行为是无罪的，准确地指出它被指控的操纵程度远低于许多竞争对手。在一份法庭文件中，科氏工业被发现在 2000 年夏天非法"出口"了 175 兆瓦时的电力。相比之下，壳牌公司的数字为 1 657 兆瓦时。虽然科氏工业的关联交易规模很小，但有压倒性的证据表明科氏工业的确操纵了市场，该证据正是基于科氏工业的内部文件。2014 年，联邦能源管理委员会的专家小组裁定，科氏工业的电力关联交易行为虽然得到证实，但相较其竞争对手来说规模太小，无法证明其行为存在"模式"，从而免除科氏工业遭受对壳牌等公司那样更严厉的处罚。2015 年底，科氏工业通过向加州政府支付 410 万美元解决了操纵指控。之后，科氏能源贸易公司被出售给美林。而在美林接手后，安特里奇继续在休斯敦的交易大厅工作。

在加利福尼亚州，对政府的冷嘲热讽成为选民们近乎永久的态度。戴维斯州长是第一个受害者。2003 年，刚刚当选连任的他，在全州范围内的请愿活动所导致的罢免选举①后被赶下台。他在特别选举②中输给了一个完全没有任何执政经验的竞选人：电影明星阿诺德·施瓦辛格。

皮斯的政治生涯也因这场危机而结束，他被永远地认为是这场灾难的"合著者"。[58] 随着事态的发展，皮斯已经能够准确地诊断出问题所在。在危机期间，他甚至养成了一个奇怪的习惯：走近州议会大厦的讲台，直白地说道："联邦能源管理委员会。安然。"这是他绝望的声明，试图告诉大家这个体系正被贪婪的交易员所操纵，被软弱的监管者所放纵。即便听起来让人觉得他已经精神错乱，但他的陈述仍被证明是正确的，然而那已是事件发生几年后了。那时，他住在圣迭戈。仍是番茄杀手娱乐公司的首席执行官。该公司管理着一系列原创电影，包括《番茄杀手回归》和《番茄杀手在法国》。

*****

加州电力市场降温后，电力交易荣景不复。[59] 贝克特最终转到了另一个交易部门，这次是化肥市场。并不是说科氏工业放弃了交易。当一个市场降温时，其他市场开始升温，此起彼伏。在接下来的十年里，科氏工业的交易重心移至基于住房的抵押贷款、利率以及其他新出现的金融工具的衍生品。公司甚至专门开设部门进行上市公司股票交易，买卖数百万股不同公司的股票，并开发算法找寻最佳投资价值。

然而，交易部门对科氏工业的意义，远比简单的利润中心重要。交易过程中赚钱是很重要，但一如既往地，科氏交易部门的生命线是信息。交易部门从美国经济的各个角落获取大量数据，并利用公司的信息分析进行交易。这些信息和分析在整个集团都得到了应用，交易部门在创造利润的同时，也成为市场情报的来源。交易员就像市场上的侦察员，找寻科氏工

---

① 罢免选举是选民可以通过直接投票罢免被选举官员的程序，通常会在足够多的选民签署请愿书时启动。美国历史上只有两位州长在罢免选举中下台，一位是格雷·戴维斯，另一位是1921年北达科他州的州长林恩·弗雷泽——译者注

② 特别选举，又称补缺选举，每届任期中，如果选举产生的领导人因调职、撤换、罢免、辞职、死亡等原因出现空缺时，需要进行缺额增补选举。——译者注

业的投资方向。

查尔斯·科赫把在抽象市场学到的技术应用到他非常熟悉的实体行业中。他反复谈论的不是交易本身，而是交易心态。这个世界充满了各种各样的资产，充满了各种交易机会。对信息的卓越掌控将使科氏工业有能力开展精准的收购。科氏工业在整个运营过程中产生的巨额现金，将用于在现实世界中买卖资产。

2003 年，一股收购浪潮即将到来。

第 14 章
大量收购公司并将其私有化
（2002—2005 年）

早在 20 世纪 70 年代初，查尔斯·科赫就成功接管了松弯炼油厂，大举收购其他公司的做法当时在美国企业界还非常罕见。科氏工业是一个异类，是一家特立独行的家族企业，愿意斥巨资收购其他公司并将其私有化。然而，到了 2003 年，美国企业纷纷效仿这种做法。越来越多的私募股权公司在美国经济领域大行其道，寻找可以收购和私有化的有潜力的公司。

对私募股权界来说，整个美国商业界就像游戏棋盘，是一个可以像买卖原油期货那样买卖公司的金融市场。[1] 在 21 世纪初，私募股权交易成为美国经济的重要特征，交易总额从 910 亿美元增长至 2003 年的 1 330 亿美元，在 2004 年增至 1 970 亿美元。[2] 每年都有数千家公司被私有化，几十家新成立的私募股权基金公司在纽约、芝加哥和旧金山等城市涌现，其中一些由雷曼兄弟和巴克莱资本等知名金融公司经营。还有一些鲜为人知的初创企业，比如橡树资本管理公司。初创企业中有一家小有名气的博龙资产管理有限公司，它是以守护地狱之门的地狱三头犬的名字命名的，让人有些摸不着头脑。

科氏工业集团虽然几乎没有任何知名度，但却积极参与了这场"猎杀"，在与华尔街最大的机构针锋相对的过程中占据上风。公司资金充裕，决策速度快，愿意参与令其他公司望而却步的交易，于是在短短几年时间内，科氏工业完成了一些美国历史上罕见的私募股权交易，收购价值接近300 亿美元。

查尔斯要的不是快速回报，充满耐心的他可以忍受短期没有回报，也让公司领导层非常清楚努力的方向是最大限度地提高科氏工业的长期投资回报率。查尔斯在科氏工业总部大楼的三楼成立了企业发展委员会，将公司的"交易心态"（trading mentality）制度化，并将其植入了这个能与美国任何一家私募股权公司匹配的新组织。

*****

查尔斯亲自指导企业发展委员会的工作，[3] 与其他几位公司高层一起，在2002—2006 年主导了一系列收购，从根本上改变了科氏工业，同时也使集团规模扩大一倍以上。2001 年，公司年销售额约为 407 亿美元；到了 2006年，年销售额达到 900 亿美元。

企业发展委员会的前身是布拉德·霍尔在 20 世纪 90 年代末领导的企业发展集团，在 2002 年，他被曾担任科氏碳氢化合物部门总裁的罗恩·沃佩尔取代。不同的是，在新的组织形式下沃佩尔不再独挑大梁，企业发展委员会由公司最高层严格控制，成员包括总裁乔·莫勒；最近被任命为公司首席财务官的史蒂文·法伊尔迈耶；前任首席财务官萨姆·索利曼，他现在在休斯敦分公司负责一项大规模的交易业务；以及约翰·皮滕杰，这位哈佛大学毕业的工商管理硕士曾在 20 世纪 90 年代推动科氏工业的价值创造战略在全集团贯彻执行。

委员会不倾向于像董事会那样定期召集大家到会议室开会且保留内容详尽的会议记录，而是不定期地在查尔斯位于三楼的办公室附近的一个小会议室聚集，一些在外地的委员会通过电话会议的形式参加。面对瞬息万变的市场情况，这种随机临时召开的会议更具时效性，尤其当委员会在权衡一些竞争激烈的竞标收购时，更无暇顾及繁文缛节和每个委员的日程安排。

到了 2002 年，各业务板块已经有很多富有价值的信息可供委员会参考，如果将科氏工业集团视为一个黑匣子，那么委员会就坐落在黑匣子的中心。

查尔斯对公司每个主要部门的最新情况都十分了解，各部门领导每个季度都要来到威奇托向他汇报工作。委员会还充分利用了休斯敦交易大厅的实时数据和分析等其他重要信息来源。

委员会被打造成一个枢纽，直接连接科氏工业各个部门的小型开发团队，比如科氏矿业和燧石山资源公司的开发小组，他们在基层分析各自行业的潜在交易，然后将重要信息和收购想法反馈给企业发展委员会。

当基层开发小组成员发现具备足够潜力的收购标的时，他们会被召集到委员会进行当面陈述。每个人都明白在公司高层和员工之间存在严重的信息不对称，雄心勃勃的基层员工觉得自己有个好主意，却无法判断委员会的想法，这种压力可想而知。

如果说在委员会面前汇报工作让各业务线条的负责人都望而生畏，那么对史蒂夫·帕克布什来说，这种压力会翻倍。[4]他在堪萨斯州的农场长大，1987年从堪萨斯州立大学毕业后直接进入科氏工业，从未换过工作。2003年，38岁的帕克布什是科氏氮肥的一名销售人员。

如果将科氏工业的所有业务部门形容为职业体育联盟的球队，那么科氏氮肥肯定排名垫底。该部门规模很小，旗下的液氨管道已经出售，位于路易斯安那州的化肥厂持续亏损并减产，接近一半员工被裁，主要工作是管理1999年科氏农业瓦解后留下的部分资产。任何一名有想法的年轻人应该都不会选择到这个爆冷部门工作。

但在2003年，帕克布什和科氏氮肥的团队一起面见了查尔斯和企业发展委员会的高级管理人员，试图说服查尔斯给他们数亿美元收购一批亏损的化肥厂。[5]

这是科氏工业新收购体系下的首批收购交易之一，也是对公司将其在交易大厅学到的东西应用到现实世界的一次考验。

*****

科氏氮肥团队列队进入威奇托总部会议室，各就各位。[6]团队成员包括帕克布什和他的上司杰夫·沃克。他们已经做好充分的准备，现在正是直接向查尔斯推销的时刻。

在这样的会议中，查尔斯坐在那里，像一尊雕像一样聆听介绍。他会让主讲人自由发挥，从不打断他们。而轮到他提问时，温和的语气中几乎不掺杂任何感情。他在寻找漏洞，任何故意夸大交易前景或缺乏担当、不愿承担更大风险的主管都无处遁形。

帕克布什的投资方案乍一听似乎应该被扔进垃圾桶。方案最初在 2000 年左右提出，当时天然气价格飙升，这种波动性的攀升暴露了化肥行业中许多高成本生产商的致命弱点。天然气是氮肥的主要原料，约占氮肥生产成本的 80%。科氏工业位于路易斯安那州的工厂是受到天然气价格飙升损失最大的化肥厂之一。事实上，由于美国天然气生产能力不足，国内的所有化肥厂都像猪圈里待宰的牲畜，而天然气供应充足的国家的化肥价格则便宜得多，进口肥料具有压倒性优势。

而帕克布什和他的同事们对危机的反应具有典型的科氏风格，他们没有惊慌失措，而是对自己的处境展开了深入研究。结论是，虽然科氏工业对路易斯安那州工厂的投资是一个败笔，但并不意味着所有的化肥厂都是。他们相信行业很快会止血，市场会逐渐趋稳，少数幸存者将脱颖而出，攫取大部分市场份额。现代美国农民就像汽车司机，已经完全依赖化石燃料。如果没有氮肥，美国的粮食产量将大幅下降，降幅甚至可能高达 40%，对氮肥的依赖将始终存在。

通过对浩劫后化肥行业的研究，他们认为在国内生产商减半后，剩余的化肥厂将处于最佳市场地位，购买任何国内已上市的化肥厂都是明智之举，只要科氏工业能承受其重置价值，也就是重新购建固定资产所需的全部支出，换言之，就是机器设备的实际成本。以这个价格，这些化肥厂即使状况不好，也依然可以继续维持经营。

而这个收购目标让人难以置信，是一家总部位于堪萨斯城的农民集体所有的大型合作社，叫作农场工业公司（Farmland Industries），它是美国最大的化肥生产商之一，是现代农业的巨无霸。

*****

由于在肥料、粮食等领域存在的主要竞争关系，从 20 世纪 90 年代起，科氏工业自然而然地开始密切关注农场工业公司，目的并不是压倒对方，而是彻底了解对方。[7] 公司组建了小型团队，对农场工业公司的业务进行了 X 光式剖析，研究每一份公开数据，然后利用这些数据反向推导这家大型合作社的内部情况。科氏工业利用这种方法计算出了农场工业公司的成本结构、利润率和现金流情况。

科氏工业在很短的时间内就掌握了一个事实，那就是在 1995 年，农场工业公司的商业模式中最重要的是氮肥的销售，这也让科氏工业发现了这种商业模式的弱点。农场工业公司是一个合作社，这意味着它由成千上万的成员拥有，这些成员也通过公司销售他们的产品。这是一种独特的中西部资本主义形式，融合了社区控制和规模工业。科氏工业被查尔斯和大卫·科赫牢牢把持，而农场工业公司却恰恰相反，由许许多多的小企业主和家庭农场所有，他们分享公司的收益，投票决定公司事务。这种形式阻碍了公司管理团队的经营决策，他们考虑的因素超越了简单的投资回报。

"这是吃大锅饭。"科氏农业的总裁迪安·沃森说。他认为农场工业公司的商业模式必然失败。

而事实也的确如此，压垮公司的最后一根稻草就是化肥厂。[8] 20 世纪 90 年代，农场工业公司的化肥厂盈利丰厚，进行了大量的现金分红。成员们利用这笔钱进行了扩张，购买猪肉加工厂、谷物升降机，甚至还有一家炼油厂。氮肥的自由现金流为这一切提供了资金，而归根结底是由于当时天然气价格低廉。为了让化肥厂这台赚钱机器火力全开，农场工业公司大肆扫荡天然气市场，到了 20 世纪 90 年代末期，农场工业公司已经是美国最大的天然气采购商之一，不知不觉地成了一家能源公司。该公司深陷大宗商品的上行周期中，完全没有考虑不可避免的下行周期一旦来临所产生的后果。

当危机降临时，农场工业公司的氮肥部门利润大幅缩水，其他业务的现金流情况瞬间变得紧张起来，整个合作社的根基开始动摇，债务在公司无力偿还的情况下迅速堆积。2002 年，公司试图通过出售其业务来筹集尽可能多的资金用于偿还债务，但破产似乎在所难免。

帕克布什和他的团队研究了农场工业公司的化肥厂后有了新发现。[9] 这些化肥厂坐落于玉米带 ①，串联起来仿佛一条蜿蜒的曲线，有点像倒过来的北斗七星，北斗七星的"长柄"从艾奥瓦州的道奇堡开始，向下穿过地球上最肥沃的农田，接着穿过内布拉斯加州的小镇比阿特丽斯，那里有一座大型氮肥厂，然后转向来到堪萨斯州的道奇城，在北斗七星"勺底"边缘的是农场工业公司"皇冠上的宝石"——坐落于俄克拉何马州伊尼德市的特大型化肥厂。

农场工业公司的化肥厂坐落在农户的"隔壁"，毗邻终端客户让其占据了运输成本这一关键优势。如果这些工厂关闭，肥料供应就会出现严重短缺，单纯依靠进口化肥满足美国中西部农民全部需求的想法简直是痴人说梦。

这与科氏工业的松弯炼油厂相似，它们都是"黄金地段的稀缺豪宅"，比起其他对手更具天然优势。需求不会消失，新的竞争对手也不可能在附近开店。

最重要的是，业内其他人都没有注意到农场工业公司化肥厂的价值，当这些资产出售时，完全没有引起其他合作社的兴趣。有两家大型上市化肥公司看起来像是天然买家，分别是加阳化肥公司（Agrium）和 CF 工业控股（CF Industries），但这两家公司也卷入了天然气危机之中。作为上市公司，必须向公众投资者披露信息，季度亏损和化肥业务的短期低迷让它们承受着巨大的压力。

科氏氮肥团队向查尔斯和企业发展委员会提出了自己的建议，他们希望公司投入约 2.7 亿美元收购几家化肥厂，合计化肥年产量约为 180 万吨。

---

① 美国玉米带是世界最大的玉米专业化农业生产区，位于北美五大湖以南的平原地区，这里地势平坦、土壤肥沃，无霜期达 160~200 天，年降水量达 500~600 毫米，春夏气温高，适合玉米生长。——译者注

与此同时，这些化肥厂正在向现在的所有者提交令人毛骨悚然的季度报告。

在许多方面看来，这个计划都显得很荒谬，查尔斯起初也没有被说服。在他和企业发展委员会审议该计划时，遵循了一套有助于公司在未来数年持续增长的规则。[10]

第一，收购标的处于困境之中。

科氏工业只对收购处于困难时期的公司或资产感兴趣。这背后的逻辑很简单：处境艰难的公司更便宜。科氏工业可以低价购入该公司，但其必须有摆脱困境的希望。在理想情况下，公司应该是因为管理疏忽或决策失误而陷入困境的，只有这样，当科氏工业成为该公司的所有者时才有可能扭转糟糕的局面。目标是改善运营状况并提升盈利水平，从而提高公司价值。这样科氏工业日后可以灵活选择保留或出售该标的。

第二，这笔交易必须是长期的。

科氏工业并不打算立刻转手卖出公司，因此收购交易需要在5年、10年甚至20年的时间框架内具有意义。作为一家非上市公司，科氏工业可以稳稳地持有某项资产穿越大宗商品周期的暴风骤雨，潜心提升经营直到资产价值更高。在上市公司和私募对冲基金纷纷寻找一到两年内就能见到回报的交易时，追求长期回报的战略为科氏工业减少了竞争对手带来的压力，推开了一扇新的大门。

第三，收购标的必须契合科氏工业的核心能力。

在新时代，科氏工业继续坚持循序渐进地推动公司发展，任何收购交易都必须建立在科氏工业的专业素养上，要向熟悉的领域扩张。如果做不到比竞争对手更好，就绝不轻易涉足陌生的领域。

由于氮肥团队提出的收购计划完全符合以上三条标准，所以企业发展委员会最终决定同意该收购计划，并批准向帕克布什及其团队授权几亿美元用于收购交易。[11]这个时机恰到好处，氮肥团队准备在其他竞争对手之前抢占先机。[12]农场工业公司的首席执行官鲍勃·特里正在疯狂地拆分这家合作社，准备将其最主要的资产出售，正寄希望于从化肥厂的出售中尽可能多地获取现金回报。当威奇托一家鲜为人知的能源公司主动联系上他时，他感到很困惑。

*****

2003 年 3 月 27 日，一个温和的春天，科氏工业集团的代表团来到了农场工业公司的总部大楼，这座位于堪萨斯城的新办公楼是合作社疯狂扩张的"遗迹"之一。[13] 科氏工业的团队在约定时间到达，这个季节，大家身着正装衬衫和外套，穿过玻璃门进入宽敞的大厅，每个人都神情专注，轻声细语，彬彬有礼。

帕克布什和团队一起穿过大厅时，路过一幅巨大的壁画。这幅壁画本身就是一段历史，由画家托马斯·哈特·本顿的学生所作，反映了农场工业公司走向辉煌的过程，也是公司昔日伟大的见证。而在此时此刻，仿佛也隐喻着农场工业公司的大厦即将崩塌，见证着美国企业界的沧海桑田。

壁画描绘了 20 世纪 20 年代农场工业公司成立的过程，画中有一群男女，身着大萧条时期的服装，坐在一棵树和一捆干草旁。他们看着一个推销员，正对着由肥沃的农田和谷物升降机组成的天际线挥动着双臂，试图说服大家协同合作，实现共同繁荣。在他身后，有两个人懒洋洋地躺在大树下，其中一人漫不经心地嚼着麦秆。这两个人是"怀疑论者"，对合作社能否成功持怀疑态度。在此后的 74 年里，农场工业公司证明了怀疑论者的错误。2003 年，合作社由大约 50 万农民共同所有，分享着公司每年超过120 亿美元的营业收入所带来的利润。这些农民在分享农场工业公司成功的同时，对公司经营有着真正的发言权。

与典型的科氏人不同，帕克布什并不能称为"怀疑论者"，事实上他的父亲就是合作社成员之一。虽然对合作社的模式持保留态度，但他并没有感情用事。这种合作经济组织形式，至少在农场工业公司的案例中已经失败了。私募股权投资基金的蓬勃发展对 2003 年的美国经济发展起到了关键作用。[14] 即使到了 20 世纪 60 年代，美国公司的经营模式仍被称为资本主义

"管理理论"（managerial theory），这意味着股东利益在经营者的决策中处于次要地位。即使是大型上市公司的首席执行官也会把公司的长远发展放在首位，可分配利润通常用于奖励公司员工、支持被称为"家"的公司所在社区，或者研发等有利于公司未来发展的地方。这种模式在 20 世纪 70 年代的价格冲击、通货膨胀和经济衰退面前土崩瓦解，1965 年资本回报率为 12%，但到 1979 年降至区区 6%，社会公众股东损失惨重，经济发展的长期痼疾为企业管理的变革奠定了基础。

学者们提出了称为"代理理论"的新理论。在这种新的思维方式下，公司的首席执行官不再是公司的掌舵人，而只是股东的"代理人"，必须按照股东的意志行事。企业资源的提供者与资源的使用者之间的平衡被打破后，首席执行官唯一的工作就是，努力为股东带来最大的回报。从员工薪酬到公民承诺，甚至是公司的长期价值，一切都要靠边站。

私募股权的崛起加剧了这种转变。在 2000—2012 年，私募股权基金公司投资总额达 3.4 万亿美元，1.8 万家公司被带入代理理论的极端模式。[15] 为了实现新股东的利益最大化，被收购的公司全面削减开支，劳动力成本大幅下降，一些公司连总部都被迫搬迁至开销较低的地区。

多年来，科氏工业一直在代理理论下运作，管理者的首要任务是增加主要股东——查尔斯·科赫和大卫·科赫的投资回报，帕克布什与他的团队则是查尔斯和大卫的代理人。他们希望从农场工业公司的废墟中买到最具价值的残骸，并对其进行改造，最终获得最大利润。

*****

在农场工业公司总部的会议室内有一张大会议桌，桌子旁边整齐地摆着一排三脚架，每个三脚架上都放着一张大海报，展示着化肥厂的大储罐和高塔。[16] 如果农场工业公司的领导认为这种设计光鲜的宣传照能诱惑更多的卖家参与竞标，那么他们恐怕会大失所望。当天只有两家公司到场，科氏工业集团和加拿大加阳化肥公司。

科氏工业的代表团沿着桌子的一侧就座，来自加阳公司的代表则坐在桌子的对面，正对着帕克布什。这次拍卖活动由代表农场工业公司的律师和银行家主持。

加阳公司是美国最大的上市氮肥生产商，[17] 年销售额约为 21 亿美元，身家几十亿美元的它有足够的资金投入农场工业公司的化肥厂。但更重要的是，收购这些工厂对加阳公司来说是极佳的战略选择，它已经是该行业的领导者。科氏工业当时在氮肥行业还是个无名小卒，并且因为天然气价格飙升，还被迫关闭了位于路易斯安那州的工厂。

但那天，加阳公司有些犹豫不决。光鲜的照片掩盖不了一个事实：这些化肥厂每年亏损约 5 000 万美元。由于农场工业公司已经宣布与科氏工业签署了优先购买协议，这个横插一脚的对手仿佛成了加阳公司坐在会议桌旁的唯一理由——把竞争对手扼杀在萌芽状态。

与来自加拿大的对手相比，科氏工业有一个关键优势。科氏工业的主要股东一张小餐桌就能坐下，就两个人；而加阳公司的团队则必须回应华尔街众多投资者的期盼，一旦做出了错误决定，股价便会应声下跌。农场工业公司化肥厂的现状可能会在未来几年里拖累集团整体的盈利能力，查尔斯表现得很淡定，但加阳公司的股东们却未必能不在乎。

在拍卖之前，科氏工业曾出价约 2.7 亿美元购买这批化肥厂，加阳迫使科氏工业将出价提高至 2.9 亿美元以上，但它注定撑不了太久。经过一次相对短暂且令人失望的拍卖后，帕克布什和他的团队作为胜利的一方站了起来。化肥厂的宣传照被摘了下来扔进垃圾桶，连公司大厅里那幅壁画最终都被拆了下来，运往位于堪萨斯州邦纳泉市的旅游胜地国家农业中心和名人堂展出。[18] 壁画静静地待在用天鹅绒绳连接的礼宾杆后面，作为一段尘封往事的遗物被观看。

*****

收购完成后，科氏氮肥更名为科氏化肥，[19] 并搬到科氏工业总部大楼四楼一处宽敞的办公空间集中办公，就在查尔斯办公室的正上方。科氏工业立刻着手向这些化肥厂投入资金，在接下来的 10 年里花费了大约 5 亿美元，在整合产能的同时改造升级。科氏化肥放弃了合作社的销售模式，开始向玉米带地区出价最高的人优先供货，不再向合作社成员提供优惠待遇。

科氏工业还成立了化肥交易团队，团队中包括梅利莎·贝克特，这位曾经专门从事电力交易的明星交易员。通过在全球范围内的频繁交易，科氏工业对化肥市场的了解与日俱增，用短短几年时间建立了全球分销网络。科氏工业还新成立了科氏能源服务公司，以保障化肥厂的天然气供应，公司的交易员也在四楼办公，就对应地坐在化肥交易员旁边。

2003 年，帕克布什被任命为科氏化肥的首席执行官，作为曾经的爆冷部门——科氏氮肥的一员，他最终大获成功。按照威奇托的标准，他住在一栋很大很大的房子里，是部门一把手，而这个部门将成为科氏工业最大、最赚钱的部门之一。对于一个在当地农场长大、从堪萨斯州立大学毕业的孩子来说，这种生活挺好的。

破产拍卖后不久，一名农场工业公司的前员工找到帕克布什，他说自己有一些帕克布什想要的东西，是为拍卖而印制的光面海报板。这位前员工把它从垃圾桶里捡了出来。

许多年后，这幅海报依然挂在帕克布什办公室的墙上。当门外的交易员们就天然气原料价格和销往中国的氮肥价格讨价还价时，他可以凝视着它。事实证明，这幅海报和这些化肥厂，只是科氏工业集团取得的诸多成就之一。

第15章
豪取佐治亚－太平洋公司
（2003—2006年）

次科氏工业集团的代表团被派往亚特兰大。[1]他们抵达佐治亚－太平洋公司总部，位于桃树街133号的佐治亚－太平洋大厦。这座市中心最大、最豪华的建筑直插云霄，大楼两侧镶嵌着闪耀的红色花岗岩，在清晨的阳光下熠熠生辉，仿佛是权威、自我意识和力量的象征。而与此同时，来自威奇托的几位高级管理人员很快将接管整栋大楼，明显的反差在当时显得有些荒谬可笑。

其中一位高管是吉姆·汉南，他几年后成了佐治亚－太平洋公司的首席执行官。不过，在2003年那个炎热的夏日早晨，汉南只是访客。当天，佐治亚－太平洋公司邀请科氏工业的团队前往其总部，主要是希望对方可以买下这家木业公司的一小部分业务——几家陷入困境的纸浆厂。这种小规模的交易似乎不值得大书特书。

然而，外人并不知晓的是，汉南和他的团队只是科氏工业这台大型机器的几个零件，是科氏工业的企业发展委员会的先遣登陆部队。委员会瞄准了几家被公众严重低估的公司，正准备开展总价值超过250亿美元的一系列收购，佐治亚－太平洋公司是收购标的之一，特拉华州的杜邦公司是另一个收购标的。华尔街扭曲的短期思维使这两家公司的价值被低估了，而科氏工业手中有充足的资金乘虚而入。这就是汉南那天要在亚特兰大做的事。

汉南和史蒂夫·帕克布什一样，是典型的科氏人。他身材苗条、体格健壮、棱角鲜明，与人交谈时态度认真诚恳、自信满满。汉南毕业于一所不起眼的学校——位于海沃德的加州州立大学东湾分校，他在那所学校拿到了商科学位，在加入科氏工业之前是一名会计。在科氏工业，他受到了真正的教育，不只是财务方面，还包括商业经营方面。从一个部门到另一个部门，他的工作岗位不断变化，开启了晋升之路。2003年，他已经熟练掌握了以市场为基础的管理理念。来到亚特兰大的他，已经是科氏矿业公司的首席财务官。

科氏工业的代表团出现在佐治亚－太平洋公司总部这件事，比几个月前他们参加农场工业公司的化肥厂拍卖会来得更诡异。科氏工业对化肥厂的兴趣至少可以用其已经拥有一座化肥厂和几条液氨管道来解释，而汉南和他的团队完全没有任何可以想象的理由购买一家木业公司价值上亿美元的资产。科氏矿业公司是一家专门从事石油、煤炭、硫黄以及纺织贸易和运输的公司。无论从哪方面看，科氏工业都没有木材和造纸行业的相关经验。然而，就是这个来自科氏工业的代表团主动要求会面，还非常明确地表示，如果佐治亚－太平洋公司愿意处理掉一些资产，他们已经做好了接纳的准备，并且能够投入一笔非常可观的资金。

科氏工业代表团走进佐治亚－太平洋大厦底部宽敞的大堂。[2] 大堂就像一座综合性商场，有一个小咖啡店，一个便利店，上百名穿着考究的专业人士熙来攘往。佐治亚－太平洋公司是世界上最大的木材和纸制品公司之一，5.5万名员工分布在全国各地，该公司拥有几十家大型木材厂、纸浆厂和造纸厂，2003年的销售额为203亿美元。

佐治亚－太平洋公司像接待皇室成员一样接待了科氏工业的代表团。代表团在大厦的51层参加了私人投资者介绍会，员工们将那里称为"粉红宫殿"，因为其表面用红色花岗岩进行了装饰。

51层在佐治亚－太平洋公司有着近乎神话般的地位，是公司高层行政套房和行政餐厅的所在地，被邀请到51层比参加亚特兰大仅限名门望族参加的交谊舞会还难。汉南和他的团队走进专用电梯，被引上楼。

电梯到达大厦最高层，门打开了，一条宽阔的走廊映入眼帘，这里被静谧和奢华紧紧包裹着。[3] 走廊上铺着柔软的地毯，两侧墙上挂着仿佛能回忆起美洲拓荒者往事的油画，科氏工业代表团经过走廊里摆满古董的陈列柜，然后穿过几道由厚实、色彩丰富的硬木制成的大门，门中央镶嵌着黄铜制的巨型门把手，四周镶嵌着看起来像橡木叶子的黄铜蚀刻图案，图案向外发散开来。穿过大门，是佐治亚－太平洋公司的行政餐厅，这是一个巨大的阳光房，站在落地玻璃窗旁可以眺望亚特兰大市中心。这里感觉就像是一个精英乡村俱乐部的餐厅，但被提升到了奥林匹克的高度，泡制咖啡和盛放食物的餐具都是精美别致的瓷器。

汉南一边环顾着四周包括画作、瓷器摆饰在内的艺术品，一边内心默默做着记录。

这些太奢侈了，汉南心想。他最终会改变这一切。

在一番闲谈之后，科氏工业代表团听取了一位私人投资者对佐治亚－太平洋公司所出售纸浆厂的介绍。这次之所以要出售纸浆厂，以及科氏工业之所以对纸浆厂有兴趣，都源于困扰佐治亚－太平洋公司的深层次财务问题。在长达数年的收购狂潮后，佐治亚－太平洋公司一直步履蹒跚、债务缠身，业务条线也五花八门。

佐治亚－太平洋公司成立于 1927 年，早期只是一个大型木材场。[4] 几十年来，公司迅速扩张，一度拥有超过 600 万英亩的森林。随着天然木材消耗殆尽，美国的木业公司开始寻找替代产品，佐治亚－太平洋公司是这方面的先驱。通过使用特殊的胶水将木质疏松的软松木变为胶合板这样的复合材料，公司找到了用更便宜的材料取代硬橡木的方法。

随着时间的推移，佐治亚－太平洋公司成为一家化工企业，并且经营模式越来越像一家炼油公司，它拥有大型加工厂，并购买原材料（木材而非原油）将其加工成商品（胶合板而非汽油）。20 世纪 90 年代，盈利情况较好的佐治亚－太平洋公司选择收购竞争对手，而结果证明这场收购最终是竹篮打水一场空。2000 年，佐治亚 – 太平洋公司收购了一家名为詹姆斯堡（Fort James）的纸巾生产公司，而这家公司本身就是两家大型纸巾制造公司刚刚合并的产物。在收购时，佐治亚 – 太平洋公司已经背负了 65 亿美元的债务，而为了买下詹姆斯堡，它又借了 100 亿美元。理论上，完成收购的佐治亚 – 太平洋公司的业务将涉及木材业务和纸张业务，控制从木材业到纸板生产的全产业链。但此次收购的代价如此巨大，以至于连最热衷于并购的华尔街投资者也迟疑了，公司股票在交易宣布后开始下跌。

三年来，佐治亚 – 太平洋公司的股价一直在挣扎。[5] 华尔街分析师就是想不明白如何准确评价一家在木材产品和消费造纸业务中均占据半壁江山的公司，因为这两个行业的具体情况和商业周期都非常不同。公司股价的表现乏善可陈，始终看不清收购詹姆斯堡如何能带来强劲增长。

佐治亚 – 太平洋公司正在寻找摆脱困境的方法，51 楼"粉红宫殿"的高管们认为出售一些资产是一条路，比如纸浆厂。私募股权公司专门从事此类交易，而科氏工业的企业发展委员会已经成为其中的翘楚，很快意识到佐治亚 – 太平洋公司的意图。

介绍会上，纸浆厂的情况由一位名叫韦斯利·琼斯的资深员工主持。他向代表团简要地介绍了纸浆业务的情况，其中最关键的部分是位于佐治亚州不伦瑞克市的一家大型纸浆厂。这家工厂生产的东西叫作绒毛浆，该工厂是世界上最大的绒毛浆生产厂。绒毛浆这个词容易让人误会。实际上，绒毛浆会被制成巨大的压缩木纤维卷筒，每个卷筒都像一辆汽车那么大。这些卷筒被送到世界各地的工厂，被加工成柔软、吸水性强的材料，用于生产一次性纸尿裤和女性卫生用品。由于中国和印度的新兴中产阶级对一次性纸尿裤的消费需求旺盛，佐治亚 – 太平洋公司试图通过建造不伦瑞克纸浆厂押注亚洲日益增长的绒毛浆需求。但孤注一掷并没有得到回报，出口量比公司预测的更低。

待琼斯介绍完后，汉南开始刨根问底，连珠炮似的就刚才听到的介绍内容提问，特别是原材料市场情况。纸浆厂如何获取木材？木材市场是什么样的? 是否稳定? 这家工厂是根据长期协议,还是以现货价格购买木材的? 琼斯对答如流,即便他始终没弄明白为什么堪萨斯州的一家油气公司会对这些问题感兴趣。

问答环节结束后,科氏工业集团的代表团从座位上站起来,一阵寒暄后立刻返回威奇托。科氏工业历史上最大的扩张即将拉开帷幕。

在粉红官殿之行后,汉南和他的团队决定收购佐治亚 – 太平洋公司的两家主要纸浆厂。[6] 科氏工业集团成立了一家新公司,名为科氏纤维素有限责任公司,该公司以 6.1 亿美元的收购价买下了这两家纸浆厂。①

这笔金额放在 20 世纪 90 年代可以称得上科氏工业最大的一笔收购交易,而在 2003 年,这只是一笔定金。[7] 这种交易策略被查尔斯·科赫称为“实验性发现”,意思是在新的市场上进行一次小规模押注,观察能否成功。即使科氏工业在交易中赔钱,他们也收获了深刻的见解;如果顺利从中获利,则可能会进一步加大赌注。

纸浆厂的收购只是众多实验性发现的举措之一。几乎在交易完成的同时,汉南就被调到新的团队。这次的目标是老牌化工业巨头杜邦公司的资产。

2003 年,杜邦公司与佐治亚 – 太平洋公司面临同样的问题,投资者面对杜邦公司庞杂的业务条线不知该如何判断。杜邦公司有高利润率的生物技术部门,但收益被一些老旧的化工厂拖累。管理层认为,如果出售一些传统工厂,也许能够推高其股价。杜邦倾向于出售公司最古老和最著名的部门:合成材料部门。该部门生产莱卡面料和适悦地毯等产品,这些产品帮助杜邦成为家喻户晓的品牌。激烈的全球竞争使莱卡面料与大多数商品一样,正遭受着市场波动的冲击。当然,所有这些对于查尔斯和企业发展委员会来说都充满了吸引力。

科氏工业保障天然气和石油供应的能力,可以使公司免受杜邦经历过的价格风险。科氏工业擅长炼油厂的经营,通过大型控制室监控加工原材料的机器设备这一操作同样适用于绒毛浆、莱卡面料和适悦地毯的制造。

---

① 其中约 7 300 万美元是科氏工业收购佐治亚 – 太平洋公司时所承担的债务。

比如在不伦瑞克纸浆厂，分解木浆和制造纸浆的装置都由控制室集中控制。同样，在杜邦的工厂里，控制室监测着反应塔内石油化学物质的反应，生产出制造衣物的原材料。查尔斯认为，科氏工业不仅同样擅长这些工作，还能利用每一笔收购进入新的细分行业。

2003 年 11 月，科氏工业同意以 44 亿美元 ① 的价格收购杜邦公司的合成纤维工厂。[8] 不仅如此，与佐治亚 – 太平洋公司的纸浆厂相同，为了保护投资，科氏工业也为项目笼罩了一层公司面纱，使用 KED ② 纤维股份有限公司和 KED 纤维有限责任公司这两个壳公司完成了收购。之后，化工厂归于一家名为英威达的新公司名下，有自己的董事会，名义上独立于科氏工业集团。这笔交易使科氏工业的劳动力规模增加了一倍以上，在原有的 15 000 名员工的基础上，又增加了 18 000 名员工。

汉南被任命为英威达中间体业务的总裁（此处的"中间体"指用于制造合成材料的化学产品）。作为一个财务人员，汉南第一次被安排负责公司运营。他在负责分管危险且复杂的化工装置运行、一线班组的人员管理以及企业的安全生产的同时，决心更上一层楼。

在接下来的两年里，汉南在科氏私募股权业务中扮演了更重要的角色。他将英威达和佐治亚 – 太平洋公司"科氏化"，成功将这两家公司融入科氏工业的体系。科氏工业管理这些新部门的方式，既像典型的私募基金公司，但也打破了传统。公司在使用私募股权常用的债务杠杆、公司面纱和全面财务分析等工具的同时，也融入了查尔斯的特有愿景。虽然在某些领域压低了成本，但在新项目上投入了数十亿美元，并不像其他公司那样直接剥离拆分。

英威达成为科氏工业新理念的"试验田"，严格遵守所有适用于自身经

---

① 由于科氏工业没有披露信息的义务，目前尚不清楚这一收购价格中债务融资和现金出资的比例。然而，在 2009 年收购完成近 5 年后，科氏工业有报告称，英威达背负着约 26 亿美元的债务，科氏工业当年偿还了其中的 16 亿美元。

② KED 指科氏工业旗下的科氏控股发展有限公司（Koch Equity Development），后文有提及。——编者注

营活动和运营的法律法规。[9] 这种经营理念的确定源自 20 世纪 90 年代的惨痛教训，不断触碰监管底线让集团背负了"游走于违规边缘"的声誉。而新的理念对于收购英威达尤为重要，因为科氏工业即将接手的是一个充满危险化学品和设备的大型工业网络，每一家生产企业都存在潜在的违法违规风险，英威达的员工人数比整个科氏工业集团还要多，而查尔斯只能依靠这支全新的员工队伍，确保每个人心中都将合规经营视为前提条件。在某种程度上，汉南的工作就是要确保这种理念能够彻底贯彻执行，至少在他所管理的部门一定要执行。

*****

科氏工业接手英威达后，在商业媒体上投放了招聘广告，寻找合规律师填补空缺职位。[10] 大卫·霍夫曼 —— 一位住在克利夫兰的自由主义环境律师——得到了这份工作。

在此之前，霍夫曼从未听说过科氏工业集团，当他看到招聘广告时很感兴趣，他想离开计时收费的世界，转行做公司内部法务。在科氏工业工作似乎是个绝佳的机会，但首先他得让妻子能够接受搬到威奇托这一想法。他的妻子在克利夫兰参与戏剧表演，热爱城市文化，是一位旗帜鲜明的自由派，十分抵触住在堪萨斯州中部。她的父亲是一位医学教授和环境活动家，因此当他发现女婿的想法后的反应可想而知。

"当发现我要去科氏工业工作时，他对我说：'我们得坐下来好好谈谈。'"霍夫曼回忆道，"我们的晚餐谈话很糟糕，差点儿就翻脸了。"

带着岳父的强烈反对和妻子的勉强接受，霍夫曼于 2005 年搬到威奇托。他花了两天多的时间学习以市场为基础的管理理念，和妻子在城里找到了一家自由派聚集的咖啡店，并在历史街区买了一栋房子供家人居住。事已至此，霍夫曼仍然不确定他是否会像接受工作时承诺的那样，帮助英威达遵守环境方面的法规；或者正如岳父担心的那样，他会帮助甚至教唆企业污染环境。

当霍夫曼到达工作岗位时，发现了一些会让认为科氏工业是一家无赖公司的局外人感到惊讶的事情。霍夫曼成为公司合规"特警队"的一员，团队对遵纪守法原则的信仰不仅发自内心，而且充满狂热，他们准备从根本上改变英威达。

霍夫曼所在的英威达总部位于一栋低矮的办公楼内，这栋楼与科氏工业总部大楼的东侧相连。[11] 用科氏人的话说，他加入了"行业专家团队"（Subject Matter Experts，SMEs）。这个团队只有十几个人，每位成员都是不同监管领域的专家，比如健康和安全规则，或工业废物管理。更重要的是，团队集中在威奇托而非分散在各个装置现场办公，不需要看工厂负责人的眼色行事。而在 20 世纪 90 年代，科氏工业的法律合规团队需要接受工厂负责人的领导，比如在松弯炼油厂，希瑟·法拉格就在流程所有者之下，所以才发生那么多问题。而现在，负责运营的经理们需要仔细听取合规团队的意见，权力的结构真正发生了改变，环保律师具备了话语权。

合规团队的办公室距离查尔斯·科赫的办公室不远。团队被派往科氏工业的新工厂，与工厂经理会面并进行实地考察，有点像陆军将领视察前方作战基地。经理们知道霍夫曼所在的团队承担着科氏工业领导层团队的意志。团队常常开展突击检查，所以并非每次行程都令人愉快。

霍夫曼曾与吉姆·马奥尼一起工作，马奥尼是一个大个子，有着明亮的蓝眼睛，说话直率。马奥尼可以和蔼可亲，但当他踏入英威达的工厂时，所有的友善痕迹似乎都消失了。他和霍夫曼来到工厂检查合规执行情况，但他并没有与工厂接待人员讨论任何事务，而是直接提问要求对方回答。在其中一家工厂，马奥尼向一位经理询问了减压阀的安全检查情况。虽然阀门没有出现诸如故障、断裂等问题，或者造成任何危险，马奥尼只是想进一步了解阀门检查的相关信息，但该经理并没有给出令人满意的答案。

马奥尼怒火中烧。

"他曾经说过：'如果你不能告诉我这个问题的答案，我现在就关闭这家工厂。'"霍夫曼回忆说。为了加强监督力度，他们雇用了工厂当地的律师，在威奇托的专家团队不在场的情况下充当耳目，协助监督合规执行情况。霍夫曼和马奥尼身体力行，传播查尔斯的新理论 —— 10 000% 合规原则。有一句话直白地描述出核心要义：科氏工业的运营将在 100% 的时间内 100% 地遵纪守法。

科氏工业以激烈的行动支持了这一理念。[12] 在得克萨斯州的维多利亚，公司在发现苯处理系统并没有按规定运行时，立刻采取了关闭措施。在南卡罗来纳州的卡姆登，科氏工业发现杜邦公司在没有事先获得相应许可的情况下私自扩建处理设备并违规操作。同样，杜邦公司在特拉华州的西福德扩建的锅炉也没有获得相应的许可，并且在没有适当的污染控制技术的情况下运行。在过去，科氏工业会试图自己解决这些问题，直到被监管机构发现。而现在，科氏工业选择主动向监管机构报告所有情况。仅仅在科氏工业接管新工厂的几个月内，其就向美国国家环境保护局披露了近 700 起违规事件。科氏工业还与国家环境保护局签订协议，授权其每季度对旗下工厂进行检查，以确保工厂遵守整改方案。科氏工业花费了大约 1.4 亿美元使一切都符合监管要求，然后起诉杜邦公司，要求其赔偿 8 亿美元损失。

10 000% 合规原则适用于科氏工业所有的业务部门，从英威达到佐治亚 – 太平洋公司，再到燧石山资源公司的炼油厂，背后隐藏着比成为一家可靠的企业公民[①]这种良好愿望更深层次的东西。这种理念是实现公司利益最大化的务实工具。当科氏工业收购新的工厂和公司时，最需要的是它们平稳高效地运转，需要它们远离法律纠纷，让联邦监管人员远离公司财产。违法乱纪只会造成金钱损失和劳神分心，10 000% 合规原则消除了这种隐患。随着干扰的消失，科氏工业可以心无旁骛地执行其增长计划中的关键部分。原属于佐治亚 – 太平洋公司的纸浆厂就是一个鲜明的例子，在科氏工业入主后，那里的情况立刻发生了变化。

---

① 企业公民是国际上盛行的用来表达企业责任的术语。其核心观点是，企业的成功与社会的健康发展密切相关。企业在获取经济利益的时候，要通过各种方式来回报社会。——译者注

*****

不伦瑞克纸浆厂是一幅超现实主义的景观，田园风光的南方魅力①混合着未来主义机械世界，然后放大到巨人的尺寸。[13] 树木繁茂的小山上，双向两车道的乡村公路蜿蜒而出，南方邦联军旗依旧悬挂在古老的木制门廊的横梁上，一小群人下午会坐在那里啜吸冷饮，向路过的车辆挥手致意。当这条路下坡朝着纸浆厂延伸时，田园诗画般的景色被一片工业景象所取代。工厂外狭窄的道路上铰接式卡车常常大排长龙，车上满载着刚砍伐的松树。在大门内，是接踵而至的卡车在卸货和高得不可思议的原木堆，原木在高悬于半空中的巨型机械爪下呈半圆形排列。巨爪旋转着，像一个喝醉的巨人一样抓住一束原木，一把喂给小型公寓楼大小的刨切机。金色木屑如喷泉一般注入工厂内部，在那里被液化并被压成纸卷状的绒毛浆。

韦斯利·琼斯曾在 2004 年担任佐治亚 – 太平洋公司纸浆部门的负责人，是他向汉南及其团队介绍了投资者的情况的，他是科氏工业振兴纸浆业务的见证者，也曾目睹该业务在长期资源匮乏和投资不足时期的衰落。这个问题的根源可以追溯到佐治亚 – 太平洋公司的企业文化中。在刚加入公司的时候，琼斯也曾斗志旺盛，喜欢用"特立独行"来形容自己公司的企业文化。到了 20 世纪 90 年代，佐治亚 – 太平洋公司掀起了企业收购热潮，开始专注于管理功能和成本削减。实验性的尝试和失败不再被重视，取而代之的是漂亮的文书和高级的流程，决策权从基层上收至中层以上管理人员手中，甚至需要得到公司委员会的批准，投资开始放缓。2000 年收购詹姆斯堡后，问题越发严重，公司高管们进一步放缓了固定资产投资计划，将越来越多的资金用于偿还债务。疏于维护造成机器设备老化，琼斯开始担心故障事件会显著增加。

然后科氏工业买下了这间工厂。收购完成后不久，琼斯想新建一座反应塔，这将有助于加快生产的速度，造价在 3 500 万 ~ 4 000 万美元。在原来

---

① 南方魅力是美国俚语，指热情好客、在意他人感受、表达意见时态度温和、耐心等待等特质。——译者注

的佐治亚 – 太平洋公司，琼斯需要为这笔投资起草一份正式提案，然后通过一堆烦琐的程序将提案递交给公司最高层，中间任何一环都可以否决该提案，高级管理层可能因为无休止的争论而迟迟无法决策。而在 2004 年，他只是随口向科氏工业的某个人提到了这一投资理念，随后就接到了来自威奇托的电话，对方向他询问反应塔的具体情况以及作用。

仅仅是一通电话，琼斯就获得了大约 4 000 万美元的预算。"当时应该是在收购完成后一到两个月的时间。我反正是佩服得五体投地。"琼斯回忆说，"我记得自己放下电话的一瞬间心想，这太牛了……"

还有其他一些符合科氏工业非上市公司身份的改革举措，比如摒弃了预算编制，就像在 20 世纪 80 年代集团所做的那样。由于佐治亚 – 太平洋是上市公司，所以公司员工投入了无数时间编制季度和年度预算，制定经营目标以取悦股东。这形成了一种不断循环的逻辑，创造一个预算数字，然后努力实现，无数工作流程因此而扭曲，导致心血被浪费。

位于萨凡纳市郊的佐治亚 – 太平洋纸浆厂的物流经理凯伦·马克思说，为了完成目标，该厂过去常常在每个季度末赶工，无论是否有必要，都会加快货物出厂速度。[14] 马克思形容道："这就像'让我们把更多的货物运出厂区大门'，只要这样做，工作就完成了。"科氏工业接手后，预算被"目标"取代，而"目标"的制定略显简单，大概只需花费以前制定预算所用时间的 1/10 就能完成。制定"目标"的唯一目的，是让科氏工业的高管大致了解公司今年的现金支出情况。运营经理们没有一定要实现预算目标的压力，浪费在预测未来上的时间减少了，完全不用取悦股票分析师或者外部股东。

查尔斯从纸浆厂的实验中获得了信心。[15] 这种信息之强烈，以至于在收购纸浆厂仅仅一年后，他就开始考虑彻底收购佐治亚 – 太平洋公司并将其私有化。科氏工业集团可以将同样的管理模式应用于整家公司：10 000% 的合规性、目标投资和看轻季度业绩的灵活管理。

但是佐治亚 – 太平洋公司并不便宜，其收购成本至少是科氏工业为收购英威达所支付的 40 多亿美元的 3 倍，并且需要额外承担几十亿美元的债务。查尔斯讨厌债务。多年来，他一直努力使公司的现金流最大化，增加现金存款，并将借款维持在最低水平。没有高额债务的阻碍，也是科氏工业能够迅速抓住机遇的灵活性所在。

然而，私募股权行业却颠覆了这一理论。债务是 21 世纪私募股权行业和美国经济的命脉，对于极少数有能力利用高债务收购策略的公司来说，背后的理论简单、巧妙，而且利润丰厚。

为了促使债务推动型收购交易成功，私募股权公司需要寻找那些陷入困境但能够产生大量现金流的公司。[16]随后，私募股权公司会借入巨额资金，将目标公司私有化，然后利用其现金流偿还债务。这个模式很简单，聪明的私募股权公司借了别人的钱，然后用别的公司把钱付了。即使债务还清，这家私募股权公司仍然拥有这家公司的股权，还能继续享受后续产生的收益。到这个时候，私募股权公司可以选择卖掉目标公司，或保留目标公司并获得年度分红。这有点像按揭买房——如果房子能以某种方式产生收入来偿还抵押贷款的话。唯一可能发生亏损的风险点是，被收购企业本身的价值出现灾难性下跌，这种情况偶尔会发生，但总体来讲，对于作为股东方的私募股权公司，有利可图的概率较大。

当然，打造牢固的公司面纱是整个模式发挥作用的关键部分，它保护了收购方，使其免受灾难性的损失。[17]债务由被收购的公司承担，如果该公司破产，私募股权公司只会损失所投资的钱，而这笔钱往往只是收购中的一小部分。损失被控制、转移，最终被排除在科氏工业等投资者的资产负债表之外。

科氏工业将这种模式付诸实施，实现了其历史上规模最大的收购。[18]首先，科氏工业组建了一家名为科氏林业产品的空壳公司，大胆出价 210 亿美元收购佐治亚 – 太平洋公司。此次收购产生的融资性债务直接由新成立的、私人持股性质的佐治亚 – 太平洋控股公司承担。这家新公司名义上独立，当然，查尔斯是公司董事会成员，但董事会的存在强化了佐治亚 – 太平洋是一家独立公司的表象。即使公司经营出现严重问题，也不会波及科氏工业集团。

佐治亚－太平洋公司当时已经无力偿还大约 80 亿美元的债务，所以才会搁置固定资产投资，将资金用于偿还借款本息，而科氏工业又为其增加了 75 亿美元的债务。[19] 在私募股权界，这不叫不负责任，而是道德高尚。查尔斯后来写道："为了收购佐治亚－太平洋，我们刻意使其深陷债务泥潭，除非经营业绩有所改善，否则其将不可避免地违约。"现在，债务不再是负担，而是成了一种助力。在负债累累的重压之下，生产积极性被充分调动，自我牺牲的力量开始聚集。

科氏工业于 2005 年 11 月中旬宣布了将佐治亚－太平洋私有化的计划。这项交易使科氏工业成为美国最大的非上市公司。① 科氏工业的员工人数在 3.3 万人的基础上再增加 5.5 万人，公司规模再次扩大。汉南很快被告知，英威达不再需要他的服务了。他将搬到亚特兰大，帮助科氏工业完成公司历史上规模最大的收购。

从 20 世纪 90 年代收购普瑞纳的惨败中，科氏工业学到了很多关于公司收购的知识。当年迪安·沃森强迫普瑞纳的高管改变公司文化，结果却引发了一场激烈的内部斗争和一波叛逃的浪潮。当科氏工业收购佐治亚－太平洋公司时，只派出了一支最初只有 17 名员工的先遣部队前往亚特兰大，其中包括汉南。[20] 来自科氏工业的代表团约占佐治亚－太平洋公司总劳动力的 0.001%。很明显，科氏工业并不打算让收购演变成一场充满敌意的快速接管。

企业发展委员会的核心成员乔·莫勒也加入了这支队伍，他曾担任科氏工业集团总裁一职。莫勒出任佐治亚－太平洋公司董事长兼首席执行官，带领一小队科氏工业的骨干管理人员小心翼翼地接手，力求平稳驾驶佐治

---

① 科氏工业一直与食品和粮食加工巨头嘉吉争夺这一殊荣。嘉吉很快在排名上超过科氏工业，继续保持第一。科氏工业高管私下曾表示，外部分析师几乎无人知晓科氏工业的真正规模，错误地将嘉吉认定为食品领域的领头羊，不过这正好符合查尔斯·科赫的意图。

亚－太平洋这艘大船。原公司大部分高级管理人员被挽留下来，来自不伦瑞克纸浆厂的琼斯从管理纸浆部门晋升到管理整个公司的运营。佐治亚－太平洋团队维持原样，并保留大部分原来的企业文化，不用像在科氏工业集团总部工作的人那样穿正装衬衫、不打领带、外穿西装样式的科氏制服。科氏工业集团从未对另一种企业文化采取如此温和的态度，松动过程的背后是一种新的尝试。

由于债务力量的推动，也有一些剧烈的变化产生。汉南认为"太奢华"的佐治亚－太平洋大厦 51 楼的行政套房被立刻拆除，高管们被赶出办公室，送到了 50 楼。公司前首席执行官皮特·科雷尔的办公室被清理干净，改造成了会议室。房间里的桌子、家具和墙上的艺术品都换成了会议桌和不起眼的黑色办公椅，看起来就像堪萨斯州随便哪个市郊商务办公区的会议室，只是视野更好。[21] 行政餐厅被清空，变成了会客室，公司经理们均可使用。

汉南搬到亚特兰大居住并买了一栋房子。[22] 不到一年时间，他就接替了莫勒，被公司提拔为佐治亚－太平洋公司的首席执行官，直接管理查尔斯·科赫有生以来最大的一笔投资，那年汉南 41 岁。

汉南的办公室位于佐治亚－太平洋大厦的 50 层，面积不大但设备齐全，有一张大办公桌和一张小会议桌，周围摆放了几把雅致的木制椅子。在担任该公司首席执行官的十多年里，他想方设法以一种既能筹措足额现金偿还债务，同时又能让两位主要股东获得满意投资回报的方式管理着佐治亚－太平洋公司。

2016 年，在汉南办公桌正对面的抛光木书柜上，突兀地展示了一个纸制的唐恩都乐①咖啡杯。这个便宜且古怪的装饰代表着汉南职业生涯中最大的滑铁卢。早期，他曾主导对一家名为因苏莱尔（Insulair）的纸业公司进行价值 2 亿美元的收购。[23] 该公司主要制造唐恩都乐的一次性咖啡杯，这些杯子使用了特殊的绝缘材料，佐治亚－太平洋公司计划把它们推销给 7-11

---

① 唐恩都乐是一家专业生产甜甜圈，并提供现磨咖啡及其他烘焙食品等的快餐连锁品牌，总部位于美国，为美国十大快餐连锁品牌之一。——译者注

这样的大型连锁零售企业。结果这笔交易失败了，这些杯子对便利店来说太贵了，而因苏莱尔公司之后也被甩卖。

汉南喜欢把失败摆在眼前。当他在打电话或写备忘录时，可以随时看一眼杯子。他珍视这种不安的感觉，这让他保持清醒，这是私募股权经济蓬勃发展的关键。沉重的债务需要更好的业绩和更精简的运营，实现这一目标的压力从未消散。这是查尔斯·科赫刻意传导给汉南以及他身边的高管们的信号。

也许最重要的是，这种压力被传送到佐治亚－太平洋的基层。这是 21 世纪美国中产阶级的谋生之地，压力影响到了公司的每一个人，即使他们不能完全理解压力的来源。

第 16 章
重新定义仓库劳动管理系统

（2006—2009 年）

在收购佐治亚 - 太平洋公司的同时，科氏工业也接管了遍布太平洋西北部山区的大型造纸厂和木材经销网络。[1] 河流像血管一样将俄勒冈州和华盛顿州的工厂连接在一起，装满木材、木屑和成品的驳船穿行其中，像心脏一样重要的是佐治亚 - 太平洋公司在俄勒冈州波特兰的大型仓储基地。在这里，几十年如一日的苦战正在上演，几乎不为外人所知。这场由仓库工人发起的抗争，是 2000 年起私募股权时代深层矛盾的缩影。几十年来，他们的福利和薪水都受到统治者无情的压榨，公司每次易主，新东家都试图从该地区的工厂和仓库中榨取更多的利润。2006 年当科氏工业买下这些仓库时，斗争达到了高潮。

一位名叫史蒂夫·哈蒙德的仓库工人卷入这场斗争多年，[2] 本可以抽身离开、留下一地鸡毛的他并没有这样做。早在 20 世纪 70 年代末，这间仓库就成了哈蒙德和数百名同事通往中产阶级生活的大门。之后它成为整个地区最后一个为没有大学学历的人提供可靠工作和稳定收入的雇主。多年来，哈蒙德眼睁睁地看着这座岛屿开始一点点地缓慢下沉，工人的工资、福利和工作保障程度每况愈下。这是私募股权时代美国低技能工人的普遍现实。

一排排整齐的货架上摆满了纸制品，成箱的厨房纸巾、餐巾纸等堆积如山，直至没入天花板椽子的阴影中。[3] 为了保持运输途中的清洁，所有产品都用透明塑料包裹。叉车在货架中繁忙穿梭，如同巨型洞穴般的仓库内充斥着刺耳的轮胎摩擦声和嗡嗡作响的马达回声。哈蒙德在仓库里工作了30 多年，对这个地方了如指掌。这间仓库是佐治亚 – 太平洋公司在西海岸业务的关键节点，来自华盛顿州的卡马斯和沃纳等小镇的造纸厂的纸制品，通过驳船沿着威拉米特河顺流而下，在仓库一侧的码头卸货入库。卡车驶入位于仓库另一侧的大门，装载纸制品运往俄勒冈州、加利福尼亚州和科罗拉多州。仓库员工绝大部分都是叉车司机，任务就是把货物从货架拖到等候的卡车上。哈蒙德所在的仓库与河沿岸的另外两间仓库协同运转，这些年，三间仓库几经易手，最终被佐治亚 – 太平洋公司收购，然后在 2006年归于科氏工业旗下。

1972 年，哈蒙德开启了在仓库的职业生涯，此时的科氏工业刚刚击败了松弯炼油厂的激进工会。[4] 这一年，哈蒙德的父母刚刚离婚，19 岁的他在波特兰东南部的街区无所事事地东游西逛。这是一个以平房为主的普通居民区，小院子周围有下垂的链式栅栏。当时哈蒙德看起来没什么出息，整天不是酗酒就是与朋友鬼混，还在一家做围栏的小厂打工，挣着 2.4 美元的时薪。某天，一通来自克朗·泽勒巴克公司①（Crown Zellerbach）旗下仓库的电话改变了他的人生。电话里有个女人在找哈蒙德的哥哥。哈蒙德说他不在，那个女人听起来很沮丧，那天她需要有人在仓库值班。"她说：'你想来这儿干活吗？今天下午 4 点开始。'"哈蒙德回忆道。他当时回答："好呀。"

哈蒙德驱车来到前街，这条街穿过沿河的仓库、石油码头和工厂。初次来到仓库的他被立刻安排上岗工作。他学会了开叉车，开始上夜班，时薪达 5.05 美元②，收入水平比在公立学校当了几十年老师的父亲还好。钱多活儿也多，仓库里经常能看到哈蒙德穿梭的身影。

他和一些仓库工人隶属一个特别激进、充满活力的工会组织，该组织

---

① 克朗·泽勒巴克公司，总部位于美国旧金山，曾是全球最大的造纸公司，1985 年被恶意收购，大部分资产被拆分出售。——译者注

② 这相当于 2019 年的每小时 30.93 美元。

的名字很有趣，叫内河船员工会（Inlandboatmen's Union），人们常简称其为IBU。每星期日，工会都召集会员在波特兰市中心的工会大楼举行公开会议，有两三百名会员出席，大伙一边开会一边把酒言欢。会议时间长、气氛热烈、社会性强，团结感很强。哈蒙德从未参与过这种组织，他回忆说："现场经常上演互殴或者别的什么场景，你懂的。"

工会会员热衷于相互起绰号，比如"躲避者""万磁王""无政府主义者加里"，哈蒙德也赢得了自己的绰号——"锤子"。[5] 这个绰号有些名不副实，就像称呼一个很瘦的人为"胖胖"，显得很讽刺。哈蒙德因为这个绰号有些忐忑，他具备很多正常的特质，沉默寡言，有一双棕色的大眼睛和精致的五官，但没有哪一点能跟锤子扯上关系，甚至每次模仿别人愤怒地大喊大叫的样子时，他都尽量压低音量。哈蒙德和蔼可亲，与同事相处融洽，无论是直属领导还是顶头上司。他常将仓库员工描述为一家人，很明显他与"家人"相处融洽。

哈蒙德不是激进分子，也没必要，因为激进的活儿工会都替他干了，工会代表会员进行了不懈的谈判。在20世纪30年代，劳资纠纷的特点是罢工、暴力和恐吓。这段历史帮助工会为员工们争得了非常慷慨的合同条款：退休养老金计划，无须员工支付任何保险费用的医疗保险计划，慷慨的病事假政策，丰厚的起薪，看似永久的工作保障，等等。

"在那里工作会遇到很多人。有些人平时在学校教书，趁夏天学校放假来打工。这里的薪水比学校高得多，有的人干脆就留了下来。"哈蒙德回忆说，"所以同事中有相当一部分受过大学教育。"哈蒙德不想开一辈子叉车。他暂时离开了一阵，尝试了其他工作。由于优厚的薪水和福利的诱惑，1981年他又回到了仓库，这次一待就是35年。

20世纪80年代中期，哈蒙德开始与一位叫卡拉·霍格的漂亮女孩儿约会。[6]他们经常一起喝酒，和朋友们一起开派对。然后，霍格怀孕了。1985年，她和哈蒙德的女儿萨拉出生。婚后不久，1989年霍格和哈蒙德生了第二个孩子，起名为斯特凡妮。哈蒙德夫妇在波特兰以北的华盛顿州温哥华市买了一套小房子，尽管需要长途通勤，但房价比波特兰市中心便宜，每月650美元的房贷对于双职工的他们来说不是什么大负担——他有在仓库的工作，霍格是一名医生助理。

哈蒙德一家的生活并不容易。虽然仓库的工作稳定，但也得按照工会的规定论资排辈。哈蒙德是在1981年重返工作岗位的，就得从头干起，跟其他新人一样值夜班，直到攒够20年工龄成为"老资格"。当时他们的女儿还小，哈蒙德通常下午去上班，一直到凌晨一点开车回家，之后把车钥匙交给早上四点半上班的霍格。他大约两点半上床睡觉，一直睡到早上六点左右女儿们醒来，然后在上午照顾她们。哈蒙德一周工作七天，并且经常自愿加班以赚取加班费。

这种作息开始影响哈蒙德和霍格之间的关系。哈蒙德偶尔还是会小酌几杯，但是酒吧和派对他再也去不了了，仿佛一切都失去了乐趣。哈蒙德和霍格购置了一栋更大的房子，每月1300美元的房贷压得哈蒙德喘不过气来，他感觉自己是被霍格逼着去迎合中产阶级生活的。

紧张的情绪达到顶点，哈蒙德和霍格的婚姻在一次迪士尼乐园的旅行中破裂。霍格用家庭信用卡买了主题公园旅游套餐。哈蒙德觉得他们没有钱去度假，更不用说去加州了。为了实现这次家庭旅行，哈蒙德来到工会大厅，兑现了他的特别紧急账户——工人们通常会预留一些现金来支付罢工或受伤导致失业的费用。多年来，他的账户累积了约1200美元，足以支付这趟加州行程。尽管他和霍格试图给女儿们完美的迪士尼体验，然而这趟旅行是他人生中最糟糕的一次。

"那是一段悲惨的时光。我和她全程几乎没有说话，只是尽量不让孩子们受到我们情绪的影响。"哈蒙德说，"我很生气，我们没有足够的钱去享受生活。"

不久后，哈蒙德和霍格就离婚了。他们卖掉了那幢大房子，争夺女儿们的抚养权。哈蒙德搬进了他母亲家，继续在仓库值着夜班；霍格需要带着孩子们早起，以免错过校车。

在这场混乱中，哈蒙德唯一不必担心的就是失去工作、医疗保险或退休金，好像他做什么都不会被解雇。正如 20 世纪 70 年代的松弯炼油厂 OCAW 的会员一样，仓库的人也不害怕老板，这里经常能见到叉车司机和经理共饮一杯威士忌的场景。一个名叫凯里·阿尔特的司机由于突然加速，超大瓶的啤酒从车后掉了下来。手忙脚乱的阿尔特立刻跳下车，笨拙地试图截住在水泥地上滚动的瓶子。当在场员工哄堂大笑时，管理层面色铁青。但如果一名主管选择按照公司的规章制度对阿尔特进行处罚，那么将不得不通过工会的申诉程序进行，很多人为了避免麻烦选择视而不见。在这种环境下，老实本分的哈蒙德没过几年就获得了提拔。

哈蒙德的好朋友丹尼斯·特里姆的升职速度更快，他在 20 世纪 90 年代就成了领班，随后被提拔为主管。[7] 虽然这位身高 6.6 英尺的壮汉进入仓库管理层后切断了与内河船员工会的联系，但被形容为"坐办公室"的特里姆和哈蒙德仍然是朋友。他们还会像往常一样在休息时间一起喝酒，在仓库地板上互开玩笑，互相探望对方的家人。工会会员和公司管理层之间可能有一条鲜明的界线，但他们之间没有敌意。

然而，在 2005 年底，随着科氏工业集团收购了佐治亚–太平洋公司及其在威拉米特河沿岸的仓库，情况发生了巨大的变化。

*****

随着仓库和木材加工厂一次又一次地被转手出售，特里姆逐渐了解了每一任接手公司的首席执行官，[8] 从克朗·泽勒巴克公司，到詹姆斯·戈德史密斯①，再到詹姆斯堡，以及后来的佐治亚–太平洋公司。在所有的领导团队中，佐治亚–太平洋公司给他留下了最深刻的印象。佐治亚–太平洋公司的首席执行官皮特·科雷尔经常到仓库考察，并与管理团队交谈。科雷尔身材瘦长，身家不菲的他平易近人，愿意和当地的主管们交谈，就好像

---

① 詹姆斯·戈德史密斯是拥有英法双重国籍的金融资本家，外号"金融鳄鱼"。克朗·泽勒巴克公司就是被他在 1985 年恶意收购的，该笔收购案也是金融史上毒丸计划的经典案例。——译者注

他们是他团队中不可或缺的一员一样。佐治亚－太平洋公司旗下的所有仓库和工厂都安装了特殊的卫星系统，以便员工能够接收季度广播，科雷尔会在广播中为大家描述公司的目标和战略。2005 年，特里姆和他的同事聚集在仓库的一个会议室里，收听科雷尔的最后一次广播。他们的首席执行官告诉大家，很快就会有新的老板到来。

在特里姆印象中，科氏工业入主后，查尔斯·科赫从未视察过仓库。相反，集团开始向主管们提供在线培训研讨会和工作表。以前主管的任务是开着一辆小车在堆积如山的货堆间巡查，以确保一切顺利进行，特里姆通常整天都待在仓库里。而现在，他大多数时间都在办公室，学习从威奇托传来的培训视频。这是特里姆第一次接触以市场为基础的管理理念，他学习了五个方面和十项指导原则，学习了关于角色、责任以及心智模型，通过这些内容认识了查尔斯·科赫。

在一段培训视频中，可以看到查尔斯坐在黑屏前。[9] 他没有直视镜头，而是对着镜头的一侧说话，看起来像对着台下的观众。查尔斯曾经是金色的头发已经完全变白，从正中间分开，梳得整整齐齐，有点难以控制的微卷。他戴着薄框眼镜，穿着一件蓝色纽扣衬衫，没有打领带，没有穿外套，看起来像一位和蔼可亲的教授，或者是一所经济学院的院长。在视频中，他不仅谈到了商业目标和战略，还谈到哲学、市场规律、人类本性，以及他的父亲。

"我父亲认为，职业道德，也就是对待工作的态度，对个人发展至关重要，而且事实上，它对保持健康和快乐的人生起到关键作用。"查尔斯说，"我认为，对他来说，最重要的价值观是正直、谦逊、职业道德、实验精神、创业精神和求知欲。"他接着说："我可以这样说，这些都是以市场为基础的管理理念的关键要素，也是组成了科氏工业的指导原则。"

查尔斯的声音饱满、深沉，有着典型中西部人慢吞吞的语调，似乎从来都不急于吐出下一句话。特里姆很清楚，查尔斯阐述的不仅仅是培训内容，更是一种包罗万象的哲学。像特里姆这样的仓库经理，要么全力以赴，要么卷铺盖走人。

特里姆了解到，观看查尔斯的在线视频并完成工作表中的事项已经成为强制要求。如果没有赶上预定的观看时间，人力资源部门会发邮件提醒他。在科氏工业接管仓库大约一年后，特里姆被通知参加为期三天的研讨会，进一步深度学习以市场为基础的管理理念。研讨会在华盛顿州卡马斯市的佐治亚－太平洋纸浆厂附近的一家酒店举行。

研讨会开始当天，特里姆等主管，甚至还有一两个工会会员，坐在同一张桌子旁。① 几乎从一开始，特里姆就意识到，为期三天的研讨会不会是一次轻松的企业务虚会。一位名叫本杰明·普拉特的培训师从亚特兰大飞来，他把自己描绘成一个直接从堪萨斯州科氏工业总部大楼内"取得真经"的人，与会者应该仔细听他的课。

特里姆回忆说："这就像看一部德国战争电影。他非常直接地告诉我们：'你们会有作业。而且你需要在第二天早上之前完成它。'"

研讨会上，大家观看了更多查尔斯的视频，他谈到了指导原则和他的家族历史。学员们得到了一本查尔斯于 2007 年出版的书——《成功的科学》（ *Science of Success* ），这本书对于任何学习以市场为基础的管理理念的人来说，都像是一本操作手册。学员们还得到了工作表，以及阐述以市场为基础的管理理念的具体定义的小册子，并且被告知最明智的做法是在办公桌旁放一本查尔斯的书，以便定期查阅。

在问答环节中，一些学员表达了对新管理层决策的担忧。[10] 在佐治亚－太平洋公司的管理下，过去几年中，员工一直在缓慢流失，许多岗位空缺。而科氏工业接管公司后，最近几个月这种情况加剧了。

特里姆说："他们就像一把加热过的刀，穿过黄油开始左右扫荡。"剩下的人则需要完成更多的工作，有些人每天要在办公室待上 10~12 个小时，甚至是 18 个小时来完成自己的工作。他们中的许多人以为这种工作量只是

---

①　佐治亚－太平洋公司的一些领班岗位由工会会员担任。尽管他们履行很多管理职能，但随着时间的推移，这些职位越来越少。

暂时的，说不定哪天就开始大规模招人了。但这种幻想从未实现，于是一些人便开始担心这种局面会一直持续下去。

在为期三天的研讨会接近尾声时，一名学员举手问普拉特：科氏工业是否考虑过壮大员工队伍？提问的学员抱怨说，大家为了完成基本的工作要求而长时间工作，真是令人难以忍受。

普拉特回答说，如果不喜欢长时间工作，他们可以另谋高就。

"房间内鸦雀无声。"特里姆回忆说。

*****

提高净利润成了特里姆的首要目标。[11] 公司要求管理人员最大限度地提高整个仓库的效率（或者用私募股权的说法来说就是增加"资产"）。佐治亚－太平洋公司的头顶正悬着几十亿美元的债务，而这些债务只能通过从工厂和仓库一点点榨取利润来偿还。像特里姆这样的主管有责任找出解决方案。

特里姆很快适应了科氏工业的企业文化，他明白自己新的"角色和责任"的含义，他是一个资产所有者，需要让自己的一亩三分地更有利可图。

他起草了一份方案，通过重新安排部分产品的摆放位置，优化从码头到装货间的叉车路线。虽然这份方案最终被否决，但至少说明他一直在动脑子。很快，特里姆悟出了削减成本最直接的方法，他必须想办法让叉车司机在单位时间内完成更多的工作。2006 年，一个新工具的投入使用让特里姆的想法得以实现。

就在佐治亚－太平洋公司被科氏工业收购之际，它正在开发供仓库使用的新软件系统——劳动管理系统（Labor Management System），该系统旨在提高员工的生产效率。[12] 这项工作在科氏工业到来之前就已经启动，特里姆和他的同事们进行了一系列看起来有点儿奇怪的时间测试。测试在小范围内进行，并没有引起仓库员工的关注。几名主管人员召集了几名叉车司机，要求司机在仓库里按照指定路线行驶，不要装卸任何货物。司机们只是简单地从 A 点开到 B 点，比如从装货区开到仓库 B-1 区等，特里姆等经理记录了在不同地点之间叉车行驶所需的时间，并录入数据库。就这样点对点地跑了几十次，司机们沿着迂回的路线在整个仓库中行驶，经理们追踪沿着不同的车道和不同的拐角行驶所需的时间，一幅显示叉车在全仓库运行的时间图应运而生。

这些测试是数字化仓储操作战略的一部分。回到哈蒙德刚开始工作的时候，叉车司机会把订单记录在一张纸上，然后在一个类似电话簿的目录中找到相应的目的地。有些货品的位置甚至可能只是简单地记在某位主管的脑子里，他碰巧记得哪个牌子的包装是放在哪个货架上的。到了 20 世纪 80 年代，公司建立了自己的商品数码标签，通过计算机进行记录和管理。通过很多次的尝试，最终这个标签系统帮助公司减少了物流跟踪所需的文书工作。

供应链管理系统在 20 世纪 90 年代的软件热潮中发生了革命性的变化，从亚马逊到沃尔玛，美国各大公司都在尽可能地利用数字化管理方式提高分拣效率，该系统也在佐治亚 – 太平洋公司得到了普遍使用。佐治亚 – 太平洋公司聘请了专注于供应链管理系统的红色草原（RedPrairie）数据公司继续改进标签系统。到了 2004 年，这项技术已经取得了长足的进步，佐治亚 – 太平洋公司所有的产品托盘上都贴有条形码标签，比如来自华盛顿州沃纳造纸厂的产品被运到波特兰仓库，通过扫描条形码，所有的信息都被记录在数据库中。如果产品有缺陷，公司可以追溯到生产工厂、机器和生产时间。

这是红色草原数据公司在库存管理方面的系统——仓库管理系统（Warehouse Management System）。这是对标签系统的一大改进。此外，红色草原数据公司还创建了一套与库存管理系统配套的软件工具用于管理工人，这就是劳动管理系统。

劳动管理系统利用跟踪托盘的方式追踪工人，每个工人都被分配到了条形码，系统会记录他们在岗工作的全部信息，每一分钟都记录在案，不会丢失。[13]

科氏工业在收购佐治亚 – 太平洋公司时继承了劳动管理系统，但很多人和特里姆一样，认为科氏工业在原有基础上又融入了其独特的经营哲学。

特里姆回忆说："佐治亚 – 太平洋公司时期的管理更为松散，这个系统并没有被频繁使用；到了科氏工业手中，政策就变得刚性十足。"

劳动管理系统上线运行后，叉车司机发现他们的日常工作不再仅由领班和主管指挥，而是在一组算法的帮助下运行。[14] 这些算法像一台不眠不休的搅拌机，昼夜不停地吸收和分析来自佐治亚 – 太平洋庞大供应链的海量数据，但凡条形码被扫描，信息都会传到劳动管理系统。系统会跟踪每箱卫生纸的位置，这些卫生纸被沃纳造纸厂的生产线装上驳船，顺流而下，然后吊到仓库的码头边；计算机同时分析着数百英里外顾客的订单，跟踪每个包裹被送进仓库、入库堆放、装载到货运卡车上，然后送至塔吉特或者好市多超市的过程。劳动管理系统无所不知、无处不在、无所不能，并且在综合分析信息后会生成任务列表，自动发送给员工执行。

劳动管理系统重新定义了工时的含义，一名员工不是在线就是离线，只要在线就有干不完的活儿，离线的员工对劳动管理系统和佐治亚 – 太平洋公司来说等于不存在。随着时间的推移，叉车司机们渴望离线的眼神越来越热烈。

尤其是年纪大的人，因为 20 年来或更长时间他们都在处理纸质订单和来自人类的口头命令，而劳动管理系统抛弃了这一切，所以他们很难适应新系统。

但即使是没有经历过传统仓库处理方式的年轻员工，每天在压力下也显得筋疲力尽。一个名叫特拉维斯·麦金尼的年轻员工在劳动管理系统下的工作经历，就证明了自从哈蒙德开始在仓库工作以来，情况发生了多大的变化。

麦金尼在 2004 年来到仓库工作，就在劳动管理系统上线前不久。[15] 他是一个常写博客的电脑迷，爱好科技。他还是一个经常参加科幻大会的漫画迷，有人在网上发现了他全副武装扮成《X 战警》中的万磁王的照片，他立刻就获得了"万磁王"这个绰号。虽然与有文身、酗酒的同事在一起显得格格不入，但他亲切的态度和外向的性格帮助他很快融入了群体，毕竟

"万磁王"这种硬汉很难不让人喜欢。

麦金尼对能在仓库找到一份工作心怀感激。像哈蒙德这样年纪的老员工不会选择主动离职，2004 年很难找到有良好福利的全职工作，因此麦金尼能进仓库工作已经很不容易了。当佐治亚 – 太平洋公司发布招聘广告时，麦金尼去办公室提交申请。当他到达时，已经有几十个人排队等候了，他还听说有两百多人同时申请了这个岗位。

人们争先恐后地要当叉车司机，是因为在过去的 30 年里，大多数公司的就业保障几乎消失殆尽。[16] 20 世纪 90 年代，美国工人以"周期性"的方式失业，这意味着每当经济进入衰退周期时，他们就会失业，但当劳工需求恢复，公司再次需要他们时，他们就会被重新雇用。在 21 世纪初，失业变成了"结构性"的，公司为了削减成本而永久性地裁员。随着工会解散，限制裁员的雇佣合同也随之减少。就在 20 世纪 90 年代，为了降低在经济衰退中劳工队伍的波动，69% 的美国公司设有"不裁员"条款以保留更多的工作岗位，但到 21 世纪初，这种保障性措施已经悄然消失，只剩 3% 的公司保留这样的条款。

到 2004 年，企业在经济增长和利润上升的同时依旧在裁员，约 13% 的工人被迫失业。这一比例与 1981 年经济衰退期间被解雇或下岗的工人的比例大致相同，那可是自大萧条以来最严重的经济衰退。在这方面，美国工人的就业缺乏保障的程度进入永久、深度的状态，受这种波动影响最大的是只有高中及以下学历的人，而这类人群曾是工会会员的主要构成。

麦金尼知道佐治亚 – 太平洋仓库求贤若渴，但他仍然对招聘过程的严格程度感到惊讶。经过几个小时对数学和推理能力的测试，他来到面试环节，之后填了冗长的调查问卷。他很愿意经历这些，并且心情愉悦。经过所有测试后，他被录用了。

仓库的工作单调而乏味。麦金尼每天到岗后的第一件事就是开着叉车去换班。每辆叉车都配有一个大的数字显示屏和键盘，麦金尼需要输入唯一的用户名和密码以登录系统。

劳动管理系统开始给麦金尼分配工作。他开车前往第一个指定地点取货，拿出条形码扫描器，对准货物附近的一个标签，扣动扳机，当前的位置记录就会上传到劳动管理系统。然后，他的下一个提示出现在屏幕上，比如通知他到 B-1 区等待下一步指示，同时显示的还有开车到 B-1 区所需的时长，这个时间是基于测试数据所确定的平均值。倒计时开始，计时器嘀嘀作响，一到达指定地点，麦金尼立刻拿出扫描器，再次扣动扳机打卡。就这样，他根据一个接一个的指示开展工作，连续几个小时，劳动管理系统会记录他的工作表现。

特里姆在办公室里观察司机的一举一动，[17] 劳动管理系统会向主管展示仓库活动的鸟瞰图，特里姆可以看到系统如何自动安排司机将货物从货架转移到等待的货车上，就像在一个庞杂的棋盘上不断移动的棋子。司机们不知道这些，只是简单地根据指示行动。干涉劳动管理系统作业会导致其设计的复杂关联任务被打乱，特里姆等人被告知并鼓励不要人工干预系统运行。

特里姆的任务是鼓励并确保司机赶上劳动管理系统安排的目标任务进度。他可以随时调出每位司机的工作日志，上面显示了司机在每个时间点的工作完成情况。有两个重要指标作为特里姆的参考。

第一个指标是司机实际到达目的地的时间点与系统标准时间的比较。

第二个指标是时间缺口，指司机离线的时长。司机只要离线几分钟就会被记录下来，这个时间被称为"间接时间"。间接时间可能包括上厕所、休息、喝水或停下来请教问题的时间，只有极少数活动被允许离线，像与同事聊天等行为则不被接受。每当特里姆看到有司机离线，他就需要询问相关司机的具体情况并请对方做出解释，如果是因为往家里打紧急电话、排便或者进食，则需要记录在日志中。如果司机无法合理解释离线原因，那么一通训斥在所难免。

当麦金尼扫描完当晚最后一个指定地点并注销离线时，他长舒了一口气。这是他一天中第一次可以享受间接时间，并且不必向任何人解释自己行程的自由活动时间。

*****

等到了发薪日，麦金尼和同事有时候会到当地一家名为尼古拉街俱乐部的脱衣舞酒吧喝啤酒，那里离仓库也就几个街区。[18] 他从仓库开车出发，一路向西，穿过一组铁轨，经过破旧的工厂和工业仓库，然后抵达。俱乐部位于街角一栋红砖平房里，面向街道的白色招牌上写着"啤酒疯狂特价"和"舞女！！！"。

这些即兴的啤酒聚会已经成为仓库工人最接近哈蒙德刚工作时参加过的工会大厅集会。之后，工会大厅搬到离仓库更近的一栋新大楼里，但几乎没有人再去参加会议。内河船员工会的会议变成只有领导成员参加的小型会议，他们聚集在小会议室里讨论养老金的财务或医疗保险计划等问题，偶尔会有一到两个叉车司机会出现在会议上，但没有人喝酒。

麦金尼可以很容易地在昏暗而狭小的尼古拉街俱乐部里找到他的同事，大多数桌子正对着前门，他们坐在那里一边喝着塑料瓶装的廉价啤酒，一边注视着舞台。马蹄形的木制舞台就在一扇通往厨房的敞开小门旁边，周围是一排廉价的金属框座位。换班的时候，脱衣舞女郎从小楼梯登上舞台，在一个写着"花花公子能量饮料"的霓虹灯牌下跳舞。观众身后的墙上安装了一个便宜的塑料风扇为舞台降温，舞台周围一圈狭窄的木质吧台被称为"架子"，男人们一边抬头看着表演，一边把新挣来的钱放在"架子"上。有时裸体的女人会走近男人，一把抓过他手中的钞票，然后向前倾身，开始亲密香艳的表演。

另一些人在酒吧后面一排带屏幕的彩票机旁，在嘟嘟嗡嗡声中懒洋洋地坐在那里。麦金尼说，在屏幕前"看着这些家伙把薪水输光"就像是一种体育运动。叉车司机们用啤酒交换关于劳动管理系统的故事、抱怨和牢骚，谈论周末的安排、钓鱼旅行和他们的孩子。司机们有一种近乎血缘关系的团结。

但即使是这种苍白的团结也开始褪色。随着时间的推移，下班后去尼古拉街俱乐部的人越来越少。劳动管理系统不仅让他们疲惫不堪，更使他们反目成仇，很多人因此而丢掉了工作。

*****

系统积累了大量员工数据，科氏工业利用这些数据进一步激励员工提高生产效率。[19] 仓库经理会对工作日志进行整理，并制成表格打印出来，对所有仓库工人的表现进行排名。排名被分为三类：绿色区域、黄色区域和红色区域。

绿色区域工人的表现达到或超过 100 分，这意味着他们的驾驶成绩达到或超过了系统记录的平均时间。在黄色区域的工人通常会得到 80 分，他们没能完全达到系统标准，但不是最差的。红色区域的工人得分为 70 分或 60 分，远远落后于系统标准。排名结果出炉后，在红色区域的工人会受到批评。不仅如此，科氏工业还将排名张贴在仓库公共区域的公告板上，所有人在上班时都会看到。就像意料之中的，绿队选手在比赛中获得了额外的动力，红队选手垂头丧气，绿队和黄队选手开着诸如视力太差或者身体有缺陷的玩笑，取笑着红队选手。

每次新公告发布，都有司机的排名发生改变，他们非常关注自己的排名，因为失败者会被淘汰出局。在黄色区域和红色区域待得太久的司机会受到批评，然后被公司"警告"，再然后可能被置于"最后通牒"状态，提醒他们如果工作效率再没有改善就会被解雇。

这个系统对仓库里的老员工来说似乎很苛刻，[20] 但是如果他们读过查尔斯·科赫的大作《成功的科学》，可能就会更好地理解这个排名系统。就在这本书的第 89 页，查尔斯解释了科氏工业把员工分为 A、B、C 三个等级的原因。他认为，A 级员工是公司的竞争优势，而 B 级员工是维持企业运转的必要员工，C 级员工的表现不及预期，可能会拖累企业。查尔斯写道："应该为 C 级员工制定有针对性的策略，通过培训、提高、指导或角色转变来提高绩效。不迅速做出反应并继续维持现有表现的 C 级员工不应留在公司。

自然地，仓库的生活演变成了一场劳动管理系统排名争夺战，大家竭力避免落入第三档。[21] 这个过程中，最突出的受害者是叉车司机凯里·阿尔特，他慢得无可救药，不是因为懒惰，而是因为他病态般的小心翼翼。每次工作时，阿尔特都要反复查看系统屏幕，反复确认指定前往的区域，反复检查自己是否在正确的位置，拿起货物后反复仔细检查运送点，然后小心翼翼地开到指定地点。

众所周知，阿尔特每次排名都在红色区域，[22] 他就像生活在那儿一样。特里姆认识阿尔特好多年了，像朋友一样对他的处境感到同情，试图帮他找到换岗的机会，甚至干脆换到完全离线的岗位。但科氏工业不需要清洁工，更没有什么闲职，公司需要员工在劳动管理系统的指挥下开起叉车、搬运货物。阿尔特虽然一直在开车，但从未进入过黄色或绿色区域。

对阿尔特来说，这是一段极度紧张的时期。他向上级抱怨说自己只是想保持谨慎并确保安全。他指出，科氏工业重视安全，他不想忙中出错。但是系统排名公开驳斥了阿尔特的论点，因为他的同事们开得更快，并且没有发生事故。

"他们把他赶走了，"特里姆说，"大家都知道凯里是个勤奋的人。他很努力但就是做不到。我为他感到难过。"

在离开仓库后，阿尔特和他的妻子对科氏工业心怀怨恨。他也许可以从《成功的科学》第 90 页中得到安慰，查尔斯在这一页阐述说，在一家公司是 C 级员工不意味着在别的公司也是。

"在一家公司无法创造价值，并不意味着在其他地方也会如此。员工在另一个需求或文化更适合他们才能和价值观的组织中，可能会更成功。"查尔斯写道。

在被迫辞去仓库的工作后，阿尔特很难找到"让他的才能得到发挥"的企业。他在仓库工作了 20 多年，早已将自己和工作岗位融为一体。丢掉工作后，他不知道该如何重新开始。

阿尔特的妻子雪莉回忆说："他有点抑郁，并开始酗酒。"他最终申请了社会保障伤残保险，开始领取工会养老金。这对夫妇卖掉了房子，搬到了一个更便宜的社区，雪莉开始做清洁工补贴家用。几年后，阿尔特说话有些困难，已经不太记得在佐治亚 – 太平洋的痛苦经历。"我受够了，"阿尔特回忆说，"我感觉很糟糕，我只能选择遗忘。"

*****

司机并不是唯一被排名的群体。[23] 每个月，特里姆等主管也都会收到一份成绩单，量化了波特兰三间仓库的业绩，并与全美其他佐治亚 – 太平洋旗下的仓库进行比较。

公司会根据几个关键指标对特里姆的表现进行排名，包括安全事故的数量（他说这个很少发生）和在运输过程中货物受损的比例。还有最重要的指标——"每件成本"，也就是每件货物通过仓库时公司所支付的成本。成本越低，科氏工业的利润率就越高。成本控制成为主管与司机面谈的永恒话题。所有事情都指向一个方向：越来越少的人运输越来越多的商品，并且具有越来越高的效率。

在成绩排名上，波特兰仓库的表现不错，但竞争非常激烈。波特兰的三间仓库是佐治亚 – 太平洋公司仅有的直接运营的仓库，其他配送中心均由第三方承包商运营，佐治亚 – 太平洋公司有足够的影响力促使这些承包商维持低价。特里姆了解到，大多数协议仓库使用非工会劳工，其中一些仓库位于劳动力成本较低的农村地区。为了让自己的表现保持在 A 级或 B级，特里姆一直在进行艰苦的战斗，并且多年来，他保持了成功。但他心里很清楚，一旦落后，他就会被替换掉；如果仓库整体落后了，也可能会被外部承包商取代。

他还面临着其他与安全合规性有关的压力。科氏工业日复一日地向员工灌输遵守 10 000% 合规原则，在特里姆和他的同事们看来，这不仅意味着安全，还意味着要按照科氏工业规定的方式保持安全。如果经理或司机没有严格遵守任何一条规则，都可能会受到纪律处罚。管理人员被教导要时刻警惕任何违反安全原则的行为，如果出现此种行为，则需要立即向上级报告。

这让人精疲力竭，这种疲于奔命的状态似乎是故意营造的，司机们在排名中互相竞争，主管们在全国范围内与其他仓库竞争，更多的产品以更低廉的成本通过仓库，这一切都是为了让公司朝着用更少的钱和更少的人来完成更多的工作的方向前进。特里姆说："我甚至对几个和我一起工作的人说：'伙计，这只是一个开除人的游戏。'"

麦金尼不会被开除，他全身心地投入工作，经常加班加点，甚至在周末天不亮就会到达公司。[24] 屏幕上充斥着劳动管理系统发送的指令，他尽可能快地抢在预期时间前完成指令。麦金尼这样做是因为他清楚地知道，一旦失业，在仓库外等待着他的是什么。

为了支付住房抵押贷款和符合波特兰标准的医疗费用，以及维持良好的生活水平，麦金尼和他的妻子都长时间工作。但生活不会停滞不前。麦金尼的妻子被就职的杂货店降职，收入水平大幅下滑。他们还有一个女儿，被诊断为自闭症，需要一大笔医药费来治病。由于长途通勤，麦金尼在汽油费上开销巨大。房产税也在增加。

像大多数美国中产阶级一样，他们经常使用信用卡来弥补每月开支和收入之间的差额。值得注意的是，小额购物在信用卡账单上的累计速度是如此之快。麦金尼夫妇的信用卡未偿还金额为 1.5 万美元，有时甚至达到 2 万美元，每个月的利息支出都在蚕食着他们。在这方面，他们并不是特例。美国有债务家庭的平均信用卡债务在 21 世纪初稳步攀升，从 2002 年的 14 185 美元升至 2008 年的 16 911 美元。这些债务的平均利率接近 19%，这意味着仅仅在支付利息方面，每个家庭每年就要支出约 1 300 美元。

麦金尼清楚地意识到，这份有工会组织、医疗福利和养老金的工作是他在经济领域的唯一仰仗。因此他每天都去上班，加班加点，任劳任怨，忍受着劳动管理系统迷宫般的比赛。其他司机也是如此。

*****

哈蒙德经常对这份工作感到厌恶。[25] 自从科氏工业集团接管以来，他一直眼睁睁地看着仓库里的员工离开。这份工作从来都不算好，没有人会梦想长大后开叉车，但在过去这份工作还可以忍受。内河船员工会为会员所赋予的友情、恶作剧、归属感，所有这些加在一起，让他每天都愿意来到仓库，而现在一切都烟消云散了。司机们就像是机器人，只专注于降低每件货物的运输成本，专注于在劳动管理系统中取得 110 分，在排名中保持在安全的绿色区域。人们不再交谈，哈蒙德从上班的那一刻起就盼望着回家。

2008 年，哈蒙德决定做点儿什么。他宣布将参加竞选，成为内河船员工会的全职雇员。他想为同事们的事业而奋斗，他想努力把工作氛围重新打造成以前的样子。

哈蒙德有充分的理由相信，如果自己成为一名工会劳资谈判代表，就可以改变局面。在 20 世纪 90 年代，内河船员工会合并进入了一个非常庞大、非常激进的联盟——国际码头及仓库工会（International Longshore and Warehouse Union，ILWU）。该工会可能是美国最强大的工会之一，大多数人称呼其为码头工人工会。内河船员工会的办公室现在位于佐治亚 – 太平洋仓库附近的码头工人工会大楼内。在工会大楼外，一座石质方尖碑上刻有工会徽章——一只拳头紧握着一个货钩，货钩看上去像某件中世纪时期的武器。货钩上方刻着码头工人工会的座右铭："对一个人的伤害，就是对所有人的伤害。"

哈蒙德竞选成为内河船员工会的"巡视员"，也就是地区的二把手。以微弱的优势赢得了选举，哈蒙德自己也大吃一惊。他将负责科氏工业的工会会员，督促公司收回一些对仓库工人的处罚并做出改变。"我认为大家对在这里工作这件事感到自我厌恶，"哈蒙德说，"我觉得……我会尝试帮助大家。我只是想看看我能不能做点什么，让大家对来这里上班不再那么厌恶。"

当哈蒙德准备在 2008 年底与科氏工业开战时，战场环境发生了变化。一场惊涛骇浪席卷了整个经济领域，几乎摧毁了一切。所有事情都变了。这是自大萧条以来最严重的经济衰退，科氏工业集团也遭受到沉重打击。所有迹象都表明，查尔斯·科赫还没有做好准备。

第 17 章
2008 年金融危机：屹立不倒
（2008—2010 年）

2008 年夏天，大卫·科赫心情很好，美好的现实让他有充分的理由感到乐观和慷慨。[1] 大卫和查尔斯·科赫平分了科氏工业集团的股份，兄弟俩每人持股 40% 多。在过去的 10 年里，他们的财富迅速增长。2002 年，大卫手里的那一半家产价值约 40 亿美元，到 2008 年，价值约 190 亿美元。这个数目对普通人有些难以理解，如果一个人每小时挣 300 美元，全职工作，不休假，他需要工作 30 449 年才能挣到 190 亿美元，而大卫在短短几十年内身家就达到了这个数目。

与他居住在威奇托、长时间在科氏大厦工作的哥哥不同，大卫更乐于享受财富。住在纽约的他成了社会名流，经常参加歌剧院和画廊的开幕式，支持着芭蕾舞事业，住在城里最贵的公寓，每次房产买卖甚至会登上报纸。在这个拥有几乎无法估量个人财富的城市，大卫是这里最富有的居民之一，而他从不吝啬分享自己的财富。

2007 年 10 月，大卫向自己的母校，同时也是父亲和哥哥的母校——麻省理工学院捐赠了 1 亿美元，用于建立一个癌症研究中心。在大卫与前列腺癌抗争成功之后，这项事业对他来说意义重大，之后他向位于巴尔的摩的约翰斯·霍普金斯大学医学院捐赠的 2 000 万美元也是用于癌症研究的。他还向美国自然历史博物馆捐赠了 2 000 万美元，用于建造展示恐龙化石的新场馆。

7 月的另一笔捐款则引起了全国的关注，大卫向纽约州立剧院资助了 1 亿美元，这座位于曼哈顿的宏伟建筑是纽约上流社会交际的场所，是最早开始举办精英社交活动的地方。夜幕降临后，大卫和他的妻子朱莉娅会与其他著名的情侣一起，穿着燕尾服和晚礼裙，在大厅里欢笑和闲聊，然后到林肯中心欣赏纽约城市芭蕾舞团或纽约城市歌剧院的表演。现在，纽约州立剧院改名为大卫·科赫剧院。

大卫有足够的能力去做这样的慈善捐赠。根据《纽约时报》的报道，他给纽约州立剧院的捐款还不到个人财富的 1%。但即便如此，实际金额还是被夸大了。1 亿美元的捐赠将在未来 10 年内完成，实际上只占大卫财产利息的一小部分，对他来说无疑是一笔小钱，完全不用担心个人财富会因此而缩水。

在 2008 年夏天，人们有充分的理由相信大卫的财富将进一步增长。在过去的 8 年中，科氏工业已经从一家中型自然资源公司转变为一家多元化的工业集团，还开展了私募股权业务。20 世纪 90 年代，查尔斯就坚信他的公司会成长为一个巨人；在 21 世纪初，他证明了自己的判断。诚然，科氏工业的利润基础仍然依赖于化石燃料业务，松弯炼油厂仍然是一个稳定的现金来源，使集团其余业务有充足的资金开展投资；原油管道和科珀斯克里斯蒂炼油厂也保持稳定盈利。但不仅如此，科氏工业还拥有佐治亚 - 太平洋公司、英威达公司和科氏化肥公司——它现在是美国最大、最赚钱的氮肥公司之一。科氏工业在休斯敦、纽约和伦敦的交易部门与任何一家投资银行相比都不落下风。科氏工业的成长轨迹并不是按部就班的，而是充满震撼的，在稳步推进的过程中时不时跨出一大步。查尔斯曾宣称要破解创造繁荣的密码，而现在他一手打造的财富机器似乎势不可当。

大卫接受了媒体的采访，言语之间流露着热情和仁慈，他准备加大捐款力度。他告诉《泰晤士报》，自己深受他的邻居、私募股权巨头、亿万富翁斯蒂芬·施瓦茨曼的启发。施瓦茨曼最近向纽约公共图书馆捐赠了 1 亿美元。大卫说："我非常钦佩这样的人，他们既拥有巨额的财富，又不遗余力地支持着有价值的事业。"

这是充满善意的时代，但经过 10 年的经济增长后，这个慷慨和丰盛的夏天最终成为美国经济周期的顶峰。在当时没人知道，繁荣即将崩塌，即便 7 月已经出现了麻烦的信号：油价高企，房地产市场放缓，一家大型投资银行刚刚倒闭。但只有回忆才会让人们意识到当时的美好，至少在随后的 10 年中，美国荣景不再。

在科氏工业的休斯敦交易大厅，交易员首先捕捉到一些蛛丝马迹，但也很难从这些早期信号中拼凑出全貌。[2]

首先是房地产市场疲软迹象明显。佐治亚 – 太平洋公司生产的胶合板、绝缘材料和石膏建筑大板，广泛应用于全国各地新建的住宅和建筑中。早在 2006 年，公司的订单就开始放缓；到了 2008 年，新建住宅数量似乎已经停滞不前。另一个信号是原油价格。由于中国等发展中国家的需求旺盛，原油市场竞争逐渐白热化，原油价格从 2007 年每桶不到 60 美元攀升至 2008 年 7 月创纪录的每桶 145 美元。投机者不断推高油价，汽油价格上涨过快，这迫使消费者控制汽油的使用量，进而导致科氏工业的汽油销售量开始下滑。消费者削减支出的行为对零售商和餐馆也造成了伤害。

到了夏天即将结束的几周，越来越多的红色①在交易屏幕上闪烁，很多人都在预测经济衰退即将到来，但很少有人猜到萧条的程度。

而休斯敦的年轻交易员克里什·富兰克林做到了。[3] 2008 年他在科氏工业的外汇和利率交易部门工作，处于国际金融旋涡中央的他亲眼见证了市场的崩盘。虽然富兰克林不在科氏工业股票交易部门工作，但在事后他看过它的大量交易数据，回想起来，这些数字所展现的一切让人感到悲哀。

"事后看来，预警信号是有的。"富兰克林回忆说，"复盘时能够看到它们的价格行为交易策略……这清晰地表明，在崩盘前的一段时间，市场已经开始释放出信号。"

事实证明，风险无处不在。

---

① 美国用红色表示下跌，绿色表示上涨，与中国正好相反。——译者注

*****

这种风险一直延伸到经济体系的基础——工薪阶层家庭，[4] 就像佐治亚 - 太平洋公司波特兰仓库的史蒂夫·哈蒙德和特拉维斯·麦金尼这群人。这些家庭多年来收入没有得到明显的增长，却继续按照预期提高生活水平，收入与消费的差距成了债务。2000 年，美国家庭债务总额相当于美国全年的 GDP（国内生产总值），等于当年国家全部经济活动中所创造的一切价值；而到 2008 年，家庭债务总额约占 GDP 的 140%，这段时期家庭债务增长速度之快，在美国历史上都很难找到类似的案例。

家庭债务中大部分是住房抵押贷款。[5] 房价一度被认为永远不会下跌，遵循这个简单的规律，抵押贷款成为家庭财富的基石。到 21 世纪初，很大程度上由于美联储将利率长期维持在历史低位，所以推动房价脱离了稳步上涨的轨道开始暴涨。低利率水平使借钱买房变得容易，而为了满足日益增长的需求，抵押贷款行业蓬勃发展起来。像美国国家金融服务公司这样的抵押贷款公司，派出代理商到全国各地寻找任何愿意签署贷款合同的客户。个人住房抵押贷款管理松散，借钱门槛越来越低，人们在签字时并没有考虑到复杂的融资条款在未来可能带来的后果。这是充满初始优惠利率、气球型还款和只付利息的可调利率抵押贷款的时代，廉价资金和宽松信贷的泛滥，使一度沉睡的房地产行业向马戏团帐篷一般膨胀，所有人都变成了投机者。

仅仅这些还不足以破坏经济，影子银行背后的金融交易扩大了影响。当人们进行抵押贷款时，这些贷款立即被卖给某个金融交易员，而不是留在银行的资产负债表上。然后这些抵押贷款被打包成 CDO（担保债务凭证）之类的复杂债务结构，开始在市场上买卖。[6] 为了赚取更多利润，交易员们开始买卖一种类似 CDO 的保险产品——信用违约互换。所有这些金融工具本质上都是各种形式的金融衍生品合约，科氏能源贸易公司也处理衍生品业务，仅布伦登·奥尼尔每年就要进行上百万笔交易，但是与影子银行的世界相比，就显得过于保守了。在全球范围内，根据住房抵押贷款、消费者信用卡债务，甚至通用电气公司债务的潜在价值，无数期权合约和金融衍生品协议被交易。

然而，这场衍生品赌博却高度缺乏透明度，经常是两个人打着电话就敲定了交易，金融衍生品的性质和规模只有双方知晓。[7] 这并非偶然。金融衍生品市场的建立方式，与 20 世纪 90 年代斯蒂芬·皮斯帮助建立加州电力交易市场的过程非常相似，过度干预的立法者在无人问津的听证室制定着法律法规，身旁是指手画脚的高薪说客在步步为营。

20 世纪 90 年代末，曾在克林顿政府担任商品期货交易委员会负责人的布鲁克斯利·博恩认为，衍生品应该由商品期货交易委员会监管，并在透明的交易所开展交易。[8] 她的想法被时任财政部部长、高盛前交易员罗伯特·鲁宾，以及鲁宾的副手劳伦斯·萨默斯和美联储主席艾伦·格林斯潘联手扼杀了。博恩被描绘成一个老到的华盛顿圈内人，不了解现代金融的好处，就像早期质疑加州电力交易体系的人被批评不了解电力交易的好处一样。

金融家和他们的倡导者在这两个案例中都胜出了，克林顿政府通过 2000 年《商品期货现代化法案》的颁布实施，免除了商品期货交易委员会对衍生品的监管权限，将衍生品市场置于监管机构和交易所的视野之外。现在，整个市场的运作都取决于赌徒们的判断，被形容为"黑箱"的金融体系从此开始膨胀。[9] 根据某工业贸易集团的统计数据，衍生品合约的价值从 1992 年的约 11 万亿美元增至 2001 年的 69 万亿美元，并在 2007 年达到 445 万亿美元。

在 2008 年末，市场极度不透明，无人知晓他人的债务情况。人们在点对点进行衍生品押注的同时，只能盲猜对赌交易对手的实际情况。押注行为消除了价格风险，提供了防范市场价格剧烈波动的手段，但同时也引入了另一种容易被人忽略的深层次风险，也就是交易对手风险，这意味着无论是谁下注衍生品，都可能会因为无力偿还债务而破产。

这就是恐慌的原因。交易对手风险成了一股无法量化的致命力量，在全球范围内随机引爆。最壮观的爆炸发生在华尔街的雷曼兄弟公司，它积累了大量的 CDO 等抵押债务，但这还不是最糟糕的部分。

雷曼兄弟利用 CDO 等抵押贷款产品作为抵押品，借入巨额资金，称为银行间隔夜回购。华尔街投行依靠银行间回购维持流动性，用借来的钱维持运转。因为有抵押品支持，同业机构开展隔夜回购业务时毫无压力，可一旦大家意识到抵押品毫无价值时，恐慌便开始蔓延。隔夜回购操作一旦停止，华尔街投行的流动性就迅速告急。

雷曼兄弟于 2008 年 9 月 15 日宣布破产，随后真正的恐慌开始了。[10] 隔夜回购市场冻结，CDO 的价值暴跌，引发了数十亿美元的信用违约掉期的兑付，而这些公司并没有足够的现金实现兑付。

富兰克林的交易部门损失惨重，但并不会让科氏工业变成雷曼兄弟那样。[11] 科氏工业的交易业务规模很大，但出于查尔斯的保守哲学，公司对交易规模进行了严格的限制。富兰克林等交易员经常与风险控制官会面，一起了解资产存量的性质，分析在最坏情况下可能面临的局面。每位交易员都要了解自己的"在险价值"，这是一条不可逾越的红线，是交易的临界值。有了在险价值法的约束，虽然在市场上行时限制了科氏工业的涨幅，但是在市场崩盘期间也保护了公司，就像一条护城河保护科氏工业免受野火的侵扰。

但即使有了护城河，亏损还是产生了，富兰克林的团队无法迅速平仓避免损失，原因是他们达到了"提款限额"，也就是授权额度内的最大损失。为了保证交易团队不受影响，科氏工业需要投入更多的资金。富兰克林被告知将前往威奇托，查尔斯想亲自与团队成员谈谈，然后由他决定是解散团队还是投入更多资金。

富兰克林和同事们兴奋地为面见查尔斯准备了汇报材料，然后飞到威奇托，在保镖的护送下进入了气氛阴沉的科氏大厦。2008 年 9 月下旬，事态发展的速度之快令人瞠目结舌，几年的经济增长在几天内土崩瓦解，成千上万的工作岗位正在消失，数千亿美元的财富正在灰飞烟灭。雷曼兄弟倒闭几天后，高盛和摩根士丹利也转型为银行控股公司，华尔街最后的两家投资银行也消失了。

一行人被带到一间没有窗户的会议室，查尔斯坐在大型木制会议桌的最前端，等待他们解释交易团队应该继续存在的理由。富兰克林原以为这种场合轮不到他发言，但会面刚开始，查尔斯就开始向他提问。富兰克林言语温和、态度直率，紧张的他尽量简洁而彻底地回复每个问题。交谈中，他隐约觉得眼前的亿万富翁似乎在为更严重的事情担忧。富兰克林只见过查尔斯几次，其中一次是在威奇托的会议上，那时情况要好得多。富兰克林认为他在第一次见面时一句话也没说，所以后来他遇到查尔斯时感到震惊。当时查尔斯看着他，连忙说："嘿，克里什！"富兰克林甚至不记得自己告诉过查尔斯他的名字。

现在查尔斯的问题一个接一个地钻入他的大脑，富兰克林意识到这位首席执行官关心的不一定只是亏损背后的市场原因，而是试图摸清自己的性格。查尔斯似乎更有兴趣确定自己可以相信由富兰克林进行交易。富兰克林的损失是自大还是短期贪婪的结果？富兰克林是在逃避责任还是掩盖真相？富兰克林解释了所做交易背后的逻辑，以及他对利率和货币市场的理解，还有为什么他认为科氏工业应该留下来继续完成交易。

然而，富兰克林在查尔斯身上始终看不到一丝慌乱。查尔斯问的是科氏工业未来的交易策略，对当时已经损失的投资并不在意。有一个瞬间，查尔斯只是沉默。"我记得有那么一刻，在面谈快结束的时候，查尔斯只是坐在那里思考……我觉得他在想是否允许我们继续下去。"富兰克林回忆说，"他基本上是根据信心来权衡自己愿意投资什么的。"

在危机发生的几周里，许多与查尔斯共事的人也看到了他思考的样子。[12]他看起来很冷静，很善于分析。此时的他并没有像普瑞纳倒闭后那样失态，也没有像20世纪70年代初担心欧佩克的禁运可能会让他的公司破产时那样沮丧。在这场自大萧条以来最严重的金融危机中，他情绪稳定，似乎把正在发生的灾难看作一笔巨大的交易，不停权衡着投资的增加和削减。

在此期间，资深员工杰里米·琼斯与查尔斯频繁接触。[13] 琼斯是一名来自波士顿的工程师和金融家，他在科氏工业集团内部管理一家名为科氏创世的风险投资部门。这些小小的冒险是查尔斯心中最亲近、最珍贵的东西，琼斯和他的团队为科氏工业寻找值得投资的新技术，如生物燃料和纳米材料，这些技术可以为科氏工业提供可持续增长的动力。而现在地平线着火了，是时候节衣缩食了。查尔斯毫不犹豫地掉头，驶离扩张的方向。

"他回到了思想的原点：我们对即将发生的事情有什么看法？这次经济衰退会持续多长时间？而这将如何影响人们的消费模式？"琼斯回忆道，"鉴于这是一场房地产危机，去杠杆需要耗费多长时间？"

对公司未来充满信心的查尔斯有理由这么做。2008 年他管理的这家为抵御市场冲击而打造的公司比以往任何时候都更强大、更多元化、适应性更强。一些部门的确受到重创，比如建筑产品部门和地毯纤维工厂。但其余部门的表现要好得多，比如炼油厂和交易部门。公司在财务上的挣扎无可辩驳，但似乎从来没有人怀疑科氏工业会作为一家健康和赢利的企业存活下来。

当然，公司的生存并不代表工作岗位的保留，威奇托的员工从骨子里感受到了这一事实。集团总部的走廊和全国各地的分支机构都弥漫着恐惧，员工们突然意识到没有人不可替代。当时大家被告知，科氏工业将于圣诞节前夕在总部大礼堂举行集团大会，那可不会是一个愉快的场景。

往年的年会通常会庆祝即将到来的节日，品味过去一年的好运。查尔斯会穿着傻乎乎的圣诞毛衣出现，或者表演涉及佐治亚 – 太平洋产品的小品。而今年，当琼斯和同事们列队进入礼堂时，他们很清楚可能会听到最糟糕的消息。

查尔斯走上讲台，心情沉重。当着所有人的面，他描述了这次经济衰退的严重性。他没有试图掩盖丑陋的事实，直接挑明了台下许多员工已经知道的即将发生的事情。查尔斯之前走遍了公司的各个部门，解释了公司的损失已经发生。对佐治亚 – 太平洋来说，建筑材料的需求减少了。对英威达来说，对地毯和服装的需求下滑了。对化肥的需求减少了，对汽油的需求下跌了。公司里不是每个人都能在假期结束时回来工作。

"当时他站在大概两千人的面前说：'听着，我们必须要渡过难关。但我会对你们说实话。我们必须做出一些非常严肃的调整才能渡过此劫。'"琼斯回忆说。

在调整中，琼斯不幸中枪，他的风险投资部门科氏创世被关闭了，同时更多业务调整迅速波及全国。[14]10 月初，科氏工业关闭了位于北卡罗来纳州怀特维尔市的佐治亚 - 太平洋胶合板厂，裁员 400 人。两周后，特拉华州西福德市的英威达工厂裁员 400 人。随后，得克萨斯州敖德萨市的石化工厂关闭，395 个工作岗位被裁减。紧接着，亚拉巴马州的佐治亚 - 太平洋工厂又裁员 300 人。12 月初，弗吉尼亚州的英威达工厂裁员 575 人，另外 70 个佐治亚 - 太平洋公司的工作岗位在纽约被削减。2009 年 1 月，位于威奇托的科氏工业总部裁员 150 人。在雷曼兄弟破产后的几个月内，科氏工业至少裁员 2 000 人。

科氏工业的放血疗法虽然动作迅速且规模空前，但是与其他公司相比还算温和。[15]

2008 年 9 月，美国的雇主总计裁员 15.9 万人，这是 5 年来最严重的月度裁员。但即便如此巨大的裁员规模，仍没有反映出经济衰退的深度。10 月，又有 24 万人丢掉工作，然后是 12 月的 52.4 万人，之后一个月是 59.8 万人。然后是 65.1 万人。再之后是 66.3 万人。

2008 年下岗的人群中，许多人再也没有重返工作岗位。[16] 从 1948 年到 2007 年，只有 13% 的失业者没有在六个月内找到新工作。到 2010 年，这一数字飙升至 45%。失业不再是暂时的挫折，而是生活的常态，劳动者的绝望将改变美国未来 10 年的政治版图。

然而，并不是所有人都感同身受，至少在查尔斯的办公室是这样的。[17] 经济的低迷令人痛苦，大卫·科赫公开估计，科氏工业 2009 年的盈利水平只有前年的一半。但即便盈利能力大幅下滑，衰退期还是给公司带来了机遇。在动荡的大宗商品市场中沉浮 40 年之久后，查尔斯终于打造出一台在市场剧烈调整的情况下依然游刃有余甚至能获取盈利的机器。这种能力在某种程度上源于查尔斯所称的"交易心态"，他认为市场涨跌并不重要，重要的是交易员掌握了有效利用市场剧烈波动的方法。公司、政府和竞争对手在动荡时期都会失去平衡，价格分歧和供给中断等情况会出现，市场价格和内在价值之间会产生差距。灵活性极高的科氏工业集团，在利用这些差距为自己牟利方面堪称专家。

"当市场变成一潭死水时，交易员反而赚不到钱。"曾经从事电力期货交易的明星交易员梅利莎·贝克特解释说，"交易员靠波动性获取盈利。"

由于其交易心态和经营能力，科氏工业可以在危机发生时抓住其他公司和大多数家庭无法企及的机会。这一点在石油市场最为明显，科氏工业的交易员发现了价值数百万美元的获取盈利的机会，然后稳稳地将其捕获。

*****

2008 年的全球金融危机，是自第二次世界大战以来，日本、欧洲和美国首次同时陷入经济衰退，对全球石油市场直接产生了灾难性影响。由于供过于求，石油价格在几个月内从每桶近 145 美元跌至约 35 美元。油价高企时，石油公司马力全开地生产原油；而当需求崩塌时，则无人问津。粥少僧多的局面造成了模糊的后续效应，交易员称之为"升水"（contango），而这一时期是科氏工业梦寐以求的基差最大的一次。

一般人可能不太容易理解期货升水的概念。[18] 正常情况下，期货市场的原油现货价格会高于期货价格。[①] 但受到某些特殊因素的影响，期货价格超过现货价格，市场处于升水状态，这种情况一般不会持续太久，期货价格会回落至正常水平。

科氏工业的交易员为原油期货升水准备了一整套盈利方案，在 2008 年

---

① 其中一个原因是人们在期货市场出售原油时，为了锁定销售价格愿意接受较低价格。而现货市场购买原油的人愿意付出更高的价格，因为原油往往是稀缺产品。当原油期货价格低于现货价格时，市场就像交易员所说的处于"期货贴水 / 现货升水"状态。

末，基差逐渐变强，潜在利润令人垂涎。[19] 现货价格和期货价格之差，也就是基差，达到每桶约 8 美元，而通常仅为每桶 2~4 美元。不仅基差加大，升水持续时间也在延长，这一情况持续了几个月。

由于在现货市场和期货市场都有交易，大型原油开采商得以利用基差套利，科氏工业集团就采取了"升水储油策略"，科氏供应与贸易公司的一位前高级交易员就将这种策略形容为石油部门的"面包和黄油"策略。

升水储油策略的机制看起来似乎很简单。科氏工业的一名交易员在现货市场购买价格低廉的石油，然后，交易者在期货市场出售石油以供交割，而在期货市场的油价更高。当合约价差为 8 美元时，很容易想象利润累积的速度会有多快。交易员可以用 35 美元的价格买入石油，然后几乎瞬间就可以用 43 美元的价格卖出。

不过执行升水储油策略也是有诀窍的，交易商必须做到在未来某个时点有石油现货可以交割，市场上大多数交易商都做不到这一点。旗下没有炼油厂、储油罐或者油轮的典型投机客会被拒之门外。采取该策略不仅要求对晦涩的航运市场和相关法律法规有深入了解，还需要与石油开采商建立深厚的关系。贝克特说："你需要有能力搞定方方面面，才有可能从中获利。"而科氏工业不仅有这样的人脉，也有运输能力。

在 2009 年就有试图参与交易的局外人被挡在门外。[20] 圣路易斯一位名叫 S. A. 约翰逊的大宗商品交易员向《堪萨斯城星报》抱怨说，他无法开展升水储油业务。约翰逊说，这种交易的盈利能力是显而易见的，但如果想成为玩家，就必须与拥有超级油轮的航运公司、大型石油生产商，甚至是管道所有者签署协议，而其中无论哪一方都懒得给约翰逊回电话。"他们不想让我参与。"约翰逊说道。

在 2009 年初的几个月里，科氏工业的交易员们疯狂开展升水储油业务，在价格低廉的现货市场上采购原油，转手在价格更高的期货市场上卖出。原油囤积在公司提前租好的储罐中。由于利润丰厚，科氏工业开始租用超级油轮作为临时的浮动储油设施，这些油轮漂浮在墨西哥湾上等待交割，令科氏工业如虎添翼。英国石油公司和康菲石油公司等少数几家可能开展这项交易的公司也租赁了超级油轮漂浮在海上。英国石油公司面向投资者的公开信息显示，仅 2009 年第一季度，这项业务就为公司带来了约 5 亿美元的收入。

这种交易策略在 2009 年年中公之于众，引发了对科氏工业等交易商操纵石油市场的指控，认为它们阻碍了石油供应，并因此抬高了加油站的成品油零售价格。确实如此，但只是在某种程度上。主要原因还是全球经济衰退导致需求下滑，进而导致近端油价暴跌。如果石油供应过剩的前提不存在，那么这项业务也不可能开展。科氏工业石油部门的交易员认为自己只是对市场情况迅速做出了反应，并非有意操纵市场。通过持有石油现货以备日后交割，科氏工业是在帮助市场弥补缺口，顺便赚了点儿钱。

贝克特说："市场真的希望你这么做。目前市场供过于求，这就是油价低迷的原因。市场传达出的信息就是希望消灭一些供给量。"科氏工业倾听了市场的声音，在现货市场买进了石油，并推迟到日后需求增加时才转手。

这项业务帮助科氏工业弥补了 2009 年的亏损，并度过了停产裁员的至暗时期。

*****

2008 年冬天，就连大卫·科赫也被迫调整了自己的观点和行为。[21] 在之前慷慨赠与行为被公开之后，他收到了更多大额的捐款请求。但大卫认为现在并不是进行捐赠的时候，他和查尔斯·科赫还有其他顾虑。科氏工业集团在经济衰退中存活了下来，但另一场危机正在悄然降临，并可能更加危险。那就是美国保守主义和科氏政治议程的溃败。在查尔斯召开会议解决金融危机之际，他也在思考着这场政治危机。

一天晚上，在休斯敦，克里什·富兰克林和他的妻子正准备参加一个聚会，他们被邀请到科氏供应与贸易公司总裁史蒂夫·马韦尔的家中，与其他高级经理和交易员一起参加晚宴。[22] 那天晚上的贵宾是查尔斯，他有些话想对大家说。

查尔斯来休斯敦和交易员们见面并不罕见，虽然不参与具体交易，但他喜欢与富兰克林这些交易员会面，通过交谈了解他们的交易策略。但今晚似乎不太一样，查尔斯不会在晚宴上谈论交易策略，他显然有别的事要说。

富兰克林怀着愉快的心情和妻子参加聚会，从威奇托回来后，他得知查尔斯批准了自己的请求，外汇和利率交易部门将继续运作。事实证明，这是一个明智的决定。富兰克林和他的团队一头扎进货币市场的废墟中，在波动性上找到了新的交易机会。他们重新获得了盈利，并在几年之内创下历史新高。

富兰克林和妻子走进马韦尔家中，与同事三五成群，享受着晚餐前的社交时光。房子里挤满了谈笑风生的交易员及其家属，富兰克林在人群中发现了查尔斯。

查尔斯站在那里，微笑着与大家聊天，仿佛他也只是来访贵客中的一员，某些特质使他在人生的这个阶段变得平易近人，看起来既像一位严厉的首席执行官，又像一位经济学教授。年轻时的争强好胜曾让他个性鲜明，现在则平和了许多。富兰克林告诉妻子，他想和首席执行官打个招呼并向他介绍她。他们穿过房间，等待与这个世界上最富有的人之一握手。

富兰克林决定开个玩笑。他妻子的娘家姓碰巧也是科赫，尽管他知道妻子与查尔斯的家人并没有亲戚关系。不仅如此，她还把娘家姓"Koch"念作"库克"，而不是"科赫"。富兰克林决定向查尔斯介绍她时以此取乐。

富兰克林说："我当时说：'查尔斯，我妻子的娘家姓的拼写也是K-o-c-h，但她说你的发音不对。他看着我，然后说：'噢，还有这种事？'他完全被逗乐了。"

虽然查尔斯无法做到像斯特林·瓦尔纳那种程度的自来熟，但他以自己的方式与人相处。幽默的自嘲，慈爱的态度，低调的正装衬衫、夹克外套，并且没有打领带，这些都起到了拉近作用。交易员都愿意跟在查尔斯周围，渴望听到他要说的话。

晚饭后，客人们来到一个大客厅，查尔斯面向大家，一圈椅子将他围住。现场更像文学沙龙发言而非商业讲演。查尔斯不想谈论以市场为基础的管理理念、石油市场状况或者科氏工业的商业战略。他的脑子里有更大、更紧迫的议题。他想谈谈国家的状况、政党的情况，或者富兰克林转述自查尔斯的原话——"美国的现状"。

查尔斯提出了一个自 20 世纪 70 年代以来一直困扰他的问题："自由资本主义在哪里面临风险？"

危机发生后，资本主义在全美似乎都面临着质疑。大部分公众将此次金融危机归咎于自由市场和私营企业的失败，认为是贪婪的银行家们恣意妄为搞垮了经济。在寻求解决之道时，公众将目光投向了联邦政府，而不是自由企业制度。

首先是一个庞大的联邦救助计划，由小布什政府设计和策划。[23] 这次紧急救助的投入资金是 7 000 亿美元，美国财政部用纳税人的钱从银行购买不良贷款和不良资产，高盛前高管、财政部部长亨利·保尔森在全国性电视台上宣传了这个计划，声称这对阻止另一个经济大萧条的发生至关重要。换言之，一位共和党人提出了类似新政规模的政府干预。更令人惊讶的是，实施这个计划最大的阻力来自保尔森所在的政党。2008 年 9 月，国会的共和党人投票反对紧急救助计划，当时股市暴跌了 700 多点。但计划最终得以通过，它也被视为自由放任主义的终点。

在查尔斯看来，更糟糕的是 11 月奥巴马当选总统，现在民主党完全控制了国家。美国公众的情绪显然与查尔斯的信仰背道而驰。他说这种情绪非常"反自由主义"。有人呼吁政府进行更多的干预，加强监管，并为社会保障投入更多资金。

虽然没有说出口，但查尔斯明白，这些都意味着税收的提高。[24] 2008 年 1 月，甚至在民主党接管国家之前，查尔斯就警告说，太多的美国人对政府解决问题的方案过于信任。结果不可避免，查尔斯在公司内部刊物中写道："为了支持扩大支出，税收将逐步升级。"在美国历史上，哪些群体一直是提高税收的首要目标？是最富有的美国人和最大的公司。查尔斯恰巧坐拥一笔庞大的财富，也是这个国家最大的非上市公司之一。民主党曾明确承诺要解决财富过于集中的问题。

在查尔斯看来，这是危险的时刻。[25] 自从富兰克林·罗斯福当选总统以来，自由企业制度从未面临如此直接的威胁。罗斯福新政的影子在之后的30年里一直在美国企业界徘徊，奥巴马总统毫不掩饰地承诺也会这样做。2008年11月24日，《时代》杂志的封面是奥巴马的脸剪贴在罗斯福的身体上，坐在车里，面带微笑，嘴里含着长长的烟嘴。这期杂志封面文章的标题是《新的新政》。

新政似乎已经在酝酿之中。就在奥巴马就任总统一个多月后，他通过了一项旨在促进经济增长的政府刺激计划。该计划总额高达7 870亿美元，包括基础设施建设和可再生能源项目。这些干预措施背后蕴含着强烈的政治能量。美国公众认为，一个政治救世主的出现，是为了驯服在自由市场横行的邪恶本能。

但查尔斯在那个晚宴上向员工讲述的故事却与公众的观点大相径庭。他讲述了一个关于政府的渎职、公众的无知，以及对自由企业制度和经济繁荣的危害日益严重的故事。查尔斯并不认为市场需要被驯服。如此多的人赞同这一信念，仿佛证明了大多数美国选民都被严重误导了，就连美国企业的首席执行官和商界领袖也在这一点上产生了错觉。他们应当认清一个压倒性的重要事实：现在的美国经济根本就不是建立在自由企业制度上的。罗斯福当选时就不是，现在肯定也不是。政府的控制和干预深深植根于美国人的生活方式中，以至于人们忘记了它的样子。人们没有明白，并不是自由市场制度，而是政府的过度控制和干预导致了2008年的危机，以及1929年的危机。

这是查尔斯于1974年在他的智囊团——人文研究所的集会上发表演讲时所表达的观点。当时他对面前的人群说："是我们自己怂恿他们破坏了自由企业制度。"

他接着说："我们让人们指责自由市场助长了金融危机，而事实上，在金融危机发生时，自由市场已不复存在。一条对大萧条的评论可以说明这一点。1929 年以前的经济被政府对货币供给的操纵所污染，这才让自由市场毫无防备地背了黑锅，被指控是不受监管的市场活动引发了大萧条。"

在这几次金融危机之后，最具讽刺意味的是，美国人民将问题归咎于资本主义，并希望更多的政府干预能够解决问题。[26] 查尔斯认为，这些问题发生的根源就是罗斯福，是罗斯福错误地将人民从危机的真正根源引向歧途，并通过推行新政让事态更加严重。查尔斯在 2009 年的公司内部刊物中指出，在新政通过后的 30 年中，经济长期低迷，反复陷入衰退。而他没有提到的是，由于新政时代的共识，美国享受了长达 30 年的经济增长，经济的繁荣被广泛分享，惠及普通民众，直到 20 世纪 70 年代中后期才真正结束。

2009 年，查尔斯觉得美国在重蹈覆辙，他认为 2008 年的金融危机是由"错误的政府政策"造成的，而不是自由企业制度的缺陷。这些错误政策包括美联储对货币供给的持续干预。在 21 世纪初，美联储将利率长时间维持在非常低的水平上，希望以此来推动经济增长。查尔斯指责这种干预引发了房地产泡沫，所有存在的数据几乎无可辩驳地证明了这一观点。

查尔斯认为，对经济繁荣的真正威胁并不是没有约束的资本主义，而是奥巴马和民主党控制的国会强加的中央集权与指挥控制所产生的风险，是美国公众被只有大政府才能实现公平的社会和经济增长的说法所愚弄的风险。科氏工业集团将竭尽所能对抗这种迫在眉睫的威胁。这些对抗的努力将从每个员工开始，就像每天工作一样。科氏工业本身已经成为自由企业制度的缩影，每天都力争遵守繁荣的真正规律。查尔斯期望科氏工业能影响这个"小社会"的"公民"忠于自己的价值观，并尽可能地将这种价值观传播给其他人。

这些信息对马韦尔客厅里的听众们很受用。[27] 像富兰克林这样的员工本能地理解了查尔斯想要传递的信息。在宴会结束后，在回家的路上，查尔斯的话依然在富兰克林的脑海中回荡，他仿佛从中看到了真理的萌芽。"你可以根据法律条文的数量来衡量这个社会的道德水准。嗯，我们有很多法律条文。真不幸。"富兰克林说。

*****

查尔斯当晚便离开休斯敦，返回威奇托。一回到那里，他就恢复了20世纪70年代以来的生活节奏，每天很早就在自家卧室中醒来，在他居住的别墅里做好工作准备，然后在七点半前开车去办公室。他把车停在员工停车场，此时人们开始陆陆续续抵达公司。查尔斯更喜欢踏着宽敞的台阶、顺着标记分明的扶手走到三楼，而不是搭乘电梯。2010年初，科氏大厦是查尔斯事业成功的纪念碑。他开始向世界展示自己发现了创造繁荣的法则，他的公司就是鲜活的证明。

当查尔斯上到三楼走廊时，会经过董事会会议室和行政办公室，这里是"科氏帝国"的指挥中心。数万名员工，几十亿美元的营业收入和利润，遍布全球的分支机构和交易团队。这家公司的经营范围涉及所有人的日常生活，包括为车辆加的汽油，服饰里的氨纶面料、盖房子用的石膏板墙、孩子们穿的纸尿裤、能调节管道供暖的恒温器，科氏工业集团参与了这一切。这家公司刚刚熬过了自大萧条以来最严重的金融危机；在混乱时期，它迅速做出反应，削减开支，甚至还找到了获取盈利的方法。而现在，它比以往任何时候都要强大。

查尔斯走进宽敞的办公室，走过客厅，那里有一张雅致的沙发和阅读桌，旁边是摆满书架的墙壁。他坐在办公桌前，就在他的左手边，可以透过窗户看到一大片绿色的草原。当他需要安静思考的时候，就可以转过身来凝视着地平线。但查尔斯并没有太多时间来欣赏这种田园风光。

在办公桌对面的墙上挂了一幅画，画得很难看，是查尔斯的女儿伊丽莎白的画作。[28] 这是一幅深色调的画，画上浓重的红色呈现出一张看起来像农民的脸。那人的脸被打肿了，他的表情是痛苦的。这幅画似乎是一个提醒，一个警告。它是政府控制的象征。查尔斯把这幅画摆放得如此显眼，就挂在离他视线不远的地方，他似乎相信美国正在走向暴政。当他望向地平线时，他看到了一个威胁。联邦政府的强权正在冉冉升起，科氏工业集团正处于发展的十字路口。

　　但是在管理科氏工业的所有岁月里，查尔斯从未放弃过战斗。全世界都将意识到这个事实。

第三部分

歌利亚[①]

---

① 歌利亚是传说中的著名巨人，《圣经》中记载，歌利亚是腓力士将军，带兵进攻以色列军队，他拥有无穷的力量，所有人看到他都会退避三舍。——译者注

第18章
各式各样的"钉子户"

（2010—2011年）

清晨，科氏工业总部园区周围出现了小规模的交通堵塞。[1]上午七点半，络绎不绝的车辆载着员工缓缓驶入停车场。每个人都知道，查尔斯·科赫此时可能已经在办公室开始工作了，他那辆不起眼的旅行车就停在离人行道不远的地方，那条人行道直通科氏大厦入口。

大多数人把车停在总部大楼北边的停车场。下车后，向保安出示工作证，然后沿着楼梯走入通往科氏大厦的地下通道。通道墙壁上装饰着反映科氏工业历史的黑白照片：第一个交易部门的设立、松弯炼油厂和面带微笑的弗雷德·科赫。每位员工路过这里前往办公室的时候，都对这家公司的故事和历史有了进一步的了解。

现在查尔斯不可能认识所有的员工，甚至不可能再通过20世纪80年代科氏大学的模式传授管理技巧。当年他通过举办大型研讨会向管理人员传授以市场为基础的管理理念，并要求他们回去以后向下级员工传达。经过不断扩张，科氏工业集团的规模已经非常庞大。2004—2007年，公司规模扩张了约6倍，增加了7.3万名员工。然而，查尔斯认为，每一位新员工都需要认同科氏工业的理念，都需要学习公司特有的语言词汇，并欣然认同集团的使命。对于每天早上都要穿过人行通道进入科氏大厦工作的员工来说，这一点尤为重要。

这些人是员工中的精英,是科氏工业散落在世界各地控股公司的管理者,他们就像是一家大型控股平台的管理合伙人,监管着集团在全球的投资布局。虽然这项工作比以前更具挑战性,但查尔斯依然准备利用以市场为基础的管理理念将每位员工融入公司体系。

培训从严格的招聘流程开始,科氏工业围绕查尔斯的十项指导原则制定了由四部分组成的面试流程,目的是挑选出特定类型的员工。[2] 刚从大学毕业的求职者都会被一长串问题所引导,公司利用这些问题来确定求职者是否会遵守科氏工业的原则。他们之中只有少数人能脱颖而出。

"你需要在某些方面具有多样性,"曾在20世纪90年代中期前负责科氏工业人力资源部门的兰迪·波尔曼解释道,"但是科氏工业不需要质疑自由市场的人。这样的人在科氏工业是不会成功的。科氏工业也不需要这样的多样性。如果仅仅是为了增加多样性就打算雇用有其他想法的人,是行不通的。"

当自由市场的信徒加入公司后,科氏工业就立刻着手对他们进行培训。[3] 新员工会被分成几组,被上级带领着通过总部大厦地下室的长廊,来到大会议室的圆桌旁。培训课程从一段投射到大屏幕上的查尔斯的讲话视频开始。查尔斯列出了以市场为基础的管理理念的中心思想,并强调学习术语的重要性。视频结束后,员工们学习了这种新思维方式的术语和具体规则,然后分成小组进行模拟实验,将这些原则付诸实践。培训大约为期两天,从员工刚入职开始,公司的文化和术语就在一次次会议和谈话中不断强化,形成一种深层肌肉记忆。

科氏工业的员工之间的团结程度难以形容,在外人看来怎么夸大都不为过。[4] 作为一家具有全球影响力公司的骨干,他们操控着隐藏在现代社会表象下令人瞠目结舌的复杂机器——管道、炼油厂、化肥厂、纺织厂和交易部门,从中获得的巨大利润似乎只是增强了他们对外部世界的优越感。当与外界抗争时,他们并没有怀揣恶意或漠视,而是带着某种怜悯。科氏工业之外的人被视为误入歧途、尚未开化,犹如迷途的羔羊。而科氏工将耐心地解决这些问题，让世界变得更加美好。

　　年轻人埃布尔·温是科氏工业理念的忠实信徒之一。[5] 他在乔治梅森大学完成了研究生学业，对哈耶克和冯·米塞斯的理论驾轻就熟，而该校正是查尔斯创办的莫卡图斯中心的所在地。埃布尔之前并不知道这些，但当被邀请到威奇托参加工作面试时，他得到了查尔斯亲自面试的特殊待遇。

　　二人在科氏大厦的员工自助餐厅见面，这个宽敞舒适的餐厅曾被当地一家报社评为威奇托最好的餐厅之一。由于是工作面试，查尔斯带着埃布尔进了餐厅包房。几乎从坐下的那一刻起，查尔斯就让埃布尔卸下了心防。比起谈论自己的想法，谦逊的查尔斯更想了解埃布尔的经历，迫不及待地询问起他的专业领域——实验经济学。在乔治梅森大学读书期间，埃布尔曾在诺贝尔经济学奖得主弗农·史密斯的指导下研究过这门学科。实验经济学是一个在实验室环境中检验经济学理论的方法，查尔斯则试图从中找到一种可能，从根本原理上证实或反驳以市场为基础的管理理念。

　　查尔斯仔细向埃布尔询问关于实验的局限性。实验经济学家能否研究并揭示教学的最佳方式？研究能否证明公立学校的有效性？

　　埃布尔说这没有那么简单，实验无法有效地直接测量如此宽泛的议题。可以实现的方式是将学校系统地分解成较小的组成部分，针对特定的议题测试其有效性。埃布尔回忆说："以整个教育体系为研究目标不太现实，但针对其中某个特征做实验是可行的。"

　　埃布尔给查尔斯留下了深刻的印象，他被聘请担任科氏工业集团与威奇托州立大学新成立的合作机构的主管。作为检验以市场为基础的管理理念正确性的学术机构，威奇托州立大学可以在市场和人类行为研究方面有所建树。新的合作机构被称为威奇托州立大学 MBM 中心（MBM Center at WSU）。2006 年 9 月，威奇托州政府对当地著名的历史建筑克林顿大厅地下室的几间教室进行了翻修，为该中心腾出了空间。

　　埃布尔帮助 MBM 中心设计了大型实验室并立刻开展实验。[6] 实验室安装了大量计算机工作站，每个工作站都用隔板隔开，计算机会通过网络连接到埃布尔的主机上。

测试的对象是学生，许多来自商学院会计和财务专业的在读生成为"小白鼠"。实验开始，学生们挨个坐在工作站前，在高高的隔板内独自完成测试游戏。游戏模拟了现实世界的经济问题，比如买房子或者就合同讨价还价，游戏在主机中运行，所有学生的回答都会通过主机生成表格，埃布尔以此为依据建立数据库，并通过分析寻找模式。

而最重要的实验是帮助科氏工业找出击败对手的方法。具体来说，就是要找出解决"钉子户"问题的最佳途径。

管道部门就经常碰到"钉子户"问题。延绵数百英里甚至上千英里的管道会穿过数百名业主拥有的土地，其结果就是管道公司不得不尽力说服每一位业主出售他们的土地（或者至少赋予公司通过土地的通行权）。而做到这些并不容易，土地所有者通常倾向于让管道公司为通行权付出高昂的代价。光是厘清管道线路上的产权购买和租赁问题就可能导致成本迅速增加。① 真正的问题在于"钉子户"——土地所有者拒绝出售土地给管道公司。一个"钉子户"的出现就有极大的可能延缓整个项目的进度并抬高成本，最顽固的"钉子户"甚至面对再好的条件都不为所动。埃布尔实验的目的就是找到智取"钉子户"的方法。

在这个实验中，主机成了管道公司，学生们则在隔间里扮演土地所有者。主机预先编入了购买土地的模拟程序，然后向学生发出价格信号，由他们选择接受或拒绝标价。正如埃布尔和另一个合著研究者后来写道的，实验的主要目的是"不鼓励卖方进行艰苦的谈判"。

随着实验的进行，埃布尔的主机用不同的策略"轰炸"着学生。大约140 名学生坐在小隔间里与世隔绝，独自盯着电脑屏幕上不断闪现的各种试图购买他们土地的报价幻灯片，在价格合适的时候做出决策。通过反复运

---

① 管道公司的确可以利用土地征用的办法迫使业主转让土地所有权，但这是最后的选择，因为根据法律，征用方必须向业主提供"公正的补偿"。在土地被征用的情况下，如果业主坚持要求更高的价格，管道建设所涉及的成本和时间将急剧增加。

行模拟场景并收集数据，最后得到了 7 000 多个学生行为的观察结果。

据此，科氏工业开发了一套非常丰富的数据集，帮助公司了解"钉子户"并尽快达成协议。

*****

"钉子户"史蒂夫·哈蒙德现在就在波特兰码头工人工会大厅二楼的一间破旧的小办公室里工作，这间办公室就位于佐治亚 – 太平洋仓库的正对面。[7] 在 2008 年的工会选举中，哈蒙德出人意料地赢了。他也是第一个承认不知道如何与科氏工业抗争的人。"我当时可能脑子进水了。"他回忆说。

哈蒙德并不是唯一一个措手不及的人。他的职务是内河船员工会当地分会的二把手，也就是工会代表；而他的新老板是地区总监加里·巴克纳姆，这位刚刚当选的地方工会一把手其实也是个没有经验的菜鸟。作为内河船员工会会员的巴克纳姆，在一家经营油品码头的公司工作，是一时兴起才去竞选工会职务的。赢得选举时，他的反应也很直接："噢，该死的！"

巴克纳姆参加竞选是因为他对工会领导层的幻想破灭了。工会的地位越来越低，会员的申诉文件毫无进展，工资和福利也没什么增长。由于经常找工会领导抱怨，性格固执的他在会员中赢得了"无政府主义者加里"的绰号。尽管有个好战的绰号，但巴克纳姆看起来并不像是一名工会暴徒。他很瘦，有一双又大又圆的眼睛，戴着一副厚厚的眼镜，就算在漫画大会上，这个形象也毫无违和感。他与工会的斗争看起来有些小题大做，就像一名会计对着数字没有加总的电子表格大发雷霆一样。然而，公平就是公平，规定就是规定。当工会没有严格按照规定支持巴克纳姆的诉求时，他做出了改变。他说："与其坐在那里抱怨，不如置身其中做点儿什么。"

2009 年，哈蒙德和巴克纳姆开始并肩作战。内河船员工会虽然在名义上独立于码头工人工会，但在两个工会合并后，内河船员工会的工作人员就搬到码头工人工会的大楼一起办公了。办公室门外的墙上挂着一面鲜蓝色的内河船员工会会旗；门内是一间小会议室，里面有一些桌椅、几个文件柜和一个咖啡壶；另一侧是狭窄的办公室，巴克纳姆和哈蒙德坐在一张宽大的桌子旁，一人一台电脑。他们身后的大窗户可以俯瞰波特兰工业区的某个角落，那个角落有一座变电站、一个布满碎石甚至还有个大水坑的停车场，以及一列旧的货运列车。这将是工会与科氏工业长期作战的指挥所。

这场战斗始于 2010 年，当时科氏工业位于威拉米特河沿岸的两个大型配送中心——前街仓库和下游的河门仓库——到了重新谈判劳资协议的时候。这是哈蒙德从 20 世纪 80 年代开始工作的地方，也是他想改变的地方，劳资协议谈判给了他机会。

这项任务十分艰巨。通过将仓库的劳资协议与 20 世纪 70 年代的进行对比后发现，仓库工作的生产效率逐年提高，越来越少的劳动力搬运了更多的货物量；但即便如此，员工薪资待遇的下降程度比人们预想的还要严重。[8] 在 1975 年，像哈蒙德这样的仓库工人每小时能挣 6.90 美元，到 2005 年，他们每小时挣 19.74 美元。乍一听像是大幅增长，但考虑到通货膨胀等因素，1975 年的实际时薪放在今天是 25.77 美元。换言之，30 年来，哈蒙德和他的同事反而被减薪了 23%，同时工作变得更加繁重。在劳动管理系统的指挥下，他们没有时间闲聊发牢骚，上厕所的时间都被严格控制，如果离线时间过长，还不得不给出一个合理的解释。

这种收入增长的停滞并不是佐治亚 – 太平洋仓库的工人所独有的。[9] 1948—1973 年，美国劳工的生产率稳步提高，工资也随之提高。但随着 20 世纪 70 年代初动荡时代的到来，新政的根基被动摇，生产力的提高与工资的增长不再挂钩。从 1973—2013 年，社会生产率增长了 74.4%，工资只涨了 9.2%。

工会会员寄希望于当选的哈蒙德和巴克纳姆能以某种方式扭转下滑的趋势。[10] 他们的工作在 2010 年 3 月，也就是现有劳资协议正式到期前几个月就开始了。在正式谈判开始前，他们有几个星期的准备时间。没人知道科氏工业的要求，但他们很清楚，工会会员已经准备好为更好条件的劳资协议挺身而出了。

*****

　　埃布尔仔细检查了他在 MBM 中心收集到的数据。[11] 在实验的早期，出现了一些清晰的模式，分析结果总体来说令人沮丧，一个接一个的模拟测试似乎都显示没有简单的方法能够打败"钉子户"的坚持。在诱惑面前，如果土地所有者选择不为所动，那么他的收益会非常丰厚。

　　然而，随着时间的推移，胜利的曙光逐渐显现。一项模拟结果显示，如果管道公司与所有业主同时谈判而非逐个击破，击败"钉子户"的可能性更大。这种谈判策略似乎给卖家的脑海中注入了某种程度的不确定性，土地所有者不知道自己的邻居是否会出售，这加大了他们出售的压力。

　　不仅如此，测试结果表明，如果杜绝卖家之间交流信息，让他们不知道其他土地所有者获得的报价，这种谈判策略取得的效果会更好。换言之，如果卖家不能比较出价，就无法判断管道公司的底线，讨价还价的难度会迅速增加。

　　埃布尔同时也意识到，在现实世界中很难实现这种谈判条件。邻居们总爱喋喋不休，公司也无法做到完全保密。但最好的办法还是尽量让卖家们蒙在鼓里。

　　正如他和一位合著研究者在一篇基于实验的学术论文中总结的那样："在这个领域，真正的同时讨价还价可能很难或者根本不可能实现，但可以通过限制卖方之间的信息交流来争取近似的效果。"

　　这么看来，跟"钉子户"讨价还价与大宗商品市场交易相比并无多大区别，信息量最大、最能利用信息不对称的一方占据了优势。

　　最好的方法就是让"钉子户"陷入猜测，被迫处于守势。

*****

　　哈蒙德和巴克纳姆的劳资谈判开始了，他们通常会和高级经理或小型私营公司的老板坐下来，在一到两个月内敲定一份新劳资协议。[12] 但科氏工业的情况则有所不同。

　　工会面对的是一个训练有素的全职劳资谈判团队，他们周游分布于全美的佐治亚-太平洋旗下的工厂,专业从事缔结劳资协议。劳资谈判团队专门向国内一些领先的律师事务所和企业咨询公司学习了击退工会的技能,这种技能需求量很大,报酬也很高。这方面经验丰富的人在就业市场很受欢迎,在线职场社交平台领英上的很多人就将"工会回避"(union avoidance)列为一项工作技能添加到个人资料中,得到越多同事的背书就越有可能获得高薪的就业机会,而他们的存在就是为了削弱工会的影响力,内河船员工会的领导层很清楚这一点。

相比之下,工会谈判团队则由普通工人组成,六名仓库员工被同事选出组成谈判委员会协助哈蒙德和巴克纳姆,其中一些员工甚至从未参加过合同谈判。2010 年委员会的首席谈判代表大卫·弗兰岑是哈蒙德的老同事,是仓库里公认的脾气暴躁的人,人们称他为"爱吵架的人"。

工会团队必须在几周内学会劳资谈判的技巧。他们没有钱聘请顾问,在领英上寻找具备"劳工组织"或"团结一致"技能的人简直是浪费时间。尽管如此,团队的努力还是获得了回报。当时,俄勒冈大学正通过一个名为"劳动教育与研究中心"(Labor Education & Research Center)的项目为当地工会提供培训。

在收到内河船员工会的帮助请求后,俄勒冈大学派出了两位教授为谈判团队提供支持。[13]其中一位说话温和、头发浓密灰白的女士叫琳恩·费金,即使在威斯康星州生活多年,她仍带有浓重的中西部口音。在搬到俄勒冈州教书之前,费金曾与中西部的工会有过合作。与她同行的还有罗恩·泰因蒂,这位口若悬河的教授长期研究劳资协议,是这方面的专家。

二人来到码头工人工会大楼,在内河船员工会办公室走廊尽头的大会议室为谈判团队办了一次速成课程。所有人围坐在可折叠的大会议桌旁,周围摆满了办公椅,后面的墙上挂着黑白照片,记录着码头工人工会过去的辉煌岁月,比如前任工会主席黯然低头凝视的画像,一些船坞和工会大会的照片。在会议桌远端是一扇大窗户,窗外是一排松树。这间会议室被内河船员工会预订了一整天,大家都明白培训不可能一蹴而就。

在长达数小时的系列讲座中，费金指导团队讲授了合同谈判中的法律程序。谈判有一套规定步骤，谈判委员会应当避免落入法律的陷阱。但费金的主要目标是给工会谈判人员上一堂更大的课，让他们学会在遇到训练有素的谈判者时如何争取最好的条件，主要想让他们明白，谈判依靠的不是三寸不烂之舌。事实上，最终决定胜负的是权力的博弈，也就是雇主和雇员之间影响力的权衡，而谈判室里的唇枪舌剑并非决定因素。

工会谈判团队直觉上已经意识到博弈的优势不在己方。从 1975 年到 2010 年，美国的工会会员几乎每年都在减少。就在他们准备与科氏工业谈判之时，只有大约 10% 的仓库员工加入了工会。这种比例的下降扭转了劳动力市场的引力，现在未加入工会的劳工是最强大的力量，这剥夺了有组织的劳工的工资和福利。当大多数劳动力没有工作保障或加薪保证时，工会为其会员争得的这些福利仿佛成了一种不公平的特权。

文化变革也是导致工会退潮的原因之一。在 20 世纪 70 年代，公司很难在罢工期间把工人拒于门外并裁掉他们。这在一定程度上是罢工警戒线的力量，同时在罢工期间开除员工也被认为是不道德的行为。然而在 1981 年，当罗纳德·里根解雇了罢工中的联邦空中交通管制员后，情况发生了变化。里根没有改变任何法律条文，他只是树立了一个榜样。在那之后，工人罢工导致失业的风险要高得多。

但泰因蒂和费金给了工会谈判团队希望。泰因蒂指出，没有哪家公司愿意面对旷日持久的劳资纠纷。他解释说，内河船员工会必须向科氏工业表明，工会组织是强大的，工人是团结一致的。

"你们的任务是让雇主相信，与其吵架，不如和解，"泰因蒂说，"这就是劳资谈判的秘诀，也是工会一直以来采取的方式。"对弗兰岑来说，这是一次鼓舞人心的谈话，他成年后一直是一名叉车司机（在美国海军服役三年除外），他的上级和劳动管理系统安排了工作时间的一举一动，现在他有机会回应了。但在这次谈判后，弗兰岑很难再回忆起那种鼓舞人心的感觉了。"有很多不好的回忆，就像把自己灌醉一样。"他说。

*****

第一次谈判在佐治亚－太平洋的一个仓库里举行，谈判地点在仓库二楼的会议室里，哈蒙德和六名仓库员工代表也加入了巴克纳姆的行列。[14] 科氏工业的谈判团队里有三名仓库经理，但他们的话不多，主要负责谈判的是公司从亚特兰大请来的一位专业劳资谈判代表，名叫唐·伯纳德。他彬彬有礼，不露声色，打了声招呼后直接开始工作。

伯纳德在谈判桌上放了一本厚厚的三环活页夹。工会谈判团队本来已经做好了战斗的准备，但他们面对的反而是一个尽管不苟言笑但态度非常和蔼可亲、没有丝毫冒犯感的伯纳德。他面带微笑地倾听工会提出的愿望：提高年薪，增加医疗保险。内河船员工会还聘请了一位外部专家，针对劳动管理系统提出了新的规则，可能会减少员工日后工作时的一些麻烦。

在耐心听完全部诉求后，伯纳德打开了那本三环活页夹，然后向工会团队表达公司的主张。他说，首先，工会需要取消对员工实施的医疗保险计划，将员工纳入科氏工业的医疗保险计划。在做到这一点之前，提高工资的事想都不想要。工会的养老金计划是一个问题，科氏工业更倾向于让员工加入由公司管理的 401（k）计划①。

伯纳德也认为工作场所的规则需要修改，但是需要更加严格，尤其是考勤制度。他认为现行制度给仓库员工太多不受纪律约束及旷工的空间，科氏工业希望将离岗时间压缩至总工时的 1%。

哈蒙德、巴克纳姆以及工会谈判团队中的任何人都没有经历过这样的事情。通常情况下，工会要求加薪 6%，而公司则以加薪 3% 作为回应。现在，工会要求增长 5% 的工资，而得到的是整个劳资协议将进行全面改革。

让工会放弃现有医保计划的提议尤其令他们反感。自 20 世纪 60 年代以来，仓库工人的医保计划一直由工会运营，并通过医疗信托基金进行管理。工会拥有并控制着工会会员的医保，制定着相应的规则。科氏工业公布的

---

① 401（k）计划是一种由雇员和雇主共同缴费，雇员自行决定缴纳比例、自担投资风险的基金式养老保险制度。——译者注

医保计划，很明显与工会的做法背道而驰。科氏工业的医保计划采用了所谓"自助式"会员制，会员可以选择自己的医疗保障水平。这意味着一个单身且没有孩子的年轻员工可能每个月要支付 150 美元的保险费。此外，一个有四个孩子的资深雇员可能每个月要支付 500 美元的保险费。而在工会的信托计划中，每位会员支付相同的保费，无论单身还是有四个孩子的员工都要支付 300 美元。这是工会团结的经济体现，而科氏工业的医保计划则将员工之间的区分制度化 。由于劳动管理系统排名榜的出现，叉车司机们已经在相互竞争了，现在在医保计划中也要各自为政。

科氏工业的谈判代表坚持认为，公司的提议不仅是为了省钱，而且反映了科氏工业的原则，员工需要表现得像企业家。公司不仅希望员工加入自助式医保计划，还希望员工自掏腰包支付更多的保费。在工会医保计划中，公司需要负担全部保费，现在科氏工业坚持只支付 80% 的成本，其余的费用由员工自行承担。这项提议背后的逻辑可以追溯到以市场为基础的管理理念最早提出的时候，查尔斯·科赫认为，如果一项服务对员工是免费的，就存在被滥用的可能。员工需要像购买"游戏中的人物皮肤"一样购买医疗保险。

科氏工业的理念使劳资谈判举步维艰，公司深信工会的做法是误入歧途，让谈判达成一致变得越发困难。虽然工会仍尽力争取推进谈判，但科氏工业讨价还价的方式实在令人恼火。谈判时弗兰岑和哈蒙德向伯纳德提出建议，伯纳德会点点头、翻看活页夹、记笔记，然后说需要联系亚特兰大确认。工会一开始相信了他的说法，认为他没有决策权，所以需要从总部获得许可。收到工会的意见后，科氏工业的谈判团队会收拾好东西，站起来，离开谈判室，承诺很快会带着答案回来。

几个小时过去了。巴克纳姆带着谈判委员会的成员们出去吃午饭。男人们在外面的人行道上踱步、抽烟、打电话聊天。然后整个下午就过去了。最后，科氏工业的谈判团队回来了。

"他们会说'我们已经看过你们的提案了'，"巴克纳姆说，"他们不会直接说'不'。他们只会说'这是我们对你们建议的反提案',或者'对于第11行我们坚持先前的建议',或者别的什么。跟这些人说话就像看着油漆慢慢变干。"

科氏工业还以其他方式拖延着谈判:伯纳德只同意每周开会三天。星期一是旅行日,伯纳德从亚特兰大飞往俄勒冈州。星期五也是旅行日,他会乘飞机回家。会议有时在下午两点结束,因为有三小时时差,此时在亚特兰大是下午五点,人们正准备下班回家。

谈判推进的速度肉眼可见。大家在早上来到会议室坐下,工会提出一些建议,科氏工业的人离开几个小时回来,寸步不让,然后表示是时候回家了。星期四谈判结束后,科氏工业的团队返回亚特兰大。有时候几周后才有空当时间。谈判进行了九个月,没有取得任何进展。然而工会还是抓住了机会。

终于,伯纳德让步了,同意工会保留医保计划,但工会会员依然需要自掏腰包保留这个特权,最初要会员自己支付20%,几年后增加到25%。经过之前多轮艰苦的谈判,工会选择接受这个建议。

然而几乎在取得进展的同时,工会立即获悉伯纳德不再为科氏工业工作,公司会派新的谈判代表接替他。这种突然的离任让人不安,就像看到某个敌对政府的外交官,因为不服从本国领袖的指示,在你面前被处决一样。工会谈判团队确信伯纳德是因为医保计划的让步被解雇的,尽管伯纳德的前老板坚称情况并非如此。

不管怎样,伯纳德的离开让全队感到一阵寒意。回到工会大楼狭窄的办公室,巴克纳姆试图弄清谁是伯纳德的继任者。科氏工业的谈判团队中有人私下告诉他,工会将会"非常怀念伯纳德先生"。巴克纳姆说这个提醒后来真的一语成谶。

*****

每次伯纳德回到亚特兰大,都会向一个叫肯·哈里森的人汇报工作。[15]哈里森是佐治亚－太平洋公司负责劳资关系的副总裁,分管公司与各处工会的谈判。

60 岁出头的哈里森已经接近几十年职业生涯的终点，满头的红发已经褪成银灰色。身材苗条的他留着修剪精致的银灰色山羊胡，衬托出他高耸的颧骨和过度消瘦的脸颊。在他的脸上，即使是一个小小的鬼脸或微微一笑，也能传达出很多感情。哈里森与人谈判时会非常小心地斟酌着自己的用语，会以外科医生般的精准度表达自己的观点。他开始频繁前往波特兰，亲自与内河船员工会谈判。

"你可以明显地看出，他认为亲自面对俄勒冈州波特兰只有 100 名会员的小工会有失身份，他不喜欢被我们打扰。"巴克纳姆回忆道，"他看起来不太友好——无论是对我们还是对坐在他身边的人。"

随着哈里森的出现，谈判变得更加艰难。伯纳德虽然令人恼火但相对温和，而哈里森简直坚不可摧。

"我记得哈里森曾经隔着桌子看了我们一眼，然后说：'不行这两个字你们听不懂吗？'"哈蒙德回忆道。他摇摇头，随即睁大了眼睛，然后陷入自己的回忆。工会谈判团队曾有一种天真的想法，认为谈判就是相互妥协。哈里森纠正了他们的这种想法

"你知道吗？他横扫了我们。"哈蒙德说，"这种场面前所未有。别忘了我们只是一群叉车司机，是船上的甲板工，其他人都是诸如此类的职业。现在我们要跟律师谈判。不管怎样，工人面对这些人真的没什么赢的机会。"

远离谈判桌时，哈里森有一种出人意料的从容。当被问到他是如何成为掌管佐治亚 - 太平洋旗下工会事务的高层领导时，哈里森笑了笑，回答说："一个喝醉的水手给我指出了人生的航向。"

在进入佐治亚 - 太平洋之前，哈里森获得了商科和法律学位。[16] 在谈判桌上锱铢必较，是因为他知道松散的语言会制造混乱。如果对方不相信你说的话，预期可能会被打乱，造成谈判拖延和不确定性，进而削弱公司对谈判的影响力。

哈里森说："言行一致，说到做到。如果不这样，你会比其他人吃更

多亏。"

哈里森从不即兴发挥。和大宗商品交易员一样,哈里森的谈判策略也是建立在深入分析的基础上的。在每一次谈判中,哈里森和他的团队都会设立秘密的"党团活动室",他们在那里制定战术。这次的谈判也从佐治亚－太平洋仓库的会议室转移到附近一家名为"红狮"的酒店继续进行。酒店被视为"中立领土",双方租了一个房间开会,科氏工业另外租了房间给自己的团队使用。在"党团活动室"里,科氏工业的谈判代表们可以一边喝着热咖啡一边工作。

"党团活动室"本质上是一个临时设立的交易大厅。哈里森和他的团队站在维护科氏工业利益的角度,根据多年大量的"交易"历史制定策略。就像科氏工业长期以来在原油业务上的套期保值操作一样,他们评估了公司多年来为加入工会的员工支付的报酬,从联邦劳工统计数据、私人金融服务,甚至其他工会等不同来源获取数据。在分析师团队的支持下,他们对市场进行了分析,并对劳动力的真实价格提出了自己的看法。这是科氏工业至少从 20 世纪 90 年代就开始使用的一种技术。公司前人力资源主管兰迪·波尔曼表示,即使谈判代表就在隔壁,科氏工业在"党团活动室"的团队也会继续使用这种方法来调整和制定数字。

当哈里森和他的团队努力为工会劳动力制定价格时,他们被鼓励哪怕一分钱都不要多出。虽然科氏工业没有向哈里森在佐治亚－太平洋的团队推行任何激进的谈判策略,但新东家确实规划了新的重点:"以更低的成本进行更有效率的运营。"由于佐治亚－太平洋背负着数十亿美元的债务,哈里森被告知要尽可能地帮助公司削减运营成本并降低管理费用。(虽然哈里森的上级不记得自己下达过这样的指令,但公司确实采取了提高运营效率的战略。)这表明了工会的诉求与科氏工业的要求之间存在巨大的鸿沟。

在谈判拖拖拉拉几个月之后,工会采取了从费金那里学到的经验,决定将战场转移至谈判室外。

*****

工会在波特兰市中心的开拓者广场搭建了大型舞台。[17] 这个公共广场的形状像一只浅碗，常有好奇的路人坐在四周的台阶上观看演出。巴克纳姆和弗兰岑带着内河船员工会的徽章，举着钉在木棍上、写有"我们在一起，争取应得的权利"口号的标语牌，来到集会现场。另一名示威者则举着一个牌子，上面写着"企业的贪婪让我恶心"。

这是现代意义上的工会警戒线，其实也根本不是警戒线。内河船员工会的游行集会是与当地一个名为"波特兰崛起"的进步政治团体和名为"工作与正义"的全国性组织合作举行的。这个类似马戏团的活动，旨在赢得公众注意的同时迫使科氏工业让步。工会会员都知道，现在内河船员工会没有足够的影响力组织罢工。集会只是一种宣传手段，而不是经济武器。

在游行示威前，工会在舞台上发表了几次演讲。人们举起拳头。尽管旁边就有麦克风和指挥台，但还是使用了扩音器。公司的贪婪受到谴责。工人们受到赞扬。巴克纳姆坐在舞台下，当有人对着他拍照时挤出了几分笑容，脸上的表情几乎可以称为痛苦。总的来说，无论是游行集会还是抗议活动，感觉都与美国主流政治格格不入。即使在奥巴马时代，美式生活也是以个人成就为中心。这是一个崇拜企业家、明星运动员和白手起家的人的国家，一群人公开集会要求获得更高的薪水显得有些不合时宜。广场上响起了叫喊声，从附近的摩天大楼里传来回声，然后逐渐消散。媒体对集会也几乎没有报道。

也许最重要的是，这次活动就在离仓库几英里的地方举行。游行队伍在市中心的街道中穿行，目的是吸引注意力而非破坏生产。哈里森从波特兰当地的联系人那里听说了这次集会。"我住在亚特兰大，"他说，"这对我没有任何影响。"

*****

这次游行集会没有触碰科氏工业的底线，却激发了工会的活力。[18] 哈蒙德和巴克纳姆决定一鼓作气，对哈里森提议的协议条款进行表决。如果工会会员投了反对票，则可能登上新闻头条，为罢工打下基础，从而增加工会的胜算。

　　投票在码头工人工会大楼一楼的大礼堂举行。这个大厅是工会战斗精神在建筑学上的体现。一面墙上挂着白色大横幅，展示了小说家兼记者杰克·伦敦的一首散文诗《结痂》。诗的开头是："上帝清除了响尾蛇、癞蛤蟆和吸血鬼，在身上留了一些污秽，用来结痂。"后面的内容对越过警戒线的工人充满敌意。而另一面墙上是一幅感伤的壁画，画中描绘了码头工人的光辉岁月，在起重机和货船之间，坚忍的工人们站立着。身处大礼堂的人们不可能不被工会的光荣历史所感染，前来投票的佐治亚－太平洋员工也陶醉于这种环境。

　　尽管如此，投票结果还是让所有人感到惊讶。所有的仓库工人都参与了投票，所有人都投了反对票。"工会会员被这里深深地打动了。"哈蒙德回忆说，"他们从来没有过这样的经历。"人们兴高采烈地离开了工会大楼，他们已经表明了打败科赫兄弟的决心。

　　工会向哈里森的团队通报了这一消息，准备带着新的筹码回到谈判桌上。一股新的空气吹来。"他们欣喜若狂，"弗兰岑回忆道，"会员们都说：'我们要让他们好看，我们要击败他们。就这么干！'"

　　然后，意外又发生了，哈里森不再和他们见面。随着时间的推移，工会刚凝结起的战斗精神开始变质。弗兰岑和他的同事得到了他们最不需要的东西。他们开始重新审视很多事情。科氏工业知道如何让他们主动思考。

＊＊＊＊＊

　　2010 年，埃布尔·温对他的研究进行了最后的润色，探索如何击败"钉子户"。[19] 9 月，埃布尔把研究成果提交至同行评议期刊《经济行为与组织期刊》（*Journal of Economic Behavior & Organization*）。他的数据显示了一些惊人的发现，有理由乐观地认为这篇论文会被选出来发表。

　　实验的早期数据显示"钉子户"无懈可击，不同的策略也许可以削弱"钉子户"的立场，但无法彻底拔除。随着研究的深入，数据意外地反映出有种策略几乎可以达成这种目的，那就是让他们变得可有可无。

埃布尔将虚拟土地所有者分成几个小组，然后明确地表示，如果达成一致的难度太高，有的人就会被踢出谈判的范围。在这种情况下，管道公司可以按照方案规划的路径沿途购买土地，也可以绕道而行，没有必要为了修建管道而与全部土地所有者协商。在排除掉部分土地所有者的情况下，管道依然能贯通。

从管道公司的角度来看，这种策略在土地所有者之间制造了竞争关系，从而打开了局面。每个土地所有者的议价能力都成为邻居最沉重的负担，人们开始左顾右盼，担心由于自己坚持太久而错过最好的出价。埃布尔说："当竞争出现时，问题就完全解决了。人们表现得更令我们满意。"

*****

同理，内河船员工会的会员们也面临着外部竞争，仓库的经理们经常会提醒他们这一点。[20]

在工会等待与哈里森再次会面期间，工会会员每天依然照常上班，继续定期参加与经理的团队会议。会议上，经理们会讨论仓库的日常运营，但更关注每天面临的残酷竞争。帮助劳动管理系统上线的仓库经理丹尼斯·特里姆说，在许多此类会议上传达出来的主要信息很简单："公司明天就可以找人取代你。"

特里姆向员工展示的幻灯片演示了每月的总结分析，通过数据对比波特兰仓库与佐治亚－太平洋旗下其他配送中心的情况。波特兰的仓库通常排名靠前，但仍需继续努力保持这个排名。其他仓库毫不意外都外包给了未成立工会组织的第三方运营商，通过激烈的竞争为佐治亚－太平洋公司提供更廉价的劳动力，与内河船员工会也存在直接竞争关系。科氏工业经常评估第三方运营商取代工会会员的可能性。

投反对票带来的热情逐渐消散，负面效果逐渐显现。悬而未决的劳资协议向工会的争强好胜敲响警钟，仿佛证明了工会已经成了公司有效运营仓库的阻碍。

弗兰岑的同事开始打他的手机。他们的勇气消失了，几乎以哀求的方式要求工会找到解决与科氏工业的问题的办法。他们只想看到谈判完成，就算新劳资协议的条件不及预期，也还是想吃到协议签署成功的定心丸。"他们打电话给我，在电话那头哭诉。有家有口的人直接说：'我们没办法罢工，一罢工就回不来了。搞不好再也找不到工作了。他们警告过我们。'"弗兰岑说。

与此同时，哈蒙德和巴克纳姆接到通知说，工会养老基金在金融危机中严重缩水，已经损失了约 1/3 的价值，可能被视为资不抵债，联邦政府可能会接管养老基金并大幅削减退休福利。退休金可能会被减半这个信息在员工中引起了巨大的恐慌，工会的压力急剧增加。

巴克纳姆坐在家里的电脑前，通宵研究复杂的养老金体系。他一直没有摸清工会会员的真实立场。工会曾询问科氏工业是否愿意向其他与工会合作的雇主那样，参与一项养老金支持计划。科氏工业则表示，参与的前提条件是员工自掏腰包投入一部分资金到养老救济金中，其强硬的立场十分罕见。

劳资协议的谈判从开始到现在，已经持续将近一年半。工人们没有得到新合同，害怕失去工作，一切都毫无进展，现在又要开始担心失去养老金。此时，亚特兰大的谈判团队联系了哈蒙德和巴克纳姆，通知他们是时候见面谈谈了。

*****

工会能得到的是这些。[21]

正如伯纳德同意的那样，他们可以保留工会医保计划，但员工要支付 25% 的保费，而非 20%。除了负担加重外，这也使工人面临更大的风险。如果医疗保险的价格在合同有效期内大幅上涨，无论金额大小，雇员都需要支付 25% 的保费。工会还需要接受科氏工业的新考勤制度，这一点与之前没有变化。如果缺勤率超过总工作时间的 1.9%，工人将面临纪律处罚甚至被解雇。

劳动管理系统不会有任何调整。工会谈判团队为了力保医疗保险和养老金计划不受影响，放弃了改变该系统的想法。加薪幅度微乎其微，工会成员将在第一年加薪 2%、第二年加薪 1%，之后的两年再分别加薪 2% 和 1%。工会的养老金计划也将继续保留，但会员需要自掏腰包帮助养老基金恢复原状。

另一项条款限制了工会尊重罢工警戒线以及与其他工会组织联合罢工的能力，这一关键条款在全国各地的劳资协议中越来越普遍，其打破了工会之间的团结。1972 年，松弯炼油厂的罢工持续了很长一段时间，很大程度上就是由于卡车司机工会拒绝越过 OCAW 的警戒线。现在，这种相互支持的做法从根本上被限制了。

这些就是科氏工业在 2011 年冬天提供的劳资协议的大致内容，哈蒙德则试图将这份协议"推回去"。他记得科氏工业的团队对他说："这是最后、最好和最终的报价，你怎么就想不明白呢？这就是最后的报价，是你们能从我们这里得到的最好条件。如果你拒绝，情况会变得更糟。"

工会随后安排了对这份劳资协议的再次投票。

*****

弗兰岑当晚进入工会大厅，准备鼓励他的同事罢工。[22] 他认为公司在虚张声势，既不敢把工人拒之门外，也不敢开除任何人。就算科氏工业动真格的，他似乎也愿意冒这个险。但就在弗兰岑上台发表讲话之前，巴克纳姆阻止了他。

巴克纳姆说："我得把他赶到一边去。"他对弗兰岑说："我建议你接受这份协议。因为从今往后都是下坡路。"

哈蒙德在台上的发言，表达了基本相同的意思。他竞选的时候怀揣着希望，本以为自己成为工会领导后能够下定决心做出改变，现在的他充满了挫败感。在 2011 年 12 月，他能取得的最好成绩是不愉快的妥协和有条件的投降。他建议工会会员投票赞成这份劳资协议，因为他们已经没有更好的选择了。

会员们勃然大怒。他们已经连续战斗了好几个月,还跑去参加了游行集会。由于讨价还价的拖拖拉拉,他们已经一年半没有加薪了。但最伤人的是期望破灭的感觉。工会本应使其会员生活得更好,却没能实现。会员们一致投票否决了先前的合同,现在看起来毫无意义。

来自西雅图的内河船员工会主席艾伦·科特站在人群面前,向大家解释与科氏工业艰难协商的现实。但人们不想听。"有个人站起来挑战工会主席,大声喊道:'你知道什么?你只是个拖船上的厨师,对我来说你什么都不是!'"巴克纳姆回忆道。争吵不断发生。哈蒙德、弗兰岑和巴克纳姆之前所做全部工作的回报,是受到同事的蔑视。

即便心有不甘,蔑视的情绪依然无法转化成具体行动。罢工的想法不可能实现,有房贷要还,医疗保险要续费,还有信用卡和孩子学费的账单,一个都不能少。工会会员别无选择,只能继续工作。他们投票接受了协议。

*****

巴克纳姆决定不再竞选连任。夜不能寐,周末工作,现实的失望让他不堪重负。不过,哈蒙德竞选连任成功了。他在谈判桌上挨了巴掌,很快就认输了,曾经满怀希望的他现在只剩下顺从。

但有证据表明,工会的斗争并非白费力气。[23]哈蒙德和他的团队确实为工会会员赢得了胜利,即使这些胜利显得微不足道。俄勒冈大学教授罗恩·泰因蒂将 1975—2016 年佐治亚-太平洋前街仓库和河门仓库的所有可用劳资协议编辑成了电子表格(20 世纪 80—90 年代的一些协议缺失,未纳入分析范围),将工资、医疗保险和养老金等福利纳入仓库工人的收入进行估算,发现仓库中工会会员的总时薪从 2010 年的每小时 25.37 美元上升至 2016 年的 34.50 美元。实现这种增长,工会功不可没。

尽管如此,从长期来看,仓库工人仍在失去阵地,这一点他们也清楚地意识到了。经通胀因素调整后,这些工人在 2016 年的收入比 1981 年到期的协议收入降低了 21.5%。对于像弗兰岑这样的资深员工来说,这不仅是一个抽象的概念。

20 世纪 80 年代起就在仓库工作的弗兰岑，历经 30 年、无数小时的劳动之后，得到了大幅减薪的下场。

谈判结束后，弗兰岑回去继续开叉车。[24] 在历时一年半的谈判期间，弗兰岑说自己开始被指控违反劳动管理系统的规则。他在投递时间上一直名列前茅，现在却开始因为一些鸡毛蒜皮的小事被挑刺，比如在不恰当的时间离开工作区域等。他开始反驳这些指责，声称这些说法都是栽赃。他按捺不住脾气，最终变得暴躁起来。有一天，他把一位经理逼到了墙角，大声斥责他对同事的不公平待遇。后来，他在酒吧又遇见了这位经理，于是两个人到酒吧外面单挑。虽然最后没人出去，也没人挥舞拳头，但他们之间的裂痕已经无法修复。

弗兰岑被下了"最后通牒"，这意味着他再违反一次工作纪律就可能被解雇。他坚持了六年没有违反任何工作纪律，如今一点儿也不意外自己会碰到越来越多的麻烦。"作为首席谈判代表，他们只想赶走我。"弗兰岑说。科氏工业辩称弗兰岑是因为违反劳动管理系统的规定而受到处分的，并表示由于对一名同事情绪失控，他只能被置于"最后通牒"的处境。公司在 2018 年初解雇了弗兰岑，原因是他在申请工人赔偿后未返回工作岗位。

哈里森于 2012 年退休，开了一家劳资谈判咨询公司。当被问及内河船员工会的会员时，哈里森似乎真的很同情他们。但科氏工业已经为他们的劳动力确定了市场价格，他们只能得到相应的报酬。"人们总是想要更多。"哈里森说。

*****

目前还不清楚查尔斯·科赫是否知晓佐治亚 – 太平洋公司驯服内河船员工会的战斗，这只是众多劳资协议谈判中的一次。不过，尽管与内河船员工会的较量只是冰山一角，但却是查尔斯和他的公司开展的一场更大规模逐力的缩影。

　　查尔斯对奥巴马的当选和美国进步政治[①]的崛起深感不安。[25]自 2008 年大选以来，查尔斯最深切的担忧得到了证实，并且愈演愈烈。2009 年初通过的经济刺激计划就已经让人足够担忧了，它继续巩固了联邦政府在解决经济问题方面可以发挥巨大作用的观念，同时也大幅增加了美国的债务负担。查尔斯的执念又因此得到了巩固，每一美元额外债务的增加只会导致进一步增税。

　　而经济刺激计划才刚刚开始，奥巴马就发起了关于医疗保险的全国性斗争，这与哈里森和哈蒙德在工会医疗计划上的拉锯并无本质不同。奥巴马试图推动建立全国性的医疗保险体系，即《平价医疗法案》，其思想内核与工会医疗计划并无二致，都是建立在团结一致的前提下的。虽然这项计划的成本会有浮动，但最终目的是在不考虑收入状况的前提下，为全体美国人提供医疗保险；而为了负担这些费用，《平价医疗法案》对美国最富有的人征收了更多的税，比如查尔斯·科赫和大卫·科赫。《平价医疗法案》的整体框架有违查尔斯的理念，不仅人们不用自掏腰包支付保险费用，购买"游戏中的人物皮肤"，这个保险体系甚至还巩固并增强了公共补贴的力度，扭曲了医疗市场价格，破坏了适当的经济刺激。《平价医疗法案》于 2010 年 3 月通过后生效。

　　不仅如此，在民主党占多数的国会的支持下，奥巴马的改革议程继续推进着。政府的下一个目标是银行，通过实施新的监管措施，减少投机和衍生品交易。商品期货交易委员会的监管员开始联系科氏工业，询问公司的石油交易策略。在科氏工业涉足经营的几乎所有行业中，都出现了政府的触手。

　　然而，这些还不是最大的威胁。2010 年，奥巴马改革的下一个目标是减缓美国和全球的碳排放，这等同于向科氏工业的核心业务发起攻击，真

---

① 进步政治是一套围绕解决社会问题、防止不同形式被剥夺权利的理想和政策。诸如更广泛的投票法、分层征税和不同形式的平等立法（例如同工同酬、婚姻平等、防止剥夺选举权的选民保护等）。——译者注

真正正地触动了查尔斯的逆鳞。一旦奥巴马取得成功，科氏工业能否以目前的形式继续存在都是个问题。至少，任何对碳排放的硬性限制都可能使科氏工业损失上千亿美元甚至更多。

奥巴马改革议程将查尔斯置于"钉子户"的陌生处境。奥巴马和他的支持者们试图在国会通过投票来建立一条政治路径，将美国带向奥巴马设想的未来。这种未来对化石燃料的依存度降低了，而查尔斯打算拒绝踏上奥巴马的这条道路。

奥巴马的势头似乎不可阻挡，但没有迹象表明这吓倒了查尔斯。也许是因为他已经为这场斗争做了至少20年的准备，在华盛顿特区建立了政治影响力，这在现代美国前所未有。到了查尔斯扮演"钉子户"的时候，他已经做好了充分的准备。

第 19 章
全球气候变暖与环保法案
（2008—2009 年）

每年 12 月，查尔斯·科赫都会在家里举办一场私人聚会。[1]这是公司精英员工的聚会，他们会向科氏工业集团旗下的政治行动委员会提供最高法定金额的捐款。傍晚时分，一队汽车驶入大门，进入树木繁茂的院落。车辆整齐地排成一排，停在宽敞的草坪上，与会者在凛冽冬风中沿着私家车道上坡，来到温暖明亮的别墅入口通道。

与会者包括科氏工业的员工、高管及家属们，大约 200 人在房间和走廊里闲逛，室内充满欢快的嘈杂声。查尔斯和大卫·科赫在客厅成为众人瞩目的焦点，他们时不时并排站着，客人依次走过来表示敬意。查尔斯彬彬有礼，面带微笑，但依然保留了在公司开会时的习惯。当大卫正准备与一位客人深入讨论自己的艺术收藏时，查尔斯打断了他们的谈话，提醒他们有客人在排队等候。"查尔斯说：'大卫，让大家往里走。'"一位客人回忆说，"查尔斯就这样。有点像某种规定动作，先向大家问好，再寒暄儿句，然后迎来下一位客人。"

独特的归属感和排外情绪使房间里的人充满了活力。聚会在年度董事会会议召开前后举行，因此很多董事会成员和高管都抽空出席。想要参加聚会的员工需要在当年向政治行动委员会捐赠 5 000 美元，所有捐款会打包捐赠给委员会青睐的政治候选人。委员会需要把钱捐出去，而查尔斯也非常关注它的表现。登上联邦公开竞选名单就好像加入了乡村俱乐部，让人感觉很好。还有一点不言而喻，那就是能掏出这么大一笔钱的员工，通常在过去一年中收入颇丰。如果有人一直不出现，那么人们会开始怀疑他的奖金是不是缩水了。

虽然聚会通常充满欢乐，但 2009 年的晚会却笼罩着一种紧张的气氛。在上一次选举中，与会者为政治行动委员会捐赠了大量资金（2008 年总计 260 万美元），然而结果却是奥巴马成功当选总统，民主党在国会占据了绝大多数席位。不知不觉中，科氏工业所珍视的每一项政治事业都在倒退，共和党似乎有永久成为少数党的危险，自由党甚至无人问津。

在客厅一角，高高的书架上摆满了查尔斯最喜欢的思想家的著作，比如哈耶克和冯·米塞斯的作品，并且都是典藏版。这些藏书现在看起来就像博物馆的艺术品，像一批被历史长河遗留下来的古董。客人们成群结队地站在离书架不远的地方，一边吐槽着政治现状和自由落体般的市场，一边等待查尔斯的讲话。

查尔斯每年都会在聚会上发表简短的演讲。有时，政治行动委员会的最高指挥官理查德·芬克也会加入他的行列。查尔斯在演讲时通常温驯谦和，会对齐聚一堂的员工表示感谢支持，然后提醒他们，无论是为了科氏工业的可持续发展，还是为了民众自身的利益，维护美国经济的自由至关重要。然而在 2009 年，查尔斯的演讲充满了急切。他觉得美国的未来受到了威胁。虽然他也表达了对员工的支持的感激之情，但客人都明白，斗争才刚刚开始。

对查尔斯来说，有一个威胁大过其他所有。为了减缓全球气候变暖的趋势，奥巴马政府试图推动新的监管立法，限制温室气体排放。虽然查尔斯几十年如一日地抗争，但无论是在共和党还是民主党主政期间，这种趋势都越发明显，现在甚至到了一触即发的局面。奥巴马和他的共和党对手、国会参议员麦凯恩都在竞选时做出承诺，会对目前不受控制的碳排放进行限制，但奥巴马把限制碳排放纳入了核心施政纲领。2006 年，从民主党完全控制国会时起，他们就开始着手立法限制碳排放。由于民主党在参议院和众议院均占有多数席位，所以长达一千多页的立法在国会一路畅通无阻地就通过了，准备提交给一位急于签署它的总统。

科氏工业集团如临大敌，内部甚至有一种观点认为，限制碳排放的举措可能导致公司关门，[2] 这并非危言耸听。国会的这项法案试图全面重组美国能源体系，这种情况一旦发生，全世界都可能追随美国的脚步。目前已经有两项国际公约试图在全球范围内减少温室气体排放，一项是 1992 年在巴西里约热内卢通过的《联合国气候变化框架公约》，另一项是 1997 年在日本京都签署的《京都议定书》，美国的监管体系可以很快融入全球性的框架中。

限制碳排放不仅给科氏工业带来了全新的监管环境，随着全世界降低对化石燃料的依赖，扼杀的是公司未来的发展前景。科氏工业在化石燃料相关业务上的投入超过数十亿美元，包括炼油厂、输油管道等资产，未来几十年预计收入更达到上万亿美元。

1989 年，美国参议院调查俄克拉何马州印第安保留地的原油窃取案，令查尔斯措手不及。[3] 从中吸取教训后，2009 年的情况已大不相同。在 1998 年，科氏工业在华盛顿特区的游说花费只有 20 万美元；到 2005 年，这一数字为 219 万美元；2006 年民主党接管国会时，这一支出激增至 397 万美元；2007 年进一步达到 510 万美元。奥巴马的当选刺激科氏工业加强了在这方面的投入，公司在 2008 年花费了 2 000 万美元进行游说，并利用竞选捐款进一步增加游说支出。1998 年，科氏工业旗下的政治行动委员会的支出勉强达到 80 万美元；2006 年，数字增加至 200 万美元；2008 年，支出为 260 万美元。

这种规模并没有达到查尔斯对这台政治机器的设想。[4] 至少从 1974 年起，他就设想建立在多个层面具备政治影响力的机器，为智囊团、大学研究机构、行业贸易协会，以及一系列慈善机构提供资金支持。这台机器现在成了现实。

智库和学术项目由非营利基金会资助，如查尔斯·科赫慈善基金会和克

劳德·R. 拉姆慈善基金会。仅 2008 年，查尔斯·科赫慈善基金会就发放了
839 万美元的资助和物品，而克劳德·R. 拉姆慈善基金会则捐赠了 256 万美
元。这些资金主要用于支持保守派学者，并为华盛顿智库发布的所谓独立政
策报告买单。由查尔斯支持并担任联合创始人的自由主义智库卡托研究所，
在 2008 年收到资助金额 2 370 万美元，高于 2001 年的 1 760 万美元。

　　在随后的几年中，这类政治行动被称为"科氏章鱼"（Kochtopus）①，暗
喻着一个触角遍布四方的实体，掌握着各个层级的决策制定。这个绰号给
科氏工业的政治运作带来一种不可战胜的色彩，就像一辆不可战胜的战车，
科赫兄弟可以利用它实现收买政客、制定政策，甚至驯服联邦政府的野心。
这种脑洞大开的画面其实没有抓住市场对华盛顿产生影响的实质，从付出
金钱到获得想要的东西之间，没有捷径可走。实现具有影响力的政策结果，
远比经营企业阴暗复杂。

　　当晚，在威奇托家中的聚会上，查尔斯明确表示，他会取得最终胜利，
就像科氏工业在诸多领域取得成功一样。这关乎公司的生死存亡。

　　与此同时，科氏工业集团最大的麻烦来自一小群有奉献精神的自由主
义国会工作人员，他们在华盛顿某个默默无闻的位于地下室的办公室里长
时间工作。这个团队的成员是一群收入不高、长年忘我工作的理想主义者，
为了控制温室气体排放，多年来一直努力编写上千页的法律文件。其中有
一个叫乔纳森·菲利普斯的工作狂，那时他对查尔斯还不甚了解。这也是
他还能乐观地认为历史会站在他那边的原因。

＊＊＊＊＊

　　在另一个平行世界里，菲利普斯可能会成为科氏工业的员工。⁵ 因为他
是一个理想主义者，具备企业家精神，举手投足间尽显中西部人的风格，
符合一切科氏人的特征。2000 年，当他第一次参与总统竞选投票时，他投
给了小布什。就像许多科氏工业的员工一样，菲利普斯身材苗条，是个运

---

①　章鱼的英文是 octopus，Kochtopus 是 Koch 和 octopus 的组合，因此译为"科氏章鱼"。——
　　译者注

动健将，留着一头金色的短发，说话时湛蓝的眼睛流露着充满真诚的神情。

如果菲利普斯没有在和平工作团（Peace Corp）工作过，他可能会成长为一个非常典型的保守派。美国和平工作团把他从舒适的芝加哥郊区带到蒙古国的帐篷里，在那里，他对世界和美国在国际社会中的作用有了更深刻的认识。他生活在赤贫之中，对资本主义的看法产生了微妙的变化。他从海外视角看到了小布什对伊拉克发动的侵略战争，这场侵略在战略上损失惨重，在道德上充满瑕疵。菲利普斯从和平工作团回到家，开始思考自己如何能帮助世界变得更美好。从哈佛大学肯尼迪政治学院毕业后，菲利普斯开始在国会山众议院担任工作人员。现在，他位于美国能源系统重新规划的中心位置。

2009 年冬季，菲利普斯在美国国会大厦附近一栋高耸的石制综合建筑——众议院朗沃斯办公大楼工作。大楼内铺着大理石的走廊简朴而清冷，顶部为拱形天花板。每天早上，菲利普斯都要走过几条大走廊，通过楼梯间来到地下室。地下室的地板覆盖着上漆的水泥，天花板上布满了通风管道、水管和通风口。菲利普斯走到几扇门前，它们看起来像是储物间的大门，这里是美国国会众议院能源独立和全球变暖特别委员会（Select Committee on Energy Independence and Global Warming）的总部。

该特别委员会成立于 2007 年，是南希·佩洛西就任众议院议长后的第一次小试牛刀。[6] 成立一个特别委员会听起来平淡无奇，但这种行为在国会属于离经叛道。要分析其中缘由，首先要了解美国国会的结构。

人们通常会认为美国众议院是一个由 435 名议员组成的单一组织，他们提出法案，然后投票表决。事实上，众议院是诸多小型管理机构的集合，每个机构都有自己管辖的领域，称为委员会，有的委员会制定税法，有的制定环境保护法。每个委员会都有一名主席，就好像委员会的首席执行官。众议院的法案由委员会起草，然后由委员会成员投票通过。这种结构赋予了委员会主席巨大的权力，也有助于解释为何所有限制温室气体排放的法案都没有机会通过。

2007 年，管理气候变化的机构——众议院能源和商业委员会（House Committee on Energy and Commerce）被民主党把持，自 1981 年以来，密歇根州民主党籍众议员小约翰·丁格尔长期担任委员会主席。丁格尔不仅与家乡底特律的汽车制造商关系密切，而且他本人就存在直接利益关系，在汽车行业拥有价值 50 多万美元的股票，对任何可能限制碳排放的法案都不太友好。

佩洛西不仅没有寻求丁格尔的协助，甚至绕过了他，从无到有建立了新的能源独立和全球变暖特别委员会，就位于朗沃斯大楼的地下室。丁格尔不以为然，他告诉一位记者："这些委员会的作用就好比鱼身上长了羽毛。"佩洛西任命马萨诸塞州国会议员埃德·马基负责新成立的委员会。马基热衷于做环境监管的倡导者，从一开始就致力取得真正的成果。他找来精兵强将，立即着手打破多年来阻碍气候变化监管实现的障碍。

马基的团队由五花八门背景的专家组成，这支七拼八凑的队伍就像为了抢劫银行被召集到一起一样。[7] 乔纳森·菲利普斯是可再生能源立法方面的专家。乔尔·博韦，一位高薪律师，同时也是清洁空气法案领域的专家，为了帮助委员会起草限制碳排放的法案，他的收入大幅缩水。安娜·昂鲁·科恩，曾在国会工作，为华盛顿自由派智库美国进步中心研究气候变化政策。还有似乎认识众议院所有人的国会工作人员迈克尔·古。以及杰夫·夏普，一个曾经的说客和竞选工作人员，他的专业是公关。队伍里的每个人都劳累过度、收入过低，但大家来到华盛顿是为了改变世界，都觉得自己正在参与某项重要的历史进程，因此任劳任怨。委员会的行动一触即发。

很快，特别委员会就开始鼓噪煽动几乎所有的国会议员。特别委员会虽然无权通过法案，但有权举行听证会。激进的步伐随之迈出。菲利普斯花了大量时间预订听证室，以及请专家来做证。负责沟通的夏普帮忙协调，尽可能引起媒体的关注。除了专家和政界人士，委员会还邀请知名人士参加听证会。菲利普斯会见了演员罗伯·劳，并在他出席电动汽车听证会之前带他参观了国会大厦。

"我们一直在寻求知名人士的参与，寻找能让人掉眼泪的故事。"菲利普斯回忆说，"我们也在寻找与人们建立情感联系的方法，这样可以提高众人对这个问题的关注度。它既是一种沟通交流的渠道，也是探求真相的过程。

菲利普斯和他的队友们并没有沉溺于对公众关注的渴求，他们真的相信所做的一切关乎人类的生死存亡。为了让大家更清晰地理解他们所致力于的事业，特别委员会有必要通过马拉松式的系列听证会来讲述这个故事。

这是一个史无前例的由人类引起的重大自然事件，就像投下了一颗巨大的"碳"炸弹。这个故事的本身将成为有争议的战场，像科氏工业这样的组织将花费上百万美元，来散布对基本事实和这个故事本身更深层次的怀疑。

*****

大约在 1800 年，当工业化城市开始燃烧煤炭为家庭供暖并为老式引擎提供动力时，就埋下了"碳"炸弹的隐患。[8]1850 年，约 1.98 亿吨碳被释放到大气中。

碳是一种非常稳定的元素，可以在天空中飘浮数千年而不分解。[9]半透明也是它的重要特征，像烟雾一样对阳光起到轻微的阻挡作用。这种半透明的特质对地球上的生命至关重要，大气中一层薄薄的化合物，如二氧化碳和水蒸气，起到了遮蔽的作用，将热量保留在地球表面。原理很简单，也很容易理解。太阳散发出的热量到达地球后，有大约 2/3 被大气层反射回太空，剩下的 1/3 被大气吸收，留在了地球上。在过去的 40 万年里，大气中的碳含量在相对狭窄的范围内波动，在 200~400ppm。这一时期，地球气候相对稳定，恰逢农业的兴起和文明的发展。

1859 年，当埃德温·德雷克在宾夕法尼亚州钻探出第一口油井时，美国的石油时代开启了，"碳"炸弹的导火索被真正点燃了。燃烧一桶原油，会向空气中释放约 317 公斤看不见的二氧化碳。[10]1890 年，13 亿吨碳被排放到天空中，其中有些被植物吸收，有些回到了海洋，有些留在了大气中。1930 年，38.6 亿吨碳被排放到大气中。1970 年，这一数字达到 145.3 亿吨。

一并排入大气的还有从工厂、炼油厂、饲料厂和化肥厂飘出的其他工业气体，如甲烷和一氧化二氮，这些无色气体貌似无害，然而其中一些气体阻挡光线的能力远远超过碳元素，是碳的 30~50 倍。随着向大气中排入吸热性强的温室气体逐年增加，大气温室效应也逐渐增强，这一点毋庸置疑。

20 世纪 50 年代，化学家兼海洋学家查尔斯·大卫·基林在夏威夷冒纳罗亚火山顶部安装了一个空气监测器。测量结果表明，碳元素正在大气中积聚。1959 年，大气中碳含量为 316ppm，1970 年为 325ppm，在 1990 年达到 354ppm。在测量这些数据的同时，科学家们还测试了南极冰川中被困在微小气泡中的空气样本。结果显示，在人类出现几千年前，大气中的碳含量水平保持在 200~300ppm，而现在已经超过了这个临界值。人们不禁开始思考：如果达到 360ppm，全球气候将会发生怎样的变化？ 380ppm 呢？400ppm 呢？没人能给出答案。

1988 年，一群与联合国合作的科学家成立了一个名为政府间气候变化专门委员会（IPCC）的组织，致力综合全球气候变化的研究。[11] 最初，IPCC 非常谨慎，甚至主动淡化了碳浓度升高所蕴含的潜在风险。专家小组当时认为还需要进行更多的研究加以证明，不应采取任何可能抑制化石燃料发展的草率行动。然而，IPCC 随后的每一份报告都比上一份更加确定。碳浓度的不断增加，不可避免地会导致大气吸收更多的热量，人类活动正是造成这种增长的原因。未来的影响难以预测，但可能会更严重。由于温暖的空气变得越发潮湿，所以全球可能会出现更剧烈的降雨和更强烈的风暴，而干燥地区会变得更干燥。气象数据显示，世界已经开始变暖，正如温室气体增加时所预测的那样。

虽然科学界对这一事实表示赞同，但美国公众对此表示怀疑，这并非偶然。早在 1991 年，查尔斯·科赫和化石燃料行业的其他高管就开始散播对气候变化证据的怀疑。当老布什宣布他将支持一项限制碳排放的国际公约时，卡托研究所随即在华盛顿举行了一个名为"全球环境危机：科学还是政治"的研讨会。

参加研讨会的科学家质疑了人类碳排放导致地球变暖的大众观点，其中包括查尔斯的母校麻省理工学院的大气学科教授理查德·林德森。研讨会的宣传册上有一段来自林德森的引述，他说："很多人认为全球气候变暖是事实，而且将是灾难性的。这种概念深入人心，以至于任何对它的质疑都让人感到惊诧，但事实却是其背后几乎没有任何证据作为支撑。"

研讨会不是一个边缘事件。白宫科学和技术政策办公室的工作人员南希·梅纳德在一份内部备忘录中称，在研讨会期间，林德森等出席会议的发言人应邀，与白宫工作人员一起在白宫罗斯福厅参加了另一场会议。梅纳德的上司把这份会议邀请转发给了老布什的幕僚长老约翰·苏努努，会议主题是"对全球气候变暖的另类观点"。

科氏工业、埃克森美孚等石油公司花费上百万美元支持 1991—2009 年间对气候变化的"不同"观点。[12] 这些团体在辩论中有明显的优势。在几十年后，坚定的科学共识才最终形成。这个过程本质上是科学家的谨慎和自我怀疑。气候变化的机制极端复杂且难以量化，在没有数据支持的情况下他们很难盖棺定论。比如，很难估计随着时间的推移，地球上的海洋究竟能吸收多少碳，或者如果大气中的碳含量达到400ppm，地球温度在100年内究竟能上升多少度。就在全球科学界围绕人类活动导致气候变化的共识慢慢凝聚之际，为了凸显科学辩论中所有不确定性的要点，对此持不同观点也成了一种产业而蓬勃发展起来。

埃克森美孚最终放弃了这一战略，但科氏工业坚持了下来。[13] 2014 年，科氏工业首席说客菲利普·埃伦德表示，证据存在瑕疵。"我不是——你懂的——气候学家或其他什么专家，"埃伦德说，"我认为，100 年来，地球是温暖的。在过去的大约 18 年时间里，天气还是比较凉爽的。① 人类活动是否导致气温升高和气候变化仍然无法证实。"

私底下，科氏工业的领导对气候变化方面的科学研究更是不屑一顾。[14]

---

① 可以证明这句话是错的。美国国家航空航天局的数据显示，有记录以来 19 个最热的年份中，有 18 个出现在 2001 年以后。

科氏工业一位资深科学家出身的前高管一般会在分析了大量数据后才做出商业决策，他解释说，全球气候变暖是民主党的政客们设下的一个骗局，他们试图用虚构的故事来团结民众对抗一个虚构的敌人。1991 年冷战结束后，美国精英需要一个新的、包罗万象的敌人来吓唬民众，于是他们发明了这个叫作"全球气候变暖"的敌人。这位前高管说，所有关于大气碳含量和气温上升的数据都是这个阴谋的一部分。

菲利普斯和他的同事们花费大量时间翻阅与全球气候变化相关的科学研究资料，这仿佛推开了一扇可以看到真理的窗户，让更多人看到了可怕的真相。[15] 这也是大家在国会大厦举行听证会并邀请知名人士出面的初衷。但绝望的情绪依然在团队中蔓延，因为听证会根本没有人在听。

*****

当马基领导下的特别委员会意识到，仅仅召开听证会并不能改变政治动态时，他们采取了更具挑衅性的动作：独立撰写法案。[16] 特别委员会无权通过法案，甚至不能提交表决。但团队认为，仅仅是法案的存在，就会使这个问题变得更加难以忽视。

法案的架构反映了当时的政治现实。政府有很多方法可以控制温室气体的排放，国会可以征收碳排放税，鼓励企业使用低碳能源；也可以像控制污染物一样控制碳排放，对其排放设定严格的限制。特别委员会没有采取这些直截了当的做法，而是设计了一个复杂且影响深远的监管结构，体现了从克林顿政府开始主导政策制定的新自由主义哲学的内在。该法案在试图大幅扩大政府影响力的同时，也在利用市场的力量。这种方法被称为总量管制与交易制度（Cap and Trade）。

令人惊讶的是，委员会内部几乎没有人反对这种做法。"很早以前，人们就意识到这将是一项基于总量管制与交易制度的法案。"菲利普斯回忆说，"城里的智库和所有的讨论都没有涉及碳税，每个人都在谈论总量管制与交易制度。当时有一种共识，那就是这个制度是处理污染问题最温和、最经济有效的方法。"

　　菲利普斯说，还有一个有吸引力的要点，那就是它具有获得两党同时支持的优势。"这是一个共和党式的想法。"他说。

　　总量管制与交易制度在老布什总统的领导下声名鹊起，他利用这种方法对抗酸雨。整体概念很简单，政府限制某种污染物的排放总量，但给了企业排放污染的许可。一家公司可以随心所欲地污染环境，但它必须为此付出代价，购买排污权"授信额度"，如果一家公司削减了污染物排放量，它就可以因此获得"授信额度"，并且还可以转售。这创造了一个排污权"交易市场"。污染企业花钱排污，其他企业靠减少污染赚钱。一直以来，政府通过设定上限来确定总污染量。政府随时可以拧动螺丝，削减排放上限，迫使减排的动力越来越强。

　　发电厂排放的二氧化硫导致酸雨，在老布什对发电厂施压后，总量管制与交易制度获得了支持，于 1990 年开始正式实施。到 2008 年，二氧化硫的排放量比 1980 年减少了 60%。更重要的是，削减开支的成本远低于人们的预期。

　　能源独立和全球变暖特别委员会旨在通过这项法案，建立有史以来最大的总量管制与交易制度。对温室气体排放的限制几乎影响到现代经济的每个角落，从汽车组装生产线到发电厂，再到所有工厂，上千页的法案阐述了极其复杂的政策机制。

　　2008 年 5 月，马基公布了这项法案，并给它起了一个非常好记的名字——iCAP[①]。在奥巴马当选总统后，南希·佩洛西的行事变得越发大胆。她帮助发起了能源和商业委员会的政变，利用通常流于形式的主席职位投票，使丁格尔难以连任，让来自加州的民主党人亨利·韦克斯曼取而代之。韦克斯曼信誓旦旦地要通过控制碳排放的法案。马基和他的特别委员会在经过多年的"地下"工作后终于走上舞台，准备大展身手，推动法案在韦克斯曼领导下的能源和商业委员会得到通过。

　　2009 年，iCAP 法案被正式提上立法日程，并公开寻求支持。该法案也

---

①　这个名字是基于总量管制与交易制度的英文名称而起的。——译者注

被称为《韦克斯曼－马基法案》，这是一个雄心勃勃的总量管制与交易体系，很快成为奥巴马立法议程的核心。这项法案酝酿多年，历经国会数百小时的听证会。在奥巴马执政初期，更多的听证会被组织召开。特别委员会的干劲越来越足，他们一边会见国会议员以及能源公司和环境组织的说客，一边不断斟酌草案的措辞。

在位于地下室的办公室里，长时间的工作磨砺在某种程度上让菲利普斯兴奋不已。他觉得自己正在创造历史。晚上和朋友们去廉价的酒吧喝酒时，他发现自己不是唯一有这种感受的人。他们感觉像 20 世纪 30 年代的初生牛犊，彼时正逢打造强大新政、落实立法基础的关键时期，他们都正在为后代奠定执政框架。

他们是近几年甚至几十年来最强大的执政联盟中的一员。菲利普斯的一位熟人，名叫迪伦·洛伊的年轻演讲作家，在那段时间写了一本书——《永远的蓝色：民主党如何击败共和党并统治下一代》（ *Permanently Blue: How Democrats Can End the Republican Party and Rule the Next Generation* ），这本书试读版的复印件在华盛顿广为流传。人们读到了洛伊的预言，即民主党有能力在下一个 25 年掌管白宫和国会，并且似乎一定会实现。共和党已沦为少数派系，看不到重获政权的明确道路。民主党背负着历史的力量，推动着它向前发展。

*****

科氏工业的游说办公室位于距白宫两个街区的一座雄伟石制建筑的八楼。[17] 2009 年初，对于大卫·霍夫曼来说华盛顿特区还是一个陌生的地方。这位曾帮助科氏工业在英威达的工厂推行 10 000% 合规原则的环境律师，在威奇托工作了几年后，为了能够和妻子享受更多的大城市生活，于 2007 年请求调到华盛顿。他仍然以合规律师的身份，搬进了科氏工业的游说办公室。

如果说霍夫曼对奥巴马改革的某些因素是认同的，那么他其实也看到了联邦政府丑陋的一面——冗余的官僚主义，以及为了遵守环境法规所必须做的烦琐的文书工作。他说,《清洁空气法案》就是一个很好的例子。为了遵守法律,有"成千上万的文字条款需要去确定遵守。需要一名全职员工昼夜不停地工作,才能完成一些合规审查"。

尽管霍夫曼不是一个说客,但通过在合规问题上提供专业咨询,他可以为公共事务部门的同事提供帮助。他也因此卷入了科氏工业有史以来最大规模的游说斗争——反对菲利普斯和他的团队当时正在制定的法案。

在 2008 年之前,科氏工业的游说活动显得有些支离破碎,[18] 英威达、佐治亚 - 太平洋公司以及燧石山资源公司都分别有自己的游说团队。这种分裂反映了科氏工业致力维护公司形象的经营思路,在法律架构下组织各部门,将每个部门归类为独立业务。这种结构有助于科氏工业控制集团层面的法律责任,但也对公司的游说工作起到了阻碍作用。因为英威达和燧石山资源公司之间没有密切协调的机制,这可能导致重复游说,甚至会向立法者发出混乱的信息。2008 年,科氏工业将其游说业务合并为一家新成立的公司,称为科氏公司公共部门。现在,科氏工业的所有说客都并肩工作,在为共同目标而努力时分享信息和战略。

霍夫曼领导了科氏工业集团的一个内部委员会,负责研究公司在适应总量管制与交易制度的同时也能从中获利的方法。[19] 由他来承担这个角色纯属偶然。报纸上满是关于《韦克斯曼 - 马基法案》的报道。霍夫曼知道,如果该法案通过了,那么其将立即成为他和英威达合规团队所需要应对的最重要法案。他成立了委员会来研究这个问题,认为既然英威达能找到遵守法案的方法,那么科氏工业的其他部门也可以效仿。他深谙以市场为基础的管理理念,认为适应总量管制与交易制度完全符合该理念的框架。"查尔斯·科赫希望赋予员工权力,让他们规划行业的发展方向。"霍夫曼说,"我们觉得自己所做的正是科氏哲学的意义所在。那就是:抱最好的希望,做最坏的打算。"

霍夫曼找了几个英威达的同事来帮忙,并咨询公司的说客,之后很快意识到完全有理由对科氏工业在总量管制与交易领域的未来感到乐观,至少对于英威达来说是如此。英威达已经开始投资改造老旧工厂，正在新建锅炉，并且使用以天然气替代煤炭作为燃料的方式削减碳排放。这样不仅节约了资金，提高了效率，还能产生碳排放额度供英威达出售。科氏工业旗下还有一些部门制造污染控制设备，如果法案通过，这项业务可能会得到提振。

霍夫曼认为总量管制与交易制度不可避免，只是形式问题，因此以此为前提做了许多研究。当时他不知道的是，持他这种看法的人在游说办公室里属于少数。

*****

每周一早上，科氏工业的游说团队都会聚集在办公室主接待区走廊尽头的一个大会议室里开周例会。[20] 说客们列队进入会议室，围着房间中央的一张大型木制会议桌就座。桌子上摆着厚厚的皮革杯垫，上面印有科氏工业集团的标志。除此之外，房间里的装饰都是斯巴达式的。靠窗的三脚架上放着一张白纸，上面写着想法和策略。房间里唯一的艺术装饰品，是一个放在架子上的小型金属伐木工人雕塑，这显然是在对佐治亚-太平洋公司及其过去的员工表达敬意。

周例会由科氏工业首席说客菲利普·埃伦德主持，他与一般的典型说客不太一样。埃伦德住在亚特兰大，常往返于亚特兰大和华盛顿特区，不太能常在办公室里见到他。虽然大多数说客的夜生活都很丰富，经常参加派对直到深夜，第二天早上九点半或十点左右才来上班，但埃伦德过的是威奇托时间，会很早到公司，经常和堪萨斯州的同事通电话。他也是查尔斯·科赫哲学的忠实信徒。"我们在哲学上更纯粹一些，"埃伦德解释说，"因为我们坦率地承认自己是毫不掩饰的自由贸易者，我们赞同通过经济手段而不是政治手段获利。我们反对任人唯亲。我们反对补贴。我们反对行政指令。"他在讲话中大量使用以市场为基础的管理理念的专有词汇。

随着科氏工业在政治上的影响力越来越大，它越来越坚持其游说追求的是纯粹意识形态使命。科氏工业的说客和公关团队表示，他们的目标不是提高科氏工业的利润，而是倡导自由和繁荣的理念，并且强调科氏工业曾游说反对可能使公司受益的补贴或减税的措施。不管怎么说，埃伦德和他的团队仍然压倒性地专注于对科氏工业的业务有重要影响的议题，比如化工安全、收费标准和对石油公司的税收。此外，科氏工业也并没有拒绝政府补贴和税收减免。埃伦德解释说，一旦拒绝补贴，将使科氏工业在竞争对手面前处于不可接受的劣势。

在所有关于纯粹意识形态的讨论中，埃伦德的操作反映了一个更加复杂的现实，即游说活动并不是简单地按照党派路线进行的。[21] 在大多数美国人的心目中，都有对华盛顿说客的刻板印象——一个衣冠楚楚的影响力传播者，带着政客外出享用昂贵的晚餐，一起在波托马克河的游轮上品尝鸡尾酒。当面对丰盛的牛排晚餐、奢华的游轮之旅、足够的竞选捐款，任何政客最终都可能屈服于说客的意愿。如果这种关于说客的印象是准确的，那么 2009 年肯定是个例外，原因则是结构性的。在过去 30 年中，企业说客数量激增，数以千计的说客试图宣传他们的信息，但这些信息只能被非常狭窄的受众群体接受。众议院有 435 名议员，参议院只有 100 名议员，总共有 535 条"渠道"，美国所有特殊利益集团游说的目的，只能是将其诉求塞到这些渠道中。

在每个选举周期，对于"渠道"的竞争都变得越发激烈。1983 年，试图影响华盛顿政策的团体总计花费了大约 2 亿美元。到 2002 年，包括公司、工会和退休代表人员或环境活动家在内的团体，在游说上的花费为 18.2 亿美元，较 1983 年增加了 8 倍。到 2010 年，游说支出几乎再次翻了一番，达到 35.5 亿美元。而这个数字只占了所有游说支出的一部分，即根据公开披露相关法律需要报告的那部分，并没有包括竞选捐款或发布与竞选相关的广告费用。

游说支出的增长并没有在各利益集团中平均分布。公司和商业团体的支出远远超过诸如工会和消费者权益倡导组织等其他利益集团。根据政治学家李·德鲁特曼的分析，到 2012 年，企业、行业协会和商业协会的游说支出占比达 78%。他发现，1998 年商业利益相较其他利益集团的支出比率是 22∶1，2008 年这一比率高达 35∶1。

即使在大型企业这个消费群体中，科氏工业也独树一帜，其游说开支远远超过其他所有公司。大约 90% 的美国公司甚至没有全职说客，只是通过行业协会的代表进行。像科氏工业这样的大型企业有着显著的优势。

在这种环境下，科氏工业说客的主要工作是搜集和分析信息。与原油市场相比，内幕信息在影响游说市场方面或许更为重要。国会是一个极度不透明的系统，如同一条条复杂的政策理念管道，信息在众议院和参议院的 535 个办公室之间流动。关于国会内部运作信息，每次的实时更新都非常有价值，而且对大多数公司来说显得遥不可及。科氏工业的说客与其他大多数公司的说客一样，花时间搜集详细情报，确定哪些法案来自哪个办公室，哪些法案有助力推动以及哪些没有，哪个政客在竞选活动中需要帮助，以及政客在对科氏工业关心的问题上所持的立场。这种对内部信息的需求解释了诸多说客曾是国会工作人员的原因。这些人与议员及其手下的工作人员被认为有私人联系。他们知道哪些法案将被提交辩论，并可能在整个体系中向前推进。说客的价值正来自对这个过程的了解，只有这样才能影响到立法进程。

埃伦德的团队很小——相较于他们的工作规模而言。[22] 2009 年，科氏公司公共部门只有 5 名全职注册说客。相比之下，国防承包商洛克希德·马丁公司有一个由 30 名说客组成的内部团队。

埃伦德的固定游说团队非常了解参众两院的共和党人。多年来，科氏工业一直慷慨地为共和党候选人和保守派事业捐款——在 2008 年的选举周期中，科氏工业向共和党人的捐款金额达 100 万美元，向民主党人的捐款仅为 18.65 万美元。

当埃伦德和他的团队在 2009 年召开这个周例会时，他们需要找到一种方法来了解更多关于刚掌权的民主党人的信息。这对科氏工业的游说部门来说似乎是一项不可能完成的任务——他们全员集结都塞不满一间会议室。

但其实他们的游说力量比团队人数所显示的要大得多。科氏工业的每名说客都像是特许经营的区域经理。他们在某些政策问题上积累了专业知识，如气候变化或衍生品交易，如果需要增加额外的助力，他们随时有能力聘请外部游说团队。这使科氏工业能够在国会进行不同议题时，根据需要增加或减少游说专家的人数。有时，外部游说团队会也与科氏工业的团队一起参加周例会。

其中一位叫凯利·宾格尔的女说客，来自横跨两党的游说公司梅尔曼·沃格尔·卡斯塔涅蒂（Mehlman Vogel Castagnetti），这样的游说公司就像是一个减震器，可以保护其客户公司免受民粹主义热情的冲击。[23]当保守派接管国会时，游说公司会雇用共和党说客来帮助谈判；当自由派主导时，游说公司会找来熟悉民主党的说客。

科氏工业在 2007 年首次聘请梅尔曼·沃格尔·卡斯塔涅蒂公司，当时民主党获得了国会的控制权，在 2008 年之前科氏工业每个月向这家游说公司支付 1 万美元。到 2009 年底，费用增加到 2 万美元，并保留了包括宾格尔在内的 13 名说客。宾格尔曾是阿肯色州民主党参议员布兰奇·林肯的幕僚，她对许多民主党参议员和幕僚都是直呼其名的。

宾格尔在 2009 年参加了一场称为"科氏工业民主党"的秘密政治运动。她在廉价的国会自助餐厅闲逛，就像还在那里工作时一样。只要看到认识的工作人员，她就会立刻坐下来与之闲聊。她花时间打电话，搜集各种信息。当她的同事朋友们想离开办公室时，宾格尔会带他们出去吃午饭。宾格尔成了科氏工业和自由派政客之间的联络人，而这些政客多年来一直遭到科氏工业的唾弃。"我的工作就是把他们介绍给民主党人。"她说。

像宾格尔这样的说客通常用两种方法吸引政治家们的注意。[24]第一种方法是为政治家工作，并且离开后也与他们的工作人员保持密切的联系，就像宾格尔所做的那样。第二种方法是为政治家筹款，这就是说客经常举办筹款午餐、宴会晚餐等活动的原因。筹款问题必须慎重对待。贿赂在美国是非法的。如果说客向立法者提供金钱以换取投票，那么这两个人最终都可能锒铛入狱。

为了规避这种风险，一套精心设计的礼仪体系在华盛顿扎根。一名说客出现，向议员慷慨激昂地游说，然后离开。后来，说客打电话给议员的办公室，说自己很荣幸有机会为该议员举行筹款晚宴。如果说客在与议员的会谈中直接提到筹款，那就好比赤膊上阵参加正式晚宴，房间里的每个人都会感到震惊。

当宾格尔带着科氏工业的同事们去见民主党政治家时，他们会遵循一本经过深思熟虑的说客剧本，关注三个可能影响立法者思维的因素。

第一，议员所在选区选民的偏好。对于一名立法者来说这是最重要的因素。议员最关心的是赢得下次选举。他们希望安全地在选民认可的范围内活动。

第二，投票所产生的广泛政治影响。因为每位议员都有自己所属的政党，所以他们也很在意自己在党内的地位和政治前途。一个优秀的说客会指出某个特定的投票是如何符合政党的目标的。

第三，议员的个人信念和特质。这是最令人沮丧和最模棱两可的因素。归根结底，议员都是人，他们中的大多数人竞选公职都是出于个人原因，有时从政并不是基于理性思考。个人动机对议员的投票倾向会产生多大影响，这一点怎么重视都不为过。优秀的说客对议员的个人喜好和所持信念非常熟悉。

在与议员的典型会晤中，科氏工业的说客会动用上述所有影响力杠杆。为了拉动第一个杠杆，说客会通过列出科氏工业在该州或国会选区提供的工作机会，强调科氏工业与其选民之间的深厚联系。要达到第二个目的，说客可能会谈论对议员所在政党来说很重要的立法问题。尽管没有明说，但大家都明白，科氏工业的政治捐款数额相当可观，这可能有助于任何政客在党内的地位。最后，好的说客会迎合议员的个人喜好，在一个办公室里谈论税收公平的问题，在另一个办公室里谈论基础设施投资的问题。

宾格尔和对科氏工业友好的民主党人，帮助科氏工业了解民主党占多数的国会中复杂的权力动态。显然众议院的大多数民主党人感到自己被赋予了推动奥巴马议程的权力。然而，通过在自助餐厅与工作人员交谈等方式也获取了其他重要信息。奥巴马的幕僚长、前国会议员拉姆·伊曼纽尔希望奥巴马能够分三个阶段推动他的议程，三项主要法案将像火车车厢一样依次通过参众两院。首先是医疗改革，其次是金融业改革，最后是气候变化相关立法。这个信息对科氏工业、埃克森美孚等希望破坏限制碳排放进程的化石燃料公司来说都是有用的。如果说气候变化法案是立法进程这趟火车的最后一节车厢，那么反对者就获得了更多的时间与之抗争。

　　这就是科氏工业的说客在星期一上午的长时间会议上的工作，他们在白板上勾勒出一些想法，行动计划随之诞生。

*****

　　花了几个月的时间，霍夫曼研究了公司业务适应总量管制与交易制度的办法，结果发现了在碳交易市场获取盈利的机会，这让人兴奋不已。[25] 英威达向空气中大量排放一氧化二氮，这种温室气体吸收热量的能力是二氧化碳的 290 倍。如果英威达能够减少一氧化二氮的排放，那么公司可以获得非常有价值的碳排放额度。在总量管制与交易制度下，未来并非一片暗淡。

　　尽管有了这些发现，但霍夫曼并不确定科氏工业的高层是否对委员会的工作成果感兴趣。报告和更新似乎被忽视了，在被邀请参加科氏工业游说行动的高级会议后，他意识到了原因。会议的主题是美国国家环境保护局执行《清洁空气法案》和《韦克斯曼 – 马基法案》的情况。

　　会议在游说团队举行战略会议的会议室召开，霍夫曼通常不参加这样的会议，这次是作为一名环境合规律师而被邀请参加的。[26] 会议的第一部分主要讨论了国家环境保护局加强空气排放规则的新举措。埃伦德主持会议，但与会人员中有一些是科氏工业政治行动中相当资深的人士。

　　这其中包括理查德·芬克，他在公司政治行动领域的领导地位仅次于查尔斯·科赫。芬克几乎参与了科氏工业政治影响力运作的方方面面，从卡托研究所的智库，到乔治梅森大学的学术研究，再到游说部门。只有少数人知道所有这些组织的内部运作情况，而芬克就是其中之一。

参加会议的还有科氏工业最资深的律师之一，专门从事环境合规工作的劳丽·萨哈津①，以及国家环境保护局的前官员唐·克莱，他自20世纪90年代以来一直在科氏工业的游说办公室工作。

在参加这个会议之前，霍夫曼认为公司应对《韦克斯曼－马基法案》的措施是减轻其对公司的影响，就像他所研究的那样。但随着讨论的进行，他意识到自己的意见属于少数派。

当会议转向总量管制与交易制度时，气氛开始变得轻松，有些调侃和闲聊冒了出来。霍夫曼回忆说，大多数与会者都认为气候变化是"一场骗局"。这对他来说难以理解。房间里的人都很聪明，他们中的许多人对科氏工业旗下的生产企业所排放的废气——以及这些废气与地球大气的相互作用——有着近似百科全书式的了解。全球气候变暖的科学理论从根本上说并不复杂：大气中的碳捕获热量，更多的碳捕获更多的热量，人类正在向天空排放前所未有的碳。

但霍夫曼意识到，与会的大多数人都对韦克斯曼和马基试图解决的根本问题持怀疑态度。如果全球气候变暖不是真的，那么这个法案就没有存在的意义。这场会议给人的感觉就是，《韦克斯曼－马基法案》对科氏工业的生存构成了威胁。科氏工业的游说团队对这项法案极其不满，认为这项法案是专门针对炼油厂而设立的，试图用风电场和太阳能电池板取代炼油厂。

一张饼状图似乎证明了他们的观点。《韦克斯曼－马基法案》中有关于碳分配的条款，似乎是针对科氏工业的武器化条款。在总量管制与交易制度生效时，政府会立即向私营部门拨款，允许公司向大气排放一定量的温室气体。这些配额是碳交易市场的起点，当一家公司用完所有配额后，将被迫为其额外排放的碳支付款项。

根据法案的草案，用于分配的初始碳配额价值约 1 万亿美元。其中最

---

① 劳丽·萨哈津结婚后改名为劳丽·麦考斯兰。

大的一块——约占 37%——将分配给电力公司。给公用事业公司如此多的配额背后的理论是，这将最终减轻绝大多数消费者所需要背负的监管成本，因为他们除了用电别无选择。相比之下，炼油厂只能得到 1.7% 的配额，在全部配额中占比过小，以至于在说客提供的饼状图中几乎看不到，就连霍夫曼当场也被这幅画面动摇了一下。

"确实很明显，国会的目标就是炼油业，"霍夫曼说，"这确实显得非常不公平。"

要担心的事情不止于此。随着时间的推移，政府可能会逐步降低补贴，炼油厂的经营压力会越来越大。这个计划看起来好像是想让炼油业成为历史。

无巧不成书，《韦克斯曼－马基法案》中的碳分配条款正是由 29 岁的国会助理乔纳森·菲利普斯撰写的，[27] 此时他正在朗沃斯办公大楼的地下室里埋头苦干。手头的工作堆积如山，他不知道自己已成为科氏工业的主要对手。

*****

2009 年春天，坚定的自由派希望《韦克斯曼－马基法案》获得通过的梦想逐渐变为现实。[28] 韦克斯曼负责搞定众议院能源和商业委员会，马基正在游说其他国会议员，奥巴马总统也在发言支持该法案。能源独立和全球变暖特别委员会多年来一直在敦促国会采取行动，而现在机会来了，菲利普斯和同事都知道，他们只有一次机会。

法案中相当大一部分由菲利普斯负责撰写，这项法案将授权刺激风力发电机组和太阳能电池板等可再生能源的生产。在 2009 年制定经济转型法案，并不像 20 世纪 30 年代初罗斯福政府为新政奠定基础那样困难。新政的基本政策机制仍然存在，为联邦权力的增加创造了自我推动的助力。

当菲利普斯和同事们试图构建一个总量管制与交易体系时，他们所要做的就是对已经存在的庞大立法结构进行调整。事实上，整个《韦克斯曼－马基法案》只是对《清洁空气法案》《联邦电力法案》以及其他现行法律的修正，甚至没有必要组建新的联邦机构来执行这项法案，碳排放上限可以由国家环境保护局监管，可再生能源的授权可以由联邦能源管理委员会实施。

简言之，这是查尔斯·科赫最可怕的噩梦。随着政府越来越强大，权力的扩张也变得更加容易。

该法案的技术问题大多在 2009 年初得到解决。菲利普斯团队现在正研究法案的另一个方面：政治。他们需要赢得大多数民主党人的支持，这中间存在不确定性。关于《韦克斯曼 – 马基法案》的一个不可辩驳的事实是，给碳定价将会提高能源价格，至少在短期内是这样。成品油、煤炭和电力的价格都会不可避免地上涨。国会议员知道，当能源成本上升时，支持该法案的人将招致无情的政治攻击。遏制碳排放确实可以最终减轻气候灾难的发生，但对于国会议员在两年后所要面对的竞选连任毫无助益。

菲利普斯和同事需要拿出比论点更充分的理由，说服犹豫不决的民主党人。幸运的是，他们确实有些筹码：一大笔叫作碳排放配额的资源。设定碳排放上限之时，向大气排放温室气体的权利将立即价值至少数十亿美元。政府将拥有一个新创造出来的存钱罐，然后从中选择性地支配。

部分基于对欧洲碳交易市场的观察，让大多数专家估计，碳交易市场建立后的头几年中，碳价格将在每吨 13~15 美元的区间内浮动。《韦克斯曼 – 马基法案》允许在法案颁布的头 13 年里设定约 1 万亿美元的配额。由于法案要求到 2020 年时，温室气体排放总量比 2005 年的水平下降 17%，所以随着时间的推移，最初的配额可能会变得更有价值。菲利普斯说："我们凭空创造出了一种商品。"

特别委员会邀请民主党保守派就配额的分配问题进行磋商，为早期介入限额交易制度的人创造了发一笔横财的机会。[29] 他们与得克萨斯州的吉恩·格林和弗吉尼亚州的里克·鲍彻等国会议员的工作人员举行了闭门会议，这些议员的家乡有大量与化石燃料行业相关的工作岗位。随着政治交易在 4 月和 5 月愈演愈烈，法案在众议院获得大量支持。有能源业背景支持的民主党议员花费了很大力气争取增加配额，特别委员会最终妥协了。"我们最不想做的就是为摧毁美国工业负责，"菲利普斯说，"所以它们得到了一个受到约束的市场。"

分配给电力公司的额度最多，约为 3 780 亿美元。只有 6% 的配额将用于支持国家级可再生能源和能源效率计划，还不到向天然气发电企业提供的 6.5%。

菲利普斯说，炼油厂极力争取更多拨款的方式，主要是通过吉恩·格林的办公室，他的家乡得克萨斯州有多家炼油厂。尽管环保组织已经声称总量管制与交易制度有利于那些制造污染的企业，但最终特别委员会在民主党自由派的施压下和环保组织的抗议声中还是做出了让步，同意向炼油企业支付 178 亿美元，仿佛这种补贴是法案获得通过的必要条件。

"它们拿到了很好的条件。"菲利普斯说。

说客们并不赞同菲利普斯的说法。[30] 当菲利普斯利用碳配额来针对那些对支持法案犹豫不决的民主党保守派议员时，科氏工业的游说团队却采取了不同的应对策略。

这种策略是在霍夫曼参加的那次说客会议上制定的。科氏工业决定将目标锁定在立场偏温和的共和党政治家身上，因为他们存在利诱之下转而支持这项法案的可能性。国会中没有足够的共和党来投票彻底否决这项法案，但共和党的抵制可能有助于延缓法案的通过，并使民主党中的保守派在决定是否支持这项法案时三思而后行，而菲利普斯和他的同事们在 2009 年初夏的努力正是为了争取这些人的支持。如果科氏工业能消除共和党方面的支持，那么法案就存在失败的可能。

"这一切都是为了找出那些保持中立的议员。"霍夫曼回忆说，"我记得他们谈到需要联系个别众议员。"

要实现这个目标，没有比来自南卡罗来纳州的资深保守派议员鲍勃·英格利斯更好的人选了。英格利斯是科氏工业的亲密盟友，不仅接受过科氏工业的竞选捐款，还参观过科氏工业旗下的工厂。但英格利斯后来也承认，自己在全球气候变暖问题上是个"异类"，这彻底毁掉了他的事业，让政界同僚以他为戒。

*****

英格利斯是一个彻头彻尾的保守派共和党人，来自美国最保守的州和最保守的国会选区之一，有着无可挑剔的保守主义倾向投票记录。[31] 无须多言，他肯定不相信全球气候变暖是真实存在的。

"整整六年时间，我一直认为气候变化是无稽之谈。我对这件事一无所知，但阿尔·戈尔表示赞成，"英格利斯回忆说。"我的质询到此结束。阿尔·戈尔赞成。我反对。下一题。"

如果没有被选入国会，然后成为众议院科学、空间和技术委员会（House Committee on Science, Space, and Technology）的高级成员，英格利斯可能仍然对气候变化是无稽之谈深信不疑。在科学、空间和技术委员会任职期间，英格利斯前往南极洲，参观了一个实验室，那个实验室里分析了从远古冰川深处获取的冰芯中的气泡。测试结果让英格利斯大吃一惊，证据无可争辩地表明，大气中的碳浓度正在急剧增加。他这种思想转变的过程可没有受戈尔的影响。

这就是事实。

英格利斯作为科学、空间和技术委员会的成员，参加的各种行程促成了其思想转变。他访问了珊瑚礁，水中碳含量的增加导致海洋酸度增加，进而导致珊瑚礁死亡。他研究了碳的吸热效应和工业活动产生的大量碳排放，之后开始相信碳排放是一场缓慢的、人为的灾难，最终可能危及地球上的所有生命。

英格利斯曾在 2008 年站在支持可再生能源产业的立场上竞选参议员，他认为这是为家乡增加就业岗位的一种方式。这种立场对他来说没有任何政治风险，他对南卡罗来纳州第四区的选民有着强烈的感情，这个地区大部分是农村，以及一些小城市，比如格林维尔和斯巴达堡等。通用电气在他所在的选区生产风力涡轮机，米其林的一家工厂在这里生产旨在降低汽车油耗的轮胎。他认为押注于环保和可再生能源相当于押注于主队。竞选时，他的口号之一是"能源独立之路始于南卡罗来纳州"。

当英格利斯谈到限制碳排放时，会用到市场、资本主义和创新等词汇。他相信，如果制造污染不付出代价，就会成为一个问题。这是典型的市场"外部性"问题，即企业将生产成本（如污染）外部化。碳排放可以说是人类历史上最大的外部性。排放成本将为子孙后代带来沉重的负担，而如今制造碳污染的公司却不必为此付出一分钱。

英格利斯说："虽然燃煤技术造成了大量污染，但却不像垃圾焚烧那样需要支付处理费用[①]。"

尽管如此，英格利斯还是无法支持《韦克斯曼－马基法案》。他觉得整件事弄得太复杂且杂乱无章，以至于难以落地实施。但他也不会简单地投反对票。他说："我有一个相当单纯的想法，如果你要反对某件事，首先应该提出相应建议。"

5 月下旬，英格利斯提出了一项法案，名为"2009 年提高工资、减少碳排放法案"，该法案与许多新政法案有相似之处，比如它严格、意义深远且简洁。如果该法案得以实施，则意味着对消费者增加的任何碳税都可以通过对其收入减税来抵销。如果人们想规避碳税，那么可以自由地放弃使用碳密集型燃料。该法案的特色在于边境调节措施，将对来自中国等国家的进口产品征税，确保碳成本不会堆积在美国本土制造商身上。

英格利斯在政治生涯的大部分时间里，都与科氏工业保持着紧密的联系。[32] 2004 年当选后，科氏工业邀请他参观了位于其选区的英威达工厂，这间工厂为当地提供了约 1 000 个工作岗位。英格利斯依然记得，科氏工业的说客特地从华盛顿飞来陪他参观。他与工厂员工们握手，了解了英威达的产品线，度过了一段愉快的时光。这段感情似乎是相互的。2005—2006年，科氏工业政治行动委员会向英格利斯的竞选活动捐赠了 7 000 美元，成为他的第四大捐款人。在英格利斯 2008 年的竞选活动中，科氏工业再次捐赠了 10 000 美元，成为第二大捐款人。

2009 年，《韦克斯曼－马基法案》即将进行投票，这使英格利斯陷入困

---

① 处理费用（倾倒费、填埋费）是指在私人垃圾场倾倒垃圾所必须支付的费用。

境。他早就声称全球气候变暖对于人类而言是一种威胁，但现在这种信念受到了考验。

5 月下旬，能源和商业委员会通过了《韦克斯曼 - 马基法案》，压力进一步加剧。[33] 多年来，在小约翰·丁格尔的领导下，法案一直受到委员会的压制。新主席韦克斯曼则完全相反，他迅速将法案提交至委员会审议，速度之快甚至连正在起草法案的工作人员都大吃一惊。

菲利普斯曾认为，该法案在能源和商业委员会取得通过比在整个众议院通过还要困难，因为委员们主要由与能源行业有着深厚关系的民主党保守派组成。

"我（在投票过程中）情绪激动。我记得自己在讲台上四处张望，双眼充满了泪水。"菲利普斯回忆说，"那一天真的像是在说：'噢，我的天，这有可能实现，这很可能会实现。'"

这项法案看起来将于 6 月在众议院全体投票通过，这种速度在立法届实属惊人。在法案通过委员会的一个月内，众议院的每一位议员都必须弄清楚自己在该法案上所持的立场，英格利斯也不例外。每当他试图厘清自己的投票立场时，都会与竞选捐赠者保持密切的联系。和大多数国会议员一样，英格利斯每周都要花几个小时来筹集资金，他不可能奢侈地把全部精力放在政策制定上，2010 年的中期选举就在一年之后，他手头需要有足够的资金。

英格利斯的筹款活动地点位于离他在国会大厦的办公室不远的联排房屋内，这里是美国共和党全国国会委员会（NRCC）的总部所在地。[34] 像英格利斯这样的议员利用自己的国会办公室筹款是违法的，因此 NRCC 为他们提供了一个小型的客服中心。英格利斯和一名工作人员出现在 NRCC，沿着大厅走到一个小型的私人办公室，他称之为"小房间"，里面有两把椅子和两部电话。英格利斯的工作人员不停地打电话，直到有人回应。电话会递给英格利斯，这时他可以开口要钱，然后再继续拨打下一个捐赠者的电话。

科氏工业集团是一个可靠的捐赠者，所以他很早就试图与其取得联系。

英格利斯打给了科氏工业的游说办公室，想看看能否再次得到这家公司的支持。打给科氏工业比较轻松，因为他是在维持一段关系，而非建立新的关系。

然而，这次的电话会谈一开始就不太顺利，英格利斯平时联系的那位说客不在。他问电话那头的人能否参加筹款早餐会，但被告知没有可能。通话很快就结束了。

"我只记得对方的态度有点冷淡，"他回忆说。他挂了电话，心想："这次竞选他们不会给我捐款了。"

这通电话只是科氏工业向英格利斯发送的众多信息中的第一条。

*****

菲利普斯站在美国众议院会议厅的走廊里，俯视着开阔的会议区，那里有半圆形国会议员席位。[35] 这天是 2009 年 6 月 26 日星期五，众议院将投票表决《韦克斯曼－马基法案》。菲利普斯完全不确定法案能否通过。该法案的支持率很低，民主党内只要有人叛变就足以扼杀它。南希·佩洛西在人群中忙碌着，或是达成交易，或是平息人们的担忧。"佩洛西当时在做一些我不知道的权权交易，"菲利普斯回忆说，"面对难以争取的投票，她会许下一些承诺去交换。你明白我的意思吧？"

在接下来的几个小时里，共和党和民主党保守派都表示反对这个基于分配的法案。他们没有攻击有关气候变化的证据，也没有质疑推广可再生能源的必要性。相反，他们抨击法案本身将是一场经济灾难——对每个人征收昂贵的税费，会提高电力、汽油和能源的价格。当然，总量管制与交易制度背后的理论是，随着时间的推移，市场力量将有助于解决价格问题，因为企业发明了无碳新技术并将其引入市场应用。

经过近 8 个小时的程序性安排及辩论后，马基起身发言。他并没有试图逐个驳斥之前发言中的攻击，而是用参与历史的号召来回应他们。他说："这项法案具备了登陆月球的雄心、民权法案的道德高度，以及《清洁空气法案》的覆盖范围，以上所有元素被捏成了一个整体。"

在论点用尽后，共和党人准备进行最后陈述。他们为众议院中的一位政治新星保留了这项特权，这位来自印第安纳州的前保守派脱口秀电台主持人于2001年首次当选众议员，他叫迈克·彭斯。

彭斯走到讲台上，低头看了一会儿才开始讲话。他是一个引人注目的人物，外表英俊，有一个方下巴和一头白发。一开口，演艺界的训练显而易见。当其他国会议员笨拙地读着演讲稿时，彭斯却驾轻就熟。

"都不知道该从何说起。"他摇摇头说。然后他停顿了一下，这是一个充满戏剧性的长时间停顿，虽然占用了他被分配的发言时间，但效果很好。

大家都竖起耳朵。"经济正在受到冲击。美国家庭正承受着一代人以来最严重的经济衰退压力。"他说道，声音中带着极大的悲伤和同情，"在如此严重的经济衰退中，本届政府和国会的多数党正准备通过一项国家能源税，提高每个美国家庭的能源支出。"

然后彭斯做了一件其他议员在当天八个小时的辩论里都没有做过的事。他直视C-Span（提供公众服务的非营利性媒体公司）的摄像机，直接与观众交谈，不管他们是谁。他用手指着他们，劝他们行动起来改变现状。"如果你反对全国范围的能源税，那么现在就拿起电话，打给你的国会议员！"他吼道，"亚历山大·汉密尔顿曾说过：'先生们，在这里，执政的是人民。'我们可以阻止这项法案。我们可以做得更好。所以我们必须（有所行动）。"

这是一次慷慨激昂的演讲，但彭斯鼓舞人心的呐喊似乎出奇地格格不入。在C-Span的观众中，似乎并没有大批准备对奥巴马的议程发起抗议的选民。彭斯讲完话，退至旁听席，看上去像一个无人追随的花衣魔笛手。

几个小时后，辩论结束，点名表决开始。菲利普斯和他的同事们看着计票器，兴奋的情绪逐渐高涨。胜算越来越大，一票或两票的优势变成了七票，法案以219票对212票通过。来自"炼油州"的民主党保守派吉恩·格林和来自"煤炭州"的里克·鲍彻都投了赞成票。值得注意的是，八名共和党人也加入了支持该法案的行列，超过了菲利普斯以及委员会所有人的预期。

计票时，菲利普斯和同事们去了一趟能源和商业委员会的办公室。这间办公室很不错，离他工作多年的朗沃斯办公大楼地下室很远。一瓶瓶香槟被打开，玻璃杯被传来传去。韦克斯曼和马基都在房间里与工作人员交谈，两人都发表了演讲，脸上带着满满的成就感。大家喝酒、大笑、互相拍手，每个人似乎都确信这项法案将在圣诞节前的几个月内在参议院获得通过。

"我们做了所能做的一切。"菲利普斯说，"我完全觉得这就是自己当初来国会的原因。"

*****

每季度，查尔斯·科赫都会在公司董事会会议室召开会议，评估公司各主要部门的业务开展情况。[36] 他向各板块的领导提出问题，探讨他们工作汇报中的缺陷，并质询他们对未来的计划。到 2009 年年中，查尔斯也从他的"政治特工"那里得到了类似的报告。他坐在那张擦得锃亮的木质大会议桌旁，聆听他政治网络中的顶级特工们汇报过去几个月发生的事情，分享他们对大局的分析，并制订对未来的计划。

2009 年年中，政治行动传来的消息犹如晴天霹雳。《韦克斯曼－马基法案》在众议院获得通过，并迅速提交至参议院。更糟糕的是，奥巴马的经济刺激计划，向科氏工业在风能、太阳能和可再生能源行业的新兴竞争对手发放了数十亿美元的补贴。

与其他业务部门一样，查尔斯显然冷静地吸收了这些信息。他询问数据并仔细分析。一位资深政治行动人员回忆说，他曾给查尔斯发过一份电子表格，里面有关于选民态度的民调数据。报告中包括了"最重要"的数据，显示了大多数选民的态度，同时还提供了一些详细数据的"交叉表"，按人口统计群体对这些数据结果进行了分类。当这名工作人员向查尔斯和公司其他董事介绍调查结果时，查尔斯以提问打断了他。

查尔斯问起交叉表上的数字。他想知道为什么一个地理区域的女性会有这样的感受。这名政治行动人员对问题背后的细微知识点感到震惊。查尔斯对自己的政治努力和公司的经营努力同样关注。

更让人惊讶的是，查尔斯竟然能把所有这些政治行动都放在自己的脑子里。科氏工业政治机器的轮廓被故意模糊处理。外部分析师需要花费数年时间才可能将整个布局拼凑完整。这台政治机器由至少被几十个匿名捐赠者资助的空壳组织组成，其中一些捐赠者是科氏工业的现任和前任雇员。该网络包括在华盛顿特区的游说办公室，以及被其雇用的游说公司说客；一个相对默默无闻的名为"繁荣美国"的活动团体，在几个州设有分会；至少有几个私人政治咨询机构；科氏工业政治行动委员会；各种智库；学术项目和研究金；查尔斯和大卫·科赫每年召集两次，由富有捐赠者组成的联合会，为科氏工业选定的事业筹集大笔募捐。这些元素还只是科氏工业政治机器中最显眼的部分。

只有少数人有资格站在最高处俯瞰整个政治行动，包括查尔斯、大卫和他们的最高政治行动官理查德·芬克。在这三个人当中，查尔斯无疑是最有权威的，他决定了这台政治机器如何应对《韦克斯曼－马基法案》背后的惊人势头。而对于他的反应，任何了解他的人都不会感到奇怪。多年来，无论是面对与他弟弟比尔的法律斗争，还是与那些想把公司弄上市的亲戚和股东的斗争，抑或是反对工会的斗争，查尔斯从未退缩，现在当然也不会。

在 2009 年，科氏工业政治机器以前所未有的方式马力全开。数百万美元的新资金流入州一级的新政治运作网络，成百上千名激进分子被派往全国各地发起新的攻击行动，新的政治家被选中并得到支持。

在查尔斯即将发动的战斗中不会有任何妥协。他不会采取任何努力去修正所谓《韦克斯曼－马基法案》，或寄希望于通过排放配额获得补贴。不会有人试图提出另一条降低碳排放的途径，比如征收碳税，甚至不会有人承认气候变化是真实存在的。

核心策略与今年夏天早些时候在科氏工业游说办公室传达的策略保持

一致。科氏工业竞选的主要目标将是支持《韦克斯曼－马基法案》的共和党人，以及在气候变化问题上反对科氏工业的共和党人。

这些共和党人成为"靶子"是有原因的。科氏工业的长期计划是重塑共和党，这些成员将被杀鸡儆猴。这并不是新的战略，但科氏工业将其用作战略手段是前所未有的。

*****

《韦克斯曼－马基法案》通过后，菲利普斯与能源独立和全球变暖特别委员会的成员将大部分工作移交给了参议院的同事。[37] 国会在 2009 年 7 月 4 日休会，议员们则回到各自的选区参加一年一度的制宪会议和巡游活动。

在休会期间，特别委员会的联络主任杰夫·夏普一直坚守在岗位上，监督媒体关于《韦克斯曼－马基法案》的报道。参议院将在秋季就法案展开辩论，夏普希望在这段时间内持续掌握最新情况。独立日假期期间，夏普开始接到一些令人不安的电话和电子邮件，针对法案的抗议活动时有发生。独立日当天，抗议者们站在游行路线旁，向经过的国会议员挥舞标语牌，大喊大叫引人侧目。夏普不记得以前发生过这样的事。

"每场游行，队伍中都会有四至六人大喊：'禁止总量管制与交易！不要上限和增税！'就像他们对这个问题的愤怒是发自内心的一样。大多数游行，当你走过游行队伍的时候，人们并不会为某个议题大喊大叫，更不用说像总量管制与交易这种非常具体的问题了。"

抗议者也出现在国会议员的市政厅会议上，这些无聊的会议曾经无人问津，而现在挤满了愤怒的选民，颤抖着用愤怒的声音恐吓着国会议员。这些人看起来不像普通的抗议者。中年人居多，大部分是白人，看上去很有钱，不是大多数国会议员通常会在公共场合看到的那种抗议者。

夏普收到了一段来自特拉华州共和党人迈克·卡斯尔举行市政厅会议时的视频，他曾投票支持《韦克斯曼－马基法案》。抗议者在市政厅后面排起了长队。他们又吼又叫，不断提起总量管制与交易制度。

"在能源问题上，"一位抗议者说，"二氧化碳排放与此无关，温室效应与全球气候变暖无关。全都是骗局！就我个人而言，就我的一生而言，我不明白你怎么会是八个共和党叛徒之一。"

一听到叛徒这个词，人群中立刻爆发出热烈的掌声。卡斯尔站在讲台上，尽职尽责地记下抗议者的论点。活动结束后，人群中的一位妇女拦住卡斯尔，告诉他地球实际上——正在降温。她问卡斯尔是否意识到《韦克斯曼－马基法案》会对特拉华州的家禽业造成很大的影响。

夏普一遍又一遍地观看这些视频，抗议者的用语使他觉得很有问题。无论是总量管制与交易，还是全球气候变暖，从未引起公众如此发自内心的愤怒。人们通常不会出现在游行队伍中却只抗议单一议题。他一次又一次地听到同样的短语，同样的话题。抗议者们的谈论中充斥着"上限和增税"、"骗局"和"能源税"，就好像被训练过，或者按照剧本在念一样。夏普有多年从事公关和游说业务的经验，曾目睹过这种策略的使用。

看到这些抗议活动的夏普，仿佛看到了一场有组织、有协调的行动。他回忆说："我记得自己看到当时的场景，然后开始想：怎么有一股人造草坪的味道，感觉不像纯天然有机食品。"

夏普翻来覆去地看着卡斯尔在市政厅受到谴责的视频，一直在琢磨站在后面的那个抗议者，他把气候变化称为"一场骗局"。

夏普说："我记得自己当时边看边想，这个家伙是从哪儿听来这个词的呢？"

第 20 章
《韦克斯曼－马基法案》无疾而终
（2009—2010 年）

> 如果充分发展和组织起来，国会所表现出的公众情绪可以战胜总统的
> 顽固态度。
>
> ——《美国的灵魂：为我们美好的天使而战》
>
> （*The Soul of America: The Battle for Our Better Angels*），
>
> 乔恩·米查姆，2018 年

> 像今天这么热的天气，如果我们继续推动这个议题，贝拉克·奥巴马
> 和哈里·里德会像热锅上的蚂蚁！因为我觉得美国民众受够了！不是吗？
>
> ——繁荣美国总裁蒂姆·菲利普斯，
>
> 2010 年 8 月 7 日在美国国会大厦外的集会上的发言

现场一片混乱。鲍勃·英格利斯站在礼堂中，面对着一大群人，试图让别人听到他的声音。[1] 正在主持一个市政厅活动的他，手里拿着一个麦克风，但他的讲话被质问声和叫喊声淹没了。他看起来很茫然，好像对眼前的一切无法理解。

对英格利斯来说，最没道理的就是人群规模之庞大，眼前人头攒动的场面让他根本无法理解。多年来，英格利斯一直在市政厅举办活动，每次活动能吸引 15~20 人参加就很幸运了。即使提供免费食物，美国人对参加公民活动也毫无兴趣。但这次会议估计吸引了 700 人到场，以至于消防队长不得不到场驱散人群。

英格利斯不懂人们愤怒的情绪从何而来。人群中，所有人都怒不可遏。在大多数政治活动中，听众很少起身对着麦克风讲话；而少数喜欢发言的人，就像赶不走的牛虻一样每次都会发言。眼前这群人不一样，他们不只是准备发言，而且看起来已经准备好接管讲台了。他们在咆哮，发出嘘声，用手做成喇叭状大喊大叫。

在一片喧闹声中，英格利斯试图让人们听到他的声音，让场面安静下来。但礼堂的音响效果很差，音响系统也很糟糕。他的声音还是被淹没了。

英格利斯的政治助手普赖斯·阿特金森就站在人群中，这位年轻人穿着西装打着领带，黑色的短发梳得整整齐齐，拿起麦克风递给与会者让他们提问。有一个瞬间，阿特金森俯身为一位情绪特别激动的中年妇女举着话筒，她留着长长的黑发，身穿桃红色衬衫，手里挥舞着一叠文件。她说，这些都是《平价医疗法案》的复印件，这项法案也被称为"奥巴马医改"。她说，她花了好几个小时仔细阅读了整部法案，被里面的内容吓了一跳。

"这项医疗保健法案中隐藏了一些东西，人们并没有意识到它的存在！"她喊道，"他们想给我们每个人植入芯片！就在这部分提到了！"她一边翻页一边说，如果《平价医疗法案》获得通过，每个美国人都将被授权在体内植入一块微芯片，从而使政府能够监控民众。①

这个宣言再次引起了人群的喧嚣，人们高高地举起自己的手希望拿到麦克风发言，嘈杂声一浪高过一浪。那个女人似乎决心要读法案的有关部分，人群中的人开始喊："让她读吧！"围观者报以阵阵嘘声。

英格利斯又一次尝试讲话。这种局面在这个夏天反复出现。参加公开会议的人群对华盛顿特区感到愤怒，对奥巴马感到愤怒，对英格利斯也感到愤怒。他们对政府救助大企业、经济刺激计划、奥巴马医改，以及英格利斯投票反对的《韦克斯曼－马基法案》都感到愤怒，称这个法案为"上

---

① 《平价医疗法案》没有任何版本提议在全体美国人身上植入微芯片。产生这样的误解可能来自法案的早期基础草案，原意是允许美国卫生与公共服务部收集起搏器等医疗设备的数据。收集这种数据将有助于加快此类设备的召回通知，也有助于评估设备的功效。

限和税收法案"或者"垃圾和税收法案"。英格利斯发现仅仅投票反对《韦克斯曼－马基法案》是远远不够的。民众知道他对气候变化的看法，以及他提议的碳税法案。他试图耐心地说明自己提出的长达 15 页的法案，并解释如何通过削减工资税来平衡碳税，但并没有让民众信服。

在一片喧嚣中，英格利斯发现了一些让人深感困惑的细节。

在市政厅会议上，当那位中年妇女挥舞着手中的纸张，警告大家小心微芯片植入时，英格利斯看到在她身后的一个房间里，有人正在拍摄整件事的经过。他们用着很好的摄像机，放在三脚架上。这一幕一直萦绕在英格利斯的脑海里，挥散不去。

他说："普通人是不会带着三脚架拍摄的。"有人在背后推波助澜。

*****

2009 年 7 月 4 日周末，美国各地爆发了激烈的抗议活动，其中一个规模较大的活动是由当时鲜为人知的政治团体——繁荣美国发起的。[2] 奇怪的是，这次活动是在自由派主导的深蓝州——新泽西州举行的，当时奥巴马在新泽西州获得了压倒性优势的投票支持。这项活动由繁荣美国在新泽西州的负责人史蒂夫·洛内根主持。抗议活动在一个大型城市公园举行，洛内根被列为主要发言人之一。

那天阳光明媚，洛内根穿着一件短袖纽扣衬衫，打着红色领带，他站上大舞台，走到人群面前。他站在主席台附近，台上挂着一面鲜黄色的加兹登旗，上面有一条盘旋在地上、准备发起攻击的响尾蛇，下面写着"不要踩到我"（Don't Tread on Me）的座右铭。这面旗帜的历史可以追溯到南北战争时期，而在那年夏天，它成了一道常见的风景。

抓着麦克风的洛内根怎么看也不像个革命家，当了 12 年小镇镇长的他看上去仍然像个小镇镇长，身材微胖，戴着眼镜，衬衫塞进了裤子里，领带打得似乎有点太紧了。但他是一个很好的演说家，知道如何激怒观众。洛内根是一位共和党人，在担任新泽西州波哥大这个自由派小镇镇长的 10 年间，他的演讲技巧得到了磨炼。卸任后，作为查尔斯·科赫政治愿景的巡回福音布道者，他的演讲水平得到了进一步提高。

洛内根是繁荣美国最早的州负责人之一，在他刚加入时，这个组织州一级的负责人屈指可数。繁荣美国成立于2003年，在一年内建立了包括堪萨斯州、得克萨斯州和北卡罗来纳州的州一级组织。这个组织规模小并且有点古怪，是当时美国政治中的边缘势力，2003年的预算约为300万美元，2004年仅有100万美元。尽管如此，洛内根还是感受到了组织内州负责人与董事会成员之间的亲密友谊。洛内根直接向繁荣美国总裁、活动家蒂姆·菲利普斯汇报工作，科氏工业从保守派基督教运动中发掘了菲利普斯。加入繁荣美国后，菲利普斯停止了反对堕胎和反对同性婚姻的运动，开始为减税和监管放松而努力。这也正是洛内根深信不疑的方向，他也兴致勃勃地开始了这项事业。在六年多的时间里，洛内根声称将繁荣美国新泽西州分部的筹款收入从15万美元提高到了160万美元。

洛内根一头扎了进去，从一个城镇开车到另一个城镇，在新泽西州各地的图书馆和扶轮社会议上——甚至在民主党集会上——发表演讲。他主持了当地的一个广播节目，鼓吹反对新泽西州政府权力的扩张。他经常开车几个小时去公共图书馆演讲，虽然台下只有四五个听众。

而现在，台下的人们都在听。7月4日，星期六，洛内根正面对数百人演讲。大多数听众年纪较大，几乎全是白人，看起来生活富裕。有人带了星条旗在微风中摇曳，还有几十个人带了折叠椅，在舞台前的草地上大致摆放成半弧形。

在愤怒的情绪中，人们空前团结，但抱怨的重点却截然不同。一个满头白发、戴着墨镜和穿着短裤的男人举着一张标语牌，上面写着："我要我的国家回来。"一个戴着草帽的中年妇女举着一张黄色的、用模板印刷的标语牌，上面写着："拒绝！拒绝支出增加！拒绝增税！"还有标语写着："不再沉默！"

如果不满情绪已在人群中传播开来，那么洛内根的工作就是把它们聚集起来。他发表演说，使群众团结起来，繁荣美国多年来帮助他塑造起这种形象。

"大家知道，我们都听到了很多关于全球气候变暖的消息，对吧？"洛内根说，"我们之所以在全球范围内重新分配国家的经济和产业——就是打着全球气候变暖的幌子。我们都听过各种说法，说我们是如何破坏环境的，我们造成了北极熊数量的减少。"

一提到北极熊，人群中立刻嘘声四起。洛内根的演讲成功地引起了人们的兴趣。他声称，尽管阿尔·戈尔歇斯底里地发出了北极熊的数量正在减少的警告，但其实国家环境保护局掩盖了一份显示北极熊数量实际上在增加的报告，这进一步激起了人们的不满。为了强调他的观点，洛内根介绍了他的演讲嘉宾，一个装扮成北极熊的人，他一直在人群中徘徊，手里拿着一个牌子，上面写着："我是繁荣美国的成员！"

装扮成北极熊的人，被他称为"北极熊普洛斯彼罗"[①]，他走到麦克风前时，人群中爆发出阵阵笑声。

"我不知道——你们中有多少人能听到我说话？"普洛斯彼罗对着话筒问道，话筒的回声中夹杂着人们的议论声。他接着说："北极熊的数量实在太多了！"

这引起了哄堂大笑。普洛斯彼罗以北极熊的身份接着说："在我小时候，那里有极大的空间。现在我的同类有五万只，数量还在继续增加。他们说天气变暖了，冰山正在融化。好吧，我需要更多的空间，所以就来到了这里。"普洛斯彼罗的例行表演效果非常好，在他准备退场时，洛内根接过话筒，开始引用开国元勋的话和美国宪法里的条款，让人们明白自由的重要性和必须对政府施加的限制。洛内根的言辞优雅且有力，将含有总量管制与交易制度的法案等同于政府暴政，把反对该法案与美国早期反抗压迫的斗争画上等号。

洛内根的言辞极具战略性，通过强调 2009 年气候变化相关立法所引发

---

① 普洛斯彼罗是莎士比亚名著《暴风雨》中的主人公，他通过阅读书籍掌握了神奇的力量，可以控制天气。——译者注

的民众对美国政治不满的中心作用，推动查尔斯·科赫在威奇托董事会上发起的企业游说活动。在科氏工业政治行动网络中，繁荣美国扮演了核心角色。从成立之初开始，该组织就像一家连锁快餐店，为每个州半自治的分会提供相同菜单的产品。菜单由查尔斯和大卫·科赫，以及他们在科氏工业游说行动中的副手一起精心设计。这意味着州分会的负责人拥有很大的自主权，洛内根就自行开发了本地捐赠者库，有权雇用自己的现场主管，并决定自己的发言地点。但最终，还是得由繁荣美国总部决定洛内根和各州分会的负责人应该说什么以及怎么说。

"我必须向总部报告，"洛内根回忆说，"他们会对我们的议题提供指导……所以，我会定期向我的老板汇报正在进行的议题，然后明确他们希望达成的落脚点。我提出的议题在他们看来不一定能成为议题。"

这种地方自治和中央集权的结合创造了一个强大并且有效的独特政治组织。繁荣美国可以调动合适类型的民众参与，这一般被称为基层支持。但作为美国资金最雄厚的企业游说行动之一，繁荣美国将自己的内部情报、对活动的指导以及民众参与结合起来。这意味着他们不仅能动员民众走上街头，还能组织他们在某个国会选区对应的街道或区域精确游行，将科氏工业的战略利益最大化。在菲利普·埃伦德的领导下，游说组织获得了通常只有大型公司才有足够资源开发的实时、精细的政治情报。这些信息随后被分享给了由基层活动分子组成的洲际网络，正如洛内根多年来在新泽西州打造的那种。

最高级别的人也参与了协调。查尔斯的最高政治副手理查德·芬克，从一开始就担任了繁荣美国的董事会成员。在埃伦德和大卫·霍夫曼参加的华盛顿游说战略会议上，也有芬克的身影。

在繁荣美国成立之初，感受不到这种紧密协调所带来的影响。在小布什时代，该组织不过是一场政治杂耍；即使到了 2008 年，在政治上的表现也仅相当于廉价的特技表演。他们曾经租过热气球，在上面张贴标语，声称对气候变化的关注只不过是"牛皮吹上天"；还雇了摄像师，与 2008 年夏天出席戈尔全球气候变暖演讲会的人搭讪，询问对方为什么开车去参加活动，开车就意味着燃烧化石燃料。

直到科氏工业感受到来自《韦克斯曼－马基法案》的威胁，查尔斯和大卫才大幅增加提供给繁荣美国的资金与援助，从 2007 年的 570 万美元预算，增加到 2009 年的 1 040 万美元，到 2010 年则是 1 750 万美元。获得支持的繁荣美国火力全开。

2009 年，该组织已经成为科氏工业政治行动影响力的核心，其在全美 33 个州和华盛顿特区设立了分会。州分会在脸书上开设网页，并建立志愿者电子邮件列表，不断增加的资金、员工和新设立的分会让洛内根忙得焦头烂额。

虽然运营资金的增加对繁荣美国很重要，但对该组织来说，更重要的事情是终于有了听众。洛内根不用再在公共图书馆只对着几个人讲话了。奥巴马当选后，洛内根经常面对上百人演讲，参加独立日集会的人群只是个开始。新泽西州乃至全国各地出现了厌倦美国政治方向的人，其中很多人都是有生以来第一次成为活动家。这股风潮被称为茶党运动。

事实证明，早在很多年前，查尔斯就为茶党搭台唱戏、筑巢引凤了。他一直主张削减国家债务，并极力阻止联邦政府干预私人市场，这与茶党运动的热切关注不谋而合。

无论是科氏工业，还是繁荣美国的领导，均没有直接参与创建茶党，也没有参与茶党活动的策划，但他们已经做好迎接茶党出现的准备，积极引导茶党并帮助其塑造政治理念。洛内根也与繁荣美国的同僚一起推波助澜，促使气候变化相关的政府监管成为茶党运动的焦点。在他主持集会时，他的团队会收集与会人员的电子邮件地址，还会制作电话树 ①，以及举办志愿者培训班。他们会把当地议员的电话号码发给活动人士，并指导他们在

---

① 电话树，是一个由人们组成的网络，这种组织方式使他们能够快速且容易地在彼此之间传播信息，在家长中尤其常见，可以就取消的活动等问题进行快速沟通，也被活动人士和其他各种团体使用。——译者注

最恰当的时间打电话。（深夜有时是最好的选择，因为这样志愿者可以留下电话录音，当政治家第二天来上班时，会有成批的录音等待他处理。）他们还向志愿者传授与谈话类广播节目进行电话连线的技巧，引导他们在节目上提到正确的网站地址或电话号码。

洛内根和他的同事们做的不仅是引导茶党积极分子关注《韦克斯曼－马基法案》，他们还将激进分子的热情引向一个非常具体的目标群体：共和党政治家。攻击共和党是繁荣美国最早的核心战略之一。2006 年，洛内根参加了由查尔斯和大卫在科罗拉多州阿斯彭主办的繁荣美国研讨会。这项活动于 2003 年开始举办，是一个邀请富有的保守派政治捐赠者、学者和活动家参加的年度研讨会，当时恰逢查尔斯创建繁荣美国组织。这些研讨会是查尔斯政治布局中的另一个创新，他不再只是为自己的政治事业提供资金，而是同时寻求其他捐赠者的支持。捐赠者每年参加两次在阿斯彭、棕榈泉或其他风景优美的度假胜地举办的研讨会，承诺为科氏工业的政治事业捐款，并听取科氏工业所支持的政治家发表演讲。2006 年，当洛内根在会上听到查尔斯的演讲时，被他雄心勃勃的远见所鼓舞，并被他的情报战略所启发。洛内根还对查尔斯利用捐赠组织的资源攻击保守派而非自由派的策略印象深刻。虽然这种策略看似违反常识，但十分有效。

"我是查尔斯·科赫的忠实粉丝。我认为他是一个很聪明的人，很博学，他懂得很多事情。"洛内根说，"我们遇到的问题不是民主党。民主党人在做自己该做的事。我们的问题是共和党。我们必须让共和党人表现得像共和党人。"

科氏工业和繁荣美国向共和党施加了来自右翼的压力，使其远离向新自由派的妥协，将其推向哈耶克等奥地利经济学家所信奉的愿景。他们每天都在招募更多的志愿者，并把他们引向共同的目标：像鲍勃·英格利斯这样的共和党政治家。

*****

英格利斯在南卡罗来纳州的国会选区中有一个名为"滚泉"的小镇，

该镇就位于斯巴达堡以北一点的地方。[3]这个小镇很容易被人错过，它最显著的特点是在 9 号公路附近有一条商店街，在北端有一个沃尔玛超市。但在2009 年，当一位名叫玛丽亚·布雷迪的女性感受到来自上帝的异象时，滚泉镇跃然成为美国政治版图上一个重要的地标。异象在她工作的时候出现，导致她的生活与英格利斯发生了碰撞。

玛丽亚和她的丈夫迈克尔在滚泉镇上开了一家印刷公司，出版当地报纸《今日滚泉报》(*Boiling Springs Today*)。这天，玛丽亚在家里，坐在电脑前工作。突然，上帝显灵了，她听到一个清晰的声音在脑海中说："别抱怨了，做点什么吧。"

2009 年冬天，玛丽亚一直在抱怨。金融危机后，印刷公司的生意一落千丈。由于经济严重衰退，当地企业大幅削减广告预算，公司印刷广告宣传单的业务受到严重影响。玛丽亚和迈克尔解雇了工人，缩减了生产规模，一直担心入不敷出。然而，每当玛丽亚打开电视新闻时，她看到的都是，造成此次金融危机的华尔街首席执行官们从政府那里得到了数十亿美元的救助方案，甚至还拿到了奖金。

听到神谕后，玛丽亚跪下祈祷，祈求上帝的旨意，并询问自己应该如何成就旨意。那天晚些时候，当迈克尔从印刷公司回来时，他看起来好像撞了鬼一样。他告诉玛丽亚，上帝刚刚和他说话，并告诉他需要做一些事情来帮助祖国。玛丽亚与丈夫分享了自己的异象经历，很明显：他们都被要求做点什么。

玛丽亚开始上网寻找灵感。那是 2009 年 4 月，她想到无意中听到的一种新的反抗形式——受够了美国现状的人们组织了茶会，这种想法不仅带有浪漫主义色彩，而且充满爱国主义情怀，让人联想到早期美国革命者摆脱英国统治的枷锁。

那年 2 月，在 CNBC（美国消费者新闻与商业频道）的一次直播中，茶党首次在全国性谈话中被提及。当时主播们正在讨论，由于金融危机使数以百万计的房屋价值低于其所欠债务，所以奥巴马政府提出修改大量个人住房抵押贷款的建议。画面切到一位名叫里克·圣泰利的评论员，他正在芝加哥商品交易所的交易大厅进行现场报道。圣泰利身后是一排排坐在工位上的交易员，他们在买卖期货合约等衍生品，但他们看起来并不高兴。直播中，圣泰利的情绪非常激动，他对政府可能救助困在昂贵抵押贷款协议中的房主表示蔑视。

"政府在助长不良行为！"圣泰利对着镜头喊道。他嘲笑奥巴马政府，而他周围的交易员则为他鼓掌欢呼。圣泰利转过身，向交易大厅做了个手势，喊道："这是美国！"然后他对交易员大喊："你们当中有多少人想为邻居的抵押贷款买单，他们家比你们家大，多了一个浴室，却还不起贷款吗？"

交易员们嘘声一片，圣泰利转向镜头问道："奥巴马总统，你听到了吗？"

"我们正在考虑7月在芝加哥举办一个茶会，"圣泰利继续说，"所有想在密歇根湖畔出现的资本主义者，请来我这里报名。我想我们会抛售一些衍生证券。你们觉得怎么样？"

举办茶会的想法开始传播开来。[4]这个运动是有机的、即兴的，是由玛丽亚这样的普通民众推动的。从未在政治活动上活跃过的普通人会联系朋友，并通过发送电子邮件来保持联系。企业的中层管理者、家庭主妇、水管工，甚至大宗商品交易员，都开始组织起来。

玛丽亚和迈克尔收集朋友和邻居的电子邮件地址，并帮助组织了滚泉镇茶党集会。[5]集会计划在4月中旬的报税日①举行，玛丽亚为迈克尔订了一套服装，头戴一顶三角帽，穿着一件有金色翻领的雅致夹克。当穿上这套衣服时，迈克尔看起来像是从1776年穿越过来的人。尽管组织时间很短，但依然有上百人参加了抗议活动，这让玛丽亚喜出望外。第一次在公共场合举着标语牌的经历，让她感到非常开心，内心充满归属感。

---

① 美国的4月15日是报税日，遇到周末则顺延至下一个工作日，每个人都要在这天之前递交报税表。——译者注

"这是我做过的难度最大的事情，"她回忆说，"我很喜欢。就像一场旅行。能有'嘿，我不是孤身一人'的感觉很好。"

在抗议活动后的几周里，新成立的茶党滚泉镇分会的成员们始终保持着密切的联系。他们计划在 7 月 4 日举行更大规模的集会。

这次玛丽亚和迈克尔得到了帮助，他们联系上了南卡罗来纳州的繁荣美国分会，不光他们，全国各地的茶党组织也在做同样的事情。[6]玛丽亚和迈克尔不接受繁荣美国的指令，甚至萌发这些念头都与繁荣美国毫无瓜葛，但繁荣美国为茶党团体提供了具体的援助手段，对放大他们所传递出的信息和能量起到至关重要的作用。

繁荣美国南卡罗来纳州分会建立了一个脸书页面和网站，成为当地茶党活动人士的"清算中心"。当像玛丽亚这样的人甩开膀子上网准备加油干之前，他们会登录繁荣美国的网站，上面列明了参与的方式，它提供了一个与其他激进分子取得联系的平台。

网站对玛丽亚和迈克尔组织的即将到来的 7 月 4 日的抗议活动进行了宣传，其中包括迈克尔的姓名和电话号码，任何对此感兴趣的人都可以与之取得联系。网页还包括一长串其他活动人士计划在独立日举行的抗议活动。该网站还有一个全国性的数据库，列出了国会议员计划主办的市政厅会议的时间和地点，鼓励活动人士参加，英格利斯的市政厅会议也在这份名单上。人们还可以在网站上填写表格，然后网站会自动写信给美国参议院的议员，提醒他们"对总量管制与交易投反对票"。

繁荣美国在新泽西州等地的分会还提供免费包车服务，帮助抗议者参加那年夏天在华盛顿特区举行的集会。一到华盛顿，抗议者就能得到免费的盒饭和光鲜的抗议标语。繁荣美国总裁蒂姆·菲利普斯也参加了抗议活动，并发表了振奋人心的集会演说。

这种密切的协助掩盖了茶党活动人士和查尔斯·科赫的政治观点之间的分歧。[7]一项少见的、针对茶党的严谨研究发现，茶党的政治信仰远非自由主义。例如，茶党活动人士大力支持医疗保险和社会保障等受欢迎的福利计划。他们并不仇视大政府，而是相信福利金被不公平地转移到那些不努力工作、不值得拥有的人身上。他们不满的是对中产阶级的剥削，而不是新政时代存在的那种强有力的"安全网"计划。他们的不满带有明显的种族色彩。许多茶党分会竭力避免在抗议活动中使用任何种族主义语言，并欢迎少数族裔成员加入。但显而易见的是，在他们眼中，不值得享受福利的人群正是拉美裔移民和市中心的非洲裔居民。

比如玛丽亚·布雷迪，在2008年之前根本不知道查尔斯·科赫是谁。她没有学过哈耶克或冯·米塞斯的理论，也没有读过卡托研究所的研究文章。相反，她在网上开始了政治教育，然后发现在网上看到的故事过于离谱。她读到南希·佩洛西已经订购了两架供她自己使用的大型喷气式飞机的新闻，而且国会已经批准了这项购买预算，这花的是纳税人的钱。玛丽亚和她的丈夫正在为佩洛西的私人飞机买单，但竟然没有人谈论这件事！①

玛丽亚确实找到了一个值得信赖的新闻和教育来源，许多朋友和爱国者都推荐她看评论员格伦·贝克的电视节目。"我深受教育。格伦·贝克或许可以称为我的老师。他是唯一在谈论我所赞同的议题的人。"玛利亚说道。

贝克是美国茶党运动中最突出的一员，理解贝克的政治哲学，对于理解茶党以及茶党与查尔斯政治努力之间的关系至关重要。[8]

2009年，贝克在福克斯新闻台的电视节目吸引了近300万名观众，该节目的综合收视率超过了所有竞争对手节目。他花了很多年的时间在电台谈话节目上磨炼政治表演的技巧，在这些节目上，挑衅是硬道理。辩论胜于讨论，悬念胜于满足，愤怒胜过理解。贝克把这种流派提升到了艺术的高度。他在节目中讲述的故事非常恐怖，仿佛在揭示某个令人毛骨悚然的全球阴谋的大致轮廓。他装扮成高中老师的样子，穿着一件便宜又不合身

---

① 这个故事不是真的。当佩洛西成为众议院议长后，她搭乘了一架军用飞机前往她的家乡加利福尼亚州。她确实要求了一架比她的前任——共和党人丹尼斯·哈斯特更大的飞机。而丹尼斯·哈斯特之所以使用了一架较小的飞机，是因为他的家乡在伊利诺伊州。小型飞机中途必须降落加油，无法直飞加利福尼亚州。

的外套，打着领带，站在黑板前。在一次节目中，黑板上展示了联合国的标志和伊斯兰的新月标志。贝克谎称，这些标志代表了全球性运动，它们目前正在奴役和控制他的观众。

"世界大乱，"贝克以一种非常随意和文雅的语调说道，"有人想要建立新的世界秩序。"

贝克最喜欢攻击的目标之一是奥巴马政府推广可替代燃料的努力，他将这描绘成一个从中产阶级窃取财富，并将财富转移给自由派亿万富翁组成的精英群体的巨大阴谋。贝克解释说，这个阴谋的第一阶段是愚弄所有人，让大家以为人类的活动和化石燃料的燃烧正在改变世界气候。他说，气候变化是一个谎言，是由不诚实的科学家精心挑选并捏造证据所创造出来误导大家的。

繁荣美国也在一旁推波助澜。[9] 该组织的政策主管菲尔·克彭与格伦·贝克在 2009 年夏天的节目中一起分析了全球气候变暖和清洁能源变革的阴谋。克彭坐在贝克对面，靠近黑板，黑板上挂着一张由环环相扣的圆圈和箭头组成的关系图。这个阴谋很复杂，牵涉到若干智库、政府官员、非政府组织和政府项目。贝克提醒观众，清洁能源计划的目的就是窃取他们的自由。

"这就是源头！这就是源头！至少它在美国正在发生的事情中扮演了主要角色！"贝克喊道。然后他直视镜头说："我相信，在美国，这可能是最大的——如果我说错了请纠正我——是历史上最大的谎言。这是对我们的共和体制的劫持。是不是？"

克彭点头表示同意。"我认为你是对的，"他继续说，"他们如此厚颜无耻让我感到惊讶。这让我感到羞耻。"

贝克被这些话所鼓舞，并被激怒了。

"这是超级大的一笔钱！亲爱的美国人，让我来告诉你们一些事。没有人在电视上做这些事情，"贝克说，"这是对我们国家的绑架。"

贝克的节目启发了玛丽亚，她开始研究共济会、异教徒和美国参议院。"我们的政府管理着一切，"她说，"他们接管了一切，并且干得很差劲。他们把脏兮兮的小手碰过的一切都搞砸了。我百分之百确定，问题就是政府控制了一切。"[10]

这话就像是"散装的"冯·米塞斯说的。玛丽亚以自己的方式得出了和查尔斯几十年前一样的结论，但并不像奥地利经济学家那样抱有清晰的自由市场观点。网络调查把她带到了更阴暗的地方。

"我完全确定，政府里有 70%~75% 的人是撒旦崇拜者，"玛丽亚说，"这就是这个国家的问题所在。"

玛丽亚的观点不适合进行大范围的政治辩论，也不适合与持不同信仰的人协商。她成了一名政治活动家，不屈不挠地、虔诚地致力从邪恶势力手中拯救她的国家。

*****

在繁荣美国的指导和帮助下，玛丽亚找到了第一个政治目标——她所在地区的国会议员鲍勃·英格利斯，他正在竞选连任，准备在滚泉镇市政厅举行会议。[11] 玛丽亚给茶党的伙伴发了邮件，通知他们这件事。活动当天到场的有 300~400 人，玛丽亚站在市政厅外，拿着一沓粉红色的解雇通知书，将其分发给人们。他们想在某个时候把通知书扔到舞台上，这意味着选民们已经准备好让英格利斯收拾行李滚蛋了。玛丽亚在前排找了个座位，所以当英格利斯上台开始讲话时，她已经准备好了。

对玛丽亚来说，关键时刻是在问答环节。她想弄明白，英格利斯怎么能赞成让佩洛西用纳税人的钱买两架豪华飞机供自己使用？她拿起话筒，问了这个问题，她被英格利斯的回答吓坏了。

"他什么都不知道！"玛丽亚回忆说，"他看着我，表情就像在说：'什么东西？你在说什么？这件事我闻所未闻。'"

就在这时，她突然意识到，自己必须竭尽全力把英格利斯赶出国会。虽然佩洛西购买了两架喷气式飞机是谣言，但玛丽亚有一点是正确的，那就是英格利斯似乎完全没有能力处理她的问题。他穿着一件海军夹克和一件白色纽扣衬衫站在舞台上，试图用和缓的语调与大声叫喊的人群交谈。

一位女士打断了英格利斯的讲话，喊道："我害怕奥巴马！"英格利斯停下来问她："你在害怕什么？"这时，人群开始躁动了，有人喊道："因为他是社会主义者！"

"让我问你一个问题，这会很有帮助。"英格利斯说，"你是从哪儿听到这个说法的？"他微笑着挥舞着他的手，仿佛正在大学里进行一场政治对话。有人大喊着回应，从格伦·贝克那里"得到的"。

"格伦·贝克，"英格利斯说，"我的建议是，等下次再在电视里看到他时，把电视关掉吧。"说出这句话后，英格利斯就失去了人心。人们发出一阵嘘声和喊声。又一次，无论如何尝试，他的声音还是被人群的喊叫声淹没了。

"让我告诉你为什么。他在利用恐惧。我认为当你被恐惧利用时……你就被摆布了。你在追随充满恐惧的人。"英格利斯说。玛丽亚记得那一刻，因为那时她的朋友们开始向英格利斯扔粉红色的解雇通知书。

英格利斯既不愚蠢也不无能，他知道该怎么做。他在市政厅的会议上屡次遭到人群反对的原因就是，他不愿说出台下的人想让他说的话。英格利斯2010年的竞选口号是"美国的太阳依旧升起"，这是一个很烂的口号，他自己也知道，没人觉得太阳还在升起。他知道自己需要说："好吧，我和你一样恨奥巴马。甚至比你还恨。"他知道，这需要被看作"试着把美国带回黑人入主白宫前的美好时光"。英格利斯说："我只是不想成为那种人。我想做一个会说'是的，这是关于燃油的未来。我知道我们正处于大衰退之中，但我们是美国人，我们一定能扛过去'的人。"

英格利斯坚定地像自己的竞选口号说的那样去做，并且准备坚持到底。

*****

科氏工业在南卡罗来纳州的活动只是其大战略中的一部分，而整体努力的重点是在《韦克斯曼－马基法案》获得美国参议院通过之前击败它。[12]繁荣美国在新泽西州的负责人史蒂夫·洛内根通过与科氏工业的政治行动人员进行电话会议和会晤，对这种战略有了更深刻的理解。科氏工业是通过加大参议院外的行动力度，对在参议院工作的政治家们施加更大的压力的。这次施压动用了科氏工业的所有政治资源，从竞选捐款到游说机构，甚至还有智库。

首要打击目标是在 6 月投票支持了《韦克斯曼 – 马基法案》的共和党议员，他们会像英格利斯一样被杀一儆百。[13] 一共有八位共和党人投票支持了《韦克斯曼 – 马基法案》，其中三位来自新泽西州：众议员克里斯·史密斯、伦纳德·兰斯和弗兰克·洛比翁多。洛内根立即着手，准备让他们的政治生活变成人间地狱。

洛比翁多的办公室里不断接到对他给《韦克斯曼 – 马基法案》投赞成票这一行为进行批评的电话，电话甚至多到他的一名助手每天不得不向洛比翁多传真 100~150 份电话摘要，其中有很多电话还是从外州打来的。光是这些电话就已经让人恼羞成怒和筋疲力尽了。洛内根采取的方式已经超越了通常的政治活动，逐渐壮大的繁荣美国教会了新近活跃的茶党活动人士向国会议员——特别是被形容为"三个征税者"的三位众议员——极限施压的方法。

"你在他家后院集会。让很多人打电话到他的办公室，质问议员：'你到底是干什么吃的？'不仅仅是电子邮件和电话。他出去吃饭时，你找人与他当面对峙。话说回来，这也是教会了人们如何成为一名优秀的活动家，大多数人都不知道该怎么做。"洛内根说，"所以，我教他们。"

他的目标不一定是要把这三个征税者赶下台——最终三人都保住了自己的席位——而是要向参议员们发出信息。繁荣美国的目标包括民主党保守派，比如参议员马克斯·鲍卡斯，他所在的州，化石燃料工业占据重要位置，以及态度摇摆不定的共和党参议员。他们通过折磨新泽西州众议员，显示支持气候变化法案可能会付出高昂的代价。

当法案提交到参议院时，首先需要通过一个强大的参议院委员会审阅，这也是限制碳排放的努力最有可能被扼杀在摇篮里的时刻。参议院委员会的听证会缓慢而乏味，充满了技术性的专业知识，没有引起太多公众的注意。这种拖拖拉拉的进程节奏为科氏工业提供了将其抹杀的绝佳机会，他们也抓住了这个机会。

*****

参议院多数党领袖，来自内华达州的民主党参议员哈里·里德，是一位操纵政治进程的大师，[14] 据说就是他将《韦克斯曼－马基法案》提交给参议院环境和公共工程委员会（Senate Committee on Environment and Public Works）的。该委员会主席由民主党参议员芭芭拉·博克瑟担任，她是加州环保组织的好朋友，也是总量管制与交易制度的忠实信徒。民主党控制了该委员会，占据了绝大多数席位。在委员会针对《韦克斯曼－马基法案》投票时，民主党以 12 票对 7 票轻松获胜。共和党人没有什么机会阻止该法案获得通过，法案随即提交至整个参议院投票表决。

尽管如此，环境和公共工程委员会的共和党领袖——来自俄克拉何马州的参议员詹姆斯·因霍夫并没有被吓倒。众议院在简单多数的原则下运作，而参议院的制度设计力求最大化"不"字的权力。在参议院，至少需要拿到 60 票才能结束议题的辩论，多数党不再处于绝对统治的地位。在这个舞台上，两党之间达成共识不仅是一种美德，而且是必要前提，这也让因霍夫有机可乘。

第一次参议院听证会是在独立日休会期之后举行的。当天上午，因霍夫在马蹄形的委员会主席台的中央就座，紧挨着博克瑟。听证会一开始，博克瑟先发制人，批评因霍夫蓄意阻挠。因霍夫毫不犹豫地予以反击。

"你在刚才的发言中说我们是说'不'的一方，你说对了！我们对更高的能源成本说'不'，对以牺牲中西部为代价补贴东西海岸说'不'，对更多的官僚作风和繁文缛节说'不'，对美国历史上最大规模的增税行动说'不'，对把我们制造业的就业机会转移到中国和印度说'不'。"

因霍夫不停地重复说"不"字，向民主党传递了拒绝合作的信息。作为参议员多数党，民主党在 2009 年的确手握绝大多数选票，但这种压倒性优势十分脆弱。马克斯·鲍卡斯不支持该法案，密苏里州的克莱尔·麦卡斯基尔也表示她将投票反对。在这种情况下，想获得 60 票困难重重。

7—8月，因霍夫和繁荣美国组织清除了共和党参与的可能性。到了秋天，环境和公共工程委员会的共和党籍委员集体抵制这项立法，在某天下午的听证会上，博克瑟甚至独自一人坐在主席台的中央。委员会中来自宾夕法尼亚州的参议员阿伦·斯佩克特曾是为数不多的共和党温和派，于当年4月转投民主党，他在接受《匹兹堡邮报》的采访时说，抵制是一种"真正过分的党派主义"行为，这种行为在参议院前所未见。"我所在的一方存在非常激烈的分歧，大家在是非曲直、实质内容上一直存在着分歧……但是无论如何，都不应当用不到场来回应分歧。"

但椅子依然空着。博克瑟最初计划在委员会通过法案后于9月8日前将法案提交参议院表决，然而在8月下旬，这个计划被延后至9月下旬，后来又推迟到10月。

法案受到了更大范围、趋近白热化的立法斗争的影响。参议院同时也在讨论《平价医疗法案》，吸引了茶党抗议者成群结队地参加市政厅会议和游行活动。繁荣美国也在一旁煽风点火，安排大巴接送抗议者，编制电子邮件列表，并告知抗议者们可以参加的公开会议的时间和地点。奥巴马医改之争耗尽了哈里·里德、奥巴马政府和民主党其他领导人的时间、注意力与资源。每个人都知道，政治动能是有限的，政治资源在华盛顿经不起消耗，这也成了科氏工业的关键优势。在参议院，优势总是属于拦路虎的，想做成一件事不容易。

10月，博克瑟和里德采用了一种称为核选择①的方法：无视共和党的反对，在委员会强行表决通过法案。没有一名共和党议员参与投票。法案现在被玷污了，被冠以党派之争的恶名。随着时间流逝，其他参议员更倾向于袖手旁观，任由法案泡汤。

《韦克斯曼－马基法案》被提交至参议院后，试图修改、支持以及扼

---

① 核选择的作用是遏制"议事阻碍"程序，将必须2/3的多数派同意的规则调整为简单多数同意。这种说法源自有人将参议院的政治僵局同美苏冷战进行了对比，由于两国都有足够的核武器毁灭对手，所以这种核威慑意味着双方不会直接相互攻击。——译者注

杀该法案的各种想法交织，引发了参议员之间的激烈斗争。在这种情况下，科氏工业采取自己擅长的"回音室"（echo chamber）战术，隐身幕后的同时扩大传递自己的信息，他们试图提高所有曾考虑支持该法案的参议员的热度。

这种战术源自查尔斯布局近 40 年的智库和学术项目网络。[15]1974 年，当制定在美国发动自由主义革命的战略时，查尔斯将教育列为其四大支柱中的第一个①。他成功地推行了这一战略，建立了卡托研究所等智库，以及乔治梅森大学莫卡图斯中心等学术中心。这种努力为他营造了一种哲学上近乎崇高的感觉，通过资助学者和有价值的想法，慢慢推动社会对查尔斯政治愿景的理解。到 2009 年，教育机构已经成为空壳企业和隐藏资金流的网络，为科氏工业的游说活动提供了即时的战术支持。

理念是一切立法活动的思想先导。在华盛顿特区，智库、游说机构、媒体和学术机构组成了一个令人惊讶的小团体，每天塑造着政治对话。几十年来，科氏工业以其自身的理念和特有的思想，不显山不露水，熟练地在这块土地上播种。

"回音室"战术始于科氏工业游说部门无附加条件的对学术研究的赞助。研究看上去独立于科氏工业，但最终会融入一系列由科氏工业控制的智库和基金会。各种研究成果最终会被武器化，成为科氏工业政治运动的原始弹药。综合来看，它让科氏工业游说部门发出的声音更加响亮，影响范围更广；这反过来又对关注公众情绪的参议员，以及其他立法者产生了出人意料的强烈影响。

例如，2007 年，科氏工业悄悄资助了一家名为"第三条道路"的民主党智库的工作。[16]该智库推动了比尔·克林顿所拥护的"新民主党人"政策，寻求将新政目标与自由市场方法相结合的新自由主义政策。科氏工业发现，第三条道路的经济研究支持《北美自由贸易协定》等自由贸易政策，但由于没有给美国广大民众带来所承诺的经济利益，所以这些贸易政策在 2007

---

① 其他三大支柱是媒体拓展、诉讼和政治影响力（或游说）。

年遭到猛烈攻击。普遍认为南卡罗来纳州的纺织业被《北美自由贸易协定》摧毁，两党都有政治家表现出对此类贸易协定的反对。

科氏工业则支持《北美自由贸易协定》，在希望确保未来有更多贸易协定通过的同时，还会阻止对现有协定的逆转。任何贸易战的可能性对科氏工业来说都非常危险，不仅是因为该公司在世界各地拥有大量的业务。举一个具体但风险很大的例子：科氏工业旗下的松弯炼油厂仍然是集团主要的利润中心，严重依赖从加拿大进口的原油。重新谈判《北美自由贸易协定》所引发的任何贸易争端，都可能极大地损害科氏工业的盈利能力。说客们知道，民主党主导的国会不会给科氏工业太多举行听证会的机会。在2007年，自由派看不出为科氏工业"挑水"的好处。因为民主党会听取第三条道路智库的意见，所以科氏工业选择通过第三条道路智库表达自己的观点。

科氏工业游说办公室拨款支持了第三条道路于2007年11月发表的报告，题为《卢·多布斯为何获胜》。多布斯是电视台名嘴，在节目中对贸易协定提出了批评，他认为贸易协定损害了中产阶级的利益。第三条道路的报告将多布斯视为危险的"新民粹主义"运动的一部分，而"新民粹主义"运动会导致国家从倡导自由贸易转向保护主义，威胁到美国的未来。报告中没有提到科氏工业的支持，第三条道路也没有在任何宣传材料中提到科氏工业。但在该报告的致谢中，该智库感谢了英威达公司的说客罗布·霍尔，感谢他"对我们构思和设计'第三条道路'贸易项目的支持"，但没有透露有任何来自科氏工业或英威达的资金。第三条道路没有义务在纳税申报中披露科氏工业的支持。科氏工业成功地推动了其贸易观点，却几乎无迹可寻。

2009年，科氏工业更有针对性地使用"回音室"战术，并且取得了良好的效果。此次行动始于科氏工业游说办公室，知情人士称，一名高级经理指示说客为能够削弱对《韦克斯曼－马基法案》支持的第三方机构撰写的经济报告买单。

科氏工业选择了可靠的保守派经济智库——美国资本结构委员会（American Council for Capital Formation，ACCF）来撰写这份报告。[17] ACCF的自由市场倾向明显，并且根据税收文件，它的出资人是由埃克森美孚等利益集团组成的。尽管如此，科氏工业在 2009 年委托其撰写报告时，还是竭力隐瞒了自己的参与。公司让另一个名为"全国制造商协会"（National Association of Manufacturers，NAM）的游说团体来"赞助"这份报告，但不难理解最后还是由科氏工业买单。

多年来，科氏政治网络一直利用由科赫家族控制的克劳德·R. 拉姆慈善基金会为 ACCF 提供资金，掩盖其捐款的痕迹。[18] 2006 年，慈善基金会向 ACCF 资助了 4 万美元，这一数字在 2007 年上涨至 5 万美元。科氏工业聘请 ACCF 对《韦克斯曼－马基法案》可能会对美国经济造成哪些影响进行研究。一位知情人士表示，此类研究的费用约为 10 万美元。巧合的是，在 2008 年和 2009 年，克劳德·R. 拉姆慈善基金会向 ACCF 的捐赠金额都是 10 万美元，并于 2010 年重新降回 5 万美元。

报告于 2009 年 8 月发布，题为《分析〈韦克斯曼－马基法案〉——2009 年美国〈清洁能源安全法案〉》。这一枯燥的学术标题传达出华盛顿特区的可信度和严肃性。该报告的主要作者是 ACCF 资深经济学家马戈·索宁。

全国制造商协会召开新闻发布会，公布了 ACCF 的研究成果。[19] 发布会全程不仅没有提及科氏工业的参与，相反还让人感觉它是得到了一个代表大量制造类企业的贸易组织的支持。

这项研究对《韦克斯曼－马基法案》的评价是残酷的。全国制造商协会执行副总裁杰伊·蒂蒙斯在新闻稿中说道："不幸的是，这项研究证实了《韦克斯曼－马基法案》是一项'反就业、反增长'的立法。"

这项研究显示的预测很极端，部分原因是 ACCF 在分析的基础上使用了一系列其他研究没有使用的经济假设，比如可再生能源上网的速度将比许多分析师预测的要慢，这会使美国陷入能源危机。ACCF 估计，如果法案获得通过，将在 2012—2030 年摧毁 240 万个就业岗位；到 2030 年，电价将上涨 50%，而经济活动将损失 3.1 万亿美元。

　　ACCF 的研究报告发表后，科氏工业立刻开始进行"回音室"战术的下一阶段布置。[20] 8 月 13 日，一个名为"能源研究所"（Institute for Energy Research）的智库发布了一份新闻稿，对 ACCF 的研究发现"划出重点"并予以推广。能源研究所是由查尔斯·科赫作为联合创始人的自由主义智库人文研究所的衍生物。[①] 能源研究所 2009 年的出资人中包括科氏工业集团，曾在科氏工业游说部门工作过的韦恩·盖布尔担任该智库的董事会成员。

　　在被能源研究所推广后，这项研究又被科氏工业旗下的另一个智库——美国能源联盟（American Energy Alliance）——循环利用，[21] 这个智库本质上是能源研究所的政治行动部门，负责人也是曾在科氏工业游说部门工作过的托马斯·派尔，他与科氏工业的同事们一直保持着密切的联系。能源研究所的组织形式更像是一个"教育"基金会，它不能游说或参与政治活动，而由于美国能源联盟是按照税法组织的，所以它可以直接参与政治运作。如果说能源研究所像"阳春白雪"，那么美国能源联盟就更像"地痞流氓"。

　　基于 ACCF 的研究结果，以及其他反映《韦克斯曼－马基法案》可能造成潜在经济威胁的统计数据，美国能源联盟制作了一系列政治广播广告。一则广告旁白配音说道："这项税收将进一步削弱我们本已挣扎的经济——更多的美国会人失去工作……将有更高的税收和更高的失业率——国会会怎么想呢？"该广告相应的宣传资料引述了 ACCF 的研究成果作为支撑，而美国能源联盟的政治广告瞄准的目标是，对《韦克斯曼－马基法案》当时在参议院的运作情况有敏锐了解的人，南卡罗来纳州的林赛·格雷厄姆就是其中之一。"为什么参议员林赛·格雷厄姆支持新的国家能源税，又称总量管制与交易制度？"一则广告开始了。这则广告引用了 ACCF 的研究，声称"总量管制与交易制度……可能会大幅提高电价、天然气价格，并使

---

① 能源研究所与人文研究所之间的联系最早由记者李方透露。他在 2014 年报道说，人文研究所暂时失去了牌照，然后改革为能源研究所。

美国人失去工作机会"。

在这些广告和声明中，同一组数字被反复使用：超过 200 万个工作岗位流失，到 2030 年电价将上涨 50%。这些出自 ACCF 的研究成果以证词的形式提前提交给国会。因此，当参议院财政委员会试图更多地了解气候变化对经济的影响时，便邀请马戈·索宁出席做证。

"很明显，成本大于收益。"[22] 索宁告诉委员会。财政委员会主席——来自蒙大拿州的民主党保守派马克思·鲍卡斯指出，ACCF 的研究结果比其他大多数研究要消极得多。"这个研究有点非主流啊。"鲍卡斯说。

在科氏工业内部，ACCF 的报告被视为一个巨大的胜利。[23] 科氏工业的观点在新闻稿、参议院证词、智库讨论和政治攻击广告中被真实地传播到了世界各地，而科氏工业的名字从未出现。

科氏工业并不是唯一采取这种策略的公司。[24] 埃克森美孚也资助了一些第三方组织，这些组织试图对气候变化背后的科学论证提出质疑，并对《韦克斯曼－马基法案》表示反对。但努力限制空气污染的环保活动组织绿色和平（Greenpeace）发现，为了破坏围绕气候变化的科学共识，与埃克森美孚相比，科氏工业斗争的时间更长，并且更激烈。2010 年，绿色和平组织对在 2005—2008 年否认气候变化机构的资金来源进行了分析，发现科氏工业及其附属机构为支持这些机构花费了 2 490 万美元，几乎是埃克森美孚 890 万美元支出的 3 倍。科氏工业比埃克森美孚更顽固，游说公司曾透露，埃克森美孚是有可能支持某种碳排放计划的，比如开征碳税。

削弱民众对《韦克斯曼－马基法案》支持的努力取得了成效。[25] 皮尤研究中心的一项民意调查显示，2009 年末，57% 的美国人认为有确凿证据表明全球气候变暖是真实存在的。虽然这类人依然占据多数，但比起 2008 年的 71% 来说缩水了不少。而这一数字在 2006 年是 77%。

*****

在参议院辩论的过程中，科氏工业施加了更大的压力，惩罚投赞成票给法案的国会议员，然后在使用"回音室"战术将法案污名化的同时，还通过鼓励竞争对手向国会议员们发起挑战，加剧立法者之间的竞争。[26] 这种策略借鉴了埃布尔·温的研究成果——当竞争出现的时候，问题迎刃而解，每个人都表现得更符合科氏工业的利益。

2009 年和 2010 年，科氏工业集团的政治网络挖掘了一批新的共和党候选人，他们不知道是从哪里冒出来的，突然站出来挑战现任国会议员和参议员。科氏工业选定的候选人攻击了右翼的现任者，声称共和党不够保守，对奥巴马的议程过于宽容。压倒性的信息是，必须结束对民主党的妥协。

英格利斯比任何人都惊讶地发现自己被科氏工业选中的一位候选人挑战了。[27] 美国保守联盟（American Conservative Union）会跟踪联邦参议员的投票情况，并根据其政治立场的保守程度打分，英格利斯得分为 84 分，这个分数说明他不够保守。由于他固执地继续主张控制温室气体排放，因此被科氏工业视为眼中钉。

5 月，英格利斯面临的危机出现了，他的对手是来自斯巴达堡的检察长特雷·高迪。高迪与英格利斯不仅是朋友，两人还是长期盟友。某天早上，当另一个朋友打电话告知高迪要参加竞选的消息时，英格利斯瘫倒在床上。高迪是个强劲的对手，这次竞选，科氏工业没有给英格利斯捐款，但至少给了高迪 7 500 美元。繁荣美国将茶党活动人士带到英格利斯的市政厅会议上表示抗议，但没有证据表明高迪有类似的遭遇，也无人质疑高迪的保守程度是否够格。而反过来，高迪证明了他在 2009 年夏天支持科氏工业最重要的政策关注。

那年夏天，英格利斯和高迪在一个候选人论坛上会面了，在高速公路旁的一个大帐篷下就一些议题进行辩论。[28] 主持人是一位保守派电台谈话节目的主持人。在场的还有另外两位候选人，但英格利斯认为高迪是他唯一真正的竞争对手。

主持人问所有候选人是否相信人类活动导致了气候变化，然后补充问道："你会支持对碳排放征税的法案吗？"

这引起了一群人哄堂大笑。他们很清楚英格利斯会感到局促不安。英格利斯拿起话筒，开始逃避观众。

他说："我确实相信人类活动对气候变化有影响。让我重新描述一遍。我本来不相信的。对我来说这不是什么信仰。我的信仰告诉我要看数据。而数据显示这种情况正在发生。因此，我提出了一个不包含总量管制与交易制度的建议。"接着他解释了碳税法案的细节，以及如何通过削减工资税来实现收支相抵。

而当高迪站起来讲话时，他简洁地说："不要总量管制与交易，不要征收碳排放税。"

"我当了 16 年检察官，"高迪继续说，"我已经习惯了所有事情都需要证据，需要向别人证明。对于全球气候变暖，并没有足够的证据证明它以及让我所寻求服务的选民满意。"

高迪被热烈的掌声打断了。高迪就座时，人们依然在鼓掌欢呼。

英格利斯知道自己会输掉选举，但他不知道的是自己并不是唯一输掉选举的人。科氏工业和繁荣美国正在全国的国会选区复制这一幕。在华盛顿，在任的共和党议员们开始紧张地议论被科氏工业资助的候选人的"初选"，走错一步就可能使他们面临激烈的竞争。正如埃布尔预测的那样，每个人的行为都开始表现得更符合科氏工业的利益。

*****

在通过外界向共和党议员施压的同时，科氏政治网络在参议院也围绕《韦克斯曼－马基法案》筑起了一堵投不支持票的高墙，以遏制法案被支持的力度。[29]

至少从 2008 年起，繁荣美国就要求政治家们签署一项承诺书，即他们将"反对任何与气候变化有关并导致政府收入净增长的立法"。这一措辞看起来像是一项反对增税的措施，貌似并没有承诺要扼杀任何控制温室气体排放的努力，但它依然实现了同样的目标。通过总量管制与交易制度，或者加征碳税为碳定价，被视为控制碳排放最现实的方式。由于只有联邦政府有权征收，所以科氏工业试图通过这种承诺的方式扼杀这份努力。

科氏工业的这个所谓"碳承诺"，在 2009 年有 223 名州和联邦政治人物签署，其中就有曾称气候变化是一个"神话"的印第安纳州国会议员迈克·彭斯，他也是印第安纳州国会代表中唯一签署这份承诺书的成员。从这个意义上说，彭斯是一个开拓者。截至 2010 年 9 月，印第安纳州代表团已有 4 名成员签署了这份承诺书，全美共有 627 名州和联邦议员及候选人签署了这一承诺书。

在科氏工业以"碳承诺"围剿《韦克斯曼－马基法案》的时候，民主党人的注意力全部集中在《平价医疗法案》上。[30] 该法案于 2009 年平安夜在参议院获得通过，并于 2010 年春季正式签署成为法律。然后，民主党人又把精力投入金融改革法案《多德－弗兰克法案》上，该法案对华尔街金融机构实施了新的监管，于 2010 年 5 月在参议院通过，并于 7 月签署成为法律。

而《韦克斯曼－马基法案》这几个月在参议院中受到了冷落，以约翰·凯里为首的几名参议员试图找到某种能让 60 名参议员接受该法案的交易方式，但收效甚微。2010 年春夏相交之际，在繁荣美国等保守派组织的推动下，政治气氛变得越发火热，碳监管问题也变得更加棘手。

这段时间也正是英格利斯与高迪在初选中针锋相对的时期。[31] 英格利斯拒绝放弃他的竞选口号"美国的太阳依旧升起"。回首往事时，他说，有一刻他应该意识到自己会输。这恰好是他政治生涯中最担心被暗杀的一段时间。有一次他在位于特拉弗勒斯雷斯特市的一所公立学校举办市政厅会议，由于离自己家非常近，所以他带上了妻子和孩子。当他们到达时，人群过于拥挤，当地的消防队长正在想方设法疏散人群。外面围观的群众甚至在英格利斯开始讲话之前就愤怒起来。

里面的气氛更糟。礼堂里又闷又拥挤，人们怒气冲冲。英格利斯知道，在特拉弗勒斯雷斯特区域，许多居民都随身携带枪支，他确信那天晚上礼堂里有很多枪。上台后他开始发表演说，在正常情况下，他会在听众中指出自己的妻子和孩子，这是国会议员候选人的标准动作。但那天晚上，他没有这样做。

"我没有介绍我的妻子和孩子，因为我担心他们的安全。我可以感觉到当时那个地方充满了怒气，并不适合介绍家人。"英格利斯说，"如果我会被枪杀，很可能就发生在那里，在那晚的市政厅会议上。"

那天晚上快结束的时候，一个靠近讲台的女人朝英格利斯喊道："我们不再信任你了！"

如果一名国会议员失去了选民的信任，就永远无法东山再起。6 月 22 日举行初选时，英格利斯和他的竞选团队在格林维尔市中心与亲友一起等待开票结果。结果证明，英格利斯在至爱亲朋的见证下迎来了他政治生涯中最公开、最丢人的失败。他以 29% 的得票率输给了高迪的 70%。

英格利斯充满担忧，他知道这一切对政治家意味着什么。他说："我真的很难过，这场民粹主义的大火只会烧毁一切。它不能建立任何东西。这场大火让我忧心忡忡，我本以为这团火会熄灭，结果它持续升温。"

*****

很难确定《韦克斯曼－马基法案》消亡的确切时间，没有人投票宣布最后的失败，它只是失去了支撑，然后悄无声息地消失了。[32] 2010 年 4 月底，林赛·格雷厄姆退出了推动该法案的参议员团体，没有其他共和党人愿意介入并取代他。哈里·里德宣布，在应对气候变化之前，参议院将首先努力通过全面移民改革。

乔纳森·菲利普斯等参与撰写这项法案的工作人员都知道，里德的决定等于给法案判了死刑，通过这项极具意义的温室气体监管法案的机会已经逝去。

2010 年夏天以来，繁荣美国以前所未有的强势地位脱颖而出，比以往任何时候都有更多的人力和资源涌入，新泽西州的史蒂夫·洛内根需要竭尽全力才能跟上组织的发展。[33] 当他刚加入繁荣美国时，该组织还是一个政治领域的暴发户，是一群像海盗一样的局外人，努力从体制外影响政府政策。现在，这种文化正在迅速消失，取而代之的是一种流线型的企业模式。

"在早期我们采取的方式简单粗暴，能控制的比较少，"洛内根回忆说，

"但随着事业越做越大，不得不投入更多，比如律师和官僚体系。尽管它仍然有效，但它的作风确实变得有些官僚。我认为这不是一个好的方面。"

随着繁荣美国地位的巩固，它开始与共和党紧紧纠缠在一起，并从内部发生了变化。[34] 该组织大肆招聘，从共和党挖走年轻有为的人才，2/3 的负责人都是这么来的。或许更关键的是，在所有离开繁荣美国的州负责人中，大约 1/3 的人带着从科氏工业政治行动中获得的资源和知识，直接进入了共和党政坛。

繁荣美国与共和党之间的深厚关系，在多年以后才被人们知道。哈佛大学的两位政治学教授——西达·斯考切波和亚历山大·赫特尔·费尔南德斯，对不断扩张的繁荣美国政治网络进行了细致的研究。斯考切波和费尔南德斯写道："这些数据表明，繁荣美国组织已经穿透了共和党的职业阶梯。"来回奔波的员工往往是"三四十岁的年轻人"，后面可能有漫长的政治生涯在等待着他们。

繁荣美国正在重塑并强化着共和党。2010 年，科氏政治网络将焦点从反对《韦克斯曼－马基法案》转向在中期选举中尽可能多地帮助共和党人当选。

同年 11 月，共和党和茶党活动人士的一波投票摧毁了民主党在众议院的多数席位。[35]

尽管没有赢得控制权，但共和党仍在参议院取得了强势的进展，民主党利用多数党的地位牢牢把持着参议院的时代已经结束了，通过辩论来阻挠议案通过再次成为强大的反对工具。现在，如果里德想通过一项法案，就需要共和党人加入投票，结束一场阻挠议事的辩论，很多议案因此而无法通过。

这场胜利对科氏工业来说意义重大。[36] 在抵达华盛顿的 85 名新当选的共和党人中，有 76 人签署了繁荣美国的碳承诺书，承诺永远不会支持增加政府税收的联邦气候变化法案。根据美利坚大学调查报告小组的分析，在这 76 名国会议员中，有 57 名签署者收到了来自科氏工业政治行动委员会的竞选捐款。科氏工业不仅在参议院最终搁置了《韦克斯曼 – 马基法案》，还在法案背后撒了盐，确保新的气候变化法案永远不会死而复生。

*****

重新成为国会多数派的共和党，第一个行动就是停止为能源独立和全球变暖特别委员会提供资金。[37] 该小组只能将他们的文件和个人物品装箱打包，并清空了位于朗沃斯大楼地下室的办公室。

曾参与撰写可再生能源法案的年轻工作人员乔纳森·菲利普斯离开了国会，加入美国国际开发署工作。他前往非洲，帮助那里的公司建立崭新的清洁能源基础设施。迈克尔·古和乔尔·博韦来到了美国国家环境保护局，开始着手制定一项规范燃煤电厂的碳排放监管措施。国家环境保护局的这项称为"清洁电力计划"（Clean Power Plan）的规定，是奥巴马政府的官员认为最有可能实现，也是最接近碳排放立法的法案。繁荣美国组织很快闻风而动，并立即开始通过其网站招募反对者。

在监管缺失的情况下，温室气体排放量继续飙升。[38] 2011 年，人类向大气排放了 322.7 亿吨碳，速度是工业革命前的 150 多倍。《韦克斯曼 – 马基法案》搁置后，大气中的碳浓度每年都在上升。科学家警告人类说，想要避免灾难性的环境影响，从现在开始应该努力将二氧化碳含量控制在 350ppm 以内。在《韦克斯曼 – 马基法案》的讨论阶段，大气中的碳浓度在 370ppm 左右，而在该法案失败后的五年内飙升至 400ppm 左右，这也是人类历史上的最高纪录。

离开政界后，英格利斯成立了团队，致力利用自由市场的方式解决气候变化问题。[39] 他的观点在共和党圈子里仍然不受欢迎，而无论他走到哪里，都难以摆脱 2010 年开始的感觉。英格利斯说，当他看到在市政厅会议上有人拿着架在三脚架上的摄像机拍摄他时，就意识到背后可能有人"在推波助澜，你明白我的意思吧"。

确实有人在盯着他。

英格利斯出席了在华盛顿特区举行的一场关于气候变化政策的辩论会，

自由理性基金会（Libertarian Reason Foundation）参与主办。当他到达时，发现每个空位上都有一个竞选风格的按钮，上面写着"70-29"。这是英格利斯输给高迪的票数，70% 对 29%。

那个按钮一直萦绕在英格利斯的脑海里。有人花钱把它打印出来，然后放到每个空位上。做这样的事情需要金钱和人力。在他被踢出国会办公室几年后，英格利斯终于意识到谁有能力做到这一切。他紧紧握住手中的按钮，脑海中闪过一个念头：

"在我看来，全是科氏工业干的。"

*****

随着 2010 年的结束，查尔斯·科赫有理由欣喜若狂。科氏工业集团曾前所未有地面临来自《韦克斯曼–马基法案》的经济威胁，但它在使该法案无法通过的过程中发挥了至关重要的作用。看似能永远执政的民主党多数派和如日中天的奥巴马政府对查尔斯的政治理想造成了巨大的威胁，但他还是如同定海神针一般摧毁了对手。科氏工业的政治行动比以往任何时候都更庞大、更有影响力、更具威慑力。

但查尔斯仍然感受到了威胁，他始终觉得战斗还处于初期阶段，自己没有时间浪费在胜利派对上。[40] 2010 年 9 月 24 日，他致信给一些富有的政治捐赠者，希望他们共襄盛举。"每个人都受益于自由社会带来的繁荣，但这种繁荣正受到现任政府和许多民选官员的攻击。"查尔斯在信中写道，"我们必须停止并扭转这种对我们建国宗旨的内部攻击。"

这封信是查尔斯第八次为富有的保守派捐赠者和寻求帮助的政治家举办私人聚会的邀请函。会议于 2011 年 1 月在加州棕榈泉附近的一个度假村举行。

会议周围的安保非常严密，与会者需通过联系位于华盛顿特区的科氏工业游说办公室——而非主办酒店——登记参加此次活动。[41] 与会者到达时，必须始终佩戴身份牌。他们还被警告不要带走材料，或于出席活动时在社交媒体上发布消息。媒体禁止入内。

查尔斯常与他的政治行动员工分享一句精辟的至理名言，是一句关于鲸鱼和渔猎标枪的谚语："在海面以上的鲸鱼会被渔猎标枪捕获。"仍有人记得这句话。

寓言的含义很清晰，留在海面以下比较安全，科氏工业的政治行动最好保持隐匿。这有助于解释查尔斯手中新兴政治组织的复杂性，解释这些俄罗斯套娃般相互关联的空壳组织网络和秘密捐赠，还有助于解释查尔斯每年主持两次的捐赠者研讨会的高度安全性和保密性。

自 2006 年史蒂夫·洛内根第一次出席在阿斯彭举办的研讨会以来，这一活动的规模越来越大，也越来越盛大奢华。[42] 从那时起，最高法院大法官安东宁·斯卡利亚和克拉伦斯·托马斯，共和党众议员迈克·彭斯、汤姆·普赖斯和保罗·瑞安，共和党籍州长博比·金达尔和黑利·巴伯，以及电台主持人拉什·林博、政治专栏作家查尔斯·克劳萨默和电视名人约翰·施托塞尔等知名人士都出席了活动。在 2010 年的夏季研讨会上，茶党领袖格伦·贝克是主讲人之一，他的演讲主题为："美国正在走向农奴制吗？"

随着繁荣美国成为 2010 年最具影响力的政治组织之一，保密变得越来越难，一些调查性报道机构开始挖掘查尔斯和大卫·科赫长期参与政治的历史，其中包括公共诚信中心和美利坚大学调查报告小组。两个组织都发表了关于科赫兄弟大量政治捐款的深度报告，激进组织也注意到了这一点。2010 年 3 月，绿色和平组织发布了一份长达 43 页的报告，题为《科氏工业集团：秘密资助否认气候变化的机器》，报告中详细介绍了科氏工业向莫卡图斯中心、卡托研究所和企业竞争力研究所等组织提供大量资金的行为。

公众的关注在 2010 年 8 月达到高潮，《纽约客》杂志刊登了一篇关于科氏工业政治史的详细报道，其中包括繁荣美国组织与茶党活动家协同作战的描述。[43] 这篇题为《秘密行动：正在对奥巴马发动战争的亿万富翁兄弟》的文章由美国最著名的调查记者之一简·迈耶所撰写，这巩固了科赫兄弟作为公众人物，深刻影响政治事务的印象。一个故事开始在美国政治圈中迅速流传，说科赫兄弟不仅帮助了茶党，而且创造了茶党。2010 年最高法院对联合公民诉联邦选举委员会案①的判决进一步加深了这种说法。判决取消了对独立政治团体竞选捐款的限制，为将无限制的现金注入第三方组织打开了大门，这也正是科氏工业擅长的方式。亿万富翁兄弟所掌握的政治权力不仅没有受到任何限制，反而成为新形势的主要受益者。

鲸鱼已经搁浅，渔猎标枪已经飞出。⁴⁴ 来到加州棕榈泉幻象山庄参加第八届捐赠者研讨会的查尔斯发现，秘密的面纱已经被永远揭开了。大约一千名抗议者聚集在拉斯帕尔马斯全牧场度假酒店外。该度假酒店由一群低矮的墨西哥式庄园风格建筑组成，环绕着泳池和一个高尔夫球场。抗议人群挤满了外面的街道，站在微风中摇曳的棕榈树间；酒店保安人员站在庄园的房顶上，低头看着人群；当地身穿防暴装备的警察架设了警戒线，将人群集中至道路两边。警察和防暴装备的存在有着正当的理由，因为有几个联邦法官参加了度假酒店内正在举办的活动。

抗议的声浪接连不断，抗议者身着色彩鲜艳的服装，高举横幅，上面写着"检疫隔离科氏"，旁边还有霓虹灯制成的生物危害标识。人们举着标语牌，上面写着："揭露科氏！""茶党人是科氏的舔狗！"抗议者还对着扩音器高喊着口号，唱着歌。

整个度假酒店都能听到嘈杂声，但在会议室里，研讨会继续进行。查尔斯向与会者明确表示，本次活动不是公费旅游，不是他所说的"阳光下的享受"，而是一次工作之旅，一次施展策略的机会。在 2011 年的捐赠者会议上，当他谈到政治斗争时仿佛在形容世界末日。他对听众说，如果奥巴马赢得连任，美国的未来确实可能受到威胁。查尔斯说："这场战争是一切战争的根源，在接下来的 18 个月里，要为了这个国家的生死存亡而战。"

查尔斯是研讨会上众人关注的焦点，但他沉默寡言，不喜欢和政客们握手合影。他拒绝了高级政治人物希望与他面对面单独接触的机会，如果

①　联合公民诉联邦选举委员会案是由美国联邦最高法院判决的一场具有重要意义的诉讼案。最高法院于 2010 年 1 月 21 日做出判决，认定限制商业机构资助联邦选举候选人的两党选举改革法案的条款违反宪法中的言论自由原则。著名法学家埃尔温·乔姆伦斯基将其称为"近年来关于第一修正案最为重要的案件"。——译者注

硬要说原因，那就是查尔斯似乎看不起他们。

"我记得跟他聊过。我认为他把国会议员视为体制的受害者。"[45] 一位熟悉科氏工业政治运作的人士说。查尔斯重视长期思维，并鼓吹建立激励制度和奖金制度以加强这种思维的重要性。他面对国会采取的是冷眼旁观的态度，他看到了一个功能失调的体制被阴暗的欲望撕裂，政客们深陷其中、随波逐流、无法自拔。

"他明白这个过程是什么。国会议员每两年当选一次，独立性难以保障，想做成事情很难，还要把大量的时间花在政治操作和筹款上。他只是——我想他看到了体制的弊病。"这位人士说。

查尔斯建立的政治机器非常成功，而成功的意义不在于修复这个破碎的体制，而是确保它步履蹒跚，无法通过新政那种全面的商业监管政策。查尔斯将长期思维应用到由短期选举时间表定义的体系中，赢得了许多他所关心的重要战斗。

棕榈泉的活动结束后，查尔斯返回威奇托，回到科氏大厦继续工作，三楼的办公室里还有一堆文件等着他。当他从战争和破坏的角度谈论政治时，科氏工业集团内部的情况则正好相反。事实令人惊讶，从经济角度讲，奥巴马担任总统对查尔斯和科氏工业集团来说非常有益。

在奥巴马执政期间，查尔斯的净资产翻了一番。[46] 他的财富比以往任何时期都增长得更快，原因之一是《韦克斯曼－马基法案》无疾而终，不会再有碳定价限制化石燃料业务。不仅如此，一个被称为水力压裂法的新钻井技术，让化石燃料重新回到美国经济领域的核心地位。

科氏工业集团在美国能源工业的转变中依然处于中心地位，并以外界看不到的方式获得丰厚回报。当谈到查尔斯生活中商业的一面时，这条鲸鱼仍然在深海中遨游，比以往任何时候都更强大。

第 21 章
新一轮能源革命
（2010—2014 年）

20 10 年冬天，当总量管制与交易制度在国会参议院备受煎熬时，科氏工业悄悄地开展了一系列商业交易。[1] 这些交易在外人看来可能会觉得一头雾水，不甚合理。2010 年 3 月，科氏工业集团宣布将其位于得克萨斯州南部的输油管道输送能力扩大 25%，这就好比在一个无人光顾的购物中心外建了很大的停车场。得克萨斯州南部是石油业的死水区，是一片荒芜的灌木丛绿洲，原油开采量多年来一直停滞不前，零散的城镇里偶尔能看到孤零零的石油井架。但科氏工业却选择在此时花费数百万美元，增加在该地区输油管道的输送能力。

在接下来的几个月里，交易的速度明显加快了。[2] 9 月，科氏工业宣布与名不见经传的箭头管道公司（Arrowhead Pipeline）合作，每天将 5 万桶原油从得克萨斯州南部运出，这在当时大约占整个地区产量的一半。一个月后，科氏工业又宣布与另一家鲜为人知的公司——努星能源公司（NuStar Energy）合作，重开 60 英里长的废弃管道，每天输送 3 万桶原油。

11 月，共和党赢得了国会众议院的控制权。一个月后，科氏工业又宣布了另一项投资，也是这一系列投资中最大的一笔。公司将新建一条 16 英寸口径的输油管道，从得克萨斯州偏远的卡内斯县通向科氏工业的科珀斯克里斯蒂炼油厂，每天可输送 12 万桶原油，并且输送能力具备扩大至每天输送 20

万桶原油的潜力。2011 年 2 月，科氏工业又宣布收购了位于科珀斯克里斯蒂的英格尔赛德码头（Ingleside Pier），这是一个出口码头，公司每天可以通过驳船运出 20 万桶原油。两个月后，科氏工业又宣布新建一条从得克萨斯州佩特斯到科珀斯克里斯蒂的 20 英寸口径输油管道，每天可输送 25 万桶原油。

这些交易几乎没有引起外界的注意，仅有一家当地媒体发布了一些关于这一事件的新闻稿和小故事。大家都没有意识到，科氏工业集团刚刚打造了一条原油"高速公路"，每天从得克萨斯州南部运送几十万桶原油到科珀斯克里斯蒂炼油厂，在英格尔赛德码头有一个出海口，可以将多余的原油输送到国际市场。

但令人费解的地方在于，这条"高速公路"是为了运送原油而修建的，起点始于得克萨斯州鹰滩页岩地区，然而那里的原油产量一直很低，似乎无法满足这么大的供应量。[3] 当时公认的事实是，美国石油产量已经在 20 世纪 70 年代初达到了顶峰，不可能再增加了，鹰滩页岩地区也不例外。2007 年，该地区共有 51 台石油钻机，每天开采约 5.4 万桶原油；截至 2008 年底，该地区共有 62 座石油钻井平台，日产原油 5.7 万桶；2010 年，实际产量下滑至每天约 5.5 万桶。

尽管如此，经过一年多的谋划，科氏工业依然建立了一个系统，有能力每天从该地区输送出几十万桶原油。科氏工业在鹰滩页岩地区看到的商机其他人也看到了，但科氏工业是第一个采取行动的。虽然到 2010 年初产量一直没有增长，但在短短一年多的时间里，钻机数量就增加了两倍多，从 30 台增至 104 台，这是一个领先指标。油井开始出油，原油源源不断地流出，科氏工业已经做好了迎接变革的准备。

正在得克萨斯州南部钻探的油井是一张代表了能源革命的面孔，这场革命重新定义了全球原油市场和美国经济。[4] 经过一代又一代人悄无声息的努力，一夜之间，旧貌换新颜。在短短的 10 年里——从 2005 年到 2015 年，美国从精炼石油产品的最大进口国变成了最大出口国。一个曾经是石油峰值论①典型代表的国家，发现自己的原油和天然气储量可能高过沙特阿拉伯。在许多人还没回过神的时候，整个关于化石燃料的故事就被颠倒了。对石油市场来说，这些变化就像 20 世纪 70 年代欧佩克的禁运一样具有颠覆性，但这一次，这些变化给美国带来了好处。石油价格暴跌，欧佩克被拔掉了獠牙，美国作为石油消费国基本实现自给自足。

这场革命是由水力压裂技术推动的，尽管这项技术几十年前就已经发明，但由于成本过高，长期以来只能依靠数额庞大的政府补贴和税收减免才能维持运转。由于 2007 年和 2008 年油价飙升，该技术具备了商业上的可行性。它得到了广泛运用，为美国开采了长期以来被认为难以获取的巨大石油储备。

虽然新的技术应用影响深远，但这场革命并没有改变能源行业的格局，至少在前十年，其主要受益者仍然是像科氏工业集团这样历史悠久的传统企业。

2010—2014 年，水力压裂热潮引发了一次史无前例的市场动荡，正好可以发挥科氏工业在波动中茁壮成长的能力，从公司在鹰滩页岩地区低调打造原油"高速公路"的努力中可见一斑。

而这一切，始于科氏工业的大宗商品交易员开始接收到石油市场即将发生重大事件的早期信号。

*****

2009 年左右，第一批信号出现在天然气交易部门。⁵ 这是首次发现水力压裂热潮的苗头。

---

① 石油峰值论，又称哈伯特顶点，源自美国石油地质学家哈伯特于 1949 年提出的矿物资源"钟形曲线"规律。他认为，石油作为不可再生资源，任何地区的石油产量都会达到最高点；达到峰值后该地区的石油产量将不可避免地开始下降。他通过历史数据和统计算法，预测美国本土石油在 20 世纪 70—80 年代产量达到峰值，之后进入产量下滑阶段；预测全球石油大概在 2000 年产出到达顶峰，之后会越来越少，到 2050 年后基本维持在极低的位置，这也是人们常说的"地球上的石油还够用多少年"的由来。但他没有预测到的是，石油的开采勘探技术和后续加工技术进步飞快，导致了预期的下降曲线一直没有出现。——译者注

头两年情况非常不稳定。2007—2008 年，原油价格飙升至历史新高，天然气价格走势通常与原油保持一致，也紧随其上涨。在经济衰退期间，由于需求疲软，能源价格暴跌，这是可以预见的。但后来事情变得奇怪起来，原油价格再次攀升，天然气价格却并没有随之上涨，反而开始下滑，然后暴跌，最后崩盘。

其原因出人意料。人们认为天然气供应量的增长几近停滞，但现在却突然开始增加。2009 年末，美国每月开采天然气 1.65 万亿立方英尺。短短两年时间，供应量猛增 23%，在 2011 年达到每月 2.03 万亿立方英尺。到 2015 年，供应量进一步增长至每月 2.3 万亿立方英尺。

这是水力压裂技术革命的开端。[6] 水力压裂法是一个笼统的术语，由三部分组成，组合在一起才可能开采出曾经无法开采的天然气。

第一种技术被称为微震成像，是一种用于绘制被困在页岩中的地下天然气藏的系统。页岩气藏之所以曾经被认为无法开采，是因为它由被困在岩石中的气滴组成，有分布广的特点。气藏的形状像一个巨大的餐盘，宽而浅。开采时仿佛在盘子上钉入一颗钉子，将分散在页岩内部的气体敲打出来。

这就是第二种技术的来源：水平钻探。通过水平钻探，钉子可以先垂直穿透餐盘，然后向右急转弯，这样便能穿过大面积区域的储气岩石。

最后一项技术是一组被称为支撑剂的化学物质，它可以和沙子一起注入页岩中，挤出气体，聚集后气体即可被抽出地底。当天然气在 2007 年变得昂贵时，成本较高的水力压裂技术终于有了用武之地。

对于科氏工业的高层来说，水力压裂热潮的第一波来袭是一个惊喜。[7] 2008—2012 年，天然气价格灾难性下跌，下降了约 85%，从最高的每百万英国热量单位 12.69 美元降至仅 1.95 美元。而价格断崖式下跌对科氏工业来说却是个好消息，因为天然气是生产氮肥的主要原料，天然气价格下降就使氮肥的生产成本迅速下降，但由于农民需求旺盛，化肥的零售价格仍高居不下。科氏工业的幸运程度令人咋舌，公司于 2003 年收购的农场工业公司的化肥厂，现在已经成为美国第四大化肥生产商。因为利润率暴涨，这笔收购简直一本万利，旗下的化肥厂就像一部印钞机。

尽管如此，科氏工业的高级管理层还是深感不安。因为他们并没有提前预见到这种情况。

"当你回过头去看就会想：'是啊，这么明显！我怎么会错过呢？'"科氏工业集团首席财务官史蒂夫·法伊尔迈耶说，"于是我们开始反思自己为什么没有预见到。"

反思主要发生在科氏工业的原油和炼油部门——燧石山资源公司。他们虽然没有预判到天然气供应量的暴增，但是反思帮助他们看到了下一步。通过仔细研究水力压裂业务，科氏工业开始预测其今后的发展。燧石山资源公司首席执行官布拉德·拉祖克有理由相信，水力压裂技术革命将不仅作用于气藏。

*****

拉祖克等燧石山资源公司高级管理人员的办公室，位于科氏大厦顶层，在那里透过落地窗，可以饱览威奇托南边的市中心，以及北边平坦的大草原和郊区。[8] 顶层的中间是一个个不规则延伸的工位，这里是燧石山资源公司交易员们工作的地方。

乍一看，这个交易团队可能会被误认为堪萨斯州中部随便哪家保险公司的营业网点。没有人大喊着下单，也没有人挥舞着双手，只有在压低声音打电话的人们。办公桌之间的米色分隔墙上，单调的装饰试图使每个工位略显个性化，比如一个像稻草人形象的纸板剪贴画，这是威奇托州立大学的吉祥物，还有一些家庭照片。唯一显示这些年轻交易员与全球连接的迹象是办公桌上的多块显示器屏幕，上面跳动着数字和图表。墙上一组挂钟显示着世界各地交易中心的当地时间。

2011年的石油市场动荡不安。负责保障松弯炼油厂的交易员观察到，本地市场出现了混乱，新增的供应量从北达科他州进入中西部，造成供应过剩、生产瓶颈和运输问题。与天然气的情况相似，新增原油也来自一个石油工业已经消亡数十年的地区，通过水力压裂技术在北达科他州巴克肯地层地区被发现。北部平原下突然喷出一股原油，谁也不知道该怎么处理。"突然一下子冒出这么多原油，充满了戏剧性，"燧石山资源公司首席财务官托尼·塞门泰利说，"这种难以想象的事引起了我们极大的兴趣。"

来自市场的信号令人困惑，为了弄清事情的缘由，拉祖克和塞门泰利开始频繁召开会议。水力压裂技术已经开辟了新的气藏，但能否在油藏中应用已成为最大的问题，北达科他州令所有人意外的原油供应过剩不仅无法回答这个问题，反而提出了更多问题。除了在北达科他州，水力压裂技术在其他州是否奏效？如果可以推广普及，可供开采的石油储量有多大？

面对这种不确定性，拉祖克的举措反映了科氏工业 20 年来的训练成果。1985 年，拉祖克从堪萨斯州立大学工商管理专业本科毕业后加入了科氏工业集团。在科氏大学他受到了真正的教育，查尔斯·科赫的导师斯特林·瓦尔纳告诫普通员工，要时刻关注机会。到 2010 年，瓦尔纳的智慧已经正式成为公司的常规操作。科氏工业的交易员报告他们在市场上看到的情况，然后拉祖克和塞门泰利分享了研究结果，科氏工业迅速采取行动抓住机会。

拉祖克任命他手下的得力干将布拉德·厄本专注于研究水力压裂技术，慢慢地，这个团队扩大到十几人。他们考察了北达科他州的市场，探索了水力压裂热潮下一步可能的发展方向，目的是抢在所有人前面发现下一个巴克肯地层。

*****

水力压裂技术带来的这股热潮之所以让所有人都感到惊艳，一个重要原因是这种技术在 20 世纪 70 年代就有了，但 40 年以来，它未能产生任何有意义的成果。[9] 因为它的成本实在太高了，不具备经济上的可行性，要不是政府的持续投入和支持，水力压裂技术不可能发展到今天。几十年来，水力压裂行业的发展一直受到国家的大力支持，依靠着政府的巨额补贴、税收减免和政府项目的资助，研究才得以维持。

1980 年，联邦法律《原油暴利税法案》出台，对以非常规方式（如水力压裂法）开采的天然气实行减税，目的就是支持企业大力开发新能源。[10] 法案第 29 条的减税政策非常慷慨，规定每 1 000 立方英尺的天然气可以免税 50 美分，而且已经实施了几十年。根据美国国家经济研究局在 2007 年的估计，仅在 2007—2011 年，减税就使联邦政府损失 34 亿美元。

在私营企业不愿意承受高风险技术研究压力的情况下，联邦政府对需要长期研究、昂贵的水力压裂技术实验提供了支持。政府运营的桑迪亚国家实验室开发出了用于水力压裂操作的三维微震成像技术，使压裂成为可能。摩根城能源研究中心则与一些公司合作，开展了实验性的钻井作业，对压裂技术进行了测试，该中心的两名工程师为水平钻井（又称定向钻井）技术申请了专利。1986 年，美国能源部一个与私营公司的合作项目首次在泥盆系页岩中发现了多级水平裂缝。

尽管有这么多帮助，但水力压裂技术仍然从未创造利润。这是一个边缘产业，充满了追梦人和投机分子，人们在未来获取高额回报的承诺和依靠福利金维持生存的现实生活中坚持着。

这种情况在 2009 年迅速改变。企业和政府的合作伙伴发现了降低水力压裂成本的方法，2008 年能源价格的飙升也使该技术具备了竞争力。行业进入良性循环，获得自我增长的动力。从宾夕法尼亚州到北达科他州，银行开始给采用水力压裂技术的企业提供贷款，获得资金的企业则开始寻找新的油藏。

厄本和他的团队对这个行业进行了深入调查，从大宗商品交易员到钻井商，终于发现了下一个风口：致密油。[11] 这种被困在多孔岩石中的原油往往是轻质原油，硫含量较低，与从海外进口的高硫重质原油有显著区别。

无巧不成书，最大的轻质致密油藏就位于得克萨斯州南部，靠近科珀斯克里斯蒂炼油厂的"后院"，而科氏工业在科珀斯克里斯蒂的炼油厂专门提炼轻质原油。这片新月形的地块叫鹰滩页岩地区，从得克萨斯州西南部向上蜿蜒，从圣安东尼奥和科珀斯克里斯蒂之间人烟稀少的区域穿过。

科氏工业开始估算鹰滩页岩地区的致密油产量。在水力压裂技术应用前，开采量约为每天 5.5 万桶，新的油井建成后，日产量可能高达 10 万桶——甚至 20 万桶。没过多久，人们就开始谈论 50 万桶的日产量。[①] 厄本聘请了一位地质学家来研究这片区域，试图从钻井工人的夸夸其谈中找出真相。燧石山资源公司的研究小组开始相信，20 万桶原油的日产量目标是可以实现的。

公司立刻着手制订计划，尽可能多地开采鹰滩页岩地区的致密油并输送到科珀斯克里斯蒂。供应的迅猛增长会导致出现巴克肯那样的瓶颈，供应过剩意味着原油价格下跌，科珀斯克里斯蒂炼油厂可能会突然变成第二个松弯炼油厂，购买异常廉价的原油，然后生产出汽油销售到油价依然高企的零售市场。

因为一个偶然，科氏工业的科珀斯克里斯蒂炼油厂占尽天时地利。多年来，该地区大多数炼油厂投资上百万美元，建设大量专门用于提炼重质原油的装置，主要加工含硫量高的进口原油。而科氏工业在这方面是个异类，由于将生产重心放在化工原料对二甲苯上，科珀斯克里斯蒂炼油厂的装置主要以加工轻质原油为主。换言之，科氏工业完全准备好接受新一轮轻质原油浪潮了，而它的竞争对手却束手无策。

其中还是存在风险的。钻井商正源源不断地进入鹰滩页岩地区，市场逐渐升温，原油存在出售给休斯敦地区炼油厂的可能性。如果科氏工业希望原油流向科珀斯克里斯蒂，则必须迅速行动。拉祖克和塞门泰利开始与工程师们交谈，试图弄清在鹰滩页岩地区和科珀斯克里斯蒂炼油厂之间新建管道所需要的开支。所有的误差值都是"正负 100%"，这意味着实际价格要么等于估计价格，要么是估计价格的两倍左右。科氏工业这种公司偏向于投资风险系数为正负 10% 的项目。

经过几个月的研究，拉祖克、塞门泰利和厄本有了计划，依旧想在成本无法准确估算的情况下，在一个不清楚确切原油储量的地区新建输油管

---

① 当时，即使最乐观的预测也远远不及从地底实际涌出的原油量。

道。企业策划人员虽然已经习惯于规划中存在一些变数，但这次情况不同。"这个项目中的一切都是可变的。"塞门泰利说。尽管如此，他们还是准备把这个项目交给查尔斯·科赫。

*****

科氏工业集团的董事会会议室仍然位于查尔斯的办公室对面的过道尽头。[12] 参观者走上科氏大厦三楼一个宽敞的大厅，经过一尊弗雷德·科赫的半身像雕塑，然后左转进入会议室。会议室没有窗户，深色的木制镶板让人有一种近乎幽闭的感觉，仿佛与会者都在一个潜水钟里。天花板上的凹进式灯把灯光照射在一张占据房间中心的大木桌上。桌子的形状像一个中空的圆环，四周是带轮子的办公椅。科氏工业的高级管理人员就是在这里提出他们的想法的。

拉祖克和塞门泰利向查尔斯·科赫、大卫·罗伯逊和史蒂夫·法伊尔迈耶提出了他们的方案。他们解释了鹰滩页岩地区的原油产量在未来几年可能会随着致密油的开采而激增，以及科珀斯克里斯蒂面对廉价供应时应准备如何精炼。科珀斯克里斯蒂炼油厂的情况与松弯炼油厂这棵摇钱树类似，甚至不需要强调。"他们当然了解原料优势。"塞门泰利说。

方案充满不确定性，特别是价格的模糊隐含着极高的风险，仅建设管道就要花费上亿美元，甚至翻倍。

但查尔斯和他的团队似乎立刻理解了这个策略，并且非常支持。拉祖克回忆说："我们都不用尝试去说服他们。"

"他们只是想确保我们的想法足够野心勃勃。"塞门泰利回忆道。

团队立刻大展身手，与其他企业建立伙伴关系，扩大管道网络，还买下了出口码头；然后开始联系熟悉鹰滩页岩地区的钻井商，签订购销合同，买下它们开采出来的原油。科氏工业的条件充满诱惑，在提供输油管道的同时，如果愿意把原油卖给科氏工业，科氏工业有自己的炼油厂可以加工原油；如果不愿意卖给科氏工业，科氏工业可以为钻井商提供出口码头，帮助它们把原油卖到国际市场。

到了 2011 年，科氏工业已经在输油管道上投资了几亿美元，并签署了每天运送几十万桶原油的合同。这项投资完全是一场赌博，如果鹰滩页岩地区的原油产量不及预期，那么投资将无法收回，这些管道资产将变得毫无价值，会烂在荒凉的灌木丛中自生自灭。

"仅在物流部分，投入就有上亿美元，"塞门泰利说，"我们承受了巨大的风险。我的意思是，很多变量我们都没有弄清楚。"

然后，原油开始流出。

*****

2010 年 7 月，鹰滩页岩地区每天生产 8.2 万桶原油。[13] 年底时，日产量为 13.9 万桶。

2011 年底，鹰滩页岩地区日产原油 42.4 万桶。这还不算什么。

2012 年底，鹰滩页岩地区日产原油 81.1 万桶。这是页岩油大规模开采前的 14 倍多。

2013 年底，鹰滩页岩地区日产原油达到 120 万桶。

2014 年底，鹰滩页岩地区日产原油达到 168 万桶，几乎相当于美国全部原油产量的 20%，甚至可以追溯到 1970 年的最高产量。

对于石油市场来说，势不可当的页岩革命充满了喧嚣和震惊，不只是原油储量规模上的变化，这次变革还改变了页岩油在全球供应中的地位。至少从 20 世纪 60 年代起，石油业务就由大型卡特尔集中控制，从被称为"石油七姐妹"的公司集团到欧佩克的产油国。欧佩克可以根据指令减少或增加石油产量，特别是沙特阿拉伯，拥有极强的调节能力，石油产量取决于沙特王室的意愿。美国的情况正好相反，国内石油储备被成千上万的独立钻井公司开采，不受控制。当世界原油供给过剩时，开采商们依然不愿意关闭油井，都想尽可能地坚持下去，卖掉能卖的一切，只为了等待油价回暖，除非到了山穷水尽的地步才会选择关闭压裂井。在这种情况下，低油价在数年内将成为常态，即使油价在 2014 年的一次暴跌中腰斩，许多开采商仍在继续作业，即使有些开采商已经停产，也依然在等待复工的机会。世界石油市场曾经以可怕的短缺为特征，现在却被来自美国的高供应量控制。

这是一场巨大的变革，但并没有席卷石油行业的每个角落。当美国石油供应的新浪潮袭来时，狠狠地迎面撞上了一个 40 多年来没有从根本上改变过的炼油体系，这个狭窄的瓶颈以出人意料的方式阻碍了石油的流动，为炼油厂的所有者带来了超过世界平均水平一个数量级的利润。而这正是科氏工业在能源行业中的优势，对于公司在鹰滩页岩地区的战略至关重要。

*****

在得克萨斯州的墨西哥湾沿岸，天际线充斥着炼油厂的白色巨塔。[14] 比如炼油小镇阿瑟港就像一个杂乱破败的水泥砖瓦集合体，摇摇欲坠的房子亟待修缮，破碎的窗户上钉着胶合板，碎裂的混凝土人行道上杂草丛生。但当你沿着海岸线驶离小镇，炼油厂的白色巨塔映入眼帘，这座像神话故事中描述的独立城镇，被高耸的栅栏和带刺的铁丝网包围，灯火通明，昼夜不停地喷出蒸汽，所产生的财富无法估量。

自 1977 年以来，美国再也没有新建过任何大型炼油厂。[15] 那一年，吉米·卡特总统在任时，路易斯安那州的加里维尔有一座新建成的炼油厂投产，这成为炼油行业的绝唱。

新建炼油厂的主要障碍是《清洁空气法案》，该法案要求新设施符合现有炼油厂的排污标准。[16] 正如之前的章节所述，现有炼油厂利用了《清洁空气法案》中的新源审查计划，以规避对新建炼油厂实施的严格排污控制的方式扩建旧炼油装置。美国司法部差点儿起诉这些炼油厂违犯了《清洁空气法案》，但最终却允许它们在更严格的控制下继续经营。从那时起，包括科氏工业旗下的炼油厂在内的传统炼油厂，就一直按照这项"同意法令"运营。虽然这项同意法令可能有助于遏制污染，但它并没有促进炼油企业之间的竞争。炼油行业被老玩家瓜分殆尽，再也没有新的玩家加入。

在 20 世纪 80 年代，里根政府放松了反垄断执法后，一轮并购浪潮席卷整个行业，控制炼油厂所有权的玩家进一步减少。克林顿政府时期合并开始加速，1991—2000 年，共有 338 家炼油企业合并。[17] 这一趋势在小布什政府时期得到了延续。

2002 年，美国有 158 家炼油厂。到 2012 年，只剩下 115 家还在生产成品油①。[18] 从民主党执政到共和党执政，无论换了多少任总统，联邦政府似乎始终竭尽全力确保没有新的炼油厂进入市场。为了缓解美国西南部地区成品油供应紧张的局面，亚利桑那清洁燃料公司（Arizona Clean Fuels）曾在 1998 年试图投资几十亿美元新建一座炼油厂，但因为多年的许可证纠纷等原因而受阻。[19] 到了 2009 年，该公司似乎有希望破土动工；然后在 2011 年，这个项目似乎已经没戏了，但竟然又复活了；到 2018 年，有传言称该炼油厂可能会建成，但监管障碍仍然存在。

炼油企业越来越少，但加工规模却越来越大。[20] 在没有新增炼油厂的情况下，美国的炼油能力在 2002—2012 年从日产 1 650 万桶增加至日产 1 800 万桶。

尽管炼油厂正在加工更多的原油，但有证据表明，增加的产量刚好能跟上不断增长的需求，而且不会再进一步增加。炼油企业没有动力将炼油能力提高到可能降低汽油价格的水平。

美国政府问责局的一份报告显示，到 2004 年，炼油行业已经处于"不完全竞争"。[21] 报告指出，炼油企业拥有巨大的市场力量，"炼油商基本上在批发水平上控制着汽油销售"。调查还发现，炼油企业的合并使汽油对消费者来说变得更加昂贵。报告总结说，市场集中度的提高，"通常导致传统汽油和精炼燃料的价格上涨"。

当页岩油的海啸袭来时，美国的炼油厂正开足马力，加工着刚好能满足汽油需求的原油。[22] 2016 年，美国炼油厂的平均生产负荷为总产能的 90%，而全球的平均生产负荷为 83%，只有印度的炼油产能比美国紧张。系统中根本没有过剩的产能，也没有新的公司愿意进入炼油行业以弥补产能的不足。

瓶颈很严重。到了 2015 年，任何一家炼油厂停产，都会导致汽油价格

---

① 2012 年，有 13 家炼油厂仅生产润滑油和沥青。

灾难性上涨。[23] 那年夏天，英国石油公司为了修复一组泄漏的管道，关闭了部分位于印第安纳州怀廷市的炼油装置，这导致整个周边地区的汽油价格上涨，芝加哥的汽油价格甚至飙升至每加仑 60 美分。这是自 2005 年卡特里娜飓风横扫墨西哥湾海岸以来最大的一次成品油价格上涨。炼油厂的产能已到极限，即使是例行检修也会产生飓风般的影响。

在这种环境下，美国炼油企业的盈利能力令人惊叹。[24] 2010 年，美国提炼一桶原油的平均利润约为 6 美元，这在当时是全球最高水平。其次是欧洲，每桶的平均利润大约为 4 美元。一年后，美国的炼油利润已升至每桶 16 美元以上，而欧洲才将近 6 美元。这种盈利能力在一定程度上是由于水力压裂技术，它提供了大量廉价的原油作为原料。不仅如此，该技术同时也降低了天然气的成本，而天然气正是炼油厂发电的燃料。因此，美国炼油厂的盈利能力远高于世界其他地区。

假设科氏工业在科珀斯克里斯蒂炼油厂获得了美国炼油企业平均水平的利润（公司声称高于平均水平），以每天 28 万桶的加工能力和 350 天的运营天数计算（均为保守估计），那么仅靠这一家炼油厂，科氏工业全年就能获利 12 亿美元。

2011 年之后，利润急剧下降，在 2012 年降至每桶获利 13 美元左右，2014 年降至每桶 12 美元。[25] 但利润从未降到接近零的水平，而且始终远远高于全球炼油厂的平均利润。

*****

科氏工业还利用休斯敦交易部门提高了科珀斯克里斯蒂炼油厂[①]的盈利能力。[26] 占据有利地位的交易员可以看到美国化石燃料体系的现实，老化的基础设施组成了支离破碎的网络。在这里，石油和汽油没有全国性的价格，更不用提全球价格了。真正的交易在一个个不透明的中间环节达成，包括大型油库、汽油码头和进口码头等驳船装卸的地方。化石燃料跨地区流动

---

① 科氏工业在科珀斯克里斯蒂实际上有两座炼油厂。为了便于读者理解，文中将这两座炼油厂统称为科珀斯克里斯蒂炼油厂。

并不轻松。加利福尼亚州的市场被该州的清洁燃料标准所束缚，注定价格昂贵。东海岸的市场则严重依赖一条叫作科洛尼尔成品油管道的老旧管道，将汽油从墨西哥湾沿岸输送至新泽西州。（科氏工业集团也是科洛尼尔的大股东之一。）这个割裂的市场为交易提供了丰富的机会，而科氏工业在执行交易方面表现出色。

科珀斯克里斯蒂成了重要的原油交易中心，在交易员看来，这些交易简单优雅且美丽动人。科氏工业买下了堆积在鹰滩页岩地区的廉价原油，这是只有少数炼油厂才能加工的超轻质原油。然后，交易员将精炼汽油产品销往供应紧张的大都市地区，如得克萨斯州的圣安东尼奥和奥斯汀。由于页岩革命，人们蜂拥而至，而这两个城市都没有健全的公共交通系统，人们每天通勤都要从遥远的郊区开车驶入四通八达的公路网。

大规模市场失灵导致了超常的盈利水平，科珀斯克里斯蒂炼油厂正好位于风暴的中心，变成了第二个松弯炼油厂。用科氏工业前石油交易员韦斯·奥斯本轻描淡写的话来说："它们拥有的资产在面对许多竞争对手时都具备优势。"

科氏工业围绕着科珀斯克里斯蒂开展交易，试图最大限度地发挥它作为第一个在鹰滩页岩地区布局建造输油管道所获得的优势。[27] 超轻质原油汹涌而来，甚至让科氏工业都难以招架，处理不了的原油只能出口。公司立刻花费几亿美元将科珀斯克里斯蒂炼油厂升级为一台能加工更多超轻质原油的机器，加工能力提高到每天约30.5万桶。2014年7月，科氏工业还斥资21亿美元在休斯敦购买了一座新建成的化工厂，该厂能将轻质原油加工成丙烯。丙烯主要用于生产工业化学品，以及薄膜、包装袋、瓶盖等塑料产品，是源源不断涌入的轻质原油的另一个好去处。

围绕科珀斯克里斯蒂和鹰滩页岩油开展的交易似乎永远不会亏损，即使在2011—2015年国民经济横盘运行，原油价格下跌，这些交易仍然获得了丰厚的利润回报。

然而，科氏工业的炼油业务正面临越来越大的威胁。石油行业分析师开始担心页岩革命的繁荣会使"石油峰值"时代被"需求峰值"时代取代，尽管价格便宜，但需求依然会下降。这种想法放在2008年石油短缺时期似乎难以理解。在消费者的记忆中，第一次在能源市场上有了另一种选择，比如风能和太阳能。

*****

奥巴马政府虽然在推动碳监管的立法上折戟沉沙，但在推动可替代能源崛起方面要成功得多。[28] 经济刺激法案为可再生能源提供了史无前例的900亿美元补贴，还激励了私营部门额外1 000亿美元的资金。正如政府多年来培育水力压裂技术一样，可再生能源补贴也有助于使风能和太阳能更为经济实惠。这些补贴再次改变了整个能源行业的版图。

2007年，可再生能源仅占美国能源消费总量的6.5%，而化石能源占比高达85%。[29] 到了2013年，可再生能源占比提高至9.5%，此消彼长中，化石能源降至81.8%。（能源行业转变中最大的输家是煤炭，天然气取代煤炭成为发电厂的主要燃料。）这似乎是一个不明显的转变，但在大宗商品市场，即使是微小的变化也可能产生广泛的连锁反应。

奥巴马政府在推动制定新的汽车燃油效率标准时进一步强化了这种趋势，一边鼓励汽车制造商降低油耗，一边尝试让电动汽车变得更便宜。

就在科珀斯克里斯蒂炼油厂加工着来自鹰滩页岩地区的页岩油之际，全美各地也出现了汽油需求高峰即将到来的迹象。[30] 将科氏工业集团视为重要客户的能源咨询公司特纳梅森公司估计，可再生能源的兴起将导致美国成品油需求在2016—2025年年均下降0.1%。这种低增长的环境对科氏工业的鹰滩战略构成了巨大的威胁。如果对汽油的需求减弱，那么汽油价格将下降，炼油利润可能会出现结构性下滑。

科氏工业的员工在公司的后院很清楚地看到了这种威胁。巨大的风力发电场建在平坦多风的堪萨斯州，风电的发展受到州议会的推动。在堪萨斯州，两党对风能的政治支持达成了一致，就连共和党籍州长萨姆·布朗巴克也热衷于助力风能产业的扩张。水力压裂技术在堪萨斯州还没有普及，养牛场的生意深陷泥潭，农业能养活的家庭有限。但新建的风电场和公用电网创造了就业机会，风电行业已经成为该州未来发展的一盏明灯。

与全美其他 29 个州一样，堪萨斯州议会通过了一项法案，要求国有公用事业公司 2011 年购买 10% 的可再生能源电力，到 2020 年将这一比例提高到 20%。[31] 因此，风电场蓬勃发展起来，并且随着新兴的风电行业技术改进，建造风电场的成本也在稳步下降。在查尔斯·科赫的家乡以及其他一些地方，可再生能源有望稳步取代化石能源。

查尔斯知道这样的趋势并非无法逆转。既然政府政策可以偏向支持可再生能源，那么也可以反其道而行之。

*****

查尔斯的主要技能之一是，识别价值被低估的商品。到 2013 年，堪萨斯州的政治力量显然被低估了。

这个州的大部分地区是农村，是共和党的基本盘，大多数堪萨斯州的官员，包括州一级参众两院的成员，都是在他们家乡的初选中当选的。这种州一级的选举投票率趋近于零，投票选民人数可能不超过 1 000 人，几乎没有媒体关注，一场竞选活动能花费 1 万美元就了不起了。

汤姆·莫克斯利就是一个典型的例子。[32] 他是来自距威奇托东北部约 100 英里的小镇康斯尔格罗夫的一位牧场主。60 多岁的他在经营了几十年的小生意之后，觉得是时候从事一些公共服务工作了，于是开始竞选堪萨斯州第 68 区的一个州议会席位。

在堪萨斯州做公共服务也就比加入当地的志愿消防队要严肃那么一点点。州众议院 125 名议员每年 1 月召开立法会议，通常在 5 月结束。会议期间，他们在托皮卡的州议会大厦开会，这座死气沉沉的城市就在堪萨斯城以西一小时车程的地方。

莫克斯利于 2007 年加入州众议院，并在接下来的几年里学会了这里的运作方式。作为州众议院能源和环境委员会的成员，他目睹了科氏工业如何挫败了堪萨斯州议会支持可再生能源的决议，以及如何从 2011 年左右开始改变了一切。2013 年，一行专家学者来到托皮卡的州议会大厦，为可再生能源做证。

莫克斯利称这些学者为"重量级人物"——这种知名人士很少出现在州议会听证会上。这些学者来自华盛顿卡托研究所等智库，就风力发电和政府授权对经济的严重破坏性影响做证。

2009 年，堪萨斯州通过了可再生能源法案，这是两党达成一致的结果。州政府即将批准建设一座新的燃煤电厂，购买可再生能源的授权也纳入了审批范围。人们在担忧环境问题的同时也担心着经济问题，尽管周边各州的能源以便宜的天然气为主，但堪萨斯州的能源绝大部分来自煤炭，而且饱受煤炭价格高企的影响。堪萨斯州想要一种替代煤炭的能源，由于各州在全国范围内的授权和华盛顿的经济刺激资金，风力发电变得越来越便宜。

2013 年，来自威奇托的堪萨斯州议员推动了一项法案，要求取消可再生能源的政府授权。[33] 这位议员是共和党人丹尼斯·赫德基，他是莫克斯利所在的能源和环境委员会的主席。赫德基是一位地球物理学家，为地方石油和天然气公司做过咨询工作，一心想废除可再生能源的规定。这对莫克斯利来说似乎有些奇怪，他在 2009 年支持了新的煤炭厂建设，但也看到了风能和太阳能的好处。"事实证明，风力发电比堪萨斯州的其他任何能源都便宜，"莫克斯利说，"我认为可再生能源（能源授权）对每个人都有好处。"

堪萨斯州议会大厦举办了多场关于全球气候变暖的听证会，许多"重量级人物"排队做证。莫克斯利将这些专家分为两类：一类是"真正的信徒"，认为人类对气候变化的影响是迫在眉睫的环境危机；另一类是"怀疑论者"，认为科学论证存在疑问，气候变化问题正在被歇斯底里的自由派有意夸大。"真正的信徒"被风能行业的说客带来，他们刚刚开始在托皮卡立足；"怀疑论者"的背后是科氏工业资助的团体，包括繁荣美国、哈特兰研究所、比肯·希尔研究所、堪萨斯政策研究所和堪萨斯商会。

听证会上莫克斯利呆若木鸡，他已经弄不清自己是"真正的信徒"还是"怀疑论者"了。他坚定地支持共和党，因此倾向于不信任阿尔·戈尔和国家环境保护局的观点。但是就像鲍勃·英格利斯一样，温室气体排放的科学教育改变了莫克斯利的想法。他逐渐开始相信"怀疑论者"只是小题大做罢了。莫克斯利回忆说："我相信科学，但那些家伙只是在故弄玄虚，并没有真凭实据。"当一名气候怀疑论者向议员们展示了一份关于地球气候的图表时，莫克斯利选择站在了对立面。气温在过去的 100 年中开始上升，图表却刻意遗漏了这个事实。

尽管怀疑论者的论点无法说服莫克斯利，但科氏工业集团还用了别的办法让议员们改变观点。莫克斯利开始听到他的同僚转变政治立场的故事。

在农村地区的初选中，科氏工业及其附属的各种政治团体向当地投入了 5 万美元。从联邦选举的标准来看，这个金额微不足道，但在拉尼德、卡纳波利斯和格利本德这样的小城镇，5 万美元取得的效果令人震惊和敬畏。莫克斯利说，科氏工业是与其他保守派组织进行协调的专家，例如美国全国步枪协会、反堕胎团体堪萨斯生命、堪萨斯商会，当然还有繁荣美国。

莫克斯利观察到了一个百试不爽的策略。他说，科氏工业在初选中会亲自挑选一名候选人，告诉该候选人待在家里别动，然后用明信片、邮件、广告和上门拜访等方式，用负面消息让其竞争对手焦头烂额。利用这种方式，查尔斯在 2012 年击败了对其政治愿景持反对态度的在任议员。

"归根结底，他们把堪萨斯州参议院从传统的共和党式的思维方式转变成了'科赫式'的思维方式。这很有戏剧性，我们无法避免。"莫克斯利说。他开始鄙视出现在托皮卡的新一代州议员，这些人似乎更关心遵循科氏工业制定的路线，而不是自己的理念。

"他们就像傻子一样。他们要做的就是接受商会和科氏工业的命令，"莫克斯利说，"他们没什么思想。他们不读书、不看报，也不懂历史，只做科氏工业想让他们做的事。"

堪萨斯州发生的一切，只是科氏工业在多个州阻挡可再生能源补贴运动的一部分，其主要目标是要求各州购买风能和太阳能的所谓可再生能源标准，查尔斯将这些授权描述为一种裙带资本主义。[34] 科氏工业资助的哈特兰研究所协助起草了一项废除此类标准的法案，随后由科氏工业资助的美国立法交流委员会正式提出，并于 2013—2014 年在十几个州进行推广。

立法交流委员会的努力取得了成果。[35] 俄亥俄州和西弗吉尼亚州废除了可再生能源标准。在堪萨斯州，战斗持续了好几年。莫克斯利多次投票反对废除可再生能源法案，其他少数共和党人和很多民主党人也是如此。但这项法案背后的财力强大到令人无法抗拒。2015 年，该法案的某一个版本最终获得通过，授权被取消，可再生能源标准调整为自愿加入。这只是科氏工业取得的一部分战果。堪萨斯州公用事业公司已经达到了可再生能源标准，但无论强制与否，风电所占的份额在该州依然继续增长，其中一个重要原因是太便宜了。尽管如此，科氏工业还是设法将可再生能源问题政治化，将能源行业的刺激计划污名化，将其视为政府腐败的一种形式，在堪萨斯等州取得了与在华盛顿类似的效果，强行画出一条共和党政客无法逾越的红线。

莫克斯利最终在 2016 年离开堪萨斯州议会，当时他决定不寻求连任。"我老了。"他说。但在保守的堪萨斯州这段公共服务的经历，改变了他对人类活动导致气候变化问题的看法。他比以前更担心这件事了。回到位于康斯尔格罗夫的牧场后，他安装了一大套太阳能电池板，现在只需在冬天支付 5 个月的电费。离开政界大约一年后，莫克斯利开始从这段经历中逐渐恢复过来。

他说："刚刚我穿过院子的时候，突然吹起了口哨。"

*****

到 2014 年，科氏工业的企业文化中增添了一种掌控感。[36] 即使在全球能源业务空前动荡、美国经济增长乏力的时代，科氏工业仍在蓬勃发展。得益于天然气价格的暴跌，科氏工业庞大的氮肥厂网络的利润正在飙升。受益于鹰滩页岩地区的开采和松弯炼油厂的持续赢利，科氏工业旗下炼油厂的现金流源源不断。由于房地产市场的复苏，佐治亚－太平洋公司的生意很好，利润也在不断攀升。科氏工业的成功似乎是以市场为基础的管理理念的明证。科氏工业似乎掌控着一切，从纸巾、汽油、纺织品、玉米到衍生品交易，尽管市场涨跌不一，但它还是成功了。

查尔斯·科赫及其团队也证明了他们能够掌握政治的艺术。[37] 奥巴马改革被削弱了。民主党在国会永久多数的地位和新政的时代已经过去了。奥巴马确实在 2012 年再次当选，但他的执政权力被国会所束缚，每次选举结果都进一步落入共和党的控制，科氏工业选定的国会候选人在 2014 年中期选举中获得了更多席位。在美国，科氏政治网络比以往任何时候都更加强大。对科氏工业经营威胁最大的温室气体管制被扫入美国政治生活的角落。查尔斯曾面临一场政治运动，他认为这场运动威胁着美国的未来，他在很大程度上取得了胜利。

查尔斯一如既往地着眼于遥远的未来。从科氏工业的业务中产生的绝大多数利润都被直接回收到公司中。科氏工业发起了一场收购热潮，与 20 世纪 90 年代的疯狂增长战略不相上下。2013 年和 2014 年，科氏工业斥资几十亿美元收购新的资产，开拓新的业务。各种行业的公司被其收购，从钢铁到玻璃，再到贺卡。

2012 年末，科氏工业收购了非上市玻璃制造商加迪安工业公司的股份，成为第一大股东。科氏工业在加迪安工业的董事会任命了一名高管，并监督公司的表现，最终收购了加迪安工业的剩余股份。2013 年，科氏工业用 72 亿美元收购了制造电子传感器和芯片的莫仕公司。这次收购使科氏工业首次在科技领域占据重要地位，同时由于其使用大量稀土材料和金属制造产品，所以也有利于科氏工业发挥其作为一家大宗商品公司的实力。

同样在 2013 年，科氏工业投资 10 亿美元帮助阿肯色州建设一家高科技钢铁厂，随着美国经济的改善和电网的老化，科氏工业预计其生产的特种钢需求量将创下新高。有点奇怪的是，2013 年 4 月，科氏工业出资收购了贺卡制造商美国礼品公司（American Greetings），并将其私有化，交易价值达 8.78 亿美元。外界好奇这是不是科氏工业造纸业务的某种附加产品，但似乎查尔斯只是认为收购这家贺卡公司是一笔好买卖。同年 8 月，科氏工业又斥资 14.5 亿美元收购了美国博凯技术公司（Buckeye Technologies），然后将其并入佐治亚 – 太平洋公司，该公司利用木材和棉花生产特种面料及材料。

2014 年，当查尔斯扩建和翻修总部大楼时，科氏工业集团内部的掌控感才得到增强。自 20 世纪 90 年代科氏大厦建成以来，总部办公园区的面积几乎没有变化，而现在公司需要更多的空间来容纳不断壮大的员工队伍。唯一的障碍是 37 号街，这条繁忙的双向两车道高速公路横跨园区的北边，许多员工不得不把车停在 37 号街北侧，穿过地下人行隧道才能安全地进入科氏大厦。为了解决这一问题，科氏工业自掏腰包拆除老 37 号街，环绕总部园区新铺设了一条巨大的马蹄形新 37 号街。在马蹄形内部，科氏工业新建了一栋办公楼，占地 21 万平方英尺，足够容纳 745 名员工。

然而，最引人注目的变化是一堵墙。

科氏工业围绕着建筑群的北端筑起了一堵土墙，沿着新改道的 37 号街蜿蜒向前。这堵墙又高又斜，墙上种满了绿植。在这堵墙筑起之前，访客们可以从 37 号街直接进入总部园区的访客停车场，不请自来的客人甚至可以直接从停车场走到科氏大厦的大堂。现在园区入口处设置了一道道安检。其中两个安检口位于北侧，墙上安装了金属门。要想获得访问园区的权限，访问者必须首先收到来自 DoNotReply-SAFE@kochind.com（科氏工业内部邮箱）的电子邮件，其中包含一个条形码。一名保安会在紧靠大门的一座低矮建筑内扫描条形码。在得到进入园区的许可后，黄色的道闸才会抬起放行。

科氏工业总部园区四周的围墙反映了查尔斯为了胜利所付出的代价。几十年来，查尔斯一直极力保护自己的隐私。但在短短的几年间，他成了一个公众人物，以及一个行走的政治漫画形象。代表查尔斯和大卫的"科赫兄弟"已经成为无数政治广告及曝光的素材，他们的形象成为金钱对政治影响的直接证明。查尔斯开始收到死亡威胁信，而筑起一堵保护墙可以帮助他消除这种威胁。现在，送到科氏工业的包裹会首先在大厦的一个防爆间里通过 X 光机扫描。查尔斯的车会停在一个特殊的停车场，直通大楼内部，科氏工业集团变得更像一座堡垒，更具文化隔离性，即使它的工业触角每天都在伸向支撑现代生活的每个角落。

在周而复始的日常工作中，查尔斯完全被那些为了薪水而对他心怀感激的人包围。他的办公室是一个企业帝国的中心，他在这个帝国的绝对权威几乎不会受到任何挑战。但尽管如此，有一件事查尔斯始终无法控制，那就是时间的流逝。2015 年，他已经 80 岁了。但似乎没有人觉得他会退休。

"他们会用担架把查尔斯抬出去。我认为这会是他最幸福的退休方式。"莱斯利·拉德打趣道，他是查尔斯在威奇托的老朋友之一。

但即使不退休，查尔斯也不可能永远领导公司。这就提出了一个令人不安的问题：没有查尔斯，科氏工业还能继续保持繁荣吗？在科氏员工中，政治上正确的答案是，即使没有这位魅力十足的首席执行官，以市场为基础的管理理念也会带领公司走下去。查尔斯的智慧已经被编成程序，就算他不在了，机器也可以在没有他人干预的情况下茁壮成长。但历史上充满了这样的例子：创始人一旦离开，公司就停滞不前。这种命运似乎也是科氏工业的归宿。自 1967 年担任首席执行官以来，查尔斯坚持要保持对公司的控制。没有人知道，公司在没有他的情况下会变成什么样。

查尔斯有一个应急计划，赌注则押在了死亡和时间的流逝上。科氏工业有可能被传给一个继承人，一个继承了科赫姓氏和家族传统的年轻人。

查尔斯在一个有四个儿子的家庭中长大，四个儿子都是家族企业的潜在继承人。而查尔斯只有一个儿子。在他身上，查尔斯寄托了很多希望，耗费了多年的心血栽培他。到了 2015 年，查尔斯的儿子被视为理所当然的继承人。

他的名字叫蔡斯·科赫，每个人都认为有一天他可能成为科氏工业集团的首席执行官，但人们不知道他是否准备好了。或者，更重要的是，他是否有此意愿？

第 22 章
科赫家族的子女教育：蔡斯的人生剧变
（1977—2016 年）

蔡斯·科赫从小就是一副桀骜不驯的模样。[1] 并不是说他的父亲没有尝试去引导。每个星期日下午，蔡斯和他的姐姐伊丽莎白都会从父亲那里得到单独授课。

在威奇托，典型的家庭通常会在星期日去教堂，父母会把孩子送到主日学校，自己则在圣餐台下聆听布道。但这不是查尔斯·科赫家的传统。查尔斯为孩子们专门开发了教学计划，向他们传授自己对人类行为的系统观点，以及人类社会的最佳组织方式。星期日，查尔斯会把伊丽莎白和蔡斯召集到自家的书房里。

书房坐落于主屋后方，是一个空间巨大、气势恢宏的房间，墙壁上摆放着上千本各类书籍。关于哲学、历史和科学的书籍是塑造查尔斯世界观的原始材料，他把这种世界观融入了以市场为基础的管理理念中。在书房里坐下来听课的伊丽莎白和蔡斯，很可能是地球上仅有的能从该管理理念的创造者身上得到如此深刻的面对面教学课程的人。

查尔斯播放了沃尔特·E. 威廉斯和米尔顿·弗里德曼等经济学家的演讲录音。当经济学家和哲学家说个不停时，查尔斯会不时地停下来，向孩子们提问。

"他会暂停录音，然后说：'好了，先停一下，你们从刚才的内容中学到了什么？'"蔡斯回忆道。他当时大概 8 岁。他只记得，当时自己的年龄肯定是"个位数"。

伊丽莎白是家里最年长的孩子，似乎总是急于讨人喜欢，专心听课的她，认真地回答父亲提出的问题。而蔡斯的角色是努力保持清醒。"差不多有一半的时间，我会被抓现行，就像我戴着棒球帽，然后睡着了。"他说，"我姐姐是老大，是个好孩子。她的成绩在班上总是名列前茅，所以她在很小的时候就如饥似渴地听这些东西。"

查尔斯试图向他的儿子灌输知识，但孩子似乎毫无兴趣。蔡斯的固执或者说漠不关心，给查尔斯的未来计划造成了障碍。

从 1977 年 6 月蔡斯出生的第一天起，每个人都清楚地看到了这个计划。[2]当时，科氏工业的几名员工自告奋勇，打印了一条横幅，挂在办公桌上方，查尔斯一回到办公室就能看到。

横幅上写着：欢迎王储。

查尔斯的女儿出生时就没有这样的待遇，这可能与当时威奇托的保守文化有关。"在那个年代，子承父业司空见惯，"莱斯利·拉德说，"在这个地区，很多孩子追随着父亲的脚步。"这是科赫家族的传统，弗雷德培养、教导、塑造了查尔斯，为了让他回归家族并且接手公司，弗雷德施加了巨大的压力。查尔斯继承了他父亲弗雷德的事业，蔡斯袭冶承弓似乎理所当然。拉德说："查尔斯在培养蔡斯，但是要想激发一个人的内在动力，做到这一切，谈何容易。"拉德曾与查尔斯一起度假，参加过很多科赫家族的活动。

查尔斯和他的妻子莉兹努力培育孩子们的竞争动力，他们告诉蔡斯和伊丽莎白，必须在校外找一项他们擅长的运动。[3]在蔡斯 10 岁左右的时候，查尔斯夫妇给他报名参加了一个由救世军赞助的当地篮球联赛，教练之一正是后来成为科氏供应与贸易公司首席财务官的布拉德·霍尔。瘦高且行动笨拙的蔡斯作为一名篮球运动员的表现十分平庸，但霍尔对这个孩子表现出来的价值观印象深刻，他不傲才以骄人，不以宠而作威，无论是练习还是比赛都很努力，从未向旁人炫耀自己的家世。霍尔记得常在场边看到查尔斯，他看得很认真。

当一家人意识到蔡斯在篮球事业上没什么前途时，他们把注意力放在了另一项蔡斯表现出天赋的运动上：网球。如果说查尔斯生来就有数学头脑，那么蔡斯的身材天生就适合打网球。又高又瘦的他挥拍有力、移动迅速，可以赶在对手之前跑到网球场的远端。不幸的是，打网球需要蔡斯在威奇托乡村俱乐部度过大量闲暇时间——包括周末、夜晚以及暑假。

就像父亲弗雷德，查尔斯也发誓永远不会放纵孩子成为"乡村俱乐部浪子"，但左右逢源的蔡斯似乎很向往这种呼朋唤友的生活。最终，他的网球天赋让他赢得了父母的准许。只要每天在网球场上练习网球，他就可以花时间跟朋友们在乡村俱乐部里度过夏天。

对伊丽莎白来说，事情就没那么容易了，她没有找到属于自己的"网球场"。[4] 在体育活动的范围之外，社交活动对科赫家的孩子来说既复杂又充满了压力。伊丽莎白写下了作为城里首富的女儿在成长过程中遇到的困难，她可以去任何想去的地方，但永远摆脱不掉她的姓。她写道："我希望人们喜欢我，但作为一个在小镇上长大的孩子，我知道人们对有钱人家的态度五味杂陈。"

每年，科赫家族成员的画像都会被制成圣诞卡，送给科氏工业的员工。[5] 这家人会摆出所有专业摄影师看了都头疼的尴尬姿势：伊丽莎白坐在地板上，父亲跪在她身后，胳膊搂着她的肩膀，蔡斯和母亲在二人身后静立，脸上挂着冷冰冰的微笑。伊丽莎白似乎从未摆脱作为查尔斯女儿的尴尬感觉。作为一个年轻人的她，内心充满了愤怒，这使她与父母的关系很紧张。

在2007年的一篇博客中，伊丽莎白写道："我真是个可怕的人。我很生气，六年级时，学校操场上的那些女孩说我是个有钱的婊子，而她们除了我的姓之外什么都不知道。我很生气，因为在这个世界上我可以拥有想要的一切，却仍然愤愤不平。"

花费在网球场上的时间消除了蔡斯生活中的部分压力。[6] 网球的世界简单明了，每个人的注意力都在球上，很少有人说话。蔡斯早上、下午和周末都在网球场上，自发地努力练习。很快，他参加了地区锦标赛并赢得了比赛。他被认为是威奇托最好的年轻球员之一，甚至是堪萨斯州最好的球员之一，随后成为横跨几个州的密苏里山谷联盟①的顶级选手之一，在网球场上，蔡斯的姓氏无关紧要。蔡斯的胜利会让父亲感到开心。

*****

上了中学以后，蔡斯的网球运动生涯已经很难维持下去了，他所有的业余时间都被网球支配，母亲经常开车带他去参加地区性的网球比赛。[7]筋疲力尽的蔡斯开始厌恶这项运动，开始叛逆。

蔡斯回忆说："我认识了新的朋友，会跟他们一起出去玩，享受另一种生活，而不是只有网球。我在一些地区性的比赛中开始'摸鱼'，基本上只想回家和朋友们聚会。"

蔡斯的母亲伊丽莎白完全不明白发生了什么事，现在儿子会输掉以往能轻松获胜的前几轮比赛。这让她很恼火，甚至暗自垂泪。

蔡斯说："所以她把这件事告诉了我父亲。"

当听到蔡斯在网球场上失败的消息后，查尔斯请儿子到科氏工业总部好好聊聊。蔡斯猜想父子可能会一起吃一顿午饭。但是当他抵达时，没有饭吃。

马上就要到夏天了，查尔斯给了儿子两个选择，要么在科氏工业工作一个夏天，要么重新投身于网球运动，重新开始认真打球。

那年夏天蔡斯 15 岁了，那是他上高中前的最后一个暑假。做出决定并不困难，他选择在家族企业工作。按照他的设想，在科氏工业他也只是坐在办公室，随便学点儿东西，顺便挣点钱，晚上还有时间和朋友们一起玩。

"我说：'好吧，你给我找点事儿干。我受够了。我累了，精疲力竭。

---

① 密苏里山谷联盟是美国历史第三悠久的大学体育联盟，属于 NCAA（全国大学体育协会）一级联盟，现成员主要由美国中西部地区艾奥瓦州、密苏里州、伊利诺伊州和印第安纳州的几所大学组成。——译者注

我想做点别的。"蔡斯说。

第二天，蔡斯醒来时发现父亲为他收拾好了行李，蔡斯要开始夏天的行程了，司机会来载他一程。他们将向威奇托以东行驶四个半小时，到达一个名叫锡拉丘兹的小镇。

驶离威奇托不到30分钟后，地表变成荒芜的平地，除了偶尔碰见的石油钻塔外，视野所及之处都是开阔的草原景观。离开威奇托两小时后，会感到完全被困在大草原的中心。继续开上两小时，蔡斯到达了目的地。

锡拉丘兹是科氏牛肉公司旗下最大的养牛场所在地之一，是科氏工业在20世纪90年代重塑农业业务的核心。在几英里外，蔡斯就能闻到那个地方的气味，大约有五万头牛在谷仓下的泥泞围栏里乱转，而谷仓是锡拉丘兹天际线上最高的建筑之一。

下车后，蔡斯被带到他的住处——养牛场经理凯利·芬克的单人拖车。芬克告诉蔡斯，这个夏天他得睡沙发了。蔡斯放下东西，打算安顿下来，芬克在拖车走廊的单人床上躺了下去。

蔡斯严重怀疑父亲给过芬克具体指示，那就是让他崩溃。他被派去铲粪和除草。"前两个星期充满痛苦。他们递给我一把铲子，让我把那摊东西铲出去，然后清除杂草。为了让我头脑清醒，我做了很多繁杂的工作。"

蔡斯每天至少工作十个小时，一周工作七天。7月4日，他放了一天假。那天，查尔斯夫妇从科罗拉多州维尔市给他打了个电话，当时他们正在那里度假。他们告诉儿子维尔市正在下雪，问他是不是觉得很神奇。

蔡斯继续工作，慢慢地了解芬克并且开始喜欢这个人。然后，奇怪的是，他开始喜欢这项工作。当夏天快结束时，蔡斯感受到以前从未真正感受到的东西。他觉得自己经历了一场磨难，真的有所收获。

六年级的时候，在父亲的帮助下，蔡斯写了一篇论文。他的作业是挑选一位哲学家，写下他的思想。查尔斯建议儿子选亚里士多德，然后他们一起读亚里士多德的著作，查尔斯在他工程师一般的整洁手稿中列出了亚里士多德重要著作的页码供蔡斯继续研究，蔡斯在论文中总结了自己认为亚里士多德最重要的思想。

"亚里士多德教导我们，生活的目标是快乐，要想实现快乐，你需要运用自身的天赋。"[8] 蔡斯写道。

夏末已至，在上高中一年级之前，蔡斯开始明白亚里士多德的意思，以及他父亲的意思。他感到很开心，那是一种成就感。

*****

蔡斯在威奇托大学预备学校就读高中一年级，[9] 这是一所私立高中，绿草丛生的宽敞校园就坐落在距离科赫家族庄园不到两个街区的地方。每天早上，蔡斯从庄园的前门离开，在第 13 街左转，向东走，经过威奇托乡村俱乐部的正门，然后右转进入学校停车场。他在这个狭小的地理区域中度过了青春期的大部分时间。

教室位于一排朴素的米色砖房里，后面是一排绿树掩映的街道。在校园的东边有足球场和田径场，往回走是几个网球场，十几岁的蔡斯下课后基本都在这里。这块场地是戴夫·霍利的地盘，[10] 这个高大魁梧的男子是堪萨斯州历史上最受欢迎的网球教练之一①。常见的场景是，在某天下午，霍利在网球场里走来走去，用洪亮的声音向队员们大声喊叫。他在纪律和要求上毫不放松，如果他觉得学生们训练不够努力，就会让他们收拾铺盖回家；如果他觉得学生没有发挥出自己的水平，也会毫不掩饰地给予批评。总的来说，霍利跟孩子们打成一片，有空还给小朋友上课。有一次在指导一个小女孩的时候，霍利提醒她，网球不像保龄球，在你来我往的回合中，对手不会给你时间去思考，而是会变得难以捉摸让你无法预测。当球抛给小女孩的时候，霍利大声对她说："你永远不知道会发生什么！你永远不知道会发生什么！"

在这样的环境中，蔡斯茁壮成长。高中时期，蔡斯面对了 100 多个对手，并成功击败了所有对手，只有一个人除外。击败蔡斯的是马修·赖特，

---

① 在威奇托大学预备学校工作期间，霍利教过的球员截至 2018 年总共赢得了 50 个州冠军，他本人也入选了全国高中网球教练协会名人堂。

他是蔡斯在霍利队的同学兼队友。

蔡斯是霍利几十年高中教练生涯中教过最出色的球员之一。当谈到蔡斯时，霍利说："我教过的男学生中他能排进前四——最不济也是前六。"

蔡斯的球风反映了他的个性。他的比赛依赖于两个主要优势：一是能摒弃杂念并及时回应对手，二是比全州所有人都更努力的精神。[11]网球队的成员们朝夕相处，霍利有大量时间观察蔡斯和同学们的互动，因此很难不注意到风度翩翩的蔡斯，他眼中的蔡斯并不符合大众的设想。科赫这个姓氏背后的权力和财富光环过于耀眼，不管蔡斯在威奇托走到哪里都能被一眼认出。但不知何故，不显山不露水的蔡斯隐匿了这种光环。确实有很多关于他的故事，比如他家的私人飞机，他每年都会和家人在场边观看在纽约举行的美国网球公开赛。蔡斯最快乐的时光是在球场上，在那里他只需要默默努力。"如果你不知道他是谁，你就永远不会知道他是谁。"霍利说。

蔡斯对待网球就像一周七天的工作，霍利从来没有见过他在训练中放松。蔡斯的打法被霍利教练称为"全场型打法"，这需要不断地调动对手，直到对方追不上他打过来的球。主要策略就是通过一次又一次的凌空抽球迫使对方犯错，最后溃不成军。这是一个依靠努力训练、长期练习和身体锻炼的打法。蔡斯不是什么传奇天才，他只是比别人更努力。

尽管如此，蔡斯还是无法击败赖特。[12]如果说蔡斯能给人留下深刻印象，那么赖特则是能让人过目不忘。在天赋上的接近推动了队友之间的友好竞争。在那些紧张的训练中，常常是蔡斯和赖特都在尽全力地想击败对方。

因为在学校和网球上的优异表现，蔡斯赢得了更多的自由。他在高二的时候拿到了驾照，得到了一辆福特探险者。

1993年9月18日星期六晚上，蔡斯开车出门，计划带一群朋友去购物中心。[13]跟许多十几岁的男孩一样，坐在驾驶座上的蔡斯一定享受到了驾驶带来的自由感。他踩下油门，感受着福特探险者的速度和力量。

蔡斯掌控着一切，他开得很快。

*****

那天晚上，一位名叫诺拉·福尔斯顿的女人外出散步，她碰巧是塞奇威克郡的检察官，威奇托也属于这个郡。[14] 在散步的时候，她看见一辆福特探险者从眼前开过，由于开得太快引起了她的注意，于是她记下了车的样子。汽车在居民区的街道上疾驰而过，还不清楚她是否看见了坐在驾驶室内的那个十几岁的男孩。

这时，一个叫扎卡里·塞伯特的 12 岁男孩出去慢跑了，[15] 他的父母和两个姐弟都叫他扎克。他会绕着家附近跑 3 英里，每周跑三次，这是他的父亲沃尔特·塞伯特设计的路线。沃尔特本人是一名出色的长跑运动员，他在科罗拉多州博尔德小镇参加奥运会前的集训时遇到了扎克的母亲。扎克是家里的长子，1993 年 9 月，扎克快满 13 岁了。作为一名充满热情的跑步爱好者，他经常在早上 5 点以前醒来，在上学前跑步。

沃尔特一直对儿子强调要注意车辆。当晚，扎克向南跑过家附近的社区，在道格拉斯大道东段的十字路口停了下来。这是一条四车道的路，是穿越城市的主要交通要道。他在红绿灯下的人行横道处停下脚步，按下按钮启动了行人过街信号灯。扎克戴着耳机，正在听节奏感极强的嘻哈饶舌组合克里斯克罗斯二人组的音乐，

十字路口的交通信号灯先是变黄，随即变红。一辆大型厢式货车减速，停在离扎克最近的车道上。这辆车挡住了扎克东侧的视线，使他无法看到道格拉斯大道向西边行驶的车辆情况。沃尔特曾教过扎克，进入人行横道时要注意两边的车辆，所以估计扎克是这样做的。然后他立刻起步，跑到街上。

蔡斯开着福特探险者在道格拉斯大道上飞驰，车上还有另外一个朋友。他们正前往购物中心汤东广场，大概跟全国各地的青少年一样，准备在星期六的晚上无所事事地瞎逛，去美食广场，和其他朋友见面，逛逛专卖店。

还有一个街区就到购物中心了，蔡斯开得很快，行驶在左侧车道上。他驶近人行横道时，红灯亮了，大型厢式货车停在了右侧车道上。

就在蔡斯的车超越厢式货车的瞬间，扎克突然出现在车前，留给蔡斯

反应的时间可能还不到一秒钟。福特探险者的右前角狠狠地撞上了扎克。但蔡斯并没有立刻停车，他继续开了约 200 码[①]，来到一个停车场，掉转车头，然后用车上的电话拨打了 911 报案。

当救护车赶到并将扎克送往 HCA 韦斯利医学中心（HCA Wesley Medical Center）时，他还活着。[16]沃尔特接到电话后急忙赶到医院陪儿子。虽然细节不多，但似乎所有相关的人都已经知道这辆车的司机是城里首富的儿子。这让事情可能朝着尴尬痛苦的状态变化。沃尔特没有想太多，他急切地想知道关于儿子的消息，但他不能忽视这种变化太久。

沃尔特说："在医院里，有个来自威奇托警察局的警察告诉我不要'狮子大开口'，当时我都不知道儿子是生是死。"他认为警察指的是塞伯特家可能起诉科赫家，想要从这桩悲剧中获利。沃尔特说这样的行为他无法想象。

扎克在到达医院大约一小时后死亡。

*****

查尔斯·科赫不仅是威奇托市的一位杰出市民，他的公司也是威奇托市的经济支柱之一。[17]1993 年 9 月 21 日星期二，《威奇托鹰报》的订阅用户得知查尔斯的儿子所驾驶的汽车造成了可怕的悲剧。

查尔斯和莉兹迅速采取行动保护孩子。但同样，他们也让蔡斯承受自己犯的错误所造成的可怕后果。这种严厉的处理方式是为了确保蔡斯永远不会否认他的所作所为。

为了保护蔡斯，科赫家族找来了科氏工业总法律顾问唐·科德斯，这位总是寻求最好结果的律师成了科赫家族的发言人，他的任务是讲述一个尽量减少蔡斯在事故中的责任的故事。

科德斯告诉《威奇托鹰报》，蔡斯驾驶汽车接近人行横道时，看到路口的信号灯是黄色的，这与蔡斯在事故发生后向警察局提供的说法一致。他还说，事故现场没有打滑痕迹，说明蔡斯当时不太可能是超速行驶。"我们的理论是，当他转向左边时，如果是高速行驶，车辆就会失控。这只是一

---

① 　1 码 ≈ 0.9 米。——编者注

个偶然发生的悲剧事件，"科德斯告诉报社记者，"没有喝酒，没有吸毒。他是一个诚实的孩子。学习成绩很好，热爱运动。"

对查尔斯和莉兹来说，公司律师能够为蔡斯提供足够的保护。这样说可能有些过于现实，但他们不认识塞伯特家族，不知道他们会不会"狮子大开口"。

但是科赫家族选择了另一种策略。扎克死后不久，查尔斯和莉兹告诉儿子，去扎克的父母家里看望他们，为自己所做的一切负责。[18] 当时，沃尔特仍在努力调整心态，适应所发生的事情。伊丽莎白陪同蔡斯去了塞伯特家。沃尔特说他想与蔡斯私下谈谈，并建议两人坐在塞伯特的厢式货车前排座位上。蔡斯同意了。车门关上，蔡斯和沃尔特一同陷入沉默。沃尔特看得出来，旁边这个 16 岁的孩子坐立不安，可能吓坏了。

"我只是想让他告诉我发生了什么，他非常非常紧张。也许我不怪他，他也经历了这些。"塞伯特说。蔡斯道了歉，他深深的悔恨似乎发自内心。沃尔特向男孩询问事故的细节。

"他基本上只是说他不知道发生了什么。他认为当时是黄灯，没有说任何关于超速的事情。"沃尔特回忆道。这种说法让他备受折磨，他当时还不了解事情的全部情况。郡检察官诺拉·福尔斯顿后来告诉他，她在事故发生前曾看到蔡斯的车在附近超速行驶。

不过，虽然蔡斯那天可能在沃尔特面前胡言乱语，但他在公开法庭上承认了闯红灯，并接受了证人对他的指控。

查尔斯、莉兹和蔡斯参加了扎卡里·塞伯特的葬礼。[19] 塞伯特家的一位朋友告诉《威奇托鹰报》，在葬礼上看到科赫家的人出现让众人"情绪激动。走入那个场合需要很大的勇气。教堂里的每一只眼睛都盯着他们"。

蔡斯一定感受到了这些目光，这种经历会深深地烙印在他的脑海中。蔡斯粗心大意、行事鲁莽，这在十几岁的男孩中很常见。但就在一瞬间，这种漫不经心的行为造成了无法挽回的后果。

*****

作为潜在证人，福尔斯顿回避了担任该案的检察官，特别检察官斯蒂芬·约瑟夫被任命负责此案，他指控蔡斯·科赫交通肇事罪致人死亡轻罪①。[20] 这是一项比过失杀人罪较轻的指控，过失杀人罪可以适用于交通事故，即司机在意识到自己威胁到他人生命的情况下致人死亡，或在完全不关心他人安全的情况下致人死亡。约瑟夫认为该案件的事实不足以构成如此严重的指控。

蔡斯承认自己有罪。次年 1 月，恰逢高中二年级的下半年开学，蔡斯被判处缓刑一年半、社区服务 100 小时、宵禁 10 个月。不仅如此，他还被要求支付扎卡里·塞伯特的丧葬费，并参加防御性安全驾驶课程。

沃尔特·塞伯特说，他对判决结果感到满意，相信正义得到了伸张。[21] 但几十年过去了，沃尔特仍然为在厢式货车里与蔡斯的谈话而烦恼。他觉得蔡斯是在试图逃避责任。"他和另外三个十几岁的孩子在车里。他们到处乱窜，车开得太快了。"沃尔特说，"他没有告诉我闯红灯的事。他告诉我自己没有注意到红灯亮了。问题是，他显然很紧张。老实说，我不能全怪他。但归根结底，是他杀了我儿子。他没有向我承认自己的所作所为。"

沃尔特没有意识到，蔡斯永远无法逃脱他所做的一切。[22] 随着年龄的增长和在科氏工业地位的提高，蔡斯很少提及这起事故。但他生活中的每一天都无法摆脱这件事的影响。"我真希望人生可以重来，"蔡斯谈到事故时说，"我不能原谅自己的所作所为。我也不指望其他人会这么做。"

因为这场事故，蔡斯的生命不再纯白无瑕。事故的前后，人生剧变。时光荏苒，但那段记忆从未消失。"我对所发生的一切负全部责任。"蔡斯说，"我想，现实就是我的余生都需要背负这种沉重。"

*****

在高中生涯的后半段，蔡斯再次在网球场上找到了自己的位置。[23] 他高

---

① 根据具体情况，交通肇事罪致人死亡的指控分为轻罪和重罪。属于轻罪的，处罚金或者一年以下有期徒刑；若被视为重罪，则必须进监狱服刑。——译者注

中生涯的比赛记录是 110 胜 14 负，依然只输给过队友马修·赖特一人。

蔡斯高三的时候，教练霍利建议他在州锦标赛上与赖特组成双打组合。他认为蔡斯理应获得一个州冠军，而通过与赖特合作可以实现这个目标。蔡斯告诉霍利他会在周末考虑他的建议。周一回来时，蔡斯明确地回绝了。自我的实现远比赢得一个州冠军的头衔重要。

*****

在蔡斯高中毕业后，科氏工业集团科珀斯克里斯蒂炼油厂的经理们召开了紧急会议。[24] 一位经理刚刚接到通知，查尔斯·科赫的儿子夏天将在这里实习。这个消息引起了会议室的恐慌。布伦登·奥尼尔也参加了那天的会议，当时他还没有去科氏工业的交易部门从事衍生品交易。

"有一点好笑，"奥尼尔回忆起那天关于蔡斯会到来的会议时说，"当时现场的人说：'我们该怎么办啊？''我们会好好照顾他，让他忙个不停，给他找点儿事做。'"

然后奥尼尔就笑不出来了，他被告知蔡斯将直接在他手下工作。维持人际交往是一件痛苦的事情。经理们一致认为，既需要给蔡斯施加点压力，又必须让他受到良好的对待。工作必须很艰苦，但又不能太辛苦，奥尼尔则全权负责处理这种矛盾的情况。上级给了奥尼尔一个关键的警告："不能让他受伤。"

当蔡斯到达时，他与奥尼尔的设想大相径庭。高大安静的他朴实无华。"我这么说吧，他 18 岁的时候不是工作狂，"奥尼尔回忆说，"他没有表现出一副'嘿，总有一天我会接管这家公司'的样子。"

夏初，蔡斯让奥尼尔松了一口气。蔡斯说，在他来科珀斯克里斯蒂之前，父亲把他叫进办公室，然后当着他的面给工厂经理打电话。"查尔斯打电话给工厂经理说，如果蔡斯搞砸了，我要你当场解雇他。如果你没有勇气去做，那么我亲自来。"奥尼尔说，"是蔡斯告诉我这些的，工厂经理并没有告诉我。"

出乎奥尼尔意料的是，蔡斯是一个正常的青少年。蔡斯喜欢交朋友，会花时间摆弄他的车，利用空闲时间给车里安装了立体声增强和音响系统。奥尼尔给蔡斯安排了远离炼油塔和裂解装置的工作，因为那里流动着高压易燃的化学品。蔡斯整理了炼油厂运营数据，帮助奥尼尔和他的同事分析这些装置的性能。这是个合适的工作，既能给予蔡斯足够的教育，又不会把他暴露在危险的环境中。

奥尼尔很少看到蔡斯激动，更别说发脾气了。几十年后，奥尼尔的脑海中仍然清晰地浮现出一幕。有一天他们在办公室工作时，薪酬管理部门的一名员工进来找"查尔斯·科赫"，那个人可能是根据员工目录上显示的全名——查尔斯·蔡斯·科赫——来找人的。

蔡斯知道对方找的是他。奥尼尔说："我可以看出来，他显然很生气，因为对方管他叫查尔斯。"蔡斯的反应很快，他说："我的名字不是查尔斯，是蔡斯。"

*****

弗雷德·科赫毕业于麻省理工学院。[25] 查尔斯·科赫紧随其后，在麻省理工学院拿到本科和多个研究生学位。大卫·科赫曾就读于麻省理工，比尔·科赫也从麻省理工学院毕业。

蔡斯·科赫去了得克萨斯 A&M 大学，主修市场营销。[26] 他没有继续打网球，并且有生以来第一次在家、威奇托乡村俱乐部和威奇托大学预备学校这个小圈子以外的地方生活。搬到得州卡城的蔡斯终于住到了一个与自己的姓氏毫无关系的地方。这是他人生中第一次做真正的蔡斯，而非蔡斯·科赫。

本科毕业后，蔡斯决定不回威奇托工作。他想开辟自己的道路，为一家名不见经传的小公司工作。他搬到了得州奥斯汀，受雇于一家小型咨询公司，从事市场营销工作。在闲暇时间，蔡斯开始玩音乐，还加入了一支乐队，在奥斯汀附近演出。他们演出齐柏林飞艇、平克·弗洛伊德和蔓延恐慌乐队的歌，还有一些原创曲目，他称之为"杂七杂八的乐队玩意儿"，演出主要面向大量喝得醉醺醺的观众。

那是一段幸福的时光，但一种不安感也开始蔓延。他过着普通的白领生活，但在他的世界里，这种生活被认为是失败的。父亲的传奇人生笼罩着他——在麻省理工学院获得多个学位，30 岁出头就成为科氏工业集团的首席执行官。与父亲相比，蔡斯的人生似乎停滞不前，甚至可以说是失败的。

2003 年，蔡斯与家人一起前往纽约观看美国网球公开赛。[27] 某天比赛因大雨取消，蔡斯和他的父亲以及他们一家的朋友莱斯利·拉德共进午餐。就座后，拉德开始问蔡斯：是否享受奥斯汀的生活？市场营销的工作怎么样？生活怎么样？开心吗？查尔斯静静地坐在一旁看着。蔡斯试图表现得没有兴趣，开始回避这些问题。一切都很好，工作很好，奥斯汀很棒。

拉德步步紧逼，问蔡斯：为什么不回威奇托为自家公司工作？为什么在得州浪费时间在乐队里演奏？然后开始艰难地说服蔡斯，认为他应该认真考虑一下回到家族企业。

拉德说："我对他说：'蔡斯，这家公司太棒了。你爸爸是个伟大的首席执行官。如果你想拒绝，没关系，但你必须亲自赢得拒绝的权利。你得回去看看是怎么回事，在那里工作一段时间，然后再做决定。你不能只是由着自己的性子说不。'"

蔡斯看了看父亲，查尔斯似乎故意表现出对拉德的劝说毫无兴趣。拉德后来坚称，查尔斯并没有让他说服蔡斯回去工作。拉德表示自己说这些是出于对蔡斯的关心，像对自己的儿子一样给他建议。

这次谈话改变了蔡斯的生活。他辞去了在奥斯汀的工作，退出了乐队，回到了威奇托的家。回来后不久，蔡斯与父亲以及科氏工业的首席财务官史蒂夫·法伊尔迈耶一起出席了一个会议。查尔斯和法伊尔迈耶解释说，蔡斯需要先经历一系列类似培训的课程，在公司的头几年将获得相当于 MBA 的学位。但公司的 MBA 学位是专门为科氏工业的经营方式量身定做的。家族企业对蔡斯的真正教育正式开始了。

*****

蔡斯从事各种高层岗位的工作，接触到科氏工业现代业务中的战略支柱，[28] 这种培训教会了蔡斯之前没有学过的东西。他没有被送到炼油厂，没有被送到管道部门，也没有被送到天然气处理厂。查尔斯想教给儿子的不是关于能源工业的知识，恰恰相反，他选择的工作岗位反映了科氏工业在过去十年中的发展状况，以及未来的发展计划。

轮岗情况大致如下。

第一课：私募股权收购和合并。

第二课：会计和税务。

第三课：以市场为基础的管理理念培训。

第四课：交易。

蔡斯的第一个任务是去科氏发展集团，[29] 他加入了发展集团旗下的科氏控股发展有限公司，这家公司主要从事购买上市公司的股权。当时正逢科氏工业的收购热潮达到顶峰，在收购英威达和科氏化肥后不久，就在以 210 亿美元收购佐治亚－太平洋公司期间，蔡斯开始在这里工作。

蔡斯制作了大量表格，试图通过数据分析找出判断一家公司价值的最佳方法，这对于公司制定出比竞争对手更清晰、更准确的市场总体战略来说至关重要。科氏工业正在寻找市场缺口，寻找可以抓住的机会。

同时，蔡斯还在一个会计和税务分析小组工作。这项工作听起来既神秘又无聊，没有人梦想长大后成为一名税务分析师。但蔡斯发现，这些技能就像管理复杂的管道和炼油系统方面的专业技能一样，对科氏工业的成功至关重要。在美国经济中，几乎没有比美国税法更复杂、更容易被操纵、更具财务价值的领域了。

管理科氏工业集团每年数十亿美元的巨额纳税义务，在查尔斯的两个主要哲学理论之间造成了巨大的冲突。

第一个理论是，政府征税只不过是国家批准的盗窃行为。[30] 与查尔斯和埃德·克兰共同创立卡托研究所的学者默里·罗斯巴德，将税收称为"官方抢劫"。他认为税收制度是强行从一个成功的群体中获取资金，并以纳税人无法控制的方式进行支出。

不管怎样，尽量避免纳税在道德上似乎是合理的。但是查尔斯深信的第二个理论是 10 000% 合规原则，他主张日常经营要遵纪守法。当法律要求公司纳税时，它必须纳税。

这两个相互对立的想法导致科氏工业以一种已经成为美国大公司（从苹果公司到通用电气）标准的方式来处理公司税务，利用美国税法自身的复杂性作为工具来合理避税。[31] 科氏工业在全球创建了许多公司，包括有限责任公司以及许多子公司。其中很多是空壳公司。比如，查尔斯就同时担任了 KCM 顾问 / 普通合伙人有限责任公司（KCM Advisors/GP, LLC）、EKLP 有限责任公司（EKLP, LLC）和 FHR 阿拉斯加担保人有限责任公司（FHR Alaska Guaranter, LLC）等公司的董事。[32]

将这些法律实体分布到全球网络中需要花费大量的时间和精力，但收获是巨大的。到 2016 年，由于开曼群岛或欧洲小国卢森堡等避税天堂的存在，美国联邦政府每年损失约 1 285 亿美元的企业税收。而这样的避税天堂，只适用于那些有能力雇用税务分析师、律师和交易员团队来执行计划的大公司。

科氏工业和许多美国公司一样，在开曼群岛中的最大岛屿——大开曼岛设有办事处。[33] 这个不起眼的办事处位于岛上的西湾路 802 号，很难被注意到。这是一条棕榈树林立的街道，沿着狭窄岛屿的西侧延伸，距离丽思卡尔顿高尔夫俱乐部仅几分钟的路程。

大开曼岛没有所得税，也没有公司法，对于公司的设立只有简单的基本要求。开一家公司只需要在门上贴一个名牌，也许还需要一两名员工。作为免税区的开曼群岛，吸引了世界上一些最大的金融公司到大开曼岛设立办事处。这里的私立学校体系在教学质量上可以与美国媲美。还有高档购物中心、夜总会、高尔夫球场，以及似乎无边无际的海滩，可以周末来度假。

科氏工业集团在开曼群岛拥有各种各样的空壳公司，而此处几乎没有自然资源，工业基础设施也很少。[34] 一个名为美国桥梁的自由派活动团体详细调查过开曼群岛的商业登记情况，结果发现有 200 多家公司疑似与科氏工业有关联，这些公司包括科氏矿业开曼有限公司（Koch Minerals Cayman, Ltd.）、科氏 NGL 开曼有限公司（Koch NGL Cayman, Ltd.）和科氏氮航运有限公司（Koch Nitrogen Shipping, Ltd.）。

2014 年，一批税务文件被泄露给名为国际调查记者联盟的监督组织，该组织披露了科氏工业利用这些公司逃避纳税的方式。[35] 这些关于科氏工业的文件是由安永会计师事务所准备的，安永为科氏工业将资金转移到欧洲避税天堂制定了路线图。这种被称为"雪地计划"的安排，创造了一个由空壳公司组成的复杂网络，上亿美元在网络中流动。该计划的关键部分是英威达，它创建了一家名为 Arteva Europe Sárl 的内部银行，负责协调各公司之间的现金流。该银行还成立了一个瑞士分部，似乎是为了从瑞士的低税率中获益。资金来回流转，股票转换成债务，公司一路解散。其中一些策略看起来像是金融炼金术，其中一个真实的案例是，7.36 亿美元的借款在公司之间转移，直到最终落到一家美国子公司手中，该子公司"既是债务人又是债权人"，这实际上抵销了债务。公共诚信中心的报告称，2010—2013 年，Arteva Europe Sárl 为 2.69 亿美元的利润仅缴纳了 640 万美元的税款，并且年税率从未超过 4.15%。税务文件被泄露后，科氏工业的公关团队表示，公司遵守了适用的税法。

税务分析的工作经历让蔡斯明白，纳税并不是一件简单的事情，而是一个充满复杂战略和潜在巨大利益的竞技场。从事过收购工作并掌握了税务分析技能的蔡斯，下一步想进入对科氏工业至关重要的核心部门。"我说：'送我去休斯敦。我想和交易员一起工作。'"蔡斯回忆说。

*****

在网球场上，蔡斯不必为自己辩解，他只需要面对对手。[36] 在交易部门，类似的情况出现了。在这里，蔡斯的决定好坏与否，市场会做出明确的判断。市场不在乎蔡斯的姓氏，只关心他做了什么。蔡斯不必担心是否有人为自己牵线搭桥。市场反映的数字清晰且无可辩驳。

"那是第一次……我感到血液在体内流动，"蔡斯笑着回忆道，"你知道我的意思吗？我真的很兴奋。我喜欢交易带来的反馈——市场的反馈——以及交易大厅带来的能量。"

蔡斯对交易操作的熟悉程度甚至超过了大多数交易员。[37] 他花了几周时间跟着科氏供应与贸易公司的首席财务官布拉德·霍尔，后者向蔡斯详细介绍了整个部门，介绍了会计和税务系统对科氏交易业务的支撑，并让他着眼于与波斯湾的阿拉伯王子、亚洲炼油企业的高层以及美国联合航空公司等美国公司的首席执行官达成大型能源交易。

霍尔等领导都很清楚，蔡斯正在为加入集团高级领导岗位进行培训。蔡斯希望通过自己的努力赢得高管职位。"他满脑子都是问题，想了解所有事情。他绝对不是走走过场。"霍尔回忆说。

蔡斯只在休斯敦的交易部门待了一年左右，然后就被调回威奇托，加入科氏控股发展团队。大约在 2006 年，蔡斯开始感到不安。在科氏工业不同岗位的轮换，给了他很少有人能掌握的对公司的看法。但他觉得自己的学习又广又浅，什么都没有真正掌握。

这时，科氏化肥公司的工作让他有机会脚踏实地，真正掌握科氏工业的一块业务。[38] 史蒂夫·帕克布什仍然是科氏化肥公司的总裁，他安排蔡斯做了一名地区销售员，负责美国中北部地区肥料的销售。这个职位主要面对农业合作社，在科氏化肥公司处于中间地位。

上任初期，蔡斯和更资深的销售人员一起接待来自艾奥瓦州的客户。客户对之前的一笔交易很生气，抱怨了很长一段时间才发现蔡斯在房间里。

"终于，他看着我，他问：'你是谁？'我当时就说：'我叫蔡斯。'"蔡斯回忆道。

"他说：'你根本就不懂化肥！'"蔡斯说，"然后我回答道：'你说的对，先生。但我希望你能帮助我了解化肥。'"

*****

蔡斯以销售员的身份打磨自己，并以一种非常近距离和细致的方式了解了氮肥业务。[39] 然后，他转向了自己最喜欢的业务领域，加入了一个化肥交易小团队，并运营一个名为 UAN① 化肥的氮基产品小投资组合。交易记录显示他非常成功，手里的投资组合也越来越大。他估计自己最终完成了整个交易部门一半的业务。

那段时间，蔡斯的职业生涯加速了，完全是基于他在市场上赚的钱。大家不再认为他只是靠姓氏出人头地，同事们说蔡斯看起来很开心。

在科氏工业威奇托办公室交易原油的韦斯·奥斯本很早就到公司了。但在上班早这件事上，他从来没有赢过蔡斯。无论奥斯本到得多早，蔡斯的车总是已经停在了停车场里。

一天晚上，几个交易员要一起去奥斯本家吃饭，他们也邀请蔡斯一起去。奥斯本认为这是个错误，他不想和首席执行官的儿子一起玩。

"我说：'呃，我不想和这个家伙一起吃饭，因为他会很傲慢。我可受不了这些。'"奥斯本说。好巧不巧，蔡斯很早就到了奥斯本家，晚饭前他们俩坐在一起聊天。奥斯本很震惊，蔡斯其实是个好人，他看起来很真诚。整个晚上都没有任何破绽，他好像不是装的。

"如果我不是知道实情，根本不会意识到他是谁。"奥斯本回忆说，"我记得晚餐结束时，我们坐在那里喝鸡尾酒，我告诉他自己本来对当晚不报任何期望。我真不敢相信他那么平易近人。蔡斯当时的反应是：'好吧，你能这么觉得，我非常感激。'"

这种恭维是真诚的，蔡斯一定很感激。但这句恭维也是一个尖锐的提醒。不管他怎么做，不管他达成了什么，他始终是蔡斯·科赫，大老板的儿子。

*****

蔡斯的姐姐伊丽莎白跟随伯伯弗雷迪的脚步，离开威奇托，搬到了纽约，在家族公司没有担任什么重要的经营角色。[40] 伊丽莎白成了一名作家，她以笔名出版了散文、短篇小说、书评等文学作品。

伊丽莎白在布鲁克林创办了弹弓出版社（Catapult Press），专门出版实验小说和其他小众书籍。她保留了自己在查尔斯·科赫慈善基金会董事会

---

① UAN 代表尿素硝酸铵（urea-ammonium nitrate）。

的席位，有时会参加慈善基金会在华盛顿特区的会议。一名科氏工业的说客回忆起伊丽莎白对公共事务办公室的访问。那次她提前几个小时到达，说客们把她照顾得无微不至。他们在办公室里闲聊，她赞许了办公室的风水，与她待在一起如沐春风。

伊丽莎白与查尔斯的接触看起来既有限又紧张。[41] 2008 年，她为文学杂志《格尔尼卡》（*Guernica*）写了一篇文章，以第一人称讲述了一个女人在多年没有见到父亲后与他不愉快地重逢的故事。伊丽莎白写道：

> 上周我父亲进城来了。我六年没见过他了。我喝醉了。他看着我吃晚饭，他睁大眼睛，张大嘴巴。我男朋友说鸡骨头在我嘴里崩裂，就像一根棒棒糖。
>
> 第二天早上，我父亲向我道别。他吻了我的脸颊说："你饿得厉害。"
>
> "你没资格说这些。"我男朋友回答道。

小时候，伊丽莎白热衷于学习以市场为基础的管理理念。长大后，她把在科氏工业集团工作的重担留给了弟弟。

*****

在化肥交易部门的成功让蔡斯获得了晋升，帕克布什将他带入了国际发展的新角色。[42] 蔡斯开始周游世界，帮助科氏化肥扩大业务范围。在此期间，科氏化肥在巴西、墨西哥、澳大利亚、英国和法国均建立了终端网络。

帕克布什对此感到十分满意，2012 年，他再次提拔蔡斯担任科氏农艺服务部门（Koch Agronomic Services）的领导，这项工作使蔡斯与风险投资家、发明家和初创公司的负责人联系到一起。他们生产的高端化学产品能显著提高氮肥的使用效率，提高作物产出比，同时减少对环境的破坏。在农民施肥后，大多数氮肥会直接挥发，或者渗入当地溪流。中西部农场的氮肥会流入密西西比河，然后流入墨西哥湾，高氮水平刺激了那里的藻类生长，藻类吸走了水中的氧气，从而形成了巨大的"死亡地带"，摧毁了水生生态系统。科氏工业收购了一家名为 Agrotain 的生产添加剂的公司，该公司的添加剂可以减缓氮肥流失的过程，能将氮固定在土壤中。

蔡斯热爱在科氏农艺服务部门的工作，就像热爱交易一样，与发明家见面并对他们的新产品进行宣传真是令人兴奋。蔡斯现在不仅是查尔斯的儿子，他凭借自己的能力获得了在化肥行业的一席之地。他在艾奥瓦州做过销售，在威奇托管理过投资组合，帮助科氏化肥的业务拓展到全世界。

有一天，帕克布什把蔡斯叫进办公室，给了他职业生涯中最大的一次挑战。[43]科氏化肥将剥离其采购天然气的能源业务，转型成一个独立的化肥部门。帕克布什希望蔡斯成为新科氏化肥公司的总裁。

蔡斯回忆说："帕克布什说：'你已经准备好驯服野兽了。'"

蔡斯成了新科氏化肥公司的总裁，该公司在全球拥有 3 000 名员工，每年能获得几十亿美元的收入。这家公司还拥有价值几十亿美元的化肥厂，需要 24 小时的监督和警惕，防止致命事故的发生。它无疑是科氏工业最重要的部门之一，规模仅次于佐治亚 – 太平洋公司和燧石山资源公司。

只要蔡斯想要，帕克布什会立刻把这一切的控制权都交给他。

"我当时的想法是，"蔡斯回忆说，"哦，见鬼了。"

*****

蔡斯将首次成为科氏工业的公众人物。[44]那是 2013 年 10 月在俄克拉何马州伊尼德化肥厂举办的开工仪式。公司在工厂外为此次活动搭建了一个遮阳棚，蔡斯身着西装、打着领带抵达现场，这种着装礼节对于科氏工业的高管来说并不多见。这是蔡斯职业生涯中第一次发表大型公开演讲。

科氏化肥公司在伊尼德化肥厂投了 13 亿美元，用于扩大其厂区面积并提高产量。由于天然气价格的暴跌提振了利润，此时化肥业务出现了淘金热。科氏工业正在利用其优势，在竞争对手进入该领域并抢占其市场份额之前扩大工厂规模。剪彩等吸引当地民意领袖的仪式有利于企业宣传。遮阳棚下，折叠椅上坐满了伊尼德的市政领导、工厂员工和当地的执法人员。

那天完全不适合发表演讲，强劲的阵风迫使在场的每个人都紧紧抓着手里的宣传材料。[45] 蔡斯走上讲台时，他的头发被吹得乱糟糟的。然而，他风趣地发表了自己的讲话，然后转过身，观看挖掘机完成仪式。蔡斯还在宴会厅发表了讲话，台下坐满了伊尼德的商界人士。这次音响效果好多了。蔡斯写了稿子，照本宣科地读了一遍，给人一种播报新闻的感觉。

蔡斯说："展望未来，我们有理由对科氏化肥的发展感到非常兴奋。随着人口在未来 30 到 40 年内会从 70 亿增长到 90 亿，我们看到了全球需求的积极趋势，我们要跟上这一趋势，进一步推动对更高效产品、更多服务和更多创新的需求。"

蔡斯并没有刻意给人留下深刻印象，他的表现多年来没有任何变化，依然安静、低调、谦逊。在接手科氏化肥公司时，蔡斯展现了自己的领导风格，那是经过几十年的艰苦努力形成的风格，无论是在网球场上，还是在交易桌前，在僻静的空间里沉默寡言的他，总是专注于手头的事情，全力以赴。他表现得很谦虚，看起来像是一个在自己的节奏里越来越舒服的人。他永远逃不开科赫这个姓氏，但开始怀着轻松的心情背负它。

蔡斯的自信在某种程度上可能是因为个人生活的改变。[46] 2010 年 11 月 1 日，他迎娶了一个叫安妮·布赖滕巴赫的威奇托女孩。她是一名注册护士，曾就读于堪萨斯大学，是一个很有主见的人。莱斯利·拉德注意到结婚后蔡斯身上发生的变化，婚后改名为安妮·科赫的妻子显然有自己的想法，她的独立性似乎也给了蔡斯作为成年人的根基。拉德说："我认为安妮是蔡斯理想的妻子。她很聪明。她有决心，也有自己的看法，这不受查尔斯和莉兹的影响。我想蔡斯也有这种感觉。他觉得自己得到了父母以外的人的支持。"

蔡斯和安妮花费 300 万美元在威奇托买了一块 70 英亩的土地作为他们的新家，这块地大部分尚未开发。[47] 蔡斯现在有了自己的家庭财产。当他和安妮生下儿子时，他升级做了父亲。接着他们有了第二个儿子。

在威奇托商界领袖的小圈子里，很多人都在谈论蔡斯。成为科氏工业的主人对他来说似乎水到渠成。从他刚出生时起，"欢迎王储"的阴霾就一直笼罩在他的头上，而现在，他正朝着这个方向奔跑。科氏工业首席执行官办公室似乎近在眼前、触手可及。

唯一阻碍蔡斯前进的是他的痛苦。

*****

与大多数人想象的不同，科氏化肥总裁的生活充满了让人精疲力竭、没完没了的会议。[48]蔡斯常常在清晨五点至五点半到达科氏工业总部，那时天还没亮，在其他父亲陪孩子吃早餐的时候，他已经在办公桌前为会议做了一个小时的准备了。会议大约从六点半开始，一直持续到晚上六七点。会议没有给蔡斯留下为科氏化肥公司制定战略愿景的时间，他忙于管理一个庞大、复杂、危险的工业体系。

蔡斯不愿透露细节。他知道一个微小的疏忽就可能导致一场灾难，所以他没有让决策权旁落他人。结果这是一个战略错误。

"我让它压垮了我。"他说。他开始带着痛苦和压力回家。他的家庭生活受到了影响。

蔡斯拜访了大卫·罗伯逊，科氏工业的资深高管，2005 年起成为集团总裁。罗伯逊寡言少语，但开口便一针见血。他是以市场为基础的管理理念的拥护者，也被视为科氏工业未来首席执行官的潜在候选人。如果罗伯逊就任，那么他将成为首位不姓科赫的首席执行官。在某些人看来，这使他成为蔡斯的竞争对手。没有人知道未来会怎样。

如果蔡斯和罗伯逊在争夺首席执行官的职位，那么他们表现得完全不像对手。蔡斯在最需要帮助的时候向罗伯逊求助，罗伯逊给了他明智的建议。

"我走进大卫的办公室。我直接向他表达了'我需要帮助。我真的很挣扎'。"蔡斯回忆道。

罗伯逊让他描述一下通常一天的安排，蔡斯谈到了会议、公司处理不完的事情，以及他所承受的压力。罗伯逊告诉蔡斯，这是典型的领导方式的错误，自己肩上扛了太多东西。

罗伯逊对蔡斯说："你要控制自己的日常安排。你是唯一能对事情说'不'的人。要对自己的角色负责，真正去做一些能增加价值的事情。"

蔡斯试图学习如何放权。他得确保有合适的人为他工作，并信任他们能做好自己的工作，但还是觉得哪里不对。蔡斯意识到，在他被提拔之前，在经营科氏农艺服务部门时，他更快乐。他热爱这项工作的创新，喜欢与投资者和发明家会面。蔡斯回忆起罗伯逊给他的建议，一个领导者能做的最重要的事情就是发展愿景。现在蔡斯有了清晰的愿景，这并不是威奇托其他人强加给他的。

蔡斯与帕克布什开了一次会议，并告诉了他这个消息。

蔡斯说："史蒂夫，我不是这个位置的合适人选。"他想辞职。

帕克布什试图说服蔡斯改变主意。"他说：'再给自己一段时间。真正了解这些东西需要时间。'"蔡斯回忆道。

蔡斯没有回头。他希望帕克布什将科氏农艺服务部门打造成一家独立的公司，然后交由他来经营。这份工作声望较低，看起来像在通往首席执行官的道路上倒退了一步，而不是前进了。但这正是蔡斯坚持要做的。

"我当时想，我需要在这里，这就是我的激情所在。"蔡斯说。

2015 年底，蔡斯降级。他离开了笔直向上、子承父业的道路。他的理由很简单："生命太短暂。"

几年后，当被问及作为科氏化肥公司负责人做出的最重要的战略决策是什么时，蔡斯思考了一会儿，然后提到了他辞职的这个决定。

他说："我认为，这是一个重大的战略决策，对整个企业和我个人来说都是如此。"蔡斯自己的经历告诉他，不管别人的期望如何，走自己的路更重要。他似乎从来没有后悔过。

*****

蔡斯的决定打乱了公司员工看起来明确的继任计划。蔡斯离开后，科氏工业的高管之间展开了一场无言的竞争——成为查尔斯·科赫离职后的下一任首席执行官。这并不是 2015 年查尔斯唯一的不确定性来源。即使对一个拥抱波动性的人来说，2015 年和 2016 年的事件也令人不安。

美国公众似乎想走自己的路，不管后果如何。到处都是反叛的低语，最终导致了美国政府的危机，这场危机有可能颠覆查尔斯长达40年的政治计划。

公司内部也有叛乱和问题。作为科氏工业最大和最重要的部门之一的佐治亚－太平洋公司，出现了一连串顽固而致命的问题。但是最令人沮丧的是，这些问题并没有被以市场为基础的管理理念驯服。人们都快死了，管理上再怎么努力似乎都没有效果。

美国工人的愤怒情绪高涨，在俄勒冈州波特兰的佐治亚－太平洋公司的仓库中尤为火热。这就是史蒂夫·哈蒙德作为内河船员工会官员的最后一搏。

第 23 章
工会能否再次发挥作用：
员工薪酬与人身安全

（2015—2017 年）

为了改善佐治亚 – 太平洋仓库的工作环境，史蒂夫·哈蒙德自愿成为工会官员。[1] 他想限制劳动管理系统的权力，为员工争取加薪。他想带领内河船员工会重铸辉煌。但是现实很残酷，他花费了大量的时间，深陷与科氏工业的拉锯战。

内河船员工会在波特兰有上百名会员，分散在几家公司，但哈蒙德估计，他有 75% 的时间在处理佐治亚 – 太平洋仓库大约 100 名员工的投诉。在劳动管理系统的摧残下，他们被迫加班加点，因为轻微的违规和偶然的缺勤而受到纪律处分，有的人甚至丢掉了工作。员工们不断来到哈蒙德的办公室投诉，要求工会给予帮助并提出申诉。当劳资谈判重新启动时，他们恳求哈蒙德为兄弟们争取一份更好的合同。每天上班，哈蒙德都会路过工会大厅外的一块大石碑，上面写着"对一个人的伤害，就是对所有人的伤害"，这句格言仿佛是对哈蒙德的公开挑战。这句格言，以及它所传达出的工会团结一致的精神，到底是为了劳工权益抗争到底的驱动力，还是只是一件博物馆的藏品，这始终是一个悬而未决的问题。

这个问题是哈蒙德在 2016 年与科氏工业最后一场战斗的核心，同时也是佐治亚－太平洋公司内部令人不安、不断恶化的趋势所凸显的问题。[2] 根据公司内部的机密数据，随着科氏工业不断推动员工实现利润最大化和提质增效，仓库的工伤人数稳步攀升，无论是轻伤还是重伤，情况都在加重，烧伤、截肢和工作中的死亡人数逐年增加，而公众对此却一无所知。哈蒙德无法获得这些数据，无法确切地了解发生了什么，但他亲眼看到劳工的压力持续加剧。他的工作是将"对一个人的伤害，就是对所有人的伤害"的口号付诸实践，证明蓝领工人仍然有权决定工作场所的条件。

2015 年，哈蒙德仍在码头工人工会大楼二楼的那间小办公室工作，但他有了新上级。[3] 加里·巴克纳姆辞去了地区总监的职务，取而代之的是布赖恩·道奇，他的绰号是"躲避者"。

道奇身材矮小而结实，散发着工会领导者的气场。他喜欢叽里呱啦地大声说话，蓝色的眼眸闪烁着强烈的光芒。他的面部特征也很引人注目，寸头、方下巴、眼睛威严而深邃。他曾说自己随时随地都会带着一把刀。接受这份工作后不久，道奇就给哈蒙德起了"锤子"的绰号。这个绰号不适合哈蒙德猫头鹰般的外形，但非常适合一名工会会员。

"躲避者"和"锤子"并排坐在狭小的办公室里。哈蒙德罕言寡语，而道奇则在不断地接听遍布哥伦比亚河上下游的工会会员的电话。道奇接电话时会说："嘿，我的兄弟。"随即会突然吼道："你刚刚是想弄死我吗？"然后突然爆发出近乎疯狂的笑声。他开始像个工会巨头那样喋喋不休地说："是的。哎哟。每小时再多付 10 英镑。油船船员——不是小领导那种——时薪 49 美元 40 美分。好吧——这个数还行。34 美元。这就给了我一些东西来对付他们。"

还是 2015 年，这对搭档最大的挑战来了，是时候和佐治亚－太平洋公司重新谈判劳资协议了。[4] 2010 年那次长达 18 个月的残酷谈判让工会不堪重负，几近分裂。2013 年协议即将到期时，工会没有选择谈判，而是在工会会员的支持下直接投降了。道奇和哈蒙德告诉科氏工业，他们想续期 2010 年的合同，在接受原协议条款的情况下延长 2 年。虽然之前包含较低年薪增长等失败条款依然存在，但这份协议也允许了工会会员保留自己的养老金，同时避免了再次发生一场恶战。

2015 年，工会会员们明确表示不想再续期原协议，他们想让道奇和哈蒙德为他们争取更好的劳资条件。就在这时，哈蒙德开始了每天酗酒的生活。喝酒一直是仓库生活的一部分，每天换班后，兄弟们都会在停车场分享啤酒。以往只有在特殊的日子哈蒙德才会喝苏格兰威士忌，偶尔也会来一杯昂贵的格兰威特。但自从在工会开始全职工作后，哈蒙德变成每周都要喝苏格兰威士忌，然后变成天天喝。酒越喝越多，也越喝越便宜，哈蒙德改喝帝王或者尊尼获加红方。

"很快，我每天能喝掉半瓶酒，甚至大半瓶。"哈蒙德说，"我每天晚上都蹲在家里狂喝，在床上不知不觉地睡着、醒来，感觉像一摊烂泥一样，然后去上班。"如果说喝酒伤身，那么在工会的工作也是。工会官员和会员之间形成了一种奇怪的动态关系，有点像父母和愤怒的青少年之间一种由怨恨和依赖交织而成的亲密纽带。早在 20 世纪 80 年代，工会会员认为工会官员就像他们的发言人，会员决定自己想要什么，工会负责传达信息。而现在，大家觉得工会官员就是另一组管理人员，觉得工会在管着大家，觉得工会有能力与科氏工业达成更好的劳资协议，觉得工会能够解决会员与科氏工业管理层在仓库的纠纷。哈蒙德认为现在这种普遍观点其实过时了，工会的真正力量来自会员，来自团结一致的行动和罢工的意愿，而不是工会的办公室。然而，所有的工会会员都不断地向工会办公室寻求解决办法。

在 2013 年成为地区总监并就合同展期进行谈判后，道奇摸到了一些门道。工会会员同意续期，但只是勉强同意，道奇则觉得续期是当时唯一的选择。在与科氏工业接触了几次之后，道奇很快就学会了虚张声势的谈判策略。但科氏工业难以说动。"加州人的时薪是 30 美元，这里的人拿 40 美元，我还怎么给他们大幅加薪？麻烦你告诉我！反正我没那种能耐。"道奇说。

在哈蒙德刚加入工会那会儿，会员们每周都开会，而现在一个月就见一次面（不包括 7 月和 8 月）；以前能吸引 200 人参加，现在能来大约 14

个人，大多数还是工会执行委员会的成员，只有一到两个人是自愿出席的。如果那天突然一下来了很多人，那一定是满腹牢骚。当他们怨天尤人时，那必然是希望哈蒙德和道奇帮他们解决问题。

哈蒙德说："我在那儿既当爹又当妈。"仓库里的生活一天比一天糟糕，工会本应该让事情好转。疏离隔阂和愤世嫉俗是会传染的。

对佐治亚－太平洋公司的不满已经超过了经济问题的范畴。[5] 2010—2018 年，随着产量和利润的提高，严重的工伤也随之增多。整个体制出了故障，问题很难解决。从首席执行官吉姆·汉南到仓库经理，佐治亚－太平洋公司的管理层已经意识到了问题，但绞尽脑汁也无法降低工伤率。2014 年，工人死亡人数猛增至 21 世纪初以来从未有过的水平，人们担忧还会有更高的数字出现。"我们所做的是在佐治亚－太平洋杀人。"公司的一位资深员工说。

*****

在 2005 年科氏工业收购佐治亚－太平洋公司时，继承了该公司名为 TRAX 的监控系统。[6]该系统会记录公司运营的各种指标，并集中到数据库进行分析，帮助科氏工业提高公司整体的安全性和生产力。这种数据分析在帮助佐治亚－太平洋公司提高收益、偿还几十亿美元债务方面发挥了至关重要的作用。其中有一个关键指标是关于工伤和事故的。

2005—2009 年，公司持续完善 TRAX 系统，并启动员工操作培训，因此数据质量时好时坏。[7]到 2010 年，TRAX 系统全面投入使用，当年就记录了公司总共有 579 起"OSHA 可记录的工伤事故"，这意味着这些工伤的严重程度已经到了必须向 OSHA 报告的程度。那年，有一人在工作中死亡。

科氏工业的经理们有理由对这一结果感到满意。相较于收购之前，佐治亚－太平洋公司的情况有了极大改善。整个 20 世纪六七十年代的安全生产情况都很糟糕。"就像是'欢迎来到佐治亚－太平洋，小心你的屁股'。"一位员工回忆道。

20 世纪 90 年代初，佐治亚－太平洋公司全国每年有 6 名工人死亡。[8]

这 10 年情况有所改善，但在 21 世纪初再次恶化，公司驻佐治亚州高管韦斯利·琼斯表示，由于背负着沉重的债务，公司大幅削减了劳动安全方面的投资。2000 年有 7 人死亡，2001 年和 2002 年均有 6 人死亡，2004 年情况稍有好转，没有人员死亡的记录。

2008 年公司获得了喘息的机会，房地产市场开始崩盘，建材订单大幅放缓；在随后的经济衰退中，纸张和纸巾订单也大幅下降。[9] 在这个衰退周期中，科氏工业做了它最擅长的事情：逆经济周期投资，向佐治亚 – 太平洋公司投资数十亿美元，其中很大一部分用于改进安全措施。

这可不是一件简单的事。工作场所安全风险控制是一个看起来不可能完成的工程问题，它包含了几乎无限的因素并且相互作用。工厂经理必须考虑每台装置的危险程度，以及其可能发生事故的方式，还需要考虑在一个复杂的生产周期中每台装置之间的相互作用。在大多数情况下，这些装置昼夜不停地运转。

最后，还有人的因素。人类的行为难以预测，总是在工作中即兴发挥，违反规则，把自己置于意想不到的处境，制造不可预见的危险。科氏工业通过两种方式降低这种因素的影响：设备升级，以及改变员工的思维和行为。佐治亚州萨凡纳郊外的一家大型石膏厂内，随处可见亮黄色的屏障，科氏工业在高危设备周围安装了新的围栏。这样改变了长期以来让员工处于危险境地的做法，促使人们远离快速旋转的机器。

科氏工业最大的改革努力来自强化企业安全文化建设，所有员工都需要学习如何将以市场为基础的管理理念运用到安全保障上，需要了解十大指导原则和五大维度，这有助于在保证安全的同时提高产能。不仅如此，工人们被 10 000% 合规的信息轰炸着，反复强调并鼓励他们在不安全的情况下关闭机器。

在房地产市场崩盘后，工伤率也下降了。[10] 科氏工业的内部报告显示，在 2005 年完成收购前，佐治亚 – 太平洋公司共有 730 起工伤报告，科氏工业将这个数字削减了 20%。尽管如此，除了 2007 年有 4 人因工伤事故直接死亡外，佐治亚－太平洋公司仍保持每年因工死亡1人的情况。

到2010年，科氏工业管理层相信，他们已经建立起一套能够实现安全收益的系统和实践。2010—2011年，可记录的工伤人数从579人降至545人。

2011年，房地产市场和经济开始复苏。[11] 在上一年度的12月有69.7万套新房开工的基础上，在建新房的数量同比增长了约21%。这种上升趋势持续数年，对胶合板、石膏板、绝缘材料等建筑材料的需求增加，订单开始涌入佐治亚－太平洋公司。

科氏工业的新管理举措受到了考验，至少在提高加工厂和纸浆厂的生产效率上取得了巨大的成功，收入和利润率同时增加，科氏工业开始积极偿还佐治亚－太平洋公司的债务。[12] 在被收购之前，佐治亚－太平洋公司发行的公司债被评为垃圾债券，说明评级公司认为它很可能无力偿还。2016年，公司被标准普尔评为A+，变成投资级别。被收购的前一年，公司净利润为6.23亿美元，到了2016年，科氏工业将这一数字提高到平均超过10亿美元，几乎翻倍。

这种改进，使佐治亚－太平洋公司的首席执行官吉姆·汉南成为公司的新星。[13] 从科氏工业"先遣队"的初次接触到成为公司的掌舵人，不屈不挠、专注谦逊并取得了积极成果的他，表现得就像典型的科氏人。熟练掌握以市场为基础的管理理念的他，把公司的成功归功于经营理念，而非其个人特质。

阳光下也会有阴影，在利润攀升的同时也出现了棘手的问题。[14] 2011—2012年，佐治亚－太平洋公司的工伤人数从545人跃升至584人。这让查尔斯·科赫感到不悦，因为他以既安全又能获取盈利的方式经营企业而自豪。然而，这种增长很容易被当成偶然事件而忽略。2012—2013年，受伤人数略有下降。

2012年后，房地产市场迅速大幅回暖，佐治亚－太平洋工厂的工作环境也越来越不安全。死亡人数开始上升，工伤人数几乎与2012—2014年接到的订单数量同步上升。

2013—2014 年，工伤人数急剧增加，从 527 人骤增至 644 人。[15] 当年，有 9 名员工落下残疾，154 名员工被烫伤，高于之前一年的 134 人和再之前一年的 126 人。2014 年，工人被电击的次数从往年的 1 次猛增至 19 次。2013 年，两名工人在工作中丧生。

但从很多方面来看，工伤人数的增加毫无道理。对这些工厂，科氏工业坚持生产安全领域的投资，工厂经理们也被告知要明确传达 10 000% 合规和安全第一的原则。但越来越多的人受到伤害。

最令人震惊的是，不仅仅是工伤人数上升，受伤率也增加了。[16] 这打破了工作时间的延长增加了事故发生概率的说法。根据 OSHA 的统计，2013—2017 年，事故率逐年稳步攀升，在此期间上升了 44%。工作变得越来越危险。

2014 年 3 月 17—18 日，几名高管在亚特兰大召开会议讨论解决安全问题，汉南参加了会议。[17]

根据某位旁听者对会议的记录，汉南在会上说："过去 6 个月中发生的事情是令人难以接受的。"他将佐治亚 – 太平洋公司的事故和死亡事件称为"教育警示案例"，其理念是每次事故的发生都教会公司要更好地处理安全问题。但公司没有汲取任何教训。汉南强调，企业文化将在解决这一问题方面发挥关键作用。汉南说："我们需要有一种价值观，就是对个人或组织的风险采取零容忍的态度。我们必须互相学习，从风险最大的项目着手处理。"

"建立在基于以市场为基础的管理理念®①的文化上。"会议记录写道。汉南暗示，公司的未来岌岌可危。"如果我们不能保证安全，为什么还要投资？"汉南问道。以市场为基础的管理理念本应解决这个问题。结果并没有。

*****

科氏工业接手佐治亚 – 太平洋后，改变了整个公司的工作方式。[18] 公司

---

① 在"以市场为基础的管理理念"上附加注册商标 ® 似乎是科氏工业高管的首选风格。查尔斯·科赫使用了这个标记，并且其也出现在内部备忘录中。

想方设法将加入工会的员工人数减少了一半，从 2005 年的 2.2 万人减少到 2016 年的约 1.18 万人。没了工会的束缚，公司也成功避免了查尔斯·科赫 1972 年接管松弯炼油厂时那种苛刻烦琐的工作规则。这些变化在萨凡纳郊外的大型纸浆厂中得以窥见。

这间纸浆厂生产的产品是面巾纸和餐巾纸的原材料，机械化程度很高，内部干净整洁，置身其中通体舒畅。整个空间就好像工业圣诞老人的工作室，是一座由全自动生产线组成的迷宫，无数纸卷在这里滚动、旋转、包装。无人驾驶的叉车穿行其间，被对准前方地面的激光所引导。员工们监视着机器的运转，在出现问题时进行修理。其中一名员工叫达纳·布洛克尔，他肌肉发达，精力旺盛，自 20 世纪 90 年代以来一直在佐治亚－太平洋公司工作。

在被科氏工业收购之前，像布洛克尔这样的员工一直在从事特定的工作，只管理某台特定设备。其他人也是如此，卷筒机操作员就只负责卷筒机，包装员只负责包装，装箱员只负责装箱。在科氏工业接手后，这些区别就消失了。布洛克尔的工作头衔是"可靠性技术员"，他要监督各种各样机器的运转。

"现在你是一名技术员，公司希望你能负责运行所有设备。所以没有人被绑在某一台设备上，你必须运行整个生产过程。"布洛克尔说，"如果现在有人问我，我的工作具体是什么，我该怎么说？我负责整条生产线，我没有一个具体的工作。只要工作有需要，我都要做。"

布洛克尔的同事马克·考德威尔说，这为员工创造了新的灵活性。"你可能分不清谁是制造工程师，谁是机械师，谁是技术员。你不可能分辨出谁在扮演什么角色，因为我们都是来工作的。我们都在做需要完成的工作。"

两人都对新的制度赞不绝口。布洛克尔说，这有助于培养团队精神，激励他像企业家一样思考，而不是做一个简单的工厂工人。"这似乎帮助了所有人。没有人会对其他人以某种方式运行某个东西大加指责。大家都在努力帮助对方获得最好的产品。"两人还强调，经理鼓励他们在发生危险时关闭机器，安全是第一位的。

虽然工会依然顽固地坚持着工作规则和岗位分配，但这样做的传统可以追溯到 20 世纪初不安全的工作条件。局限于某一特定工作有助于工人不仅在特定流程上，而且在特定机器上强化专业知识。佐治亚－太平洋工厂的设备规模之大，需要熟练的专业知识。一些机器甚至有一栋小房子那么大，运行着巨大的旋转中的纸卷，重量高达 2 000 磅。了解这些机器的细枝末节和危险之处至关重要。但佐治亚－太平洋公司的员工正越来越多地陷入在职学习的处境。

科氏工业则试图通过实施一套烦琐的规章制度，对员工的日常工作进行规范，最终达到降低风险的目的。[19] 政策法规和行业标准被编纂成一系列文件，可以通过公司内部网络查询，员工则需要强制学习这些文件。一份长 20 多页的工作标准文件规定了员工在正常操作程序之外的"非常规"操作行为。另一份有 25 页长的工作标准文件规定了员工应该如何关闭机器进行维修。一位员工估计，工作标准报告的总页数加起来有 1 000 页。工人们被要求遵守这些标准，一旦违反，就可能被指控违法。

2014 年，当死亡的浪潮席卷佐治亚－太平洋公司时，这套管理制度就已经在实行了。

*****

2014 年 8 月 11 日，在位于阿肯色州克罗塞特的造纸厂，一位名叫罗伯特·韦森的 41 岁男子正在工作。[20] 他和妻子莉萨住在附近的汉堡镇。韦森有一张瘦削而棱角分明的脸，一头剪得很短的黑发，打理得很干净的胡须勾勒出他锐利的下巴线条。那天，他正在操作一台大型卷筒机，一台能卷出工业尺寸、重达上千磅纸卷的机器。

当大卷筒沿着传送带往下走时，韦森在其"尾部"贴上胶带，这样卷筒在运输时也能保持紧密的卷曲状态。① 不知道出于什么原因，韦森离开了他本应该站立的地方，沿着传送带走远了，可能是为了在卷筒上贴更多的

———————

① 大卷筒的"尾部"是最后一截松脱的纸张，就像卫生卷纸一样。

胶带，可能第一次没贴好。按照佐治亚－太平洋公司的工作标准，他的行为可以说属于"非常规"。按照科氏工业字数繁多的工作标准，如果韦森想要弥补贴胶带过程中出现的问题，他应该遵循"上锁，挂牌"（"Lock-out，Tag-out"，简称LOTO）的操作程序，先停止机器运转，然后反复确定机器确实已经锁定，再进行下一步操作。佐治亚－太平洋的LOTO工作标准文件大约有25页长，韦森没有遵循LOTO程序，而是直接靠近大卷筒，继续贴胶带。生产线一刻不停地在运转。

当韦森靠近时，他完全忽视了助推臂的存在。这是一个巨大的金属臂，会将沉重的纸卷推下流水线。韦森站在大卷筒旁边时，助推臂打了过来，直接拍碎了他的头骨，一击毙命。当同事看到时，他已是一具尸体了。

韦森的丧命是2014年佐治亚－太平洋公司的第五起因工死亡事件。[21]

几个月前，当汉南在亚特兰大参加安全会议时，还没有死亡记录出现。汉南还曾向高管们报告这个好消息，之后的事实证明这只是昙花一现。到年底，事故率和工伤率急剧上升。

在汉南发表讲话大约一个月后，死神再次降临。合同工萨姆·萨瑟兰当时正在位于亚拉巴马州彭宁顿的佐治亚－太平洋工厂工作。[22] 昵称桑博的萨瑟兰那年29岁，与儿时的恋人米歇尔结婚后育有儿子卡森，还有刚出生的女儿凯琳。萨瑟兰有点像个乡下小伙子，笑容灿烂，喜欢和儿子一起打猎、打棒球。4月15日，萨瑟兰抓着28英尺长的伸缩梯底部，也许是为了给梯子找个更好的落脚点，在后退的过程中他跌入了30英尺深充满有毒化学物质的大锅——这种在造纸过程中处理原材料的装置叫"蒸煮器"。萨瑟兰没能活下来，坠落时他多处骨折，尸体在蒸煮器中被化学物质腐蚀并煮熟。

不到两周后，佐治亚－太平洋位于得克萨斯州科里根的工厂发生火灾，一个充满木屑的高耸筒仓起火了。[23] 员工们赶到现场灭火，其中许多显然是没有经过消防培训的操作工。一些袋子起初堵住了筒仓内的通风口，这些通风口正是为了在紧急情况下释放筒仓内的压力和火苗而设计的。仓内压力逐渐增大，火焰从通风口突然蹿出，将正在救火的操作工们吞噬。多家新闻媒体报道称，有 7~9 名员工被烧伤并送往当地医院，其中一些人在烧伤病房里煎熬了好几个星期。5 月 30 日，56 岁的查尔斯·科瓦尔因伤势过重死亡；大约一周后，58 岁的肯尼·莫里斯在医院去世。两个人都留下了妻子和孩子。科瓦尔的讣告写着，信仰基督教的他过着充实的生活，"他刚刚过了有生以来最美好的复活节，他吃掉了一整碗黛安娜姨妈做的著名的香蕉布丁"。

7 月 24 日，一位 63 岁的佐治亚 – 太平洋员工莉迪娅·费尔克洛思从佐治亚州雪松泉工厂下班。[24] 就在两年前，费尔克洛思还出现在公司的一份内部安全公告中。她创造了一个促进安全意识的短语："让别人从你身上认识到安全。"费尔克洛思离开工厂时已接近午夜，她穿过一个重载卡车运送大量产品的区域，在醒目的人行横道上被同事驾驶的卡车撞倒，死于严重的内伤。

不到一个月后，韦森在克罗塞特的造纸厂死亡。[25] 大约 90 天后，还是在这个造纸厂，合同工博比·克里奇驾驶着四轮越野除草车进行草坪维护工作。当克里奇翻过一座小土丘时，除草车突然翻车压死了他。他的名字在科氏工业的内部文件中被记载为博比·克里奇或博比·克利奇，但没有此人的死亡证明文件。

截至 2014 年圣诞节，佐治亚 – 太平洋公司共有 6 名工人丧生。[26] 受伤率和受伤总人数持续增加，事故率同比增长 18%，可报告的工伤总数增加了 22%。

*****

2015—2017 年，事故和伤害事件的数量逐年攀升，工伤率也随之上升。[27] 工作的危险程度似乎与产量紧密相连，受伤人数的上升趋势反映了新住房建设和经济增长的上升趋势。

图 23.1 记录了几起工伤事故，数据来自科氏工业内部监控系统 TRAX。2010—2017 年，佐治亚 – 太平洋的工伤事故总数增加了 30%。

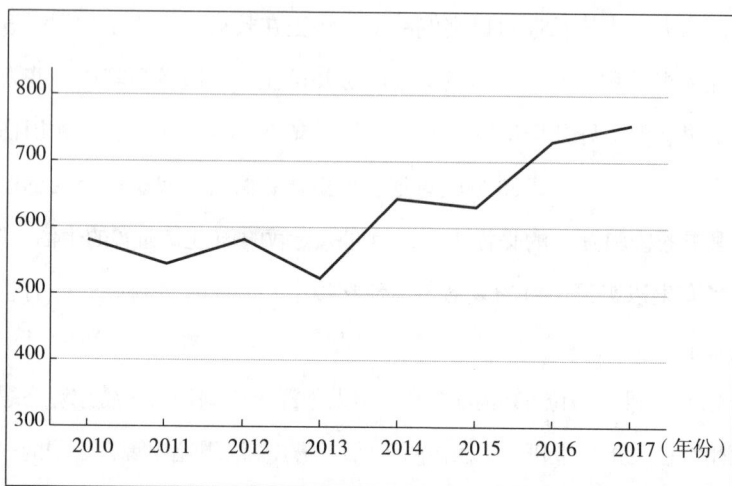

图 23.1 OSHA 记录的佐治亚－太平洋的工伤事故数量

在此期间，工伤率上升得更厉害。TRAX 系统记录了两种工伤率：一种是跟踪工伤的 "OSHA 率"，另一种是跟踪因工伤而损失工作时间的 "DART 率"。2010—2017 年，佐治亚－太平洋的 OSHA 率增加了 45%，DART 率增加了 57%（见图 23.2）。

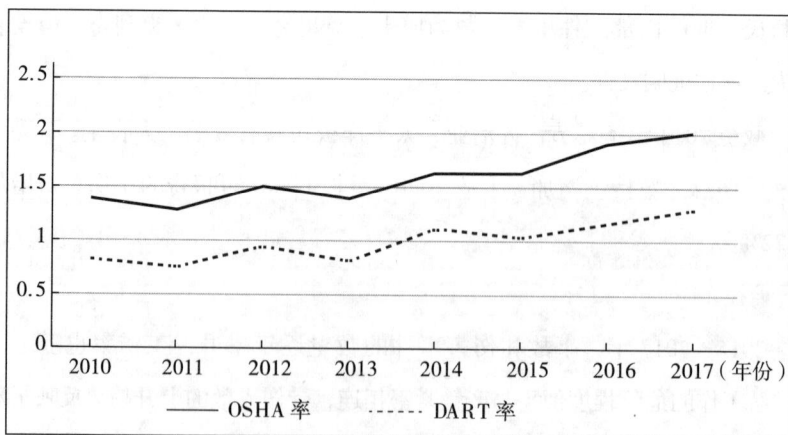

图 23.2 佐治亚－太平洋的工伤率

科氏工业意识到在佐治亚－太平洋的经营方式需要改变，但不清楚该怎么改。[28] 在被政府严格执法后，科氏工业改变了原有危险的经营方式，主动将自己的违规行为置于公众的监督之下。20 世纪 90 年代，针对环境违法行为的大量刑事指控和民事处罚，促使查尔斯·科赫在公司推动 10 000% 合规原则。而工伤危机似乎走上了另一条道路。联邦监管机构裁定，科氏工业旗下的佐治亚 - 太平洋工厂违反了几十项联邦工人安全条例，但罚款金额相对来说微不足道。

根据 OSHA 的记录，佐治亚 - 太平洋公司因与罗伯特·韦森死亡相关的违规行为，被罚款 5 000 美元；[29] 因与查尔斯·科瓦尔和肯尼·莫里斯烧伤死亡相关的违规行为，被罚款 1.4 万美元；与莉迪娅·费尔克洛思死亡相关的一系列违规行为，被 OSHA 定义为"严重"程度，罚款金额为 35 050 美元。这些因工致死的案件分散在全国各地，除了当地媒体外很少有报道提及，这些报道往往将死亡定性为意外事故，除此之外也没有提供什么有价值的信息。相比之下，美国国家环境保护局和司法部在 2000 年对科氏工业多起管道泄漏等违法行为处以 3 000 万美元的罚款，引起了全国媒体的关注，因为这是历史上此类违法行为被处以最大金额的罚款。

在没有登上头条新闻和被处以巨额罚款的情况下，科氏工业对佐治亚 - 太平洋安全危机的反应仅仅是重新强调员工遵守以市场为基础的管理理念的必要性。[30] 在 2017 年的一份公司内部报告中，以军事指挥官形容大规模暴动的术语提到了这场危机。报告的"头条讨论"说道，科氏工业需要"调动员工的心灵"，扭转日益危险的局面。"我们是不是过于强调'我们在进步'，现状和改善的情况能否令人满意？"报告指出，尽管公司做出了努力，但在 2016—2017 年，重伤人数"日益上升"。

报告还指出，佐治亚 - 太平洋公司在安全生产方面落后于同行。[31] 有图表显示，佐治亚 - 太平洋的安全指标在美国造纸和纸浆公司中排名靠后，低于其三大竞争对手：惠好公司、国际纸业公司和普拉特工业公司。只有一些不知名的小公司排名在佐治亚 - 太平洋之后，比如代尔提克木材公司（Deltic Timber Corporation）、弗朗博河纸业（Flambeau River Papers）和特纳斯福尔斯纸业（Turners Falls Paper）。

报告里的这张图表是对科氏工业高层领导的挑战。排名在科氏工业之前的公司并没有采用以市场为基础的管理理念，但在劳动安全管理方面的表现都比科氏工业好。这些数字挑战了科氏工业的正统观念。

科氏工业对此事的回应是，重申对查尔斯·科赫管理哲学的承诺，并通过"在全集团上下加大以市场为基础的管理理念®的应用"来降低风险。[32]领导团队制定了雄心勃勃的目标，希望未来在佐治亚－太平洋实现"零重大事故"。一张图表显示了"佐治亚－太平洋安全风险下滑路径"，事故数量将逐渐减少，到2035年接近零的水平。另一张图表指出，严重事故数量每减少10%，公司将获得500万~2500万美元的收益。

还有一张题为《佐治亚－太平洋20年赌注》的图表，有经典的以市场为基础的管理理念风格。[33]它的特色是将彩色方框用黑色线条连接成轮辐形状，正中间的方框内写着"关键风险集中区域"，辐射向四周的方框内列明了各种操作和风险隐患，如"可燃性粉尘"和"电路安全工作实践"。（佐治亚－太平洋的触电安全事故从2010年的1起猛增至2015年的23起，再增至2017年的31起。）图表显示，通过改变员工的"心态"可以有效降低风险。报告说，公司员工必须改变他们的心态，在安全保障方面从"不得不"变得"主动想要"。尽管采取了这种做法，但收效甚微，工伤事故发生的频率持续增加。

*****

在过去的几十年里，工人安全一直是工会劳资谈判的重中之重。在罗斯福新政初期，工伤事故频发是导致工会组织化的重要推动力。然而到了2016年，被边缘化的工会疲于招架来自业主的压力，只想拼命保住残留的工会福利。

这就是道奇和哈蒙德在2016年准备与科氏工业就劳资协议重新谈判时所面对的现实。[34]哈蒙德知道这很可能是他代表内河船员工会的最后一次劳资谈判，是他近十年来让事情有所改变的最后一次机会。

　　甚至在谈判开始之前，佐治亚－太平洋公司就向工会发出了强有力的负面信号。2015 年，公司告知工会，将把代表从信托理事会中撤出，该理事会同时管理着工会的养老金和医疗保险，公司通常会派代表协助管理这些资金。科氏工业的退出似乎是公司结束对工会自主养老金和医疗保险计划全部支持的第一步。

　　道奇很震惊。"猛然间，我在想，他们是否会完全退出健康信托？"他说。

　　工会团队联系了公司的劳资关系专家雅基·斯蒂尔，他将代表佐治亚－太平洋与工会进行谈判。斯蒂尔传达了一条信息：佐治亚－太平洋公司也许能够让工人保留他们的退休金和医疗保险，又或者能够给他们加薪，但必须二选一，公司不可能同时答应这两项要求。

　　道奇和哈蒙德将这个消息传达给了所有工会会员。大家表示无法接受。人们既想保住福利，又想要加薪。这些年来，薪资水平的上涨一直跟不上生活开支的增加。"他们想要的越来越多，"道奇愤怒地说道，"他们不知道这意味着什么！"

　　工会会员不愿意听从哈蒙德和道奇的建议。实际上，他们根本不愿意听工会领导的话，这一点在 2016 年初总统选举年变得非常痛苦。内河船员工会和码头工会一致决定支持民主党候选人伯尼·桑德斯，而当桑德斯输掉党内初选后，全国各地的工会要求其会员转而支持他们的第二选择：民主党候选人希拉里·克林顿。许多仓库的工会会员都说，这是有印象以来的第一次，人们不想按照工会领导的意志去投票。他们想支持共和党，不满情绪进一步加剧。

*****

　　道奇和哈蒙德再次来到红狮酒店与科氏工业的团队进行谈判。[35] 工会谈判团队在熟悉的会议室就座，可以看到对面那条河；这个会议室就在宽敞舒适的宴会厅隔壁，科氏工业的谈判团队坐在那里盯着他们的笔记本电脑。这就像一部电影看了第三遍一样。但至少这次，整个过程非常短暂。

第二天，他们讨论了这笔钱。道奇说，工会会员想保留工会医疗保险和养老金。他们还希望每年获得加薪，补偿之前大约六年停滞增长的工资。

"我说：'这里面有什么机会吗？你怎么看？'"道奇回忆道，"斯蒂尔说：'是的，我们也许可以解决一些问题。'"

斯蒂尔离开了房间，然后带着坏消息回来。公司不打算同意。如果会员希望保留工会养老金和医保，那么公司将不会每年都给他们加薪，而改为提供年度奖金。

工人们厌恶奖金，因为奖金的金额不像加薪一样每年可以稳定增长。[36] 几十年来，加薪一直是中产阶级通向美好生活的阶梯。但是自 2008 年经济崩溃以来，美国雇主们开始放弃年度工资增长。就拿 1991 年来说，奖金和临时奖励仅占美国公司支付的全部薪酬的 3.1%。相比之下，年度工资上涨占年薪资总额的 5%。到了 2017 年，这一比例已经翻转，奖金占薪酬总支出的 12.7%，而加薪仅占 2.9%。

道奇说他不能同意。[37] 如果他没有按照承诺，带着每年加薪的新劳资协议走出红狮酒店，那么工会会员必将投反对票。

"和我一起努把力，雅基！"道奇回忆说。

当天谈到最后，道奇和哈蒙德已经让步了。他们同意在两年内加薪 2%，并在合同中的另外两年内每年支付 1 000 美元的奖金。"在与佐治亚 - 太平洋公司的所有协议中，这份是我谈过最糟糕的。"道奇痛苦地说道，"没有筹码，我们手里什么都没有。"

总体而言，协议谈判花费了不到一周的时间。道奇告诉斯蒂尔，如果公司希望通过协议，那么就应该帮助工会尽快举行投票。公司要同意员工提前下班，方便大家开车到工会大厅投票。道奇说："要通过这些不合理要求的唯一方法，就是把所有人都召集起来。"

*****

内河船员工会的会员鱼贯进入码头工人工会大厅，就在哈蒙德和道奇办公室的正下方，他们还为当天的投票专门准备了投票箱。[38] 工人们聚集在大厅尽头的讲台四周，略微高出地面的讲台装饰着码头工人工会的徽章，上方悬挂着一面美国国旗。

哈蒙德望着已经开始出现抱怨的人群。环顾整个大厅，依然能看到反映组织劳动力量的符号。墙上有一幅大型壁画，显示着过往的劳动冲突和团结。另一面墙上挂着写有杰克·伦敦诗歌的横幅。旁边有一个巨大的玻璃展示柜，装满了旧时手持式货钩。这个地方看起来像一间展示工会力量的博物馆，图腾、横幅、壁画，眼前的一切就像泛黄的纸张一样，日薄西山，风烛残年。

不会获得年度加薪的消息传遍人群。对于许多会员来说，这难以置信。如果劳资协议越来越糟，他们为什么还要支付工会会费？他们为什么不断被告知，自己所在仓库的福利要比佐治亚－太平洋旗下的绝大多数仓库要好得多，但却没有带来任何实质上的可观加薪呢？

哈蒙德为什么不更努力讨价还价？为什么道奇不讨价还价呢？他们为什么从来没有赢过？

"大家很生气。仓库里的家伙们在高喊'这简直是谋杀'，还有'不可能'。"

然后哈蒙德登场了。在所有人的印象中，那是他第一次完全失去了理智。

哈蒙德对着台下聚集的会员们大加指责，用污言秽语羞辱他们。好说歹说只为了告诉他们一件事——一件他们原本指望自己和道奇实现，但是作为工会谈判代表没有可能实现的事：仅凭三寸不烂之舌赢得谈判。

工会的影响力来自讨价还价的筹码，而内河船员工会没有筹码。仓库工人无法承受罢工带来的后果，每个人都知道这一点，包括科氏工业集团。

大卫·弗兰岑也在台下看到哈蒙德大发雷霆，内心有点敬畏他。弗兰岑回忆道："哈蒙德说：'就只有这些了伙计们。这些就是你们能拿到的最好报价。反正你不会罢工的。如果你上次没罢工，怎么会有人认为这次就会罢工呢？你们这些人什么准备都没做。我告诉过你们，4 年后准备好，但你们置若罔闻。'"

然后哈蒙德说了一句大家多年以来一直记忆犹新的话："你们不过是一群喜欢特朗普的人。去吧，把票投给他吧。"

说完，哈蒙德下了台。道奇不知道该怎么办。哈蒙德现在是名副其实的"锤子"了，但他还在敲打自己的工会会员。道奇说："他基本上不打算继续跟大家对话了，并且告诉大家：'如果现在投反对票，道奇和我只会坐回去跟他们多闲聊几句。'"

随后投票开始，结果似乎已成定局。协议以 65% 以上的票数通过。史蒂夫·哈蒙德就这样从工会退休了。

*****

哈蒙德在2016年3月退休后清醒过来。[39] 他花了几个月的时间坐在家里，试图弄清事情的前因后果。

他个人没什么可抱怨的，退休时拿着全额养老金——每月 3 000 美元外加社保。他的两个女儿长大了，过得很快乐，他经常去看她们。他再婚了，很幸福。唯一让他伤心的是那些被他抛下的工会会员。在他加入时，工会是喧嚣、好战的，而他走后，留下了一个支离破碎、奄奄一息的工会。他在内河船员工会看到的事情，似乎正在全国范围内发生。

"说实话，我觉得是我们自己搞砸了。"在客厅里，哈蒙德说。他靠着一扇大窗户，窗外透入柔和的光线，可以看到壮丽的雪松树和起伏的绿色草坪。"我认为，我们的前辈——以那个仓库为例——拼命工作，才得到了这些优渥的劳资条件。然后传给他们的弟弟、孩子、侄子等。我们有了这么好的条件：每周工作 40 个小时，一周工作五天。如果你在周末加班，那周六算一天半工时，周日算两天工时。还有其他很棒的条件，你知道吗？"

"然后轮到我们工作了，我们对他们来说是后辈，我们把这些都弄丢了。我们只是想当然地认为这是我们应得的。"

*****

在 2016 年的最后几个月中，内河船员工会的会员们将注意力转向了美国总统大选。[40] 房地产大亨、电视真人秀明星、共和党候选人唐纳德·特朗普在整个秋天都在不懈地为参选造势。他始终坚持一个主题：选举被操纵了。选举被联合起来对抗工薪家庭且缺乏诚信的势力操纵了。而"狡诈的希拉里"就是这群精英强盗的代表人物。

这个故事情节引起了许多内河船员工会会员的共鸣，比如弗兰岑。自从成年后，弗兰岑就一直投票给民主党，但他的生活从未得到实质性的改善。当工会要求他投票给希拉里时，他第一次不准备服从。

特朗普的参选也破坏了查尔斯·科赫的计划。[41] 2015 年 4 月，查尔斯罕见地接受了《今日美国》的采访，概述了他 2016 年的政治策略。查尔斯计划相较以往更深入地参与共和党政治。他的捐款网络将第一次通过筹款募捐来影响共和党党内候选人的提名。筹款网络计划支出 9 亿美元，这个金额与共和党全国委员会的支出相当；其中大约有 1/3 将直接捐赠给候选人，剩余部分将用于"教育"工作等活动。查尔斯告诉《今日美国》，他的政治网络已经选出 5 名可能得到捐助的参选人，包括威斯康星州州长斯科特·沃克，佛罗里达州前州长杰布·布什，以及三名联邦参议员——自由主义者倾向的兰德·保罗、保守派的特德·克鲁和马可·鲁比奥。

查尔斯精心布置了游戏桌，然后特朗普走了过来，把桌子一脚踢翻。[42] 在几个月时间内，特朗普迫使所有受查尔斯支持的候选人退出竞选。出乎所有人的意料，特朗普成了领跑者。与其继续支持已经退选的人，或者冒着失败的风险与特朗普正面冲突，科氏工业选择退回到政治生活的边缘。2016 年 11 月 8 日，特朗普赢得了总统选举。他的胜利正是由于希拉里·克林顿的选举行情在密歇根州、威斯康星州和宾夕法尼亚州全面溃败——这几个州由于高度工会化，曾被民主党人称为"蓝墙"。

与奥巴马相比，特朗普在许多方面对查尔斯的政治议程构成了更大的威胁。特朗普不想与美国的保守主义做斗争，而是试图从内部改变它。查尔斯一直尝试使共和党的价值观转向自由主义者的观点；而现在，特朗普将其推向查尔斯厌恶的民族主义、民粹主义哲学。特朗普的政策旨在使特定的美国人受益，而不仅仅是限制政府对市场的干预。

特朗普当选总统后不久，国会的共和党人开始快速调整自己对特朗普主义的态度。[43] 许多国会议员都知道，特朗普以压倒性优势在自己的选区赢得了更多的选票，所以自己没必要唱反调。如果特朗普在总统大位上坐满8年，他似乎一定会废掉查尔斯的政治计划。共和党将成为特朗普的政党，而不是哈耶克或冯·米塞斯的。科氏工业从2016年大选周期撤退的消息广为人知，特朗普内阁成员迅速指出，科氏工业的政治影响力正在减弱，几乎不会卷土重来了。

查尔斯则对此持不同观点。他习惯于在动荡的环境中茁壮成长。他以长远的眼光考虑问题，倾向于避免每天来自白宫的杂音和媒体争议。查尔斯花了40多年的时间，在美国首都建立了紧密联系的政治活动和机构网络，他的政治视野在更长的时间内进行观察，这是他的优势。而特朗普没有这些。

当特朗普到达华盛顿时，查尔斯·科赫已经准备就绪。

第 24 章
政治网络：干预医改计划和税收法案
（2017—2018 年）

20 17 年，华盛顿特区的春天提前到来。[1] 2 月初，天气异常温暖，树木开始长出新芽。就在白宫北面的拉斐特广场公园里，花朵鲜艳绽放，早熟的郁金香从睡梦中醒来，粉白的樱花在树上绽放。在郊区，连翘上开出黄色的花朵，紫荆树上覆满繁花。往常在一片春意盎然中洋溢着幸福的首都，如今就像仪表盘上闪烁的信号灯一样，充满了焦躁不安的情绪。春天在全国范围内提前了几周到来，北方的花期明显提前。2016 年是自 1880 年有观测记录以来地球上最热的一年。美国国家航空航天局将地球表面的平均温度与 20 世纪 90 年代中期进行了比较，发现平均温度每年稳步上升。有记录以来最热的 17 个年份中，有 16 个发生在 2001 年之后，并在 2016 年达到顶峰。2016 年的 12 个月中，有 8 个月打破有史以来最热的纪录。美国国家航空航天局的科学家们从未质疑过导致气候变暖的原因，这些"变化主要是由于大气中二氧化碳等人为气体排放增加"。2017 年冬季，大气中的碳浓度达 407ppm，远远超过大多数科学家认为无法避免极端气候变化的极限值。

华盛顿特区的政治季节同样被打乱。[2] 1 月 20 日，唐纳德·特朗普站在国会大厦穹顶阴影下的大讲台上，把手放在《圣经》上，宣誓成为美利坚合众国总统。美国历史上没有哪一位候选人入主白宫的方式与这位房地产大亨类似。他没有任何党派的支持，没有明显的外部利益的支持，也没有从政经验或参军经历。稳定的政治影响力网络在 2017 年被撕裂，无人知晓特朗普的政治圈子里都有谁，没有人知道他真正想要什么，也没有人知道他说的话是胡言乱语还是竞选纲领。科氏工业公关部门的说客以前也经历过政治冲击，但这次明显不同。特朗普政府将自己视为独立于两党的革命性力量。[3] 一位与政府和科氏工业政治行动均关系密切的人士表示，特朗普政府将华盛顿特区视为一个棋盘，三个对手正在棋盘上捉对厮杀。最弱的是民主党（Democratic Party）阵营——"D 队"，另一个是共和党（Republican Party）阵营——"R 队"。最后，特朗普（Trump）政府——"T 队"计划击败其他所有人。

特朗普发表就职演说时，明确表示要颠覆现有政治秩序。他的声音洪亮而严厉。

特朗普说："今天的就职典礼有着特殊的意义。因为，我们不只是将权力由一任总统交接到下一任总统，由一个政党交接给另一个政党。今天我们是将权力由华盛顿交接到了人民的手中，即你们的手中。"他的设想近乎世界末日，他谈到只有他的政府才能阻止的"美国大屠杀"。他设法冒犯和疏远每一位坐在他身后的政治家和前总统。

他说："很长一段时间以来，我们国家的首都华盛顿的一小群人收割着政府的利益果实，而民众承受着代价。华盛顿欣欣向荣，民众却没有分享到财富。政客们赚得盆满钵满，工作机会却离开了美国，许多工厂倒闭。这样的建制保护的是其自身利益，而不是我们国家的公民。"

查尔斯·科赫被认为是既得利益者中的一员。特朗普所代表的一切是对查尔斯全盘政治计划的威胁。查尔斯的政治蓝图是要求联邦政府不再干预市场。但假如说特朗普有一个潜在的政治哲学，那就应该是积极利用政府工具，把经济活动引向为他投票的民众，保障选民的利益。为了保护投票给他的白人、工人阶级和富裕阶层选民，特朗普承诺撕毁贸易协议并加征关税。他倾向于向不支持他的公司征收惩罚性税收，也支持由富人的税金所支撑的权利保障计划。更令人瞠目结舌的是，特朗普以推特为武器，猛烈抨击与他立场对立的商界领袖，特别是亚马逊公司首席执行官杰夫·贝佐斯和开利空调公司的人，声称他们的经济决策损害了美国的利益。显然，同样的报复手段也可以用来对付查尔斯。基于特朗普的竞选言辞，他完全有可能利用手中所有可用手段，从美国国家税务局到国家环境保护局，再到白宫推特账户，打压科氏工业集团。

面对这种威胁，查尔斯采取了一种带有自己特点的策略：耐心、坚持以及充分利用自身竞争优势。[4] 为了对抗特朗普主义，科氏工业政治机器采用了称为"阻挡和擒抱"[①]（block-and-tackle）的策略。例如，当特朗普的加征关税、国内增税等措施偏离了科氏工业的意愿时，查尔斯就会"阻挡"特朗普。同时，一旦出现查尔斯乐见其成的事情，科氏工业将用"擒抱"给特朗普助攻，帮助特朗普政府解散监管机构、减税，或提名经济上保守的法官成为联邦法官，甚至最高法院法官。

然而，要使这一战略奏效，查尔斯需要证明他的政治机器在特朗普时期的华盛顿仍然游刃有余、举足轻重。幸运的是，在特朗普总统任期刚满两个月时，查尔斯就有机会证明这一点。

2017 年 3 月，特朗普别无选择，必须冒险进入科氏工业的地盘。他必须把竞选承诺变成现实，表明自己真抓实干，真的是一个能够解决华盛顿机能障碍的人。这看起来毫无压力，当时共和党控制了众议院、参议院和白宫，特朗普的政治议程似乎没有任何障碍。但要通过这项议程，他必须从烦琐的法案起草开始，等待令人发狂的表决程序，最终在国会得以通过。科氏工业在这里守株待兔。

*****

第一场战斗是废除奥巴马医改。[5] 六年多来，共和党人一直在尝试这样做，现在终于有了机会，而这与查尔斯的目标一致。正如查尔斯所担心的

---

① "阻挡和擒抱"是橄榄球专业术语，阻挡常用于防守，擒抱可用于帮助队友进攻。——译者注

那样，奥巴马医改已经成为一项庞大的政府计划，将美国最富有人群的财富重新分配给工人阶级和穷人。政府估计，奥巴马医改方案以医疗保险补贴的形式，将美国收入最高的 1% 人群的税负提高了约 2.1 万美元，并且将大约 160 亿美元转向美国最贫困的人口。

在整个竞选过程中，特朗普既承诺废除错综复杂的大小纲纪，又想用其他东西取而代之。[6] 这就是问题所在。在查尔斯看来，特朗普似乎没有充分致力彻底摧毁这个体系，然后另起炉灶、取而代之。他似乎愿意达成折中方案。

特朗普发表的言论显示他对自由市场的忠诚度值得怀疑，这令自由主义者特别担忧。特朗普上台后夸下海口，甚至比奥巴马做出的承诺还要宏大，如果没有政府的重大干预，这些承诺将难以兑现。

"我们将为每个人提供保险，"当年 1 月特朗普接受《华盛顿邮报》的采访时说，"有些圈子里有一种说法，如果你付不起钱，你就不配得到。我们不会让这种情况发生。"

虽然特朗普可能会冒犯到查尔斯，但他的言论基于政治现实。全美数百万人依赖奥巴马医改。国会预算委员会估计，即使有限地废除部分条款，也会导致第一年有 1 400 万人失去医疗保险，并且在接下来的 10 年内使 2 400 万人失去医疗保险。特朗普等共和党人均试图避免这样的政治灾难，计划通过寻求中间立场为工薪阶层和贫困阶层保留一些福利和补贴。

妥协还有另一层原因，适度地退让有助于尽快废除奥巴马医改。[7] 特朗普希望在上任的头 100 天里，实现一场能与罗斯福相匹敌的盛大立法风暴。他将废除奥巴马医改，然后通过税收改革，再通过一项基础设施法案，接着通过移民法——其中包括在墨西哥边境修建隔离墙。有了这些成就，特朗普将成为当代最有效率的总统。

而查尔斯准备唱反调。为了确保特朗普的议程脱轨，查尔斯的政治网络将攻击任何废除奥巴马医改的努力，查尔斯想通过这种方式证明自己的实力，并确保自己在谈判桌上占有一席之地，一举两得。

3月6日，众议院公布了一项废除奥巴马医改的计划，准备以《美国医保法》取代奥巴马医改。[8] 翌日，繁荣美国针对这项计划立刻开展动员部署，就像当年反对奥巴马一样。3月7日，该组织租用的大型旅游巴士抵达华盛顿特区，在联合车站附近的一个十字路口卸下数百名乘客，从这里可以看到国会大厦的圆顶。这群人大多年长，谈笑风生，看起来就像身处迪士尼乐园的游客，显然很享受这趟免费的首都之旅。他们被身着繁荣美国风衣的工作人员热情地引导走上人行道，然后被带进一栋高档办公楼，穿过铺有静谧大理石地面的大堂，进入电梯，被送到大楼的顶层，这里有被宴会帐篷遮挡的豪华活动空间，美丽的城市景色一览无余。进入会场的志愿者得到了印有当天活动标志的光面标语牌，上面写着"你承诺过"。当天活动想发出的信息是，国会议员让选民失望了，他们对自己多年来许下的医改废除承诺犹豫不决。

与会者并排端坐，正前方是被电视大屏幕包围的舞台。电视里正在播放繁荣美国制作的视频证据，内容来自据称是奥巴马医改受害者的普通民众。从政策角度来说，视频中受害者的声明有些条理不清。大多数民众在抱怨医疗保险费用太高，或者只能间歇性地提供，其他工业化国家通过将医疗保险行业国有化解决了这些问题。但总的基调是，奥巴马医改是一个可怕的负担，国会没有好好努力去废除它。

视频播放结束后，人群被带到一个露台上，每个人都得到了一份免费的盒装午餐。在这个气候宜人的春天，他们四处闲逛交谈，然后全体被带到国会大厦会见国会议员和工作人员，提出他们的要求。民众对《美国医保法》的反抗已经开始了。

*****

在美国众议院内部，冲在最前面反对特朗普计划的是众议院自由党团，该党团由最符合查尔斯·科赫世界观的议员组成。[9] 根据 Politico（美国政治新闻网站）的报道，科氏工业是自由党团成员的第二大贡献者，仅次于"增长俱乐部"（该俱乐部也受过科氏政治网络的部分资助）。自由党团宣布，《美国医保法》对于保守主义原则来说是不可接受的妥协。

自由党团主席、北卡罗来纳州国会议员马克·梅多斯开展了一项行动。在法案提出的当天，梅多斯在福克斯新闻网发表文章，宣布他原则上反对该法案。梅多斯写道："我们呼吁国会的领导们对美国人民信守诺言，从现在开始，真正推动奥巴马医改的废除行动。"他抱怨说，《美国医保法》的罪行，包括了帮助数以百万计的民众支付医疗保险的减税措施，"家庭将从其他人的口袋里拿走最多 1.4 万美元"。他指出，该法案还强迫保险公司在客户放弃医疗保险计划的情况下对其罚款，这是在偷偷摸摸地延续奥巴马医改中饱受争议的强制购买条款。梅多斯说，该法案还包括对保险公司接近 1 000 亿美元的补贴。自由党团阻挠奥巴马的议程是一码事，现在他们正在阻挡自己的政党、自己的总统，以及共和党政治议程的大局。

几个星期的拖延，让特朗普看起来和奥巴马一样没有效率。他拿自由党团没办法。国会中的阻挠者知道，时间站在自己这边。法案拖延的时间越长，特朗普的手段就越弱。一场以茶党为榜样的左翼抵抗运动开始了，抗议者们在学校体育馆和礼堂的市政厅会议上与国会议员展开对峙。新的研究表明，这项法案可能会给他们的保险带来巨大的损失。随着时间的推移，法案得到通过的可能性越来越低。

众议院议长、威斯康星州国会议员保罗·瑞安扛起了推动法案通过的重任。[10] 瑞安阴郁得像一名葬礼承办人，他的穿着无可挑剔，内心没有一丝波澜，但眼神中却带着深深的忧郁。他的讲话有理有据，说明了众议院迅速通过法案的必要性。但他面对自由党团时也一筹莫展。

这场危机在 3 月 20 日那一周达到了顶峰。虽然不清楚能否获得足够的票数通过法案，但瑞安想在时间拖得更长之前在众议院投票表决这项议案。特朗普亲自到国会山游说议员，做出大胆的姿态支持这项法案。他说，他们需要不惜一切代价取得胜利，需要证明自己能够执政。特朗普单独点出梅多斯并威胁说，如果他不屈服，就将直接面对来自白宫的压力。有媒体报道，特朗普在闭门会议上笑着警告梅多斯："我盯上你了。"

尽管如此，梅多斯还是坚持了下来。那一周，特朗普向自由党团发出最后通牒，要么通过法案，要么承担所有法案废弃的后果。

这时，查尔斯·科赫和大卫·科赫开始插手保护自由党团，他们介入的方式也是破天荒头一遭。[11]40 年来，查尔斯在政治议题以及资助候选人和游说团体方面非常谨慎，他通常是通过 60+ 协会（60 Plus Association）、角桌有限责任公司（Corner Table LLC）和 PRDIST 有限责任公司（PRDIST LLC）等一些不知名的组织进行游说的。但 3 月 22 日，查尔斯和大卫公开表示希望改变立法结果。

繁荣美国和自由伙伴组织（一个为科氏工业的许多捐款提供信息的交流机构）均宣布，将支持任何投票反对《美国医保法》的国会议员。如果自由党团站出来反对特朗普，那么科氏政治网络会对他们进行保护。这两个组织宣布，它们正在筹集"七位数的储备基金"供投反对票的国会议员使用。"自奥巴马医改计划正式签署以来，共和党人承诺将全面废除它，《美国医保法》并没有实现这一点。"自由伙伴组织执行副总裁詹姆斯·戴维斯在宣布该基金成立时对政治新闻网站 Politico 表示。

这种策略隐含诸多风险。[12]当美国最高法院在对联合公民诉联邦选举委员会案做出裁决时，强调交换性捐助（quid pro quo）是非法的，这直指明目张胆地用金钱换取选票的行为。但繁荣美国和自由伙伴两家组织并没有为特定投票提供资金，所以还不清楚能否被定义为交换性捐助。尽管风险很大，但科氏工业的支持使自由党团成员的脊梁骨挺得更直了。在白宫与特朗普举行的一次私人会晤中，议员们表示仍不准备支持该法案。3 月 24 日星期五，瑞安承认努力失败；他撤回了法案，这也标志着特朗普的失败。

之后，法案在夏天显示出有可能被通过的迹象，[13]通过细微的改变，法案最终赢得了梅多斯和自由党团的支持。① 当法案在众议院通过时，特朗普

---

① 赢得了梅多斯和自由党团支持的改动异常微小。共和党国会议员汤姆·麦克阿瑟提出的修正案允许各州请求免除奥巴马医改规定的某些义务，州长不必再面对削减医疗保险的艰难决定。布鲁金斯学会的分析师推测，麦克阿瑟修正案之所以能让法案变得令人满意，部分原因是它允许众议院将这项法案提交参议院，从而使之成为参议员的问题。

主持了一场庆祝胜利的电视活动，旁边站着面带微笑的瑞安等众议院领导。被送到参议院后，这个命运多舛的法案继续遭受争议，与 2010 年总量管制与交易制度的遭遇相同。最终，该法案被迫强行表决，由于支持率很低，领导层只希望以最微弱的优势勉强通过它。但该法案被亚利桑那州的参议员麦凯恩否决，他投了反对票。

特朗普在国会中步履蹒跚。一旦他进退维谷，科氏政治网络就发挥了优势。《美国医保法》之争只是一场代理人战争，是查尔斯证明自身实力的一种方式。真正的战斗正在逼近。

在放弃废除奥巴马医改的计划后，特朗普开始着手改革美国税法。特朗普对如何推进这项议程有具体的想法，其中很多都与查尔斯的利益背道而驰。科氏政治网络也做好了战斗准备，繁荣美国故技重演，花钱请志愿者前往华盛顿，这次是为了抗议特朗普的税收计划。

*****

共和党拥有了一次千载难逢的改写税法的机会，他们控制了白宫和参众两院，可以自由地起草一份符合共和党正统观念的税收法案，不受民主党支持提高税收和社会安全网计划的影响。

任务再次落在瑞安的肩上，但他犯了一个错误，他协助起草了一份反映共和党正统观点的法案，而这与查尔斯的利益背道而驰。[14]

瑞安的出发点是好的。他选择与能量很大的众议院筹款委员会主席、得克萨斯州共和党人凯文·布雷迪合作起草法案，大幅削减美国企业和中产阶级家庭的所得税，同时保持"收入中性"，这意味着不会增加国债规模。听起来好像很实际，因为降低债务是共和党至少 7 年来的竞选纲领。但在查尔斯看来，该方案有着根本性的缺陷。

缺陷之所以存在，是因为瑞安试图同时做三件事：避免增加联邦政府赤字，降低企业税率，满足投票给特朗普的共和党选民的愿望。瑞安认为，他可以通过使用边境调节税（严格来说，这是对联邦所得税的边境调节，但后来被广泛称为边境调节税）的模糊规定来满足所有这些需求。边境调节税是瑞安税收计划的重要支柱，也成为科氏政治网络的攻击重点。

　　很容易理解为什么瑞安会被边境调节税的逻辑所吸引。[15] 类似的税收调整已经在 140 多个国家实施了，并没有异乎寻常的争议。[①] 有强有力的证据表明，边境调节税可以有力地促进美国境内的经济增长，阻止企业将工厂转移到海外，这也是特朗普最重要的竞选纲领之一。设立边境调节税还将有助于平衡政府收支，抵销企业所得税的大幅削减。瑞安提议将企业所得税税率从 35% 降至 20%，没有其他增项，政府财政赤字将大幅增加。边境调节税可以帮助政府在 10 年内增加大约 1 万亿美元的税收，对于财政预算的支撑来说，这是一个优雅的解决方案。

　　边境调节税造成美国企业所得税体系出现了微妙的转变，进而产生了巨大的影响。2017 年之前的税法是根据公司在美国制造的商品所赚取的利润征税的，而边境调节税将根据公司在美国销售商品所产生的利润征税。这种差异虽然看起来意味不明，但实际上颠覆了诱使企业将工厂搬迁至墨西哥和中国的经济逻辑。从本质上讲，边境调节税是对出口商的一项重大税收减免。[②] 在边境调节税的逻辑下，不会对在美国制造商品并向海外销售的出口商征收销售增值税。相反，如果一家公司在中国生产商品并在美国销售，那么利润的 20% 将作为税收上缴。

　　税收转移的最终结果无疑是特朗普想要的。多数专家预测，边境调节税将鼓励企业把工厂设在美国，并将产品销往海外。罗马不会在一天之内建成，但这将使美国更接近特朗普"美国优先"的愿景。美国现行的 2017 年版税法却恰恰相反，它鼓励企业将生产线转移到中国等低成本国家（因为美国不对海外商品所产生的利润征税），并将商品在美国销售。出于这个原因，瑞安将现行税法称为"美国制造税"，并用民调数字支持自己的观

---

① 这种类似的税被称为国内销售增值税。虽然与保罗·瑞安提出的边境调节税并不完全相同，但广泛使用的增值税通常包含边境调整，这使经济学家能够研究其造成的影响。

② 人们并不认为边境调节税对所有出口商都有好处。多数专家预计，边境调节税最终会使美元走强，使美国产品在海外的价格更高。但比起在海外生产的公司，这种税收结构仍很可能使出口商受益。

点——暴涨的特朗普支持者压倒性地支持边境调节税。他们想尽一切办法把工厂带回威斯康星州和密歇根州。

查尔斯反对边境调节税有两个原因。[16] 首先是意识形态的冲突——边境调节税意味着新增税种，他反对所有税收的增加。其次是出于科氏工业经营模式的冲突——边境调节税对公司的盈利能力构成了严重威胁。

2016 年 12 月，在特朗普就职之前，科氏工业游说办公室资助咨询公司布雷托集团进行了一项研究。与其他发表科氏工业资助研究的团体不同，布雷托集团在报告开头就明确承认了科氏工业对该项研究的支持。研究报告的合著者凯文·内尔斯说，科氏工业最初坚持其资助应当保密，但隐瞒项目经费来源违反了布雷托集团的政策，最终科氏工业还是同意了布雷托集团的披露。

这项研究证明了科氏工业对边境调节税深深的担忧。对于从海外进口原油或其他燃料的能源公司来说，该项税收可能会带来高昂的成本。布雷托集团的报告称，边境调节税对在美国境内销售的进口石油加征 20% 的税收，将使汽油价格上涨约 13%，即每加仑大约涨价 30 美分。对于进口原油并在国内加工销售的炼油厂来说，这是一场噩梦。这种伤害不仅后果严重，而且可能造成双重打击。首先，这会降低炼油厂的利润率。其次，也是最危险的，这项税收可能会通过提高油价来抑制市场对汽油的需求。一旦出现这种情况，将刺激可替代能源需求的增长，使旷日持久的天然气需求高峰问题更加复杂。

科氏工业后来坚称，对边境调节税的反对纯粹是出于意识形态的原因。公司辩称，边境调节税的实施实际上会让其受益，因为这项税收将提高科氏工业销售的汽油等产品的消费价格。但边境调节税对科氏工业业务的影响很复杂，强有力的证据表明，边境调节税会对仍被视为科氏工业"皇冠上的明珠"的松弯炼油厂构成威胁。[17] 即使几十年后，松弯炼油厂仍受益于美国能源系统中惊人的盈利瓶颈，来自加拿大油砂的廉价原油堆积在美国边境，除了科氏工业，买家并不多。科氏工业仍然在向缺乏精炼能力、零售价格相对较高的中西部市场销售成品油。松弯炼油厂在很大程度上依赖进口原油，而边境调节税将使其原油采购成本上涨。

仅在 2017 年 2 月，科氏工业就为松弯炼油厂购买了 955 万桶加拿大产原油，平均每桶 39.41 美元。[18] 如果强制实施边境调节税，政府将有权对科氏工业以加拿大原油为原料生产的商品加征 7 530 万美元的税，这还只是一个月的数额。更重要的是，边境调节税会消除科氏工业长期以来通过购买加拿大原油而具有的价格优势。一旦增税 20%，加拿大原油的价格将为 47.29 美元，虽然相较 WTI[①] 合约下每桶原油 53.47 美元仍具优势，但远不如以前。这种变化将是永久性的，会让"皇冠上的明珠"失去光泽，而汽油价格的上涨将损害公司的长期销售。

科氏工业公关团队的所谓由于税收将提高汽油价格，所以松弯炼油厂可以从中获益的假设似乎很难反驳，但三位科氏工业前大宗商品交易员表示，边境调节税几乎不会让松弯炼油厂受益。一位熟悉松弯炼油厂财务状况的原油交易员表示，"没有那种情景"能让炼油厂从中获益。另一位专家则指出，即使汽油价格上涨，任何形式的 20% 的成本增长，也都会损害炼油业务。无论怎样假设前提，边境调节税会对科氏工业的炼油业务造成损害这一点都毫无疑问。

科氏政治网络很早就开始采取强硬的行动来应对这种威胁，在特朗普宣誓就职前的 2016 年 12 月和 2017 年 1 月——在公众甚至大多数国会议员开始考虑该措施之前——科氏工业就对边境调节税发起了攻击。[19] 目标非常明确，在公开辩论开始之前，将边境调节税扼杀在摇篮之中。

这次攻击由科氏工业的政治团队精心策划。[20] 在 2016 年 12 月布雷托集团的报告发布后，科氏工业没有直接谈论边境调节税对其石油业务造成的危害，而是利用政治代理团体用不同的论据来阐述这一问题。繁荣美国开始从"裙带资本主义"和"操纵经济"的角度谈论税法，将边境调节税描述成一种可憎的企业赠品。该组织表示，虽然企业正在减税，企业税率将

---

①　西得克萨斯轻质中间基原油（West Texas Intermediate）。

从 35% 降至 20%，但是消费者最终会为一切买单，因为玩具、汽油和电子产品等进口商品的价格会上涨。这是对边境调节税的刻板描述，100 多个已经实施了边境调节税或类似税收国家的数据显示，最初的确会导致消费价格上涨，但只是暂时现象。原因很复杂，但主要是因为边境调节税会增强本国货币的价值，对国内制造业的刺激将进一步增强这种效果，会创造就业机会并提高工资水平。真正受到打击的实体是那些试图将工作岗位转移到海外的公司，以及拥有这些公司股票的人。税收基金会（Tax Foundation）的一份报告估计，边境调节税所带来的财政负担将主要落在最富有的 1% 的美国人身上。

在 2017 年 1 月和 2 月，虽然大多数公众的注意力都集中在奥巴马医改的争斗上，但繁荣美国为了击败边境调节税已经充分动员了起来。5 月，该组织高调发起了一场名为"取消对经济的操纵"的运动，将扼杀边境调节税置于聚光灯的中心。繁荣美国发表声明说："72% 的美国人认为我们的'经济被有权有势的人操纵'，而税法就是对我们国家经济的最大操纵。"

科氏工业在与共和党选民的较量中显得格格不入。[21] 虽然曾成功将反对总量管制与交易制度的斗争嫁接到茶党运动中，但将反对边境调节税的运动嫁接到刚刚投票支持现任总统的保守派运动中——特别是所有人都知道这位总统还支持"美国优先"政策——简直难如登天。虽然自由党团是科氏工业在国会最强有力的盟友，但是该党团却迟迟没有动作。1 月，当自由党团私下开会讨论边境调节税问题时，意见明显出现分歧，一些成员支持减税和将工作岗位转移回国内的想法。

在闭门会议之后，马克·梅多斯似乎对支持边境调节税的想法持开放态度，尽管他有一些保留意见。梅多斯在接受 CQ Roll Call（以跟踪美国国会新闻为主的媒体）的采访时说："边境调节了 20%，所以是有意义的。"

梅多斯发表评论后的周末，繁荣美国致函众议院筹款委员会主席布雷迪，表示明确反对边境调节税的立场，声称该税收会使进口产品更加昂贵，进而伤害低收入美国人。[22] 繁荣美国总裁蒂姆·菲利普斯在加州的捐赠大会上发表了一场激动人心的演讲，称该组织将投入资源，力求击败这个没有底线的边境调节税。几天后，梅多斯调整了他对边境调节税的看法，表现出不支持的态度，但反对的力度仍然不温不火。他在接受新闻网站 Axios 的采访时说："可以考虑尝试在不进行边境调节的情况下通过（一项税收法案），假设我们可以将企业（税收）减少 20%，再从个人税收中补平。"

瑞安毫不动摇。[23] 尽管他的支持意味着与共和党最大的捐助团体之一针锋相对，但他仍固执地认为，边境调节税是税改的必要组成部分。瑞安在 5 月的新闻发布会上说："我坚定地认为边境调节税是明智的选择。我认为这个版本的税法比其他任何版本都更具国际竞争力。我认为它取消了所有海外生产的税收优惠。"

繁荣美国再次将其志愿者和雇员带到华盛顿特区，并借机对边境调节税进行游说。他们会见了俄亥俄州、北卡罗来纳州、佛罗里达州和弗吉尼亚州的议员。该组织开始刊登攻击边境调节税的广告。菲利普斯在接受《国会季刊》（*Congressional Quarterly*）的采访时说："可以肯定的是，到目前为止，这项工作的总投入达到了七位数。"

瑞安对边境调节税如此坚持，赤字问题是其中一部分原因。多年来，他一直致力减少财政赤字。而现在，科氏政治网络正敦促瑞安倡导一项使债务继续膨胀的税收计划。从科氏工业的角度看，此事并不虚伪，而是整个网络的长期目标和价值观，揭示了查尔斯·科赫对政府财政的真实想法，以及减税应该发挥的真正作用。

1977 年，查尔斯所资助的卡托研究所的合伙人默里·罗斯巴德提出了一项政治战略，恰好反映了这种想法。[24]

罗斯巴德在一份题为《迈向自由主义社会变革的战略》的秘密报告中说，减税的目的不仅是刺激经济增长，还是应对国家默许的"抢劫形式"所带来的压迫。罗斯巴德写道，自由主义者不应该担心减税造成预算赤字。赤字削弱了"敌人"，也就是罗斯巴德所说的国家，并通过减少政府开支和弱化政府在社会中扮演的角色，加强了自由主义者的力量。换句话说，赤字和债务是有用的，因为它们削弱了政府。

共和党和民主党都在税收水平问题上争论不休。罗斯巴德接着写道："相较之下，自由主义者应该一直支持减税，并以此减少国家抢劫。然后，在讨论预算时，自由主义者也应该支持削减政府开支以消除赤字。关键在于，政府必须在各个领域全面削减开支，比如减税或削减政府开支。主张增税或反对通过减税平衡预算，就是对自由主义目标的反对和削弱。"

如果瑞安觉得科氏政治网络对他以边境调节税的形式承担财政责任的请求充耳不闻，那么他是对的。科氏工业的努力不是为了平衡预算，而是为了攻击政府本身。

*****

繁荣美国在公开强调其立场的同时，也与特朗普政府举行了私人会议，为税收法案的制定提供帮助。[25]科氏政治网络和白宫之间最重要的接触点之一是 47 岁的官员马克·肖特。他与科氏政治网络有着悠久的合作历史，与繁荣美国的总裁蒂姆·菲利普斯有着密切的工作关系。肖特在 2011 年加入科氏政治网络，在那里帮助资助了自由伙伴组织，这个非营利机构充当了科氏工业捐赠网络的"清算所"——由自由伙伴筹集捐款，然后发放给科氏工业资助的团体。很少有人比肖特更了解科氏政治网络的内部运作。

肖特是白宫立法事务主管，是特朗普和国会山之间的关键联络人，他目睹了繁荣美国是如何阻碍奥巴马医改的废除的。他说，特朗普政府已经吸取了教训，在提出这项税改法案之前，会让繁荣美国这样的第三方组织提前介入。他在白宫隔壁的艾森豪威尔行政办公楼里与菲利普斯见过几次面。

多年来，肖特一直与菲利普斯密切合作，二人关系融洽。菲利普斯在会面时说，繁荣美国在税改计划中有几个关键目标。一是除掉边境调节税。二是取消存在于税法几十年的大量个人税务扣除，特别是因为子女、在家办公等开支获得的减税。个人所得税减免对于中产阶级家庭来说，好像在开曼群岛的空壳公司，是减轻税务负担的关键途径，许多家庭通过这种方式申报退税。菲利普斯说，税法需要简化。

肖特把菲利普斯的意见带回了白宫。他回忆说，尽管符合"美国优先"原则，但特朗普还是愿意放弃边境调节税。总统先生觉得该税收过于复杂，难以解释清楚，觉得自己无法为其争取到政治支持。此外，特朗普对取消个人税务扣除也持开放态度。

菲利普斯受邀与其他少数保守派运动领袖在白宫会见特朗普，气氛友好。肖特回忆说，当特朗普看到菲利普斯时，他打趣道："你是科氏的人，对吧？"菲利普斯说，繁荣美国对修改之后的税法感到满意，特朗普可以指望该组织派出"地面部队"给予支持。显然边境调节税被除掉了。

*****

7 月 27 日，保罗·瑞安和凯文·布雷迪发表声明说，边境调节税的提案寿终正寝，不会被纳入共和党的税改法案中。[26] 在战斗开始之前，科氏工业就已经赢了。

随着边境调节税不再纳入考虑范围，科氏政治网络开始了"阻挡和擒抱"战术的下一步展开，帮助特朗普总统和国会擒杀拦路虎，保障符合查尔斯·科赫愿景的税改法案得以通过。

7 月 31 日，繁荣美国发表了一份矜功伐善的声明："繁荣美国挫败边境调节税，为有原则的税收改革扫清了道路。"[27] 也有其他利益集团反对这项法案，沃尔玛和百思买等零售商大量销售进口产品。但没有哪一个组织，也没有哪一家公司，拥有可以与查尔斯匹敌的政治网络。再也找不出第二支有组织的志愿者大军，也找不到第二个捐赠者网络资助攻击性广告。

8 月 8 日，繁荣美国在华盛顿特区市中心宾夕法尼亚大道的国际新闻历史博物馆租了一个大型活动场地，从弗吉尼亚州的小城镇运来了包车，从北卡罗来纳州和俄亥俄州找来了志愿者。[28] 人群列队进入会议室领取光面标语牌，要求国会通过减税来"搞定经济"。

马克·梅多斯是主讲嘉宾。如果说以前的他对边境调节税不感兴趣，现在的他则热情高涨。

"有的人说：'好吧，你知道，那些特殊利益集团，他们想要边境调节税。'"梅多斯说，"我可以告诉你们，很多时候都是繁荣美国冲在最前面，说'这将是对美国人民征收的新税'。当我们谈到税收中性时，就意味着将在一个地方减税，而在另一个地方增税。这没有任何好处。"

梅多斯鼓励民众走出去，为国会新减税计划的通过而战。他警告人们，速度是关键，必须抢在反对势力形成之前通过法案。曾带头阻碍特朗普议程的梅多斯说，阻挡的时期已经结束。

"如今在白宫里的那位总统不会找任何借口。他说我们必须完成这件事。我们使命必达。坦率地说，是参众两院的议员们在阻碍他完成议程！"梅多斯说。

梅多斯用民粹主义的措辞抹黑关于税制改革的辩论。他向志愿者发出号召，表示帮助减税法案的通过将有助于减少华盛顿的腐败。

"很长一段时间以来，根据我们的税法，真正获得最大利益的是那些人脉广泛或收入丰厚的人。"他说，"今年的情况会有所改变，我们真真正正地开始把你们应得的钱还给你们。"

税改法案于 12 月在国会通过，并在圣诞节前正式签署成为一部法律。[29]法案中最重要的部分是对企业所得税的削减，将税率永久性地从 35% 降低到 21%，在 10 年内减税会达到约 1 万亿美元。该法案还将美国最富有人群的所得税税率从 39.6% 下调至 37%。

如果不采取边境调节税，企业减税会增加联邦财政赤字，使法案很难在参议院通过。原因很复杂，共和党采用"预算调节"程序，只需要获得绝对多数票就能通过，让干扰得以避免。但预算调节程序增加的赤字很有限，在没有边境调节措施的情况下无法支撑减税计划。为了适应这一事实，共和党人想出了一个简单的策略。他们暂时对中产阶级家庭减税，但这些个人减税政策将于 2022 年到期，在 2027 年完全废除，长期看将导致家庭税务负担增加。给予中产阶级的短期减税只是为了让等式成立。

法案最终看起来与梅多斯在 8 月举行的繁荣美国活动上描述的典型税

改法案非常类似。[30] 它主要使收入最高的人和人脉最广的人受益。最富有的20% 的美国人得到了减税额的 65.3%。美国中等收入者在临时减税政策到期后将得不到任何好处。

根据美国税收政策中心对减税政策的分析，从 2027 年开始，该计划中最大的减税措施将惠及最富有的 5% 的美国人，而对于最贫困的美国人来说，税务支出将略有增加。根据对科氏工业利润率的一些假设，一个名为"美国税收公平"（Americans for Tax Fairness）的自由派政策团体估计，减税措施将使查尔斯·科赫和大卫·科赫每年节省超过 10 亿美元的税金。

到了 2017 年夏天，科氏工业的"阻挡和擒抱"策略初见成效，[31] 先是在阻止奥巴马医改废除的斗争中证明了自己的力量，然后将税改立法从"特朗普法案"改为"科氏法案"。有了这些胜利，科氏政治网络可以发挥更大的作用。事实证明，特朗普政府和科氏工业有一个共同的重要目标，那就是它们都希望确保温室气体排放不受任何形式的管制，并且确保化石燃料产业在美国能源系统中维持主导地位。科氏工业在利用好运方面有独门诀窍，而特朗普的当选证明了这种幸运的延续。特朗普在整个联邦政府——从美国农业部、美国国家航空航天局到五角大楼——就气候变化监管发起了一场战争。科氏工业则顺水推舟。

这场战斗的"爆炸点"，恰好是几十年来一直与科氏工业对抗的美国国家环境保护局。

*****

当特朗普政府的过渡团队抵达国家环境保护局时，过渡官员用军事术语形容了他们的做法。[32] 首先特朗普派出几名自称"先遣队"的官员，在他们之后会有 12 名官员组成的"抢滩部队"接管国家环境保护局。这些被称为"第一波攻击"，意味着大部队紧随其后。

然而，在"入侵"之前，人们一直保持沉默。国家环境保护局的工作人员以为特朗普的官员会按照标准程序在选举后的第二天到达。但没有人来。之后一天，还是没有人来。选举结束后一周，依然没人出现。没人知道谁会来，以及什么时候来。国家环境保护局的工作人员就像空旷海滩上的士兵一样，默默地等待着先遣队的到来。

在 11 月 22 日感恩节前的星期二，特朗普过渡小组的第一名成员终于抵达位于华盛顿特区市中心的国家环境保护局总部，是一位名叫迈伦·埃贝尔的长者，他满头白发、和蔼可亲、十分健谈，成年后的生活似乎全都是为了摧毁国家环境保护局。[33]

埃贝尔是一位资深学者，在科氏工业、埃克森美孚资助的企业竞争力研究所工作。这个研究所是一个自由主义智库，专门研究联邦政府日益加重的负担，曾发布名为《万条戒律》的年度报告。这份广受追捧的报告是为数不多的可靠消息来源，跟踪了新联邦法规的稳步制定及其对私营部门成本的影响。不仅在国家环境保护局，埃贝尔在任何可能限制碳排放和化石燃料使用的法规方面都是经验丰富的强劲对手。他对人类活动造成气候变化的现实表示怀疑，并称之为"全球变暖危言耸听教"，在华盛顿颇有影响。他曾在 2012 年表示，围绕气候变化达成的共识是政治共识，而不是科学共识。

到 2016 年，埃贝尔已经承认人类活动会导致气候变化，但他告诉《气候快线》(Climatewire) 杂志，这种认识的变化并不意味着气候变化是"一个严重的问题，也不意味着解决气候变化的政策最终能起到任何作用，更不意味着愿意支付这些政策所产生的成本"。

不可避免地，这让埃贝尔与国家环境保护局的工作人员产生了直接矛盾。[34] 在 2010 年国会未能通过总量管制与交易制度后，控制温室气体排放的任务悄然落在国家环境保护局总部的肩头。与乔纳森·菲利普斯一起在朗沃斯大楼地下室辛苦工作的同一组人中，乔尔·博韦、迈克尔·古和香农·肯尼，直接搬到了国家环境保护局继续工作。研究小组很快意识到国家环境保护局的权力有限，只有国会才能通过这类可以大幅削减碳排放的全面立法。但好消息的到来冲淡了国家环境保护局局限性的忧愁。页岩气革命已经导致天然气发电厂取代燃煤发电厂，减少了美国的碳排放。廉价天然气的经济性让它替代了煤炭作为主要能源的地位。但包括博韦和古在内的国家环境保护局团队依然采取了"后防行动"，确保煤炭不会卷土重来，以及碳排放不会再次增加。国家环境保护局提出了《清洁电力计划》，要求各州达到削减发电厂碳排放的目标，旨在到 2030 年让排放量比 2005 年减少约 1/3。《清洁电力计划》只是国家环境保护局限制碳排放努力的一部分。在国家环境保护局总部高区楼层有一个庞大的办公室，国家环境保护局在此设立了气候变化司，该部门主要收集温室气体排放数据，而这些数据是控制温室气体排放的重要工具。

当埃贝尔抵达时，国家环境保护局的两位高级官员向他致意，并一起坐下来讨论特朗普团队对国家环境保护局的领导。[35] 两位高级官员是马特·弗里茨和香农·肯尼，他们的任务是协助过渡期的工作。埃贝尔其貌不扬，谈吐温和，戴着一副过时的圆框眼镜，穿戴着保守的西装和领带，像个大学教授。他非常温和，甚至有些过于温和，就像一位英国绅士，从不说任何冒犯的话。然而，他的魅力并没有迷倒国家环境保护局的官员，他们给埃贝尔起了一个绰号——令人毛骨悚然的老爷爷，这个绰号反映了他们对他的鄙视和不信任。

至少在国家环境保护局的官员看来，这种鄙视是相互的。几周过去了，埃贝尔带着强烈的热情与更多国家环境保护局的员工进行交流，但大家都认为他对即将发生的事情感到兴奋。一名员工回忆说："虽然他总是很有礼貌，但他有种像虐待狂的笑容，生怕你不知道他在故意耍你。"

*****

当特朗普抵达华盛顿时，没有任何人脉和政治网络，一时半会儿凑不齐几百人到不同政府机构任职。相比之下，查尔斯·科赫花了 40 年时间在华盛顿建立了政治网络。多年来，他对于智库、游说办公室和大学的资助，为他培养了专家和人手。当特朗普组建政府时，他或许不会直接感谢查尔斯的资助，但必然会雇用一些赞同查尔斯观点的人。

这种影响在抵达国家环境保护局的抢滩部队中显而易见。[36] 科氏工业从未干预人员任命，但团队里有很多理解查尔斯并与他持相同观点的人。埃贝尔是最明显的联系，但不是唯一联系。还有查尔斯·穆诺茨，抢滩部队的白宫联络人，他帮助组织了繁荣美国内华达州分会。还有遗产基金会（Heritage Foundation）的高级研究员大卫·克罗伊策，该基金会的部分资金来自科氏工业。还有帮助国家环境保护局制定法律原则的律师贾斯廷·施瓦布，他曾是贝克豪斯律师事务所的律师，他的客户有大河特种钢铁厂，科氏工业是其主要股东。

抢滩部队最重要的成员是大卫·施纳雷。曾在国家环境保护局工作30多年的他，离职后在能源与环境法律研究所（Energy & Environment Legal Institute）任教和工作，捐赠者信托基金（Donors Trust）对该研究所进行了资助，而该基金的部分资金来源正是科氏工业的网络。

施纳雷令人印象深刻，无论是身体上还是性格上。[37] 他留着银色的山羊胡，嗓音低沉，言谈举止间有律师般的精准。对国家环境保护局和华盛顿的权力运作有着深刻了解的他，主要的工作是为特朗普政府起草一份详细的计划，在国家环境保护局履行竞选承诺。很快人们就发现，这项计划并不是按照历届政府的传统来管理的。施纳雷回忆，曾有某个当权者对他说："你必须想出一个除掉它的计划。"在这种情况下，"它"指的是整个国家环境保护局。施纳雷说："我说：'你不能那样做。有法律以及种种约束，你懂的。（国家环境保护局）不可能就这样消失。'"那个当权者没有被说动，他对施纳雷说："听好了，你必须想出一个除掉它的计划。"

因此，施纳雷想出了一个除掉它的计划。[38] 他估计整个机构可能会被拆分成几部分，职能会移交给其他机构，或干脆放弃。这或许能在特朗普政府执政第六年之前完成。虽然不会很快发生，但可能难逃一劫。

抢滩部队搬进了国家环境保护局总部的北楼，这是一幢庄严的石制办公楼，建于新政时代，就在白宫南边的宾夕法尼亚大道附近，建筑呈半圆形，中间的石质庭院摆满了野餐桌。在2017年初冬，当脖子上挂着工牌的办公室工作人员在石质庭院吃午饭时，成群结队的观光者走了过来，其中许多人戴着印有"让美国再次伟大"字样的红色棒球帽。前门内，回声飘荡的大厅庄严宏伟，大理石地板、石墙和带拱形天花板的走廊让这里看起来就像一个巨大的银行大厅。宽敞的旋转楼梯的锻铁栏杆上刻有华丽图案，从大厅一直通向三楼的国家环境保护局行政办公室，

施纳雷的办公室就在这一层，靠近行政办公室，这就是他制订详细过渡计划的地方。[39] 他的计划强调国家环境保护局给美国大大小小的企业都增加了负担，许多规定对农民、小企业主和中型制造商产生了负面影响，对粉尘污染、超级基金污染场地① （Superfund sites）的清理以及其他一些法规的抱怨层出不穷。但特朗普团队的首要任务不是攻击或改变这些规则，优先任务几乎全部集中在对化石燃料行业不利的规则上。

施纳雷的 47 页过渡计划，题为《机构行动计划》，以机构概况开始。[40] 下一个计划的标题是《优先变革倡议》，变革的第一个优先事项是："废止奥巴马的气候变化议程：包括针对煤炭和天然气发电厂新设立的（污水新源排放标准）和已设立的（现有源预处理标准，或《清洁电力计划》）温室气体监管、公司平均燃料经济性标准、甲烷规则等。"这些优先事项完全是科氏工业的重中之重。比如，公司平均燃料经济性标准降低了汽油的需求，《清洁电力计划》是奥巴马政府所能实现的最接近碳监管目标的举措。

计划随后列出了时间表，第一项内容是："第一天：发布指令，以遵守撤销气候变化指令的行政命令，包括新建电厂和现有电厂的温室气体排放规则，暂停审查（退出管理与预算办公室）所有尚未公布的主要最终规定。"废止气候变化规定的依据只有一个简单的来源——特朗普的竞选演

---

① 美国是世界上最早将污染场地管理政策作为政府行政职责和法律义务的国家之一。1980年 12 月，时任总统卡特颁布土壤污染防治专门法《综合环境反应、赔偿与责任法》（又称《超级基金法》），填补了美国土壤污染防治的法律空白，同时创设了"超级基金"，首次用联邦资金保障在无法确定责任主体或责任主体无力承担污染场地治理费用时的土壤污染治理。在过去 30 多年中，美国在"超级基金"的指导下，制定和完善了包含环境监测、风险评价和场地修复在内的一整套标准的管理体系，建立了超级基金污染场地管理制度。——译者注

讲。"迈伦·埃贝尔总是说：'去看看总统的演讲和网站……这是我们制订过渡计划的基础。'"施纳雷回忆道。

很难找到特朗普执着于对抗气候变化监管的根源。在他的竞选演讲中，以及在几乎所有联邦政府部门的行动中，人们都清楚地看到了这种固执己见。从美国农业部、能源部、内政部到国家环境保护局，都被下达了一项任务，要求它们减少关于气候变化方面的努力。

对于特朗普的执着，最合理的解释是他回应了现代共和党选举基础的政治现实。如果说特朗普有什么天分，那就是善于捕捉人心，然后在他们自己都不清楚要什么的时候说出他们想听的东西。他有一台灵敏的雷达，可以寻找民众的期盼，然后在此之上尽力而为。可以说，特朗普对气候变化现实的否认，可以看作科氏工业多年来通过对科学论证的怀疑，以及把碳排放规则描绘成政府反对自由的阴谋，将这个问题政治化的回声。科氏工业在 2010 年煽动的政治活动，成为特朗普在 2017 年制定的政策。

国家环境保护局新任局长将执行这些政策。[41] 特朗普选择了俄克拉何马州总检察长斯科特·普鲁特填补这一职位空缺，该州的政治格局被石油利益主导。一些由科氏工业资助的团体签署了一封致联邦参议员的公开信，敦促他们通过对普鲁特的任命，最终以 52 票对 46 票获得国会通过。共和党只有一位参议员——缅因州的苏珊·科林斯①——投了反对票。

普鲁特于 2017 年春天就任，当他抵达国家环境保护局时，首先遇到了包括施纳雷在内的一批人。[42] "我在门口遇见他，"施纳雷说，"我递给他一本书，里面有国家环境保护局所有必须执行的法规。它大约有 3.5 英寸厚。我对他说：'欢迎上船，先生，这是操作手册。'"

这份礼物不仅仅是善意的玩笑，也是一个警告。施纳雷知道普鲁特的工作是拆分国家环境保护局，但实际操作起来并不像特朗普在竞选过程中所说的那么轻松。

---

① 2018 年，繁荣美国在科林斯寻求连任时，发起了一场网络广告、直接邮件和电台广告的运动。

*****

普鲁特到达国家环境保护局后，立刻对大楼内外的很多人都想要了他的命这件事深信不疑。[43]

他要求在办公室门外的一张防弹办公桌后面派驻一名保安，如果有人进办公室开枪，桌子大概能起到路障的作用。他还要求给他配备一辆防弹SUV（运动型多用途汽车）作为个人交通工具，车里还要配备防弹座椅。他戏剧性地扩大了安保细节，建立了一个可以 24 小时保护他的团队。他对行政长官办公室的监听设备进行了全面清理，并命令国家环境保护局的安全部门在他的办公室内建造隔音亭，从而不必担心自己的通话内容被国家环境保护局的工作人员听到，而纳税人为此支付了 4.3 万美元。

为了保障优先事项的贯彻落实，新的国家环境保护局领导班子与工作人员经常举办行政会议。但普鲁特很少与包括高级主管在内的任何员工交流。他很少见工作人员，不怎么与人交谈，即使在走廊上遇到经过的工作人员，他打招呼的状态也很诡异。他会兴高采烈地说你好，但会在与当时的状况毫无关系的情况下不加解释地引用《圣经》。有一次，普鲁特背诵了一句关于在田里劳作的名言，让旁人摸不着头脑，完全不明白他的意思。两名工作人员怀疑这段引文来自《旧约》，但他们没有仔细研读过《圣经》，无法证实。还有一天，办公室里传来消息，普鲁特罕见地出现在众人面前，站在一排电梯旁，给上班的女性工作人员递上长茎玫瑰，意味不明。

虽然普鲁特个性成谜，但他的政策立场众所周知。[44] 他担任俄克拉何马州总检察长时，与该州化石燃料公司的关系非常密切。2011 年，德文能源公司向国家环境保护局发出律师函，投诉空气污染监管。普鲁特把这封信贴在一份盖有州司法部部长公章的官方文件上寄给了国家环境保护局。送出这封信后，德文能源公司的说客威廉·F. 惠齐特给普鲁特发了一封电子邮件，写道："太棒了！"这封信直到 2014 年才公开，当时《纽约时报》记者埃里克·利普顿发现了这封信。这只是众多例子中的一个。

普鲁特的政治生涯在俄克拉何马州的政治文化中被精心熏陶。[45] 但当来到华盛顿时，他并没有做好准备。他特别不适合应付批评。2017年春天，普鲁特来到华盛顿的五月花酒店，出席了由美国环境委员会主办的会议，该委员会是代表州一级环境监管机构的非营利性组织。其间，两名女性抗议者潜入这次活动。她们背着一筐橘子，上面贴着标签，强调一种叫作毒死蜱（chlorpyrifos）的杀虫剂的使用。尽管这种杀虫剂被证明危害人类健康，但普鲁特的部门最近允许人们继续使用这种杀虫剂。抗议者大声喊叫，然后被带出会议厅。这是华盛顿的日常，连参议院听证会都经常有抗议者闯入。

然而，当回到国家环境保护局总部时，普鲁特似乎被那些拿着橘子的女人深深地震撼了。[46] 他在办公室就一个不相关的话题开会时，不停地将话题转回抗议者，认为这对他造成了威胁，似乎在暗示是会议组织者让抗议者进入了酒店的。

"他对待这件事就好像被人开了一枪似的，怎么也放不下……他对会议组织者没有好好保护他感到愤怒。"一位在场人士回忆说。这位人士还说，普鲁特经常把注意力集中在他认为对自己的安全构成威胁的事情上，"他变得有些痴迷。我想他真的相信自己在履行上帝的使命，而人们都想干掉他"。

普鲁特的新领导团队主要由来自俄克拉何马州的拥护者组成。[47] 他们把自己与国家环境保护局的其他部门隔离开来，每天早上，在没有国家环境保护局工作人员在场的情况下举行长达数小时的会议。施纳雷参加过这些会议，他对普鲁特拒绝会见国家环境保护局的工作人员感到沮丧。这妨碍了普鲁特了解机构情况，也削弱了他的动员能力。

"这么说吧，他不想听到任何人跟他唱反调。他只想告诉人们去做，有时候人们不得不站起来说'你不能这么做'。而这些人并没有坚持下去。"施纳雷说。

普鲁特还有其他一些毛病。[48] 尽管他与能源公司关系密切，但施纳雷开始怀疑他能否成为彻底摧毁气候变化监管法律基础的可靠渠道。二人曾讨论过渡计划，施纳雷详细解释了攻击气候变化监管规定的重要性，但普鲁特似乎不感兴趣。相反，普鲁特要求工作人员迅速提出能登上头条新闻的建议，并为他寻找访问各州举办公共活动的机会。

"如果他有什么目标，那就是继续升官。"施纳雷说，"他在寻找去地方当政的机会，特别是艾奥瓦州和新罕布什尔州。"

2018 年春天，施纳雷离开国家环境保护局，普鲁特的小圈子变得更紧密了。上午会议有时持续 3 个小时，普鲁特的团队开始发布完全成形的政策提案，而国家环境保护局的工作人员没有提供任何意见。在一年的时间里，普鲁特的团队发布命令，废除或撤销 46 项规章制度，其中许多是重要的规章制度，包括废除《清洁电力计划》，取消公司平均燃料经济性标准。

当年 6 月，普鲁特在白宫玫瑰花园出席仪式并被介绍给特朗普总统。[49]会议宣布美国退出当初为减少全球温室气体排放而加入的《巴黎协定》，这是美国退出的第三项应对气候变化的全球条约。普鲁特是退出的有力支持者，他的观点压过了那些认为履行国际义务不应受到政府换届影响的官员。

此次退出是特朗普政府执政的特点，符合查尔斯·科赫的观点。[50]特朗普和他的顾问们认为，华盛顿的官僚机构是一群寄生人口，只会从美国经济吸血。为了打击这些寄生虫，政府让职位保持空缺，把被认为缺乏忠诚度的工作人员调到冷衙门工作，并且在处理员工投诉的审查委员会中不任用任何工作人员。公务员队伍的缓慢腐蚀与查尔斯的目标融为一体，认为国家行政能力的退化不会有什么害处。

尽管如此，普鲁特拆分或永久性破坏国家环境保护局的效果如何还不清楚，但废除《清洁电力计划》等措施的努力肯定会面临法律方面的挑战。[51]普鲁特似乎也在刻意拖延冗长费时的工作，并像施纳雷建议的那样，切分国家环境保护局的职能并将其下放给其他机构。他在 2018 年年中惹上了大麻烦，因为安保支出以及与说客的关系等问题，他有 11 项联邦调查的重点，有一条是他曾经让工作人员联系福来鸡，为自己的老婆争取特许经营权。

2018 年 7 月，普鲁特辞职，他的副手安德鲁·惠勒暂时接替了他。[52]惠勒曾是煤炭行业的说客，在一些圈子里，人们希望惠勒在推进施纳雷的过渡计划所概述的一些目标时，能更加专注、更加自律。

即使普鲁特任职期间混乱不堪，他也为科氏工业取得了重要的胜利。温室气体排放的监管已被国家环境保护局清除，或许是暂时性的，但至少推迟了碳排放限制可能对科氏工业的炼油和交易业务造成的损害。

特朗普政府也做了一些看起来不可能的事情，甚至比 2010 年更进一步地将气候变化问题政治化。在特朗普时代，任何一位共和党或保守派民主党人都可以挑战应对气候变化议题，这简直不可思议。气候变化对现实世界的影响是可以客观测量的。当小布什当选总统时，大气中的碳浓度为 375ppm，远远超过人类历史上的水平。2010 年，当奥巴马推动总量管制与交易制度时，二氧化碳水平为 393ppm。2018 年，碳浓度已经创纪录地达到 410ppm。

*****

2017 年底，查尔斯·科赫的政治网络向捐赠者发布了一份备忘录，自我吹捧了那一年的两大成就。[53] 第一个是"综合税制改革法案"，备忘录说，这是政治网络的首要任务。第二个是由像斯科特·普鲁特这样的内阁成员主导的监管倒退，包括提议废除《清洁电力计划》和退出《巴黎协定》。

科氏政治网络不应该为这些成绩邀功，他们制定的特朗普议程迟迟无法落地，特朗普政府和科氏政治网络之间的权力平衡仍充满不确定性。科氏工业声称取得了一些胜利，但很明显，特朗普决心走自己的路。他放弃了在亚洲的一项重要贸易协议，并对来自欧洲和中国的商品加征关税，这些是查尔斯强烈反对的政策。

在特朗普政府内部，人们对查尔斯不屑一顾，认为他过于意识形态化，缺乏灵活性，与美国选民脱节。[54] 特朗普有影响力的政策顾问史蒂夫·班农在 2017 年 3 月接受《纽约时报》采访时对这种蔑视毫不掩饰。班农先是间接赞扬了特朗普的才华，顺便贬低了一下民主党，然后直接向查尔斯开了一枪，"然后是共和党人，搞理论研究的卡托研究所、奥地利经济学派、小政府，都没有任何深度。他们没有生活在现实世界中"。

特朗普政府和科氏政治网络就像对峙的棋手，谁也无法彻底击败对方，双方没有明显的赢家。[55] 但是查尔斯施展了他的优势。他的捐助网络宣布，他们将在 2018 年中期选举期间投入 3 亿~4 亿美元，帮助塑造特朗普总统任期内最重要的政治角逐。

科氏政治网络通过与特朗普政府的一位高级成员建立联系，最大限度地利用这笔资金发挥其影响力，他就是与查尔斯有长期关系的副总统迈克·彭斯。[56] 当彭斯还担任印第安纳州联邦众议员时，就是繁荣美国的亲密盟友，这种关系在彭斯当选副总统后一直延续。2017 年 6 月，当查尔斯在科泉市出席其捐赠者研讨会时，绕道在布罗德摩尔酒店与彭斯和他手下的几名工作人员一起举行了私人会议。[57] 会议持续了大约一个小时，不在彭斯当天的正式日程上。查尔斯和彭斯讨论了特朗普的立法议程，包括减税和医疗改革。彭斯后来被赋予帮助管理特朗普 2018 年中期选举战略的职责。特朗普说，如果民主党赢得参众两院的控制权，那么他们的首要任务将是启动弹劾程序，这将扰乱总统任期。竞选至关重要，查尔斯要确保自己是主要玩家之一。

在这笔钱悬而未决的情况下，查尔斯于 2018 年 1 月前往棕榈泉主持了捐赠者研讨会。活动进行时，查尔斯走上舞台，站在讲台后面，晚风拂面而过，穿过豪华度假村。他穿着西装外套和蓝色衬衫，没有系领带。他自信满满地告诉台下的同僚们，他们在特朗普时代取得了巨大的进步。

他说："我对我们正在做的事情和得到的机会，比以往任何时候都感到振奋。我们在过去 5 年里取得的进步，比我在过去 50 年里取得的还要多。"

然后查尔斯以一种典型的方式，拿自己开了一个玩笑，指出如果他没有取得现在的成就，有人可能会想他这些年都干什么去了。这番话引来一阵浅笑，但很明显他一直在做着什么。他一直在建立一个政治网络，影响范围和影响力可以说比美国企业界其他人都要强大。只有这位科氏工业集团的首席执行官才能号召大规模的游说活动，组织起一支由草根活动人士组成的大军，拉起一个几十亿美元的捐款网络，以及建立一个几乎无法被外人描绘、由外围政治组织和捐款机器组成的世界。如果通用电气或任何上市公司的首席执行官试图建立类似的体系来影响公共政策，并像查尔斯那样投入同样多的时间和金钱，几乎肯定会被董事会炒掉。由于努力保持对科氏工业如此严格的控制，查尔斯无须面临这种困境。他的政治网络持久而庞大，几乎可以肯定的是，将比特朗普政府活得更久。

查尔斯具有与特朗普相反的特质，他拥有无限的耐心，时间跨度以几十年来衡量。

演讲中的笑声过后，查尔斯解释说，他在政界 50 年的运作有一个明确的目标，即使结果来得很慢。

"在造房子之前，必须先打地基，"查尔斯说，"我现在做的就是这些。"

第25章
美国社会的正常形态就是科氏帝国的形态
（2018年）

严冬黎明，早晨六点左右，东方将白，查尔斯·科赫在威奇托的家中迎来破晓。[1] 在院落的高墙后，树梢在微弱的光线下逐渐清晰可见，树枝光秃秃的，锋利无比。天空渐渐变成紫色，然后变成粉红色。大院外，一名男子独自坐在一辆黑色雪佛兰塔赫内，透过有色车窗玻璃看着墙壁。那人耐心地坐着。他低头看了看手机，等待着，手机屏幕的背光让他脸上泛着红光。他熄灭了车大灯，清晨经过的车辆几乎看不见他。差几分就到六点半了，他打开车前灯，然后向前开。与此同时，另一辆黑色越野车从查尔斯的宅院中出现，从部分被灌木丛遮掩的出口驶出。男子驾驶着塔赫并入车流，变道跟在黑色越野车后面，时机无可挑剔。两辆车一路向北，驶向科氏工业总部。

关于查尔斯的传说众多，其中有一个是他每天自己开车上班，把车停在科氏工业总部门前的停车场，走上楼梯到办公室。现实情况发生了改变。在威奇托，查尔斯在武装保安的护送下乘坐防弹车上班已经是公开的秘密。这样才符合现实。查尔斯在政治上的活跃让他经常遭受死亡威胁。作为注重隐私的人，人们对他的了解很少，憎恨却很多。他现在是地球上最富有的人之一，所以人身安全保障是必要的。查尔斯的绝技就是分析和降低风险。

　　这天早高峰交通拥挤。黑色越野车经过一排购物中心，继续向北行驶。天色继续变亮，但只亮了一点点。每天这个时间点，到科氏工业总部的通勤时间只需要几分钟，从几英里外就能看到科氏工业园区。科氏大厦坐落在园区的中心，仍然是方圆几英里内最高的建筑物。早晨的第一缕阳光在深褐色的花岗岩墙壁和不透明的玻璃幕墙上闪耀。天刚蒙蒙亮，科氏大厦周围的停车场仍然被悬挂在高耸的黑色电线杆顶端的明亮灯光照耀着。灯光使园区看起来像一个独立的宇宙，一个被墙包围的星光池，光辉灿烂，与世隔绝，好一幅晨光美景。这就是科氏帝国。

　　当查尔斯到达工作地点时，车径直开进一个安保严密的特别停车场。这里靠近防爆室，邮件包裹在进入大楼之前会在这里被分类。这片天地是查尔斯一手创造的。这里的人说着他发明的语言，在他管理的公司工作，向他致以国家元首才享有的尊重。当查尔斯进入办公楼的走廊时，他可以乘电梯到三楼，或者走上宽敞明亮的楼梯间。

　　清晨的走廊里一片寂静。查尔斯的行政办公室位于三楼，20年来几乎没有变化。行政办公室的门口离专用电梯不远。走进那扇门，查尔斯来到一个宽敞的房间，房间里有一张沙发、一张桌子和一个小书柜，对面是助理的工位。再往前就是他自己的办公室。在大厅的另一边，左边是公司董事会会议室的大门，这是几十年来无数战略会议和战斗部署的场所。

　　走向办公室的查尔斯会经过一座雕塑。一尊他父亲的半身像，被装饰性的植物环绕，安放在一个高高的基座上，看起来像某个开国元勋的纪念碑。弗雷德·科赫去世，查尔斯接手家族公司，至今已有50余年。弗雷德是个难缠又有强大影响力的人，现在他的纪念物——一个无声的半身像，被安全地供奉起来。那个鼓励儿子们戴上拳击手套互殴的男人，那个强迫查尔斯用勺子在自家后院里挖杂草的男人，那个送查尔斯去军校的男人，那个利用罪恶感把查尔斯拖回威奇托接手家族生意的男人，已经永远地离开了这个世界。剩下的只是对他的记忆，一种由他的儿子查尔斯塑造和培养的记忆。每年9月，查尔斯都会举办"创始人日"纪念活动，并谈到父亲留下的遗产。他写了关于父亲的文章，制作了关于父亲的视频。故事由他讲述。而查尔斯没有强调的部分——也许是因为他不必强调——是他自己的成就已经超过了父亲。弗雷德留下了一家资产种类繁多的公司——一个养牛场、一家炼油厂的股份、一家管道公司。查尔斯把它们融合在一起。查尔斯才是科氏工业集团的创造者。弗雷德出版了一本政治小册子，并通过邮购方式出售。弗雷德与他人共同创立了约翰·伯奇协会，这是一个被边缘化的激进政治团体，这个团体逐渐走向沉沦。查尔斯写了自己的政治论著和两本关于以市场为基础的管理理念的著作，其中一本还是全国畅销书。查尔斯建立的政治网络，可以说比美国企业界任何人都更有影响力。记者和作家们从全国各地赶来，希望成为查尔斯的听众。他的政治声明会登上电视台的晚间新闻。

弗雷德·科赫所做的一切，查尔斯·科赫都超越了。

虽然可能不会承认这一事实，但查尔斯在经过他父亲的半身像时，一定在某种程度上意识到了这一点。他走过接待员的办公桌，走进他熟悉的办公室，走过那张小皮沙发和咖啡桌，走过墙壁上有他个人藏书的书架。他的办公桌仍然在同一个地方，靠窗那边。查尔斯黎明时分出现在办公桌前并不少见。

当他坐下后，可以转过头，欣赏堪萨斯地平线的全景。景色在过去十年左右发生了变化，不再空无一物。科氏工业总部以北新建了一座公立学校大楼，东北部有一些住宅区。但是，景色之所以改变，仅仅是因为查尔斯允许它改变。他几乎拥有视线所及的所有土地，一直延伸到地平线。随着时间的推移，他以合理的价格买下了这些土地。他捐赠的土地为公立学校的建设铺平了道路。当查尔斯凝视窗外时，他看到了一幅在他掌控之中的风景。

如果说这种掌控就像一个引力场，塑造了内部的一切，那么这个引力场的中心就是科氏工业园区。向北延伸的园区四周，是一堵马蹄形的高墙，墙上种满了树。墙内是一个巨大的停车场，一大早就停满了汽车。查尔斯可以坐在办公桌旁看着员工们下车，排队进入通往科氏大厦的地下人行隧道入口。当他们走过隧道的时候，会路过展示科赫家族历史的黑白照片拼贴画。当他们到达底层电梯间时，就站在查尔斯的巨幅画像旁，画上的查尔斯有一张微笑的脸。这幅画像是由科氏工业集团员工的小照片组成的，就好像查尔斯亲手把所有照片合并到一起一样。

*****

每个季度，科氏工业各个部门的领导都会来到科氏大厦，向查尔斯汇报工作。[2] 到了开会的时候，查尔斯从办公桌前站起来，穿过大厅，走进董事会会议室，高级领导班子坐在大圆桌旁。会议室的装饰仍然很简朴。蓬松的真皮办公椅毫不起眼。唯一奢侈的是每一个座位前的真皮杯垫，上面印有公司的标志。这个无窗房间的墙边，摆放着为临时参会的工作人员提供的额外的椅子。

查尔斯坐在那里，聆听各部门负责人汇报最近一个季度的情况。查尔斯询问了他们，并在他们的陈述中寻找瑕疵。混乱的市场力量正在猛烈地冲击着大门，每个人都会对自己的应对行为负责。如果某个部门出现亏损，那么该部门总裁需要提供一份详细的远景规划，在长期时间内重新获得利润。

2018 年，当查尔斯听取各部门负责人的发言时，这家公司似乎证明了他的每一个信念。[3] 在 20 世纪 90 年代的灾难之后，公司于 2000 年启动了一项扭亏为盈的计划，在日后拥有巨额盈利的庞大部门当时甚至还不存在。比如佐治亚 – 太平洋公司，盈利平均每年超过 10 亿美元。科氏化肥公司，2003 年冒险赌博的结果，每年带来几十亿美元的收入。还有微芯片公司莫仕，以及加迪安工业公司。查尔斯证明了，他的公司不仅在不断增长，还在不断转型，不断涉足新的行业，抛弃陈旧的东西，永远在寻找下一个机会。而支撑这些实验的是可靠的摇钱树，松弯炼油厂仍在提炼廉价原油，销售昂贵汽油，昼夜不停地吐出现金。在科珀斯克里斯蒂，由于页岩革命的发生而重复同样的故事。而交易部门仍在交易衍生品，仍在利用对实时运输和库存情况无与伦比的掌控进行着交易。

查尔斯的信念在这些会议上以另一种方式得到了验证。[4]科氏工业的高层领导，用以市场为基础的管理理念的语言，表达了他们所说的一切。在过去 30 年里，查尔斯无可争议的成就之一是创建了一个组织，在这个组织中，每位员工都用同样的编码阐述同一个复杂的哲学。来到威奇托的部门负责人谈到了心智模型、发现过程和五大维度。他们谈到完整性、决策权、挑战过程、实验性发现、德才兼备。这些是科氏帝国的内部语言。学习这种语言是在科氏工业获得一席之地的先决条件。楼下，在科氏大厦的一楼，走廊两旁都是教室，新员工们会进行一整天的学习，他们会围坐在圆形桌子旁，背下这些词汇，学习以市场为基础的管理理念的规则。正如查尔斯自己所说的，新员工要么完全赞同这种理念，要么离开科氏工业。没有折中方案。

*****

现实世界对以市场为基础的管理理念有效性的判断不如查尔斯的信心那么明确。2018 年，当查尔斯聆听部门负责人描述经营情况时，科氏工业内部出现了不好的迹象。如果说以市场为基础的管理理念真的是实现繁荣的准则，那么繁荣必然是一件不平衡、不稳定的事情。

例如，英威达深陷泥潭。[5]从某个角度来看，2004 年对英威达的收购可以称为失败，或者说是一场灾难。2018 年春天，科氏工业总部的英威达办公区域就像一座空旷的鬼城。仅 2017 年，英威达就在佐治亚州雅典市裁员 52 人，在田纳西州和北爱尔兰的德里分别出售了一家工厂。以市场为基础的管理理念似乎无法解决英威达以及全球合成纤维市场的问题。同样，也无法降低佐治亚 - 太平洋公司的工伤率。2018 年上半年，工伤率略有下降，但仍处于 2012 年开始的较高水平。吉姆·汉南和他的团队仍在努力解决这个问题，但似乎很难根除。

也有迹象表明，尽管严格遵守了以市场为基础的管理理念，但科氏工业仍在重复 20 世纪 90 年代的一些错误。收购狂潮再次使公司拥有了多样化的业务单元，玻璃、钢铁、计算机传感器、贺卡和高级化肥，这些似乎毫无关系的单元挤在同一个屋檐下。微芯片和传感器公司莫仕已经发布了喜忧参半的财报。2017 年，明尼苏达州的一家莫仕旗下的工厂裁员 136 人。

2018 年春天，经济发展情况岌岌可危。[6] 股市剧烈动荡、涨跌不一，这是多年来从未有过的波动。有人猜测经济已经过热，部分原因归咎于查尔斯一直鄙视的政府干预。2008 年金融危机后，美联储多年来一直将利率维持在较低水平，用宽松货币政策刺激全球市场。此外，量化宽松计划实质上为美国经济注入了超过 3.5 万亿美元的资金。这种激进的货币政策导致美国经济各个领域出现的资产泡沫可能很快就会破灭。一旦出现这种情况，科氏工业集团的公司结构将受到严峻考验，经营情况较差的部门可能会使公司蒙受巨大的损失。

如果经济前景充满不确定性，那么在 2018 年初，查尔斯似乎异常平静，即使在经济环境最坏的情况下，也不存在科氏工业集团破产的可能。裁员有可能会发生，一些业务可能不得不低价转让。但科氏工业的实体业务，似乎不会受到失败的影响。资金链正常，债务很少，破产的情况根本无法想象。科氏工业的主要收入来源——炼油厂、化肥厂、纸浆厂、大宗商品交易部门——是提供生活必需品的庞大机器中的一部分。即使在经济衰退期间，人们依然需要购买汽油和化肥，其他大公司也不太可能仅仅为了抢夺科氏工业的市场份额就大举涌入，掷出几十亿美元建造新的生产装置。科氏工业的业务也受到精心构建的公司面纱的保护，就像一个个合法的鹦鹉螺壳，将集团内各个部门相互隔离。某个部门可能会破产并被起诉，但造成的损害永远不会波及科氏工业的核心产业。

查尔斯还有其他原因能在 2018 年保持极度冷静。只要科氏工业集团不受破产的影响，那么查尔斯的个人资产同样不会缩水。如果要证明他对自己能力的信心，证明他对以市场为基础的管理理念的力量深信不疑，只需要看看他的个人财富有多少。

1991 年，《财富》杂志估计，查尔斯和大卫·科赫的身家合计约为 47

亿美元，这使他们跻身世界最富有人群之列。[7] 这个金额是科氏工业集团大约 80% 股权的估计价值，两兄弟平分了这部分股权。

克林顿总统的政策并没有导致这笔财富缩水。20 世纪 90 年代，科赫家族的财富几乎翻了一番。2002 年，据《福布斯》杂志估计，查尔斯和大卫的身家合计为 80 亿美元。

小布什执政期间，在政府不断壮大、经济增长不平衡和海外军事行动的背景下，兄弟俩财富激增。2007 年，仅查尔斯一人的身家就高达 170 亿美元。他和弟弟的总资产为 340 亿美元，在美国仅次于巴菲特，排名第三。

在奥巴马执政期间，繁荣美国组织一再警告右倾的威胁，而查尔斯和大卫的财富再次翻了一番多。到奥巴马任期结束时，查尔斯的身家达到 420 亿美元。兄弟二人的总资产为 840 亿美元，超过比尔·盖茨的 810 亿美元。截至 2018 年，查尔斯的个人财富达到 535 亿美元。

查尔斯之所以如此富有，与他多年来坚持公司不上市的努力密不可分。科氏工业不像上市公司那样有上千名股东，它只有两位大股东，就是兄弟二人。科氏工业的员工，包括高级管理人员，无论他们多么努力地工作，都无法获得公司真正的股权。相反，他们只能获得购买影子股票的权利，这本质上是基于公司业绩的衍生品合约。当然还有一次性的绩效奖金。

这种股权结构虽然在美国企业界并不常见，但也反映出 2018 年美国经济的特点。[8] 查尔斯的家庭属于一个独特群体，在美国大约有 16 万家庭是最富有的 0.1%。这群人就像查尔斯一样富得流油。1963 年，前 0.1% 的家庭拥有美国全部财富的 10%，在 2012 年达到 22%。与这种成果相对应的是，绝大多数美国人失去了阵地。20 世纪 80 年代中期，最底层的 90% 的美国人拥有全国 35% 的财富，到 2015 年左右，份额下降到 23%。

美国的劳动力市场与科氏帝国的劳动力结构相似。[9] 对越来越多的美国人来说，就业和收入是临时的、暂时的，这也反映了市场环境的波动。几十年来，工会一直在保护工人免受金融动荡的影响，但它对美国经济的影响微不足道。像松弯炼油厂 OCAW 这样的激进工会，只能在历史书中找到。即使是像俄勒冈州内河船员工会这样相对无力的现代工会也几乎不复存在。全职工作越来越多地被合同工和兼职岗位所取代。工会养老金被 401（k）计划取代，而 401（k）计划的价值随着市场的涨跌而变化。薪酬并不稳定，而且越来越多地与奖金挂钩，而不是与年度加薪挂钩。综观美国，科氏工业的所有权反映了财富所有权的结构。绝大多数美国人在美国企业中只持有影子股票。

美国贫富差距还反映了政治力量的悬殊。[10] 在美国，富人和拥有广泛人脉的人塑造了政策。2018 年，只要拥有上亿美元的资金、一个庞大的游说机构，再加上智库和一支基层军队，就能让你的政策偏好得到认可。2014 年，普林斯顿大学的几位政治科学家研究了 1980—2002 年间 1 779 个议题的政策成果，发现美国没有哪个团体对政策制定有绝对的把握。但富人——他们称之为"经济精英"——迄今为止，最有可能将他们的政策选择变为现实。华盛顿第二强大的势力是诸如游说组织之类的特殊利益集团，成功率低于经济精英，但仍占有重要地位。值得注意的是，美国中等收入者（即大多数人）对政策结果的影响"接近于零"。该研究的结论简洁明了："当大多数公民不同意经济精英或有组织的利益集团时，通常会失败。"

然而，在许多方面，参与政治活动只是查尔斯的副业。在科氏工业集团内部，还有一场更为重要的领导运动正在进行中。在查尔斯的儿子蔡斯·科赫驶离成为首席执行官的快车道之后，出现了一场事关查尔斯继任者的三方竞争。有三位高管似乎已经准备好接受这份工作，随着业务的增长，查尔斯可以对他们每一位进行评估。

这场竞赛的轮廓在 2017 年确定，当时科氏工业进行了自 2000 年以来最重大的重组。[11] 这一次，公司被重新划分为两个部门：科氏企业和科氏资源。科氏企业部门旗下包括佐治亚 - 太平洋、莫仕和英威达，基本上是科氏工业生产的消费品或中间品。科氏资源部门包括科氏工业在化石燃料等开采业务方面的存续业务，包括燧石山资源公司、科氏矿业和能源解决方案公司（包括化肥部门）以及大宗商品交易部门——科氏供应与贸易公司。

吉姆·汉南从佐治亚-太平洋公司的首席执行官晋升为科氏企业的首席执行官。布拉德·拉祖克从燧石山资源公司的首席执行官晋升为科氏资源的首席执行官。坐上这个位置后，两位高管开始了一场默默无闻的竞争。每个部门都要向查尔斯报告经营情况，供他评估二人的工作进展，并确定谁最适合接管这家公司。还有科氏工业集团总裁大卫·罗伯逊，在科氏企业和科氏资源之外，科氏工业集团本身更像一个控股平台。通过几十年的工作，罗伯逊悄悄地走到一人之下、万人之上的位置。他谈吐温和且直率，如果用以市场为基础的管理理念衡量他，那么他堪称完美。他知道如何取得伟大的成就，但又不会居功自傲。如果查尔斯打赌某个人可以取代他成为魅力四射的首席执行官，那么罗伯逊就是查尔斯心中的最佳人选。

然而，如果这三人中的任何一位最终成为首席执行官，那么其可能会以一个看守人的角色接任这项工作，因为蔡斯仍然是查尔斯的继承人。[12] 在专用肥料部门锻炼了一段时间后，蔡斯为自己创造了一个职位。他花了很多时间和那些希望得到科氏工业资助的风险投资家交谈，对他们的许多想法产生了兴趣。蔡斯与父亲在家中共进晚餐时进行了商议，他告诉父亲，科氏工业会因为没有更多地参与风投公司在新技术上进行的风险投资而错过未来。经过反复斟酌，他们决定设立名为科氏颠覆性技术（Koch Disruptive Technologies）的新部门，蔡斯担任这个部门的负责人，帮助科氏工业集团确定下一波要投资的企业。第一笔投资是一家以色列医疗器械公司。新部门也搬入了科氏工业总部园区的一栋新大楼。2018 年初，科氏颠覆性技术办公室还是一个只有一块白板、几个工位并且正在装修的小办公室。在附近的一个小会议室里，蔡斯坐在桌子的前面，带领他的团队开会。他的举止有些拘谨，但颇具威严。许多年后，他似乎找到了舒适的位置。当被问及是否有一天会成为科氏工业集团的首席执行官时，蔡斯说，这当然是一种可能性。他说他只会在合适的时间做合适的工作。

一天，查尔斯给儿子寄去了一个夹着旧纸张的小文件夹，里面有一张手写的便条。[13] 便条上有一个简单的信头——查尔斯·科赫。查尔斯整洁地书写道：

蔡斯，

我正在翻阅我的旧文件，以备图书项目之用。我在你的亚里士多德论文上找到了这些笔记。

老爸

所附的文章正是蔡斯在完成小学作业时记下的关于亚里士多德的笔记。亚里士多德认为，人们努力去完成事情，就是赋予他们生命意义的原因。从这个意义上说，幸福是流动的。这是查尔斯传达给儿子的信息。

如果说查尔斯在 2018 年的工作日中找到了意义，那么这种意义主要来自他在给蔡斯的简短留言中提到的"图书项目"。[14] 与查尔斯关系密切的人说，他正准备从公司抽身，至少在某种程度上专注于这个图书项目，这是他的个人爱好。查尔斯的密友莱斯利·拉德说，查尔斯终于展现了他生命中非常罕见的东西：满足感。"我认为查尔斯现在所做的正是他一直想做的，那就是尽力行善。"拉德说。

查尔斯已经出版了两本关于以市场为基础的管理理念的书，他认为这对于经营一家欣欣向荣的企业来说是最终解决方案。在这些书中，他也暗示了以市场为基础的管理理念不仅仅是一种商业哲学。在新书中，查尔斯计划展示以市场为基础的管理理念的最终层面。他会证明，这不仅是一本经营企业的指南，也是一本社会管理的指南。美国社会的正常形态就应该是科氏帝国的形态。

查尔斯没有幻想当新书最终出版时，美国会立即采纳他的信条。这条路既漫长又饱受争议，他已经在这条路上走了 50 年。但他总是以长期的眼光看待事物，用几年甚至几十年来衡量自己的成功。

他的计划，尽管酝酿已久，但仍处于初期阶段。

附 录

本书主要人物介绍

埃布尔·温。科氏实验经济学实验室的领导者,与威奇托州立大学合作测试以市场为基础的管理理念的原理。埃布尔进行了一项大规模的实验,试图找到击败那些讨价还价的"钉子户"的方法。

埃德·马基。来自马萨诸塞州的民主党参议员。当他还是马萨诸塞州国会众议员时,主导通过了一项旨在控制温室气体排放的总量管制与交易制度。马基领导了一个特别委员会,花了数年时间来制定这项措施。

鲍勃·英格利斯。南卡罗来纳州共和党国会议员。英格利斯曾经是科氏工业的盟友,并接受了科氏工业的竞选捐款。然而,他在全球气候变暖问题上的立场使科氏工业对其产生了反感。科氏工业在 2010 年的初选中资助了英格利斯的对手来挑战他,并导致他下台。

保罗·瑞安。威斯康星州共和党国会议员,曾在 2017 年和 2018 年担任众议院议长。瑞安经常被夹在科氏政治网络和特朗普政府的政策分歧之间。

贝拉克·奥巴马。美国第 44 任总统,2008 年当选,2012 年连任。奥巴马掀起了一股自由派政治浪潮,查尔斯·科赫认为这对美国未来的发展十分危险。

比尔·汉纳。曾在 20 世纪 80 年代末任科氏工业集团总裁,查尔斯·科赫的亲密伙伴。

比尔·科赫。查尔斯·科赫的弟弟和大卫·科赫的双胞胎弟弟。20 世纪 80 年代,比尔领导了一场试图推翻查尔斯首席执行官地位的政变。政变失败后，比尔发起了一场针对哥哥的、持续了数年的法律战。他最终自己经营了一家规模较小的公司，名为 Oxbow。

伯纳德·保尔森。 20 世纪 70 年代初，查尔斯·科赫聘请的一位负责炼油业务的高管，负责管理松弯炼油厂。在 1972—1973 年的罢工中，保尔森领导了对该厂工会 OCAW 的对抗。后来，他被提拔到威奇托，主管科氏工业集团的炼油业务，并在那里与查尔斯密切合作。

布拉德·霍尔。 科氏工业集团资深雇员，于 1975 年加入公司。霍尔在科氏工业的金融和交易业务中逐渐成长，最终管理评估潜在收购目标的企业发展集团。在 2004 年离开科氏工业之前，他曾任科氏供应与贸易公司的首席财务官。

布拉德·拉祖克。 科氏工业石油产品部门燧石山资源公司前首席执行官。拉祖克在帮助科氏工业开发得克萨斯州鹰滩页岩地区的页岩革命方面发挥了关键作用。后来，他被提升为科氏资源的首席执行官，科氏资源是一个包括燧石山资源公司等自然资源公司在内的大型部门。拉祖克被视为查尔斯·科赫离开后的科氏工业集团首席执行官候选人之一。

布赖恩·道奇。 俄勒冈州波特兰佐治亚－太平洋仓库所在的内河船员工会前当地工会主席。道奇是史蒂夫·哈蒙德的老板，他的前任加里·巴克纳姆辞职后，他被选上担任这个职位。道奇与科氏工业集团进行了多次劳资协议谈判，但觉得自己手中没有筹码。绰号"躲避者"。

布赖恩·鲁斯。 20 世纪 90 年代中期，松弯炼油厂公用事业利润中心部门的经理，也称流程所有者，负责管理向附近湿地排放氨水的废水处理设施。

布伦登·奥尼尔。 科氏工业衍生品交易员，在天然气价格飙升期间赚了数百万美元。奥尼尔在调到交易部门之前，是科珀斯克里斯蒂炼油厂的工程师。蔡斯·科赫在科珀斯克里斯蒂炼油厂工作期间，他曾是蔡斯的老板。

蔡斯·科赫。 查尔斯·科赫的儿子，1977 年出生。蔡斯十几岁时就开始在家族企业工作，大学毕业几年后全职加入。在管理科氏颠覆性技术部门之前，他通过晋升成为科氏化肥的总裁。蔡斯被认为是一个顺理成章的继承人，有朝一日他可能接替父亲成为首席执行官。

查尔斯·科赫。科氏工业集团首席执行官兼董事长。查尔斯在父亲弗雷德·科赫去世后于 1967 年底接管了这家公司，此后一直经营该公司。

达雷尔·安特里奇。科氏能源贸易公司前电力交易员。2000 年加州电力危机期间，安特里奇参与了科氏工业的电力关联交易。

大卫·弗兰岑。俄勒冈州波特兰佐治亚－太平洋仓库的工人。内河船员工会的资深成员。他是与佐治亚－太平洋公司进行劳资协议谈判的委员会成员，他认为进行谈判会永久地损害自己在公司管理层中的印象。绰号"爱吵架的人"。

大卫·霍夫曼。2005—2010 年，科氏工业集团英威达公司高级合规律师。霍夫曼帮助英威达的工厂实施了查尔斯·科赫的 10 000% 合规原则。霍夫曼后来调到科氏工业位于华盛顿特区的游说办公室，在那里他参加了击败总量管制与交易制度的战略会议。

大卫·科赫。比尔·科赫的双胞胎哥哥和查尔斯·科赫的弟弟。大卫从麻省理工学院毕业后加入家族企业，并与查尔斯平分了公司的所有权。长期担任科氏工业高管的大卫称自己是一位"沉默的合伙人"，基本上遵从了查尔斯的愿景。大卫因健康问题于 2018 年退休。①

大卫·罗伯逊。科氏工业集团现任总裁。罗伯逊于 1984 年加入公司，在 20 世纪 90 年代主要负责科氏工业对牛业和农业的灾难性涉足，后来被调到科氏工业的炼油部门。罗伯逊被视为接替查尔斯·科赫担任首席执行官的有力竞争者。

大卫·施纳雷。美国国家环境保护局资深员工，后来成为美国国家环境保护局监管过渡的批评者。施纳雷帮助领导了特朗普政府在国家环境保护局的过渡工作，并帮助起草了一份符合科氏工业利益的过渡计划。

大卫·索博特卡。1997—2001 年担任科氏能源贸易公司总裁。索博特卡从雷曼兄弟来到科氏工业，把华尔街的经验带到科氏工业交易大厅。他

---

① 大卫·科赫于 2019 年 8 月去世，享年 79 岁。——译者注

推广了新的薪酬模式，根据衍生品交易员利润的百分比给予他们奖金。

丹尼斯·特里姆。俄勒冈州波特兰佐治亚－太平洋公司的仓库经理。特里姆是科氏工业集团接手并观察公司执行新政策时的经理。他在会议期间告诉员工，科氏工业可以将他们的工作岗位转移到非工会机构。他后来因违反安全规定而被解雇。

迪安·沃森。科氏工业一位冉冉升起的明星，负责科氏工业在农业领域的快速扩张。沃森主导了失败的普瑞纳米尔斯收购案，后来被解雇。

蒂莫西·伦纳德。俄克拉何马城前联邦检察官，负责科氏工业的原油窃取案的刑事调查。伦纳德被任命为联邦法官，在就任法官之前撤销了对科氏工业的起诉。

蒂姆·菲利普斯。繁荣美国总裁，在加入该组织前是保守派宗教团体的活动家。在 2010 年茶党运动爆发式增长期间，他领导该组织。

厄尼·特隆伯格。他曾是松弯炼油厂 OCAW 的会员，后来离开工会，加入了炼油厂的管理层，在那里度过了他的整个职业生涯。

F. 林恩·马克尔。科氏工业前首席财务官，在科氏工业 20 世纪 90 年代爆发式增长时期担任这一职务。会计出身的马克尔，随着科氏工业财务控制体系改革而晋升。在科氏工业工作 24 年后，于 2000 年离开了公司。

菲利普·埃伦德。科氏工业游说办公室的总裁兼首席执行官，该部门又叫科氏公司公共部门。埃伦德最初在路易斯安那州做说客，后来被调到华盛顿特区。他是说客中的异类，因为他信奉科氏工业的以市场为基础的管理理念。他被称为威奇托人，而不是华盛顿人。他帮助领导了科氏工业在 2010 年的游说工作，以使总量管制与交易制度脱轨。

菲利普·杜博斯。科氏工业资深雇员，1968 年加入公司。杜博斯做了很多年的原油计量员，为科氏工业的管道系统收集原油。他使用科氏工业的原油收集方法，为了科氏工业的利益而故意错误地测量原油收集量。

弗雷德·科赫。科氏工业创始人。弗雷德在得克萨斯州的一个小镇上长大。多年来，他建立了一个小型企业帝国，拥有炼油、原油集输和牧场，在 1967 年死于心脏病发作。

弗雷德里克·科赫。科赫四兄弟中最年长的一个，以他父亲的名字命名。众所周知，弗雷德里克避开了家族企业，搬到了纽约。

格雷·戴维斯。2000 年电力危机期间的加州州长。这场危机结束了戴维斯的政治生涯。

赫伯特·罗斯金德。雇用比尔·科赫的科氏工业集团化工交易部门经理。罗斯金德负责管理比尔早期的交易活动，并试图缓和比尔和他哥哥查尔斯之间的紧张关系。

吉姆·汉南。科氏工业高级管理人员，1998 年加入公司担任财务执行官，后来加入了收购小组，并在收购佐治亚－太平洋时发挥了重要作用，这是科氏工业历史上最大的一宗收购案。之后加入佐治亚－太平洋公司，成为该公司的首席执行官。后来，他被提升为科氏企业的首席执行官，科氏企业是科氏工业集团的一个大部门，包括佐治亚－太平洋公司、英威达公司、莫仕公司等资产。他被视为查尔斯·科赫之后的首席执行官候选人。

吉姆·沃伊尔斯。20 世纪 90 年代中期，科氏工业集团参与松弯炼油厂非法排污事件的公司律师。沃伊尔斯在揭发者希瑟·法拉格试图控制非法排污行为时，破坏了她的努力。

加里·巴克纳姆。俄勒冈州波特兰佐治亚－太平洋仓库所在的内河船员工会前当地工会主席。他不在佐治亚－太平洋公司工作，他所代表的另一家公司加入了工会。与史蒂夫·哈蒙德在 2008 年同时加入工会领导层。巴克纳姆经历了与佐治亚－太平洋旷日持久的谈判，没有寻求连任。绰号"无政府主义者加里"。

杰夫·夏普。2010 年起草总量管制与交易制度的众议院特别委员会通信主任。夏普是最早注意到茶党激进活动的人之一，而正是这些活动，最终导致这个制度无疾而终。

杰里米·琼斯。科氏工业高级管理人员，管理风险投资部门科氏创世。琼斯与查尔斯·科赫密切合作，但在 2008 年科氏创世关闭后离开了公司。

凯利·宾格尔。代表科氏工业的民主党说客，在 2010 年试图破坏总量管制与交易制度。

克里什·富兰克林。科氏工业集团交易员。富兰克林一开始在科氏管道部门工作，帮助设计管理天然气输送的软件系统。后来他转而从事金融产品交易。2008 年金融危机期间，他在金融产品交易部门工作。

肯·巴伦。20 世纪 80 年代，联邦参议院聘请他作为律师参与调查科氏工业在印第安保留地的原油窃取案。巴伦发现了大量的证据，并将其转交给俄克拉何马城美国联邦检察官办公室。

莱斯利·拉德。查尔斯·科赫和科赫家族在威奇托的老朋友。拉德鼓励蔡斯·科赫在大学毕业后加入家族企业。拉德于 2018 年 5 月 3 日去世，享年 76 岁。

莉兹·科赫。与查尔斯·科赫结合超过 45 年的妻子。她参与了科氏工业的社区活动和慈善事业。

露丝·埃斯蒂斯。20 世纪 90 年代中期，松弯炼油厂的安全副主管，密切参与了向炼油厂周围排放氨水的决策。

罗恩·豪厄尔。科氏工业集团的资深雇员，最初是公司一名汽油交易员。在 20 世纪 80 年代初期到中期，随着电子交易的出现，他主导了科氏工业交易业务的扩张和转型。退休后，豪厄尔进入政界，成为科氏工业集团在俄克拉何马州的说客。他领导了当地对抗科氏工业原油窃取案的政治活动。

马克·梅多斯。来自北卡罗来纳州的共和党国会议员，是众议院茶党领袖，在 2017 年与自由党团结盟。梅多斯经常被夹在科氏政治网络和特朗普政府的政策分歧之间。

玛丽亚·布雷迪。来自南卡罗来纳州滚泉镇的茶党活动人士。在收到上帝的启示后开始活跃于政治活动。她的团队导致共和党众议员鲍勃·英格利斯下台。她所在的茶党分会得到了繁荣美国的支持。

迈伦·埃贝尔。美国企业竞争力研究所学者，该研究所是一个由科氏工业等能源公司资助的智库。埃贝尔公开反对"气候变化歇斯底里症"和减少温室气体排放的监管努力。埃贝尔在国家环境保护局负责特朗普政府的过渡工作。

梅利莎·贝克特。科氏工业大宗商品交易员。贝克特交易汽油和燃料产品，学习"升水储油策略"等交易策略。之后转到科氏能源贸易公司，她负责在加利福尼亚市场交易电力。最后去了化肥交易团队，在那里直接为蔡斯·科赫工作。

默里·罗斯巴德。自由主义活动家，与查尔斯·科赫共同创立了卡托研究所。

南希·琼斯。俄克拉何马城联邦助理检察官，负责该联邦检察官办公室对科氏原油窃取案的调查。琼斯说，她找到的证据显示，科氏工业集团的多名经理指使了盗窃。她在寻找针对科氏工业高管的证据时辞去了工作。在她走后，案子就撤销了。

乔纳森·菲利普斯。帮助起草《韦克斯曼－马基法案》关键部分的国会职员。毕业于哈佛大学的菲利普斯认为，全球气候变暖是对环境的根本威胁。

萨姆·索利曼。科氏工业休斯敦交易部门前交易业务主管。索利曼于2000年成为科氏工业集团首席财务官，索利曼离开科氏工业后，由史蒂夫·法伊尔迈耶接替他。

史蒂夫·法伊尔迈耶。科氏工业集团首席财务官，从21世纪初至今。法伊尔迈耶在科氏工业的许多重大收购中都担任这一职务，并在蔡斯·科赫大学毕业后加入公司时对他进行培训。

史蒂夫·哈蒙德。俄勒冈州波特兰佐治亚－太平洋仓库所在的内河船员工会的官员。哈蒙德来自波特兰，高中毕业后在仓库工作，在仓库的工作生活变得越来越悲惨之后，决定竞选工会领导。哈蒙德是与科氏工业进行多次劳资协议谈判的副代表，每一次谈判结果都不如上次成功。他于2016年退休，退休前就一份令工会会员深感不满的协议进行了谈判。绰号"锤子"。

史蒂夫·洛内根。繁荣美国新泽西州分会负责人。洛内根是第一批受雇于管理这个社会活动组织分会的全职负责人之一。他帮助煽动了对总量管制与交易制度的抗议，并惩罚了投票支持该制度的共和党人。

史蒂夫·马韦尔。 2000—2014 年担任科氏供应与贸易公司总裁。马韦尔在家里举办了一个社交活动，查尔斯·科赫给在场的交易员们做了一个关于政治和经济的沙龙式演讲。

史蒂夫·帕克布什。 科氏化肥公司前总裁。帕克布什曾是科氏氮肥的员工，在 2003 年收购了农场工业公司的化肥厂，后来成为新部门的总裁。他是蔡斯·科赫的重要导师，将蔡斯带入化肥行业，并鼓励蔡斯后来成为总裁。

史蒂文·大卫。 20 世纪 90 年代中期担任松弯炼油厂环境工程经理。在向松弯炼油厂四周排放氨水期间，监督告密者希瑟·法拉格的工作。

斯蒂芬·皮斯。 这位加利福尼亚的州参议员被普遍认为是该州解除电力管制法案“之父”，也是该法案的发起人之一。皮斯组织将该法案付诸法律，后来试图警告监管机构，该体系正受到安然和科氏工业等公司的操纵。

斯科特·普鲁特。 俄克拉何马州前总检察长，2017—2018 年年中担任美国国家环境保护局局长。普鲁特推动了能源工业和科氏工业长期以来寻求的诸多放松管制措施。

斯特林·瓦尔纳。 科氏工业的资深员工，弗雷德·科赫的门徒。瓦尔纳在 20 世纪 60 年代末扮演了查尔斯·科赫父亲的角色，被认为对科氏工业的企业文化产生了深远的影响。瓦尔纳在 1974 年成为科氏工业集团总裁，任职 13 年。1989 年，他辞去科氏工业集团董事会副主席一职，但仍积极参与公司事务，并为查尔斯提供建议。

唐·伯纳德。 佐治亚 - 太平洋公司劳工谈判代表。在科氏工业集团收购佐治亚 - 太平洋公司后，他代表该公司进行了一系列谈判。

唐·科德斯。 在整个 20 世纪 80—90 年代担任科氏工业集团的总法律顾问。在此期间，他是法律副总裁和公司事务首席法律官，于 1996 年加入公司董事会。在联邦参议院调查科氏工业在俄克拉何马州的原油窃取案，以及比尔·科赫对查尔斯·科赫发动多年法律战的时候，科德斯是查尔斯的法律顾问。

汤姆·内史密斯。新墨西哥公共服务公司的销售员。内史密斯向科氏能源贸易公司提出了"电力关联交易"策略，帮助科氏工业介入加州电力市场牟利。新墨西哥公共服务公司的参与对"电力关联交易"策略的成功至关重要。

唐纳德·特朗普。美国第45任总统，2016年当选。特朗普与查尔斯·科赫的关系没有那么密切，在科氏政治网络之外运作。

特拉维斯·麦金尼。俄勒冈州波特兰佐治亚－太平洋仓库的叉车司机。他很感激得到这份工作，就在佐治亚－太平洋公司开始使用劳动管理系统时加入仓库。他是话语权越来越小的内河船员工会积极会员。

托尼·塞门泰利。燧石山资源公司首席财务官，在帮助科氏工业开发得克萨斯州鹰滩页岩地区的页岩革命方面发挥了关键作用。

威克·索勒斯。肯·巴伦在联邦参议院的助理调查员，协助参与了参议院对科氏工业在俄克拉何马州的原油窃取案的调查。与巴伦一起前往威奇托对峙查尔斯·科赫。

韦斯·奥斯本。科氏供应与贸易公司在威奇托和休斯敦的能源及汽油交易员。奥斯本在威奇托交易汽油现货，在休斯敦交易期货合约等产品。

韦斯利·琼斯。佐治亚－太平洋公司经理，被科氏工业提拔为纸浆部门经理，后来再次被提拔为执行副总裁。他目睹了在科氏工业的领导下，佐治亚－太平洋公司的运营方式发生了怎样的变化，以及对公司进行再投资时远没有以前浓厚的官僚作风。

沃尔特·塞伯特。1993年蔡斯·科赫车祸中丧生的行人、12岁的扎卡里·塞伯特的父亲。事故发生后，蔡斯在莉兹和查尔斯·科赫的敦促下，与沃尔特·塞伯特进行了交谈。

伊丽莎白·科赫。查尔斯·科赫的女儿，1975年出生。虽然她在科氏工业的许多董事会中占有一席之地，但在集团中并没有担任重要职务。她在纽约经营一家出版公司。

约瑟夫·哈默施密特。松弯炼油厂OCAW好战的领导人，1972年领导了对科氏工业的罢工活动。

约瑟夫·奎因。参加 1972—1973 年为期 9 个月罢工的松弯炼油厂 OCAW 会员。

詹姆斯·埃尔罗伊。俄克拉何马州的联邦调查局特工。他是联邦调查局调查科氏工业在俄克拉何马州的原油窃取案的主要调查员，负责监视科氏工业员工。埃尔罗伊后来协助俄克拉何马城美国联邦检察官办公室调查这起窃取案。离开联邦调查局后，埃尔罗伊受雇于比尔·科赫。比尔·科赫因窃取原油罪对科氏工业集团提起民事诉讼。

致　谢

这些年来，太多的人为本书的诞生给予了帮助，在此，我谨向各位致以诚挚的谢意！

我由衷地感谢科氏工业集团中因为本书与我交流过的所有前任和现任员工。没有他们，我根本不可能如此深入地了解这家公司。作为一名记者，最难的是权衡利弊，以及尽可能地写出一个公平且接近真相的故事。没有丰富的消息来源是不可能做到这一点的，我深深地感谢每一位在这一路上帮助过我的人。谢谢大家。

本书之所以能出版，多亏了我的编辑普丽西拉·佩因顿的指导和不懈支持。即使随着岁月流逝，一个又一个截止期限过去了，她也从未动摇过。每一步，我都依靠着普丽西拉的判断力、职业道德、耐心，以及她对文字的敏锐眼光。我非常感激有像普丽西拉这样的编辑支撑着这项重要的工作。我也很感谢西蒙与舒斯特出版社的整个团队对我的支持。乔纳森·卡普给了我深刻的洞察力，并促使我尽早提出正确的问题。索菲娅·希门尼斯和梅甘·霍根是重要的同伴。多年来，达娜·特罗克尔和拉里·休斯在帮助我向更广泛的受众传达这些想法方面发挥了不可估量的作用。萨曼莎·霍巴克和她的团队在最后期限内奇迹般地完成了对手稿的修改和润色工作。克拉里斯律师事务所的两位律师——爱德华·克拉里斯和亚历克西娅·贝达，不仅聪明、勤奋，而且致力维护新闻自由，是记者最好的盟友。他们的严格审查和反馈使本书更有力量。

我的经纪人劳伦·夏普和大卫·库恩超出我的想象。他们非常勤勉，并且坦率地进行评论，总是愿意投入额外的时间完善本书。即使面对出版业的萧条，他们依然从一开始就十分支持我创作本书。没有他们，我无法坚持下来。

2011年底，当我还在构思本书时，正好有两个人出现了——史蒂夫·科尔和安德烈斯·马丁内斯，他们帮助我转变成真正的作家。他们给了我新美国基金会的奖学金，我每天都在感谢他们提供的机会。对于这份礼物，我可能永远无法回馈，但我会继续努力。谢谢你们，如果不是你们让我没有后顾之忧，就不会有本书的存在。

几年来，在新美国基金会，我得到了最杰出人士的帮助。作为朋友和同事，贝基·谢弗在很多方面给予了我帮助，从对炼油厂的研究，到国家环境保护局的"新源审查"过程，再到帮助我完成艰难的档案研究。柯尔丝滕·伯格是我共事过的最杰出、最勤奋的记者之一，她发掘了大量我以往都没有注意到的关于科氏工业集团的档案，从20世纪70年代的美国石油政策，到21世纪初的开曼群岛避税方案，她给了我很多启示。从本书的开始到最后，她的帮助我铭记在心。无论对于新美国基金会还是我的写作，瑞秋·怀特都是不知疲倦的劳模，我永远不会忘记她。还要感谢杰夫和卡尔·伦纳德的慷慨和支持。

我之所以能来到新美国基金会，要感谢施密特家庭基金会第十一小时项目的支持，这是一个总部设在帕洛阿托的非营利性基金会。基金会通过非营利性新闻的新模式资助我的工作——向一个像新闻编辑室一样的机构提供资金，允许记者在没有外界干扰或影响的情况下完成工作。在这方面，第十一小时项目的团队堪称完美。他们对独立新闻的重要性有着长远的看法和发自内心的理解。在第十一小时项目中，没有人审查我为本书准备的任何材料，或试图以任何方式影响我，或试图在不知不觉中引导我的调查。我深深地感激这种完全的独立。我非常感谢第十一小时项目的领导团队：温迪·施密特、埃米·拉奥和约瑟夫·肖尔蒂诺。我深深地感谢萨拉·贝尔，她是一个不可思议的人，也是一位不可思议的盟友，非常感谢她的辛勤工作、支持和耐心。我也非常感谢艾琳·皮博迪、迈克尔·罗伯茨、克里斯蒂娜·弗拉奇诺斯、劳伦·戴维斯、杰米·迪安、梅洛迪·冈萨雷斯和杰克·莫根的帮助。很高兴认识你们。我特别感谢第十一小时项目的其他受赠人，我有机会见到你们的理想主义、你们的破坏偶像主义和你们为使世界变得更美好所做的努力，我深受鼓舞。

2017 年，就在我最需要的时候，我收到了对我如救命绳索一般的 J. 安东尼·卢卡斯进行中作品奖（J. Anthony Lukas Work-In-Progress Award）。我很感激有这样一个奖项。书籍对我们的公众辩论至关重要，没有这个奖项的资金支持，进行中的作品就不可能诞生。感谢你们给作家们带来希望和支持。感谢乔纳森·奥尔特和安·玛丽·利平斯基。感谢奖项评委：约翰·达夫、玛莎·莱文和萨拉·图伯格。我不会忘记你们给了我完成这个作品的机会。非常感谢你们在本书完成之前投下的信任票。

在新美国基金会，我从许多比我聪明的人身上学到了很多东西。莉娜·卡恩、萨比埃尔·拉赫曼、亚沙·蒙克、马克·施密特和迈克尔·林德都很慷慨地花费大量时间，帮助我了解历史和政治经济学，从他们身上我学到了很多。李·德鲁曼是我们这个时代最优秀的政治学家之一，他教了我游说的相关知识，以及更多——有一天，我们在档案室谈话时，他想出了本书的英文书名。我想叫"科氏共和国"，他告诉我真正的书名是"科氏帝国"。谢谢你救了我。巴里·林恩，一如既往是一位关于企业权力和垄断部门的伟大老师。康斯坦丁·卡凯斯令人难以置信，他启发我厘清思路，消除论点的薄弱之处。菲尔·朗曼是一位出色的历史系学生，他帮助我产生了许多关于本书的奇思妙想，并总是帮助我看到全局。杰西·艾辛格一直在提醒我什么是真正的记者。他还通读了本书的前几章，给了我宝贵的反馈。拉尼亚·阿布扎伊德的勇敢和技巧令人鼓舞。阿兹马特·卡恩非常和蔼可亲，总是以身作则，让我变得更好。我在新美国基金会的第一个朋友阿南德·戈帕尔，你最好不要放弃写作，因为你写得比任何人都好，我们都看好你。加布里埃尔·谢尔曼教会了我很多关于报告和坚持的知识，他的建议和榜样让我有所依靠。亚历克斯·霍尔特是个头脑敏锐的人，也是很好的听众和朋友。夏安·波利米迪奥帮助我思考政治。乔什·弗里德曼从不吝啬自己的时间和才智，在帮助我思考美国政治制度方面，他是无价之宝。弗斯·霍根、劳伦·麦卡锡和凯茜·布赖恩是很好的朋友兼顾问，是他们让这一切实现。彼得·伯根作为研究员项目的负责人给予了我巨大的支持，他总是关注全局。阿尔伯特·福特总是带来微笑和好问题。阿维斯塔·阿尤布是一位亲切的支持者和同事。丽贝卡·A.和劳拉·K.是如此善良和慷慨，帮助我看到自己错过了什么，算我欠你们的。好朋友路易·帕鲁给了我灵感。苏·本库亚仔细检查了本书，在纠正错误和澄清语言方面的贡献是无价的，谢谢你。

自从我来到华盛顿，史蒂夫·莱文一直是一位令人难以置信的朋友和导师。史蒂夫仔细地阅读了本书的早期版本，并帮助我改进。他的著作和建议都是指引我走向正确道路的路标，他的智慧令我获益匪浅。我会继续沿着这条路走下去。

我非常感谢我的朋友和导师威廉·沃尔曼。在我写作本书的时候，威廉给了我宝贵的建议和祝福，建议是"不要让科氏工业，或者你的编辑，随意摆布你"，祝福是"看到你每天工作，我很开心"。

很高兴西摩·赫什幽默地给了我建议。他不停地问我为什么要在他那里闲逛，而真正的答案是，知道行业内有像他这样的记者让我感觉更好——我正在努力观察和学习。

在我撰写本书的时候，我很幸运能与报社和杂志社的优秀编辑合作，他们帮助我进一步深入调查科氏工业。《财富》杂志的布赖恩·奥基夫给了我一个非常重要的机会，让我可以撰写对科氏工业的第一份简介。他不仅聪明敏锐，而且面对科氏工业的干扰异常坚定。我很感激和他一起工作。《彭博商业周刊》的罗梅什·拉特内萨尔、布拉德·维纳斯、杰里米·基恩和马修·菲利普斯，非常感谢你们的支持。雅虎财经的安迪·塞尔给了我一个可以写关于科氏工业文章的机会，并安排我采访了查尔斯·科赫，对此我永远感激。《华盛顿邮报》的凯莉·约翰逊，很高兴能与她合作，她巧妙地塑造了佐治亚－太平洋的故事。

感谢皮特、蒂娜和法雷利对我进行难以置信的款待，他们让我在俄勒冈州波特兰进行长期报道旅行时拥有了住所和温暖。谢谢你们！你们让一份孤独的工作变得充满乐趣。

简·迈耶和丹尼尔·舒尔曼是两位出色的记者，他们在我之前写过关于科赫兄弟的书。人们可能会质疑为什么要再写一本，但我希望自己能给公众带来一些新的东西。非常感谢他们在工作中给予我支持。

2017 年离开新美国基金会后，我很幸运在密苏里大学新闻学院（再次）找到了家。在那里，我们希望为更多的文字和更多的记者敞开一扇大门。我非常感谢大卫·库皮乌斯院长的支持，他着眼于未来。非常感谢兰迪·皮希特的指导、帮助、领导和支持。香农·伯克－克兰茨伯格孜孜不倦地努力着，他是让我实现这一想法的关键。兰德尔·史密斯想出了这个主意并带我入门——谢谢你，邻居。马克·霍维特是一个不知疲倦的朋友，给了我鼓励。欧内斯特·佩里是一个关键的带头人，即使他让我有点害怕——因为他曾经是我的编辑。非常感谢科林·基尔帕特里克和马莎·皮肯斯为实现这一目标投入了无数时间。密苏里州的斯凯·查德和乌利亚纳·帕夫洛瓦分别帮助我研究了科氏工业的化肥业务和政治活动，他们都是精力充沛的记者，使我对未来充满期待。

感谢堪萨斯城陪伴过我的所有人，即使我已经离开。非常感谢罗伯逊一家、伦纳德一家、朗德斯一家、斯普拉德利一家、基恩一家、福格尔一家、齐默斯一家、埃克尔一家、沃尔巴赫一家、迪克一家、毛罗斯一家、摩尔一家，以及所有其他造就我的家庭。我想发自内心地对你们说一句，谢谢。致我在圣路易斯的所有朋友：安德烈一家、狄更斯一家、里奇斯一家、多布森一家、希顿一家、莱恩斯一家、沃尔夫一家和贝尔索斯一家。真的很抱歉我们不得不离开。跟你们道别是我做过最艰难的事情之一，我到现在都还没有完全克服。

人们常说姻亲无法选择，所以我想自己非常幸运。约翰和琼·米勒是世界上最好的岳父母，从一开始就给予本书帮助。本书也通过他们的问题、评论和观点变得越来越好。谢谢你们。还要感谢克莱尔、德鲁和玛丽·艾伦在我们需要喘口气的时候带来的快乐。

大卫、布莱思，还有妈妈，我亏欠你们很多。不知从何说起，千言万语汇成一句——谢谢。

爸爸，希望你喜欢本书。你的照片一直都放在我的桌子上。

乔西，你总是第一个读我写的东西是有原因的。我不仅仅相信你的判断——没有这些我做不到。在完成本书的过程中，你和我一起经历了七年的跌宕起伏。在我们养家糊口的时候，在没有什么可以指望的时候，你帮助我在新闻业的严苛环境中游刃有余。我知道自己可以一直依靠你。没有你，这一切都不可能实现。

孩子们，所有的一切都是为了你们。

注　释

以下注释为本书中的信息来源。有些事实只引用了单一信息来源，但有时也有不同来源加以佐证。为了清楚起见，作者选择引用最主要和最可靠的来源，而不是列出支持事实的所有采访或评论。例如，弗雷德·科赫的霸气性格在几十位受访者和书面资料中都有反映，但只有少数资料被选为注释。

少数消息人士同意接受采访的条件是不曝光其身份。他们提供的信息只有在能被另一个来源或作者独立获得的文件证实的情况下才会列入本书。当使用从这些来源获取的信息时，会将其标识为匿名消息人士。

前　言　一个斗士

1. 来自摩根士丹利公司标记为机密的内部备忘录，1981 年 5 月 20 日。
2. 对查尔斯·科赫的分析和描述部分是基于作者对查尔斯·科赫以及科氏工业集团几十名现任和前任高管与经理的采访，这些人曾在 1975—2018 年的不同时期与他共事。对查尔斯·科赫 1981 年身材的描述基于《威奇托鹰报》于 1978 年 4 月 30 日刊发的题为《威奇托的科赫：一个有钱的神秘男人》的文章中的照片。
3. 来自摩根士丹利公司标记为机密的内部备忘录，1981 年 5 月 20 日。
4. 同上。
5. 对科氏工业的分析部分基于 2013—2018 年在威奇托等地对查尔斯·科赫以及科氏工业几十名现任和前任高管的采访记录。
6. 见第 5 章和第 7 章尾注。
7. 见第 3 章尾注。
8. 见第 1 章和第 7 章尾注。
9. 见第 19 和第 20 章尾注。
10. 来自作者 2015 年对查尔斯·科赫的采访。作者还采访了罗杰·威廉斯、F. 林恩·马克尔、布拉德·霍尔、伯纳德·保尔森、赫伯特·罗斯金德、迪安·沃森、兰迪·波尔曼、史蒂夫·法伊尔迈耶、大卫·罗伯逊、蔡斯·科赫、吉姆·汉南、史蒂夫·帕克布什，以及在 2013—2018 年间其他科氏工业集团的现任和前任高管。
11. 见第 9 章、第 11 章和第 14 章尾注。
12. 见第 14 章尾注。

13. Charles Koch, *The Science of Success: How Market-Based Management Built the World's Largest Private Company* (Hoboken, NJ: John Wiley & Sons, 2007)；Charles Koch, *Good Profit: How Creating Value for Others Built One of the World's Most Successful Companies* (New York: Crown Business, 2015)；Christopher Leonard, "The New Koch," *Fortune*, December 19, 2013.

14. Leonard, "The New Koch."

15. Bryan Horwath, "Charles and David Koch Jointly Named 5th-Richest Americans," *Wichita Eagle*, October 15, 2015；比尔·科赫等人诉科氏工业集团案的法庭笔录和证物。

16. 2018《福布斯》全球亿万富豪榜。

17. 作者于 2013 年、2015 年和 2018 年在威奇托科氏工业总部的采访笔记。作者对几十名科氏工业集团现任和前任员工的采访。

18. 这部分政治分析内容基于作者的访谈和研究，包括：David M. Kennedy, *Freedom from Fear: The American People in Depression and War, 1929–1945*（New York: Oxford University Press, 1999）；Arthur M. Schlesinger Jr., *The Age of Roosevelt*, vols.1–3 (Boston: Houghton Mifflin 1957—1960)；Glenda Elizabeth Gilmore and Thomas J. Sugrue, *These United States:A Nation in the Making, 1890 to Present* (New York: W. W. Norton, 2015)；Jacob S.Hacker and Paul Pierson, *American Amnesia: How the War on Government Led Us to Forget What Made America Prosper* (New York: Simon & Schuster, 2016)。

19. 来自响应性政治中心、游说数据库、科氏工业游说披露、联邦众议院书记官办公室，还包括 2014—2018 年作者对菲利普·埃伦德等科氏工业说客的采访。

20. Charles Koch, "Corporate Cronyism Harms America," *Wall Street Journal*, September 9, 2012.

21. 见第 21 章尾注。

22. 见第 21 章尾注。

23. 基于作者 2018 年在科氏工业集团总部的采访笔记。

24. 来自作者 2013—2014 年对科氏工业集团现任和前任员工与高管的采访；Charles Koch, *The Science of Success*。

25. 来自作者 2013—2018 年对保尔森、沃森、希瑟·法拉格、菲利普·杜博斯、史蒂夫·哈蒙德、布伦登·奥尼尔的采访。

26. 来自作者 2014—2016 年对詹姆斯·埃尔罗伊的采访。

第 1 章　监控之下：科氏石油公司窃取原油事件

1. 来自作者 2014—2016 年对詹姆斯·埃尔罗伊的采访；*Final Report and Legislative Recommendations: A Report of the Special Committee on Investigations of the Select Committee on Indian Affairs*, United States Senate, November 20, 1989；James Elroy, Testimony, Public Hearings of the Select Committee on Indian Affairs, May 9, 1989。

2. 来自作者 2014—2016 年对詹姆斯·埃尔罗伊的采访。

3. 来自作者 2014—2017 年对埃尔罗伊、肯·巴伦、参议员丹尼斯·德孔西尼的采访；*Final Report and Legislative Recommendations*, November 20, 1989。

4. 来自作者 2014—2016 年对詹姆斯·埃尔罗伊的采访。

5. 来自作者 2014 年在俄克拉何马城对联邦调查局前负责人奥利弗·雷维尔的采访，作者 2014—2016 年对詹姆斯·埃尔罗伊的采访。

6. FBI internal memorandum, "Koch Industries Incorporated, Wichita, Kansas；CRIME ON AN INDIAN RESERVATION—THEFT；RACKETEERING INFLUENCE AND CORRUPT ORGANIZATION," July 26, 1989；来自作者在 2014—2016 年对埃尔罗伊和巴伦的采访；*Final Report and Legislative Recommendations*, November 20, 1989。

7. 来自作者 2014—2016 年对埃尔罗伊和巴伦的采访。

8. Nicholas Confessore, "Quixotic' 80 Campaign Gave Birth to Kochs' Powerful Network," *New York Times*, May 17, 2014.

9. 来自作者 2014—2016 年对埃尔罗伊的采访。

10. 来自 1989 年 5 月 9 日印第安事务特别委员会公开听证会上埃尔罗伊的证词；来自 1989 年 5 月 9 日印第安事务特别委员会公开听证会上吉恩·波蒂特、詹姆斯·斯波丁、詹姆斯·埃尔罗伊的证词；作者在 2014—2016 年对埃尔罗伊的采访。

11. 来自作者 2014 年对多伊尔·巴尼特、杜博斯、埃尔罗伊的采访。作者对科氏工业石油管理具体情况的进一步了解，来自 1989 年 4 月 24 日联邦参议院调查人员宣誓做证期间科氏工业高级管理人员的宣誓声明。这份标为"机密"的供词笔录首次向提交人公开披露。本书中的叙述借鉴了查尔斯·科赫、鲍勃·迪克斯、史蒂文·斯凯茨、基思·朗霍弗、韦斯利·斯坦福、唐尼·阿尔索布鲁克、威廉·霍格兰、杰克·奇斯姆、达雷尔·布鲁贝克、托马斯·基维斯托、加里·贝克和大卫·尼卡斯特罗的证词。

12. 来自作者 2014—2016 年对德孔西尼、巴伦的采访。

13. Chuck Cook, Mike Masterson, and M. N. Trahant, "Fraud in Indian Country," *Arizona Republic*, October 4, 1987；来自作者 2014 年对迈克·马斯特森的采访。.

14. Chuck Cook, Mike Masterson, and M. N. Trahant, "Honor System License to Loot," *Arizona Republic*, October 4, 1987.

15. "Senate Panel to Begin Probe of Indian Affairs Bureau," Associated Press, October 16, 1987；来自作者 2014 年对德孔西尼的采访。

16. *Final Report and Legislative Recommendations*, November 20, 1989.

17. "Senate Panel to Begin Probe of Indian Affairs Bureau," Associated Press, October 16, 1987；"Committee Approves Funding of Indian Affairs Investigation," Associated Press, October 30, 1987.

18. 来自作者 2014—2016 年对巴伦的采访，风景描述摘自作者 2014 年在华盛顿特区的报道笔记。

19. 来自作者 2014 年对巴伦、雷维尔的采访。

20. 来自作者 2014—2016 年对巴伦的采访。

21. 同上；*Final Report and Legislative Recommendations*, November 20, 1989。

22. *Final Report and Legislative Recommendations*, November 20, 1989；来自作者 2014—2016 年对巴伦的采访。

23. 来自作者 2014—2016 年对巴伦的采访。

24. Daniel Yergin, *The Prize: The Epic Quest for Oil, Money & Power* (New York: Simon & Schuster, 1990).

25. 来自作者 2014—2016 年对巴伦的采访。

26. 来自作者 2014—2016 年对巴伦和埃尔罗伊的采访。

27. 来自作者 2014—2016 年对巴伦的采访；FBI internal memorandum, "Koch Industries Incorporated, Wichita, Kansas；CRIME ON AN INDIAN RESERVATION—THEFT；RACKETEERING INFLUENCE AND CORRUPT ORGANIZATION," July 26, 1989.

28. 来自作者 2014—2016 年对巴伦和埃尔罗伊的采访；*Final Report and Legislative Recommendations*, November 20, 1989。

29. 来自作者 2014—2016 年对巴伦的采访。

30. 同上。

31. 来自作者 2013 年在堪萨斯州威奇托的采访记录。

32. 来自作者 2014—2016 年对巴伦的采访，1989 年 4 月 24 日查尔斯·科赫与美国参议院调查人员证词的音频文稿。

33. 来自作者 2014—2016 年对巴伦的采访。

34. 同上。

35. 本次交流的所有引文均直接引自 1989 年 4 月 24 日查尔斯·科赫证词的音频文稿。

36. 来自作者 2014—2016 年对巴伦的采访。

37. 同上。

38. 印第安事务特别委员会公开听证会记录，1989 年 5 月 9—11 日。

第 2 章　动荡时代的开始：查尔斯继承家业

1. Dick Dilsaver, "Fred Koch, Industrialist, Dies in Utah," *Wichita Eagle and Beacon*, November 18, 1967；同上。

2. Bryan Burrough, "Wild Bill Koch," *Vanity Fair*, June 1994；查尔斯·科赫 2008 年向科氏工业的员工展示的视频"我父亲的教训"第一分五秒，由 Kochfacts TV 于 2012 年 4 月 13 日上传至 YouTube（视频网站），www.YouTube.com/watch？v=3U3NyKoMrlw；Charles Koch, *Good Profit*, 21–33。

3. "Birch Society Leader Warns of Red Danger," *Wichita Eagle*, October 16, 1960；Carl T. Bogus, *Buckley: William F. Buckley Jr. and the Rise of American Conservatism* (New York: Bloomsbury Press, 2011), 198.

4. John Lincoln, *Rich Grass and Sweet Water: Ranch Life with the Koch Matador Cattle Company* (College Station:Texas A&M University Press, 1989), 7。

5. 来自作者 2015 年对查尔斯·科赫的采访。

6. 同上。

7. 来自 2015 年 11 月 2 日查尔斯·科赫在大威奇托商会的小组讨论，www.you tube.com/watch？v=f6UHTCdPLzY&t=1253s；Charles Koch, *Good Profit*, 30；对威奇托乡下的描述来自作者 2013 年、2015 年、2018 年的威奇托报道之旅；作者 2013—2016 年对马克尔、迪安·沃森的采访。

8. Charles Koch, *Good Profit*, 31。

9. Roy Wenzl and Bill Wilson, "Koch Relentless in Pursuing His Goals," *Wichita Eagle*, October 14, 2012.

10. 同上。

11. 来自作者 2015 年对查尔斯·科赫的采访；Charles Koch, *Good Profit*, 34–37；Guy Boulton, "Koch and His Empire Grew Together," *Wichita Eagle*, June 26, 1994。

12. "Industrialist Fred Koch Dies on Hunting Trip," *Wichita Eagle and Beacon*, November 19, 1967；Daniel Schulman, *Sons of Wichita: How the Koch Brothers Became America's Most Powerful and Private Dynasty* (New York: Grand Central Publishing, 2014), 73–74.

13. Daniel Schulman, "The 'Other' Koch Brother," *Vanity Fair*, May 19, 2014.

14. 来自作者 2013—2016 年对查尔斯·科赫、威廉斯、保尔森、马克尔的采访；Dick Dilsaver, "Koch Report Shows Firms Rank Among 'Big Ones,'" *Wichita Eagle*, June 27, 1968。这篇文章引用了一位亲近科赫家族的匿名消息人士对查尔斯的评价："一个有钱人的儿子，建立属于自己的名声并不容易。"

15. Pete Wittenberg, "Koch Building Cornerstone Falls on Walk," *Wichita Eagle*, August 14, 1967.

16. 来自作者 2014 年对威廉斯的采访；Steve Sells, "Koch Companies Renamed: Sales Hit $250 million," *Wichita Eagle*, June 27, 1968。

17. 来自作者 2013—2016 年对马克尔、霍尔、保尔森、威廉斯的采访；Guy Boulton, "Straight-shooting to the Top: Varner Quietly Helped Koch Prosper," *Wichita Eagle*, June 26, 1994。

18. 来自作者 2013—2016 年对马克尔、霍尔、保尔森、威廉斯的采访；Boulton, "Straight-shooting to the Top."。

19. 来自作者 2015 年对查尔斯·科赫的采访。

20. 来自作者 2015 年对查尔斯·科赫的采访；Wenzl and Wilson, "Koch Relentless"；Jim Tankersley,

" 'I Don't Like the Idea of Capitalism' : Charles Koch Unfiltered," *Washington Post*, August 1, 2016.。

21. Jerry Z. Muller, T*he Mind and the Market: Capitalism in Western Thought* (New York: Knopf, 2002), 347—387。弗里德里希·哈耶克作品选读，包括 *The Constitution of Liberty* (Chicago: University of Chicago Press, 1960), 以及 *Law, Legislation, and Liberty* (Chicago: University of Chicago Press, 1976)。

22. 来自作者 2014—2016 年对威廉斯的采访。

23. 同上。

24. 同上。

25. 同上，以及作者 2014—2016 年对马克尔、霍尔的采访。

26. 来自作者 2014—2016 年对威廉斯、马克尔、霍尔、沃森以及其他匿名消息人士的采访。

27. 来自作者 2014—2015 年对杜博斯的采访。

28. 同上。

29. 同上；Renee Ruble, "Koch Brothers Head Back to Federal Court in Latest Squabble," Associated Press, October 1, 1999, 其中刊登了杜博斯的法庭证词；Asjylyn Loder and David Evans, "The Secret Sins of Koch Industries," *Bloomberg Markets*, November 2011。

30. 来自作者 2014—2015 年对杜博斯的采访；1989 年 5 月 9 日印第安事务特别委员会公开听证会上吉恩·波特、詹姆斯·斯波丁、詹姆斯·埃尔罗伊的证词。

31. 来自作者 2014—2015 年对杜博斯的采访。

32. 来自作者 2015 年对巴内特的采访。

33. 1989 年 4 月 24 日基思·朗霍弗与美国参议院调查人员证词的音频文稿。

34. 来自作者 2014—2015 年对杜博斯的采访。

35. Charles Koch, *Good Profit*, 33；比尔·科赫等人诉科氏工业集团案的法庭笔录和证物。

36. Richard H. K. Vietor, *Energy Policy in America since 1945: A Study of Business-Government Relations* (Cambridge, MA: Cambridge University Press, 1984), 128–130.

37. 同上，第 129 页。

38. Charles Koch, *Good Profit*, 44–47。

39. 来自作者 2015 年对保尔森、厄尼·特隆伯格、约瑟夫·奎因、洛厄尔·佩顿的采访。

40. 来自作者 2015 年对保尔森的采访。

41. 同上；"Bernard A. Paulson, Executive Profile," *Bloomberg*；"Bernard A. Paulson Presented with the Albert Nelson Marquis Lifetime Achievement Award by Marquis Who's Who," Marquis Who's Who press release, September 7, 2018。

第 3 章 松弯炼油厂之战：击败 OCAW

1. 来自作者 2015 年对保尔森的采访。松弯炼油厂的现场描述基于作者 2015 年 3 月在当地的采访记录。

2. 来自作者 2015 年对奎因、佩顿、特隆伯格、吉姆·格罗特约翰的采访。

3. 来自作者 2015 年 3 月在松弯炼油厂的采访记录。

4. 来自作者 2015 年对保尔森的采访。

5. 来自作者 2015 年对佩顿、奎因、格罗特约翰的采访和 2015 年 3 月在松弯炼油厂的采访记录。

6. Morgan Downey, ch. 7, "Refining," in *Oil 101* (Echo Park, CA: Wooden Table Press, 2009), 143—165。

7. 来自作者 2015 年对保尔森、佩顿、奎因、格罗特约翰的采访。

8. 来自作者 2015 年对奎因、佩顿的采访。

9. 同上。（由于在本书开始撰写前死于一次路侧事故，约瑟夫·哈默施密特无法接受本书作者的采访。他的同事说，当时他把车停在路边，下车后在高速公路上被迎面驶来的一辆车撞倒。关于哈默施密特的描述来自他的同事，包括伯纳德·保尔森。）*The Facts Involved in the Strike Between Local 6-430, Oil, Chemical and Atomic Workers, AFL-CIO, and Red Wing Potteries, Inc.* (pamphlet, OCAW, 1967).

10. 来自作者 2015 年对奎因、佩顿、特隆伯格、格罗特约翰、保尔森的采访。

11. 来自作者 2015 年对保尔森的采访。

12. "Refinery Union Leader's Dismissal Is Upheld," *Minneapolis Tribune*, June 26, 1973；来自作者 2015 年对保尔森、奎因的采访。

13. 来自作者 2015 年对奎因、佩顿、特隆伯格、保尔森的采访；"Oil Refinery Workers Walk Out of Refinery to Defend Seniority," *Bulletin: Weekly Organ of the Workers League*, January 22, 1973。

14. "300 Workers Strike at Area Fuel-Oil Firm," *Star Tribune*, Minneapolis, January 10, 1973；"Plant Struck at Pine Bend," *Pioneer Press*, St. Paul (MN), January 10, 1973；作者2015年对奎因、佩顿、特隆伯格、保尔森的采访。

15. 来自作者 2015 年对奎因的采访。

16. B. Wills, "Twin City Labor Rallies to Defend Oil Strikers," *Bulletin: Weekly Organ of the Workers League*, March 12, 1973；作者 2015 年对奎因的采访。

17. Jim Jones, "Pine Bend Pickets Can Only Watch Oil Trucks Roll Along," *Star Tribune*, September 19, 1973。

18. 来自作者 2015 年对保尔森的采访。

19. 来自作者 2015 年对奎因、佩顿、特隆伯格、保尔森的采访；"Scabs Attack Oil Strikers," *Bulletin: Weekly Organ of the Workers League*, February 12, 1973。

20. 来自作者 2015 年对保尔森、特隆伯格的采访。

21. "Strike Continues at Koch Refinery," *Star Tribune*, January 11, 1973；Robert Hagen, "Two-Week Strike Hampers States Largest Refinery," *Star Tribune*, January 22, 1973.

22. 来自作者 2015 年对特隆伯格的采访；"Scabs Attack Oil Strikers"；"Both Sides Take Shots at Sheriff," *Star Tribune*, January 24, 1973 。

23. Mike James, "OCAW Strikers Defy Koch's Private Army," *Bulletin: Weekly Organ of the Workers League*, April 9, 1973；作者 2015 年对佩顿、特隆伯格、奎因的采访。

24. "Restraining Order Limits Pickets at Refining Plant," *Star Tribune*, January 25, 1973；作者 2015 年对保尔森的采访。

25. "3 Charged in Violence at Refinery," Associated Press, February 28, 1973；"Koch Strikers' Case Continued," *Pioneer Press*, March 6, 1973；作者 2015 年对保尔森的采访。

26. 来自作者 2015 年对保尔森的采访。

27. 来自作者 2015 年对保尔森、奎因、特隆伯格、佩顿的采访；"Train Run into Struck Refinery," *Star Tribune*, March 16, 1973；"Reward Set in Refinery Derailment," *Pioneer Press*, March 17, 1973。

28. 来自作者 2015 年对保尔森的采访。

29. 来自作者 2015 年对保尔森、奎因的采访；"Koch, Union Talks Planned," *Pioneer Press*, March 26, 1973 。

30. "Gunshots Fired Near Refinery, Police Hold Suspect," *Star Tribune*, April 18, 1973；"Plant-Shooting Suspect Held," *Star Tribune*, April 18, 1973；作者 2015 年对格罗特约翰、保尔森、佩顿、特隆伯格的采访。

31. 美国国会联合经济委员会消费者经济小组委员会听证会记录第 251 页。作者 2015 年对保尔森的采访。

32. "Reward Set in Refinery Derailment," *Pioneer Press*, March 17, 1973.

33. 来自作者 2015 年对保尔森、佩顿、奎因、特隆伯格的采访。

34. 来自作者 2015 年对马莎·安·库贾瓦的采访。

35. 来自作者 2015 年对保尔森、佩顿、奎因、特隆伯格的采访。

36. "Koch Workers Reject Offer," *Pioneer Press*, September 18, 1973 ; "Koch Refining Strikers to Vote on Pact," *Star Tribune*, September 22, 1973。

37. 来自作者 2015 年对保尔森、佩顿、奎因、特隆伯格的采访。

38. "Employees End Koch Strike," *Pioneer Press*, September 24, 1973 ; "Koch Refining Workers Going Back to Work," *Minneapolis Star*, September 24, 1973。

39. 来自作者 2015 年对保尔森、奎因、特隆伯格的采访。

40. 来自作者 2015 年对保尔森、佩顿、格罗特约翰、奎因、特隆伯格的采访。1973 年罢工后，两位目前仍在钢铁工人联合会工作的消息人士也描述了工会的变化，该工会在 1973 年罢工多年后吸收了 OCAW。他们还提供了两份劳资协议，以便与先前的协议进行比较：2006 年 11 月 3 日至 2011 年 6 月 13 日，以及 2012 年 10 月 17 日至 2016 年 6 月 17 日钢铁工人联合会与燧石山资源公司的劳资协议。消息人士提供了一份目前钢铁工人联合会在松弯炼油厂的劳资协议复印件，用于与退休员工所描述的 1972 年的协议进行比较。

41. 来自作者 2013—2017 年对马克尔、霍尔、保尔森以及三位匿名科氏工业前资深人士的访谈。

42. Charles Koch, *Good Profit*, 53–54.

43. "Nixon Asks Wide Energy Power," *Pioneer Press*, November 26, 1973.

第 4 章 动荡加剧的时代：应对经济衰退、能源冲击和政府干预

1. Yergin, *The Prize*, 606–9.

2. Charles Koch, *Good Profit*, 53–54 ; 作者 2013—2015 年对霍尔的采访。

3. 来自作者 2013—2017 年对科赫、马克尔、霍尔、保尔森、威廉斯以及匿名消息人士的采访；Leonard, "The New Koch."

4. 来自作者 2015 年对保尔森的采访。比尔·科赫等人诉科氏工业集团案中的法庭笔录和证物。

5. 来自作者 2015 年对保尔森的采访。

6. 来自作者 2013—2015 年对保尔森、霍尔的采访。

7. 来自比尔·科赫等人诉科氏工业集团案的陪审团审判记录第 52 卷第 5011 页。

8. 来自 1981—1982 年科氏工业集团合并收入总结，该总结于 1983 年 3 月 15 日提交至科氏工业集团董事会。

9. 来自作者 2013—2015 年对保尔森、霍尔的采访。

10. 来自作者 2013—2015 年对保尔森、马克尔、霍尔的采访。

11. 来自作者 2013—2014 年对马克尔的采访。

12. 同上。

13. 来自作者 2013—2014 年对马克尔、霍尔以及匿名科氏工业集团前高层人士的采访。

14. 来自作者 2014 年对威廉斯的采访。

15. 来自查尔斯·科赫 1974 年 4 月 27 日在人文研究所的演讲"反资本主义和商业"。

16. Vietor, *Energy Policy in America since 1945*, 238–252 ; Joseph P. Kalt, *Economics and Politics of Oil Price Regulation: Federal Policy in the Post-Embargo Era* (Cambridge, MA: MIT Press, 1981),9–15 ; Rick Perlstein, *The Invisible Bridge: The Fall of Nixon and the Rise of Reagan* (New York: Simon & Schuster, 2014), 162–163.

17. 理查德·尼克松在 1973 年 11 月 8 日的全国讲话，www.youtube.com/watch？v=iuvEVwox5L8。

18. 来自作者 2014 年对迈克尔·林德的采访；Joshua Waimberg, "Lochner v. New York: Fundamental Rights and Economic Liberty," *Constitution Daily* (blog), National Constitution Center online, 最后修改日期 2015 年 10 月 25 日；Doris Kearns Goodwin, *The Bully Pulpit: Theodore Roosevelt, William*

Howard Taft, and the Golden Age of Journalism (New York: Simon & Schuster, 2013)；Arthur M. Schlesinger Jr., *The Age of Roosevelt, vol. 1, The Crisis of the Old Order* (Boston: Houghton Mifflin, 1957)。

19. Kennedy, *Freedom from Fear*；Arthur M. Schlesinger Jr., *The Age of Roosevelt*, vol. 2, *The Coming of the New Deal* (Boston: Houghton Mifflin, 1958)；Hacker and Pierson, *American Amnesia*.

20. CAW, "National Energy Goals and FEA's Mandatory Crude Oil Allocation Program," *Virginia Law Review* 61, no. 4 (May 1975): 903–37.

21. Koch, "Anti-Capitalism and Business," April 27, 1974；Charles G. Koch, letter in support of the Libertarian Party, addressed to "Dear Rocky Mountain Oilman," dated December 23, 1975.

22. "Two Birch Society Members Open Book Store," *Wichita Eagle*, July 15, 1975.

23. Jane Mayer, *Dark Money: The Hidden History of the Billionaires Behind the Rise of the Radical Right* (New York: Doubleday, 2016), 44–46.

24. Koch, "AntiCapitalism and Business," April 27, 1974.

25. 来自作者 2013—2015 年对霍尔、马克尔、保尔森的采访；Charles Koch, *Good Profit*, 54–56。

26. 来自作者 2015 年对保尔森的采访。

27. 来自作者 2013—2015 年对保尔森、马克尔、霍尔、威廉斯、沃森的采访。

第 5 章 科赫兄弟企业控制权之争：比尔"政变"失败

1. 比尔·科赫等人诉科氏工业集团案的陪审团审判记录第 56 卷第 5468 页。作者 2015 年对罗斯金德的采访。

2. 来自作者 2013—2016 年对豪厄尔、罗斯金德、霍尔和匿名消息人士的采访；*The Global Source for Commodities:Koch Supply & Trading*, company overview brochure, 2013；Charles Koch, *The Science of Success*, appendix A: "Products Traded," 167。

3. 来自作者 2013—2015 年对罗斯金德、霍尔的采访；Burrough, "Wild Bill Koch."。

4. 来自作者 2015 年对罗斯金德的采访。

5. 同上。

6. 同上。

7. 来自作者 2013—2016 年对罗斯金德、豪厄尔、霍尔和匿名消息人士的采访。

8. 来自作者 2013—2016 年对罗斯金德、霍尔、马克尔、保尔森和匿名消息人士的采访。

9. 来自作者 2013—2016 年对罗斯金德、霍尔的采访。1999 年比尔·科赫等人诉科氏工业集团案的陪审团审判记录第 21 卷。

10. 来自作者 2013—2018 年对霍尔的采访。

11. 同上。

12. 同上。

13. 同上。

14. 同上。比尔·科赫等人诉科氏工业集团案的陪审团审判记录第 21、23、24 和 28 卷。

15. 比尔·科赫等人诉科氏工业集团案的陪审团审判记录第 52—59 卷。

16. 比尔·科赫等人诉科氏工业集团案的陪审团审判记录第 57 卷第 5494—5546 页。

17. 比尔·科赫等人诉科氏工业集团案的陪审团审判记录第 52 卷第 5089 页，第 54 卷第 5263—5272 页，第 57 卷第 5506 页。

18. 比尔·科赫等人诉科氏工业集团案的陪审团审判记录第 52 卷第 5089 页，第 54 卷第 5271 页。

19. 比尔·科赫等人诉科氏工业集团案的陪审团审判记录第 52 卷第 5089 页，第 54 卷第 5274 页。

20. Burrough, "Wild Bill Koch."

21. 比尔·科赫等人诉科氏工业集团案的陪审团审判记录第 52 卷第 5089 页，第 59 卷第 5731—5734 页。

22. 比尔·科赫等人诉科氏工业集团案的陪审团审判记录第 54 卷第 5284 页。

23. 比尔·科赫等人诉科氏工业集团案的陪审团审判记录第 21、54 卷。

24. Confessore, "Quixotic '80 Campaign."

25. 克里斯·霍克写给查尔斯·科赫的信，日期是 1978 年 7 月 14 日。

26. 查尔斯·科赫写给克里斯·霍克的信，日期是 1978 年 2 月 13 日。

27. Charles G. Koch, letter in support of the Libertarian Party, addressed to "Dear Rocky Mountain Oilman," dated December 23, 1975.

28. Confessore, "Quixotic '80 Campaign."

29. 比尔·科赫等人诉科氏工业集团案的陪审团审判记录第 54 卷第 5306 页。

30. 比尔·科赫等人诉科氏工业集团案的陪审团审判记录第 54 卷第 5314 页。

31. 比尔·科赫等人诉科氏工业集团案的陪审团审判记录第 55 卷第 5322 页。

32. 比尔·科赫等人诉科氏工业集团案的陪审团审判记录 55 卷第 5327—5340 页。

33. Burrough, "Wild Bill Koch."

34. 比尔·科赫等人诉科氏工业集团案的陪审团审判记录第 55 卷第 5334—5342 页。

35. 比尔·科赫等人诉科氏工业集团案的陪审团审判记录第 52 卷第 5085—5086 页。

36. Brian O'Reilly and Patty De Llosa, "The Curse on the Koch Brothers," *Fortune*, February 17, 1997 ; Boulton, "Koch and His Empire.

37. 来自作者 2013—2014 年对霍尔的采访。

第 6 章　科氏大学：查尔斯的经营哲学研讨会

1. 来自作者 2013—2015 年对马克尔、霍尔、保尔森、杜博斯的采访。

2. 同上。Boulton, "Straight-shooting to the Top."

3. David Halberstam, *The Reckoning* (New York: William Morrow, 1986), 311—318.

4. 同上。

5. 来自作者 2014—2015 年对杜博斯的采访。

6. 同上。

7. 来自作者 2013—2015 年对马克尔、霍尔、保尔森、沃森和匿名消息人士的采访；Leslie Wayne, "Pulling the Wraps Off Koch Industries," *New York Times*, November 20, 1994。

8. 来自作者 2013—2014 年对马克尔、霍尔的采访；Wayne, "Pulling the Wraps Off"; Boulton, "Koch and His Empire."

9. 来自作者 2013—2014 年对霍尔的采访。

10. 来自作者 2015 年对保尔森的采访。

11. Phillip Wiggins, "Sun to Sell a Refinery to Koch," *New York Times*, September 25, 1981.

12. 来自作者 2014—2015 年对杜博斯的采访；"Koch Brothers Head Back to Federal Court in Latest Squabble," Associated Press, October 1, 1999 ; Loder and Evans, "The Secret Sins of Koch Industries."

第 7 章　腹背受敌：来自美国政府和比尔的双重威胁

1. 1989 年 5 月 9 日印第安事务特别委员会公开听证会记录。作者 2014—2016 年对巴伦、埃尔罗伊、德孔西尼和匿名消息人士的采访。

2. O'Reilly and De Llosa, "The Curse"; Burrough, "Wild Bill Koch."

3. 来自作者 2014—2018 年对南希·琼斯、蒂莫西·伦纳德、埃尔罗伊的采访；调查细节基于 2018 年首次向作者披露的联邦调查局案件档案，进行过小修改，包括数百页联邦调查局内部备忘录和访谈记录。

4. 来自作者 2015—2016 年对南希·琼斯的采访。在本书的采访中，琼斯由于保密规定而拒绝讨论大陪审团的情况，也不能提供具体的证据。她拒绝透露陪审团传唤谁作为证人，或者陪审团可能获得了哪些文件，但可以讨论自己在此案中的策略以及几个月来的案件进展。

5.　1998 年 8 月 6 日美利坚合众国有关原告比尔·科赫和威廉·A. 普雷斯利诉被告科氏工业集团案的法庭令，7.a。

6.　1998 年 8 月 6 日美利坚合众国有关原告比尔·科赫和威廉·A. 普雷斯利诉被告科氏工业集团案的法庭令。

7.　同上，5.a-c。

8.　同上，5.d。

9.　来自作者 2014—2015 年对埃尔罗伊、杜博斯的采访；FBI internal memorandum, "Koch Industries Incorporated, Wichita, Kansas；CRIME ON AN INDIAN RESERVATION—THEFT；RACKETEERING INFLUENCE AND CORRUPT ORGANIZATION," July 26, 1989；Burrough, "Wild Bill Koch."。

10.　"Before the Special Committee on Investigations, Select Committee on Indian Affairs, United States Senate: Statement by Koch Industries, Inc.," submitted June 7, 1989.

11.　来自作者 2015—2016 年对豪厄尔的采访；Phillip L. Zweig and Michael Schroeder, "Bob Dole's Oil Patch Pals," *Bloomberg Businessweek*, April 1, 1996。

12.　来自作者 2015—2016 年对豪厄尔的采访；Zweig and Schroeder, "Bob Dole's Oil Patch Pals."。

13.　来自作者 2015 年对查尔斯·O. 蒂尔曼的采访。

14.　"Osages Deny Tribe Swindled in Oil Deals," *Tulsa Tribune*, March 21, 1990；Bob Vandewater, "Osage Royalties Probe Calls Oil Payments Fair," *Daily Oklahoman*, March 21, 1990.

15.　来自作者 2016 年对鲍勃·多尔的采访；Zweig and Schroeder, "Bob Dole's Oil Patch Pals."。

16.　"Investigation of Indian Oil Purchase," Bob Dole submission to US Congressional Record, March 26, 1990.

17.　来自作者 2015—2016 年对豪厄尔的采访；John J. Fialka, "How Koch Industries Tries to Influence Judicial System," *Wall Street Journal*, August 9, 1999。

18.　Fialka, "How Koch Industries Tries."

19.　Law & Economics Center website, https:// masonlec.org.

20.　来自作者 2014—2016 年对南希·琼斯、埃尔罗伊的采访。

21.　来自 1989 年 4 月 24 日大卫·尼卡斯特罗与美国参议院调查员证词的音频文稿。1998 年 8 月 6 日美利坚合众国有关原告比尔·科赫和威廉·A. 普雷斯利诉被告科氏工业集团案的法庭令 45.b.i。

22.　来自作者 2015—2016 年对南希·琼斯的采访。大卫·尼卡斯特罗拒绝接受采访。这些事件发生后，他离开了科氏工业集团，成为独立企业安全公司 Secure Source International 的总裁。在他的网站上，尼卡斯特罗声称能够穿透甚至是最复杂的企业安全系统，以此向客户展示这些系统的脆弱程度。

23.　来自作者 2014—2015 年对埃尔罗伊、南希·琼斯的采访。

24.　联邦调查局 "302" 报告总结了 1990 年在俄克拉何马州和得克萨斯州对科氏工业计量员的采证；FBI internal memorandum, Subject: "Koch Industries," August 20, 1990；联邦调查局内部备忘录 196B-OC-48271："1991 年 6 月分配的线索已被搁置，等待另行通知"。

25.　联邦调查局 "302" 报告（修订版 3-10-82），1991 年 6 月 18 日。

26.　来自作者 2015—2018 年对南希·琼斯、伦纳德·唐·尼克尔斯的采访。Zweig and Schroeder, "Bob Dole's Oil Patch Pals."

27.　这篇报道基于南希·琼斯对事件的回忆。阿琳·乔普林拒绝讨论这次会议以及与科氏工业调查有关的任何事情。

28.　来自作者 2015—2018 年对南希·琼斯、伦纳德、唐·尼克尔斯的采访。

29.　Zweig and Schroeder, "Bob Dole's Oil Patch Pals"；Mayer, *Dark Money*, 133–34.

30. FBI internal memorandum, Subject: "Koch Industries," August 20, 1990. 备忘录的部分内容是："在这 60 天的时间里，作者收到了来自俄克拉何马州计量员、安全计量员和司机的 18 份 FD-302 证词。除一次外，所有这些采证都对指控的侵权行为持否定态度。唯一的积极信息……把这种做法归因于计量员的懒惰。"联邦调查局内部备忘录 196B-OC-48271："1991 年 6 月分配的线索已被搁置，等待另行通知。"

31. FBI internal memorandum, Subject: "Koch Industries, Inc., Wichita, Kansas' Fraud by Wire," February 12, 1992.

32. 来自作者 2018 年对伦纳德、尼克尔斯的采访。

33. "Judge Finds Sufficient Evidence to Take Koch Lawsuit to Trial," Associated Press, August 10, 1999.

34. Ruble, "Koch Brothers Head Back to Federal Court in Latest Squabble." 故事包括"科氏工业员工承认公司每年从超额利润中获利约 1 000 万美元。但他们表示，这只是该公司整体收入的一小部分"。

35. Ruble, "Former Employees Testify at Federal Trial of Koch Industries," Associated Press, October 5, 1999, and October 6, 1999.

36. Renee Ruble, "Former Measurement Supervisor Takes Stand," Associated Press, October 12, 1999.

37. Danny M. Boyd, "Penalty Against Koch Approaches Settlement," Associated Press, October 26, 2000；1999 年 12 月 23 日美利坚合众国有关原告比尔·科赫和威廉·A. 普雷斯利诉被告科氏工业集团案判决书 1、判决书 2。

38. 政府内部、管理和预算办公室 1981—1988 年国家预算中的数字。

39. Gimore and Sugrue, *These United States*, 576–595.

40. Clyde Wayne Crews Jr., *Ten Thousand Commandments: A Policymaker's Snapshot of the Federal Regulatory State* (Washington, DC: Competitive Enterprise Institute, 1996).

41. Hacker and Pierson, *American Amnesia*.

42. 来自作者 2016 年对美国司法部环境与自然资源司前高级顾问黛安娜·M. 肖利的采访。肖利参与了联邦政府执行《清洁空气法案》的新源审查计划的行动，与科氏工业集团及其他炼油厂达成和解协议。Shi-Ling Hsu, "What's Old Is New: The Problem with New Source Review," *Regulation*, Spring 2006；Jonathan Remy Nash and Richard L. Reeves, "Grandfathering and Environmental Regulation: The Law and Economics of New Source Review," *Northwestern University Law Review* 101, no. 4 (2007).

43. 来自作者 2016 年对肖利的采访；Suzanne Gamboa, "Refiner Agrees to Pollution Controls," Associated Press, December 22, 2000。

44. 来自作者 2017 年对 Zephyr Teachout 的采访；Zephyr Teachout, *Corruption in America: From Benjamin Franklin's Snuff Box to Citizens United* (Cambridge, MA: Harvard University Press, 2014)。

45. Glenn R. Simpson, "New Data Shows That Koch Firm Funded GOP TV Ads in '96 Races," *Wall Street Journal*, June 1, 1998.

46. "Investigation of Illegal or Improper Activities in Connection with 1996 Federal Election Campaigns," *US Senate Report* 5, no. 167 (1998): 6309.

47. 同上，第 6289—6313 页；联邦参议院第 4 号报告，第 167 号（1998），第 4603 页。

48. 联邦参议院第 5 号报告，第 167 号（1998），第 6311 页。

49. 同上，第 6290 页。

50. 来自作者 2013—2014 年对马克尔、霍尔的采访；Boulton, "Koch and His Empire"；Boulton, "Straight-shooting to the Top."。

51. 来自作者 2015 年在科氏工业总部以及查尔斯·科赫办公室的采访笔记和照片。

52. Boulton, "Koch and His Empire."

53. Wayne Gable and Jerry Ellig, *Introduction to Market-Based Management* (Fairfax, VA: Center for

Market Progress, 1993).

54. 来自作者 2013—2018 年对几十位科氏工业现任和前任高管与员工以及马克、霍尔、沃森的采访。

第 8 章 松弯炼油厂污水排放事件

1. 来自作者 2015 年对希瑟·法拉格的采访。1997 年 12 月 19 日希瑟·法拉格与明尼苏达州污染控制局调查人员的访谈记录。

2. 来自作者 2015 年 3 月在松弯炼油厂的采访记录。

3. 来自作者 2015 年对希瑟·法拉格的采访。1997 年 12 月 19 日法拉格与明尼苏达州污染控制局调查人员的访谈记录。

4. 来自作者 2013—2018 年对希瑟·法拉格等几名科氏工业集团现任和前任员工的采访。

5. 这一章中的叙述部分主要基于 1997 年主要角色与明尼苏达州污染控制局调查人员的长时间访谈记录。访谈记录的引文通常包括与访谈相关章节对应的页码，但这些页码并不是这一叙述性细节中信息的唯一来源，每一集的叙述性细节往往通过访谈中其他地方的陈述，以及与其他参与者的访谈来加强。正是对所有访谈的重叠叙述，充分支撑了本章的叙述。采访记录还包括对参与者的采访、报纸报道和法庭文件等。

6. Loder and Evans, "The Secret Sins of Koch Industries."

7. 来自作者 2015 年对法拉格、劳伦斯的采访，以及美国明尼苏达州贝波特的人口普查数据。

8. "Koch Begins Construction on Clean Fuels Project," PR Newswire, March 24, 1992.

9. "Koch Refining Eyes Building 250-MW Petroleum-Coke Fired Unit in Minn.," *Industrial Energy Bulletin,* May 19, 1995.

10. "Annual Refining Capacity," *Oil & Gas Journal*, March 18, 1985；同上，1986 年 3 月 18 日；同上，1995 年 3 月 18 日；同上，1996 年 3 月 18 日。

11. 来自作者 2015 年对法拉格的采访；1997 年 12 月 19 日法拉格、布赖恩·鲁斯、史蒂夫·大卫、蒂莫西·鲁施、拉里·巴内特、特里·斯托莫恩、约瑟夫·布策、查理·查德威尔、加里·伊斯塔、托德·阿尔托、凯伦·霍尔、露丝·埃斯蒂斯、埃里克·阿斯克兰、里克·莱格沃德与明尼苏达州污染控制局调查人员的访谈记录；"Whistleblower Trial Against Koch Refinery Begins in Federal Court," Associated Press, January 4, 2000。

12. 来自 1997 年 11 月 4 日凯伦·霍尔与明尼苏达州污染控制调查人员的访谈记录。

13. 来自作者 2015 年对法拉格的采访。

14. 1997 年 11 月 17 日鲁斯与明尼苏达州污染控制局调查人员的访谈记录第 64 页。作者 2015 年对法拉格的采访。

15. 来自作者 2015 年对法拉格的采访。像法拉格这样的安全官员被认为是在科氏工业的非营利中心工作，而经营这些设施的管理者则被认为是 "财产所有者"，科氏工业试图在其非营利职能范围内控制开支。Gable and Ellig, *Introduction to Market-Based Management*, 41–46.

16. 1997 年 11 月 4 日凯伦·霍尔与明尼苏达州污染控制局调查人员的访谈记录第 14 页。

17. 来自作者 2015 年对法拉格的采访。1997 年 11 月 17 日鲁斯与明尼苏达州污染控制局调查人员的访谈记录第 64 页。

18. 来自作者 2015 年对法拉格的采访。1997 年 11 月 4 日凯伦·霍尔与明尼苏达州污染控制局调查人员的访谈记录第 19—20 页。1997 年 11 月 17 日鲁斯与明尼苏达州污染控制局调查人员的访谈记录第 5—6 页。

19. Gable and Ellig, *Introduction to Market-Based Management*, 41–46.

20. 来自作者 2015 年对法拉格的采访。

21. 1997 年 11 月 6 日托德·阿尔托与明尼苏达州污染控制局调查人员的访谈记录。

22. 同上，第 50 页。

23. 1997 年 11 月 19 日史蒂文·大卫与明尼苏达州污染控制局调查人员的访谈记录。

24. 来自作者 2015 年对法拉格的采访，以及 1997 年 12 月 19 日法拉格与明尼苏达州污染控制局调查人员的访谈记录。

25. 来自作者 2015 年对法拉格的采访。

26. 1995 年 5 月松弯炼油厂污水处理厂规格表。作者 2015 年对法拉格的采访。

27. 即席制作的会议记录和图表，后提供给作者。作者 2015 年对法拉格的采访。

28. 1997 年 11 月 18 日工厂经理蒂莫西·鲁施与明尼苏达州污染控制局调查人员的访谈记录第 22—23 页。1997 年 11 月 4 日凯伦·霍尔与明尼苏达州污染控制局调查人员的访谈记录。

29. 1997 年 11 月 17 日布莱恩·鲁斯与明尼苏达州污染控制局调查人员的访谈记录第 59 页。

30. 1997 年 11 月 18 日鲁施与明尼苏达州污染控制局调查人员的访谈记录第 30 页。

31. 1997 年 11 月 17 日鲁施与明尼苏达州污染控制局调查人员的访谈记录第 44、66—67、74 页。

32. 1997 年 11 月 6 日阿尔托与明尼苏达州污染控制局调查人员的访谈记录。

33. 1997 年 11 月 17 日鲁斯与明尼苏达州污染控制局调查人员的访谈记录第 74 页。1997 年 11 月 18 日鲁施与明尼苏达州污染控制局调查人员的访谈记录第 22 页。

34. 1997 年 11 月 17 日鲁斯与明尼苏达州污染控制局调查人员的访谈记录第 44 页。

35. 同上。

36. 1997 年 12 月 19 日法拉格与明尼苏达州污染控制局调查人员的访谈记录第 23—25 页。

37. 来自作者 2015 年对法拉格的采访。1997 年 12 月 19 日法拉格与明尼苏达州污染控制局调查人员的访谈记录第 23—25 页。

38. 1997 年 12 月 19 日法拉格与明尼苏达州污染控制局调查人员的访谈记录第 40 页。1997 年 11 月 17 日鲁斯与明尼苏达州污染控制局调查人员的访谈记录第 62—63 页。1997 年 10 月 31 日埃斯蒂斯与明尼苏达州污染控制局调查人员的访谈记录第 41 页。

39. 1997 年 11 月 6 日阿尔托与明尼苏达州污染控制局调查人员的访谈记录第 24—28 页。1997 年 11 月 17 日鲁斯与明尼苏达州污染控制局调查人员的访谈记录第 63—64 页。1997 年 11 月 18 日鲁施与明尼苏达州污染控制局调查人员的访谈记录第 24 页。1997 年 11 月 19 日史蒂文与明尼苏达州污染控制局调查人员的访谈记录第 95 页。

40. 1997 年 11 月 17 日鲁斯与明尼苏达州污染控制局调查人员的访谈记录第 64 页。

41. 1997 年 10 月 31 日埃斯蒂斯与明尼苏达州污染控制局调查人员的访谈记录第 44—45 页。

42. 1997 年 10 月 31 日伊斯塔与明尼苏达州污染控制局调查人员的访谈记录第 31—36、54 页。1997 年 12 月 19 日罗斯·霍金森与明尼苏达州污染控制局调查人员的访谈记录第 8 页、第 17 页。1997 年 11 月 6 日阿尔托和明尼苏达州污染控制局调查人员的访谈记录第 20 页。

43. 来自作者 2015 年对法拉格的采访。1997 年 12 月 19 日法拉格与明尼苏达州污染控制局调查人员的访谈记录第 24 页。

44. 1997 年 10 月 31 日埃斯蒂斯与明尼苏达州污染控制局调查人员的访谈记录第 35—38 页。

45. 来自作者 2015 年对法拉格的采访。1997 年 12 月 19 日法拉格与明尼苏达州污染控制局调查人员的访谈记录第 25—28 页。

46. 来自作者 2015 年对法拉格的采访。1997 年 12 月 19 日法拉格与明尼苏达州污染控制局调查人员的访谈记录。

47. 1997 年 10 月 31 日埃斯蒂斯与明尼苏达州污染控制局调查人员的访谈记录第 32—61 页。1997 年 11 月 17 日鲁斯与明尼苏达州污染控制局调查人员的访谈记录第 42 页。1997 年 12 月 19 日法拉格与明尼苏达州污染控制局调查人员的访谈记录第 31—37 页。1997 年 11 月 4 日凯伦·霍尔与明尼苏达州污染控制局调查人员的访谈记录第 49—52 页。

48. 1997 年 11 月 6 日阿尔托与明尼苏达州污染控制局调查人员的访谈记录第 20 页。

49. 来自作者 2015 年对法拉格的采访。1997 年 12 月 19 日法拉格与明尼苏达州污染控制局调查人员的访谈记录。

50. 来自 1997 年 1 月 17 日希瑟·法拉格致松弯炼油厂主管和员工的备忘录。

51. 来自法拉格 1997 年信件草稿。

52. 来自作者 2015 年对法拉格的采访。1997 年法拉格信件草稿编辑版。

53. 同上。

54. 1997 年 11 月 17 日鲁斯与明尼苏达州污染控制局调查人员的访谈记录第 82—85 页。

55. 1997 年 12 月 19 日法拉格与明尼苏达州污染控制局调查人员的访谈记录第 142—144 页。1997
    年 11 月 17 日鲁斯与明尼苏达州污染控制局调查人员的访谈记录第 74—77 页。1997 年 10 月
    31 日伊斯塔与明尼苏达州污染控制局调查人员的访谈记录第 45—46 页。1997 年 11 月 20 日查
    德韦尔与明尼苏达州污染控制局调查人员的访谈记录。1997 年 11 月 6 日斯托门与明尼苏达州
    污染控制局调查人员的访谈记录。

56. 来自作者 2015 年对格罗特约翰和匿名消息人士的采访。

57. 1997 年 11 月 20 日查德韦尔与明尼苏达州污染控制局调查人员的访谈记录。Dennis Lien,
    "Former Koch Employee Says She Was Subjected to Retaliation ; Engineer's Testimony Supports
    Whistleblower," *Pioneer Press*, January 11, 2000 ; Charles S. Chadwell v. Koch Refining Company,
    United States Court of Appeals, Eighth Circuit ruling, May 17, 2001.

58. 来自作者 2015 年对法拉格的采访。1997 年 12 月 19 日法拉格与明尼苏达州污染控制局调查员
    访谈记录第 147—151 页。

59. 1997 年 11 月 19 日史蒂文与明尼苏达州污染控制局调查人员的访谈记录第 73—79 页。

60. 来自作者 2015 年对特隆伯格的采访。

61. 来自作者 2015 年对法拉格的采访。1997 年 12 月 19 日法拉格与明尼苏达州污染控制局调查人
    员的访谈记录。

62. 来自作者 2015 年对法拉格的采访。1997 年 12 月 19 日法拉格与明尼苏达州污染控制局调查人
    员的访谈记录。Lien, "Former Koch Employee Says"; Lien, "Koch Casts Doubt."

63. 来自作者 2015 年对法拉格的采访，以及约翰·邦哈格和莫林·奥玛拉的名片复印件。

64. "Koch Refinery Hit with Fines," *Oil & Gas Journal*, October 11, 1999；美利坚合众国和明尼苏达
    州诉科氏石油公司的同意令。

65. 来自作者 2015 年对法拉格的采访。Lien, "Former Koch Employee Says."

66. 2015 年作者尝试对斯托门进行采访。

67. 在线职位描述、简历、科氏工业集团员工名单。

68. Loder and Evans, "The Secret Sins of Koch Industries."

第 9 章 价值创造战略的扭曲：解散科氏农业

1. 来自作者 2013—2016 年对沃森、霍尔的采访；约翰·皮滕杰，参与者简介，阿斯彭研究
   所，社会与交流项目；"Innovation: Everyone's Job," Discovery: *The Quarterly Newsletter of Koch
   Companies*, October 2016。

2. 来自作者 2016 年对沃森的采访。

3. 来自作者 2013—2016 年对沃森、霍尔的采访。

4. 来自作者 2013 年对俄克拉何马州伊纳德市化肥厂前经理乔·希斯的采访。对美国食品体系的
   观察部分来自作者在 2008—2012 年作为美联社全国农业综合企业记者的报道。

5. 来自作者 2013—2016 年对沃森、帕克布什的采访。Bruce Upbin and Brandon Copple, "Creative
   Destruction 101," profile of Koch Industries and Koch Agriculture, *Forbes*, December 14, 1998.

6. 来自作者 2016 年对沃森、佩里·欧文斯（饲养场经理）的采访。

7. Douglas Frantz, "Journalists, or Detectives? Depends on Who's Asking," *New York Times*, July 28,
   1999 ; Burrough, "Wild Bill Koch."

8. Robert Tomsho, "Blood Feud: Koch Family Is Roiled by Sibling Squabbling over Its Oil Empire,"
   Wall Street Journal, August 9, 1989.

9. 来自作者 2013—2014 年对霍尔的访谈。O' Reilly and De Llosa, "The Curse."

10. 来自作者 2013—2014 年对霍尔、马克尔的访谈。

11. Christopher Leonard, The Meat Racket: *The Secret Takeover of America's Food Business* (New York: Simon & Schuster, 2014), 253–269.

12. 普瑞纳米尔斯向美国证券交易委员会提交的年度报表（10–K 表），截至 1996 年 12 月 31 日财年。

13. 同上。

14. 来自作者 2016 年对阿尼·萨姆纳的采访。

15. 来自作者 2016 年对萨姆纳、沃森、霍尔的采访。

16. 来自普瑞纳米尔斯提交给美国证券交易委员会的 10–12G 表格第二节"金融重组发展情况"，描述了截至 1998 年 3 月 31 日和 2000 年 3 月 23 日的负债情况。

17. 来自作者 2016 年对萨姆纳、沃森的采访。

18. 来自作者 2016 年对沃森、霍尔的采访。E. C. Pasour Jr. and Randal R. Rucker, *Plowshares and Pork Barrels: The Political Economy of Agriculture* (Oakland, CA: Independent Institute, 2005).

19. 来自作者 2016 年对沃森的采访。

20. Christopher Leonard, Meat Racket，329–333.

21. 来自作者 2016 年对沃森、霍尔的采访。普瑞纳米尔斯 2000 年 3 月 23 日提交至美国证券交易委员会文件中的 10–12G 表格"管理层讨论和分析"。

22. 来自作者 2016 年对沃森的采访。"Purina Mills Names New CEO," PR Newswire, December 21, 1998.

23. 来自作者 2016 年对沃森、霍尔的采访。普瑞纳米尔斯 2000 年 3 月 23 日提交至美国证券交易委员会文件中的 10–12G 表格第二节"金融重组发展情况"。

24. 来自作者 2013—2016 年对霍尔的采访。普瑞纳米尔斯 2000 年 3 月 23 日提交至美国证券交易委员会文件中的 10–12G 表格"管理层讨论和分析"。

25. Leslie Wayne, "Zero Is the Verdict in $2 Billion Koch Family Feud," *New York Times*, June 20, 1998.

26. 来自作者 2013—2016 年对克里斯·富兰克林、马克尔、保尔森、霍尔的采访。

27. 来自作者 2016 年对霍尔的采访。

28. 来自作者 2016 年对沃森的采访。

29. 来自作者 2016 年对萨姆纳、霍尔的采访。

30. Boulton, "Koch and His Empire."

31. 普瑞纳米尔斯 1999 年 11 月 9 日提交至美国证券交易委员会文件中的 8–K 表格第 22 页。

32. 两位匿名消息人士首先与作者讨论了科氏工业集团面纱作为融资结构的用途，这两人都直接参与了科氏工业集团的金融活动和战略设计。科氏工业使用公司面纱这件事也得到了第三方消息来源的证实，该消息来自一家银行的金融家，该银行曾因普瑞纳米尔斯收购案向科氏工业贷款，他也要求匿名。另见普瑞纳米尔斯 1999 年 11 月 9 日提交至美国证券交易委员会文件中的 8–K 表格第 27—28 页和 102—103 页。

33. 来自作者 2016 年对直接涉及此事的匿名消息人士的采访。

34. "Purina Mills: Tentative Agreement for $60 Million from Parent," *Troubled Company Reporter,* November 12, 1999.

35. 来自作者 2016 年对霍尔的采访。"Economic Downturn Leads to Layoffs at Koch Industries," Associated Press, April 13, 1999.

第 10 章　即使在最黑暗的日子里，有些原则依然正确

1. 多名科氏工业集团的现任和前任员工均描述查尔斯·科赫每天自己开车上班，而且很早就到公司；由于他的车在员工到达时就已经停在员工停车场，所以许多人对此印象深刻。查尔斯的习惯后来发生了变化，如本书第 20 章所述。

2. 见第 1—9 章尾注。

3. 来自 1989 年 4 月 24 日查尔斯·科赫与联邦参议院调查员证词的音频文稿。

4. 来自作者 2015 年对查尔斯·科赫的采访。

5. 下文基于第 1—9 章尾注的报道总结了科氏工业集团的实力。

6. 来自作者 2015 年对查尔斯·科赫的采访。

第 11 章 企业改革与重组：得州人的崛起

1. 关于科氏工业在 20 世纪 90 年代大崩溃后的战略改革努力的细节，由一位要求匿名的事件直接知情人士提供给作者。此次改革的许多细节都得到外部消息来源的证实，比如查尔斯·科赫解雇许多公司高管的决定，在宣布集团人事变动的新闻稿中有迹可循。科氏工业的一些资深人士，如布拉德·霍尔和 F. 林恩·马克尔也在记录中确认了这次改革的大致轮廓。（马克尔在过渡期间离开公司，但见证了事件的余波。）

2. "Koch Industries Names New Vice Chairman, President；New President Only Fourth in Company's History," BusinessWire, August 3, 1999；科利斯·纳尔逊在莱德系统的传记和工作史；迈克·萨滕在皇家加勒比海游轮公司的简历和工作经历；雷克斯·克莱文格在 Reliant Energy（能源公司）的简历和工作经历；大卫·罗伯逊于 2000 年 1 月 24 日宣布接替吉姆·因布勒；塞思·万斯，彭博社高管简历；佩德罗·哈斯在 Kosa（纺织品生产商）的离职公告，2000 年 7 月 24 日；马克尔的领英个人简介以及 2016 年作者对他的采访。

3. 了解事件的匿名消息人士于 2016 年直接告诉作者。

4. 见第 11—17 章尾注。Leonard, "The New Koch."

5. 关于公司面纱战略的使用，最初由一位了解科氏工业法律和财务战略的人士直接向作者透露。后来，第二位直接知情的科氏工业高级人士证实了这一点。最后，从这一战略留下的足迹可以看出，科氏工业下属公司的经营确具有一定程度的自主性，有时对于一家如此注重效率的公司来说，这貌似有点多余。

6. 来自作者 2013—2016 年对查尔斯·科赫、霍尔、法伊尔迈耶、帕克布什、汉南以及其他科氏工业集团现任和前任员工的采访。Leonard, "The New Koch."

7. 来自作者 2013—2016 年对查尔斯·科赫、霍尔、法伊尔迈耶、奥尼尔、帕克布什、汉南以及其他科氏工业集团现任和前任员工的采访。Leonard, "The New Koch."

8. 2001 年 1 月 20 日美国广播公司关于小布什就职典礼的报道。

9. 阅读材料包括：Hacker and Pierson, American Amnesia；Mounk, The People vs. Democracy: Why Our Freedom Is in Danger and How to Save It (Cambridge, MA: Harvard University Press, 2018)。

10. Gimore and Sugrue, These United States, 591–595.

11. 关于科氏工业交易业务的账目，在很大程度上基于对科氏工业交易业务内部高级管理人员的采访，其中包括科氏供应与贸易公司首席财务官布拉德·霍尔，布伦登·奥尼尔、韦斯利·奥斯本、克里斯·富兰克林、梅利莎·贝克特和亚当·格拉斯曼等资深交易员也提供了参考。三位曾在该部门工作的资深人士也详细描述了运营情况，但内容未被证实。"Koch Supply & Trading," Discovery: The Quarterly Newsletter of Koch Companies, January 2009；"Koch Smooths Volatile Waters," Risk.net, November 10, 2003.

12. 来自作者 2013—2016 年对豪厄尔、霍尔的采访。

13. 来自作者 2016 年对豪厄尔的采访。

14. 在 2016 年对 Genscape 首席执行官马修·伯里利的采访中首次提到对石油市场结构的关键洞察，Genscape 是美国知名的原油信息机构，向大宗商品交易员提供能源供应的实时信息。2013—2016 年，霍尔、豪厄尔、奥斯本、贝克特、格拉斯曼和科氏工业前资深交易员的匿名消息，进一步证实了这种观点。

15. 来自作者 2013—2016 年对霍尔、豪厄尔以及科氏工业匿名高级管理人员的采访。

16. 来自作者 2016 年对豪厄尔的采访。

17. Emily Lambert, *The Futures: The Rise of the Speculators and the Origins of the World's Biggest Markets* (New York: Basic Books, 2011),151–163，181–187.

18. 自作者 2016 年对豪厄尔的采访。

19. 来自作者 2013—2016 年对豪厄尔、霍尔以及科氏工业匿名高管的采访。

20. 来自作者 2016 年对商品期货交易委员会总法律顾问南希·道尔、商品期货交易委员会前总裁巴特·奇尔顿以及匿名消息人士的采访。

21. 来自作者 2013—2016 年对豪厄尔、霍尔以及科氏工业匿名高管的采访。

22. 来自作者 2016 年对匿名消息人士的采访。Saule T. Omarova, "The Merchants of Wall Street: Banking, Commerce, and Commodities," Cornell Law Faculty Publications, Cornell Law School, 2013.

23. 来自作者 2016 年对匿名科氏工业前高管的采访。

24. Gimore and Sugrue, *These United States*, 583–584.

25. 来自作者 2013—2016 年对三位匿名科氏工业前资深员工以及霍尔的采访。

26. Monica Perin, "Koch Investment Group Moves Base from Kansas to Houston," *Houston Business Journal*, June 17, 2001.

第 12 章　信息不对称：衍生品交易获利非凡

1. 来自作者 2016 年对奥尼尔的采访。

2. 来自作者 2014 年对科氏工业前衍生品交易员格拉斯曼的采访。

3. 来自作者 2016 年对奥尼尔的采访，作者 2016 年在科氏供应与贸易公司的采访笔记，以及休斯敦的历史天气报告。

4. 来自作者 2016 年在格林威广场 20 号大厅采访的笔记、照片和视频。

5. 这部分描述来自其他科氏供应与贸易公司的员工在领英上的个人简介照片；大卫·巴博萨拍摄的交易楼层照片，"Energy Traders Continue to Prowl the Floor That Enron Helped Build," *New York Times*, December 6, 2001；富兰克林对交易部门的描述和作者 2013—2016 年对奥尼尔、奥斯本以及另外两个匿名消息人士的采访。

6. 来自作者 2016 年对科氏供应与贸易公司气象学家团队匿名前雇员的采访。

7. 来自作者 2016 年对奥尼尔的采访。

8. 来自作者 2013—2016 年对富兰克林、奥尼尔、霍尔、楼明（科氏工业前量化交易员）的采访。Perin, "Koch Investment Group Moves Base."

9. 来自作者 2013—2016 年对霍尔、贝克特、奥斯本以及匿名的三位科氏工业贸易业务前高管（此处包括副总裁或更高级别的管理人员）的采访。

10. 来自作者 2016 年对奥尼尔的采访。

11. Larry Foster, "United Flashes New Wealth—and New Faces—After Koch Takeover," *Inside FERC*, November 16, 1992；"Koch Industries Buys United Gas Pipeline," PR Newswire, November 9, 1992.

12. Paul W. MacAvoy, *The Natural Gas Market: Sixty Years of Regulation and Deregulation* (New Haven, CT: Yale University Press, 2000), 1–120.

13. 来自作者 2013—2016 年对霍尔、奥尼尔以及匿名的科氏工业交易业务前高管的采访。

14. 来自作者 2016 年对匿名的科氏工业交易业务前高管的采访。

15. 来自作者 2016 年对奥尼尔的采访。

16. 来自作者 2016 年对奥尼尔、奥斯本、富兰克林的采访。

17. 来自 2016 年作者在姜人酒吧内的采访笔记和照片，并与 2015 年作者在科茨之家酒吧内的采访记录和照片进行比较。

18. 来自作者 2016—2017 年对奥尼尔、奥斯本以及匿名的科氏工业交易业务前高管的采访。

19. 来自作者 2016 年对奥尼尔的采访。

20. 来自作者 2016 年对奥尼尔、富兰克林、楼明的采访。

21. 作者在此特别感谢商品期货交易委员会总法律顾问南希·道尔，允许作者于 2013 年春季学期在乔治城法学院旁听"复杂衍生品交易"的课程。这门课对于作者了解期货、衍生品和掉期市场以及监管框架助益良多。作者还得到了旁听时的同学莉娜·卡恩的帮助，她在许多长时间的讨论中帮助作者解决了复杂的问题。在课堂上作者只回答过一个问题，但回答得不正确（在一群竞争激烈的乔治城法律系学生面前这样做很丢脸），但道尔非常慷慨地在课堂内外抽出时间对这个缺乏透明度的市场提供讲解。

22. 来自作者 2016 年对奥尼尔的采访。

23. 来自科氏工业 2002 年 12 月 23 日的内部电子邮件，主题是 "WinterSkinny.xls"，由帕特里克·弗格森发送给科氏工业的交易员们，其中包括奥尼尔。

24. 来自科氏工业 2001 年 5 月 7 日的内部电子邮件，主题是 "Daily Analysis.xls"，含附件和报告。

25. 来自作者 2013—2014 年对霍尔以及匿名的科氏工业前交易高级主管的采访。

26. 来自韦恩·克努普和布莱克·希尔撰写的科氏工业内部报告，*Koch Energy: Forecasts and Strategies—Focus on Gas. Natural Gas Point of View 2000–2001*。

27. 来自作者 2016 年对奥尼尔的采访。历史天然气价格取自 TradingEconomics.com 数据库。

28. 来自作者 2016 年对奥尼尔的采访。"Koch Fully Acquires Natural Gas Asset Management Company；Koch Energy Trading Increases Ownership Interest in IMDST to 100 Percent by Buying Out IMDCI," BusinessWire, May 1, 2000.

29. 来自作者 2016 年对奥尼尔以及匿名的科氏工业交易部门前高级主管的采访。

30. 来自作者 2016 年对奥尼尔的采访。历史天然气价格取自 TradingEconomics.com 数据库。*Natural Gas: Analysis of Changes in Market Price,* GAO report to congressional committees and members of Congress, December 2002.

31. Income figures, "Koch Gateway Pipeline Company Annual Report Form No. 2," June 4, 2011, 114.

32. 来自作者 2016 年对奥尼尔的采访，奥尼尔的收入数字由匿名的科氏工业交易部门前高管在作者 2016 年的采访中证实。

33. 来自作者 2016 年对奥尼尔的采访。房屋数据取自房屋契约和房地产经纪人网站数据库。

第 13 章 电力交易市场攫取暴利

1. 来自作者 2013—2016 年对贝克特、霍尔以及匿名的科氏工业交易部门前高级主管的采访，联邦能源管理委员会的处理结果见下文。

2. Bethany McLean and Peter Elkind, *The Smartest Guys in the Room: The Amazing Rise and Scandalous Fall of Enron* (New York: Portfolio, 2003), 264—283；Toni Mack, "Power Players," *Forbes*, May 19, 1997.

3. 达雷尔·安特里奇的叙述部分基于他向联邦监管机构提供的证词。这些尾注将被简写为"FERC 证词"，仅在此处由于第一次出现标注完整的文件名，"Prepared Testimony of Darrell W. Antrich on Behalf of Koch Energy Trading Inc., Before the Federal Energy Regulatory Commission, in Regard to San Diego Gas & Electric Co. v. Sellers of Energy and Ancillary Services into Markets Operated by the California Independent System Operator Corporation and the California Power Exchange," October 25, 2011, 3。

4. 安特里奇于 2011 年 10 月 25 日所做的 FERC 证词，第 3—7 页。

5. 来自贝克特对安特里奇个性的描述及作者 2016 年对其他匿名消息人士的采访；安特里奇于 2003 年 10 月 2 日、2003 年 12 月 3 日、2009 年 9 月 17 日、2011 年 10 月 25 日所做的 FERC 证词。

6. 来自作者 2016 年萨克拉门托报道之旅的笔记和照片。

7. 来自作者 2016 年对斯蒂芬·皮斯的采访。

8. 同上；Ron Russell, "Dim Bulbs," *SF Weekly*, March 7, 2001；Chris Kraul, "Radical Changes in Power Industry Pass Legislature," *Los Angeles Times*, September 1, 1996.

9. 来自作者 2016 年对皮斯的采访。作者 2016 年观看电影《番茄杀手》的笔记。

10. Timothy P. Duane, "Regulation's Rationale: Learning from the California Energy Crisis," *Yale Journal on Regulation*, no. 2 (2002)；"Historical Look at California's Restructuring of Electricity Regulation: Influences Leading to the Legislature's AB 1890 of 1996," California Senate Office of Research.

11. 来自作者 2016 年对皮斯的采访；Dan Morain, "Assembly OKs Bill to Deregulate Electricity," *Los Angeles Times*, August 31, 1996；Mark Gladstone, "Gridlock Gives Way to Teamwork in Legislature," *Los Angeles Times*, September 2, 1996.

12. 来自作者 2014—2016 年对 ALEC 前执行董事邦妮·休·库珀和媒体与民主中心执行董事丽莎·格雷夫斯的采访；*Corporate America's Trojan Horse in the States: The Untold Story Behind the American Legislative Exchange Council* (New York: Natural Resources Defense Council and Defenders of Wildlife, 2002)。

13. 来自作者 2016 年对皮斯和库珀的采访；"Electricity Industry Restructuring: History and Background," *The State Factor*, ALEC report, November 1996；ALEC Model Bill: "Electric Industry Restructuring Act"；*Corporate America's Trojan Horse in the States*.

14. Stuart Eskenazi and Mike Ward, "Lawmakers' Corporate Classmates," *Austin American-Statesman*, November 2, 1997；Eskenazi and Ward, "2 Learning Styles: Seminars and the Golf Course," *Austin American-Statesman*, November 2, 1997；*Corporate America's Trojan Horse in the States*.

15. 来自作者 2016 年对皮斯的采访。

16. Dan Moran, "Deregulation Bill Signed by Wilson," *Los Angeles Times*, September 24, 1996.

17. 来自作者 2016 年对奥尼尔、贝克特以及匿名消息人士的采访。

18. 安特里奇于 2011 年 10 月 25 日所做的 FERC 证词，第 5—6 页。

19. 来自作者 2016 年对贝克特的采访；安特里奇于 2003 年 12 月 3 日所做的 FERC 证词，第 1 页；贝克特和安特里奇的照片来自巴博萨的文章，"Energy Traders Continue to Prowl"。

20. 来自作者 2016 年对皮斯的采访。McLean and Elkind, Smartest Guys, 264–83；Russell, "Dim Bulbs."

21. 来自作者 2016 年对贝克特的采访；贝克特办公桌和周围环境的照片来自巴博萨的文章，"Energy Traders Continue to Prowl"。

22. 来自作者 2016 年对贝克特的采访；安特里奇于 2011 年 10 月 25 日所做的 FERC 证词，第 7 页。

23. "Blackout: The California Crisis," *Frontline*, 2001；"Enron Traders Talking About Grandma Millie," video, 2:11, 由欧文·麦克劳于 2009 年 3 月 17 日上传到 YouTube, www.you tube.com/watch？v=DOLNWF5QMxY。

24. 来自作者 2016 年对贝克特的采访；安特里奇于 2011 年 10 月 25 日所做的 FERC 证词，第 7 页。

25. 来自作者 2016 年对贝克特的采访；安特里奇于 2003 年 12 月 3 日所做的 FERC 证词，第 3—6 页，2011 年 10 月 25 日，第 6 页；加里·泰勒于 2004 年 2 月 27 日所做的 FERC 证词，第 60 页。

26. 科氏能源贸易公司与 PNM 之间的咨询协议，生效日期为 2001 年 1 月。文件中的科氏能源贸易公司的代表是公司副总裁戴维·欧文斯，而 PNM 的代表是电力批发市场总监杜安·法默。

27. 作者在此感谢能源顾问加里·泰勒，他曾是联邦当局调查加利福尼亚州非法交易计划的专家证人，对电力关联交易进行了详细和耐心的解释。对本主题更感兴趣的读者，我建议阅读泰勒与人合著的 *Market Power and Market Manipulation in Energy Markets: From the California Crisis to the Present* (Reston, VA: Public Utilities Reports, 2015) 一书；作者 2016 年对泰勒的采访；泰勒于 2005 年 1 月 31 日所做的 FERC 证词，第 33—35 页，以及 2004 年 2 月 27 日所做的 FERC 证词，第 64—82 页。

28. 泰勒于 2004 年 2 月 27 日所做的 FERC 证词，第 64—82 页；内史密斯的电话记录的来源同上，第 76—78 页。

29. 来自科氏能源贸易公司和 PNM 于 2000 年 2 月 22 日订立，并于 2000 年 2 月 28 日签署的协议。

30. 达雷尔·安特里奇 2000 年 5 月 5 日写给汤姆·内史密斯的电子邮件。

31. 电力关联交易日期和交易量从 2003 年 7 月 31 日提交给 FERC 的 "Response of Koch Energy Trading, Inc., to Order to Show Cause" 中获取，第 5—6 页；安特里奇于 2003 年 12 月 3 日所做的 FERC 证词，第 8 页；泰勒在 2004 年 2 月 27 日提交给 FERC 的证词中也提供了科氏工业关联交易活动的详细概述，第 82—89 页。

32. Nancy Rivera Brooks and Zanto Peabody, "Heat Triggers Moderate Power Emergency," *Los Angeles Times*, May 23, 2000.

33. "Response of Koch Energy," filed with FERC, July 31, 2003, chart breakdown of May 22 parking transaction, chart 1–1；Antrich, FERC testimony, October 25, 2011, 9–11.

34. 同上。

35. Rivera Brooks and Peabody, "Heat Brings Outages and Emptied Offices."

36. "Response of Koch Energy Trading," filed with FERC, July 31, 2003, chart breakdown of May 22 parking transaction, chart 2–2.

37. 2000 年 6 月 15 日安特里奇给阿里亚加的电子邮件。

38. Mara Dolan, "California and the West: S.F. Cools Off but Outages Persist," *Los Angeles Times*, June 16, 2000.

39. ISO 控制室的图片来自 ABC（美国广播公司）新闻的停电报道。

40. Nancy Rivera Brooks and Charles Piller, "Bay Area Heat Wave Strains Power Grid," *Los Angeles Times*, June 15, 2000.

41. McLean and Elkind, *Smartest Guys*, 264–83.

42. 来自作者 2016 年对皮斯的采访。

43. 同上；美国广播公司关于停电的新闻报道；"Blackout: The California Crisis."。

44. John Balzar, "Bright Days for Gray Davis," *Los Angeles Times*, July 7, 2006.

45. 来自作者 2016 年对皮斯的采访。Lynda Gledhill, "Davis to Seek State Role in Energy Pricing," *San Francisco Chronicle*, January 15, 2001；Nancy Vogel, Bob Drogin, and Nicholas Riccardi, "Energy Players Deeply Divided on Rescue Plan," *Los Angeles Times*, January 15, 2001.

46. Nancy Vogel and Miguel Bustillo, "Power Firm Demands Utilities Pay Bills Now," *Los Angeles Times*, January 16, 2001.

47. 来自作者 2016 年对皮斯的采访。Steve Johnson and Mark Gladstone, "Federal Panel Blasted over Emergency Moves, Davis Calls Commissioners 'Pawns' of Electricity Sellers," *San Jose Mercury News*, December 16, 2000；Bart Jansen, "Davis Asks FERC to Order Refunds for Power Customers," Associated Press, November 9, 2000；Jon Sarchie, "Western Governors Turn Up Pressure for Electricity Price Cap," Associated Press, December 20, 2000.

48. 来自作者 2016 年对皮斯的采访；Seth Rosenfeld, Janine DeFao, and Jaxon Van Derbeken, "Capitol Suspect 'Flopped' —Mom Says Prison Mental Health Systems Failed Him," *San Francisco Chronicle*, January 17, 2001；Jim Williams and Alison Stewart, "California's Energy Crisis Forces Governor to Declare State of Emergency；Truck Driver Who Hit California Capitol Was Ex-Convict," ABC News, January 18, 2001。

49. Russell, "Dim Bulbs"；McLean and Elkind, *Smartest Guys*, 264–83；Wendy Zellner, "Enron's Power Play," *Bloomberg Businessweek*, February 12, 2001.

50. 来自作者 2016 年对皮斯的采访；Timothy P.Duane, "Regulation's Rationale: Learning from the California Energy Crisis," *Yale Journal on Regulation*, no. 2, 2002；"Historical Look at California's Restructuring of Electricity Regulation," California Senate Office of Research；Morain, "Assembly OKs Bill"；Gladstone, "Gridlock Gives Way to Teamwork"。

51. 来自安特里奇于 2003 年 12 月 3 日所做的 FERC 证词，第 3 页。

52. 来自 2000 年 11 月 20 日科氏能源贸易公司和 PNM 未签署的咨询协议，发给了梅利莎·贝克特。

53. FERC Opinion No. 536, "Order Affirming Factual Findings, Directing Compliance Filing and Ordering Refunds," November 10, 2014, 62；Enron activities, McLean and Elkind, *Smartest Guys*, 264–83.

54. 来自作者 2014—2015 年对杜博斯的采访。

55. 来自安特里奇于 2003 年 10 月 2 日所做的 FERC 证词，第 3 页；安特里奇 2000 年 5 月 5 日发送给内史密斯的电子邮件，安特里奇写道："记得你承诺了打一下午高尔夫球。"会议议程标题为"PNM/科氏能源贸易公司知识联盟会议"，2000 年 9 月 13 日。议程项目包括："交易大厅参观"、"风险管理和控制"、"交易联盟讨论"和"电力交易能力"。此外，科氏能源贸易公司还为 PNM 内部制作了幻灯片，日期为 2000 年 4 月 26 日。幻灯片的内容包括："电力交易盈利能力"、"科氏电力交易集团的竞争优势"和"潜在商业机会"。

56. Taylor et al., *Market Power and Market Manipulation in Energy Markets*, 79–83；FERC Final Report on Price Manipulation in Western Markets, March 2003.

57. 圣迭戈天然气和电力公司诉能源和辅助服务销售商案；联邦能源管理委员会第 536 号意见书，确认事实调查结果的命令，指导合规性申请和命令退款，2014 年 11 月 10 日，第 62 页；联邦能源管理委员会批准和科氏能源贸易等公司无争议和解的命令，2015 年 10 月 8 日。

58. 来自作者 2016 年对皮斯的采访。

59. 来自作者 2016—2017 年对贝克特及其他匿名消息人士的采访；Taylor et al., *Market Power and Market Manipulation in Energy Markets*, 79–83。

第 14 章　大量收购公司并将其私有化

1. Eileen Appelbaum and Rosemary Batt, *Private Equity at Work: When Wall Street Manages Main Street* (New York: Russell Sage Foundation, 2014)；Daniel Souleles, interviews by author, 2017；Souleles, Songs of Profit, *Songs of Loss: Private Equity, Wealth, and Inequality* (Lincoln: University of Nebraska Press, 2019).

2. Appelbaum and Batt, *Private Equity at Work*, 35–36.

3. 来自作者 2013—2014 年对查尔斯·科赫、法伊尔迈耶、霍尔、马克尔、杰里米·琼斯、帕克布什以及匿名科氏工业前高管的采访。

4. 来自作者 2013—2016 年对帕克布什和沃森的采访。

5. 来自作者 2013 年对帕克布什的采访。

6. 同上；发展集团会议的内容来自作者 2013—2014 年对霍尔、法伊尔迈耶、杰里米·琼斯的采访。

7. 来自作者 2016 年对沃森的采访。作者 2014—2015 年对俄克拉何马州伊尼德市原农场工业肥料销售经理乔·希斯的采访。

8. 来自作者 2013 年对农场工业前首席执行官鲍勃·特里的采访；"Farmland Industries Files for Protection Under Chapter 11," GrainNet, last modified May 31, 2002；David Barboza, "Facing Huge Debt, Large Farm Co-op Is Closing Down；Farmland Industries Battled Major Food Conglomerates," *New York Times*, September 16, 2003.

9. 来自作者 2013 年对帕克布什的采访。

10. 来自作者 2013—2015 年对霍尔、马克尔、查尔斯·科赫的采访。

11. 来自作者 2013 年对帕克布什的采访。Leonard, "The New Koch."

12. 来自作者 2013 年对鲍勃·特里的采访。

13. 来自作者 2013 年对帕克布什的采访；历史天气数据库中的天气状况；Nancy Seewald, "Koch Wins Farmland's Fertilizer Assets," *Chemical Week*, April 2, 2003；Barboza, "Facing Huge Debt"；农田壁画图片取自在线档案。

14. 来自作者 2017 年对苏莱尔的采访；Appelbaum and Batt, *Private Equity at Work*, 18–21。

15. Appelbaum and Batt, *Private Equity at Work*, 37.

16. 来自作者 2013 年对帕克布什和特里的采访。

17. Robert Westervelt, "Full-Year Earnings Disappoint," *Chemical Week*, May 21, 2003；Seewald, "Koch Wins."

18. 来自作者 2013 年对帕克布什的采访。作者 2013 年在帕克布什办公室的采访笔记。

19. 来自作者 2013—2016 年对帕克布什和贝克特的采访。作者 2013 年在科氏化肥办公室的采访笔记。Leonard, "The New Koch."

第 15 章　豪取佐治亚 – 太平洋公司

1. 来自作者 2016 年对汉南、韦斯利·琼斯的采访；Christopher Leonard, "An Inside Look at How Koch Industries Does Business," *Washington Post*, July 1, 2017。

2. 来自作者 2016 年对汉南、韦斯利·琼斯的采访。作者 2016 年在佐治亚 – 太平洋大厦的采访笔记和照片。佐治亚 – 太平洋公司 2003 财政年度 10-K 申报。

3. 来自作者 2016 年对汉南、韦斯利·琼斯的采访。作者 2016 年在佐治亚 – 太平洋大厦 51 楼的采访笔记和照片。

4. Doug Monroe, *The Maverick Spirit: Georgia-Pacific at 75* (Old Saybrook, CT: Greenwich Pub. Group, 2001)；Claudia H. Deutsch, "Georgia-Pacific to Acquire Fort James," *New York Times*, July 18, 2000.

5. 来自作者 2016 年对汉南、韦斯利·琼斯的采访。

6. 来自作者 2016 年对汉南的采访；"Koch Cellulose and Subsidiaries Acquire Fluff, Market Pulp Business," BusinessWire, May 10, 2004；Roxana Hegeman, "Koch Industries to Buy Georgia-Pacific's Pulp Operations," Associated Press, January 29, 2004。

7. 来自作者 2016 年对汉南、韦斯利·琼斯的采访；Charles Koch, *Good Profit*, 48–50。

8. 来自作者 2016 年对汉南的采访；"Koch Industries Subsidiaries to Purchase Invista," BusinessWire, November 17, 2003；Randall Chase, "DuPont Sells Textile Unit to Koch Industries," Associated Press, November 18, 2003；"Koch Completes Acquisition of Invista Textile Business," Associated Press, May 1, 2004。

9. 来自作者 2016—2017 年对大卫·霍夫曼的采访。

10. 同上。

11. 同上。作者 2013 年和 2018 年在英威达总部的采访笔记。

12. 来自作者 2016—2017 年对大卫·霍夫曼的采访。2008 年 3 月 26 日"英威达 B. V. 等诉杜邦公司案"的起诉书。

13. 来自作者 2016 年对韦斯利·琼斯的采访。作者 2016 年在不伦瑞克纸浆厂的采访笔记和照片。

14. 来自作者 2016 年对凯伦·马克思的采访。作者 2016 年在萨凡纳纸浆厂的采访笔记。

15. Charles Koch, *Good Profit*, 48–50；Georgia-Pacific 10-K filing for fiscal year 2005；Michael Arndt, "Koch: Very Private, and a Lot Bigger," *Bloomberg Businessweek*, November 15, 2005；Dennis K. Berman and Chad Terhune, "Koch Industries Agrees to Buy Georgia-Pacific," *Wall Street Journal*, November 14, 2005.

16. 来自作者 2017 年对苏莱尔的采访；Souleles, Songs of Profit, *Songs of Loss: Private Equity, Wealth,*

and Inequality (Lincoln: University of Nebraska Press, 2019)。

17. 来自作者对科氏工业集团匿名前高级财务人员的采访；Appelbaum and Batt, *Private Equity at Work*, 45。

18. Arndt, "Koch: Very Private"；Berman and Terhune, "Koch Industries Agrees"；Hannan, interviews by author, 2016；Georgia–Pacific, 8–K filing, November 13, 2005.

19. Charles Koch, *Good Profit*, 221–22；Georgia–Pacific, 8–K filing, November 13, 2005；Arndt, "Koch: Very Private"；Berman and Terhune, "Koch Industries Agrees."

20. 来自作者 2016 年对汉南·韦斯利·琼斯的采访。

21. 来自作者 2016 年在佐治亚－太平洋大厦的采访笔记。

22. 来自作者 2016 年对汉南的采访。汉南办公室和唐恩都乐杯子的描述来自作者 2016 年在办公室采访汉南时的采访笔记。

23. 来自作者 2016 年对汉南的采访。"Insulair Announces Agreement with Georgia–Pacific," BusinessWire, June 29, 2006.

第 16 章　重新定义仓库劳动管理系统

1. 来自作者 2014 年和 2017 年在俄勒冈州波特兰佐治亚－太平洋纸浆厂的采访笔记、照片和视频。

2. 来自作者 2013—2017 年对哈蒙德的采访。

3. 来自作者 2014 年和 2017 年在俄勒冈州波特兰佐治亚－太平洋纸浆厂的采访笔记、照片和视频。

4. 来自作者 2013—2017 年对哈蒙德的采访。

5. 来自作者 2013—2017 年对哈蒙德、布莱恩·道奇、亚当·史密斯、特拉维斯·麦金尼、大卫·弗兰岑、丹尼斯·特里姆的采访。

6. 来自作者 2017 年对哈蒙德的采访。

7. 来自作者 2017 年对哈蒙德、特里姆的采访。

8. 来自作者 2017 年对特里姆的采访。

9. 来自作者观看的查尔斯·科赫的视频。

10. 来自作者 2017 年对特里姆的采访。

11. 同上。

12. 来自作者 2013—2017 年对哈蒙德、麦金尼、弗兰岑、特里姆的采访；"Georgia–Pacific Selects North American Transportation Solution Provider," *Supply & Demand Chain Executive*, August 19, 2005；"Georgia Pacific Cuts Distribution Centre Overheads by 22% with Warehouse Management System from RedPrairie," BusinessWire, October 16, 2007, https://www.BusinessWire.com/news/home/20071015006673/en/Georgia–Pacific–Cuts–Distribution–Centre–Over–heads–22。

13. 来自作者 2013—2017 年对哈蒙德、麦金尼、弗兰岑、特里姆、道奇、史密斯的采访。

14. 来自作者 2013—2017 年对哈蒙德、麦金尼、弗兰岑、特里姆、史密斯的采访。

15. 来自作者 2017 年对麦金尼的采访。

16. 同上；Jacob S. Hacker, *The Great Risk Shift: The Assault on American Jobs, Families, Health Care and Retirement and How You Can Fight Back* (New York: Oxford University Press, 2006), 63, 68–70。

17. 来自作者 2017 年对特里姆的采访。

18. 来自作者 2017 年对麦金尼和弗兰岑的采访。对尼古拉街俱乐部的描述基于作者 2016 年的采访笔记和照片。之后，这家脱衣舞俱乐部变成了一家烧烤酒吧。旧舞台后面霓虹灯标识的照片取自以前的谷歌地图照片。对脱衣舞的描述摘自采访笔记，对尼古拉街的描述摘自俄勒冈州阿斯托利亚的安妮会所的采访笔记，该会所与尼古拉街俱乐部有着相同的舞台布局和平面图。

19. 来自作者 2017 年对特里姆、哈蒙德、麦金尼、道奇、史密斯的采访。

20. Charles Koch, *The Science of Success*, 89–93.

21. 来自作者 2017 年对特里姆、哈蒙德、麦金尼、道奇、史密斯的采访。

22. 来自作者 2017 年对凯里·阿尔特、雪莉·阿尔特、特里姆的采访，；Charles Koch, *The Science of Success*, 90。

23. 来自作者 2017 年对特里姆的采访。

24. 来自作者 2017 年对麦金尼的采访；Erin El Issa, "2016 American Household Credit Card Debt Survey," NerdWallet, accessed 2017。

25. 来自作者 2013—2017 年对哈蒙德的采访；Harvey Schwartz, *Solidarity Stories: An Oral History of the ILWU* (Seattle: University of Washington Press, 2009)。

第 17 章　2008 年金融危机：屹立不倒

1. Robin Pogrebin, "Billionaire Pledges $100 Million to New York State Theater," *New York Times*, July 10, 2008；Gary Weiss, "The Price of Immortality: Does Charity Bring Status? Ask the Second-Richest Man in New York. How David Koch Is Changing Big Philanthropy," *Condé Nast Portfolio*, October 15, 2008；大卫·科赫的净资产数据摘自《福布斯》2002 年、2008 年全球亿万富豪榜。

2. 来自作者 2013—2016 年对富兰克林、杰里米·琼斯的采访；"Dealing with Difficulty," *Discovery: The Quarterly Newsletter of Koch Companies*, January 2009。

3. 来自作者 2016 年对富兰克林的采访。

4. 债务数字来自 Alan S. Blinder, *After the Music Stopped: The Financial Crisis, the Response, and the Work Ahead* (New York: Penguin Press, 2013), 49–50。

5. Blinder, After the Music Stopped, 19. 对金融危机的洞察源于作者 2008—2012 年作为美联社全国商业记者的经历，当时负责报道失业、劳动力市场和大衰退。

6. Michael Lewis, *The Big Short: Inside the Doomsday Machine* (New York: W. W. Norton, 2010)；Adam Tooze, *Crashed: How a Decade of Financial Crises Changed the World* (New York: Viking, 2018)。

7. Doyle, Georgetown Law School class, "Complex Derivative Transactions," spring semester of 2013.

8. Peter Coy and Silla Brush, "Top Clinton Aides Blew a Chance to Avert the Financial Crisis," *Bloomberg Businessweek*, May 1, 2014.

9. Blinder, After the Music Stopped, 59–65.

10. Carrick Mollenkamp, Susanne Craig, Serena Ng, and Aaron Lucchetti, "Lehman Files for Bankruptcy, Merrill Sold, AIG Seeks Cash," *Wall Street Journal*, September 16, 2008.

11. 来自作者 2016 年对富兰克林的采访。

12. 来自作者 2013—2016 年对富兰克林、杰里米·琼斯的采访。

13. 来自作者 2013 年对杰里米·琼斯的采访。

14. 同 上。"Naturally Advanced Technologies Appoints Industry Veteran VP to Advisory Board；Industry Veteran Jeremy K. Jones to Consult on Partnership and Business Development Initiatives," PR Newswire, March 2, 2009；Jefferson Weaver, "Georgia-Pacific Plant to Close Dec. 1," *News Reporter* (Whiteville, NC), October 6, 2008；Gary Haber and Dan Shortridge, "Invista to Lay Off 400 at Nylon Plant," *News Journal* (New Castle, DE), October 15, 2008；Geoff Folsom, "Flint Hills Closing: Vest Vows to Find Use for Plant," *Odessa American* (TX), November 7, 2008；Geoff Folsom, "Flint Hills ESOP," *Odessa American* (TX), January 28, 2009；Jeff Amy, "Monroeville Area to Lose 300 Jobs," *Mobile Register Press* (AL), November 12, 2008；"Invista Will Halt Nylon Production in Waynesboro, Vice Mayor Says It's a 'Strong Blow' to City," *News Virginian* (Waynesboro, VA), December 10, 2008；Dan Heath, "70 to Lose Jobs at Georgia-Pacific," *Press-Republican* (Plattsburgh, NY), December 11, 2008；Jimmy LaRoue, "Invista Cuts Debt by 63 Percent," *News Virginian*, February 10, 2009.

15. 美国劳工统计局历史数据库中的全国裁员数据。

16. Blinder, *After the Music Stopped*, 10–14.

17. 来自作者 2013—2016 年对查尔斯·科赫、霍尔、贝克特、马克尔、法伊尔迈耶的采访。

18. 来自作者 2013—2016 年对贝克特以及科氏工业前交易高管等匿名消息人士的采访。

19. 同上。Robert Tuttle and Alexander Kwiatkowski, "In Troubled Times, Stockpiling Crude May Be the Way to Hit a Profit Gusher," *Bloomberg News*, December 9, 2008；"Pricing for Oil, Gas Seems Peculiar," Times Record News (Wichita Falls, TX), February 8, 2009；Guy Chazan and Russell Gold, "Big Oil Still 'Printing Money' Despite Slump in Crude Prices," *Wall Street Journal*, April 30, 2009；"Hoarding Crude Boosts Futures Prices: Companies Stockpiling in Supertankers," *Bloomberg News*, December 9, 2008.

20. Steve Everly, "Speculators Profit by Locking in Higher Oil Prices," *Kansas City Star* (MO), February 10, 2009.

21. Mike Spector, "Big Players Scale Back Charitable Donations," Associated Press, November 25, 2008.

22. 来自作者 2016 年对富兰克林的采访。

23. David M. Herszenhorn, "Bailout Plan Wins Approval: Democrats Vow Tighter Rules," *New York Times*, October 3, 2008；Edmund L. Andrews, Michael J. de la Merced, and Mary Williams Walsh, "Fed's $85 Billion Loan Rescues Insurer," *New York Times*, September 16, 2008.

24. "Charles Koch: Perspective," Discovery: The Quarterly Newsletter of Koch Companies, January 2008.

25. 同上，2009 年 1 月；Bill Wilson and Roy Wenzl, "The Kochs' Quest to Save America," *Wichita Eagle*, October 13, 2012；Jake Tapper, "Billionaire Conservative Activist Charles Koch on 2012 Election: 'We Have Saddam Hussein, This Is the Mother of All Wars,'" ABC News online, 最后修改日期：2011 年 9 月 6 日；Charles G. Koch, "Anti–Capitalism and Business," 1974 年 4 月 27 日在人文研究所的演讲。

26. "Charles Koch: Perspective," *Discovery: The Quarterly Newsletter of Koch Companies*, January 2009.

27. 来自作者 2017 对富兰克林的采访。

28. 来自作者 2015 年在查尔斯·科赫办公室的采访笔记和照片。

第 18 章 各式各样的"钉子户"

1. 来自作者 2015 年在科氏工业总部的采访笔记。作者 2013—2018 年对科氏工业在职和离职员工的采访。

2. 来自作者 2013—2015 年对波尔曼、查尔斯·科赫、霍尔、马克尔的采访；Charles Koch, *Science of Success*, 77–94。

3. 来自作者 2013 年、2018 年在科氏工业总部的采访笔记。作者 2013—2016 年对埃布尔·温、安德鲁·梅尔文、霍夫曼的采访笔记。

4. 这部分内容基于 2013—2018 年对数十名科氏工业集团现任和前任员工访谈的概括分析。

5. 来自作者 2013 年对温的采访。

6. 同上。Amy Geiszler-Jones, "New Center to Teach Successful Koch Industries Strategy," *Inside WSU*, September 22, 2006；Michael D. Parente and Abel M. Winn, "Bargaining Behavior and the Tragedy of the Anticommons," *Journal of Economic Behavior and Organization* 84 (November 2012): 475–90.

7. 来自作者 2013—2017 年对哈蒙德、加里·巴克纳姆、弗兰岑、道奇、史密斯的采访。对内河船员工会办公室的描述来自作者 2013 年、2017 年采访行程中拍摄的照片和视频，以及作者的笔记。

8. 这些数字和分析是基于 1975 年的内河船员工会仓库工人劳资协议副本，不包括 20 世纪 80—90 年代的几份协议。20 世纪 70 年代的协议提供了一个历史基准，而最近的协议显示了 2000 年以来工作条件的变化轨迹。在此期间，仓库的所有权发生了数次变化，但设施和内河船员工会保持不变。内河船员工会的劳资协议包括 1975 年、1978 年、2000 年、2005 年、2010 年（与科氏工业谈判的第一份合同）、2014 年、2016 年等年份。

9. Lawrence Mishel, Elise Gould, and Josh Bivens, "Wage Stagnation in Nine Charts," Fig. 2: "Workers produced much more, but typical workers' pay lagged far behind," Economic Policy Institute, January 6, 2015（劳工统计局和经济分析局数据分析）；"Real Median Family Income in the United States," data from the Federal Reserve Bank of St. Louis：https://fred.stlouisfed.org/series/ MEFAINUSA672N。

10. 来自作者 2013—2017 年对哈蒙德、巴克纳姆、弗兰岑、道奇、麦金尼、史密斯的采访。

11. 来自作者 2015 年对温的采访。Parente and Winn, "Bargaining Behavior."

12. 来自作者 2013—2017 年对哈蒙德、巴克纳姆、弗兰岑、道奇、麦金尼、史密斯的采访。领英网站搜索的数据。

13. 来自作者 2017 年对琳恩·费金、罗恩·泰因蒂、巴克纳姆、哈蒙德、弗兰岑的采访；对联合大厅会议室的描述来自作者采访期间在会议室记下的笔记和拍摄的照片，2017 年；Joseph A. McCartin, Collision Course: Ronald Reagan, the Air Traffic Controllers, and the Strike That Changed America (New York: Oxford University Press, 2011)；Stanley Aronowitz, The Death and Life of American Labor (Brooklyn, NY: Verso, 2014)。

14. 来自作者 2017 年对哈蒙德、巴克纳姆、弗兰岑、肯·哈里森的采访；内河船员工会劳资协议来自 1975 年、1978 年、2000 年、2005 年、2010 年；2010 年内河船员工会内部备忘录和谈判建议，其中包括近 20 项内河船员工会谈判建议。

15. 来自作者 2017 年对哈里森、哈蒙德、巴克纳姆的采访。

16. 来自作者 2017 年对哈里森的采访，作者 2013 年对波尔曼的采访。科氏工业集团前人力资源主管波尔曼证实，科氏工业在工会谈判中使用党团活动室和深度数据分析的历史至少可以追溯到20 世纪 90 年代。

17. 来自作者 2017 年对哈蒙德、巴克纳姆、弗兰岑、麦金尼、哈里森的采访，集会及其与会者的描述取自内河船员工会提供的数十张照片。

18. 来自作者 2017 年对哈蒙德、巴克纳姆、弗兰岑、麦金尼、哈里森的采访，对工会大楼大礼堂的描述来自作者采访过程中记下的笔记和拍摄的照片。

19. 来自作者 2013 年对温的采访。Parente and Winn, "Bargaining Behavior."

20. 来自作者 2017 年对特里姆、哈蒙德、巴克纳姆、弗兰岑、麦金尼的采访。

21. 来自作者 2017 年对泰因蒂、哈蒙德、巴克纳姆、弗兰岑、史密斯、道奇、麦金尼的采访；内河船员工会 2005 年、2010 年、2014 年的劳资协议；2010 年内河船员工会内部备忘录和谈判建议，包括近 20 个内河船员工会谈判建议。

22. 来自作者 2017 年对哈蒙德、巴克纳姆、弗兰岑、史密斯、道奇、麦金尼、艾伦·科特、哈里森的采访。

23. 本文基于罗恩·泰因蒂对 1975—2016 年内河船员工会劳资协议的分析。他从协议中汇编工资和福利数据，根据通货膨胀等因素进行调整，并将其整理成统一的电子表格进行分析。他对委托其协助进行劳资协议谈判的工会都进行了类似的分析。

24. 来自作者 2017 年对弗兰岑、哈里森的采访。

25. 来自作者 2014—2017 年对科氏工业集团的匿名前高级政治人员的采访。Wilson and Wenzl, "Kochs' Quest."

第 19 章　全球气候变暖与环保法案

1. 两位参加了年度聚会的科氏工业前高级政治行动人员匿名对活动进行了描述。科氏工业政治行动委员会的支出数据来自响应性政治中心数据库。

2. 来自作者 2014—2017 年对霍夫曼以及两位匿名的科氏工业前高级政治行动人员的采访。

3. 科氏工业的游说支出汇编自联邦众议院秘书办公室科氏工业季度游说披露。响应性政治中心数据库中的科氏工业集团的游说数据。

4.　查尔斯·科赫慈善基金会，克劳德·R.拉姆慈善基金会，美国国税局990披露表，2001—2010年。

5.　来自作者2017年对乔纳森·菲利普斯（国会参议院前高级职员）、杰夫·夏普（国会前职员）以及匿名消息人士的采访。对朗沃斯大楼和委员会办公室的描述来自作者2017年的实地采访记录和照片。

6.　来自作者2017年对菲利普斯、夏普的采访；基于对说客、国会职员、政治学家的访谈以及之前引用过的政治类书籍中对国会的分析；John Heilprin, "Pelosi Shaking Up House Fiefdoms to Draft Global Warming Proposal," Associated Press, January 17, 2007；"Speaker Pelosi Announces Creation of Select Committee on Energy Independence, and Global Warming," *US Fed News*, January 18, 2007；Darren Samuelsohn, "Climate: Pelosi to Create Special House Committee for Global Warming," *Environment and Energy Daily*, January 17, 2007；Cathy Cash, "Key Lawmakers See Reasons to Push for Vote on Climate Bill in '08；Will 'Work It One-on-One,' " *Electric Utility Week*, December 24, 2007；"Pelosi Creating Global Warming Panel；Dingell Shrugs," National Journal's Congress Daily, January 17, 2007；Susan Davis, "Dingell Gives Warming Panel Tepid Reception," *Roll Call*, January 18, 2007；John Dingell, US House of Representatives, financial disclosure statement for calendar year 2005.

7.　来自作者2017年对菲利普斯、夏普的采访。

8.　基于气候变化和能源的来源很多，最有价值的两个来源是Bill McKibben, ed., *The Global Warming Reader* (New York: Penguin Books, 2011)；以及Joseph Romm, *Climate Change: What Everyone Needs to Know* (New York: Oxford University Press, 2016)。Daniel Yergin, *The Quest: Energy, Security and the Remaking of the Modern World* (New York: Penguin Press, 2011),426–504.

9.　Nicola Jones, "How the World Passed a Carbon Threshold and Why It Matters," *Yale Environment 360*, January 26, 2017.

10.　Jim Bliss, "Carbon Dioxide Emissions per Barrel of Crude," *The Quiet Road* (blog), March 20, 2008；Johannes Friedrich and Thomas Damassa, "The History of Carbon Dioxide Emissions," World Resources Institute online，最后一次修改时间是2014年5月21日；碳，大气中ppm值，摘自国家海洋和大气管理局数据库。

11.　报告可在IPCC网站上查阅，www.IPCC.ch。

12.　*Koch Industries: Secretly Funding the Climate Denial Machine* (Washington, DC: Greenpeace, March 2010)；Connor Gibson, "Koch Industries, Still Fueling Climate Denial," Pol luterWatch.com, last modified May 9, 2011；Seminar Agenda for "Global Environmental Crises: Science or Politics?" June 5–6, 1991, Cato Institute.

13.　来自作者2014—2017年对埃伦德的采访；Steve Coll, *Private Empire: ExxonMobil and American Power* (New York: Penguin Press, 2012), 534–56。

14.　来自作者2017年对科氏工业匿名前高管的采访。

15.　来自作者2017年对菲利普斯、夏普的采访。

16.　同　上。"Rep. Markey Announces Revolutionary Global Warming Bill," press release, May 28, 2008；"Rep. Edward J. Markey Delivers Remarks on Global Warming Legislation at the Center for American Progress," press release, May 28, 2008；"Rep. Markey: G8 Global Warming 'Goal' Doesn't Reach the Goal Line," press release, July 8, 2008；information on George H. W. Bush and cap-and-trade law for acid rain, Yergin, *The Quest*, 476–479.

17.　来自作者2016—2017年对霍夫曼的采访。科氏工业集团游说办公室的描述来自作者2014年参观办公室和采访埃伦德会议室的笔记。

18.　来自作者2014—2017年对科氏工业匿名前高级政治行动人员的采访。科氏工业和相关公司游说披露报告，美国众议院办事员办公室，2005—2010年。

19.　来自作者2016—2017年对霍夫曼的采访。

20. 来自作者 2014—2017 年对埃伦德、霍夫曼、凯利·宾格尔以及科氏工业匿名前高级政治行动人员的采访。会议室的描述摘自作者 2014 年的采访笔记。

21. 来自作者 2013—2017 年对埃伦德、霍夫曼、宾格尔、菲利普斯、夏普、李·德鲁特曼以及匿名消息人士的采访；Drutman, *The Business of America Is Lobbying: How Corporations Became Politicized and Politics Became More Corporate* (New York: Oxford University Press, 2015) 4–40；科氏工业游说支出来自科氏工业公共部门游说披露报告，美国众议院办事员办公室；响应性政治中心数据库中的科氏工业集团游说数据。

22. 科氏工业和相关公司游说披露报告，美国众议院办事员办公室，2005—2010 年；响应性政治中心数据库中的科氏工业集团游说数据。

23. 来自作者 2016—2017 年对宾格尔、亚历克斯·沃格尔以及科氏工业匿名前高级政治行动人员的采访；科氏工业向梅尔曼·沃格尔·卡斯塔涅蒂的支出，来自美国众议院书记官办公室的科氏工业公共部门游说披露报告；响应性政治中心数据库中的科氏工业集团游说数据。

24. 来自作者 2015—2017 年对宾格尔、匿名的国会前工作人员以及两位科氏工业匿名前高级政治行动人员的采访。

25. 来自作者 2016—2017 年对霍夫曼的采访。

26. 同上；chart on "carbon allotments" under Waxman–Markey entitled "Allocation of Cumulative Pollution Allowances in ACES Cap and Trade Program 2012–2025,"，由突破研究所编制。

27. 来自作者 2017 年对菲利普斯的采访。

28. 来自作者 2017 年对菲利普斯、夏普的采访。John M. Broder, "Waxman Advances in Struggle to Wrest Committee from Dingell," *New York Times*, November 19, 2008；John M. Broder, "Obama Urges Passage of Climate Bill," *New York Times*, June 23, 2009；Teryn Norris and Jesse Jenkins, "Climate Bill Analysis, Part 1: Waxman–Markey Gives Nearly 5 Times More to Polluters Than to Clean Energy," Breakthrough Institute, May 15, 2009；John M. Broder, "House Republicans Draft Energy Bill with Heavy Focus on Nuclear Power," *New York Times*, June 10, 2009.

29. 来自作者 2017 年对菲利普斯、夏普的采访。Norris and Jenkins, "Climate Bill Analysis, Part 1."

30. 来自作者 2014—2017 年对霍夫曼以及两位科氏工业匿名前高级政治行动人员的采访。

31. 来自作者 2017 年对鲍勃·英格利斯以及科氏工业匿名前高级政治行动人员的采访；Louise Radnofsky and Michael M. Phillips, "As US Political Divide Widened, a Friendship Fell into the Rift," *Wall Street Journal*, November 9, 2010；"Raise Wages, Cut Carbon Act of 2009," text of bill H.R. 2380.

32. 来自作者 2017 年对英格利斯以及匿名消息人士的采访。科氏工业集团向英格利斯的支出数据来自响应性政治中心数据库中的科氏工业集团游说数据。

33. 来自作者 2017 年对英格利斯和菲利普斯的采访。

34. 来自作者 2017 年对英格利斯的采访。

35. John M. Broder, "House Backs Bill, 219–212, to Curb Global Warming," *New York Times*, June 27, 2009；vote tally details from "H.R. 2454 (111th): American Clean Energy and Security Act of 2009," GovTrack.us；埃德·马基和迈克·彭斯在投票过程中的评论摘自 C-Span 录像档案。

36. 来自作者 2017 年对科氏工业匿名前高级政治行动人员的采访。

37. 来自作者对菲利普斯、夏普的采访；引用迈克·卡斯尔市政厅事件 "Mike Castle Confronts Right Wing Hatred"，视频 5 分 33 秒，由 climatebrad 于 2009 年 7 月 21 日上传至 YouTube。

第 20 章　《韦克斯曼－马基法案》无疾而终

1. 来自作者 2017 年对英格利斯的采访；英格利斯市政厅录像取自 "US Congressman Bob Inglis Questioned at Tea Party"，视频 9 分 50 秒，由 ElectionFastFacts 于 2010 年 4 月 25 日上传到 YouTube, www.YouTube.com/watch?v=GúOHCGnZZAo；"Healthcare Bill to Put Embedded Chips

in Everyone?"，视频 2 分 24 秒，由 Jonathon Hill 于 2009 年 8 月 25 日上传至 YouTube，www.YouTube.com/watch？v=4Ots4zUQZg8。

2. 史蒂夫·洛内根，科氏工业前高级政治行动人员的匿名消息，作者访谈，2017 年；7 月 4 日繁荣美国集会的录像，取自 "Taxpayer Tea Parties Sponsored by Americans for Prosperity New Jersey"，视频 4 分 9 秒，由 trinnj 于 7 月 6 日上传到 YouTube，2009 年，www.youtube.com/watch？v=qSM2rD0alMo；财政细节和州章清单取自繁荣美国，美国国税局 990 份披露表，2003—2010 年。

3. 来自作者 2017 年对玛丽亚·布雷迪、英格利斯的采访。

4. 来自作者 2017 年对玛丽亚·布雷迪的采访；里克·圣泰利，CNBC 录像存档，www.youtube.com/watch？v=zp-Jw-5Kx8k。

5. 对迈克尔·布雷迪服装的描述来自滚泉镇茶党集会的照片。

6. 繁荣美国网站档案来自互联网；迈克尔·布雷迪的联系方式来自繁荣美国南卡罗来纳博客："July 4th Tea Party Rallies in South Carolina"，2009 年 7 月 1 日；鲍勃·英格利斯市政厅演讲的地址和时间摘自繁荣美国网页，"Visit Your Representatives and Senators!"，2009 年 9 月 1 日。

7. 来自作者 2017 年对玛丽亚·布雷迪的采访。Vanessa Williamson, Theda Skocpol, and John Coggin, "The Tea Party and the Remaking of Republican Conservatism," *Perspectives on Politics*, March 2011。

8. Nellie Andreeva, "Is Glenn Beck's Popularity Fading?," Deadline online, last modified February 2, 2011；Dana Milbank, *Tears of a Clown: Glenn Beck and the Tea Bagging of America* (New York: Doubleday, 2010)；Glenn Beck, "The world is on fire；" from "Glenn Beck: The Antichrist Revealed," 片段，www.youtube.com/watch？v=gpWPfY9hYC8；贝克质疑气候变化和批评奥巴马政府可再生能源计划的片段，www.youtube.com/watch?v=xquohKzR8QI；www.youtube.com/watch?v=JJwmi9IqUyg；www.youtube.com/watch?v=ZKlfXtqnG_w；www.youtube.com/watch?v=I4HdyRovAlo。

9. 菲尔·克彭，格伦·贝克节目的嘉宾，www.youtube.com/watch？v=Djppktn4f0M。

10. 来自作者 2017 年对玛丽亚·布雷迪的采访。

11. 来自作者 2017 年对英格利斯、玛丽亚·布雷迪的采访；关于格伦·贝克的交流，来自 "Crazy Teabaggers &Retirees Boo Rep. Bob Inglis (R-SC) for Suggesting They 'Turn Glenn Beck Off,'"，视频，1 分 15 秒，由 chinacreekpj 于 2009 年 8 月 8 日上传到 YouTube，www.youtube.com/watch？v=wPbs0ozEVBc。

12. 来自作者 2017 年对洛内根、霍夫曼以及科氏工业匿名前高级政治行动人员的采访。

13. 来自作者 2017 年对洛内根的采访；Jim Lockwood, "N.J. Activists Protest Against 'Cap-and-Trade' Law Aimed at Fighting Global Warming," *Star-Ledger* (NJ), July 20, 2010；Paul Mulshine, "Here's the Lonegan Letter," *Star-Ledger* (NJ), July 13, 2009；Matt Friedman, "Von Savage Calls Shaftan 'Reckless': Lonegan Backs Primary Challenges to Three Congressmen," *New York Observer*, June 30, 2009；Derek Harper, "Energy Vote Has the Right Angry with LoBiondo: Republican Voted for Cap-and-Trade Bill," *Press of Atlantic City* (NJ), July 3, 2009。

14. 来自作者 2017 年对菲利普斯以及匿名消息人士的采访；引用和描述联邦参议院听证会 C-Span 录像档案；Ryan Lizza, "As the World Burns," New Yorker, October 11, 2010；"Democrats Feel the Heat from the Heartland, Push Back Timeline on Global Warming Legislation," 国会文件和出版物，参议院环境和公共工程委员会，2009 年 7 月 9 日；Darren Samuelsohn, "Boxer, Baucus Headed for Turf War over Cap-and-Trade Bill," *Environment & Energy Daily*, August 7, 2009；"Hunt for Health Compromise Continues as Deadline Looms," National Journal's Congress Daily, July 20, 2009, accessed 2018；Josef Hebert and Dina Cappiello, "Senate Climate Bill Tougher Than House Version," Associated Press, September 29, 2009；"Boxer Readies Carbon Bill Amid Competitive

Issues," *Electric Power Daily*, July 17, 2009；Darren Samuelsohn, "Dems Want Global Warming Law by December," *Environment & Energy Daily*, July 9, 2009；"Senate Democrats Further Delay Climate Bill," *Clean Air Report*, September 3, 2009。

15. 来自作者 2014—2017 年对两位科氏工业匿名前高级政治人员的采访；*Koch Industries: Secretly Funding the Climate Denial Machine*。

16. 该部分内容基于作者 2017 年对两个直接接触科氏工业与第三条道路之间交易的匿名消息人士的采访。消息人士均为独立发言，并各代表交易的一方。第三个消息来源是一位科氏工业前政治行动人员，他没有直接参与交易，但证实了事件的大致轮廓。Anne Kim, John Lageson, and Jim Kessler, "Why Lou Dobbs Is Winning," Third Way report, November 2007.

17. 该部分内容基于作者 2017 年对一个直接了解此事的匿名人士的采访。

18. 克劳德·R. 拉姆慈善基金会以及美国国税局的 990 份披露表格，2006—2010 年；*Analysis of the Waxman-Markey Bill "The American Clean Energy and Security Act of 2009,"* 美国资本结构委员会和国家制造商协会的报告。

19. Erin Streeter, "State-by-State Analysis of Waxman-Markey Cap and Trade Legislation Paints Dour Picture for Nation's Economy: NAM-ACCF Study Concludes Bill Will Cost 2.4 Million Jobs," press release, National Association of Manufacturers, December 3, 2009.

20. 来自作者 2017 年对直接了解情况的匿名人士的采访；"The ACCF/NAM Estimate of Waxman-Markey," statement on the Institute for Energy Research website, August 13, 2009；Lee Fang, "Charles Koch Personally Founded Group Protecting Oil Industry Hand-Outs, Documents Reveal," Republic Report, August 29, 2014。

21. 来自作者 2017 年对直接了解情况的匿名人士的采访；托马斯·派尔，联邦众议院办事员办公室游说披露报告；American Energy Alliance, "Fact Sheet: AEA Radio Ad 'Waxman-Markey Energy Tax'"；American Energy Alliance, "Fact Sheet: AEA TV Ad 'Turned Off.'"。

22. 马戈·索宁，向联邦参议院财政委员会做证，"Climate Change and Jobs"，2010 年 11 月 10 日，C-Span 录像档案。

23. 科氏工业内部反映来自 2017 年作者对知情的匿名人士的采访。

24. *Koch Industries: Secretly Funding the Climate Denial Machine.*

25. Dina Cappiello, "Poll: Americans' Belief in Global Warming Cools," Associated Press, October 22, 2009.

26. 来自作者 2017 年对洛内根和科氏工业匿名前高级政治行动人员的采访。

27. 来自作者 2017 年对鲍勃·英格利斯以及科氏工业匿名前高级政治行动人员的采访；科氏工业对特雷·高迪的捐款摘自竞选财务披露报告，"Trey Gowdy for Congress"，2010 年；竞选财务数据库，响应性政治中心；Rudolph Bell, "Spartanburg Prosecutor May Challenge Inglis," *Greenville News* (SC), May 24, 2009；Bell, "Critics Blast Inglis," *Greenville News* (SC), September 17, 2009；Bell, "Republican Field Narrows in 4th District Race," *Greenville News* (SC), July 11, 2009；"Republican Congressional Races Take Shape," *State* (Columbia, SC), June 14, 2009；Radnofsky and Phillips, "As US Political Divide Widened."。

28. "Landrum Debate Part 12"，视频 6 分 9 秒，由 ThomasforCongress 于 2010 年 5 月 24 日上传至 YouTube, www.you tube.com/watch？v=O8z2XsDR2qo。

29. 碳承诺数据取自繁荣美国网站："No Climate Tax"，2009—2010 年的存档页，互联网档案。

30. 来自作者 2017 年对菲利普斯、夏普的采访。Lizza, "As the World Burns."

31. 来自作者 2017 年对英格利斯的采访。

32. 来自作者 2017 年对菲利普斯的采访；Lizza, "As the World Burns"；"Hunt for Health Compromise Continues as Deadline Looms," National Journal's Congress Daily, July 20, 2009。

33. 来自作者 2017 年对洛内根的采访。

34. Theda Skocpol and Alexander HertelFernandez, "The Koch Network and Republican Party Extremism," *Perspectives on Politics* 14, no. 3 (September 2016): 681–99.

35. Jeff Zeleny, "GOP Captures House, but Not Senate," *New York Times*, November 2, 2010.

36. Charles Lewis, Eric Holmberg, Alexia Fernandez Campbell, and Lydia Beyoud, "Koch Millions Spread Influence Through Nonprofits, Colleges," Investigative Reporting Workshop, 最后修改日期 2013 年 7 月 1 日。

37. 来自作者 2017 年对菲利普斯、夏普的采访。

38. 数据来自气候和能源解决方案中心的二氧化碳排放数据库，www.c2es.org/content/International Emissions；International Energy Agency, "Global Energy & CO2 Status Report," 2017；Romm, *Climate Change*；碳，大气 ppm，取自国家海洋和大气管理局数据库，2018 年获取。

39. 来自作者 2017 年对英格利斯的采访。

40. 查尔斯·科赫 2010 年 9 月 24 日向捐赠者致辞。

41. 来自作者 2017 年对科氏工业匿名前高级政治人员的采访；Kate Zernike, "Secretive Republican Donors Are Planning Ahead," *New York Times*, October 19, 2010；Rich Connell and Tom Hamburger, "Hundreds March Outside Koch Brothers' Retreat," Los Angeles Times, January 31, 2011；Jesse Marx, "Charles Koch to Indian Wells Donors: 'I'm Still Here,'" *Desert Sun* (Palm Springs, CA), January 30, 2016。

42. 查尔斯·科赫捐赠者网络议程和小册子，2010 年 6 月 27 日和 28 日，科罗拉多州阿斯彭市，"Understanding and Addressing Threats to American Free Enterprise and Prosperity"。

43. Jane Mayer, "Covert Operations," *New Yorker*, August 30, 2010.

44. Connell and Hamburger, "Hundreds March"；对抗议活动的描述来自个人拍摄活动录像；查尔斯·科赫的话来自泄露的活动录音。

45. 来自作者 2017 年对科氏工业匿名前高级政治行动人员的采访。

46. 2008—2016 年《福布斯》全球亿万富豪榜。

第 21 章　新一轮能源革命

1. 来自作者 2018 年对布拉德·拉祖克、托尼·塞门泰利的采访；"Koch Pipeline Company Expanding South Texas Crude Oil Pipeline Capabilities；Flint Hills Resources to Process Additional Supplies of Eagle Ford Production," ENP Newswire, November 30, 2009。

2. 来自作者 2018 年对拉祖克、塞门泰利的采访。"Koch Pipeline and Arrowhead Pipeline Add to South Texas Crude Oil Capacity," ENP Newswire, September 29, 2010；"Koch Pipeline Company and NuStar Logistics Finalize Agreement on South Texas Crude Oil Pipeline Capacity to Move Eagle Ford Crude to Corpus Christi," BusinessWire, October 18, 2010；"Koch Pipeline Company to Begin Building 16-Inch Crude Oil Pipeline in Texas," Koch Pipeline Company online, last modified December 16, 2010；"Flint Hills Resources Adding Oil Shipping Capacity," BusinessWire, February 17, 2011；"New Pipeline from Pettus to Corpus Christi Will Aid Eagle Ford Shale Production," *Victoria Advocate* (TX), April 10, 2011. "

3. 鹰滩页岩地区的生产和钻机数据取自美国能源信息石油生产数据库。

4. Meghan L. O'Sullivan, Windfall:How the New Energy Abundance Upends Global Politics and Strengthens America's Power (New York: Simon & Schuster, 2017), 1–107.

5. 来自作者 2018 年对拉祖克、塞门泰利的采访。美国天然气产量数据取自美国能源信息天然气产量数据库。

6. Michael Levi, The Power Surge: Energy, Opportunity, and the Battle for America's Future (New York: Oxford University Press, 2013), 20–49.

7. 来自作者 2013—2018 年对法伊尔迈耶、拉祖克、塞门泰利的采访。美国天然气价格取自美国能源信息天然气价格数据库。

8. 来自作者 2018 年对拉祖克、塞门泰利的采访。对燧石山资源公司办公室的描述取自作者 2018 年采访之旅的笔记和照片。

9. Meghan L. O'Sullivan, *Windfall: How the New Energy Abundance Upends Global Politics and Strengthens America's Power* (New York: Simon & Schuster, 2017), 21–26.

10. Alex Trembath, Jesse Jenkins, Ted Nord haus, and Michael Shellenberger, "Where the Shale Gas Revolution Came From: Government's Role in the Development of Hydraulic Fracturing in Shale," Breakthrough Institute online, last modified May 2012 ; Michael Shellenberger and Ted Nordhaus, "A Boom in Shale Gas? Credit the Feds," *Washington Post*, December 16, 2011.

11. 来自作者 2018 年对拉祖克、塞门泰利的采访。鹰滩页岩地区产量数据取自美国能源信息石油生产数据库。

12. 来自作者 2018 年对拉祖克、塞门泰利的采访。对会议室的描述取自作者 2018 年采访之旅的笔记和照片。

13. 鹰滩页岩地区产量数据取自美国能源信息石油生产数据库；"Eagle Ford Takes Flight," *Discovery: The Quarterly Newsletter of Koch Companies*, October 2011 ; O'Sullivan, *Windfall*, 1–107。

14. 这段描述取自作者 2016 年参观得克萨斯州阿瑟港附近的墨西哥湾海岸和燧石山资源公司生产装置的笔记和照片。

15. Anthony Andrews et al., *Small Refineries and Oil Field Processors: Opportunities and Challenges* (Washington, DC: Congressional Research Service, August 11, 2014).

16. "The Petroleum Industry: Mergers, Structural Change, and Antitrust Enforcement," Federal Trade Commission Bureau of Economics, Staff Study, August 2004 ; Anthony Andrews and Robert Pirog, *The US Oil Refining Industry: Background in Changing Markets and Fuel Policies* (Washington, DC: Congressional Research Service, December 27, 2012) ; Andrews, et al., Small Refineries and Oil Field Processors ; Robert Bradley and Thomas Tanton, "US Petroleum Refining: Let the Market Function," Institute for Energy Research, December 19, 2005 ; *Energy Market: Effects of Mergers and Market Concentration in the US Petroleum Industry* (Washington, DC: US General Accounting Office, May 2004).

17. 同上，第 7 页。Diana L. Moss, "Competition in US Petroleum Refining and Marketing: Part 1—Industry Trends," working paper, American Antitrust Institute, January 2007.

18. *The US Oil Refining Industry*, 1.

19. Andrews, Small Refineries and Oil Field Processors, 8 ; Joyce Lobeck, "3 Major Yuma–Area Projects Have Stalled, *Yuma Sun* (AZ), September 4, 2011 ; Michele Linck, "It's No Race, but Arizona Clean Fuels Is Ahead, for Now," *Sioux City Journal* (IA), September 4, 2009.

20. Andrews and Pirog, *The US Oil Refining Industry: Background in Changing Markets and Fuel Policies* (Washington, DC: Congressional Research Service, December 27, 2012), 4–5.

21. *Energy Market*, 113–14.

22. 来自作者 2018 年对约翰·R. 奥尔斯的采访；"US Refined Product Exports Developments, Prospects and Challenges," presentation by John R. Auers, to 2017 EIA Energy Conference, Washington, DC, June 27, 2017, slide 6。

23. Alison Sider, "Refinery Woes Stall Gasoline Price Drops," *Wall Street Journal*, August 23, 2015.

24. 来自作者 2018 年对奥尔斯的采访；"The Refining Cup: US 'Trumps' the World—but Challenges Abound," presentation by John R. Auers, to AFPM Annual Environmental Conference, October 17, 2016, slide 19。

25. 来自作者 2018 年对奥尔斯的采访；"The Refining Cup," slide 19。

26. 来自作者 2018 年对奥尔斯的采访；*Energy Market*；Moss, "Competition in US Petroleum Refining and Marketing"；Christopher Leonard, "A Blade Strikes Steel, and the Blast Shocks a Nation's Energy System," *Bloomberg Businessweek*, November 23, 2016。

27. 来自作者 2016—2018 年对奥斯本、拉祖克、塞门泰利的采访；Ben Fox Rubin, "Koch Industries to Buy PetroLogistics in $2.1 Billion Deal," *Wall Street Journal*, May 28, 2014。

28. Michael Grunwald, The New New Deal: The Hidden Story of Change in the Obama Era (New York: Simon & Schuster, 2012)；Brad Plumer, "A Closer Look at Obama's '$90 Billion for Green Jobs,'" *Washington Post*, October 4, 2012.

29. "Primary Energy Consumption by Source," table 1.3, US Energy Information Administration, *Monthly Energy Review*, January 2018；"US Primary Energy Consumption by Source and Sector, 2016," US Energy Information Administration, *Monthly Energy Review*, April 2017.

30. 来自作者 2018 年对奥尔斯的采访；"US Refined Product Exports Developments," slide 13。

31. Andy Marso, "Koch Works Behind Scenes on Renewable Energy Bill," *Topeka Capital-Journal* (KS), February 26, 2013；Todd Wynn, "ALEC to States: Repeal Renewable Energy Mandates," *MasterResource*, November 1, 2012.

32. 来自作者 2018 年对汤姆·莫克斯利的采访；Alan Claus Anderson et al., *The Economic Benefits of Kansas Wind Energy* (Kansas City, MO: Polsinelli Shughart and Kansas Enegry Information Network, November 19, 2012)。

33. 来自作者 2018 年对莫克斯利的采访。Marso, "Koch Works Behind Scenes."

34. 来自作者 2018 年对莫克斯利的采访；*Attacks on Renewable Energy Standards and Net Metering Policies by Fossil Fuel Interests & Front Groups 2013–2014* (San Francisco: Energy and Policy Institute, May 2104)；Juliet Eilperin, "Climate Skeptic Group Works to Reverse Renewable Energy Mandates," *Washington Post*, November 24, 2012；Tim Dickinson, "The Koch Brothers' Dirty War on Solar Power," *Rolling Stone*, February 11, 2016。

35. 来自作者 2018 年对莫克斯利的采访；Bryan Lowry, "House OKs Ending Renewable-Energy Tax Break for Businesses," *Wichita Eagle*, May 14, 2015；"Tomblin Approves Energy Act Repeal," Associated Press, February 3, 2015。

36. 2013 年科氏工业总部的采访笔记；Rhoda Miel, "Koch Buys Stake in Guardian," *Crain's Detroit Business*, October 7, 2012；"Koch Industries Acquires Guardian Industries Corp.," press release, Guardian Industries, November 21, 2016；David Smith, "Koch Industries Called Steel Mill's Largest Investor," *Arkansas Democrat-Gazette*, February 2, 2013；Andrea Murphy, "Weiss Family to Take American Greetings Private with Help from the Koch Brothers," *Forbes*, April 1, 2013；"Molex Incorporated Agrees to be Acquired by Koch Industries, Inc. for $38.50 Per Share in Cash," press release, Molex Inc., September 9, 2013。

37. 来自作者 2013 年、2015 年、2018 年科氏工业总部采访行程的笔记、照片和视频；"Koch Industries, Inc., Announces Plans to Expand Wichita Headquarters," press release, Koch Industries, December 13, 2012；Daniel McCoy, "Koch Industries Unveils Expansion," *Wichita Business Journal*, June 17, 2015。

第 22 章　科赫家族的子女教育：蔡斯的人生剧变

1. 来自作者 2018 年对蔡斯·科赫的采访；"Charles Koch: On Parenthood," Koch Industries video, June 15, 2017。

2. 来自作者 2018 年对霍尔的采访。

3. 来自作者 2018 年对蔡斯·科赫、霍尔的采访；"Charles Koch: On Parenthood," Koch Industries video, June 15, 2017。

4. Elizabeth Koch, "The World Tour Compatibility Test : Back in Tokyo, Part 1," *Smith Memoirville*, March 30, 2007 ; "The World Tour Compatibility Test : Back in Tokyo, Part 2," *Smith Memoirville*, April 17, 2007 ; "The World Tour Compatibility Test: Back in Tokyo, Grand Finale," *Smith Memoirville*, May 3, 2007.

5. 来自查尔斯和莉兹·科赫家庭圣诞卡，未注明日期。题词是"我和我的家人祝你节日快乐"，署名查尔斯·科赫。Elizabeth Koch, "World Tour Compatibility Test, Grand Finale."

6. 来自作者 2018 年对蔡斯·科赫的采访。

7. 同上。

8. 查尔斯·科赫给蔡斯·科赫的留言，未注明日期。

9. 来自作者 2018 年对蔡斯·科赫的采访。对威奇托大学预备学校的描述基于作者 2013 年和 2018 年在学校的采访记录。

10. 来自作者 2018 年对戴夫·霍利的采访；"Junior Championships, Results," Associated Press, March 25, 1991 ; Taylor Eldridge, "Boys Tennis: Collegiate's Dave Hawley Wins His 50th Tennis State Championship," *Wichita Eagle*, May 13, 2017。

11. 来自作者 2018 年对霍利的采访。

12. 同上；"Boys State Tennis Champions," *Kansas State High School Activities Association Championship History*, 2018。

13. Robert Short, "Teenage Driver Ran Red Light, Police Say," *Wichita Eagle*, September 21, 1993.

14. Bill Hirschman, "Special Prosecutor Enters Koch Case," *Wichita Eagle*, November 2, 1993.

15. 来自作者 2018 年对沃尔特·塞伯特的采访；Short, "Teenage Driver Ran Red Light"; Jennifer Comes Roy, "Loss of 12-Year-Old Zac Pains Family, Classmates," *Wichita Eagle*, September 21, 1993。

16. 来自作者 2018 年对塞伯特的采访；Short, "Teenage Driver Ran Red Light"; Bill Hirschman, "Chase Koch Charged in Fatal Auto Accident," *Wichita Eagle*, November 4, 1993。

17. Short, "Teenage Driver Ran Red Light."

18. 来自作者 2018 年对塞伯特的采访。

19. 来自作者 2018 年对塞伯特的采访。Boulton, "Koch and His Empire."

20. Hirschman, "Chase Koch Charged"; Hirschman, "Special Prosecutor Enters."

21. 来自作者 2018 年对塞伯特的采访。

22. 来自作者 2018 年对蔡斯·科赫的采访。

23. 来自作者 2018 年对蔡斯·科赫、霍利的采访。

24. 来自作者 2018 年对奥尼尔的采访。

25. Schulman, *Sons of Wichita*, 50–57.

26. 来自作者 2018 年对蔡斯·科赫的采访。

27. 来自作者 2018 年对蔡斯·科赫、莱斯利·拉德的采访。

28. 来自作者 2013—2018 年对蔡斯·科赫、霍尔的采访。

29. 来自作者 2018 年对蔡斯·科赫的采访。

30. Murray N. Rothbard, "Toward a Strategy for Libertarian Social Change," memo obtained by author, April 1977, 13.

31. 这段话有三个匿名消息源；Alexandria Robins and Michele Surka, *Picking up the Tab 2016: Small Businesses Bear the Burden for Offshore Tax Havens* (Boston: MASSPIRG Education Fund, November 2016) ; Will Fitzgibbon and Dean Starkman, "The 'Paradise Papers' and the Long Twilight Struggle Against Offshore Secrecy," International Consortium of Investigative Journalists online, 最后修改日期是 2017 年 12 月 27 日，www.icij.org/investigations/parades-Papers ; "The Panama Papers: Exposing the Rogue Offshore Finance Industry," International Consortium of

Investigative Journalists online，最后修改日期是 2016 年 4 月 3 日，www.icij.org/investigations/panama-papers。

32. Nexis 数据库，业务实体。

33. 这段描述有两个匿名消息源；大开曼商业登记处；Floyd Norris, "The Islands Treasured by Offshore Tax Avoiders," *New York Times*, June 5, 2014；Laura Davison, "Corporate America Flees Zero-Tax Caribbean Havens After Crackdown," *Bloomberg News*, November 15, 2018；Steve Lohr, "Where the Money Washes Up," *New York Times*, March 29, 1992.

34. American Bridge report, "How the Kochs Avoid Paying Their Fair Share," 2016.

35. Alison Fitzgerald Kodjak and Marina Walker Guevara, "Latest 'Lux Leaks' files obtained by ICIJ disclose secret tax structures sought by 'Big 4' accounting giants for brand name international companies," Center for Public Integrity, December 9, 2014；Alison Fitzgerald, Marina Walker Guevara, and Colm Keena, "Koch Industries Implicated in Luxembourg Leaks," *Irish Times*, December 10, 2014.

36. 来自作者 2018 年对蔡斯·科赫的采访。

37. 来自作者 2013—2018 年对蔡斯·科赫、霍尔的采访。

38. 来自作者 2018 年对蔡斯·科赫的采访。

39. 来自作者 2016—2018 年对蔡斯·科赫、奥斯本的采访。

40. 几名现任和前任科氏工业雇员证实了伊丽莎白·科赫不太参与公司业务。人们没有说出的话也证实了这一点：在五年近几十次对这家公司不同部门的采访中，没有一个人提到伊丽莎白参与了任何商业运作。她仅在谈到家庭情况时被提及，有一个消息来源提到她与家族基金会的关系。Jennifer Maloney, "A Literary Koch Launches New Publishing House," *Wall Street Journal*, September 10, 2015.

41. Elizabeth Koch, "You Don't Say," *Guernica*, February 24, 2008.

42. 来自作者 2018 年对蔡斯·科赫的采访；Kathy Huting, "Taking Nitrogen Technology to the Next Level," *Farm Industry News*, October 7, 2013；"Precision Agriculture," *Discovery: The Quarterly Newsletter of Koch Companies*, October 2011；Gary DiGiuseppe, "Snake Oil or Silver Bullet," *Cattleman*, February 1, 2013.

43. 来自作者 2018 年对蔡斯·科赫的采访；"Koch Fertilizer Announces New Holding Company and Leadership Changes," press release, Koch Industries, December 5, 2013。

44. 来自作者 2018 年对蔡斯·科赫的采访；"Koch Industries Breaks Ground on Single Largest Project in Company History," Wichita Business Journal, October 10, 2014；"Koch's Largest Project: Enid Expansion," *Discovery: The Quarterly Newsletter of Koch Companies*, February 2015。

45. 突破性扩大科氏工业在伊尼德化肥厂的视频。

46. 来自作者 2018 年对蔡斯·科赫、拉德的采访；"2010 Year in Review," *Discovery: The Quarterly Newsletter of Koch Companies*, January 2011。

47. "Buyer of 70 Acres Is Newlywed Chase Koch," *Wichita Eagle*, June 10, 2010.

48. 来自作者 2018 年对蔡斯·科赫的采访。

第 23 章　工会能否再次发挥作用：员工薪酬与人身安全

1. 来自作者 2013—2017 年对哈蒙德的采访。

2. 同上；关于工人死亡数据引用，请参见第 21 章尾注。

3. 来自作者 2013—2017 年对哈蒙德、道奇的采访。对办公室的描述取自作者 2014 年和 2017 年采访行程中的笔记和照片。

4. 来自作者 2013—2017 年对哈蒙德、道奇、史密斯、弗兰岑、麦金尼的采访。

5. 来自作者 2017—2018 年对佐治亚 - 太平洋公司匿名员工的采访。

6. 同上；GeorgiaPacific internal TRAX reports, 2008–18。2017 年夏天和 2018 年初，佐治亚－太平洋公司的一位内部人士向作者提供了近 10 年的 TRAX 数据等资料。当科氏工业在 2019 年初对这些材料做出回应时，提供的 TRAX 数据与作者之前获得的略有不同。科氏工业解释说，这种偏差是由于随着时间的推移以及新案例的增加或旧案例的消除，数据进行了更新。这个解释似乎是合理的。数据显示，随着时间的推移，同样的模式再次出现。不仅如此，科氏工业的新数据显示，问题比先前表明的更严重，事故率的增长更为急剧，明显比 2017 年或 2018 年更高。基于数据较新和偏差较小的原因，作者选择使用科氏工业的最新数据作为本书相关描述的依据。

7. 来自作者 2017—2018 年对佐治亚－太平洋公司匿名员工的采访；Georgia–Pacific TRAX report, 2010。

8. Internal Georgia–Pacific safety presentation, slide 4: "Hearts and Mind: Averaging 2 Fatalities a Year Since 2007." 该报告未注明日期，但包含了 2017 年第一季度的数据。

9. 同上；佐治亚－太平洋公司的安全程序分析基于作者对佐治亚州萨凡纳和不伦瑞克的佐治亚－太平洋工厂的参观，以及对本章中提到的佐治亚－太平洋公司现任和前任经理及雇员的采访。

10. Georgia–Pacific TRAX reports, 2007–11.

11. 住房开工数据取自美国商务部人口普查局历史数据库，"New Residential Construction"，2005—2017 年。

12. 本段内容基于作者 2016 年在佐治亚－太平洋厂区的笔记和访谈；debt ratings from Thomas J. Nadramia and Maurice Austin, "Summary: Georgia–Pacific LLC, Standard & Poor's Rating Services, Corporate Credit Rating: A+/Stable/A–1+"；earnings from Georgia–Pacific 10–Filing, 2005；作者 2016 年对汉南的采访。

13. 来自作者 2016 年对汉南的采访。

14. Georgia– Pacific TRAX reports, 2011–14.

15. 同上，2013—2014 年。

16. Georgia–Pacific TRAX reports, 2013–17.

17. Notes from "Health and Safety Conference," March 17–March 19, 2014.

18. 来自作者 2016 年对达纳·布洛克尔、马克·考德威尔的采访。

19. 来自作者 2017—2018 年对佐治亚－太平洋公司匿名员工的采访。

20. 职业安全与健康管理局检查报告和事故总结，2014 年 8 月 12 日；佐治亚－太平洋公司员工的匿名发言，作者访谈，2017—2018 年；"Hamburg Man Killed in Plant Accident," KTVE online, last modified August 13, 2014；Patty Wooten, "Hamburg Man Killed in Accident at Georgia Pacific," *Seark Today* (AK), 最后修改日期是 2014 年 8 月 13 日；internal Georgia–Pacific safety presentation, slide 7, "The Heart," list of Georgia–Pacific fatalities。

21. Safety presentation, slide 7, "The Heart."

22. OSHA inspection report and accident summary, April 16, 2014；obituary of Samuel Eugene "Sambo" Southerland Jr., April 2014.

23. OSHA 检查报告和事故总结，2014 年 9 月 23 日；OSHA 检查报告，2014 年 4 月 27 日；Jessica Cooley, "2nd Plant Explosion Victim Passes Away," *Lufkin Daily News* (TX), June 6, 2014；"7 Injured in Texas Plant Explosion," Associated Press, April 27, 2014；Bailey Woolum, "Nine Injured in Paper Plant Explosion," KFOR online, last modified April 27, 2014；Gary Bass, "Lawsuit Filed to Determine Cause of Georgia–Pacific Plant Explosion," KTRE online，最后修改日期是 2014 年 8 月 5 日；肯尼·莫里斯讣告，2014 年 6 月；查尔斯·韦恩·科瓦尔讣告，2014 年 5 月。

24. OSHA 检查报告和事故总结，2014 年 7 月 25 日；佐治亚－太平洋公司内部安全备忘录，"Safety Awareness for Everyone," April 20, 2012；Susan Vernon–Devlin, "Colquitt Woman Killed in Tragic Accident at Georgia–Pacific," *Miller County Liberal* (Colquitt, GA), July 30, 2014；Lance Griffin,

"OSHA Investigating Georgia Pacific Workplace Fatality," *Dothan Eagle* (AL), July 28, 2014.

25. 佐治亚-太平洋公司员工的匿名消息，作者访谈，2017—2018 年。safety presentation, slide 7, "The Heart."

26. Safety presentation, slide 4, "Hearts and Mind: Averaging 2 Fatalities a Year."

27. Georgia–Pacific TRAX reports, 2010–17.

28. Notes from "Health and Safety Conference," March 17–March 19, 2014.

29. OSHA violation detail, January 20, 2015 ; OSHA volation detail and accident summary, September 23, 2014.

30. Georgie–Pacific internal safety presentation, slides 1, 2, and 3. 报告未注明日期，但包含 2017 年第一季度的数据。

31. Safety presentation, slides 5 and 6, "2016 AF&PA Member Company TCIR Quartiles" and "2016 AF&PA Member Company DART Quartiles."

32. Safety presentation, slides 1, 9, 10, 11.

33. Safety presentation, slide 9.

34. 来自作者 2013—2014 年对哈蒙德、道奇、史密斯、弗兰岑、麦金尼的采访。

35. 来自作者 2013—2014 年对哈蒙德、道奇的采访。对红狮酒店的描述基于作者 2017 年采访之旅的笔记和照片。

36. Patricia Cohen, "Where Did Your Pay Raise Go? It May Have Become a Bonus," *New York Times,* February 10, 2018 ; *US Salary Increase Survey 2017/2018* (London: Aon Hewitt, 2017).

37. 来自作者 2013—2017 年对哈蒙德、道奇的采访。

38. 来自作者 2013—2014 年对哈蒙德、道奇、史密斯、弗兰岑、麦金尼的采访。2017 年，工会大厅会议室的描述基于作者采访旅行期间的笔记和照片。

39. 来自作者 2013—2017 年对哈蒙德的采访。

40. 来自作者 2013—2017 年对哈蒙德、道奇、史密斯、弗兰岑的采访。

41. Fredreka Schouten, "Charles Koch: We Like 5 GOP Candidates in Primaries," *USA Today*, April 21, 2015 ; Fredreka Schouten, "Charles Koch: We're Not in Politics to Boost Our Bottom Line," *USA Today*, April 24, 2015.

42. Matt Flegenheimer and Michael Barbaro, "Donald Trump Is Elected President in Stunning Repudiation of the Establishment," *New York Times*, November 9, 2016.

43. 来自作者 2017 年对匿名联邦参议院前资深幕僚的采访。

第 24 章 政治网络：干预医改计划和税收法案

1. 来自作者 2017 年在华盛顿特区的采访笔记；Jeremy White and Henry Fountain, "Spring Came Early: Scientists Say Climate Change Is the Culprit," *New York Times*, March 8, 2017 ; "NASA, NOAA Data Show 2016 Warmest Year on Record Globally," press releasee, NASA, January 18, 2017 ；碳，大气中 ppm，摘自国家海洋和大气管理局数据库。

2. 特朗普就职典礼的描述取自 C–Span 存档。

3. 来自作者 2017 年对匿名的特朗普政治行动人员的采访。

4. 这段分析基于对科氏工业和特朗普两个领域政治人物的采访，以及对科氏工业 2017 年和 2018 年政治行动的观察。"阻挡和擒抱"是作者自己的话，他相信这句话抓住了科氏工业策略的精髓。

5. Jeff Stein, "Obamacare Jacked Up Taxes on the 1 Percent, Gave $16 Billion Annually to Poor," *Washington Post*, March 28,2018 ; Veronica Stracqualursi, "How the GOP Health Care Bill Failed Without a Vote," ABC News online，最后一次修改在 2017 年 3 月 24 日。

6. Robert Costa and Amy Goldstein, "Trump Vows 'Insurance for Everybody' in Obamacare

Replacement Plan," *Washington Post*, January 15, 2017 ; Stracqualursi, "How the GOP Health Care Bill Failed."

7. Transcript of "Trump's Takeover," Frontline, April 10, 2018.

8. 取自 2017 年采访笔记对繁荣美国事件的描述；Robert Pear and Thomas Kaplan, "House Republicans Unveil Plan to Replace Health Law," *New York Times*, March 6, 2017 ; Haeyoun Park and Margot Sanger-Katz, "The Parts of Obamacare Republicans Will Keep, Change or Discard," *New York Times*, March 6, 2017。

9. Rand Paul and Mark Meadows, "Senator Paul, Rep. Meadows : Let's Fully Repeal ObamaCare, Then Have an Open Debate on How to Replace It," FoxNews.com, last modified March 6, 2017 ; Bob Bryan, "Conservatives Just Dealt 'Trumpcare' a Significant Blow," Business Insider, March 15, 2017 ; Isaac Arnsdorf, "Club for Growth and Koch Nurtured Freedom Caucus," *Politico* online, 最后一次修改时间为 2015 年 10 月 22 日。

10. Transcript of "Trump's Takeover," Frontline ; Alana Abramson, "Read Paul Ryan's Response to the Republican Health Care Bill Failure," *Time* online, 最后一次修改时间为 2017 年 3 月 24 日。

11. Kevin Robillard, "Koch Network Pledges to Defend Republicans Who Vote Against GOP Health Bill," *Politico* online, last modified March 22, 2017 ; "Maze of Money," visual map of Koch Industries political financial network, Center for Responsive Politics, 最后一次修改时间为 2014 年 1 月 7 日。

12. 来自作者 2017 年对蒂乔特的采访；Zephyr Teachout, Corruption in America: From Benjamin Franklin's Snuff Box to Citizens United (Cambridge, MA: Harvard University Press, 2014)。

13. "White House Officials Offer Change to Failed Healthcare Bill—But Is It Enough?," Associated Press, April 4, 2017 ; "House Freedom Caucus Announces Support for House AHCA Bill with MacArthur Amendment," statement from House Freedom Caucus, April 26, 2017 ; Elizabeth Mann Levesque and Molly E. Reynolds, "The AHCA's MacArthur Amendment: Unusual Politics, Unusual Policy," Brookings Institution online, 最后一次修改时间为 2017 年 5 月 12 日；Thomas Kaplan and Robert Pear, "House Passes Measure to Repeal and Replace the Affordable Care Act," *New York Times*, May 4, 2017。

14. Rachael Bade and Josh Dawsey, "Ryan Bucks White House, Setting Up Clash on Taxes," *Politico* online, 最后一次修改时间为 2017 年 5 月 22 日；Michelle Fox, "Border Adjustment Tax Is 'Critical' Part of Tax Reform, Chief GOP Tax Writer Says," CNBC.com，最后一次修改时间为 2017 年 5 月 25 日。

15. Stephen Ohlemacher, "GOP Running into Opposition from GOP on Tax Overhaul," Associated Press, February 3, 2017 ; Matt O'Brien, "Tax Cuts Are Easy ; Tax Reform, and Not Losing Revenue, Is the Tough Part," *Washington Post*, March 29, 2017 ; Scott Greenberg and Scott A. Hodge, "FAQs About the Border Adjustment," Tax Foundation online, last modified January 30, 2017 ; Kyle Pomerleau, "What Is the Distributional Impact of a Destination-Based Cash-Flow Tax?," Tax Foundation online, last modified January 18, 2017 ; "Trump Eyes Border Tax on Imports to Pay for Wall," *Congressional Quarterly News*, January 26, 2017.

16. Philip K. Verleger Jr. et al., "Border Adjustment Import Taxation: Impact on the US Crude Oil and Petroleum Product Markets," white paper, Brattle Group, Cambridge, MA, December 16, 2016.

17. Liz Hampton and Catherine Ngai, "Border Tax Ideas Roil Oil Markets, Favor Gulf Coast Refiners," Reuters, January 27, 2017 ; "US Oil Lobby 'Concerned' About Import Tax Plan," *Oil Daily*, January 5, 2017 ; "Koch-Backed Group Pledges to Fight Controversial Border Tax," Daily Oil Bulletin, January 31, 2017 ; Jim Geraghty, "Koch Network Ready for a Fight on the Border Adjustment Tax," *National Review*, January 29, 2017.

18. 石油进口数据取自能源信息管理局数据库"公司级进口"。非常感谢汤森路透能源记者利兹·汉普顿在作者寻求帮助时指导他使用该数据库。油砂价格取自阿尔伯塔省政府的数据库"油价"。Nick Cunningham, "Canadian Oil Prices Plunge to \$30," OilPrice.com, 最后一次修改日期为 2017 年 12 月 16 日。Verleger et al., "Border Adjustment Import Taxation."

19. "Koch Kicks Off Lobbying Salvo Against GOP Tax Proposal," *O'Dwyer's* 31, no. 5 (May 2017): 84 ; "How the Koch Network Is Derailing House GOP's Border Tax," *Congressional Quarterly News*, May 19, 2017 ; Nicholas Confessore and Alan Rappeport, "Divide in G.O.P. Now Threatens Trump Tax Plan," *New York Times*, April 2, 2017 ; "Spending Surges in Lobbying's Top 50," *Hill*, August 2, 2017 ; "US Oil Lobby 'Concerned' "; "Koch-Backed Group Pledges to Fight"; Geraghty, "Koch Network Ready for a Fight."

20. *Un-Rigging the US Economy* (Arlington, VA: Americans for Prosperity, May 2017) ; Americans for Prosperity, "The Problem with a Border Tax," video, 1:12, February 17, 2017 ; Pomerleau, "What Is the Distributional Impact?"

21. Jonathan Swan, "Inside the Freedom Caucus Meeting on Border Adjustment," Axios, last modified February 7, 2017 ; "Interview with North Carolina Congressman Mark Meadows," *CEO Wire*, February 7, 2017 ; "Trump Eyes Border Tax."

22. "Koch-Backed Group Pledges to Fight Controversial Border"; Caitlin Owens, "Rep. Meadows Likely a 'No' on Border Adjustment Tax," Axios, 最后一次修改时间为 2017 年 2 月 13 日。

23. Bade and Dawsey, "Ryan Bucks White House"; "How the Koch Network Is Derailing."

24. Rothbard, "Toward a Strategy," 13–14.

25. 来自作者 2018 年对马克·肖特的采访。

26. Damian Paletta, "Speaker Ryan Admits Defeat, Giving Up on Border Adjustment Tax," *Washington Post*, July 27, 2017.

27. "AFP's Defeat of the Border Adjustment Tax Clears the Way for Principled Tax Reform," statement from Americans for Prosperity, July 31, 2017 ; "The Koch Brothers Put a Knife in Border Adjustment," *Congressional Quarterly News*, June 1, 2017.

28. 2017 年繁荣美国活动的笔记和录音。

29. Thomas Kaplan and Alan Rappeport, "Republican Tax Bill Passes Senate in 51–48 Vote," *New York Times*, December 19, 2017 ; Heather Long, "The Final GOP Tax Bill Is Complete. Here's What Is in It," *Washington Post*, December 15, 2017 ; Danielle Kurzleben, "Charts: See How Much of GOP Tax Cuts Will Go to the Middle Class," NPR online, 最后一次修改日期为 2017 年 12 月 19 日; "Tax Cuts Will Cross All Income Lines but Disappear by 2027," CBS News and Associated Press, December 19, 2017 ; Tom Kertscher, "House Tax Plan: Permanent Tax Cuts for the Rich, Eventually Tax Hikes for All Middle-Class Families?," PolitiFact, 最后一次修改时间为 2017 年 12 月 15 日。

30. *Distributional Analysis of the Conference Agreement for the Tax Cut and Jobs Act* (Washington, DC: Tax Policy Center report, December 18, 2017) ; Borys Krawczeniuk, "Congressional Candidates Talk Tax Cuts, Jobs," Associated Press, October 21, 2018 ; Analysis: Koch Brothers Could Get up to \$1.4 Billion Tax Cut from Law They Helped Pass (Washington, DC: Americans for Tax Fairness, January 24, 2018).

31. Michelle Ye Hee Lee, "Paul Ryan Credits Koch Network for Supporting GOP's Tax Overhaul," *Washington Post*, January 28, 2018.

32. 来自作者 2017—2018 年对两位匿名的国家环境保护局高级官员的采访。国家环境保护局的"抢滩部队"的名单来自作者 2018 年的采访。

33. 来自作者 2017—2018 年对两位匿名的国家环境保护局高级官员的采访; Gayathri Vaidyanathan, "How to Get a Skeptic to Believe in Climate Change? Scientists Are Studying That," *ClimateWire*, 最后一

次修改时间为 2016 年 8 月 8 日。

34. 来自作者 2018 年对两位匿名的国家环境保护局高级官员的采访。

35. 同上。

36. 来自作者 2017—2018 年对两位匿名的国家环境保护局高级官员的采访。国家环境保护局的"抢滩部队"的名单来自作者 2018 年的采访。

37. 来自作者 2017—2018 年对大卫·施纳雷以及两位匿名的国家环境保护局高级官员的采访。

38. 来自作者 2018 年对施纳雷的采访。国家环境保护局总部的描述来自 2017 年作者采访之旅期间的笔记和照片。

39. 来自作者 2017—2018 年对施纳雷以及两位匿名的国家环境保护局高级官员的采访。

40. "Agency Action Plan"：US Environmental Protection Agency. 本文件未注明日期，但于 2017 年提供给作者。

41. "How Senators Voted on Scott Pruitt for EPA Administrator," *New York Times*, February 17, 2017.

42. 来自作者 2017—2018 年对大卫·施纳雷以及两位匿名的国家环境保护局高级官员的采访。

43. 来自作者 2017—2018 年对两位匿名的国家环境保护局高级官员的采访；Liam Stack, "Scott Pruitt's Wish List: Private Jets, Fancy Furniture, 24–Hour Security," *New York Times*, April 6, 2018；Ethan Sacks, "EPA Chief Scott Pruitt's $43K Soundproof Phone Booth Violated Federal Spending Laws, GAO Says," NBC News online，最后一次修改时间为 2018 年 4 月 16 日。

44. Eric Lipton, "Energy Firms in Secretive Alliance with Attorneys General," *New York Times*, December 6, 2014.

45. 来自作者 2017—2018 年对两位匿名的国家环境保护局高级官员的采访；Kevin Bogardus, "EPA Protesters Deemed Threat to Pruitt, Triggered Probe," *Greenwire*, last modified January 23, 2018.

46. 来自作者 2018 年对匿名的国家环境保护局高级官员的采访。

47. 来自作者 2017—2018 年对施纳雷、普鲁特前工作人员以及两位匿名的国家环境保护局高级官员的采访。

48. 来自作者 2018 年对施纳雷的采访；哈佛法学院监管滚动跟踪数据库，2018 年。

49. 玫瑰花园记者招待会视频取自 C–Span 档案。

50. Evan Osnos, "Trump vs. the Deep State," *New Yorker*, May 21, 2018.

51. Juliet Eilperin and Brady Dennis, "Amid Ethics Scrutiny, EPA's Pruitt Also Finds His Regulatory Rollbacks Hitting Bumps," *Washington Post*, May 20, 2018.

52. Coral Davenport, Lisa Friedman, and Maggie Haberman, "EPA Chief Scott Pruitt Resigns Under a Cloud of Ethics Scandals," *New York Times*, July 5, 2018；碳，大气 ppm，取自国家海洋和大气管理局数据库。

53. Koch seminar group memo: "Efforts in Government: Advancing Principled Public Policy." This memo is undated and was first revealed by Lee Fang and Nick Surgey, "Koch Document Reveals Laundry List of Policy Victories Extracted from the Trump Administration," *Intercept* online, last modified February 25, 2018.

54. 来自作者 2017—2018 年对匿名消息人士的采访；Robert Draper, "Trump vs. Congress: Now What?," *New York Times*, March 26, 2017。

55. James Hohmann and Matea Gold, "Koch Network to Spend $300 Million to $400 Million on Politics, Policy in 2018 Cycle," *Washington Post*, January 28, 2017.

56. Lisa Mascaro, "Vice President Mike Pence Stops In for an Unscheduled Chat with Billionaire Charles Koch," *Baltimore Sun*, June 24, 2017；Kenneth P. Vogel and Eliana Johnson, "Trump's Koch Administration," *Politico* online, last modified November 28, 2016；John Frank, "Koch Brothers' Conservative Network to Hold Retreat in Colorado Springs This Weekend," *Denver Post*, June 23, 2017.

57. 由科氏工业集团提供的查尔斯·科赫的演讲视频，"Charles Koch: Opening Remarks (Palm Springs 2018)"，视频 3 分 29 秒，由研讨会网络于 2018 年 1 月 28 日上传至 YouTube。

第 25 章　美国社会的正常形态就是科氏帝国的形态

1. 这部分从科氏工业总部入口到查尔斯·科赫办公室的内容来自 2018 年作者采访之旅的笔记和照片，以及 2015 年笔记中对查尔斯·科赫办公室的描述与办公桌的照片和视图。

2. 来自作者 2013—2018 年对帕克普什、法伊尔迈耶、霍尔、马克尔以及科氏工业集团匿名高管和员工的采访。

3. 见之前的尾注。2016 年在佐治亚-太平洋公司从吉姆·汉南的采访中获得的消息。

4. 来自作者 2013—2018 年对科氏工业集团现任和前任员工及高管的采访。

5. 来自作者 2018 年对匿名科氏工业前高管的采访；作者 2018 年在英威达总部拍摄的笔记和照片；"Plant Shut-Downs, Closings & Layoffs Profile—Invista," taken from Nexis database, "Plant Shut-Downs, Closings & Layoffs," November 27, 2017；Thad Moore, "In Winnsboro, One of South Carolina's Oldest Surviving Textile Mills May Close," *Post and Courier* (Charleston, SC), August 20, 2017；Casey White, "On the Chopping Block," *Shelby Star* (NC), July 19, 2017；"New Owner for Derry Lycra Plant," *Irish News* (Belfast, Ire.), October 31, 2017；Mike Pare, "Kordsa Slated to Acquire City's Invista Plant," *Chattanooga Times Free Press* (TN), April 1, 2017。

6. 综合作者在 2018 年的采访笔记。

7. "The Billionaires 1991," *Fortune*, September 9, 1991；查尔斯和大卫·科赫的所有净资产数据均取自《福布斯》杂志 2002 年、2005 年、2009 年、2013 年、2016 年、2018 年的 400 位最富有的人和全球亿万富豪名单；科氏工业集团现任和前任员工证实了影子股票的存在。

8. Emmanuel Saez and Gabriel Zucman, "Wealth Inequality in the United States since 1913: Evidence from Capitalized Income Data," *Quarterly Journal of Economics* 131, no. 2 (May 1, 2016): 519–78；Christina M. Gibson-Davis and Christine Percheski, "Children and the Elderly: Wealth Inequality Among America's Dependents," *Demography* 55, no. 3 (June 2018): 1009–32.

9. 基于前几章引用的报告综合分析。

10. Martin Gilens and Benjamin I. Page, "Testing Theories of American Politics: Elites, Interest Groups, and Average Citizens," *Perspectives on Politics* 12, no. 3 (September 2014): 564–81.

11. 来自作者 2018 年对科氏工业集团匿名高管的采访；Daniel McCoy, "CEOs of Georgia-Pacific and Flint Hills Resources Take On Larger Roles Within Koch Industries," *Wichita Business Journal*, March 3, 2017；"Fischer Named GP CEO, Hannan to Assume New Role," press release, Georgia-Pacific, March 2, 2017；吉姆·汉南高管履历，科氏工业新闻室，2017 年；布拉德·拉祖克高管履历，科氏工业新闻室，2017 年。

12. 基于蔡斯·科赫的分析以及作者 2018 年对匿名科氏工业集团高管的采访。对科氏颠覆性技术办公室的描述来自作者 2018 年采访之旅的笔记和照片。

13. 来自作者 2018 年对蔡斯·科赫的采访，以及查尔斯·科赫给蔡斯的未注明日期便条的照片。

14. 来自作者 2018 年对拉德以及匿名科氏工业集团高管的采访。